TaschenAtlas
Weltgeschichte

Herausgegeben von
Hans Ulrich Rudolf und Vadim Oswalt

Klett-Perthes Verlag
Gotha und Stuttgart

Redaktion
 Willi Stegner, Franziska Hohm

Textbearbeitung
 Prof. Dr. Dietmar Schillig (Seiten 10 bis 19)
 Prof. Dr. Hans Ulrich Rudolf (Seiten 20 bis 115)
 Prof. Dr. Vadim Oswalt (Seiten 116 bis 243)

Kartenbearbeitung
 Prof. Dr. Dietmar Schillig
 Prof. Dr. Hans Ulrich Rudolf
 Prof. Dr. Vadim Oswalt
 Willi Stegner (Kartenentwürfe)

Kartographie
 Klett-Perthes:
 Thomas Hönicke, Bernd Creutzburg, Dr. Manfred Reckziegel, Anja Krüger

Flaggen
 Jiří Tenora †, Das Flaggenkabinett, Berlin

Einbandgestaltung / Grafiken
 normaldesign GbR, Maria und Jens-Peter Becker, Schwäbisch Gmünd
 Grafikdesign Kerstin Brüning, Erfurt

Druck und buchbinderische Verarbeitung
 Firmengruppe APPL, aprinta druck, 86650 Wemding

Bildquellen
 akg-images, Berlin: Titelbild
 Corbis, Düsseldorf: Umschlag hinten, S. 232
 Sämtliche Grafiken wurden überwiegend nach verlagseigenen Quellen (Klett-Atlanten, Folienbücher, Wandkarten und Schulbücher) gestaltet. Es wurden in allen Fällen neue digitale Karten- und Bildoriginale geschaffen, deren Nachnutzung nur mit Zustimmung des Verlages möglich ist.

Redaktionsschluss
 29. Februar 2008

Das Werk und seine Teile sind urheberrechtlich geschützt. Jede Nutzung in anderen als den gesetzlich zugelassenen Fällen bedarf der vorherigen schriftlichen Einwilligung des Verlages. Hinweis zu §52aUrhG: Weder das Werk noch seine Teile dürfen ohne eine solche Einwilligung eingescannt und in ein Netzwerk eingestellt werden. Dies gilt auch für Intranets von Schulen und sonstigen Bildungseinrichtungen.

5. Auflage 2008
© Klett-Perthes Verlag GmbH, Gotha 2008
Alle Rechte vorbehalten.
http://www.klett.de
ISBN: 978-3-12-828129-2

Vorwort

Der TaschenAtlas Weltgeschichte behandelt die aus heutiger Sicht zentralen Themen der Menschheits- und Staatengeschichte von der Vor- und Frühgeschichte bis zur Gegenwart in 124 anschaulichen und allgemein verständlichen Karten. Aufgrund der wachsenden Bedeutung der globalen Ereignisse, der „Weltgeschichte", für unser Leben konzentriert er sich auf „Europa und die Welt". Die vorliegende 5. Auflage berücksichtigt vier neue Themen, die von weltpolitischer Brisanz sind; für die speziellere deutsche Geschichte existiert der TaschenAtlas Deutsche Geschichte.

Der Atlas – als Informations- und Nachschlagemedium in handlicher Form – bildet in Zeiten wachsender Informationsflut ein kompaktes Nachschlagewerk für jeden geschichtlich und politisch Interessierten. Durch die breite Berücksichtigung von Entwicklungen bis in die jüngste Vergangenheit ermöglicht der Atlas auch eine hervorragende Orientierung im Hinblick auf zahlreiche aktuelle Konflikte und Tendenzen. Im Geschichtsunterricht bietet er sich zusätzlich als Lehr- und Lernmittel für Lehrer und Schüler an, da er nicht nur die wichtigsten weltgeschichtlichen Lehrplanthemen enthält, sondern darüber hinaus auch zahlreiche weitere Themenbereiche zur Ausweitung und Vertiefung.

Jede Karte wird durch einen einführenden Text begleitet, der die geschichtlichen Hintergründe des kartographisch dargestellten Themas erläutert.

Die inhaltlich und grafisch einheitliche Gestaltung soll den Gebrauch dieses geschichtlichen Informationsspeichers erleichtern. Durchgängig sind z.B. die in den Textzusammenhang eingebetteten – im Text mit Sternchen (*) gekennzeichneten – Begriffserklärungen und chronologischen Übersichten. Ein ausführliches Register erschließt neben den Karten auch die Texte.

Dieser Atlas wurde mit größtmöglicher Sorgfalt erstellt, wir sind aber dennoch für inhaltliche und gestalterische Verbesserungsvorschläge dankbar.

Die Herausgeber und der Verlag

Inhaltsverzeichnis

Seiten/Karten
- 3 Vorwort
- 4/7 Inhaltsverzeichnis
- 8 Abkürzungen
- 9 Legende (Zeichenerklärung)

Frühgeschichte der Menschheit

- **10/13** Die Anfänge des Menschen und seiner Kultur vor etwa 5 Millionen bis vor etwa 40 000 Jahren
- **14/15** Erste menschliche Spuren – Europa 500 000 bis 5500 v. Chr.
- **16/17** Bauern statt Wildbeuter – Die Neolithische Revolution vom 10. Jt. bis 2200 v. Chr.
- **18/19** Der Beginn des Metallzeitalters – Die Anfänge der Stadt im 9./8. Jt. v. Chr.

Frühe Hochkulturen

- **20/21** Von Bauernkulturen zu differenzierten Gesellschaften und Staaten – Erste Hochkulturen • Mesopotamien 3./2. Jt. v. Chr.
- **22/23** Eine der frühesten Hochkulturen der Welt – Das Nilreich Ägypten im 3. und 2. Jt. v. Chr.
- **24/25** Die Staaten der Alten Welt im 7. Jh. v. Chr. • Staatliche Macht in Palästina im 9. Jh. v. Chr. und im 1. Jh. n. Chr.
- **26/27** Vom Mederreich zum Perserreich – Orientalische Großreiche im 6. Jh. v. Chr.

Die Griechen

- **28/29** Auf der Suche nach Siedlungsgebieten – (Ein-)Wanderungen und Siedlungsgebiete der Griechen
- **30/31** Neue Handelsstädte am Mittelmeer – Die Kolonisation der Phöniker und Griechen vom 11. bis 6. Jh. v. Chr.
- **32/33** Hellas oder Griechenland – Naturraum und Staatenbildung vom 12. bis 5. Jh. v. Chr.
- **34/35** Freiheit oder Unterwerfung – Der Abwehrkampf der Griechen gegen Persien zwischen 490 und 480 v. Chr.
- **36/37** Erbitterte politische Rivalitäten – Griechenland vor dem Beginn des Peloponnesischen Krieges um 431 v. Chr.

Von Alexander zu Rom: Weltreiche im Altertum vom 4. Jh. v. Chr. bis 2. Jh. n. Chr.

- **38/39** Auf der Suche nach den Grenzen der Erde – Das Weltreich Alexanders des Großen (336 – 323 v. Chr.)
- **40/41** Staat und Kultur unter griechischem Vorzeichen – Die hellenistischen Reiche im 4. und 3. Jh. v. Chr.
- **42/43** Vom Stadtstaat zur Herrin Italiens – Die Expansion der Römischen Republik von 500 bis 264 v. Chr.
- **44/45** Kampf um die Vorherrschaft im westlichen Mittelmeer – Die Punischen Kriege von 264 bis 201 v. Chr.
- **46/47** Auf dem Weg zu einem neuen Weltreich – Der Machtbereich Roms vor dem Ende der Republik von 201 bis 31 v. Chr.
- **48/49** Non plus ultra – Das Römische Reich zur Zeit seiner größten Ausdehnung unter Kaiser Trajan (98 – 117 n. Chr.)
- **50/51** Hauptstadt des Weltreiches und Weltstadt des Altertums – Rom in der Kaiserzeit vom 1. bis 5. Jh. n. Chr.
- **52/53** Rohstoffe und Fertigprodukte aus aller Welt – Handel und Wirtschaft im Römischen Reich im 2. Jh. n. Chr.

Völkerwanderung und neue Reiche: Die Formierung Europas im Frühmittelalter vom 4. bis 11. Jh.

- **54/55** Missionserfolge und Rückschläge – Die Ausbreitung des Christentums bis zum Großen Schisma 1054
- **56/57** Auf der Suche nach neuen Siedlungs- und Herrschaftsräumen – Die Germanische Völkerwanderung im 4. und 5. Jh. n. Chr.
- **58/59** Rivalen um die Nachfolge des Römischen Reiches – Die Germanenreiche im Westen um 526
- **60/61** Der Bibel oder dem Koran verpflichtet? – Christliche und islamische Reiche um 750

- **62/63** Vom fränkisch-karolingischen Königtum zum römischen Kaisertum – Das Frankenreich unter Karl dem Großen (768–814)
- **64/65** Kaufleute, Räuber und Staatengründer – Normannen, Ungarn und Araber im 9. und 10. Jh.

Europa, Asien und der Islam im Hoch- und Spätmittelalter vom 12. bis 14./17. Jh.

- **66/67** Kreuzzüge als Heilige Kriege – Christentum und Islam vom 11. bis 13. Jh.
- **68/69** Reconquista – Die Iberische Halbinsel vom 11. Jh. bis 1492 • Frankreich und das Angevinische Reich im 12. und 13. Jh.
- **70/71** Ein asiatisches Reitervolk auf dem Vormarsch nach Europa – Das Weltreich der Mongolen im 13. Jh.
- **72/73** Europa droht Gefahr aus dem Südosten – Das Türkenreich der Osmanen vom 14. bis 17. Jh.

Handel und Staatenwelt Europas im Spätmittelalter (13. bis 16. Jh.)

- **74/75** Vom Untertanenland zur freien Republik – Die Schweizer Eidgenossenschaft vom 13. bis 16. Jh.
- **76/77** Frankreich im Würgegriff Englands und Burgunds – Der Hundertjährige Krieg (1339–1453)
- **78/79** Zwischen italienischen Städten und deutscher Hanse – Hauptwege des europäischen Fernhandels im 14. Jh.
- **80/81** Politische Krisen und soziale Umbrüche – Die Staaten Europas um 1400

Entdeckungen, Eroberungen, Kolonien vom 15. bis 18. Jh.

- **82/85** Geographische Entdeckungen und koloniale Eroberungen – Die Welt zwischen 1492 und 1648
- **86/87** Überseeische Gebiete als Objekte der europäischen Ausbeutung – Kolonien in Amerika vom 16. bis 18. Jh.
- **88/89** Die Entdeckung der Küsten des „Schwarzen Kontinents" – Afrika vom 15. bis 17. Jh.
- **90/91** Alte Großreiche und erste europäische Kolonien – Asien im 16. und 17. Jh.
- **92/93** Die weltweite Expansion der Europäer – Europa und die Welt um 1763

Glaubensspaltung, Konfessionskriege und habsburgisch-spanische Hegemonie vom 6. Jh. bis 1648

- **94/95** Das Haus Habsburg gegen Franz I., Protestanten und Türken – Das Reich Karls V. (1519–1556) und Europa
- **96/97** Staatliche Vielfalt und politische Rivalität – Die Staaten Italiens im 16. Jh.
- **98/99** Von spanischen Provinzen zur unabhängigen Republik – Der Freiheitskampf der Niederlande (1568–1648)
- **100/101** Reformation und Gegenreformation – Die Verbreitung der Konfessionen bis 1618
- **102/103** England, Schottland und Irland im 17. Jh. – Der englische Bürgerkrieg (1643–1649)
- **104/105** Der Ausgang des sog. „Dreißigjährigen Krieges" – Europa nach dem Westfälischen Frieden von 1648

Europa im Zeitalter des Absolutismus im 17. und 18. Jh.

- **106/107** Frankreich auf dem Weg zum modernen Zentralstaat – Das Zeitalter des Absolutismus im 17. und 18. Jh.
- **108/109** Vom russischen Großfürstentum zur eurasischen Weltmacht – Russlands Territorialentwicklung vom 15. bis 19. Jh.
- **110/111** Aufstieg und Niedergang der Herrin der Ostsee – Schweden zwischen 1648 und 1809
- **112/113** Britische Weltmacht und preußische Großmacht – Europa am Ende des Siebenjährigen Krieges 1763
- **114/115** Untergang einer ehemaligen Großmacht Osteuropas – Die Aufteilung des Königreiches Polen (1772–1795)

Modernisierung in Europa: Politische Revolutionen und Industrialisierung im 18. und 19. Jh.

- **116/117** Die Mutter aller modernen Revolutionen – Frankreich in der Revolution von 1789 bis 1795 • Paris
- **118/119** Streben nach Vorherrschaft in Europa – Frankreich z.Z des politischen Höhepunktes Napoleons (1812)
- **120/121** Machtbalance und politische Restauration – Mitteleuropa nach dem Wiener Kongress von 1815

Inhaltsverzeichnis

122/123 Kampf der National- und Freiheitsbewegungen – Europa und die Revolutionen 1830 und 1848/49
124/127 Radikaler Einschnitt in der Menschheitsgeschichte – Die Industrialisierung in Europa um 1850

Eine neue Weltmacht entsteht:
Die USA im 18. und 19. Jh. – Unabhängigkeit in Lateinamerika

128/129 Nordamerika von der Kolonialzeit zur Unabhängigkeit – Die Entstehung der Vereinigten Staaten von 1607 bis 1783
130/131 Käufe, Verträge, Annexionen – Die territoriale Entwicklung der USA im 19. Jh.
132/133 Die Besitzergreifung des Westens – Die Besiedlung und Erschließung der USA von 1783 bis 1890
134/135 Kampf um die Einheit der Nation – Verbreitung der Sklaverei um 1860 • Der Sezessionskrieg (1861–1865)
136/137 Aufstand gegen die Kolonialmächte Spanien und Portugal – Die Unabhängigkeit Lateinamerikas von 1804 bis 1825

Die Europäisierung der Welt:
Koloniale Durchdringung Asiens, Afrikas und Australiens/Ozeaniens im 19. und 20. Jh.

138/139 Kolonialmächte im Übergang zum Imperialismus – Die Welt und die europäischen Kolonien um 1830
140/141 Kernstück des britischen Empire – Indien im 18. und 19. Jahrhundert
142/143 Abschottung oder Europäisierung? – China und Japan z. Z. des Imperialismus zwischen 1842 und 1912
144/145 Erforschung eines unbekannten Kontinents – Afrika und die europäischen Kolonien vor 1884 • Kapland seit 1814
146/147 Die koloniale Aufteilung eines Kontinents – Afrika von 1881 bis 1914 • Der Burenkrieg (1899–1902)
148/149 Paradiese unter imperialer Herrschaft – Australien und Ozeanien in der Kolonialzeit im 19. und 20. Jh.

Verschiebung des Gleichgewichtes in Europa durch neue Staaten,
Konflikte der europäischen Mächte und Erster Weltkrieg (1860–1918)

150/151 Vom geographischen Begriff zum Nationalstaat – Die Einigung Italiens zwischen 1859 und 1870
152/153 Eine neue Großmacht in der Mitte Europas – Die Einigung Deutschlands von 1866 bis 1871
154/155 Das Pulverfass Europas – Der Balkan vom Berliner Kongress (1878) bis zu den Balkankriegen (1912/13)
156/157 Der „kranke Mann am Bosporus" – Zerfall und Ende des Osmanischen Reiches von 1699 bis 1920
158/161 Wettlauf um den Besitz des Globus – Die Welt im Zeitalter des Imperialismus von 1880 bis 1914
162/163 Geheimdiplomatie und Blockbildung – Bündnisse der Staaten und Krisen in Europa vor 1914
164/165 Die „Urkatastrophe des 20. Jahrhunderts." – Der Erste Weltkrieg in Europa (1914–1918)

Demokratien und Diktaturen im Widerstreit: Die Zwischenkriegszeit 1919 bis 1939

166/167 Vom Sturz des Zarentums zur „Diktatur des Proletariats" – Die Russische Revolution 1917 und der Bürgerkrieg (1918–1922)
168/169 Russland als „zentralisierte Föderation" – Die Gründung der Sowjetunion 1922
170/171 Der Zusammenbruch der Nachkriegsdemokratien in Europa – Die Errichtung von Diktaturen zwischen 1920 und 1937
172/173 Neue Nationalstaaten und Bevölkerungsminderheiten – Mittel- und Osteuropa zwischen den Weltkriegen von 1919 bis 1939
174/175 Friedenssicherung durch eine „Gesellschaft der Nationen" – Die Welt und der Völkerbund von 1920 bis 1939

Der Zweite Weltkrieg (1939–1945)

176/177 Nationalsozialistischer Terror und Krieg – Mitteleuropa und das „Großdeutsche Reich" von 1938 bis 1942
178/179 Von Blitzkriegen zum „totalen Krieg" – Europa im Zweiten Weltkrieg (1939–1945)
180/181 Die Alliierten vereint gegen die „Achse" – Die Welt und die Mächtegruppierungen im Zweiten Weltkrieg 1942

182 / 183 Japans Griff nach der Vorherrschaft in Asien – Der Zweite Weltkrieg in Ostasien und im Pazifik bis 1945
184 / 185 Planmäßiger Völkermord im europäischen Maßstab – Die Vernichtung der europäischen Juden von 1939 bis 1945
186 / 187 Die Folgen des „totalen" Krieges – Flucht, Vertreibung und Umsiedlung in Europa zwischen 1940 und 1946/49

Blockbildung und Kalter Krieg:
Die Welt nach dem Zweiten Weltkrieg von 1945 bis 1990

188 / 189 Neubeginn aus Ruinen – Besatzungszonen in Deutschland und Österreich 1945/46
190 / 191 Eine Weltorganisation zur Schaffung der „Einen Welt"? – Die Vereinten Nationen (UNO) seit der Gründung 1945
192 / 193 Ein „Eiserner Vorhang" teilt Europa – Die militärischen Blöcke NATO und Warschauer Pakt (1949–1990)
194 / 195 Marktwirtschaft oder Planwirtschaft? – Die Teilung Europas durch unterschiedliche Wirtschaftsblöcke (1949–1990)
196 / 199 Blockbildung und Dekolonisierung – Ost-West-Konflikt und die Dritte Welt zwischen 1945 und 1990
200 / 201 Globale Konfrontation im Zeichen des Kalten Krieges – Militärbündnisse, Kriege und Krisen zwischen 1945 und 1990

Die Dekolonisierung der Welt: Regionale Konflikte und Kriege seit 1945

202 / 203 Dekolonisierung, Streit der Ideologien und Regionalkonflikte – Die Entwicklung Asiens seit 1945
204 / 205 Ostasien im Zeichen des Kalten Krieges – Der Koreakrieg (1950–1953) und das Konfliktfeld Indochina
206 / 207 Region ohne Frieden – Kriege und Konflikte im Nahen Osten seit 1945
208 / 209 Heimstatt der Juden oder Heimat der Araber? – Die Teilung Palästinas 1947/48 und die israelisch-arabischen Kriege
210 / 211 Aufbruch zu Freiheit und Unabhängigkeit – Die staatliche Entwicklung Afrikas seit 1956/60
212 / 213 Eine Weltreligion am Scheideweg – Die islamische Welt zwischen 1990 und 2000

Ende des Kalten Krieges: Die Wende in Europa 1989/90

214 / 215 Die Wende in Europa – Die Demokratisierung Osteuropas 1989/90 und der europäische Integrationsprozess
216 / 219 Die Welt nach der Auflösung der Blöcke – Neue Staaten, Kriege u. Konflikte in den neunziger Jahren
220 / 221 Der Sturz des Kolosses Sowjetunion 1991 – Die Gliederung der GUS-Staaten
222 / 223 Arme und reiche Länder in der „Einen Welt" – Industrie- und Entwicklungsländer in den neunziger Jahren

Regionale Spannungen und internationale Krisenintervention:
Konflikte an der Schwelle zum 21. Jh.

224 / 225 Völker und Konflikte am Ende des 20. Jh. – Die Krisenregionen Kaukasien und Afghanistan
226 / 227 Ungleiche Nachbarn und ein Volk ohne Land – Drei Golfkriege 1990–2003 und das Kurdenproblem
228 / 229 Das Aufleben alter Balkankonflikte – Kriege im ehemaligen Jugoslawien 1991–1995 • Der Kosovo-Konflikt 1999
230 / 231 Kein Frieden für Israel und Palästinenser? – Der Konfliktherd Naher Osten seit 1993

Die Welt des 21. Jahrhunderts

232 / 235 Die Welt im Zeichen neuer Konflikte – Terrorismus, Kriege und Krisen seit 2001
236 / 237 Die Welt im Zeichen der Globalisierung – Welthandel, Geld und Tourismus zu Beginn des 21. Jh.
238 / 239 Migration als Notwendigkeit – Internationale und regionale Flüchtlings- und Wanderungsströme
240 / 243 Klimawandel und Naturzerstörung – Umweltfragen als Herausforderung des 21. Jh.

244 Hinweise zur Registernutzung
245–288 Register

8 Abkürzungen

allg.	allgemein	Hz.	Herzog	rev.	revolutionär
amer.	amerikanisch	**Hzm.**	**Herzogtum**	S	Süden
ASSR	**Autonome Sozialistische Sowjetrepublik**	i. Allg.	im Allgemeinen	selbst.	selbständig
		i. d. R.	in der Regel	sog.	so genannt
		imp.	imperialistisch	sowj.	sowjetisch
austr.	australisch	insbes.	insbesondere	soz.	sozial
aut.	autonom	int.	international	**SSR**	**Sozialistische Sowjetrepublik**
bes.	besonders	ital.	italienisch		
Bez.,	Bezeichnung	i. W.	im Wesentlichen	St., Sta.	Sankt, Santa, Saint
bez.	bezeichnet	i. w. S.	im weiteren Sinne		
...bg.	...berg			**SVR**	**Sozialistische Volksrepublik**
...bg.	...burg	jap.	japanisch		
Bm.	**Bistum**	Jh.	Jahrhundert	teilw.	teilweise
brand.	brandenburgisch	Jt.	Jahrtausend	terr.	territorial
		K.	Kap	Terr.	Territorium
byz.	byzantinisch	kath.	katholisch	trad.	traditionell
chin.	chinesisch	Kf.	Kurfürst	u.	und
Dep.	**Departement**	**Kfsm.**	**Kurfürstentum**	u. a.	und andere, unter anderem
d. Gr.	der (die) Große	Kg.	König		
d. h.	das heißt	kgl.	königlich	urspr.	ursprünglich
Dom.	**Dominium**	**Kgr.**	**Königreich**	US-am.	US-amerikanisch
dt.	deutsch	Kgt.	Königtum		
Ebm.	**Erzbistum**	kl.	klein	v. a.	vor allem
ehem.	ehemalig	Ks.	Kaiser	vgl.	vergleiche
Ehzm.	**Erzherzogtum**	ksl.	kaiserlich	v. Chr.	vor Christus
Eidg.	Eidgenossen, Eidgenossenschaft	Ksr.	Kaiserreich	Vertr.	Vertrag
		kult.	kulturell	vgl.	vergleiche
		leh.	lehensabhängig	VR	Volksrepublik
eig.	eigentlich	**Lgft.**	**Landgrafschaft**	W	Westen
einz.	einzeln	lit.	litauisch	wiss.	wissenschaftlich
erob.,	erobert	M.	Mark		
Erob.	Eroberung	mak.	makedonisch	zahlr.	zahlreich
europ.	europäisch	**Mgft.**	**Markgrafschaft**	z. B.	zum Beispiel
Ew.	Einwohner	Mio.	Million	zeitw.	zeitweise, zeitweilig
Fgft.	**Freigrafschaft**	Mrd.	Milliarde		
frz.	französisch	Mz.	Mehrzahl	zus.	zusammen
Fsm.	**Fürstentum**	N	Norden	zw.	zwischen
G.	Golf	nat.	national	z. Z.	zur Zeit
gen.	genannt	n. Chr.	nach Christus		
gegr.	gegründet	ndl.	niederländisch		
Gfsm.	**Großfürstentum**	neus.	neuseeländisch		
Gft.	**Grafschaft**	norm.	normannisch		
Ghzm.	**Großherzogtum**	norw.	norwegisch		
		O	Osten		
Hft.	**Herrschaft**	osm.	osmanisch		
gr.	groß	österr.	österreichisch		
habsb.	habsburgisch	phön.	phönikisch		
hellen.	hellenistisch	port.	portugiesisch		
hist.	historisch	prot.	protestantisch		
hl.	heilig	**Prov.**	**Provinz**		
Hl. Röm. R.	Heiliges Römisches Reich	**R.**	**Reich**		
		Rep.	**Republik**		
...hsn.	...hausen	rep.	republikanisch		
		Rev.	Revolution		

sowie Endungen auf -lich und -isch (nördl., griech., engl.).

Abkürzungen in Karten:
Staatsnamen und andere Territorialnamen werden mittels Ziffern, Siedlungs- und Flussnamen mittels Anfangsbuchstaben abgekürzt und erläutert. Politische Gattungsnamen (z. B. Kgr., Hzm. Fsm. oder Gft.) werden im oben stehenden Verzeichnis erläutert und sind hervorgehoben.

Legende (Zeichenerklärung) 9

Der Karteninhalt wird durch Einzellegenden und durch die Sammellegende erschlossen. Die *Einzellegende* erklärt vorwiegend Signaturen (Kartenzeichen) zur Thematik der Karte und spezielle kartengestalterische Ausdrucksmittel. Die *Sammellegende* erklärt Kartenschriften und Signaturen, die ständig auftreten. Außer topographischen Zeichen sind das Grenzen, Siedlungen, Vertragsorte, Verkehrswege und Signaturen zur Sozial- und Militärgeschichte, z. B. Aufstände und Schlachten.

Grenzen: Soweit nicht anders angegeben, entspricht die Grenzdarstellung der Situation am Ende des im Kartentitel genannten Zeitraumes. Zeitlich davor liegende Veränderungen und zeitweilige Erwerbungen werden durch Farbbänder markiert. Staatsgrenzen sind mittels durchgehender grauer Grenzlinien und innerstaatliche Grenzen (Herrschaften, Bundesstaaten, Provinzen) mittels gerissener grauer Grenzen dargestellt. Unsichere Grenzverläufe und unscharfe Abgrenzungen von früheren Staaten und Reichen, aber auch kaum abgrenzbarer Siedlungsräume, sind durch konturlose oder verlaufende Farbflächen ausgewiesen.

Farben: Wichtige Staaten werden in der Regel durch dieselbe Farbe (*Leitfarbe*) gekennzeichnet. Kolonien und abhängige Gebiete weisen die entsprechende Leitfarbe auf; Erwerbungen werden durch abgestufte Aufhellung der Leitfarbe ausgewiesen. Areale, in denen sich mehrere Gebietsansprüche überschneiden, werden durch entsprechende Farbstreifen dargestellt.

Zahlenangaben: Einzeln stehende Jahreszahlen geben den Beginn der historischen Entwicklung an, z. B. das Jahr der Erwerbung eines Gebietes, Gründung eines Staates oder einer Siedlung. Steht ein Schrägstrich zwischen zwei aufeinanderfolgenden Daten, so wird damit zum Ausdruck gebracht, dass der betreffende Vorgang nicht kontinuierlich ablief.

Karten- und Textverweise: Die im Text in eckigen Klammern stehenden Verweise [→ ...] sollen den Zusammenhang mit anderen Karten und Texten erschließen.

——	Staatsgrenze, Staatengrenze
–1860–	Grenzvertrag
- - - -	innerstaatliche Grenze
– – –	umstrittene Grenze
- - - -	Demarkationslinie, Waffenstillstandslinie
■	Hauptstadt, Residenz
▣	Reichsstadt
• •	sonstige Orte
∴	Ruinenstätte
◡ ◡	Oase
♰	Sitz eines Papstes
♰ ♰	Sitz eines Erzbischofs
♰ ♰	Sitz eines Bischofs
+	Kloster
♩	Burg, Schloss
←→	Personalunion
1919●	Vertrags- bzw. Konferenzort (mit Datum)
X X	Schlacht
✹ ✹	Belagerung
🔥	Aufstand, Revolution, militärischer Konflikt
ᠰᠰᠰ	Große Mauer (China)
≋≋≋	sonstige Grenzbefestigung (Limes)
——	Handelsweg, Karawanenweg
——	Seehandelsweg
✈	Flughafen
)(	Pass
∿	Fluss
∿ ∿	zeitweilig wasserführender Fluss, Wadi
▬▬▬	Kanal
◯	See
≈≈	Sumpf

Kartenschriften

BYZANZ	selbständiger Staat, Reich
Alaska	Teilstaat, Bundesstaat, Kolonie, Herrschaft
Kreta	Insel
Kalahari	Landschaft
Alpen	Gebirge
Olymp 2917	Berg mit Höhenzahl
Prag	Siedlung
Elbe	Gewässername
GOTEN	Völkergruppe, Volk, Stamm

Die Anfänge des Menschen und seiner Kultur vor etwa

Die Entwicklung des Menschen *(Hominisation)* war ein über Millionen Jahre andauernder, jedoch nie zielgerichteter Prozess. Obwohl die Evolution viele *Hominidenarten (Menschenartige)* hervorgebracht hat, sind sämtliche bis auf den Homo sapiens sapiens wieder ausgestorben. Jedoch ist die Suche nach Fossilien und Artefakten früherer Hominiden bisher so erfolgreich, dass die Vorfahren des Menschen sich bis auf den gemeinsamen Stammvater, den **Australopithecus**, zurückverfolgen lassen.

Heute steht außer Zweifel, dass die Hominisation durch Klimaveränderungen beeinflusst wurde, die den Übergang Tertiär/Pleistozän (vor 2,5 Mio. Jahren) bestimmten. Ein zunehmend kühl-trockeneres Klima ließ die Regenwälder Afrikas schwinden und begünstigte die Ausbreitung der Savannen. Daher war es für die frühen Hominiden existenziell, sich vom Baum- auf das Bodenleben umzustellen, der entscheidende Schritt zum aufrechten Gang war getan.

Der Australopithecus – unser Urahne?

Aus dem sog. *Tier-Mensch-Übergangsfeld* lösten sich vor 8–5 Millionen Jahren der *Australopithecus* (griech.-lat. *Südaffe*) und vor 5–4 Millionen Jahren der *Mensch (Homo)* vom gemeinsamen Stamm der Hominiden. Sämtliche Skelettfunde deuten darauf hin, dass die **Wiege der Menschheit** im Ostafrikanischen Grabenbruch stand, wo sich zahlreiche Fossilien unter Vulkanasche erhalten haben (Olduvai-Schlucht). Der Australopithecus bestimmt, einschließlich weiterer Hominidenarten, den Hominisationsprozess über mehr als vier Millionen Jahre, bis er vor etwa einer Millionen Jahren ausstarb. Aus der Ahnenreihe der Hominiden ragen als besonders auffällig heraus:

Als erster ist der **Australopithecus afarensis** (3,7–2,9 Millionen Jahre) zu nennen, dem die berühmte Lucy angehört (3,18 Millionen Jahre alt, 1974 von R. Foley und D. Johanson entdeckt). Es folgen **Paranthropus boisei**, **Homo habilis** *(„geschickter" Mensch)*, **Homo rudolfensis** sowie **Homo ergaster** *(„Handwerker",* Erfinder des Faustkeils), die sich vor 1,8 Millionen Jahren zeitgleich den selben Lebensraum um den Turkanasee (früher: Rudolfsee) teilten. Sie stellten einfache Steinwerkzeuge her und nutzten bereits das Feuer (Gerätekultur des Oldowan).

Vor ca. 1,5–2 Millionen Jahren wanderte der Homo ergaster aus Afrika aus und tauchte als **Homo erectus** *(„aufgerichteter Mensch")* in zwei Populationslinien in Südost- *(Javamensch)* und Nordost-Asien *(Pekingmensch)* sowie in zwei afroeuropäischen Linien auf. Während sich die europäische Linie im **Homo heidelbergensis** (lebte vor 650 000 Jahren, Unterkiefer in Mauer/Heidelberg, 1907 entdeckt)

sowie im **Homo steinheimensis** (Steinheim an der Murr, vor 300 000 Jahren) fortsetzte und ihren Höhepunkt im Neandertaler fand, dürfte aus der afrikanischen Linie (durch Rückwanderung nach Afrika?) der archaische **Homo sapiens** vor etwa 400 000 Jahren hervorgegangen sein.

Der Neandertaler – ein „Auslaufmodell"?

Die Frühform des Homo erectus neanderthalensis (400 000–200 000 Jahre, Fundort Neandertal bei Düsseldorf, 1856) hatte sich zum

„klassischen" **Homo sapiens neanderthalensis** (125 000 bis 30 000 Jahre) weiter entwickelt, der nur in Eurasien und Nordafrika beheimatet war und als Wildbeuter in der Tundra und dem nördlichen Nadelwald lebte. Wahrscheinlich existierten gleichzeitig nur wenige tausend Individuen, die sich auf die unwirtliche Umwelt am Rande der Eisschilde spezialisiert hatten. Auch wenn er gegenüber dem Homo sapiens sapiens (HSS), trotz gleichen Gehirnvolumens von 1200–1750 cm^3, aufgrund seines gedrungenen Körperbaus als anatomisch rückständig gilt, blieb er kulturell lange Zeit auf dessen Höhe. Er verfügte über ausgezeichnete Werkzeuge (Steinklingen, Schaber, Stichel, Messer) sowie Gerätschaften aus verschiedenen Materialien wie Feuer-, Hornstein, Elfenbein, Knochen und Geweih.

Während der Neandertaler im Nahen Osten zwischen 100 000 und 40 000 Jahre mit dem modernen Menschen koexistierte (z.B. in der Ketara- und Qafzeh-Höhle, Israel), lebten beide Gruppen in Europa nur etwa

10 000 Jahre (zwischen 40 000 und 30 000 Jahre) in Nachbarschaft. Warum der Neandertaler sich für die Stammesentwicklung des Menschen als Sackgasse erwies und wieder verschwand, ist ungeklärt. Möglicherweise erlag er der genetischen Überlegenheit des grazileren Homo sapiens sapiens und wurde von ihm „kampflos" verdrängt.

Der Homo sapiens sapiens betritt die Weltbühne!

Der früheste bekannte Homo sapiens sapiens Skelettfund ist auf 135 000 Jahre in Ostafrika datiert. Als Gruppe moderner Menschen verließ der Homo sapiens sapiens vor etwa 100 000 Jahren seine Urheimat und entwickelte sich in Vorderasien, im Schnittbereich von Afrika, Europa und Asien, und damit *„jenseits von Afrika"*, zu klimaangepassten Rassen *(Europide, Mongolide, Negride, Australide)* weiter. Erdrückende Beweise für dieses *„Out of Africa"*-Modell liefert heute die evolutionsgenetische Erbgutforschung, wohingegen der multiregionale Gegenentwurf, nach dem sich der Homo sapiens sapiens in verschiedenen Erdteilen aus unterschiedlichen regionalen Populationen zeitgleich entwickelt haben soll, zunehmend weniger Anhänger findet.

Der HSS verstand es ausgezeichnet, seine körperlichen Vorzüge, wie aufrechter Gang, universell einsetzbare Greifhand, großes und ausdifferenziertes Gehirn und v.a. seine Sprach- und Kommunikationsfähigkeit immer effektiver einzusetzen. Allerdings erlauben die Fossilfunde keine Rückschlüsse auf die Entwicklung der kognitiven Fähigkeit des Menschen im Verlauf der Evolution.

Der erste fassbare Vertreter des HSS ist der **Cro-Magnon-Mensch** *(Aurignacien)*, der vor 40 000 Jahren am Übergang vom Mittel- zum Jungpaläolithikum auftrat. Mit reicher Werkzeugpalette sowie der Schaffung von Kleinplastiken aus Elfenbein (Lonetal, Schwäbische Alb) erwies er sich uns als ebenbürtig. Als herausragende Ergebnisse seines Kunstschaffens gelten die magischen Bildergalerien des Aurignacien (Chauvet-Höhle in der Ardèche, vor 30 000 Jahren) und des Magdalénien, der letzten großen Epoche der Eiszeitkunst vor 17–15 000 Jahren (Lascaux im Vézère-Tal, Altamira in Nordspanien). Außerdem wusste er die Natur sich immer dienstbarer zu machen. Dies führte in der Jungsteinzeit, nach vorangegangener karger Subsistenzwirtschaft und Nomadenleben, letztlich zur Sesshaftigkeit, die die *Entwicklung zahlreicher neuer Kulturtechniken*, insbesondere auf dem Agrarsektor, in Geräteproduktion und Metallurgie, förderte.

Der Mensch – ein Spielball des Klimas?

Warum beschleunigte sich die Entwicklung des Menschengeschlechts, das sich über Jahrmillionen sehr viel Zeit gelassen und unterschiedlichste Stammbaumverzweigungen erprobt hatte, in den letzten 500 000 Jahren so auffällig und erfolgreich? Ein Grund hierfür könnte im mindestens *sechsmaligen Wechsel von Warm- und Kaltzeiten* im jüngeren Pleistozän zu suchen sein. Diese Wechsel haben zu erheblichen Einengungen bzw. Ausweitungen der Lebensräume in Eurasien geführt. Denn Kaltzeiten bewirkten stark verkleinerte und isolierte Lebensräume mit reduzierten Nahrungsangeboten, die letztlich zu einem erheblichen Bevölkerungsrückgang führten. In den Warmzeiten boten sich den dezimierten, genetisch an die Umwelt jedoch besser angepassten Gruppen größere Nahrungsräume. Sie konnten sich vermehren und waren für die nächste Kaltzeit habituell besser gerüstet als zuvor. Da sich dieses *„Selektions-Propagations-Spiel"* (G. Wunderlich: „genetische Pumpe") in geologisch und populationsgenetisch relativ kurzen Zeitabständen wiederholte, erfuhren die Frühmenschen kurz hintereinander mehrmalige Entwicklungsschübe.

Der *Jetztmensch* entstammt demnach einer kleinen, krassen Klimawechseln und scharfer Auslese unterworfenen *Gründerpopulation* aus Ostafrika. In wenigen Jahrzehntausenden hat er sich „erfolgreich" zum Alleinherrscher der Erde entwickelt.

Marksteine auf dem Weg zum Menschen

- Ablösung des Australopithecus aus dem Tier-Mensch-Übergangsfeld vor 8/5 Mio. Jahren.
- Entwicklung des Homo aus dem Hominidenstamm vor 5/4 Mio. Jahren.
- Aufrechter Gang vor 4/3 Mio. Jahren.
- Deutliche Zunahme des Gehirnvolumens vor 3 Mio. Jahren.
- Homo erectus (aufrechter Mensch) vor 2 Mio. Jahren, erste Steinwerkzeuge.
- Totenbestattung vor 100 000 Jahren.
- Künstlerisches Schaffen des Cro-Magnon-Menschen vor 40 000 Jahren.

12 Die Anfänge des Menschen und seiner Kultur vor etwa

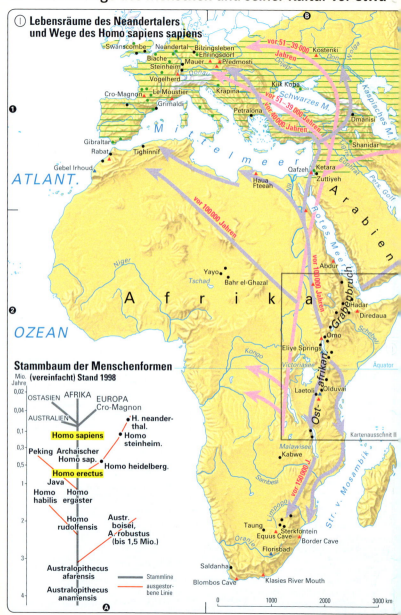

① Lebensräume des Neandertalers und Wege des Homo sapiens sapiens

5 Millionen bis vor etwa 40 000 Jahren

14   Erste menschliche Spuren – Europa 500 000 – 5 500 v. Chr.

Höhlenmalerei von Altamira
Diese meisterhafte Darstellung eines Wisents befindet sich in einer Höhle in Nordspanien.

Die Steinzeit

Die Geschichte der Menschheit begann, als der Gebrauch des Feuers und primitiver Steinwerkzeuge erstmals menschliches Handeln belegten. Ihre entscheidende Entwicklung erfuhr sie im *Pleistozän (Eiszeitalter)*. Dieses setzte vor 2,5 Millionen Jahren mit einem kräftigem Temperatursturz ein, erfuhr einen mehrmaligen Wechsel von Warm- und Kaltzeiten und leitete mit globaler Klimabesserung um 9 500 v. Chr. in die *Nacheiszeit (Holozän)* über. Zahlreiche Bodenfunde, wie Geräte und Werkzeuge aus Naturmaterialien (Geröll, Feuer- und Hornstein, Obsidian, aber auch Geweih, Elfenbein, Knochen), sind namengebend für die **Steinzeit**.

Die Steinzeit wird kulturgeschichtlich gegliedert
(bezogen auf Mitteleuropa):
- **Altsteinzeit** *(Paläolithikum)*: 2,5 Mio. – 9 500 v. Chr.
  (griech. *palaios* = alt; *lithos* = Stein).
- **Mittelsteinzeit** *(Mesolithikum)*: 9 500 – 5 500 v. Chr.
  (griech. *mesos* = mittel).
- **Jungsteinzeit** *(Neolithikum)*: 5 500 – 2 200 v. Chr.
  (griech. *neos* = neu).

Die erste Kulturepoche des Menschen, die Altsteinzeit, wird unterteilt in:
Altpaläolithikum (vor ca. 2,5 Millionen bis 200 000 Jahre v. Chr.) mit Homo erectus und Heidelberger Mensch.
Mittelpaläolithikum (200 000 – 50/35 000), geprägt durch die größte Vergletscherung, die Saale- bzw. Risskaltzeit sowie die letzte, die Weichsel- bzw. Würmkaltzeit. Jetzt traten *Homo sapiens* (Mensch unserer Art) und *Neandertaler* auf (Skelettfund 1856 im Neandertal bei Düsseldorf). Letzterer verstand Jagd- und Werkzeugtechnik deutlich zu verbessern. Typische Artefakte sind Faustkeile, scharfkantige Klingen aus Feuerstein-, Hornsteinabschlägen (Schaber, Messer, Stichel).

Der Durchbruch zur höheren Kulturstufe erfolgte schließlich im **Jungpaläolithikum** (50/35 000 – 9 500). Als einzige Hominidenart überlebte die lange Ahnenreihe nur der *Homo sapiens sapiens* im *Cro-Magnon-Menschen* (fünf Skelettfunde 1868 im Vézeretal, Dordogne), der vor 30 000 Jahren den Neandertaler nach etwa 10 000 Jahren Koexistenz biologisch verdrängt hatte.

Die eiszeitlichen Jäger auf Großwild (Ren, Ur, Wisent, Mammut, Wildpferd) in den Tundren und Steppen Eurasiens verstanden sich nicht nur ausgezeichnet auf Waffen (Speerschleuder, Wurfspeer, Pfeilbogen) und Werkzeuggebrauch (Klingen, Blattspitzen), sondern fanden auch Zeit für eindrucksvolle **Höhlenmalereien**, wie die von *Lascaux* (17/15 000 Jahre v. Chr., Magdalénien), *Chauvet* (Aurignacien, im *Ardèchetal*) und *Altamira* (Nordspanien). Diese wie die ersten Tier-, Menschen und Symbolplastiken (z. B. *Lonetal*) legen Zeugnisse großer künstlerischer Gestaltungsfähigkeit der Jungpaläolithiker ab.

Mit dem Abschmelzen der Eisschilde in Nord- und Mitteleuropa endete auch das Jungpaläolithikum um 10 000 v. Chr. Es setzte die Wiederbewaldung (Kiefer, Birke) ein und die Großwildherden wanderten nach Norden ab.

Im nun anschließenden **Mesolithikum** (9 500 – 5 500 v. Chr.) schöpften die Menschen sämtliche Umweltressourcen aus: als Sammler pflanzlicher Produkte (Haselnuss, Holzapfel, Beeren, Schlehe, Feldkohl) und Waldjäger auf Standwild (Rot-, Rehwild, Elch, Wildschwein). Neuerdings gewinnt die Mittelsteinzeit als Kulturepoche aufgrund zahlreicher Grabungsfunde zunehmend an Eigenständigkeit. Ihre Bevölkerungsdichte lag bei ca. 0,1 Person je km², was 35 000 Menschen für die Fläche der Bundesrepublik Deutschland entspricht. Infolge Rohstoffmangels konzentrierten sie sich auf die Herstellung von Kleinwerkzeugen (*Mikrolithe*), für die ein europaweiter Handelsaustausch nachgewiesen ist. Als Halbnomaden bewohnten sie Hütte, Zelt, Abri (Felsdach) und Höhle (z. B. *Ofnet-Höhle* im Ries/Nördlingen). Sicherlich besaß die Bevölkerung bereits ökonomische und technische Voraussetzungen für Ackerbau und Viehhaltung. Gegenwärtig wird diskutiert, ob die Mesolithiker am Übergang zur Jungsteinzeit durch Zuwanderer aus dem Südosten kolonisiert bzw. assimiliert wurden oder ob sie die neuen Agrartechniken ohne größere Bevölkerungsverschiebung im Sinne der Akkulturation übernahmen.

16 Bauern statt Wildbeuter – Die Neolithische Revolution

Pfahlbauten bei Sipplingen/Bodensee

Tiefer Wandel der Menschheit

In der Nacheiszeit, im Meso- und Neolithikum, trat der Mensch endgültig aus dem Dunkel der „geschichtslosen" Altsteinzeit, zuerst wohl im *„Fruchtbaren Halbmond"*, dem sichelförmigen Streifen zwischen Palästina und Zagrosgebirge. Hier wurde das *Wildbeutertum* (Sammeln und Jagen) ab dem 10. Jahrtausend v. Chr. von *Feldbau* (Wildgetreidearten wie Emmer, Einkorn, Gerste, Hülsenfrüchte) und *Viehhaltung* (Domestikation von Wildschaf, -ziege und -rind) abgelöst. Besondere Merkmale der neuen Lebensweise waren außer Agrarproduktion und Sesshaftigkeit die Herausbildung *handwerklicher Fertigkeiten* wie Töpferei, Weberei und Kupfermetallurgie, die Arbeitsteilung und Tauschhandel voraussetzten. Bevölkerungszuwachs wie auch Klimaschwankungen mit zunehmender Bodentrockenheit zwangen zur Suche nach neuen Lebensräumen. Diese boten sich in Griechenland (7. Jahrtausend), Ägypten, Südost- und Ostasien, westmediterranen Küstenregionen und Mitteleuropa an, wo sich eigenständige Kulturkreise herausbildeten.

Möglicherweise wurde der Bevölkerungsaufbruch nach Westen durch eine *„Sintflutkatastrophe"* verursacht, als der ansteigende Mittelmeerspiegel (globale Eisschmelze) um 7750 v. Chr. den Bosporus durchbrach und die bereits kultivierten Küsten des 150 m tiefer gelegenen Schwarzen Meeres überflutete.

Erste Bauernkultur Mitteleuropas in der Jungsteinzeit (5500 – 2200 Jahre v. Chr.)

Vor 5600 v. Chr., in feuchtwarmer Klimaphase mit Eichenmischwäldern, erfolgte in Mitteleuropa der Übergang vom Meso- zum Neolithikum. Mit der Umstellung beim Nahrungserwerb auf Feldbau und Viehhaltung leiteten die *Bandkeramiker* (nach Liniarbandschmuck auf Keramik) tiefgreifende Veränderungen in Umwelt, Agrarwesen, Kulturtechnik und Besiedlung ein, auch als *Neolithische Revolution* bezeichnet. Da das Wildbeutertum den Nahrungsbedarf allein nicht mehr sichern konnte, bot sich alternativ nur die bodengebundene Wirtschaftsweise mit der Kultivierung von Wildgetreide und der Domestikation tierischer Wildformen an.

Ackerbau erfordert Dauersiedlungen

Voraussetzung für Feldbau war die Urbarmachung mineral- und klimagünstiger Waldstandorte sowie der Einsatz effizienter Werkzeuge wie Hacke, Hakenpflug usw. Da die ungedüngten Böden jedoch rasch ermüdeten, waren oft Rodungen im Umkreis der Dauersiedlungen unerlässlich, eine Form der *Wanderhackbaukultur* hatte sich als Wald-Feldbau-Wechselsystem etabliert.

Bodengebundene Wirtschaftsweise und Dauersiedlung bedingten einander, was die Siedlungsmobilität jedoch nicht ausschloss. In Oberschwaben z. B. blieb eine Siedlergemeinschaft von 20 bis 50 Familieneinheiten mit 100 bis 300 Personen für mehrere Generationen (40 – 80 Jahre) an einem Ort. Sie wohnten zumeist in Langhäusern, die zusammen eine lockere Gruppensiedlung bildeten. Als populärste archäologische Siedlungsdenkmäler jener Zeit gelten die *Pfahlbausiedlungen* an den Ufern randalpiner Seen (Bodensee) und die Moore in Oberschwaben *(Federsee)*. Allein im südwestdeutschen Alpenvorland sind für die Zeit zwischen 4400 und 800 v. Chr. mehr als 100 Ufer- und Moorsiedlungen bekannt, wobei Dendrochronologie und Radiocarbonmethode exakte zeitliche Zuordnungen erlauben.

Die Jungsteinzeit – eine völlig neue Kulturepoche

- Die bäuerliche Kultur entsteht im Vorderen Orient.
- Das Wildbeutertum mit karger Subsistenzwirtschaft und hoher Mobilität wird im Neolithikum von bäuerlicher und sesshafter Lebensweise abgelöst.
- Wandel der Bautradition: Anstelle von Höhlen, Abris (Felsdächer) und Schutzhütten treten Dauersiedlungen mit differenzierten Dorf- und Gesellschaftsordnungen.
- Gilt die Altsteinzeit als Ära des „geschlagenen Steins", so die Jungsteinzeit als die des „geschliffenen Steins", zu dem erste Kupferwerkzeuge treten.
- Die Erfindung von Rad und Wagen erleichtert den Handelsaustausch von Rohstoffen über große Entfernungen.

vom 10. Jt. bis 2200 v. Chr.

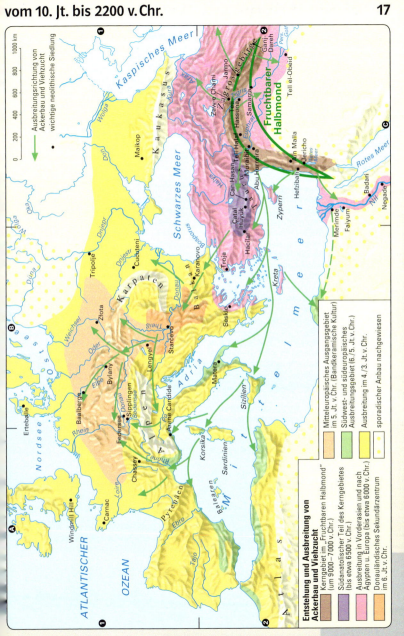

18   Der Beginn des Metallzeitalters – Die Anfänge der Stadt

Çatal Hüyük: Rekonstruktion eines Teils der Siedlung

Zum Stein tritt das Metall – Kupfer- und Bronzezeit

Auf der Suche nach Ersatz für den spröden Werkstoff Stein „erfand" man im Vorderen Orient den **Rohstoff Kupfer**. Aus Kupfernuggets in Flusssedimenten und bergmännisch gewonnenem Erz schmolz man das Metall mittels Holzkohle heraus und verarbeitete es zu Schmuck, Waffen und Gerätschaften aller Art. Während die **Kupferzeit** (Chalkolithikum) für den östlichen Mittelmeerraum als eigenständige Kulturepoche gilt, herrschten im Neolithikum Mitteleuropas weiter Steinwerkzeuge vor, auch wenn hier Kupfergegenstände bereits seit 4000 v. Chr. in Gebrauch waren. Trotz enger Verzahnung mit der Jungsteinzeit stellte die **Bronzezeit** (für Mitteleuropa: 2200–800) eine eigene und glanzvolle Kulturepoche dar, die erst nach ca. 1500 Jahren in die Eisenzeit *(Hallstatt- und La Tène-Kultur)* überging.

Als herausragende Kulturleistungen gelten außer der Weiterentwicklung des Agrarwesens (Hirse und Dinkel als neue Getreidearten) insbes. Zugang und Vermittlung von Rohstoffen wie Kupfer, Zinn, Gold und Bernstein. So prägten das bronzezeitliche Erwerbsleben neben den Bauern nun Händler, Krieger und Künstler sowie Spezialisten für Bergbau und Metallurgie. Gerade letztere schufen erstmals ein Gewerbe, das wirtschaftlich nicht mehr zum bäuerlichen Lebenskreis zählte.

Bronze (von *aes brundusinum* = braunes Erz) ist eine gelblich-braune Legierung mit ca. 90% Kupfer- und 10% Zinnanteil. Zinn ist erst seit dem 3. Jt. aus Iberien, Sardinien und Anatolien bekannt und wurde von den Phöniziern in die Bronzegießereien nach Kleinasien verschifft (Seifenzinn von Cornwall und Devonshire erst ab dem 1. Jt. vor Chr.). Erzabbau, Bronzeguss (bei 1000 °C) und Bronzetechnologie erforderten ein hohes Maß an Spezialisierung und weitgespannte Handelsnetze. Bronze erwies sich als überaus vielseitiger Werkstoff für Geräte und Waffen; Bronzebarren und -schmuck dienten zudem als Zahlungsmittel.

Die Wiege der Stadtkultur – Vorderasien

Im „**Fruchtbaren Halbmond**" zwischen Mittelmeer im Westen, Zagrosgebirge und Persischem Golf im Osten, den Wüsten Arabiens im Süden und den wasserspendenden Gebirgen im Norden ließen sich aufgrund von Klima- und Bodengunst bereits zwischen dem 9. und 8. Jahrtausend v. Chr. erste autarke Bauern nieder (Anbau von Wildgetreide wie Emmer, Einkorn). Die südlich anschließenden mineralreichen, aber trockenen Ebenen des **Zweistromlandes** konnten erst ab dem 6. Jahrtausend bewässert und damit kultiviert werden. Als Folge verbesserter Agrarwirtschaft um 7700 bildete sich eine sesshafte und **differenzierte Agrargesellschaft** mit arbeitsteiligem Handwerk, komplexen Organisationsformen und Güteraustausch heraus.

In Bergfußoasen oder dort, wo Karawanenstraßen Ströme querten, entstanden stadtähnliche Brückenorte, die aufgrund der wertvollen Handelsgüter immer auch Schutzbauten nach sich zogen.

Jericho (8500 v. Chr., seit 8000 ummauert) gilt als weltälteste Stadt, doch steht ihm **Çatal Hüyük** (bei Konia in Anatolien, 7000–6500) infolge Kupfergewinnung und Kupferverarbeitung an Bedeutung kaum nach. Der Übergang zwischen dörflichem und städtischem Gemeinwesen dürfte erst zwischen dem 5. und 3. Jahrtausend erfolgt sein, so bei den sumerischen Städten **Ur** (5000) und **Uruk** (3500). Etwa 1000 Jahre jünger sind **Babylon** und **Ninive**; zeitgleich entstanden am Nil **Memphis** und **Theben**. Zumeist waren diese frühen Städte wichtige Handelszentren sowie befestigte Mittelpunkte großer Gebietsherrschaften mit straffer Verwaltung und Militärorganisation.

Obgleich die europäische Stadtkultur an orientalische Vorbilder anknüpfte, vollzog sich im östlichen Mittelmeer eine eigenständige Stadtgenese, die mit der ägäischen Kultur (**Knossos** auf Kreta) einsetzte. Auf sie folgten griechische Stadtgründungen der Frühzeit (800 bis 500 v. Chr.) mit **Athen, Korinth** usw. in typischer Akropolislage sowie in der klassischen Epoche (500–336 v. Chr.) die zahlreichen griechischen Kolonien als Hafenstädte an den Küsten Kleinasiens bzw. Süditaliens. Häufig orientierten sie sich am geometrischen Gitternetzplan des Hippodamos von Milet (griechischer Architekt, 5. Jahrhundert v. Chr.).

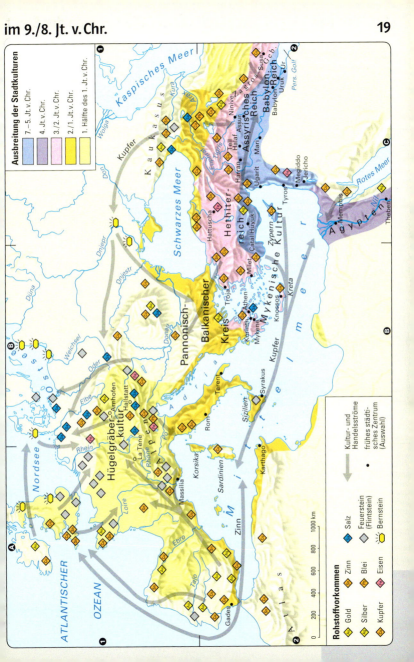

20 Von Bauernkulturen zu differenzierten Gesellschaften und

Die Zikkurat von Ur: Der biblische „Turm von Babel" spielt auf den höchsten babyl. Hochtempel (Zikkurat) für Gott Mardok an, dessen Form dem von Ur ähnelte.

Karte I: Frühe Hochkulturen

Eine wichtige Vorstufe für die Entwicklung des menschlichen Individuums und des modernen Staates bildeten sog. **Hochkulturen***.

Hochkulturen
Frühe Kulturen, die sich infolge ihrer politisch-staatlichen Organisation (Stadt, Reich, Ständegesellschaft, Gottkönigtum, gestufte Beamten- und Priesterschaft), ihrer Wirtschaftsstruktur (Vorratshaltung, Handwerk, Handel) und Kulturtechnik (Steinbau, Kunst, Schrift, Technik, Wissenschaft) stark von den Nachbarvölkern unterschieden, welche mehr oder weniger entweder der Stufe der Jäger und Sammler oder der der reinen Agrargesellschaft verhaftet blieben.

Die besten Voraussetzungen für eine derartige Fortentwicklung von Jäger- und Sammlerzu Bauernkulturen und von diesen zu Hochkulturen fanden sich in großen Flussoasen, wo fruchtbarer Boden, Wasserreichtum und Klima reiche Ernten garantierten, welche die Herausbildung von arbeitsteilig-differenzierten Gesellschaften ermöglichten. Der Entwicklungsprozess wurde dadurch ausgelöst, dass die Bevölkerungen der begehrten Flussoasen durch Nomadenvölker mit starkem Herrschaftsbewusstsein unterworfen und überschichtet wurden.

Hochkulturen entstanden in **Ägypten** am Nil (ca. 3000 v.Chr.) und in **Mesopotamien** zwischen Euphrat und Tigris (ca. 3000 v.Chr.), auf **Kreta** und in **Indien** im Industal (beide ca. 2500 v.Chr.). Zu nennen sind auch die **Hethiter** (ca. 1700 v.Chr.) in Anatolien und die Hochkulturen in **China** am Huang He und am Jangtsekiang (ca. 1500 v.Chr.).

Nachgeordnet sind auch die **Griechenstädte** und **Rom** dazuzurechnen, ebenso die **abendländische** und die **islamische Kultur** sowie zeitlich viel später in Amerika die Kulturen der **Azteken**, **Maya** und **Inka**. Außerdem gab es Zwischen- und Nachahmeformen, z.B. die afrikanischen Reiche [→ 88/89].

Karte II: Mesopotamien im 3./2. Jt. v.Chr.

Die Hochkultur im Süden **Mesopotamiens*** wurde wohl durch die Einwanderung der Sumerer nach 3300 v.Chr. (aus Indien?) ausgelöst. Darauf deuten die um 3000 geschaffene *älteste Schrift der Menschheit (Keilschrift)* sowie die straffe städtische Organisationsform, welche eine Voraussetzung für die Nutzung des Bodens mittels Be- und Entwässerung bildete. Bedeutsam unter den zahlreichen Stadtstaaten waren **Uruk**, **Agade**, **Ur**, **Lagasch** und **Kisch**.

Sargon I. von Agade (2330–2274) errichtete das **Reich von Akkad** (2350–2170/50), *das erste Großreich der Geschichte*, das zeitweise vom SW-Iran bis Syrien und Kleinasien reichte, aber relativ kurzlebig war.

Mesopotamien (seit Alexander d. Gr. griech. „Zwischenstromland", auch Zweistromland gen.)
Das fruchtbare Schwemmland von Euphrat und Tigris südl. von Bagdad. Seine Regenarmut zwang zu künstl. Bewässerung unter Nutzung des Frühjahrshochwassers. Dies setzte wohlgeordnete Staaten voraus. Die Flussmündungen lagen im 3. Jt. noch nördl. von Basra; im 4. Jt. waren wohl auch Ur und Eridu Küstenstädte.

Um 2000 entwickelte sich im Süden der Stadtstaat Babylon zum **(Alt-)Babylonischen Reich** (ca. 1720–1530 v.Chr.), das sein erster bedeutender Herrscher **Hammurabi** (1729–1686) auf Kosten des Assyrischen Reiches stark erweiterte und zu hoher kultureller Blüte führte (Beispiel: **Codex Hammurabi***). Es zerbrach unter dem Ansturm der Hethiter (Reich Hatti), die 1531 Babylon zerstörten.

Codex Hammurabi
Die 1901 in Susa aufgefundene Stele mit einer Sammlung strafrechtl., bürgerl.-rechtl. und handelsrechtl. Vorschriften, Teil einer Rechtsreform des Königs, die diesen als „Hirten der Menschen" bezeichnet, der von Gott eingesetzt worden ist, um „Gerechtigkeit im Lande sehen zu lassen".

Um 1800 war in Nordmesopotamien um Assur das **(Alt-)Assyrische Reich** (1800–612) entstanden, das unter König Schamschi-Adad I. (ca. 1749–1717 v.Chr.) seine größte Ausdehnung besaß und bis nach Nord-Babylonien (Mari) reichte. Auch die Assyrer wurden schon bald durch den Einfall benachbarter Völker in die blühende Flussoase bedroht. So entstand ab etwa 1680 v.Chr. das **Reich der Hurriter**, das einzwise Syrien, Palästina und Ägypten (dort **Hyksos** gen.) umfasste und sich nach der Vertreibung aus Ägypten im oberen Mesopotamien als **Mitannireich** (Blütezeit 1460–1340 v.Chr.) konsolidierte.

Staaten – Erste Hochkulturen • Mesopotamien 3./2. Jt. v. Chr. 21

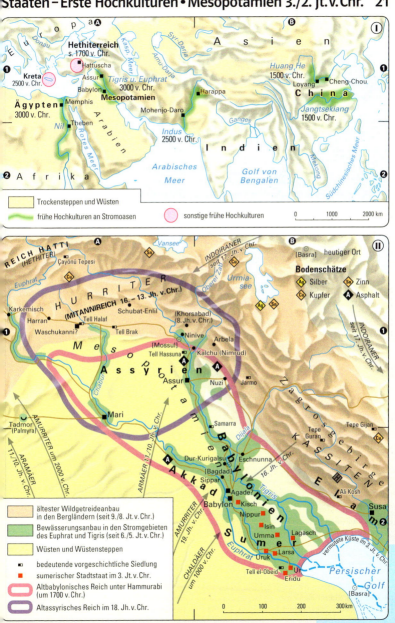

22 Eine der frühesten Hochkulturen der Welt – Das Nilreich

Totenmaske des Pharao Tutenchamun
Die Haube des Pharao ist mit Symbolen des Königtums von Ober- (Geierkopf) und Unterägypten (Kobra) geschmückt.

Ägypten – eine frühe Hochkultur
Für die Antike reichte Ägypten* vom Mittelmeer bis zum **1. Katarakt** nördlich von **Elephantine** (ca. 780 km) und war unterteilt in das weite unterägypt. Nildelta und das enge oberägyptische Flussbett; südlich davon lag **Nubien**; beidseits war **Wüste**.

Name Ägypten
Der griechische Name für das Kulturland im Niltal, das seine Einwohner selbst *Keme* (schwarzes Land – im Unterschied zum *roten Land* der Wüste) nannten, wurde von der Stadt Memphis (ägyptisch *Tempel der Macht des Ptah*, assyrisch *Hikupta*) abgeleitet.

Das Leben beruhte auf dem Rhythmus der jährlichen **Überschwemmung** *(Nilschwelle)*, die im September bei Assuan bis zu 8,5 m erreichte. Zähmung und Nutzung des Nils bildeten den Ursprung des ägyptischen Staates. Angebaut wurde v. a. Getreide, nämlich sechszeilige Gerste, zweizeiliger Emmer, seltener Weizen und Spelt, aber auch Flachs, Gemüse, Salate, Obst und Gewürze.

Die Hauptphasen der ägyptischen Geschichte
Vorgeschichte:	vor ca. 3000 v. Chr.
Geschichtliche Zeit:	
Altes Reich	(ca. 2925/2700 – 2134 v. Chr.)
1./3. – 6. Dynastie	
Mittleres Reich	(ca. 2133 – 2220/1777 v. Chr.)
11. – 13. Dynastie	
Neues Reich	(ca. 1777/1550 – 1085 v. Chr.)
18. – 24. Dynastie	
Spätzeit:	(ca. 11. – 4. Jh. v. Chr.)
Hellen.-röm. Epoche:	(seit ca. 330 v. Chr.)

Das **Alte Reich** mit der Residenz Memphis war kulturell gekennzeichnet durch die Entwicklung der **Hieroglyphen** (vokallose Bilderschrift, erst 1822 vom Franzosen Champollion entschlüsselt), durch die großen Pyramiden (z. B. von Gizeh und Dahschur) sowie das erbliche und absolutistische Königtum des **Pharaos*** und durch die Schaffung eines **Kalenders** (Sonnenjahr von 365 Tagen, das mit der Nilschwelle Mitte Juli begann). Religiös war es geprägt durch eine **Sonnenreligion** mit meist menschengestaltigen Universalgöttern *(Isis, Osiris, Seth, Horus)*, die die alte Fellachenreligion mit ihren tiergestaltigen Göttern überlagerte.

Pharao
Der Titel bedeutete ursprünglich nur Großes Haus und meinte den Palast des Herrschers. Erst um 1450 v. Chr. Bezeichnung für den König.

Politisch blieb Ägypten in dieser Zeit nach außen defensiv. Gegen Ende zerfiel es in einzelne Gaufürstentümer. Die Bedrückung des Volkes durch Frondienste äußerte sich in Aufständen. Der Glaube an die Göttlichkeit des Königs ging verloren.

Das **Mittlere Reich** begann mit der erneuten Einigung Oberägyptens durch Mentuhotep um die **neue Residenz Theben**. Im Süden erreichte es nach Eroberung Unternubiens ungefähr den heutigen Umfang Ägyptens; daneben war es in Nubien und Syrien-Palästina einflussreicher.

Infolge innerer politischer Schwäche drangen um 1650 von Palästina her die mit Streitwagen ausgerüsteten **Hyksos** (ägyptische *Fremdlandhäuptlinge*) ein und beherrschten für ca. 100 Jahre den Norden, während im Süden die Gaufürsten regierten.

Kunst und Kultur prägten reich ausgestattete Felsengräber (Gaufürsten), kleine Pyramiden (Könige) und eine reiche Bildkunst (Kolossalstatuen für Könige).

Das **Neue Reich** mit den Hauptresidenzen Memphis, Theben und Echet-Aten (Amarna) entstand aus einer nationalen Einigungsbewegung im Süden und wurde zur orientalischen Großmacht: Im Süden eroberte es Obernubien, im Norden das Gebiet bis zum Euphrat; unter Königin Hadschepsut (1479–1457) erreichte es seinen Höhepunkt.

Eine radikale **religiöse Reform** unter König Amenophis (später *Echnaton*) IV. (1364–1347), Abschaffung des Vielgötterglaubens (v. a. an *Ammon-Amun*) und Einführung eines Monotheismus (Sonnengott *Aton*), scheiterte. Am Ende war Ägypten erschöpft und verlor den syrischen und nubischen Besitz.

In der **Spätzeit** konnte – unter meist fremden (z. B. äthiopischen) Dynastien – nur mühsam die Reichseinheit bewahrt werden. Zwischen 771 und 655 v. Chr. stand Ägypten unter assyrischer Oberhoheit; 525 v. Chr. wurde es persische Satrapie (Provinz).

Ägypten im 3. und 2. Jt. v. Chr.

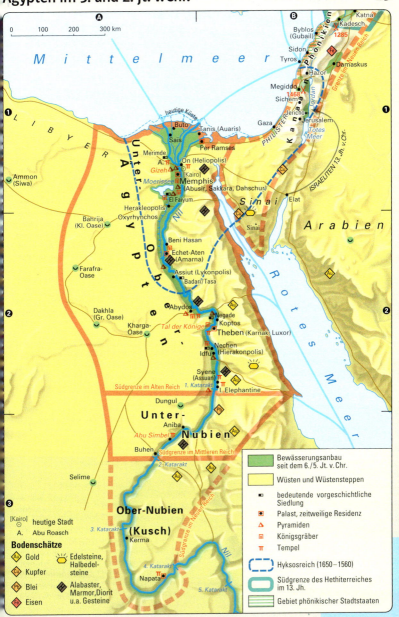

Die Staaten der Alten Welt im 7. Jh. v. Chr. • Staatliche

Karte I: Staaten im 7. Jh. v. Chr.

In **Oberitalien** erreichten die 900/800 v. Chr. eingewanderten *Etrusker* zwischen 700 und 500 mit der Herrschaft über Rom ihre kulturelle Blütezeit.

Griechenland umfasste zwischen 700 und 510 bereits die Inseln der Ägäis und die kleinasiatische West-Küste; auch die *II. Kolonisation* war fast abgeschlossen. 776 fand die erste *Olympiade* zu Ehren des Zeus statt. Zugleich begann die Zersplitterung griech. Stämme und Landschaften in kleine Einheiten: Es entstanden – gefördert v.a. durch unterschiedliche lokale Götterkulte, Schrift und Dialekte sowie Münzsysteme – kleinräumige *Polisstaaten*.

In **Vorderasien** stieg das **Reich der Meder** (vermutlich um 700 gegr.) empor. Das (seit ca. 1400 v. Chr. wieder selbständige) **Neuassyrische Reich** um Ninive erlebte seit 689 seine letzte Blüte, bevor es 612 zusammenbrach und zwischen Medern und den babylonischen Chaldäern, die 539 ihrerseits den Medern unterlagen, aufgeteilt wurde. Das im Norden gelegene, durch Erzreichtum bedeutende hurritische **Reich von Urartu** (ca. 900 bis nach 600) erlag um 585 ebenfalls den Medern. In Anatolien war um 696/695 das **Phrygerreich** unter die Oberhoheit des **Lyderreiches** geraten, das 547/546 seinerseits persisch wurde.

In **Asien** entstand im *Tal des Huang He* ab ca. 1500 eine Hochkultur mit Bronzekunst und Schrift (2000 Bilder, Symbole, Wortzeichen). Im **China** der **Chou-Dynastie** (11 Jh. – 249 v. Chr.) sank um 700 die königliche Macht; Fürstenstaaten entstanden, die ab 685 durch die Hunnen bedroht wurden.

In **Indien** waren um 2500 im **Indus- und im Gangestal** Hochkulturen entstanden. Ab 1500 drangen arische Nomaden im Nordwesten ein und erreichten um 600 den Ganges. Nach Alexanders Indienzug kam um 320 v. Chr. die **Maurya-Dynastie** an die Macht und gründete das erste *indische Großreich*, das aber nie ganz Indien erfasste.

In **Nordafrika** löste sich um 540 v. Chr. (das um 800 gegr.) **Karthago** von der Mutterstadt Tyros und errichtete ein eigenes Handelsreich. **Ägypten** war damals (bis 612) von den Assyrern abhängig. Das z.Z. des Mittleren Reiches [→ 22/23] ägypt. **Nubien** oder **Kusch** (griech. *Aithiopia*) um Napata, reich durch Goldvorkommen, Ebenholz und Elfenbein, war seit ca. 1000 wieder unabhängig; zw. 750 und 656 beherrschte es Ägypten.

Die Menora
Der siebenarmige Leuchter im Tempel von Jerusalem wurde weltweit zum Symbol des Judentums.

Den Ausgang des Roten Meers kontrollierte das um 1100 v. Chr. in Südwestarabien gegründete **Reich der Sabäer**.

Karte II: Israel im 9. Jh. v. Chr.

Die späteren Israeliten waren vermutlich im Rahmen der sog. *aramäischen Wanderung* (Ende 2. Jt. v. Chr.), also zusammen mit Aramäern, Ammonitern, Moabitern und Edomitern, nach Palästina gekommen, als die bisherigen Großmächte (Hethiter, Ägypten) durch den Ansturm der „Seevölker" geschwächt waren. Sie besiedelten v. a. die gebirgigen Gegenden des West- und teilweise des Ostjordanlands; die Ebenen verblieben vorerst den kanaanäischen Stadtstaaten.

Nach der Landnahme bildeten 12 Stämme den **Sakralverband „Israel"**. Er hielt sich für das „auserwählte Volk", den Träger der von **Gott Jahwe** selbst gelenkten Geschichte.

Die Großmachtpolitik der **Philister** führte um 1000 zum **Heerkönigtum** Sauls. **König David** erweiterte das Reich – trotz kurzer Teilung in ein südliches **Juda** und ein nördliches „**Israel**" – durch Unterwerfung der Nachbarstaaten (Ammon, Edom, Moab und die Aramäer von Damaskus) zu einem **Großreich**, das **König Salomon** durch Großbauten und Hofhaltung glanzvoll repräsentierte. Nach Salomons Tod (932) zerfiel es wieder in zwei Reiche, und viele Eroberungen gingen verloren, ebenso die Selbständigkeit.

Karte III: Palästina im 1. Jh. n. Chr.

Mit römischer Begünstigung hatte der Idumäer **Herodes „der Große"** (37 – 4 v. Chr.) nochmals ein **jüdisches Universalkönigreich** errichtet. Nach seinem Tode wurde es unter vier Nachfolger (*Tetrarchen*) aufgeteilt. Der unfähige Herodessohn Archelaos (4 v. – 7 n. Chr.) veranlasste Augustus, sein Reich 6 n. Chr. in die römische **Prokuratur** Judäa (Amtssitz Caesarea) umzuwandeln. Nach dem *Jüdischen Aufstand* von 66 – 70 n. Chr. wurde ganz Palästina römische Provinz.

Macht in Palästina im 9. Jh. v. Chr. und im 1. Jh. n. Chr.

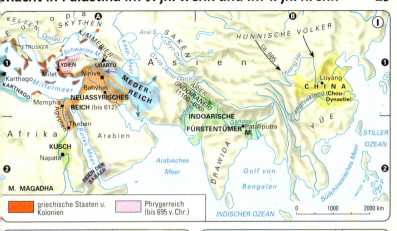

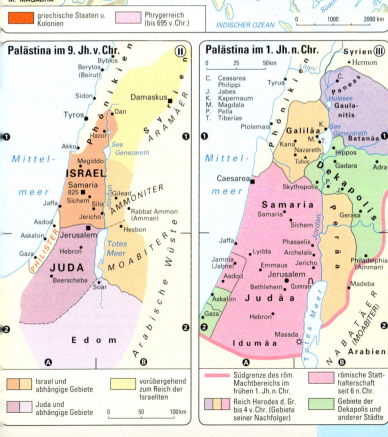

26 Vom Mederreich zum Perserreich – Orientalische Groß-

Persische Palastwache
Krieger, mit Bogen und Speeren bewaffnet, am Königspalast der persischen Hauptstadt Susa.
Glasierte Ziegel, 6. Jh. v. Chr.

Medien und das Neubabylonische Reich

Um 800 entstand im Westiran das **Reich der Meder** mit der Hauptstadt Ekbatana. Dejokes II. (700–647) einigte die medischen Stämme und drängte den Einfluss Assyriens zurück. **Kyaxares (625–585)** vernichtete dann im Bunde mit Babylonien zwischen 616 und 609 das Assyrische Reich, teilte es auf und begründete damit das **Medische Großreich**. Danach unterwarf er große Teile des Irans sowie Armenien und drang nach Kleinasien vor, wo 585 der Halys zur Grenze gegen das Königreich Lydien wurde. Sein Sohn **Astyages (585–550)** unterlag freilich 550 den Persern, die Medien zur **Satrapie*** machten.

Satrapie
Bezeichnung der 20 persischen Provinzen, die den mit höchsten administrativen, richterl., militär. und wirtschaftl. Vollmachten ausgestatteten *Satrapen* (pers. *Schirmer der Herrschaft*), oft Verwandten des Königs, unterstanden und zu bestimmten Tributen und Heereskontingenten verpflichtet waren.

Im Westen Mediens war das **Neubabylonische Reich** entstanden. **König Nabupolassar (626–605)** von Babylon aus dem Aramäerstamm der Chaldäer hatte sich 626 vom Assyrischen Reich gelöst und dieses dann im Bund mit Medien vernichtet und beerbt. Sein Sohn **Nebukadnezar II. (605–562)** behauptete die Großmachtstellung Babylons gegen Aufstände einzelner Völker: Das unbotmäßige Judäa wurde unterworfen, seine Oberschicht deportiert (*„Babylonische Gefangenschaft"*) und Jerusalem 587 nach einem erneuten Aufstand zerstört. Auch die Versuche Ägyptens Syrien zurückzuerobern wurden abgewehrt. In seiner Hauptstadt Babylon entwickelte Nebukadnezar eine große Bautätigkeit: U. a. ließ er den Hochtempel (*Zikkurat*) des Marduk (biblischer *„Turm zu Babel"*), die *„Medische Mauer"*, Paläste, Festungswerke und die *„Hängenden Gärten"* (Terrassengärten) errichten. Nach seinem Tod zerfiel das Reich rasch. 539 eroberten die Perser Babylon und machten das „Chaldäerreich" zur Satrapie.

Aufstieg Persiens zum Weltreich (6. Jh.)

Die Perser hatten lange unmittelbar südl. von Medien gesessen und waren ab ca. 700 in den Südiran (Fars) abgewandert. Über sie herrschte seit ca. 700 die **Dynastie der Achämeniden**, anfangs unter medischer Oberhoheit. Diese Abhängigkeit endete **550**, als der Perserkönig **Kyros II. (559–529)** das Mederreich eroberte, seinen Schwiegervater und Lehensherrn Astyages stürzte und an seiner Stelle den Thron bestieg. Wenig später eroberte Kyros auch die Reiche der Lydier (546) und der Babylonier (539) sowie die griech. Städte im Westen Kleinasiens und, in einem großen Feldzug nach Nordosten, auch Baktrien und Sogdiana (Samarkand, 529). Sein Sohn **Kambyses II. (529–522)** unterwarf Ägypten und die griech. Städte der Kyrenaika (525). **Persien wurde zum Weltreich**, das die assyrische Reichsidee übernahm, alle Völker der Welt unter dem **Großkönig** (*„König der Könige"*) zusammenzufassen.

Achämeniden-Dynastie
Hachmanisch (Ahnvater (ca. 700 v. Chr.)
Teispes (675–640)
Kyros I. (640–600)
Kambyses I. (ca. 600–559)
Kyros II. (559–529)
Kambyses II. (529–522)
Dareios I. (521–485)
Xerxes I. (485–465)
Artaxerxes I. (465–424)
Xerxes II. (424)
Dareios II. (424–405)
Artaxerxes II. (405–359)
Artaxerxes III. (359–338)
Dareios III. (336–330)

Die Perser haben nie ernstlich versucht, ihr Gesamtreich zu „iranisieren". Schon die Assyrer und Chaldäer hatten begonnen, weite Teile Vorderasiens politisch und zivilisatorisch zu vereinheitlichen. Die Perser übertrugen diese Errungenschaften auf ihre Neueroberungen. So wurde z. B. das als Verkehrssprache schon vorher geläufige **Aramäisch** als persische Verwaltungssprache noch weiter verbreitet. Gewachsene Einheiten ließen die Perser als Satrapien weiter bestehen.

Dareios I. (521–485) eroberte 512 das Industal (Pandschab) und bedrohte nach Besetzung Thrakiens und Makedoniens (513) auch Griechenland; einzelne griechische Staaten, darunter auch Athen, unterwarfen sich daraufhin den Persern.

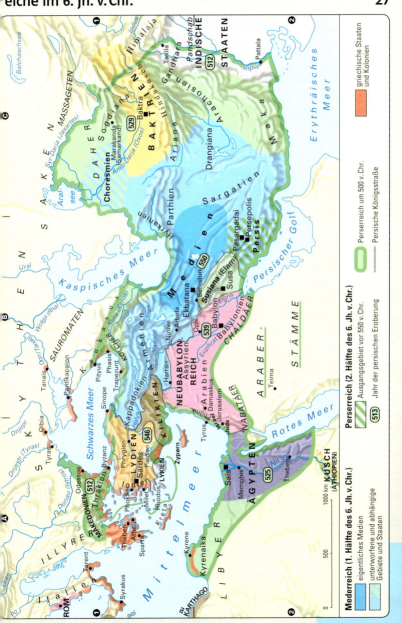

28 Auf der Suche nach Siedlungsgebieten – (Ein-)Wande-

Ein Achäerkönig
Die goldene Totenmaske aus einem Königsgrab von Mykene war von Schliemann fälschlich Agamemnon zugeordnet worden, ist aber älter.
Vor 1200 v. Chr.

Was bleibt von der ehemals so genannten „Griechischen Völkerwanderung"?

Dass ab etwa 1200 v. Chr. eine *„Griechische Völkerwanderung"* oder *„dorische Wanderung"* die Minoische Kultur abrupt beendet hätte, gilt heute als überholt. Vielmehr haben ab etwa 1200 v. Chr. kriegerische Spannungen zwischen den Fürstentümern und Invasionen der so genannten „Seevölker" zahlreiche Zerstörungen im östlichen Mittelmeerraum verursacht. Glanz und politische Struktur der Minoischen Kultur verschwanden. Erst ab ca. 1000 v. Chr. erfolgte, unkoordiniert und über einen längeren Zeitraum, – aber nicht wie bisher behauptet aus dem illyrisch-dalmatinischen Raum heraus – eine teilweise gewaltlose **Einwanderung der Dorer** über Thessalien und den Golf von Korinth nach Mittelgriechenland und auf die Peloponnes; auf dem Seeweg erreichten diese Dorer Kreta, die Sporaden (Kos) und Rhodos sowie das südwestliche Kleinasien (Knidos, Halikarnassos). Abgesehen von der Keramik (Übergang zum *Protogeometrischen Stil*) und vom Wandel der Bestattungsriten fehlen etwa zwischen 1050 v. Chr. und 800 v. Chr. markante Zeugnisse einer neuen materiellen und gesellschaftlichen Kultur. Daher wird dieser Zeitraum auch als *Dunkles Zeitalter* – dark age bezeichnet.

Die Zeit der Wanderungen – Frühgeschichte Griechenlands

Der Raum des heutigen Griechenlands wurde in seiner Frühzeit (nach 2000 v. Chr.) durch mehrere Migrationen indogerman. Völker (*„Protogriechen"*) geprägt. Ihre Vermischung mit der bäuerlich lebenden Urbevölkerung, bildete die Grundlage späterer Stammesbildungen.

Die Minoische Kultur

Eine erste griechische Hochkultur, nach dem sagenhaften König Minos benannt, entstand bereits ab etwa 2600 v. Chr. auf der Insel Kreta. Großräumige Paläste, umgeben von Städten, wie etwa in Knossos, Kydonia, Phaistos, Mallia und Zakros, waren Zentren des Warenaustausches und des Fernhandels, handwerkliche Produktionsstätten und Hebestellen für Abgaben der fronpflichtigen Bevölkerung (*„Palastwirtschaft"*). Politisch und wirtschaftlich wurden weite Teile der Ägäis bis nach Ägypten kontrolliert. Auf kultureller Ebene entstand v.a. die so genannte *Linearschrift B*, in der die ersten griechischen Texte geschrieben wurden. Die Minoische Hochkultur endete grob um 1450 v. Chr. – ob durch mykenische Einwanderer, ist umstritten.

Die Mykenische Kultur

Auf minoischer Kultur und Lebensweise basierend, war um 1600 v. Chr. auf dem griechischen Festland die **Minoische Kultur** entstanden. Sie bestand aus von einer Kriegerkaste beherrschten Fürstentümern. Kennzeichen der Epoche sind die Zyklopenmauern mächtiger Fürstenburgen, aber auch ein mit Kreta vergleichbarer politischer und wirtschaftlicher Expansionswille. Er äußerte sich in großräumigem Handel von Italien bis Syrien, aber auch in kriegerischen Raubzügen der Fürsten nach Kleinasien, Ägypten und Italien, wie vermutlich jener in Homers „Ilias" beschriebenen Eroberung Trojas.

Der griechische Kultur-, Sprach- und Siedlungsraum

Angestoßen durch die Dorer aber auch aus eigenen Antrieben heraus, wanderten oder verbreiteten sich in dieser Epoche auch andere griechische Völker. Als **Nordwestgriechen** bezeichnete Völker ließen sich in Epirus, Ätolien und Arkanien nieder. Zusammengewürfelte alte Bewohner erhielten sich lediglich auf Attika, Euboia und den Kykladen; als **Ionier** (Identität stiftender Kult des Stammvaters Ion) besiedelten sie von dort aus auf dem Seeweg Teile der Westküste Kleinasiens und vorgelagerte Inseln (Chios, Samos u.a.).

Bis etwa 800 v. Chr. waren alle „klassischen" griechischen Völker in ihre späteren Stammessitze eingewandert. Griechenland, die ägäischen Inseln und Kleinasien bildeten den griechischen Siedlungs-, Wirtschafts- und Kulturraum (Einheitlichkeit von Sprache, Kult und Kunst) des anschließenden „Archaischen Zeitalters".

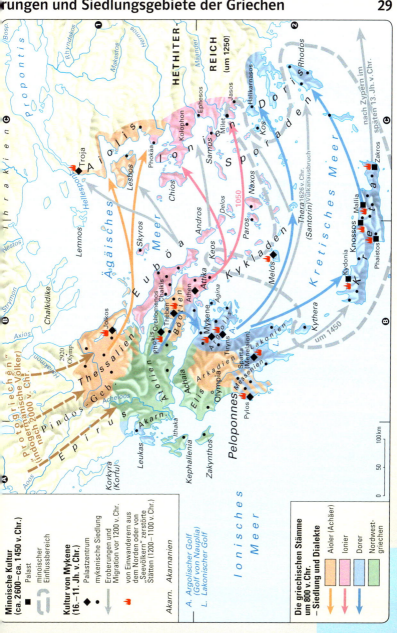

30 Neue Handelsstädte am Mittelmeer – Die Kolonisation

Galeere der Phöniker
*Das Seepferd unter dem phönikischen Kriegsschiff symbolisiert den Meeresgott.
Phönikische Münze.*

Die Kolonisation der Phöniker
Phönikien hieß im Altertum das gebirgige Küstengebiet des heutigen Libanon. Sein Hafenreichtum verschaffte ihm früh eine wichtige Rolle im Zwischenhandel mit Ägypten. Wie im übrigen Vorderasien wanderten dort ab ca. 2000 v. Chr. *Kanaanäer* ein und gründeten Küstenstädte mit kleinen Staaten.

Die Phöniker und die Entwicklung der Schrift
Durch babylonische und ägyptische Kultureinflüsse waren in Phönikien bereits um 2000 *Keilschrift* und *Hieroglyphen* bekannt.
Aus der Synthese von Keilschrift und Hieroglyphen wurde um 1700 eine stark vereinfachte Schrift für das *Kanaanäische* entwickelt, eine teilweise bildhafte Silbenschrift mit ca. 100 Zeichen. Daraus entstand das erstmals um 1500 bezeugte **phönikische Alphabet** mit 30 Buchstaben, das um 1000(?) von den Arabern übernommen wurde. Von ihm stammen über die Griechen, welche die der phönikischen Schrift fehlenden *Vokalzeichen* hinzufügten, mittel- oder unmittelbar alle übrigen Buchstabenschriften der Erde ab.

Als das Hethiterreich zerfiel und die Aramäer Syrien eroberten, konnten die phönikischen Städte ihren Bevölkerungsüberschuss nicht mehr im Hinterland ansiedeln. Nach dem Zusammenbruch Kretas um 1400 begannen sie ihren *Mittelmeerhandel* auszuweiten. Spätestens seit 1200 gründeten sie im westlichen Mittelmeer Kolonien, die zu blühenden Handelsstädten wurden. Wohl schon 1100 durchfuhren sie die Straße von Gibraltar; Zentrum der Kolonien im Nordwesten Marokkos und den Südwesten Spaniens wurde *Gades (Cadix)*. Motor der Kolonisation war anfangs **Sidon** (heute: *Saida*), nach 1000 aber **Tyros** (heute: *Sur*).

Den seit 750 v. Chr. vordringenden Assyrern konnten die stets uneinigen phönikischen Staaten nicht widerstehen (677 Sidon zerstört, Tyros 573 erobert). Auch unter den Chaldäern und Persern blieben sie im Mittelmeerhandel führend, obwohl sie der Aufstieg der griechischen Städte und Karthagos empfindlich traf.

Karthagos Aufstieg ab ca. 650 v. Chr.
814 wurde Karthago *(Neustadt)* gegründet. Jedoch seine Verbindung zur Mutterstadt Tyros wurde durch den ab 800 wachsenden griechischen Druck und die assyrische Unterwerfung des phönikischen „Mutterlandes" geschwächt. Ab ca. 650 v. Chr. besaß es daher eine eigene Flotte und ein Heer und wurde zur Schutzherrin der phönikischen Kolonien im westlichen Mittelmeer (Reich von Karthago).

Die II. Griech. Kolonisation, ca. 750 – v. Chr.
Die Ausbreitung der griech. Aioler, Ionier und Dorer zwischen dem 12. und 8. Jh. über die Inseln der Ägäis und die Küste Kleinasiens, die „Große Wanderung" (auch *I. Griechische Kolonisation*) war kaum beendet, da gerieten die Griechen zwischen 750 und 550 v. Chr. erneut in Bewegung. Viele verließen die Heimat, um neuen Lebensraum zu suchen. Der Hauptgrund der *II. Griechischen Kolonisation** waren Überbevölkerung, aber auch unbefriedigende politische und soziale Verhältnisse, Handelsinteressen anfangs weniger. Die Auswanderung entsprang zumeist der Initiative Einzelner.

Ausgangsgebiete waren v. a. der ionische Stammesraum, Städte und griech. Inseln der Ägäis sowie die Gebiete um den Isthmos, darunter Korinth und Megara. Rein agrarische Gebiete waren mit Ausnahme Achaias nicht beteiligt, auch Athen nicht.

Das Ziel waren Räume, die polit. schwach strukturiert („Machtvakuen") und wirtschaftlich sowie zivilisatorisch unterentwickelt waren; daher entstanden z. B. in Syrien (Assyrische Reich!) und Ägypten kaum Kolonien. Gravierende Hindernisse bildeten auch die Phöniker und das Reich von Karthago.

Hauptgebiete der II. Griechischen Kolonisation:
Süditalien und Sizilien – Gallien und Iberien (von Massilia aus) – Griechenland und die Ionischen Inseln – Makedonien und Thrakien – Hellespont, Bosporus und der Schwarzmeerraum.

Die Gründungsstädte lagen stets an der Küste (Platon: *„wie Frösche am Rande eines Teiches"*) und waren selbständig; größere Zusammenschlüsse wie noch bei der I. Kolonisation blieben aus. Heimische Sitte, Kultur und Einrichtungen nahmen die Auswanderer mit, auch wahrten sie meist Verbindungen zur Mutterstadt und galten weiterhin als *Glieder der griechischen Welt*.

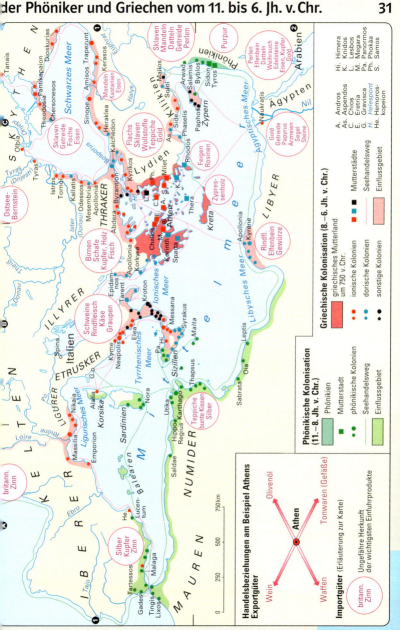

Hellas oder Griechenland – Naturraum und Staaten-

Stadtgöttin und Symbol Athens: Die Münze zeigt Athene und Athens „Wappentier", die Eule mit Olivenzweig. Attische Silbermünze, nach 500 v.Chr.

Zu den für die Ausbildung der europäischen Kultur wichtigsten Staatenbildungen im Altertum gehörte die Entwicklung der griechischen Staatenwelt, die **Entstehung Griechenlands***.

Der Name Griechenland – Hellas
Seit der indogermanischen Einwanderung hieß der südliche Balkan *Griechenland* (vom latein. *Graeci*) oder – nach der späteren Selbstbezeichnung der *Hellenen* – *Hellas*. Nach der griechischen Ausbreitung über die Inseln und die kleinasiatische Küste gehörte auch die *Ägäis* mit *Kreta* zum Schauplatz der griechischen Geschichte, nicht dagegen die griechischen Städte der Adria und im westlichen Mittelmeer, auch wenn Sizilien zeitweise noch als *Magna Graecia* bezeichnet wurde.

Das Meer als griechisches Bindeglied
Nach Klima, Bodenverhältnissen und Wirtschaft weist Griechenland starke Unterschiede auf. Eine gewisse Ost-West-Scheidung bewirkt der Pindos. Überhaupt erlauben die Gebirge eine bessere Nord-Süd- als Ost-West-Durchlässigkeit. Davon abgesehen ist die Ost-Küste buchtenreich, ebenso die Inselwelt der Ägäis. Doch erschweren fast überall hohe und zur Küste steil abfallende Gebirgsränder den Landverkehr zwischen den Buchten. Im Landesinnern bilden wasserarme Gebirge, steile Pässe, Bewaldung, Sümpfe und Seen natürliche Grenzen. Diese **Parzellierung des Lebensraumes** setzt sich in der Ägäis und an der West-Küste Kleinasiens fort. Das Schiff bildete daher das Hauptverkehrsmittel, wobei Strömungen und Winde die Seefahrt nur in der günstigen Jahreszeit erlaubten.

Gesellschaft und Staat
Die **Kleinkammerigkeit** des Naturraumes ließ die indogermanischen Gemeinsamkeiten der griechischen Einwanderer allmählich in den Hintergrund treten und **förderte den Partikularismus**: Die griechische Geschichte war im Altertum nur ausnahmsweise die Geschichte d e r Griechen, sondern die von kleinen Gemeindestaaten. Diese hatten – von **Sparta*** abgesehen – eine **Polis*** *(Stadt)* zum Mittelpunkt, welche anfänglich überwiegend Ackerbürgerstadt war. Die große Zahl solcher Stadtstaaten erklärt sich aus der Häufung von Kleinlandschaften. Ein Zusammenschluss zu großen Einheiten war i.d.R. abhängig vom Vorhandensein gemeinsamer Lebensbedingungen in einer Großlandschaft, auch von der Überflügelung kleinerer Polisgebiete durch benachbarte größere oder auch von starker Abschließung nach außen (Halbinselcharakter Attikas, große Inseln).

Sparta
Eine der politisch bedeutendsten „Städte" Griechenlands. Offene Siedlung von vier Dörfern (Limnai, Kynosura, Mesoa, Pitane, dazu später Amyklai) am Eurotas. Mittelpunkt des spartan. Staates, dessen Bevölkerung dreigeschichtet war: grundbesitzende adlige **Spartiaten** (eig. *die Gleichen*), bäuerliche freie **Periöken** (*Umwohnende*) und unfreie **Heloten** (schollengebundene, unfreie, weitgehend rechtlose Landbevölkerung).

Einen Einheitsstaat erstrebten die Griechen nie; nur äußere Gewalt vereinte sie zeitweise in einem (nichtgriechischen) Reich.

Polis, *Mz.* **poleis** (eig. *„Burg"*) Anfangs Burg (1), dann dorfartige Siedlung, politischer Mittelpunkt des Umlandes und Sitz der Magistrate (2) und schließlich der **„Stadtstaat"** (3). Ursprung des heutigen Begriffs *Politik*.

Und die Gemeinschaft der Griechen?
Zeitweise bildete der **Glaube an dieselben Hauptgötter*** die stärkste Klammer.

Griechische Hauptgötter und ihre „Zuständigkeiten"
Zeus: Wetter (Donner, Blitz), Göttervater; *Hera:* Frauen, Gemahlin des Zeus; *Hermes:* Bote, Herr des rechten Weges; *Poseidon:* Erdtiefen, Meer und alle Beben; *Demeter:* Fruchtbarkeit des Bodens; *Apollon:* Krankheit, Heil- und Dichtkunst, Musik; *Athene:* Schützerin der Stadt, weiblichen Arbeit; *Aphrodite:* Liebe; *Artemis:* Wildnis und Jagd sowie Geburt; *Ares:* Krieg; *Hades:* Tod, Unterwelt. Andere Götter kamen später hinzu.

Als sich die agonale Idee (griechisch *agon* = *Wettkampf*) verbreitete, wurden lokale Kultfeiern zu **überregionalen Festen**: Beispiele *Nemea* und *Olympia*: Zeus, *Delphi*: Apollon, *Isthmos von Korinth*: Poseidon.

Hinzu kam die gemeinsame **Sprache**, die allerdings in unterschiedliche Dialekte zerfiel. Und dazu gesellte sich seit dem 10./9. Jh. die **Schrift**, welche in zwei Varianten von den Phönikern übernommen und zur **ersten reinen Lautschrift der Welt** weiterentwickelt worden war.

bildung vom 12. bis 5. Jh. v. Chr.

34 Freiheit oder Unterwerfung – Der Abwehrkampf der

Griechische Triere: Die „Dreidecker", 40 – 50 m lang, waren in den Seeschlachten kriegsentscheidend.

Griechenaufstand Kleinasiens und der 1. Perserkrieg (500 – 494 v. Chr.)

Im Jahre **500** erhoben sich die Ionier Kleinasiens unter Führung Milets gegen die persische Oberherrschaft. Der Aufstand scheiterte, weil ihn nur Athen und Eretria (Euböa) unterstützten. Diese Einmischung bot aber Persien den Vorwand, nun ganz Hellas zu erobern. Ein erster Rachefeldzug im Jahre 492 scheiterte: Schwere Verluste gegen die Thraker und der Untergang der Flotte in Stürmen am Vorgebirge Athos zwangen die Perser zur Umkehr.

2. und 3. Perserkrieg (490 – 479 v. Chr.)

Schon **490** segelte eine neue persische Flotte über Rhodos und Euböa nach Attika*, um Athen zu Land anzugreifen. Bei *Marathon* scheiterte auch dieser Feldzug: Ein athenisches Heer von nur 10 000 Hopliten siegte aufgrund überlegener Taktik. In den folgenden Jahren baute Athen seine Flotte stark aus, und auch in Persien rüsteten Dareios und sein Sohn **Xerxes (485 – 465)**; u. a. wurde der Athos-Kanal gebaut. Wegen Aufständen im Reich brach aber das persische Heer erst 480 von Sardes auf. Die Griechen waren uneins: Nordwestgriechen und Kreter blieben neutral, Thessalier und Böotier persertreu. Alle übrigen bildeten einen antipersischen *Kampfbund (Symmachie)*, dessen Kern der *Peloponnesische Bund* unter Führung Spartas bildete; ihm ordnete sich die Seemacht Athen unter.

Noch 480 zog Xerxes mit dem Heer durch Thessalien, während seine Flotte (1207 Schiffe!) von Kleinasien aus die Küste entlang segelte. Mittels des Kanals vermied man bei Athos das gefährliche Südkap, erreichte aber nur unter großen Verlusten durch Stürme die *Bucht von Aphetai*, wo die griechische Flotte bei Kap Artemision ankerte.

Der spartanische König Leonidas verteidigte mit ca. 6 000 Mann, darunter 300 Spartiaten, den *Thermopylenpass*. Als die Perser ihn umgingen, entließ Leonidas das Heer und verteidigte mit seinen Spartiaten den Pass bis zum letzten Mann. Die griechische Flotte zog sich daraufhin, gefolgt von den Persern, nach Athen zurück. Dessen Bevölkerung wurde aus der mauerlosen Stadt auf die Inseln Salamis, Ägina und Troizen evakuiert, während die Peloponnesier den Isthmos befestigten. Griechenlands Schicksal hing nun an seiner Flotte, und diese siegte überraschend **480** bei **Salamis** mit nur 310 Trieren klar gegen die persische Übermacht.

Im folgenden Jahr **479** gelang Spartanern und Athenern ein Landsieg bei **Plataä** sowie ein Seesieg bei **Mykale**, der die Griechenstädte Kleinasiens von der persischen Herrschaft befreite. Auch Athen wurde nun durch eine Mauer befestigt.

Attika, *das athenische Land:*
Östlichste Halbinsel Mittelgriechenlands, abseits der zentralen Nord-Süd-Straße zur Peloponnes, durch Gebirge im Nordwesten gegen die Megaris, im Norden gegen Böotien abgegrenzt und geschützt, bestehend aus zwei größeren Ebenen, der Thriasischen und der Attischen Ebene, und am Kap Sunion endend. Stadt und Land waren in *ca. 175 Stadtteile* und *Gemeinden (Demen)* eingeteilt. Wichtigste Straße war in klassischer Zeit die vom Hafen Piräus nach Athen, die 461 – 456 von zwei Mauern *(Lange Mauern)* gesichert, als unüberwindliche Festung der attischen Landbevölkerung Schutz bot.

Der 1. Delisch-Attische Seebund 477

Die Griechen hatten 478 die Führung im Seekrieg von Sparta auf Athen übertragen. 477 schlossen die Städte der Ägäis mit Athen einen antipersischen *Kampfbund*. Sitz der Bundeskasse wurde Delos.

Bedeutung der Perserkriege

Das kleine griechische Volk am Rande Europas hatte sich gegen die Übermacht des asiatischen Perserreiches verteidigt. Dieser Erfolg stärkte einerseits Selbstbewusstsein und Freiheitsliebe der Griechen, machte ihnen aber andererseits auch den Wert von Einigkeit und Solidarität bewusst. Der Delisch-Attische Seebund bildete den ersten Versuch einer griechischen Einigung, die als Staatenbund die urgriechische Lebensform der Polis bewahrte; er ermöglichte darüber hinaus die Entfaltung der attischen Kultur zur Klassik und schuf somit eine Voraussetzung für die *Befruchtung der europäischen Kultur durch den griechischen Geist*.

Griechen gegen Persien zwischen 490 und 480 v. Chr.

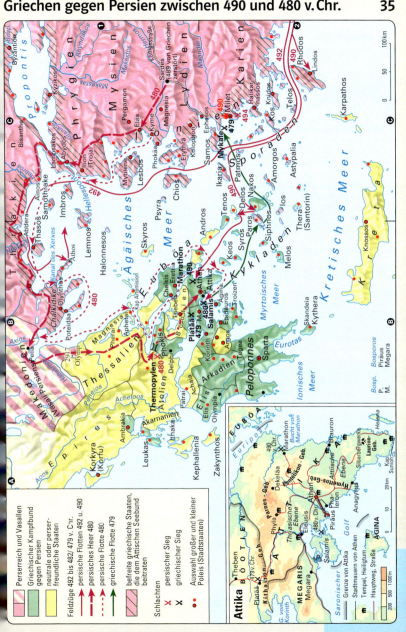

36 Erbitterte politische Rivalitäten – Griechenland vor dem

Scherbengericht Athens
Wessen Name (oben: Themistokles aus Phreareios) auf den Tonscherben am häufigsten erschien, den erwarteten 10 Jahre Verbannung.

Der Dualismus Athen – Sparta

Der Sieg über Persien hatte Athen politisch gestärkt. Als Haupt des Attischen Seebundes war es die tonangebende griechische Seemacht. Sparta dagegen – obwohl als Haupt des Peloponnesischen Bundes weiterhin die führende griech. Landmacht – hatte an Einfluss verloren. Dies bewirkte eine scharfe politische Rivalität beider Poleis, zumal sie entsprechend ihren verschiedenen gesellschaftl.-polit. Systemen auch sonst grundverschiedene Ziele verfolgten: Das stärker aristokrat. Sparta war eher defensiv eingestellt, konservativ und selbstsicher. Das demokratische Athen dagegen war eher aggressiv, wagemutig und misstrauisch. Seine führenden Politiker gingen davon aus, dass Sparta auf Dauer den Aufstieg Athens nicht dulden werde und rechneten mit einem Präventivkrieg. Um ihm zuvorzukommen, begannen sie früh, Sparta politisch zu provozieren.

Vom Attisch-Delischen Seebund zum Attischen Reich

Athen setzte in der Folgezeit den Kampf gegen Persien fort: **465** siegte es am ***Eurymedon*** in Pamphylien zu Land und zu Wasser, und **449** kam nach einem weiteren Sieg bei ***Salamis*** auf Zypern ein Friede *(Kimonischer oder Kalliasfriede)* mit Persien zustande. Persien erkannte die Autonomie der Griechenstädte Kleinasiens an, und im Gegenzug verzichtete Athen darauf, Aufstände im Perserreich zu unterstützen. Das Ziel des Seebundes schien erreicht, viele Mitglieder hielten ihn nun für überflüssig und stellten die Tributzahlung ein.

Perikles jedoch, der als einer der 10 leitenden ***Strategen*** (einziges athen. Wahlamt) von 443 bis 429 die Politik Athens bestimmte, wollte den Bund zum ***Attischen Reich*** umwandeln. Die Bundesgenossen galten ihm wegen der Verdienste Athens in den Perserkriegen als *Untertanen* und sollten künftig den Interessen Athens dienen. Die Tribute sollten Getreideimporte nach Athen zur Sicherung der Demokratie finanzieren und eine prachtvolle Kunstentfaltung* ermöglichen, die freilich nur Athen zugute kam. Abfall wurde hart bestraft.

Kunstentfaltung in Athen

447 Baubeginn des ***Parthenontempels*** zu Ehren der „Reichsgöttin" Athene, der Patronin Athens. Kostbarste Ausstattung (Phidias) des Parthenons und großartiger ***Ausbau der Akropolis****.

436 Baubeginn der ***Propyläen*** (Mnesikles). Entfaltung der ***Tragödie*** (Sophokles, Euripides).

Die Folge dieser athen. Politik waren Konflikte mit den Bundesgenossen, in welche sich die Rivalin Sparta einmischte. Aus einem solchen Konflikt entstand dann der verheerende ***Peloponnesische Krieg (431 – 404)***, mit dem die klassische Kulturphase Griechenlands endete. Zwar musste Athen schließlich bedingungslos kapitulieren, doch war auch Sparta, das nur mit pers. Hilfe gesiegt hatte, geschwächt. Das so bewirkte Machtvakuum führte nicht nur zur Preisgabe der kleinasiat. Griechenstädte an Persien, sondern – beim Fehlen einer starken innergriech. Macht – auch zu ständig neuen Kriegen zwischen den Poleis selbst.

Die Stadt Athen

Ihre wichtigsten topographischen Punkte waren Agora*, Akropolis* und Areopag*.

Agora

Öffentlicher Platz in der Polis für Beratung, Gericht und Wettspiele, Tanz und Opfer, durchzogen von der Straße der *Panathenäen*, umgeben von öffentlichen Bauten, wie *Stoen* (Säulenhallen), Tempeln (v.a. für Aphrodite, Apollon, Ares, Athene und Hephaistos), dem *Bouleuterion (Rathaus)*, dem *Metroon (Staatsarchiv)*, der *Münze*, dem *Odeion (Musikhalle)* und dem *Geschworenengericht*.

Akropolis (eig. Oberstadt)

Zentrum griech. Stadtstaaten, im Athen der myken. Zeit noch starke Festung mit Königspalast; ab dem 6. Jh. zunehmend Festplatz der Götter mit *Statue der Stadtgöttin Athene*, deren goldene Speerspitze weithin zu sehen war. Die Anlage umfasste auch mehrere *Tempel*, u. a. für Artemis, Athene *(Parthenon,* 447 – 438), Nike (Siegesgöttin), Zeus und Erechtheus *(Erechtheion)*, sowie das prachtvolle Burgtor *(Propyläen,* 437 – 432).

Areopag (eig. Areshügel):

Hügel im westlichen Stadtgebiet Athens, ursprünglich heilige Stätte, wo der *Archon Basileus* mit ehemaligen *Archonten* über Blutgerichtsfälle wie Mord und Brandstiftung zu Gericht saß. Später Bez. für den *Rat (Bule)* selbst, der ursprüngl. auch die Oberbeamten kontrolliert hatte.

Beginn des Peloponnesischen Krieges um 431 v. Chr.

38 Auf der Suche nach den Grenzen der Erde – Das Weltreich

Alexander – Prägung des Lysimachos (305–281)
Vorderseite: Alexander mit dem pers. Königsdiadem
(Stirnband) um das flatternde Haar (anastolé) und
Widderhörner (Zeus-Ammun). Rückseite: Kriegerische
Athene mit Nike. Silbermünze Tetradrachme.

Der Aufstieg des Makedonenreiches

Makedonien, von den Frühgriechen des achäisch-äolischen Dialekts u. a. besiedelt, bestand ursprünglich aus vielen selbständigen Völkern und Stämmen. Der Zusammenschluss ging vom niedermakedonischen Reich um Aigai aus. Sein Herrscher **Philipp II. (359–336, ab 355 König)** vereinigte die makedonischen Fürstentümer und erlangte durch Bündnisse und Kriege die **Hegemonie über Griechenland**, dessen Vormacht, Theben (371–362 „Theban. Hegemonie"), er **338** bei **Chaironea** besiegte. 336 wurde er ermordet.

Der pers. Feldzug Alexanders des Großen

Sein Sohn **Alexander (III.)** zerstörte Theben und festigte die Herrschaft über die Griechen. Als ihr Oberfeldherr *(Strategos autokrator)* erklärte er Persien den Krieg, das unter Großkönig **Dareios III. Kodomannos** immer wieder die makedonischen Grenzen bedrohte und griechische Aufstände schürte.

Im Verlaufe dieses Feldzuges dehnte er seine Herrschaft über einen Großteil der damals bekannten Welt hinaus aus und schuf *das erste bekannte Weltreich der Geschichte**.

Alexander und sein Weltreich

Alexander begünstigte zwar die Ausbreitung griechischer Kultur im Osten, erstrebte aber nicht die völlige Hellenisierung und Unterwerfung seines asiatischen Reiches, sondern eher Kultursynthese und Personalunion. Er behielt die einheimischen Verwaltungseinrichtungen bei und ließ nur die Finanzen durch Makedonen kontrollieren.

Seine meist **Alexandreia** (griech. Ort Alexanders) genannten „Stadtgründungen" waren primär Militärstützpunkte an wichtigen Verkehrsknotenpunkten oder gegen Grenzvölker gerichtet. Er siedelte dort zwar Griechen an, doch sollten diese nicht das Umland hellenisieren.

Als Alexanders Absicht zutage trat, alle seine Untertanen zu verschmelzen (z. B. Massenhochzeit von 324 in Susa) und sich nach pers. Beispiel, z. B. durch den Kniefall *(Proskynese)*, göttliche Verehrung erweisen zu lassen, stieß er in seiner makedonischen Umgebung auf großen Widerstand.

Die Entstehung des Weltreichs Alexanders
334–323 v. Chr.

334 Mit nur 30 000 Soldaten und 5 000 Reitern rückte Alexander über den Hellespont in Vorderasien ein. Am *Granikos* schlug er die persischen Satrapen Kleinasiens und den griechischen Söldnerführer Memnon; die Griechenstädte der Troas und Ioniens einigte er in Städtebünden unter makedonischer Führung.

333 Bei *Issos* besiegte er ein großes Perserheer; danach vernichtete er die Flotte der propersischen Phöniker.

332 Nach der Einnahme von *Tyros* rückte A. ohne Widerstand in Ägypten ein und nahm den **Pharaotitel** an. Um seine göttl. Mission als Sohn des Zeus unter Beweis zu stellen, besuchte er die Gott Ammon geweihte Oase Siwa. Als Festung und Denkmal gründete er die griech. Stadt **Alexandria**.

331 Mit der Überschreitung von Euphrat und Tigris nahm er den pers. Krieg wieder auf und siegte bei *Arbela* und *Gaugamela* erneut über Dareios, der nach Medien floh. Alexander nannte sich jetzt **König von Asien** und besetzte die wichtigsten Städte des Persischen Reiches: Babylon (als künftige Hauptstadt), Susa, Persepolis (das er niederbrannte) und Pasargadai.

330 In Ekbatana entließ er die griech. Soldaten, um zu zeigen, dass der „griech. Krieg" beendet und der weitere Krieg die Sache Makedoniens sei. Als Alexander Dareios nach dem Ostiran verfolgte, ließ der Satrap Bessos den Großkönig ermorden und schwang sich in Baktrien zum König auf; der Thronstreit endete 329 mit Bessos' Tod.

327–325 Auf der Suche nach Ost- und Südgrenze der bewohnten Welt *(Oikumene)* zog Alexander nach NW-Indien. Am *Hydaspes* siegte er **326** über Poros, übertrug ihm die Herrschaft als makedon. Vasall und gründete Nikaia und Bukephala. Am *Hyphasis* zwang ihn eine Meuterei des makedon. Heeres zur **Umkehr**. A. ließ eine Flotte bauen und schickte sie zur Mündung des Tigris; er selbst marschierte auf dem Landweg zurück.

324 In Susa feierte er seine Rückkehr und vermählte sich mit der pers. Prinzessin Barsane. Als er das Perserreich nicht zerschlug, sondern als Verwaltungseinheit übernahm, musste er eine Meuterei unzufriedener Makedonen unterdrücken.

323 In Babylon starb Alexander an Fieber. Angeblich hatte er noch die Umsegelung Afrikas und die Eroberung des Westens bis Gibraltar geplant.

Alexanders des Großen (336–323 v. Chr.)

Staat und Kultur unter griechischem Vorzeichen – Die

Ein Weltwunder
Der 110 m hohe Leuchtturm auf der Insel Pharos bei Alexandria, 299/279 v. Chr erbaut, zählt neben dem Koloss von Rhodos, der Zeusstatue von Olympia, den Pyramiden in Ägypten etc. zu den antiken Weltwundern: Auf einem quadrat. Sockel und einem achteckigen Mittelteil stand der eig. runde Leuchtturm.

Die Zeit der Diadochen (323 – 280 v. Chr.)

Die Zeit nach Alexander gilt als Epoche des **Hellenismus***. Der Tod Alexanders erwies, dass das makedonische Weltreich ganz auf seine Person zugeschnitten war und nun an zahlreichen zentrifugalen Kräften zu zerbrechen drohte.

Hellenismus:
Die Zeit von Alexander dem Großen (336 – 323) bis zu Augustus (31 v. – 14 n. Chr.), genauer die Kultur des Weltreiches Alexanders und seiner Nachfolgereiche *(Diadochen, Epigonen)* bis zu deren Aufgehen im Römischen Imperium, wird mit dem von *J.G. Droysen 1836* geprägten Begriff *Hellenismus* (von griech. *hellenizein* = griechisch sprechen und denken) genannt. Hellenismus meint die Ausbreitung griechischer Kultur und ihre Vermischung mit anderen Kulturen, einen Vorgang also, den Alexander und seine Nachfolger wesentlich gefördert haben.
Hellenismus i. w. S. umfasste auch die ganze zeitliche Dauer der Geltung der griechischen Sprache außerhalb der Ägäis bis zur Vertreibung der Griechen aus der Türkei 1923.

Alle Versuche, das Reich seinen unmündigen Söhnen als Ganzes zu erhalten oder unter einem seiner Nachfolger wieder zu vereinigen, scheiterten. Alexanders ehemalige Feldherrn und Nachfolger (griech. **Diadochen***) konnten sich nicht einigen, sondern teilten die Hauptprovinzen unter sich auf.

Die Diadochen und ihre Reiche
Ptolemaios (Ptolemäer): Ägypten.
Antigonos (Antigoniden): Lykien, Phrygien und Pamphylien.
Lysimachos: Thrakien.
Seleukos (Seleukiden): Babylonien.
Antipater: Makedonien und Griechenland).
Andere Teile des Reiches, z. B. Pergamon, blieben unabhängig.

Auseinandersetzungen untereinander, die sog. *Diadochenkämpfe* (322 – 281 v. Chr.), endeten mit den **Schlachten bei Ipsos (301 v. Chr.)** und **Kurupedion (281 v. Chr.)**, und als der letzte Kampfgefährte Alexanders, Seleukos I., 280 starb, war die *Zeit der Diadochen* vorüber.

Die Bedeutung des Hellenismus

Unter den Nachfolgern der Diadochen, den sog. **Epigonen**, festigten sich drei Reiche, **Ägypten, Makedonien** und **Syrien** *(Seleukiden)*, zu denen später noch **Pergamon** trat, die auf lange Zeit die politischen Verhältnisse im Osten weit nach Asien hinein bestimmten. Bei aller Rückbesinnung auf eigene Wurzeln, z. B. in Ägypten, verbreiteten sie griechische Kultur im Orient und orientalische Kultur unter den Griechen. Aber auch die im Westen tonangebenden Mächte Karthago und Rom wurden vom Hellenismus erfasst.

Bei Seleukiden und Ptolemäern etwa vermischten sich Herrschaftsformen der Achämeniden bzw. der Pharaonen (z. B. Zeremoniell und königliche Tracht) mit solchen des makedonischen Königtums, so dass sich teilweise Gemeinsamkeiten mit den Antigoniden ergaben, die ihrerseits von der Entwicklung im Osten beeinflusst waren. Die staatl. Einheit verkörperte die Person des absoluten Herrschers, der seine Legitimität aus dem *Recht des speererworbenen Landes* ableitete. Überall nahmen Griechen die obersten Verwaltungsämter ein; erst spät wurden Einheimische berücksichtigt. Im anfangs rein makedonischen Heer ging die Verschmelzung schneller voran. Eine einheitliche Vermischung der Bevölkerung fand aber nicht statt, vielmehr blieb eine Kluft, die durch soziale Unterschiede zwischen der fremden Oberschicht und den wirtschaftlich und politisch benachteiligten „Barbaren" vertieft wurde.

Die hellenistische Kultur blieb auch innerhalb der neuen Reiche städtisch. Die Stadtgründungen legten seit Alexander griech. Lebensweise zugrunde und übernahmen das Schachbrettmuster der griechischen Polis mit Markt (Agora), Säulenhalle, Tempel, Theater und Gymnasium.

Auch bildende Kunst, Literatur und Wissenschaften nährten sich aus griechischen Wurzeln, und der attisch-ionische Dialekt *(Koine)* wurde zur Amtssprache. Ebenso lebte die griechische Religion fort: Die Götterfeste wurden gefeiert und griech. Heiligtümer oder Orakel aufgesucht.

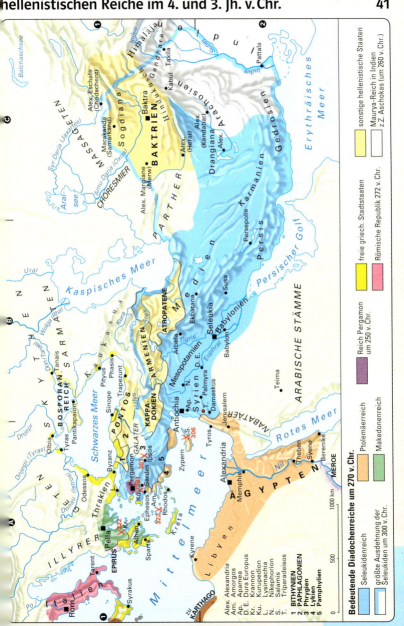

42 Vom Stadtstaat zur Herrin Italiens – Die Expansion der

Via Appia: *Die älteste römische Straße zwischen Rom und Capua, um 312 v.Chr. fertig gestellt, später bis Tarent verlängert.*

Entstehung und Charakter Roms

Am schiffbaren Tiber, im Brennpunkt Mittelitaliens, entstand Rom. Seine Geschichtsschreiber hatten die Gründung fiktiv ins Jahr 753 v.Chr. gesetzt. Archäologisch begann Rom im 9. Jh. mit einer latinischen Siedlung auf dem Palatin. Ab ca. 800 besetzten Sabiner den Quirinal und die Nachbarhügel. Um 650 wurden alle Siedlungen nach der Sitte der **Etrusker*** zu einer Stadt vereinigt. Zwischen 600 und 510 stand Rom unter der Fremdherrschaft etruskischer Könige, die es politisch, sakral und kulturell prägten, während Sprache und Familie latinische Wurzeln behielten. Unter etrusk. Herrschaft erweiterte Rom sein Gebiet in Latium von 150 auf ca. 822 km².

Die Etrusker
Ihre Herkunft ist umstritten. Die nicht indogermanische *Sprache* ist kaum übersetzbar, da Vergleiche fehlen. Die *Schrift* hat westgriechische Wurzeln. Zeitweise umfasste der etruskische Einfluss außer Etrurien die Poebene im Norden, Kampanien und Latium im Süden sowie Elba und Korsika. Politisch bildeten die Etrusker einen Bund von 12 bis 15 selbständigen Königreichen. Den Etruskern war die Metallverarbeitung bekannt.

Die Einführung der Republik, um 510

Um 510 wurde die **Monarchie** abgeschafft und die **Republik** eingeführt. Polit. Rechte besaßen nur Grundbesitzer; nur sie leisteten Militärdienst. Besitzlose zählten zum **Proletariat**. Jährlich wurden aus dem **Patriziat** (Adelsfamilien) zwei **Konsuln** (Oberbeamte) gewählt, denen die oberste militär. und zivile Befehlsgewalt zukam und nach denen man das Jahr benannte. Zu ihrer Entlastung dienten zwei (seit 447 gewählte) patriz. *Quaestoren* (Staatskasse), seit 443 zwei *Zensoren* sowie seit 366 ein *Prätor* (Richter) und zwei *Ädilen* (Polizei). In Notzeiten konnte ein Konsul einen *Diktator* ernennen, der auf ein halbes Jahr *unbeschränkte Gewalt* besaß. Auch die *Priesterämter* waren den Patriziern vorbehalten.

Den größten politischen Einfluss aber erlangte aufgrund seiner Kontinuität der aus den Oberhäuptern der patriz. Familien sowie den ehem. Konsuln zusammengesetzte *Senat* (Ältestenrat). Seine Beschlüsse hatten die (Ober-)Beamten auszuführen.

Das nichtpatrizische Volk, die **Plebejer**, waren in drei Verbände *(Tribus)* zu je 10 Kurien unterteilt, welche anfänglich die **Volksversammlung** zur Wahl der Beamten bildeten. In den *Ständekämpfen* der folgenden Zeit erlangten dann auch die Plebejer Anteil an der Leitung der Republik: sie wurden zu den Ämtern zugelassen und wählten eigene Beamte *(Volkstribunen)*.

Aufstieg zur Herrin Italiens (ca. 500 – 264)

Die äußere Entwicklung blieb trotz harter Rückschläge erfolgreich: Staatsgebiet und Zahl der Bundesgenossen Roms nahmen stetig zu. Angriffs- und Verteidigungskriege erforderten ein wachsendes plebej. Aufgebot und erzwangen immer neue patrizische Zugeständnisse.

Kriege, Expansion und Bundesgenossen
509(?) I. Vertrag mit Karthago: Terracina u.a. Städte als römische Bündner.
396 Eroberung des etruskischen Veji.
387 Einfall der keltischen Senonen: **Niederlage an der Allia.** Einäscherung Roms.
362–358 Unterwerfung der Aurunker und Herniker.
358 Antikeltischer Bund mit den Latinern und Hernikern.
354 Bündnis mit den Samniten.
348 II. Vertrag mit Karthago.
343–341 1. Samnitenkrieg nach Capuas Hilferuf.
340–338 Latinischer Aufstand scheitert.
329 Neapel sucht röm. Schutz gegen Samniten.
326–304,
298–390 2. und 3. Samnitenkrieg: Sieg Roms; Sabiner erhalten römisches Bürgerrecht.
306 III. Vertrag mit Karthago gegen Seeräuber.
295 Sieg über Kelten und Etrusker.
293 Sieg über Samniten und Bund.
285–282 Keltenkriege: Gewinn des *ager Gallicus*.
282–272 Krieg mit Tarent und Annexion.

264 reichte Rom vom Arno bis Süditalien, umfasste ca. 130 000 km², davon 24 000 km² Staatsgebiet *(ager Romanus)* und 106 000 km² Bundesgebiet, mit ca. 900 000 römischen Bürgern und ca. 217 5000 Bündnern. **Rom war zur Herrin Italiens geworden.**

44 Kampf um die Vorherrschaft im westlichen Mittelmeer

Kriegselefanten
Eine neue und gefährliche karthagische Kriegswaffe zu Lande waren Elefanten mit Kampftürmen.
(Etrusk. Teller, 3. Jh. v.Chr.)

Der östliche Mittelmeerraum und Kleinasien
Das Alexanderreich war um 280 in die drei **Diadochenreiche** der Makedonen, Seleukiden und Ptolemäer [→ 40/41] zerfallen. Machthunger und Rivalität kennzeichneten ihr Verhältnis untereinander.

Das **Seleukidenreich** war besonders gefährdet. Im Norden waren eigenständige Reiche (Pontus, Galater, Armenien, Kappadokien, Bithynien) benachbart. Im Süden griffen die Ptolemäer nach Syrien und Palästina, das sie 217 auch annektierten. Im Westen löste sich 263/262 **Eumenes I. (263–241)**, Stadtherr von **Pergamon**, im Bündnis mit den Ptolemäern, aus der seleukidischen Abhängigkeit. Sein Nachfolger **Attalos I. (241–197)** nahm 233 den Königstitel an und entriss 229/228 dem ehemaligen Lehensherrn Teile Kleinasiens; auch behauptete er sich gegen die seit 278 eingewanderten keltischen Galater. Im Osten verloren die Seleukiden Baktrien und Sogdiana an das unter den Arsakiden 247 entstandene **Partherreich**.

Der westliche Mittelmeerraum
Der 1. Punische Krieg 264–241 v.Chr.
Als Herrin Italiens kam Rom schon bald in Berührung mit Sizilien, das sich das Königreich Syrakus und Karthago teilten. Als ehemalige samnitische Söldner Messana besetzten und König Hieron von Syrakus sie angriff, baten die Belagerten Rom um Hilfe. Rom setzte Truppen nach Messana über und vertrieb die Karthager. Damit herrschte Krieg zwischen der *Landmacht* Rom und der *Seemacht* Karthago.

Um den karthagischen Nerv zu treffen, bauten die Römer 260 eine Kriegsflotte. Rasch „lernten" sie den Seekrieg: **259** siegten sie bei **Mylae**. Der Sieg **256** bei **Eknomos** sicherte die Überfahrt des Heeres nach Karthago. Doch erst 15 Jahre später gelang ihnen bei den **Ägatischen Inseln 241** der entscheidende Seesieg.

Karthago trat Sizilien ab und zahlte eine riesige Kriegsentschädigung. Der Westen Siziliens wurde zur ersten römischen „Provinz", wertvoll v.a. durch ihren Getreidereichtum. 238 erzwang Rom noch die Abtretung Sardiniens, das mit Korsika zur zweiten römischen Provinz wurde.

Der 2. Punische Krieg 218–201 v.Chr.
Das Kräfteverhältnis der beiden Mächte war nicht definitiv geklärt. Karthago war zwar geschwächt, blieb aber mit seinen Kolonien in Afrika und Spanien sowie seiner Handelskraft weiterhin gefährlich. Erneut wurde Spanien zum Konfliktherd. Dort hatte Hamilkar aus der einflussreichen Familie Barkas seit 236 das erzreiche Hinterland der Ostküste erobert und sein Schwiegersohn Hasdrubal 227 **Carthago Nova** (*Neu-Karthago*, heute: *Cartagena*) gegründet. Rom wertete dies als provokativen Anspruch auf das westliche Mittelmeer und verbündete sich 229 mit der Stadt **Sagunt**. Als Hamilkars Sohn Hannibal 219 Sagunt einnahm und Karthago ihn schützte, erklärte Rom den Krieg.

Hannibal vereitelte den römischen Kriegsplan, in Afrika zu landen und ein anderes Heer in Spanien operieren zu lassen: Er zog 218 durch Südgallien über die Alpen und erschien **217** überraschend in Oberitalien. Trotz großer Siege am *Trasimenischen See* sowie **216** bei *Cannae* und trotz des Abfalls vieler römischer Bundesgenossen konnte er aber Roms Wehrkraft nicht zerstören. Sein *Bündnis mit Makedonien* (215) blieb durch das römische Gegenbündnis mit dem *Ätolischen Bund* wirkungslos. Als Rom dann ein Heer bei Karthago landete, zwang es Hannibal zur Rückkehr nach Afrika, um ihn **202** bei **Zama** entscheidend zu schlagen.

Ergebnis und Auswirkungen
Karthago trat Spanien und alle Inseln an Rom ab, lieferte die Kriegsflotte aus und zahlte 50 Jahre lang eine hohe Kriegsentschädigung.

Der 2. Punische Krieg war die größte Bewährungsprobe Roms, das nun Herrin im westlichen Mittelmeer war. Aber der makedonische Krieg zog Rom bereits ins östliche Mittelmeer, wo es sich 209 mit Attalos von Pergamon verbündet hatte. Das Ausgreifen Roms in den griechischen und kleinasiat. Raum war damit vorgezeichnet.

Die Punischen Kriege von 264 bis 201 v. Chr.

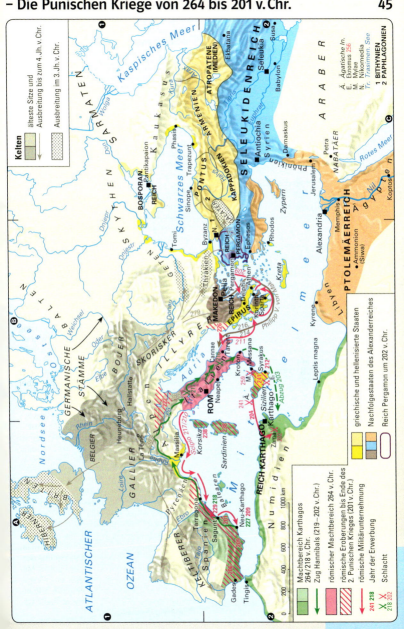

Auf dem Weg zu einem neuen Weltreich – Der Machtbe-

Senatus Populusque Romanus = Senat und Volk von Rom
Diese Formel, die viele Inschriften enthalten, kennzeichnet die republikan. Verfassung.

Rom – Schiedsrichterin im gesamten Mittelmeerraum (201–168 v. Chr.)

Die Verbindung mit dem Reich von Pergamon verwickelte Rom in den folgenden Jahren in alle griechischen und kleinasiatischen Konflikte. Seiner Militärmacht waren das makedonische und das syrische Reich nicht gewachsen. Im Jahre 168 war Rom die Herrin des Mittelmeeres, und 146 v. Chr. schlug auch die letzte Stunde der alten Rivalin Karthago.

Schlachten – Siege – neue Provinzen:
Roms Expansion 200–31 v. Chr.

- **200–197** *II. Makedonischer Krieg* um Philipps V. Einfluss in Griechenland.
- **197** Sieg bei *Kynoskephalai* (Thessalien): Makedonien Verzicht auf *griechische Hegemonie*.
- **196** *Griechenstädte* werden von Rom feierlich für *frei* erklärt.
- **192–188** Krieg mit Antiochos III. von Syrien.
- **189** Römischer Sieg bei *Magnesia*.
- **188** Friede von *Apamea*: Pergamon erhält seleukidische Gebiete in Kleinasien.
- **171–168** *III. Makedonischer Krieg:* König Perseus versucht die griechische Hegemonie zu erneuern.
- **168** Römischer Sieg bei *Pydna:* Ende des Makedonenreiches (148 Provinz Makedonien).
- **133** König Attalos III. vererbt Rom das *Reich von Pergamon:* Provinz Asien.
- **149–46** *III. Punischer Krieg:* Zerstörung Karthagos. Landgebiet wird zur *Provinz Afrika.*
- **154–133** Nach Aufständen wird *Spanien* unterworfen: *zwei spanische Provinzen.*
- **121** Als gallische (keltische) Stämme Massilia bedrohen, werden sie durch Rom unterworfen: *Provinz Gallia Narbonensis* (= Brücke zwischen Italien und Spanien).
- **74** Nikomedes IV. von *Bithynien* vererbt sein Reich an Rom.
- **58–51** Gaius Julius Caesar erobert *Gallien* und macht es zur *Provinz.*
- **30 v. Chr.** Auch *Ägypten* wird nach Augustus' Sieg über Kleopatra *Provinz.*

Roms Expansion bewirkte allerorts die Schwächung und das Verschwinden politischer Ordnungsmächte. Rom war nun selbst gefordert, als Schutzmacht militärisch überall präsent zu sein. Im Osten machte der Niedergang der syrischen Seleukiden neuen aggressiven Reichen* Platz, deren Abwehr durch bürgerkriegsähnliche Machtkämpfe im Innern Roms erschwert wurden.

Neue Gegner Roms

Das Reich Pontus: Im Norden Vorderasiens unterwirft **König Mithradates VI. von Pontus** (120–63) das Bosporan. Reich, Bithynien sowie Kappadokien und wiegelt 88 die Provinz Asien gegen die verhassten Römer auf. Es bedarf dreier *„Mithradatischer Kriege"* (88–84, 83–81, 66–63), um ihn zu besiegen und Vorderasien 63 neu zu ordnen.

Das Partherreich: Im Süden Vorderasiens rücken die **Parther** über Medien und Babylonien nach Westen vor: neue Hauptstadt Ktesiphon. Roms Versuch sie zurückzudrängen scheitert *53* in der **Schlacht bei Carrhae** (Harran).

Von der Republik zum Kaisertum – Der innere Wandel Roms

Dem starken äußeren Wachstum Roms entsprach ein starker innerer Wandel. Fremde Kulte drangen in die römische Religion ein. Der Einfluss *griechischer Denkweise, Kunst und Kultur* nahm zu: großartige, das Stadtbild prägende Bauten, römische Literatur und Geschichtsschreibung, Streben nach Individualismus und Luxus. Wachsender Reichtum (Beute, Großgrundbesitz) und Berührung mit hellenistischen Herrschern erhöhten das *Selbstbewusstsein des römischen Adels,* der sich sozial nach unten abschloss. Das Aufkommen der **Geldwirtschaft** brachte dem Ritterstand politische Macht. *Italien* begann zu veröden, weil das vom Militärdienst ruinierte landlose Bauerntum das Proletariat der Hauptstadt vermehrte; die **Reformversuche der Gracchen** (133, 123 v. Chr.) scheiterten. Die **Provinzen** litten unter schamloser Ausbeutung durch Feldherrn, Statthalter und Steuerpächter.

Die *wachsende Bedeutung des Heeres* (Aufstände, Grenzunruhen, Eroberungen) führte weg vom römischen Bürgeraufgebot zum **Berufsheer.** Die Soldaten waren aufgrund ihrer langen Dienstzeit ihren Feldherrn völlig ergeben. Sie konnten daher leicht zum Aufbau von Diktaturen dienen (z. B. 88–82 die Bürgerkriege zw. Marius und Sulla, 60 das 1. Triumvirat und schließlich **48–44 v. Chr.** die **Diktatur G. Julius Caesars**). Caesars Ermordung (15. März 44) führte zu Bürgerkriegen, die erst 31 mit dem Seesieg von Actium und dem *„Prinzipat"* (= *Kaisertum*) seines Neffen **Caesar Octavian** genannt **Augustus (31 v. Chr. – 14 n. Chr.)** endeten.

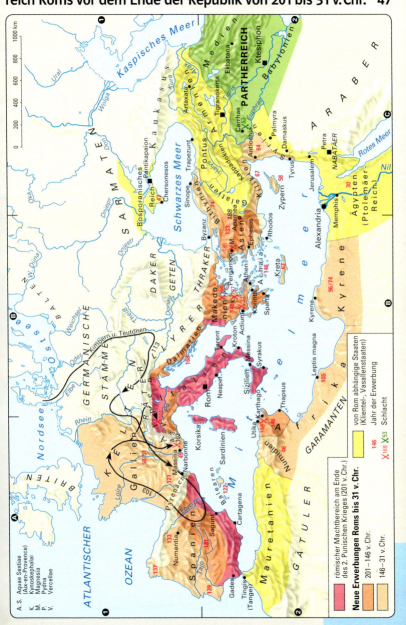

48 Non plus ultra – Das Römische Reich zur Zeit seiner

Triumphbogen
In Rom und den Provinzen konnten Sieg, Eroberung, Friede oder allgem. Ehrung Anlass zur Errichtung eines Triumphbogens durch Feldherrn, Senat und Kaiser bieten.

Das äußere Wachstum Roms 14–138 n. Chr.
Unter *Kaiser Augustus (31 v.–14 n. Chr.)* wuchs Rom weiter [→ 46/47]; allerdings endete sein Versuch, die Germanen zwischen Rhein, Donau und Elbe dem Reich einzugliedern, *9 n. Chr.* im *Teutoburger Wald* mit der verheerenden Niederlage des Publius Quintilius Varus. Kaiser Augustus begnügte sich danach mit der Sicherung der **Rhein-Donau-Grenze**. Später wuchs das Reich nur noch geringfügig. Immer öfter mussten **Unruhen*** gestillt oder die Reichsgrenzen verteidigt werden.

Innere Unruhen und Grenzbedrohung
16 n. Chr. Verzicht auf das rechtsrheinische *Germanien* (Elbe-Grenze).
17–24 Aufstand des Tacfarinas in *Numidien*.
21 Aufstand des Sacrovir in *Gallien*.
24 Sklavenunruhen in *Unteritalien*.
26 Erhebung der *Thraker*.
66–70 Aufstand in *Judäa* (Eroberung und Zerstörung *Jerusalems 70*).
68 Aufstand des *Aquitaniers* C. Julius Vindex.
69–71 Erhebung des *Batavers* Julius Civilis.
77 Aufstand der *Brukterer*.
83 u. 89 Feldzüge Domitians gegen die *Chatten*; Baubeginn des Limes.
86–90 Erfolgloser Krieg gegen die *Daker*.
92 Jazygeneinfall in *Pannonien*.
114–118 Aufstand der Juden in *Ägypten*, in der *Cyrenaica* und auf *Zypern*.
132–135 Aufstand Bar Kochbas in *Jerusalem*.

Seine größte territoriale Ausdehnung erreichte Rom unter *Kaiser Trajan (98–117)*. Dieser eroberte das erzreiche Dakien (101/102 und 105/106; 107 „Provinz"), vertrieb die Parther aus Armenien, Assyrien und Mesopotamien (114–117) und wandelte das Nabatäerreich zur **Provinz Arabien** um. Bereits sein Nachfolger *Kaiser Hadrian (117–138)* musste die parthischen Provinzen wieder aufgeben und sich mit der Euphratgrenze begnügen. Als Denkmale der erstarrten Offensiven entstanden an gefährdeten Stellen die **Limites***, großartige Grenzsicherungen, v.a. in Britannien (Clyde-Forth-Linie von 142 n. Chr. und die Solway-Tyne-Linie, der sog. Hadrianswall), in Germanien (obergermanischer und rätischer Limes), in Dakien, im Orient (Syrien, Arabien) und in Nordafrika (Numidien, Regio Tripolitana, Mauretanien).

Limes, Mz. **Limites** (eig. *Grenzweg*)
Ein Limes bestand im Vollausbau i. d. R. aus: Graben, Erdwall, Palisadenzaun oder Steinmauer (Rätien) sowie Holz- oder Steinwachtürmen. Straßen vernetzten ihn mit Kastellen und Legionslagern.

Die Verwaltung der Provinzen
Anfangs wurden die Statthalter *(Prokonsuln)* vom Senat aus den ehemaligen Konsuln und Prätoren, i. d. R. für das auf das Amt folgende Jahr, bestimmt. Die Staatsämter brachten als **Ehrenämter** keine Einkünfte, verursachten vielmehr große Ausgaben (Bewerbung, Amtsführung, Spiele, Bauten). Daher nutzten viele Statthalter ihre großen staatlichen Vollmachten (Gerichtsbarkeit, Steuern, Zölle), um sich im Amtsjahr rücksichtslos persönlich zu bereichern (Korruption, Erpressung, Kunstraub etc.).

Die Kaiser suchten dies zu ändern: Augustus unterschied 27 v. Chr. zw. *kaiserlichen* und *senatorischen Provinzen*. So reservierte er sich alle für die militärisch-politische Sicherheit des Reiches wichtigen Provinzen, in denen Truppen standen, dazu Ägypten, von dessen Getreide Rom abhängig war, und ließ sie durch Vertraute verwalten. Die senatorischen Provinzen vergab zwar weiter der Senat; da jedoch der Kaiser die Mitglieder des Senats bestimmte und auch die Wahl der Oberbeamten und späteren senatorischen Statthalter beeinflusste, kamen eigentlich auch dort nur kaiserliche Anhänger zum Zuge.

Entschieden bekämpfte *Augustus* die Ausbeutung der Provinzen. Die Statthalter bekamen feste Gehälter, Provinzlandtage erhielten ein Beschwerderecht. Die kaiserliche Oberaufsicht über alle (auch die senatorischen) Provinzen schritt gegen Korruption und Erpressung ein. Die missbräuchliche Steuerverpachtung wurde aufgegeben und ein fester Zins eingeführt.

Diokletian hob 297 die Unterscheidung in kaiserliche und senatorische Provinzen auf und teilte das ganze Reichsgebiet in 101 (später 117) Provinzen ein.

größten Ausdehnung unter Kaiser Trajan (98–117 n. Chr.)

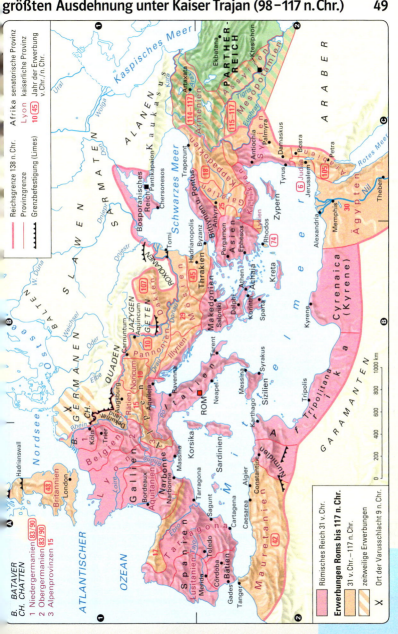

50 Hauptstadt des Weltreiches und Weltstadt des Altertums

Die kapitolin. Wölfin
Römische Gründungssage von Romulus und Remus.
Etruskische Bronzeplastik, ca. 500 v. Chr.
(Hinzufügung im 16. Jh.)

Roms Stadtplan ist eine erstrangige Quelle der inneren und äußeren Geschichte Roms bis in die Spätantike, für die Entwicklung vom Dorf zur Stadt, vom lokalen/regionalen Agrarstaat zur internationalen Handels- und Gewerbemacht, von der Monarchie über die Republik zum Kaisertum.

Von den Hügeldörfern zur Weltstadt – Die Siedlungsentwicklung Roms

Trotz aller Überformung durch die lange kaiserliche Bautätigkeit erinnert im kaiserzeitlichen Rom noch Vieles an den Weg der ehemaligen Hügeldörfer zur Weltstadt mit ca. eineinhalb Millionen Einwohnern.

Die **Anfänge** bildeten im 10./9. Jh. v. Chr. latinische Dörfer auf den Hügeln (zuerst Palatin). Einen ersten Höhepunkt des **republikanischen Roms** mit der Unterwerfung der mittelitalischen Stämme um 340 markiert der Bau der ersten römischen Stadtmauer*, der sog. *Servianischen Mauer ab 378 v. Chr.*, welche i. W. die noch bäuerliche Stadt der „klassischen" sieben Hügel (Palatin, Kapitol, Quirinal, Viminal, Esquilin, Cälius, Aventin) umschloss. Die Ausdehnung des **kaiserlichen Roms** markiert – nachdem die Stadt nach 80 v. Chr. durch ihr starkes Wachstum ihren Festungscharakter verloren hatte – der Bau der **Aurelianischen Mauer ab 271 n. Chr.**

Stadtmauern Roms:

	Servian. Mauer	Aurelian. Mauer
Bauzeit	ab 378 v. Chr.	ab 271 n. Chr.
Länge	11,8 km	18,8 km
Türme	?	381
Tore	37	18
Fläche (ha)	385,5	1372,5

Öffentliche Plätze und Bauten zwischen Republik und Kaiserzeit

Das seit Mitte 19. Jh. wieder freigelegte *Forum Romanum* (lat. *forum = Markt, Platz*) war das Herz Roms z. Z. der Republik. Die Niederung zwischen Palatin und Quirinal, Kapitol und Velia kam nach ihrer Entwässerung vor 500 v. Chr. zum Stadtgebiet. Bis Caesar stand dort der *Tempel des Comitiums*, Ort der Bürgerversammlung und der Rechtsprechung, an den sich der eigentliche Markt mit den Buden der Händler und Handwerker anschloss. Neue Märkte (z. B. *Forum Boarium*) entlasteten später das Forum, dessen Bebauung ständig zunahm: Tempel für die Staatsgötter, der Versammlungsort des Senats *(Curia)*, das *Tabularium* (Staatsarchiv), die Rednertribüne *(Rostra)*, Basiliken, Triumphbögen, Siegessäulen u. a. umgaben scheinbar planlos einen Platz, dessen Ausmaße ständig variierten. In seinem hellen Travertinpflaster war mit schwarzen Marmorplatten das angebliche Grab des Romulus gekennzeichnet, der *Schwarze Stein (lapis niger)*.

Um die Überbauung zu verhindern, ließ Caesar das vorbildliche *Forum Julium* anlegen; in der Kaiserzeit folgten die Foren des Augustus, des Vespasian und des Nerva. Die Entwicklung gipfelte im Forum des Trajan mit seiner einheitlichen Abfolge von Propylon, Peristylhof, quergelagerter Basilika, Grabsäule, Bibliotheken und Tempel. Die Provinzen ahmten diese Vorbilder nach.

Der Funktion des Platzes als Zentrum aller städtischen Organe entsprach auch seine Lage an der Kreuzung von Via Sacra und Vicus Tuscus (*cardo* und *decumanus*). Von Ost nach West durchzieht die **Via Sacra** das Forum und führt zum Kapitol.

Seine glanzvolle Ausgestaltung erfuhr Rom in der Kaiserzeit. Von den zahllosen **luxuriösen Privatbauten** der Reichen (Ritter, Senatoren u. a.) ist nur wenig erhalten. Groß aber ist die Zahl der **öffentlichen Bauten**, welche die Kaiser errichten ließen. Wir finden sie auch außerhalb des Forums über die ganze Stadt verstreut: Amphitheater (v. a. auch das Colosseum), Aquädukte, Basiliken, Circen, Foren, Paläste (Palatin), Stadien, Tempel, Theater, Thermen (Vergnügungsbäder).

Die Nennung der Stifter in den Bezeichnungen belegt, dass solche Bauten auch Denkmale ihrer Auftraggeber sein sollten. Die Funktion der Bauten macht deutlich, dass die Kaiser die Massen Roms nicht ignorieren durften, sondern durch Bäder, Brotspenden und öffentliche Spiele beschwichtigen mussten. Auf den Zwang zur ständigen Absicherung des Kaisertums deuten auch die Kasernen im Stadtgebiet hin; die Republik hatte noch keine Soldaten in der Stadt geduldet.

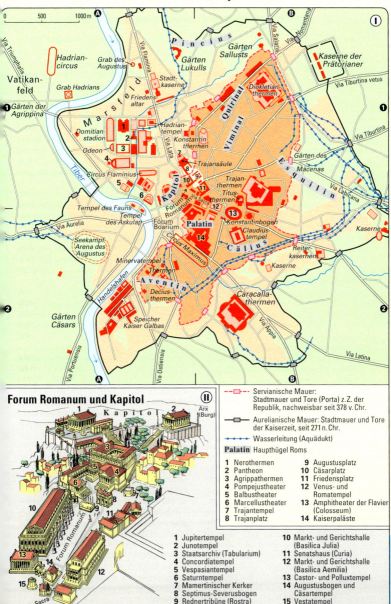

52   Rohstoffe und Fertigprodukte aus aller Welt – Handel

Spätrömische Straßenkarte: *Schematische Darstellung des Hauptstraßennetzes des Römischen Reiches, 4./5. Jh. (Peutingersche Tafel: Kopie 12. Jh., Pergamentstreifen 675 x 34 cm)*

Vom Bauernhof zum Latifundium – Die Landwirtschaft

Die Karte zeigt die hauptsächlichen Anbaugebiete der für die Ernährung der Bevölkerung Roms und seines Imperiums *wichtigsten Agrarprodukte* (Getreide, Oliven, Wein). Freilich die gleichfalls wichtige *Viehwirtschaft* und *Gemüseproduktion* sind kartographisch nicht darstellbar. Auch verschweigt die Karte die *Struktur der Agrarverfassung* und ihre hauptsächlichen Entwicklungen, insbesondere den wachsenden Latifundienbesitz, die wachsende wirtschaftlich-soziale Kluft, die Krise der kleinen und mittleren Landbesitzer sowie die wachsende *Abhängigkeit Roms und Italiens von den Provinzen*. An der Getreideversorgung wird dies deutlich: Rom benötigte für die ca. 1 Mio. Einwohner zu Beginn der Kaiserzeit jährlich 800 bis 1000 Schiffsladungen Getreide, ca. 250 000 Tonnen, die großteils aus Ägypten kamen.

Die letzten Jahrhunderte der Republik hatten als hervorstechende Wirtschaftsform das Großgut oder *Latifundium* hervorgebracht. Es befand sich überwiegend im Besitz der senatorischen Familien, denen der Handel untersagt war. Seine intensive Bewirtschaftung setzte fremde Arbeitskräfte voraus, v.a. also *Sklaven*, welche die Kriege Roms und der Sklavenhandel in ausreichender Zahl bereitstellten, aber auch *Tagelöhner* und *Saisonarbeiter*. Angebaut wurden v.a. weniger arbeitsintensive Produkte wie Oliven (Öl), Wein und Obst, während der Getreideanbau zurücktrat. Als das Sklavenreservoir Roms durch lange Friedenszeiten und die Unterdrückung von Menschenraub und Piraterie knapp wurde, gingen private Großgrundbesitzer und der Staat zunehmend dazu über, ihr Land gegen Pacht an Kleinbauern auszugeben. Diese Entwicklung zum Großgut wurde durch die zeitweise *Massenansiedlung von Veteranen* als Kleinbauern allenfalls verzögert.

Seit Ende des 2. Jahrhunderts führte die Übernahme römischer Agrartechnik (Pflanzen und Obstsorten, Veredelungsmethoden, Maschinen, Düngemittel und -methoden) durch die Landwirtschaft in den Kolonien Europas, Asiens und Afrikas zu wachsender Autarkie der Provinzen; dies bedeutete eine große Konkurrenz für die römische Landwirtschaft.

Friedenszeit für Handel und Gewerbe

Die stabilen inneren und äußeren politischen Verhältnisse der Regierungszeit des Augustus *(pax Augusta)* und seiner Nachfolger bis ins 3. Jahrhundert, eine *fast 300-jährige Friedenszeit*, ließen den schon vorher bedeutenden Fernhandel im Römischen Reich aufblühen. Der Warenverkehr kannte keinerlei Beschränkungen und brachte alle Güter in jeden Winkel der Welt. Flotte und Heer schützten Händler und Reisende im Reichsgebiet vor Piraten und Straßenräubern. Der Handel machte aber an den Reichsgrenzen keineswegs halt. Aus den entlegensten Teilen der Erde wurden über Zwischenhändler zu Lande und zur See vor allem Luxuswaren ins Römische Reich importiert. *Aus- und Einfuhrzölle* an den Reichsgrenzen waren gering (anfangs ca. 25 %, später die Hälfte).

Der gezielte *Ausbau der Infrastruktur* unterstützte die günstigen Rahmenbedingungen. Zu nennen ist in erster Linie das *Verkehrswesen*: Das Netz der Straßen mit Rasthäusern und Umspannstationen erfuhr eine ungeheure Ausweitung (schließlich ca. 100 000 km) und beschleunigte den Reiseverkehr. Die kaiserliche Post z.B. legte zu Land ca. 200 km täglich zurück; bequeme Reisewagen brachten es auf bis zu 100 km. Zur See ging es noch schneller: Von Ostia bis Gades (Cádiz) im Westen oder bis Alexandria im Osten brauchte man bei günstigem Wind eine gute Woche.

Den Warenaustausch förderte auch ein einheitliches und stabiles *Münz- und Währungssystem*, das den Zahlungsverkehr erleichterte.

und Wirtschaft im Römischen Reich im 2. Jh. n. Chr.

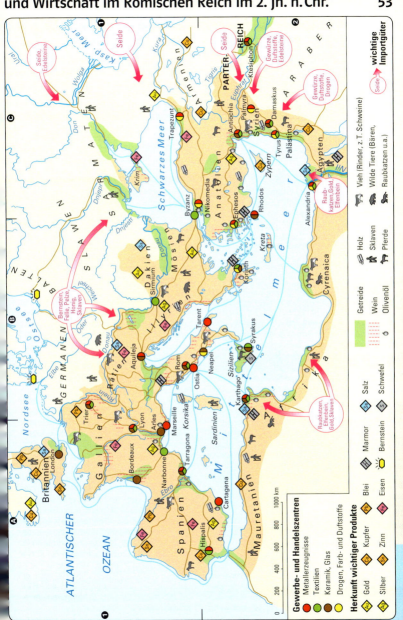

54 Missionserfolge und Rückschläge – Die Ausbreitung des

Das Labarum Konstantins
*Angeblich siegte Kaiser Konstantin 312 n. Chr. in der Schlacht an der Milvischen Brücke (Rom) unter dem auf göttlichen Rat mit dem **Christusmonogramm (ChiRo)** versehenen römischen Feldzeichen.*

Anfänge und Verfolgung

Die christliche Lehre hatte sich zuerst in Galiläa und Jerusalem verbreitet. 50 Tage nach der Auferstehung, am Pfingstfest, entstand die Urgemeinde; sie beachtete das jüdische Gesetz und verchristlichte die jüdischen Kultfeiern. Zugleich begannen die Missionsreisen der Apostel, darunter die des **Paulus***. Aber auch Kaufleute und Soldaten trugen zur Verbreitung der christlichen Lehre bei.

Die Paulusreisen (45–48, 49–52 und 53–58)
Die drei Reisen, die Paulus über Zypern nach Kleinasien und Griechenland führten, sowie seine theologisch wegweisenden Briefe machten ihn zum bedeutendsten Apostel neben Petrus. 62 starb er in Rom als Märtyrer.

Die Christen erregten Anstoß durch ihre zurückgezogene Lebensweise, ihren monotheistischen Glauben, der vom römischen Polytheismus abstach, und ihre Kultfeier mit dem Abendmahl, das Anlass zu vielen Verdächtigungen gab. Häufig wurden sie aufgrund des mosaischen Gesetzes mit den gleichfalls verhassten Juden verwechselt. Beide eigneten sich als Sündenböcke, denen man leicht Katastrophen, Krisen und Verbrechen anlasten konnte, und waren schon früh Verfolgungen (erstmals 64 nach dem Brand Roms) ausgesetzt. Verhängnisvoll wirkte sich ihre Ablehnung des **Kaiserkults** aus. Sie verstärkte die Isolation der Christen, stempelte sie zu Staatsfeinden, zur „Menschenrasse ohne Vaterland" (Celsus 178).

Kaiserkult
Wie die Juden verweigerten die Christen die gottgleiche Verehrung der Kaiser durch ein formales Opfer, da ihr Glaube keine weiteren Götter duldete.

Waren Verfolgungen im 2. Jh. noch selten, so wurde das 3. Jh. (bis 313) zum *„Jahrhundert der Märtyrer"*. Die damalige Reichskrise galt öffentlich als Strafe für die Missachtung der altrömischen Götter, und es kam zu Verfolgungen, v.a. unter den Kaisern Valerian (257/258), Aurelian (270–275) und Diokletian (284–305).

Von Toleranz zur Staatsreligion

Kaiser Galerius beendete die Verfolgungen der Christen (Edikt vom 30.4.311), Kaiser Konstantin (306–337) gewährte ihnen nach seinem Sieg an der **Milvischen Brücke (312)**, den er dem Christengott zuschrieb, dauerhaft Gleichberechtigung mit dem römischen Staatsglauben **(Mailänder Toleranzedikt)**. Die christliche Kirche konnte sich nun frei entfalten: Schenkungen, Rückgabe der Kirchen und Kirchengüter sowie Steuerfreiheit der Kleriker halfen dabei. Auf **Konzilien*** wurde die Lehre geklärt.

Konzil von Nikäa 325
Formulierung des „katholischen" Glaubensbekenntnisses, das die Lehre von der **Gottgleichheit Christi** (Bischof Athanasius von Alexandria) anerkannte und die Lehre von der **„Gottähnlichkeit"** (Priester Arius von Alexandria) verwarf. Die Ostgermanen neigten zum **Arianismus**, weil ihnen dessen Heroisierung Christi und die lockere Kirchenorganisation näher standen.

Kaiser Theodosius (379–395) verbot **391** alle heidnischen Kulte (393 letzten Olympischen Spiele), erhob das **Christentum zur Staatsreligion** und trat an die Spitze der Kirche *(Cäsaropapismus)*. Im Besitz des „Monopols" stellte sich der christlichen Kirche seit dem 3./4. Jh. die neue Aufgabe der „Bekehrung" der germanischen Völker, die in der **Völkerwanderung** auf dem römischen Staatsgebiet Reiche gegründet und das Christentum meist in der arianischen Form [→ 56/59] angenommen hatten.

Gefährliche Konkurrenz erwuchs im **Islam**, der sich zwischen 622 und 750 im ganzen Mittelmeerraum verbreitete. **732** wurde sein Vormarsch ins Frankenreich durch Karl Martell bei **Tours und Poitiers** gestoppt [→ 60/61].

Zwischen dem 5. und 10. Jh. erfasste das Christentum nur noch im Norden und Osten Europas neue Gebiete: *Schottland* (ab 400/563), *Irland* (ab 432), *England* (ab 596), das rechtsrhein. *Germanien* (6./7. Jh.) und die Slawen (10./11. Jh.). **1054** zerbrach die Einheit der Christen im **Großen Schisma***.

Großes Ost-West-Schisma 1054
Den im 11. Jh. erhobenen **Universalanspruch der röm. Päpste** lehnte Byzanz ab. Die Differenzen bewirkten 1054 die bis heute dauernde Trennung zwischen der römischen Papstkirche und der Ostkirche.

Christentums bis zum Großen Schisma 1054

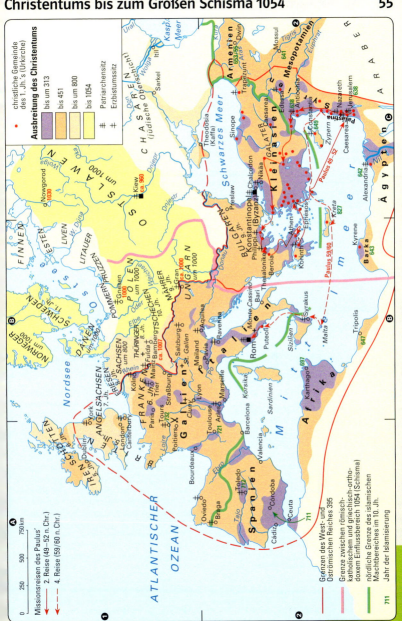

Auf der Suche nach neuen Siedlungs- u. Herrschaftsräumen

Germanischer Reiterkrieger:
Die leichtbewaffneten wendigen germanischen Reiter waren den schwergerüsteten und unbeweglichen römischen Fußtruppen oft überlegen. (Reiterstein von Hornhausen bei Magdeburg)

Die **Völkerwanderung*** traf das Römische Reich kurz nach der Teilung von 395 in Ost- und Westrom. Während der Osten standhielt, zerbrach der Westen an den germanischen Invasionen und Reichsgründungen. Der Anstoß zu diesen Umwälzungen ging wesentlich vom mongolischen Reitervolk der **Hunnen*** aus.

Die große Völkerwanderung:
Die Züge der Ost- und West-Germanen im 4. bis 6. Jh. nach Süd- und Westeuropa sowie die Ausbreitung der Slawen im Osten zwischen Elbe und Wolga sowie zwischen Ostsee und Schwarzem Meer. Ursachen waren Klimawechsel, Bevölkerungszunahme, Abenteuer- und Beutegier sowie der Druck der Hunnen.

Die Hunnen und Europa
Zw. 209 und 174 v. Chr. Die Hunnen bilden ein Großreich von der Mongolei bis zum Pamir.
Seit 85 n. Chr. Allmähliches Vordringen nach Westen. Dabei lösen sie die **Völkerwanderung** aus.
Um 350 n. Chr. Zerstörung des Alanenreiches.
375 Sieg über **Ostgoten**. Besetzung der Donau- und Theißebenen (neuer politischer Mittelpunkt).
441 Vordringen auf dem Balkan.
Seit 445/446 Attila (Etzel, got. *Väterchen*) eint alle Horden. Reich vom Kaukasus bis zum Rhein, von der Donau bis zur Ostsee.
451 Attila zieht gegen Gallien und wird auf den **Katalaunischen Feldern** vom römischen Heermeister Aetius mit westgotischer Hilfe besiegt.
453 Tod Attilas. Sein Reich zerfällt.

Germanische Wanderungen
Die Ostgoten waren ein Teil der ursprünglich skandinavischen **Goten**, die sich um 200 in Dakien in West- und Ostgoten geschieden hatten. Im 4. Jh. gründeten sie im Norden des Schwarzen Meeres ein großes Reich, das die Hunnen 375 unterwarfen. Nach deren Abzug zogen sie 454 als **Föderaten*** nach Pannonien, 471 auf den Balkan und von dort 488 unter Theoderich nach Italien.

Föderaten (lat. *Bundesgenossen*)
Völker, die inner- und außerhalb des Römischen Reiches vertraglich zum Heeresdienst und zu Abgaben verpflichtet waren und oft neue Reiche gründeten.

Die Westgoten wurden beim Ansturm der Hunnen 376 zu oströmischen Föderaten* und erstmals auf Reichsgebiet angesiedelt. *378* kam es zum Konflikt: In der **Schlacht bei Adrianopel** siegten die Westgoten und ließen sich in Mösien nieder. 395 verließen sie die Provinz, um unter **Alarich** plündernd durch den Balkan auf die Peloponnes zu ziehen. Obwohl vom Kaiser zum *Heermeister für Illyrien* ernannt, drang Alarich 401 in Italien ein. Nach Niederlagen bei Pollentia (402) und Verona (403) eroberte und plünderte er 410 Rom. Auf dem Weg nach Afrika starb er beim unteritalienischen Cosenza. Sein Schwager Athaulf führte die Westgoten nach Südgallien, wo sie – nach Vernichtung von Teilen der Vandalen und Alanen in Spanien (418) im römischen Auftrag – angesiedelt wurden und das **Tolosanische Reich** begründeten.

Die Burgunder waren um 100 v. Chr. aus Skandinavien über Bornholm in das Land zwischen Oder und Weichsel gezogen. Von Goten und Rugiern bedrängt wanderten sie über die Niederlausitz (um 200) ins Maingebiet (3. Jh.). Die Römer wiesen ihnen als Föderaten* um 413 das Gebiet um Worms zu. Als aber König Gundahar 435 die Provinz Belgien angriff, ließ der römische Heermeister Aetius sein Reich durch Hunnen vernichten *(Nibelungenlied)* und siedelte die Überlebenden (gegen die Alamannen) am Genfer See an. Rasch entstand um Lyon ein neues Burgunderreich.

Die Vandalen hatten sich bis 400 zwischen Weichsel und Oder angesiedelt, erreichten zusammen mit Sueben (Quaden) und Alanen den Rhein. Auf der Iberischen Halbinsel wurden die silingischen Vandalen im Süden (daher Bez. *Andalusien*), die Alanen in Mittelspanien und die Sueben und asdingischen Vandalen im NW *(Gallaezien)* angesiedelt. Nachdem die Silingen und Alanen im Auftrag Roms 418 von den Westgoten weitgehend vernichtet worden waren, setzten die Asdingen 429 unter **König Geiserich (428 – 477)** nach Nordafrika über. Um Karthago errichteten sie das erste unabhängige german. Reich auf römischem Boden, erlangten die Seeherrschaft im westlichen Mittelmeer und besetzten die Mittelmeerinseln. Einen auch symbolischen Höhepunkt der Reichsgeschichte bedeutete *455* ihre **Plünderung Roms**. Der Verlust des als Kornkammer wichtigen Afrikas trug wesentlich zum Ende Westroms bei.

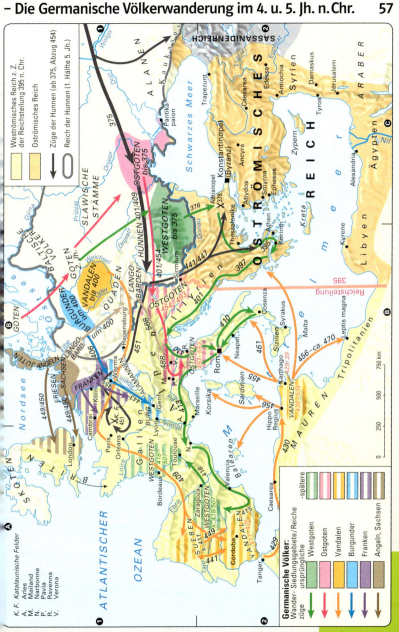

58 Rivalen um die Nachfolge des Römischen Reiches – Die

Grabmal Theoderichs in Ravenna
Mit dem Ostgotenkönig starb 526 ein Politiker, der für eine solidarische germanische Politik gegenüber Byzanz eintrat.

Das Ende Westroms?

Mit der Absetzung des letzten Kaisers im Westen, **Romulus Augustulus**, durch den german. Heermeister Odoaker im Jahre *476* war das Römische Reich im Westen ideell noch nicht beendet. Das Oströmische Reich befand sich zwar gleichfalls in einer Schwächeperiode, doch der Kaiser betrachtete die Reichseinheit als staatsrechtlich wiederhergestellt und die Germanenkönige im Westen nur als seine Beauftragten. Faktisch standen jedoch West- und Mitteleuropa sowie Nordafrika zwischen 476 und 533 unter germanischer Herrschaft, also bis zum Beginn der Rückeroberungspolitik **Kaiser Justinians (527–565)**.

Ostgotenreich Theoderichs des Großen (489–526)
- **488** Theoderich wird **Heermeister** und **Patricius** für Italien.
- **489** Ostgotischer Siege über Odoaker bei Verona und
- **490** an der Adda.
- **493** **Eroberung Ravennas** und Einwanderung der Ostgoten aus Mösien.

Theoderichs Reich wird die stärkste german. Macht, auch wenn der Versuch, ein antibyzantinisches Bündnis zu errichten, am Widerstand des fränkischen Königs Chlodwig scheitert. Theoderich schützt in der Folge die von den Franken bedrohten Alamannen (496 Niederlage an unbekanntem Ort) und Westgoten (507 Niederlage bei Vouillé).
- **526** **Tod Theoderichs** bei der Vorbereitung eines Seekrieges gegen die Vandalen.
- **Ab 535** Kaiser Justinian lässt die Ostgoten durch seinen Feldherrn Belisar angreifen.
- **553** Entscheidende ostgot. **Niederlage am Vesuv**.

Germanenreiche auf weströmischen Boden

Das Westgotenreich hatte damals seinen politischen Höhepunkt überschritten. Die Westgoten, als römische Föderaten seit 375 nach Westen gewandert, hatten seit 418 im Süden Galliens um Toulouse ein Reich aufgebaut, das auch große Teile Spaniens beherrschte und unter **König Eurich II.*** (466–484) seine innere und äußere Blütezeit erreicht hatte.

Mit der **Niederlage von Vouillé 507** gegen die Franken endete das **Tolosanische Reich** in Gallien; westgotisch blieb nur die Küste zwischen Narbonne und Rhônemündung. Auf der Iberischen Halbinsel erlag das Westgotenreich erst 711 der arabischen Invasion.

Regierungszeit König Eurichs II. (466–484)
Seit 468 Eroberungskrieg gegen die Sueben.
Nach 468 Eroberung der Provinz Tarragona mit Pamplona und Zaragoza.
- **475** **Unabhängigkeit von Rom.**
  Codex Euricianus: Älteste Kodifikation des germanischen Stammesrechts.

Das Burgunderreich hatte bereits um *500* in der **Schlacht bei Dijon** die fränkische Expansion nur mit westgotischer Unterstützung abwehren können. Nach dem Ende des Tolosanischen Reiches und Theoderichs Tod half auch der Wechsel vom arianischen zum katholischen Glauben nicht mehr. Nach der Niederlage bei **Autun 532** wurde Burgund fränkisch.

Das Vandalenreich verfiel seit Geiserichs Tod 477. Zwischen 534 und 535 eroberte und zerstörte der byzantinische Feldherr Belisar im Auftrag Kaiser Justinians, der die Rückeroberung Westroms erstrebte, das Vandalenreich. Nach der **Schlacht bei Tricamarum 533** wurde Afrika oströmische Provinz.

Das Frankenreich entstand um 500. Die Franken, die sich an Maas und Mosel niedergelassen hatten, wurden ursprünglich von Kleinkönigen regiert. Einer von ihnen, **König Chlodwig (482–511)**, beseitigte alle übrigen und einigte das Reich. Unablässig – gebremst nur durch Theoderichs Schutzpolitik – erweiterte er das Frankenreich kriegerisch zum **Großreich*** und wurde um 500 Christ.

Mit dem Tod Theoderichs wurde das Frankenreich in Westeuropa übermächtig. Auch seine athanasische „Rechtgläubigkeit" verschaffte ihm gegenüber den anderen fast durchgehend arianischen Germanenreichen erhebliche Vorteile.

Über Siege zum fränkischen Großreich
- **486** Sieg über den *dux Syagrius:* Ende der letzten römischen Provinz.
- **496?** Zülpich?: Annexion (wegen Theoderich nur des nördlichen) Alamanniens.
- **507** Vouillé: Nur der Raum zwischen Rhône und Pyrenäen bleibt westgotisch.
- **531** Unstrut: Annexion des Thüringerreiches.
- **532** Autun: Annexion des Burgunderreiches.
- **Mitte 6. Jh.** Bayern unter fränkischer Herrschaft.

Germanenreiche im Westen um 526

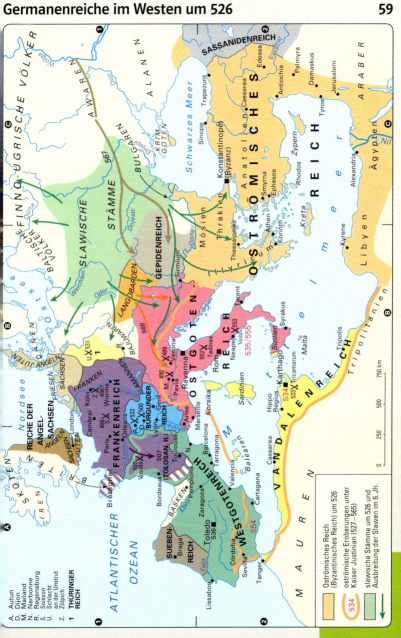

Der Bibel oder dem Koran verpflichtet? – Christliche

In Metall gravierte arabische Schrift
Die Übersetzung lautet: „Im Namen Gottes, des Allbarmherzigen des Allerbarmers".

Islam und Christentum nach 622
Bis zum Auftreten der vom „Propheten" *Mohammed (571–632)* zwischen 610 und 632 in Mekka und Medina gegründeten *Religion des Islam** hatte das Christentum alle ehemaligen Provinzen des Römischen Reiches erobert.

Zur Lehre des Islam
Der *Islam* (arab. *Ergebung, Hingabe an den Willen Allahs*) beinhaltet den Glauben an den absolut *einen, allmächtigen und ewigen Gott (Allah)*, der die Welt erschaffen hat, sie regiert und alles vorherbestimmt. Der *Koran* (arab. *das zu Rezitierende*) offenbart Allahs grundlegende Glaubenswahrheiten und religiöse Pflichten. Ihre Verkündigung war Aufgabe der *Propheten*. Die Gläubigen haben sich in Gottes Heiligen Willen (*Kismet*) zu ergeben; sie sind verpflichtet zum Glaubensbekenntnis, zu täglich fünfmaligem Gebet, vollständigem Fasten tagsüber im *Ramadan*, Almosengeben und zur Wallfahrt nach Mekka.
Mohammeds Nachfolger und legitime Herrscher sind die *Kalifen* (arab. *Stellvertreter*).

Als 622 mit der Flucht (arab. *Hedschra*) Mohammeds von Mekka nach Medina die politische Expansion im *Heiligen Krieg* einsetzte, war das Christentum politisch entweder im *Ksr. von Byzanz* organisiert oder in den germanischen Nachfolgereichen des Weströmischen Reiches. Der *Dschihad* (arab. *Anstrengung = Hl. Krieg*) schränkte – trotz der *Islamischen Toleranz* gegenüber anderen Religionen – den christlichen Geltungsbereich rasch ein. Um 650 hatten die Araber das Byz. Reich auf Kleinasien und Armenien reduziert und neben Arabien auch das Perserreich unterworfen.

Die Rettung des christlichen Europa 732
Im Rahmen einer neuen Expansionswelle überquerte 711 der Feldherr Tarik die Meerenge bei Gibraltar (arab. *Dschebel-al-Tarik*), um rasch die gesamte Iberische Halbinsel – ausgenommen das kleine christliche Königreich Asturien – zu erobern. 718 scheiterte allerdings der Versuch, das Kaiserreich Byzanz durch die Eroberung der Hauptstadt zu vernichten.

Im Westen dagegen drang man über die Pyrenäen in Gallien ein. Jedoch unterlagen die Araber *732* in der weltgeschichtlich bedeutenden *Schlacht bei Tours und Poitiers* den Franken unter dem Hausmeier Karl Martell aus der Familie der Karolinger. Als dessen Sohn Pipin 751 das fränkische Königtum übernahm, erhielt das Frankenreich eine neue Dynamik. Diese führte kulturell zur Entstehung des christlichen Abendlandes, machtpolitisch zu weiterer Expansion und zum Kaisertum Karls des Großen und kirchlich-religiös zum Sieg der athanasischen Richtung des Katholizismus über die arianische sowie zum Aufstieg des Papsttums.

Krise des Islam um 750
Für den Islam ging um 750 nicht nur die zweite *Eroberungswelle** zu Ende, es zeigten sich auch erste Risse im Gefüge des arabischen Weltreichs:

Die arabisch-islamischen Eroberungen
1. Eroberungswelle (634 – ca. 650)
Nordafrikas bis zur Cyrenaica und Asien – ausgenommen des byz. Kleinasien – bis zum ostiranischen Gebirge und zum Amu-Darja (Oxus).
2. Eroberungswelle (711 – ca. 750)
711 ff. Spanien und Südfrankreich.
In Zentralasien Choresmien (südlich des Aralsees), Transoxanien mit Buchara und Samarkand sowie das untere Industal.

Die *Omaijaden (661–750)* in *Damaskus* wurden 750 gestürzt, und die nach dem Oheim des Propheten *Abbas* genannt *Abbasiden (750–1258)* übernahmen das *Kalifat*, um wenig später die Residenz nach *Bagdad* zu verlegen. Allerdings hielten sich die Omaijaden auf der Iberischen Halbinsel noch lange. Hier begründete sich das erste vom Kalifat unabhängige islamische Reich, das *Emirat von Córdoba* (arab. *emir = Beherrscher der Gläubigen*), ein Beispiel, das bald Schule machte. Hinzu kam die Trennung des Islam in verschiedene *Konfessionen**.

Die hauptsächlichen islamischen Konfessionen
1. Die mehrheitlichen *Sunniten* beachten neben dem Koran die *Sunna* (Leben, Aussprüche und Ratschläge Mohammeds). Das Kalifat steht männlichen Nachkommen Mohammeds offen.
2. Für die *Schiiten* besitzen nur die Nachfahren Alis (Vetter und Schwiegersohn Mohammeds), der *Schiat'Ali* (arab. *Partei Alis*), das nötige Charisma, um als *Imame* die Gemeinde zu leiten.
3. Die *Charidschiten* wollen nur die Frömmsten, ohne Standesrücksicht, als *Kalifen* akzeptieren.

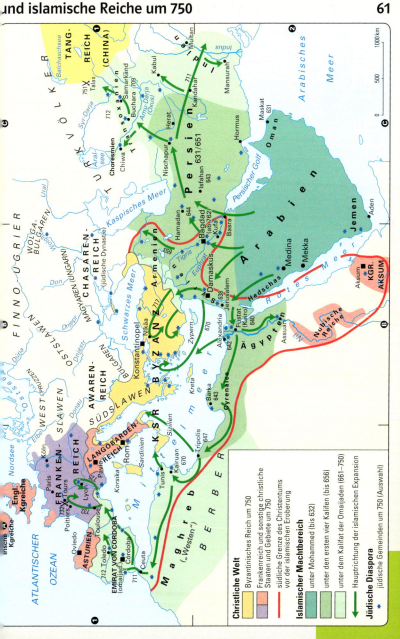

62 Vom fränkisch-karolingischen Königtum zum röm. Kaiser-

Kaiser Karl der Große
Das durch ihn erneuerte Kaisertum stand nur teilweise in der römischen Tradition.
Die Insignien (Kreuz auf Krone und Reichsapfel) weisen deutlich auf die christliche Grundlage seiner Herrscherstellung hin.

Vom Merowinger- zum Karolingerreich 751/52

Seit 687 beherrschten die *Karolinger* (auch *Arnulfinger oder Pipiniden*) als *Hausmeier* (major domus) faktisch das Frankenreich. Die machtlosen merowingischen Könige besaßen das Königtum nur noch nominell *(Schattenkönigtum)*.

751 schickte *Pipin*, Sohn Karl Martells, der *732* durch den *Sieg bei Tours und Poitiers* das Frankenreich vor den Arabern gerettet hatte, eine *Gesandtschaft zum Papst*. Sie fragte an, wer König sein solle, der, der (nur) den Namen trage oder der, der die tatsächliche Macht habe. Papst Zacharias antwortete im karolingischen Sinne, und so wurde Pipin *751/752* zu *Soisson* auf einer fränkischen Reichsversammlung zum König der Franken erhoben. Das fehlende germanische *Geblütsrecht* ersetzte Bischof Bonifatius durch eine (alttestamentl.) *geistliche Salbung*.

Der Herrschaftsantritt Karls 768

Nach dem Tode Pipins (751–68) erhielt sein Sohn Karl (768–814) den Nordteil, Sohn Karlmann (768–71) den Südteil des Reiches. Nach dem Tode des Bruders übernahm Karl, unter Übergehung seiner erbberechtigten Neffen, die Alleinherrschaft. Karl, den schon die Zeitgenossen „den Großen" nannten, und der später zum Inbegriff des Reichsgründers und weisen Herrschers wurde, hat in der Folge nicht nur fast das ganze christliche Abendland polit. geeint, sondern es durch seine Herrschaft so tief geprägt, dass es auch nach dem unter seinem Sohn Ludwig dem Frommen (814–840) einsetzenden Verfall auf Jahrhunderte hin seine geistige Einheit behielt. Karl gilt daher mit Recht noch heute als *Vater Europas*.

Karls Eroberungen

Zu den wichtigsten Eroberungen gehörten die Gebiete der Sachsen, das ehem. Langobardenreich und das Herzogtum Bayern. Unterwerfung und Christianisierung des germanischen *Sachsenvolkes* 772–804 zogen sich über Jahrzehnte hin. Karls Erfolg aber gab dem *ostfränkischen Reich* einen stärkeren germanischen Charakter und trug so zur Entstehung des *Deutschen Reiches* bei, in dem den Sachsen eine führende Stellung zufiel.

Durch die Unterwerfung des *Langobardenreiches 774* und die Übernahme des Königstitels erlangte Karl die ständige Herrschaft über Nord- und Mittelitalien mit Rom und dem Patrimonium Petri. Er beherrschte somit weite Teile Süd- und Westeuropas, einen Großteil des ehemaligen Weströmischen Reiches. Damit besaß das Frankenreich dauernde Berührung mit dem *Papsttum*, das immer wieder von den Langobarden bedroht gewesen war, zuletzt in Byzanz aber keinen wirksamen Schutz mehr gefunden hatte.

Das *Herzogtum Bayern* gehörte dem Frankenreich schon seit früher Zeit locker an, doch suchten die Herzöge aus der Familie der *Agilolfinger* immer wieder eine eigene Politik zu betreiben. Erst die *Absetzung Herzog Tassilos III.* im Jahr *788* ermöglichte die endgültige *Eingliederung Bayerns* in das Reich. Damit war nicht nur das letzte Stammesherzogtum beseitigt, sondern stand auch das wegen seiner Nähe zu Italien, seinen traditionellen langobardischen Beziehungen und seiner Kontrolle zentraler Alpenpässe für die Italien- und Papstpolitik der fränkischen Herrscher wichtige Bayern endgültig in karolingischer Verfügung.

Karls Kaisertum 800

Seit 787 unterhielt Karl auf der Basis der Gleichrangigkeit diplomatische Beziehungen zum Kalifat von Bagdad. Seine Stellung fand ihren Ausdruck in der nach Ablauf und Motivation umstrittenen *Erhebung Karls zum Kaiser* am 25.12.800 in Rom, an der sich alle späteren Kaisererhebungen des Mittelalters orientierten.

Karls Herrschertitel seit 800
„Karl der Große von Gott gekrönter friedbringender Kaiser und Augustus, der das Römische Reich regiert, und durch die Milde Gottes auch König der Franken und der Langobarden ist."

Die Reichsteilung von 843

Das karolingische Imperium war nur von kurzer Dauer. Bereits unter Karls Sohn *Ludwig dem Frommen (814–840)* brachen bürgerkriegsähnliche Kämpfe unter dessen drei Söhnen aus. Nach der blutigen Schlacht bei *Fontenoy 841* musste der älteste Sohn, *Kaiser Lothar I. (843–855)*, auf jegliche Oberhoheit über seine Brüder verzichten und im *Vertrag von Verdun 843* in eine Dreiteilung des Frankenreiches einwilligen.

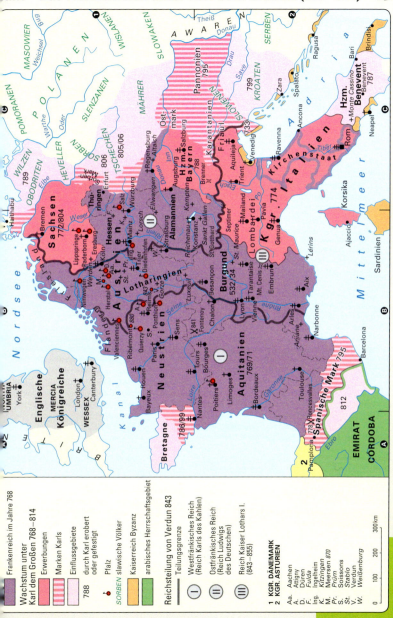

64 Kaufleute, Räuber und Staatengründer – Normannen,

Normannenschiffe
Die Normannen bedienten sich wendiger Langboote, die sowohl gerudert als auch mit Segeln gefahren wurden. Englische Buchmalerei, 12. Jh.

Die Normannen
Überbevölkerung, polit. und religiöse Gegensätze, Beutegier sowie eine gewisse Abenteuerlust bewogen seit 787 die german. Völker *Dänemarks* und *Skandinaviens*, die **Normannen** (auch *Wikinger, Dänen, Ostmannen, Waräger* gen.), in oft jährlichen Raubzügen Europa heimzusuchen. Mit wendigen Booten drangen sie über Flüsse weit ins Landesinnere vor. Überraschend erschienen sie vor Städten und Klöstern und plünderten sie.

Ziele waren Spanien (827, 844, 859) und Mittelitalien (860), v.a. aber das Frankenreich, die britischen Inseln und Osteuropa.
Die fränk. Abwehrkraft war durch Reichsteilungen (843, 870, 880) und Thronstreitigkeiten geschwächt. Auch unfähige Könige oder Heerführer und die ungewöhnliche normannische Kampfesweise und Tapferkeit erschwerten die Abwehr.
Im **Ostfrankenreich** wurden 845 Hamburg zerstört, 880 die Sachsen geschlagen sowie 881/82 Neuß, Köln, Bonn und Trier geplündert. Erst fränkische Siege bei *Saucourt (881)* und bei *Löwen an der Dyle (891)* brachten Entlastung.
Im Westfrankenreich ließen sich seit Ende des 9. Jh. Normannen dauerhaft nieder, und ihr Herzog Rollo wurde 911 vom französischen König mit seinen Eroberungen am Unterlauf der Seine *(Normandie)* belehnt, von wo aus später die Eroberung Englands erfolgte.
In **England** überfielen sie 793 das Kloster Lindisfarne, bald kamen sie jährlich. Ab 830 ließen sie sich in Schottland und Irland nieder, und Ende des 9. Jh. eroberten sie NW-England. Der dänische König Knut eroberte 1016 ganz England (bis 1042 dän.).
Die normannischen Aktivitäten reichten aber weiter: In *Osteuropa* drangen sie – *Rus* oder *Waräger* genannt – seit 800 vor und gründeten im Gebiet der Slawen und Finnen Fürstentümer (v.a. um *Nowgorod* seit 862, und um *Kiew* 882), den Kern des späteren Russland. Über die **Shetland-** und **Faröer-Inseln** gelangten sie 860 nach **Island**, 982 nach **Grönland** und um 1000 unter Leif Eriksson nach **Amerika**. Ab 1016 setzten sich französische Normannen in **Süditalien** (Apulien und Sizilien) fest. So weiträumig wie die Raubzüge war der normannische Handel (Pelze, Sklaven, Schmuck). Er reichte von den Stützpunkten Birka, Haithabu, Nowgorod und Kiew aus bis Byzanz und in den Orient.

Die Ungarn
Mitte des 9. Jh. durch die Petschenegen aus der Heimat zwischen Don und Dnjepr vertrieben, erreichten die Ungarn (oder *Magyaren*) 889 die untere Donau. Im Bund mit Byzanz besetzten sie unter **Arpad** (Dynastie der *Arpaden*) Pannonien. **896–907** ließen sie sich an Theiß und mittlerer Donau nieder; die Puszta wurde zur Basis ständiger Kriegszüge nach Westen. Das ostfränkisch-deutsche Reich litt (32-mal heimgesucht) besonders, aber auch Italien (899, 932), Lothringen, Westfranken, Burgund und Spanien. 943 erschienen die Ungarn sogar vor Konstantinopel.
Angriffen und Verheerungen besonders hilflos ausgesetzt waren der Osten und Südosten des Fränkischen Reiches. Die Ohnmacht des Königs bewirkte, dass führende Adlige zu **Herzögen** ihrer Stämme aufstiegen. Die Ungarngefahr konnte erst beseitigt werden, als die Stämme sich unter einem **König** zum **Deutschen Reich** vereinten. König Heinrich I. (919–936) erkaufte einen Waffenstillstand und legte Burgen an. In **933** siegte er bei *Riade*. Den entscheidenden Sieg aber errang sein Sohn Otto I. d. Gr. (936–972) **955** auf dem *Lechfeld* bei Augsburg. Er beendete die ungar. Raubzüge und förderte Sesshaftwerdung und Christianisierung der Ungarn (975 Taufe Geisas, des Enkels Arpads). Als Stephan der Heilige (997–1038) das Erzbistum Gran gründete und der Papst ihn zum **König** erhob, war die Angliederung Ungarns an die westliche Christenheit erfolgt.

Die Araber drückten Ende des 9. Jh. erneut auf Byzanz. Kreta (827) und Sizilien (831 Palermo, 902 Taormina) wurden erobert, Unteritalien und Kleinasien angegriffen.

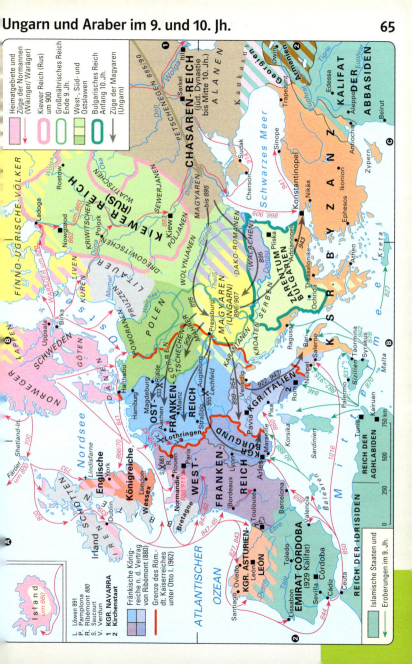

Ungarn und Araber im 9. und 10. Jh.

Kreuzzüge als Heilige Kriege – Christentum und Islam

Christus führt die Kreuzfahrer.
Christus mit der Hl. Schrift und dem Richterschwert reitet an der Spitze der Kreuzfahrer (Apok. 19, 11–15), deren Fahnen und Schilde das Kreuz tragen. Englische Miniatur.

Von Jerusalemwallfahrten zu Kreuzzügen

Seit der Spätantike pilgerten Christen ins Heilige Land, um das Heilige Grab Christi in Jerusalem und andere Stätten von Leben, Leiden und Tod Christi aufzusuchen. Die arabische *Besetzung Jerusalems 638* hatte diese Wallfahrt, die auch als Buße für schwere Sünden galt, nicht beeinträchtigt, obwohl Jerusalem als Ort der nächtlichen Himmelsreise Mohammeds auch ein großer islamischer Wallfahrtsort war.

Jedoch *1055* beendeten die türkischen Seldschuken mit der **Eroberung Bagdads** die Herrschaft der Buyiden; sie besetzten auch Jerusalem und belästigten christliche Pilgerzüge. *1071* besiegten sie bei **Mantzikert** das Kaiserreich Byzanz und gründeten im byzantinischen Kleinasien das **Sultanat der Rum-Seldschuken.**

Als Papst Urban II. am **27. 11. 1095** zu Clermont zum **Heiligen Krieg*** aufrief, um Byzanz zu helfen und das Heilige Grab zu befreien, begann die Epoche der **Kreuzzüge***.

Heiliger Krieg – Kreuzzug:
Gemäß der Lehre Augustins vom *"gerechten Krieg"* muss dieser drei Kriterien erfüllen. Er darf geführt werden:
1. auf Anordnung einer *legitimen Autorität* (Kaiser, Papst),
2. aus einem *gerechten Grund*,
3. nur für *gute Absichten*, z. B. zur Verteidigung des Glaubens oder zur Buße.

Sieben Kreuzzüge gelten als die *"großen Kreuzzüge"*. Daneben gab es zahlreiche weitere Kreuzzüge, auch spontane Volkskreuzzüge, wie etwa den des Einsiedlers Peter von Amiens (1096) oder den Kinderkreuzzug (1212). Außerhalb des Orients erfolgten die **Reconquista** der Iberischen Halbinsel (bis 1492), Kreuzzüge gegen Wenden (1147), Mongolen (nach 1241) und Türken. Die Kreuzzugsidee überlebte das Mittelalter (z. B. 1571 Lepanto, 1588 Armada, 1683 ff. Türkenkriege). „Kreuzzüge" bekämpften aber auch sog. *„Ketzer"* (*Albigenser* 1209–29, *Hussiten* 1419–36) und politische Gegner (*Stedinger Bauern* 1234).

Die „großen Kreuzzüge" 11.–13. Jh. – Übersicht

1. Kreuzzug (1096–1099)
Ziel: Befreiung des Heiligen Grabes zu Jerusalem. Ritterkreuzzug unter Gottfried von Bouillon.
Ergebnis: Eroberung Antiochias (1098) und Jerusalems (1099). Gründung des christlichen Königreichs Jerusalem und des Fürstentums Antiochia sowie der Grafschaften Edessa und Tripolis.

2. Kreuzzug (1147–1149)
Auslöser: Der Fall Edessas (1141).
Führer: der deutsche König Konrad III. und der französische König Ludwig VII.
Ergebnis: Christliche Niederlagen von Dorylaion und vor Damaskus. Eroberung Lissabons.

3. Kreuzzug (1189–1192)
Auslöser: Niederlage bei Hattin 1187.
Ziel: Rückeroberung Jerusalems und Akkons.
Teilnehmer: Kaiser Friedrich I., der englische König Richard I. und der französische König Philipp II.
Ergebnis: Nur die Rückeroberung Akkons 1191.

4. Kreuzzug (1202–1204)
Auslöser: Aufruf Papst Innozenz' III. (1198).
Teilnehmer: überwiegend französische Adelige.
Ziel: Rückeroberung Jerusalems.
Ergebnis: Fehlschlag. Eroberung Konstantinopels auf Wunsch Venedigs und Errichtung des *Lateinischen Kaisertums* (1204–61).

5. Kreuzzug (1213–1221)
Auslöser: Aufruf Papst Innozenz' III. von 1213.
Teilnehmer: Ungarischer König Andreas II. u. a.
Ziel: Befreiung Jerusalems von Ägypten aus.
Ergebnis: Nach Eroberung Damiettes am Nil (1219) bei Mansurah (1221) Kapitulation der Kreuzfahrer und Abzug.

Kreuzzug Kaiser Friedrichs II. (1228/29)
Auslöser: Kreuzzugsgelöbnis von 1215. Wegen Krankheit brach ihn Kaiser Friedrich II. 1227 ab. Start 1228 als Gebannter Papst Gregors IX.
Ergebnis: Sultan al-Kamil gibt Jerusalem für 10 Jahre an die Christen zurück.

6. Kreuzzug (1248–1254)
Auslöser: Islam. Rückeroberung Jerusalems 1244.
Teilnehmer: der franz. König Ludwig IX. der Heilige
Ziel: Eroberung Ägyptens.
Ergebnis: Nach Einnahme Damiettes 1249 Niederlage bei Mansurah 1250, Gefangennahme Ludwigs IX.

7. Kreuzzug (1270)
Anlass: Kreuznahme König Ludwigs IX. von 1267.
Teilnehmer: Könige von Frankreich, Aragon und England.
Ziel: Eroberung von Tunis.
Ergebnis: Erfolglos – Tod König Ludwigs IX.

Ergebnis der Kreuzzüge: Zwar waren die Kreuzzüge politisch und militärisch erfolglos, bewirkten aber eine unschätzbare kulturelle Begegnung Europas mit griechisch und arabischer Philosophie, Wissenschaft, Literatur und Kunst, förderten Handel und Verkehr und stärkten die Autorität des Papsttums.

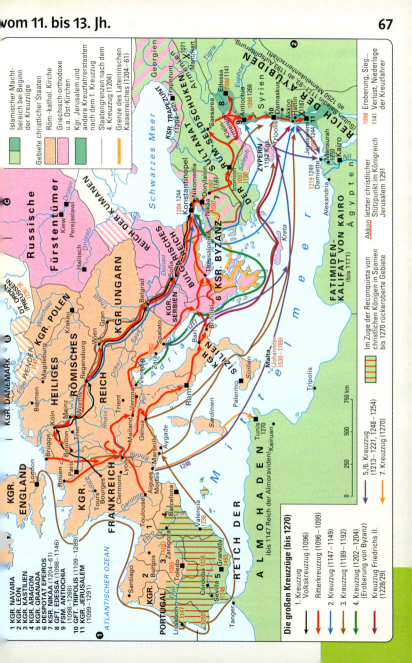

Reconquista – Die Iberische Halbinsel vom 11. Jh. bis 1492

Santiago! Die Reconquista erfolgte unter dem Schlachtruf „St. Jakob!" Das mutmaß. Grab des Apostels Jakob d.Ä., des Metamoros („Maurentöters"), zu Compostela wurde spanisches Nationalheiligtum und europäischer Wallfahrtsort unter dem Zeichen der Jakobsmuschel.

Karte I: Die Reconquista 11. Jh. bis 1492

Aus der **Reconquista*** erwuchs bis Ende des 15. Jh. die bis heute grundlegende politische Ordnung der Iber. Halbinsel, gekennzeichnet durch den Dualismus der Königreiche Spanien (Kastilien* und Aragon*) und Portugal*.

Reconquista (span. *Rückeroberung*):
Bezeichnung für die politischen und militär. Bemühungen der christlichen Reiche der Pyrenäenhalbinsel vom 8. Jh. bis 1492 zur Rückgewinnung und Rechristianisierung der seit 711 arabisch-islamischen Gebiete.

Königreich Kastilien: Es war die führende Macht nach seiner Vereinigung mit León 1037. **König Alfons VI. (1072–1109)** beanspruchte als **Kaiser** den Vorrang vor den übrigen christlichen und islamischen Staaten. Zentrum des Reiches wurde das 1085 eroberte *Toledo*. Die militärischen Erfolge errang i.W. Roderich Diaz de Vivar (ca. 1043–99), genannt **Cid** (arab. *Herr*).

Königreich Aragon: Es entstand 1035, als sich ein Sohn König Sanchos von Navarra (1000–35) zum König von Aragon ausrufen ließ. In der Folge wuchs Aragon durch die Reconquista weiter, bis es **1243/44** durch die kastilische Eroberung des Fürstentums Murcia von weiterer Expansion abgeschnürt wurde. Fortan strebte es den Erwerb mittelmeerischer Territorien an.

Königreich Portugal: Nordportugal war durch Kastilien rückerobert und 1095 als Lehen an Heinrich von Burgund gegeben worden. Der **1139** nach einem Sieg über die Mauren zum König ausgerufene Alfons I. löste sich **1143** aus der kastilischen Lehenshoheit und gewann 1147 Lissabon. **1250** eroberte König Alfons III. Südportugal. Weitere Gebietsgewinne verhinderte das Königreich Granada. Portugal war künftig auf den atlantischen Raum verwiesen.

Der **Sturz der Omaijaden 1010** und der Zerfall des Kalifats von Córdoba in kleine Fürstentümer (zeitw. Málaga, Algeciras, Granada, Córdoba, Toledo, Valencia, Zaragoza, Denia, Murcia, Badajoz) erleichterte die v.a. von Kastilien und Aragon getragene Reconquista Spaniens. Diese erhielt nun zunehmend den **Charakter eines Kreuzzuges**, an dem sich spezielle Ritterorden und europäische Kreuzfahrer beteiligten. Um 1250 war nur noch Granada arabisch.

Die spanische Reconquista 11. bis 13. Jh.

Königreich Kastilien
- **1080–85 Eroberung Toledos.** Der arabische Teil Spaniens fällt 1090 an das nordafrikanische Almoravidenreich (ab 1145/50 an die Almohaden).
- **1179 Vertrag von Cazorla:** Kastilien und Aragon teilen sich prophylaktisch das islamische Gebiet.
- **1195 Alarcos:** Niederlage gegen die Almohaden.
- **1212 Navas de Tolosa:** Sieg der vereinten Heere Kastiliens, Aragons und Navarras.
- **1225** Die Almohaden räumen die Iberische Halbinsel bis auf Granada.
- **1230 Endgültige Vereinigung Leóns mit Kastilien.**
- **1236** Eroberung Córdobas, des Fürstentums Murcia **(1243/44)** und Sevillas **(1248)**.
- **1492 Fall Granadas:** Ende der Reconquista.

Königreich Aragon
- **1096** Eroberung Huescas, Zaragozas und Tarragonas **(1118)**, Tortosas **(1148)** und Léridas **(1149)**.
- **1179 Vertrag von Cazorla:** siehe unter Kastilien.
- **1171** Beginn der Eroberung des Königreich Valencia.
- **1212 Navas de Tolosa:** siehe unter Kastilien.
- **1228–35** Eroberung der Balearen.
- **1238 Eroberung Valencias.**
- **1243–44** Ende der iberischen Reconquista Aragons.

Karte II: Frankreich und das Angevinische Reich im 12./13. Jh.

Um 1100 war Frankreich feudal stark zersplittert. Die kleinen Kronvasallen waren ebenso unbotmäßig wie die Inhaber der großen Lehen. Hauptziel des Königtums war es, die lehnsrechtl. Bindungen wieder zu festigen. Der Erfolg schien greifbar, als Kg. Ludwig VII. 1137 **Eleonore**, die **Erbin Aquitaniens**, ehelichte. Jedoch 1152 wurde die Ehe geschieden, und Eleonore heiratete den Sohn Graf Fulkos von Anjou und der engl. Prinzessin Mathilde, der als Kg. Heinrich II. von England (1154–89) das große **Angevinische Reich*** beherrschte.

Das Angevinische Reich König Heinrichs II.

England und Normandie samt dem frz. Lehen Bretagne	mütterliches Erbe
Anjou, Maine und Touraine	väterliches Erbe
Poitou, Aquitanien (Guyenne und Gascogne)	Heiratsgut/Erbe der Ehefrau Eleonore
Irland	Eroberung ab 1171

Als der frz. Kg. Philipp II. August (1180–1223) **1214** in der **Schlacht bei Bouvines** über Kg. Johann von England siegte, trat dieser den engl. Besitz nördl. der Loire und nach erneuten Kämpfen (1224, 1242) **1259** im **Frieden von Paris** alle ehem. franz. Lehen nördl. der Charente an Frankreich ab; für **Guyenne** huldigte er dem französischen König als Vasall.

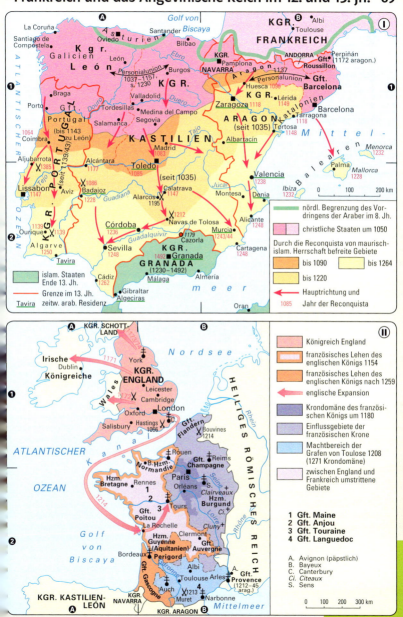

Mongolische Reiterfahne (um 1310)

Der Aufbau des Weltreiches durch Dschingis Khan

Begründer des Mongolenreiches war **Temudschin** („Schmied", ca. 1155/1167–1227), Fürst des kleinen Stammes Mongol, der in blutigen Kriegen die Tatarenstämme unterwarf. Auf einer Reichsversammlung wurde er **1206** zum **Oberherrscher aller Mongolen** mit dem (ungedeuteten) Titel **Dschingis Khan** erwählt. Durch seine **Eroberungen*** schuf er ein Großreich vom Pazifischen Ozean bis Südrussland (Dnjestr) mit ca. 12 Mio. km². Unter seinen Nachfolgern wuchs es weiter, von den innerasiat. Hochsteppen rund dem Kern südl. des Baikalsees in der Nordmongolei und der Hauptresidenz der Khane in **Karakorum** (seit 1220) bis zu den fruchtbareren und dichter besiedelten Gebieten Eurasiens.

Die Eroberungen Dschingis Khans (1202–1227)
1202 Tataren.
1203 Keraiten.
1204 Merkiten.
1204/05 Naimanen.
1209 Tangutenreich.
1211/13 Nordchina (Dynastie Kin).
1215 Eroberung Pekings.
1217/19 Korea.
1219/25 Uiguren, Karakitai, Karluken.
1220 Reich der Choresmier (W-Turkestan/O-Iran).
1223 Sieg an der Kalka gegen Südrussen.
1224 Nordpersien durch Sohn Tului erobert.
1227 Tod Dschingis Khans bei der Belagerung der tangutischen Hauptstadt.

Höhepunkt des Mongolenreiches

Nach dem Tode Dschingis Khans wurde sein Sohn **Ügedei** (allein?) Großkhan (1229–1241). Im Osten vollendete er bis 1234 die Eroberung N-Chinas, im SW die Persiens.
1236 wurde **Batu** (Enkel Dschingis Khans, †1255) vom Reichstag (*Kurultai*) die Eroberung Russlands, Polens, Ungarns und schließlich ganz Europas aufgetragen: 1236 wurden die Kama-Bulgaren vernichtet, 1238 Moskau eingenommen, 1240 schließlich Kiew und die Fürstentümer Halitsch und Wolhynien erobert. Nun drang das mongol. Heer gegen Polen, Schlesien, die Walachei und Ungarn vor. **1241** siegte Batu bei **Liegnitz** (Wahlstatt/Schlesien) über ein deutsch-polnisches Ritterheer, ein anderes Mongolenheer am **Fluss Sajo** über die Ungarn. Europa schien verloren, als Batu infolge des Todes des Großkhans plötzlich den Rückmarsch antrat.

Das Reich zerbrach: Im Westen gründete Batu 1251 um **Sarai** das **Khanat der Goldenen Horde**, das Bulgarien, Transkaukasien und Russland (bis zum 15. Jh.) beherrschte. Die Folgen waren wirtschaftl. Ausbeutung und kultureller Verfall. Die Abschließung Russlands vom Westen wurde auch durch die Spaltung in röm. Katholiken und orthodoxe Christen verstärkt. Im Osten eroberte 1258 der **Großkhan Kublai-Khan** (Enkel Dschingis Khans, *1259–94*) mit 500 000 Mann Nordchina. Als Kaiser (Residenz das heutige Peking) und Vertreter eines an städt. Kultur orientierten Mongolentums musste er sich gegen einen mehr nomadisch geprägten Gegenkhan durchsetzen. Nach der Eroberung Südchinas und der Absetzung der Sung-Dynastie um 1279 war Kublai Khan Kaiser ganz Chinas (1280–94) mit seinen ca. 50 Millionen Einwohnern, die er durch eine dünne mongolische Herrenschicht regierte. Die rege Kommunikation des Weltreiches mit dem Ausland wird auch deutlich an der Chinareise des Venezianers **Marco Polo (1271–1295)**.

Im Südwesten eroberte Hülägü, Bruder des Großkhans Möngkä (1251–59), mit 500 000 Mann Persien und errichtete das **Reich der Ilkhane**. 1258 zerstörte er die Millionenstadt Bagdad und vernichtete das Kalifat der Abbasiden. Der mongolische Vorstoß scheiterte jedoch **1260** bei **Ain Dschalut** (Goliatsquelle) am Widerstand der *Mameluken* (Söldnersklaven vom Schwarzen Meer, die eine Militärherrschaft über Ägypten ausübten); das Ilkhanat endete daher am Euphrat.

Niedergang

Im 14. Jh. spaltete sich das Reich in das von einzelnen Adelsfamilien beherrschte westliche Zentralasien (*Goldene Horde, Ilkhanat, Tschagatai*) und das vom Großkhan zentralistisch gelenkte Ostreich. Die schwindende Macht der überall dünnen mongolischen Herrenschicht führte rasch zum Abbröckeln einzelner Reichsteile (z.B. ab 1368 Verlust Chinas, Ende 14. Jh. Zerfall des Ilkhanats, 1502 erlag die Goldene Horde den Krim-Tataren, 1696 wurde die Mongolei chinesisch).

Europa – Das Weltreich der Mongolen im 13. Jh.

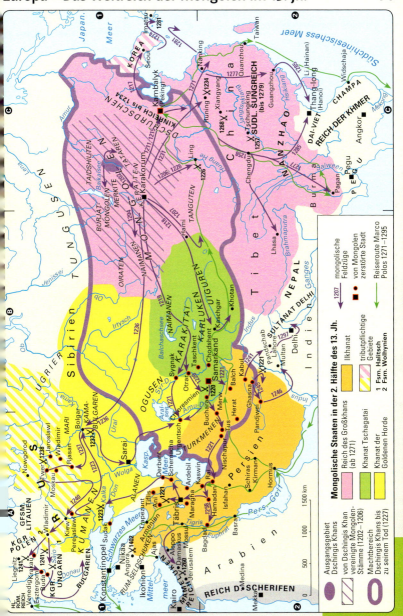

Europa droht Gefahr aus dem Südosten – Das Türkenreich

Ein Symbol des Islam
Der silberne Halbmond auf rotem Grund ist ein altes orientalisches Symbol, das die Osmanen übernahmen und das dann zu einem Symbol des Islam wurde.

Erste Anfänge 1299–1453

Ursprünglich im Nordwesten Kleinasiens ansässig, profitierte die türkische Dynastie Osman vom Untergang der Rum-Seldschuken 1300 durch die Mongolen. Binnen weniger Jahrzehnte errichtete sie nun ein Reich, dem 1453 das Kaiserreich Byzanz erlag. Der militär. Erfolg der osmanischen Heere beruhte wesentlich auf speziell erzogenen und ausgebildeten Kriegern, welche durch die *Knabenlese* aus griechischen, später auch slawischen Kindern, gewonnen wurden. Als *Janitscharen* bildeten sie jahrhundertelang die Kerntruppe des Reiches.

Der Aufstieg der Osmanen 1299–1453

- **1299** Osman I. nimmt den Titel *Sultan* an. Residenz Bursa (Brussa).
- **1354** Überschreitung der Meerengen. Gewinn Gallipolis.
- **1359–89 Murad II.:** Eroberungen auf dem Balkan.
- **1370** Adrianopel neue Residenz.
- **1379** Byzanz wird osmanischer Vasall.
- **1386** Eroberung Konias.
- **1389 Sieg auf dem Amselfeld** (Kosovo polje): Serbien teilweise erobert.
- **1390** Annexion des Emirats Karaman.
- **1393** Eroberung Bulgariens durch Bajezid I. (1389 bis 1403).
- **1396** Ein Kreuzzug aus dem Westen scheitert bei **Nikopolis.**
- **1402** Rückschlag: Niederlage gegen Timur Lenk.
- **1413–21** Nach Thronstreitigkeiten setzt sich Mehmed I. wieder durch.
- **1444** Sieg über ein polnisches Heer bei Varna.
- **1448** 2. Schlacht auf dem Amselfeld: Ganz Serbien erobert, Griechenland besetzt.
- **1453 Eroberung von Byzanz** (Konstantinopel) durch Mehmed II. (1451–81), das als *İstanbul* die Hauptstadt des Reiches wird.

Das Osmanische Reich in der Neuzeit

Zu Beginn der europäischen Neuzeit traten drei islamische Großreiche in Erscheinung, unter dem *Sultan* der Türkei, unter dem *Sophi* (Safawidenschah) Persiens und unter dem *Großmogul* Indiens (seit 1525/26). Sie verliehen auf Jahrhunderte hinaus dem Islam neue Macht und waren bis ins 18. Jh. meist Gegenspieler des christlichen Europa, während sie untereinander, trotz großer religiöser Unterschiede zwischen Sunniten (Türken) und Schiiten (Perser), relativ selten Krieg führten.

Der Islam erwies sich als einzige Religion, welche dem Christentum gegenüber völlig immun blieb und war daher die feste Basis der Eigenständigkeit dieser Völker, die fast nur in der (auch militär.) Technik einem europ. Einfluss unterlagen. Umgekehrt faszinierten die Europäer in steigendem Maße Musik (türk. Musik), Literatur und schöne Künste, v.a. Persiens und Chinas, die keine dauernde Berührung mit Europa hatten.

Osmanische Expansion in der Neuzeit

- **1475** Der Krimkhan unterstellt sich freiwillig dem osmanischen Sultan.
- **1481–1512** Ruhepause des Reiches unter Bajezid II. auch wegen Thronstreit; seither „Prinzenmord" im Türkischen Reich üblich.
- **1512–20 Unter Selim I. dem „Grausamen"** wurde das Osmananische Reich zum Großreich: Die sunnitische Richtung des Islam wird Staatsreligion. Starke Türkisierung und Islamisierung der Bevölkerung.
- **1513 Sieg bei Tschaldiran:** Safawidische (pers.) bzw. schiitische Einmischung abgewehrt. Erwerbung Aserbaidschans.
- **1516** Schlacht bei Aleppo: Eroberung Syriens.
- **1517** Schlacht bei Kairo: Eroberung Ägyptens.
- **1521–26** Unter Süleiman II. (1520–66) osmanische Expansion nach Westen: Belgrad (1521), Khodos (1522).
- **1521 ff.** Eroberung Nordafrikas.
- **1526 Schlacht bei Mohács:** Untergang des Königreiches Ungarn.
- **1529 Erste türkische Belagerung Wiens.** Die türkische Flotte beherrscht das Mittelmeer.
- **1566 Tod Süleimans** bei einer Belagerung in Ungarn. Das Osmanenreich hat den Gipfel seiner Macht erreicht.
- **1570/71** Osmanische Eroberung Zyperns.
- **1571 Seeschlacht bei Lepanto:** Türkische Niederlage durch spanische und venezianische Flotte.
- **1578–90** Türkisch-Persischer Krieg: Landgewinne in Kaukasien (Tiflis, Täbris).
- **1603** Verlust Aserbaidschans an Persien.
- **1669** Eroberung Kretas.
- **1672 Türkischer Sieg bei Kamenez:** Osmanische Oberhoheit über die West-Ukraine (Podolien).
- **1683 Die Wende: 2. Belagerung Wiens scheitert.** Danach habsburgische Offensive in Ungarn.
- **1699 Friede von Karlowitz:** Verlust Ungarns, Siebenbürgens, Slawoniens und Kroatiens an Österreich.

Das Osmanenreich war fortan meistens in der Defensive. Im 18. Jh. übernahm Russland die Führung im Kampf gegen die Türken.

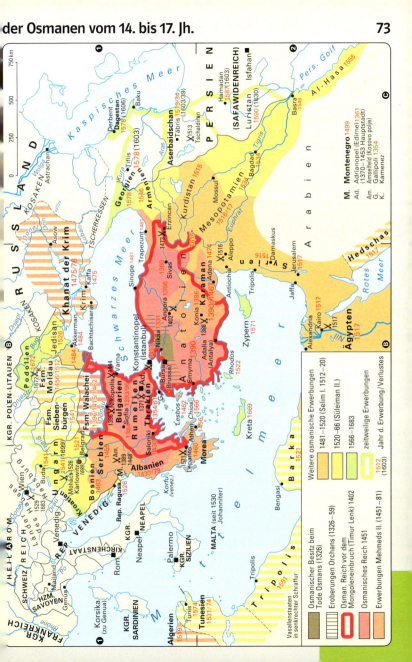

Vom Untertanenland zur freien Republik – Die Schweizer

Schweizer Bundeswappen
Das seit dem 14. Jh. bekannte Schweizerkreuz (in Rot ein schwebendes Silberkreuz) wurde 1889 zum Bundeswappen.

Die Entstehung der Schweizer Eidgenossenschaft

Als im 13. Jh. die Grafen von Habsburg versuchten, ihre gräflichen, gerichtlichen und grundherrlichen Rechte im Bereich der sog. Waldorte zu einer *geschlossenen* **Landesherrschaft** auszubauen, griffen die Staufer ein. König Heinrich VII. kaufte – vermutlich wegen der *Gotthardpass-Straße* – 1231 die an Habsburg verpfändete Vogtei zurück und machte so **Uri** wieder *reichsunmittelbar*. 1240 stellte Kaiser Friedrich II. auch das habsburgische **Schwyz** unter seinen Schutz, doch blieb dies wegen seines Todes unwirksam. So war nur Uri reichsunmittelbar, als *1291*, nach König Rudolfs Tod, die drei Waldorte Uri, Schwyz und Unterwalden einen **Ewigen Bund** (Einung, Eidgenossenschaft) zur *Sicherung des Landfriedens* schlossen.

Der schwelende eidgen.-habsb. Konflikt brach 1314 mit einem Überfall der Schwyzer (Schweizer) auf das habsb. Kloster Einsiedeln offen aus. Als Herzog Leopold von Österreich die von König Friedrich IV. verhängte Reichsacht vollstrecken und die habsb. Herrschaft wiederherstellen wollte, erlitt er bei **Morgarten 1315** eine schwere Niederlage. Daraufhin bestätigte Kaiser Ludwig IV. Rechte und Privilegien der Eidgenossenschaft, für die sich zunehmend die Gesamtbezeichnung **Schweiz** und **Schweizer** einbürgerte.

Durch den Beitritt von Städten (1332 Luzern, 1351 Zürich, 1352 Glarus und Zug, 1353 Bern) wuchs der Bund auf 8 **Orte***.

Orte, Kantone

Vollberechtigte Mitglieder der Eidgenossenschaft hießen *Orte* (ab 1798 dann *Kantone*), im Unterschied zu *Zugewandten Orten* oder sogar *Untertanenländern*, die keine Bundesmitglieder, sondern politisch unmündige Untertanen waren.

Weitere habsburgische Restaurationsversuche durch Herzog Leopold III. von Österreich scheiterten in den **Schlachten bei Sempach (1386)** und **Näfels (1388)**. Daraufhin anerkannte Österreich die Unabhängigkeit der Schweizer Eidgenossenschaft vom habsburgischen Territorialstaat. 1415 annektierten die Eidgenossen den habsb. **Aargau** als erstes **Untertanenland** (1460 auch **Thurgau**).

Nach dem Aussterben der Grafen von Toggenburg 1436 kam es zum **Toggenburger Erbschaftskrieg (1439–50)** zwischen den von Schwyz angeführten Orten und Zürich, das sich mit dem habsb. Kaiser Friedrich III. verbündet hatte. Trotz der Niederlage von **St. Jakob an der Birs 1444** gegen frz. Söldner *(Armagnaken)* siegte schließlich die Schwyzer Partei, worauf Habsburg erneut auf alle Ansprüche in der Eidgenossenschaft verzichtete.

Gegen die **Expansionsversuche des Herzogtums Burgund** wehrten sich die Eidgenossen erfolgreich (Siege *1476* bei *Grandson* und *Murten*) im Bunde mit Habsburg.

Das Ausscheiden der Eidgenossen aus dem Reich

Über all den Auseinandersetzungen mit Habsburg, das ab 1439 ununterbrochen das Kaisertum innehatte, wurde das Verhältnis zum Heiligen Römischen Reich immer distanzierter. Als Kaiser Maximilian die Eidgenossenschaft zur Annahme der Wormser Reichsreformbeschlüsse von 1495 gewaltsam zwingen wollte, kam es **1499** zum sog. **Schwabenkrieg***; in dem sich die Eidgenossenschaft, u.a. durch Siege bei Schwaderloh und an der Calven, behauptete.

Der Friede von Basel – das Ende des Schwabenkrieges 1499

Kaiser Maximilian verzichtete auf die *Zuständigkeit des Reichskammergerichtes* sowie auf *Reichssteuern*. Er entließ damit de facto – ausgenommen die katholischen Stände Chur, Einsiedeln, Muri und St. Gallen – die **Eidgenossenschaft aus dem Reich**. Diese behielt den *Thurgau*, musste aber die Oberhoheit Österreichs über *Graubünden* anerkennen.

Die von Zwingli (Zürich 1523) und Calvin (Genf 1541) durchgeführte **Reformation** spaltete zwar den Bund, konnte ihn aber trotz zweier *Kappeler Kriege (1529–31)* nicht sprengen. 1566 einigten sich beide Parteien in der *II. Helvetischen Konfession*. **Im Westfälischen Frieden von 1648 wurde die Eidgenossenschaft auch staatsrechtlich souverän.**

Wachstum des Bundes bis Ende 16. Jh.

1481 Freiburg und Solothurn. Im 16. Jh. kommen hinzu: 1501 Basel und Schaffhausen, 1513 Appenzell, 1526 Genf, 1536 die von Bern besetzte Waadt und das Hochstift Lausanne, 1555 Greyerz. – Seit der *Schlacht bei Marignano 1515* [→ 97] wird auf Expansion nach Süden (Italien) zugunsten strikter Neutralität verzichtet.

Eidgenossenschaft vom 13. bis 16. Jh.

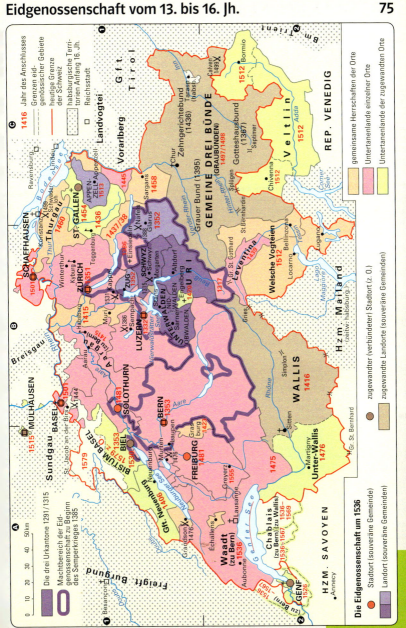

Frankreich im Würgegriff Englands und Burgunds – Der

Englisches Anspruchswappen
Seit dem Hundertjährigen Krieg und bis 1802 erinnerten Lilien im engl. Staatswappen an den Anspruch Englands auf das Königreich Frankreich.

1429	Auftreten *Jeanne d'Arcs* bringt die Wende: Sieg *bei Patay*, Befreiung Orléans und Krönung Karls VII. in Reims.
1435	*Vertrag von Arras*: Frz.-burgund. Friede.
1436	Befreiung von Paris.
1453	*Frankreich (außer Calais) in französischer Hand.*
1475	*Friede von Picquigny.*

Zu den tiefen Einbrüchen der westeurop. Geschichte im Spätmittelalter zählt neben der ab 1348 auftretenden Pest, sozialen Aufständen (*Jacquerie* in Flandern, *Wat Tyler* in England) und ersten kirchl. Reformforderungen (*Wicliff, Hus*) der Hundertjährige Krieg. Er entbrannte 1339 zw. England und Frankreich um die Vorherrschaft in Westeuropa und dauerte – unterbrochen von *Friedensverträgen von Brétigny 1360* und *von Troyes 1420* – bis 1453. Wie wäre die europ. Geschichte verlaufen, hätte sich der engl. Anspruch auf Frankreich durchgesetzt und wäre ein starkes westeurop. Doppelreich entstanden? Stattdessen führte der **Kriegsverlauf** zur Schwächung des vorher sehr starken Königtums und zur Entstehung des **Ständestaates**, der wichtige königliche Entscheidungen (Steuererhebung, Rechtssetzung) an die Zustimmung der Stände (engl. *Parlament*, frz. *Provinzial-* und *Generalstände*) band. Außerdem stoppte er die Ausdehnung Frankreichs gegen das Heilige Römische Reich.

Der Kriegsverlauf (1339–1453)

1346	Englischer Sieg bei Crécy, Einnahme Calais' 1347.
1349	Frankreich erwirbt die Grafschaft Dauphiné.
1356	Englischer Sieg bei Maupertuis. Gefangenschaft König Johanns von Frankreich (1350–64).
1357/58	Aufstand in Paris (Étienne Marcel) und auf dem Lande (Jacquerie) unterdrückt.
1360	Friede von Brétigny: Eduard III. verzichtet auf die frz. Krone gegen Souveränität für SW-Frankreich und Calais mit der Grafschaft Ponthieu.
1363	König Johann überträgt seinem Sohn Philipp dem Kühnen das Hzm. Burgund. Staatskrise.
1380	Die Oheime des 12-jährigen Königs Karl VI., die Herzöge von Burgund, Anjou und Berry, rivalisieren um die Regentschaft.
1384	Flandern, Artois und die Freigrafschaft Burgund fallen an das Herzogtum Burgund.
1415	Mit dem englischen *Sieg bei Azincourt* erneuert König Heinrich V. (1413–22) den Krieg.
1418	Herzog Johann von Burgund erobert als engl. Bundesgenosse Paris.
1420	Vertrag von Troyes: König Heinrich V. wird als Ehemann der Tochter des französischen Königs Karl VI. Regent und Thronanwärter. König Karl VII. (1422–61) verliert fast ganz Frankreich an England.

Ursachen und Anlass

Als die kapeting. Hauptlinie nach dem Tod der Söhne Philipps IV. (†1314) im Jahre 1339 ausstarb, beanspruchte Edward III. (1327–77), Sohn Edwards II. und der Kapetingerin Isabella, einer Tochter Philipps IV., den französischen Thron. Jedoch in Frankreich war 1317 die weibliche Thronfolge abgeschafft worden, und daher wurde dort Philipp VI. (1328–50), Sohn Karls von Valois, eines Bruders Philipps IV., zum König erhoben. Edward erkannte dies nicht an (seit *1337* Titel „*König von Frankreich*") und landete 1338 in Frankreich; der eigentliche Kriegsgrund war aber das englische *Hzm. Guyenne* (ehem. Aquitanien), das die franz. Krone durch Prozesse und Rückforderungen auf einen Küstenstreifen zwischen Bordeaux und Bayonne reduziert hatte.

Der über 100 Jahre dauernde zerstörerische Konflikt wurde militär. auf franz. Boden ausgetragen. Da die Guyenne ein Lehen des französischen Königs war und sich öfter auch andere Vasallen (v.a. Burgund) gegen ihren Lehensherrn stellten, besaß der Konflikt zeitweise den Charakter eines franz. Bürgerkrieges.

Ausgang: Der Hundertjährige Krieg endete, als der englische König mit der Niederlage bei *Castillon 1453* seinen letzten Festlandbesitz Guyenne verlor. Nach dem *Frieden von Picquigny 1475* besaß er nur noch den Brückenkopf *Calais* (bis 1559); trotzdem führte er bis 1802 (Friede von Amiens) den zusätzlichen Titel „*König von Frankreich*".

Herzogtum Burgund

In das Kriegsgeschehen war der Aufstieg des Herzogtums Burgund unter einer Nebenlinie des Hauses Valois verwoben. Mittels Ehe, Erbschaft, Kauf und Annexion schuf dieses *seit 1363* einen großen Länderkomplex aus dt. und frz. Lehen, v.a. in den Niederlanden, dem damals stärksten Wirtschaftsgebiet Europas. Auf dem Weg zur Königswürde scheiterte *Hz. Karl der Kühne (1467–77)* durch Niederlage und Tod in der *Schlacht bei Nancy 1477*. Sein Erbe fiel großteils an seinen habsb. Schwiegersohn Maximilian.

Hundertjähriger Krieg (1339–1453)

78 Zwischen italienischen Städten und deutscher Hanse –

Hanseeinmaster – Kogge
*Der wirtschaftliche Erfolg der Hanse gründete sich auch auf die geräumige und seefeste einmastige Kogge mit Rahsegel, Bug- und Achternkastell.
Großes Stadtsiegel von Stralsund aus dem Jahr 1329.*

Wirtschaftspolitik galt im Mittelalter noch nicht als Aufgabe von Königen und Landesfürsten, sondern der mit Handel, Handwerk und Gewerbe befassten Städte. Ab dem 11. Jh. hatte sich zwischen dem rohstoffreichen Norden Europas und den lombard. Städten ein reger Handelsverkehr entwickelt. Dabei kam den oberital. Städten eine Scharnierfunktion zu, die ihnen großen Wohlstand und politischen Einfluss brachte.

Der Levantehandel Venedigs und Genuas
Reconquista und Kreuzzüge schwächten seit dem 11. Jh. die arab. Mittelmeerherrschaft. Der Westhandel fiel neben Pisa und Neapel v.a. an Genua, das um 1300 den Seeweg zur Nordsee (v.a. Brügge) eröffnete. Wichtigste Handelsstadt wurde die Adelsrep. **Venedig**. Sie besaß einmal eine Schlüsselstellung zwischen Nord und Süd (Kontrolle der Alpenpässe), zum andern übernahm sie den Handel mit dem östlichen Mittelmeer (Levante), v.a. mit Byzanz. Sie verschaffte Europa die bei der oberen Gesellschaft begehrten asiat. Luxuswaren, v.a. Zucker, Seide, Brokate, Damast, Gazestoffe, Baumwolle, Porzellan, Arzneien, Gewürze, Edelsteine, Elfenbein und Perlen. Sie waren über die Karawanenwege oder über den indisch-ozeanischen Seehandel zur Levante gelangt und wurden gegen europ. Waren, darunter Tuche, gehandelt.

Der Ostseehandel der Hanse
Zwischen 1150 und ca. 1250 wurde der Wirtschaftsraum der Ostsee durch deutsche Seekaufleute dominiert. Ihre Handelsschiffe, die **Koggen**, waren mit ihren ca. 100 BRT den traditionellen skandinavischen Booten überlegen.

Die in **Wisby** aus verschiedenen deutschen Städten versammelten Kaufleute schlossen sich 1161 zu einer **Hanse** (got. und althochdt. *hansa* = bewaffnete Schar, Genossenschaft) zusammen; eine ähnliche ältere Gemeinschaft (seit 1281 *Allg. dt. Hanse*) für England aus köln. und westfäl. Kaufleuten gab es in **London**.

Ende des 13. Jh. wurde die Hanse Wisbys aufgelöst und ihre Aufgaben von den Städten selbst übernommen. Die Führung übernahm das 1158 neu gegründete **Lübeck**. Es wurde zum wichtigsten ost-westlichen Umschlagplatz. Die *Kaufleutehanse* war zur *Städtehanse* geworden; aber **erst 1358** bezeichneten sich norddeutsche Städte als *Städte von der deutschen Hanse*. Die zuletzt über 200 Mitglieder zerfielen in landschaftl. Gruppen *(Quartiere)*, v.a. das wend., sächs., westfäl.-niederrhein.-zuiderseeische, holländ.-niederländ. und preuß. Quartier. Ihre Aufgabe war die Vermittlung des Warenaustausches zwischen Russland und Polen einerseits, Skandinavien, Norddeutschland, England und Flandern anderseits. Die bedeutendsten Umschlagplätze waren Nowgorod *(Peterhof)*, Wisby, Bergen *(Deutsche Brücke)*, London *(Stalhof)*, und Brügge (später Antwerpen).

Ihr Mittel war die Absicherung von Handelsvorteilen, v.a. das *Stapelrecht* für eigene Waren und der *Stapelzwang* für fremde. Wirksamste Waffe war die *Verhansung*, der Warenboykott einer Stadt oder eines Landes aufgrund von Beschlüssen *(Rezessen)* der regelmäßigen Hansetage. Hauptgegner der Hanse war das Kgr. Dänemark, das den Sund, den Ausgang aus der Ostsee in die Nordsee, kontrollierte und den Sundzoll erhob. Ihren Höhepunkt erlebte die Hanse im 14. Jh.

Zur Geschichte der Hanse
1358 „Städte von der deutschen Hanse".
1361/62 1. Krieg gegen Dänemark. Dänischer Sieg.
1367–70 2. Krieg gegen Dänemark. Hans. Sieg.
1370 Friede von Stralsund: Politischer Höhepunkt der Hanse: Wahl des dänischen Königs nur mit Zustimmung der Hanse.
1402 Sieg Hamburgs über die Vitalienbrüder.
15. Jh. Erstarkende Reiche im Norden: Niedergang der Hanse durch Schließung ihrer Kontore (1494 Nowgorod, 1598 Stalhof/London).

Eine andere Form des Fernhandels waren **Handelsgesellschaften von Kaufleuten** und reichen Bürgern, z.B. die **Große Ravensburger Handelsgesellschaft**.

Große Ravensburger Handelsgesellschaft
Zwischen 1380 und 1420 gegründet von Patriziern aus Ravensburg (Humpis, Mötteli) und Konstanz (Muntprat). Sitz ab ca. 1420 in Ravensburg. Handel mit *Export oberschwäbischer Leinwand* und zahlreichen anderen Waren. *Faktoreien* in Mittel-, S- und O-Europa. Blüte um 1440 mit 70–80 *Gesellschaftern* aus oberschwäbischen Städten, danach Niedergang. Liquidierung um 1530.

Hauptwege des europäischen Fernhandels im 14. Jh.

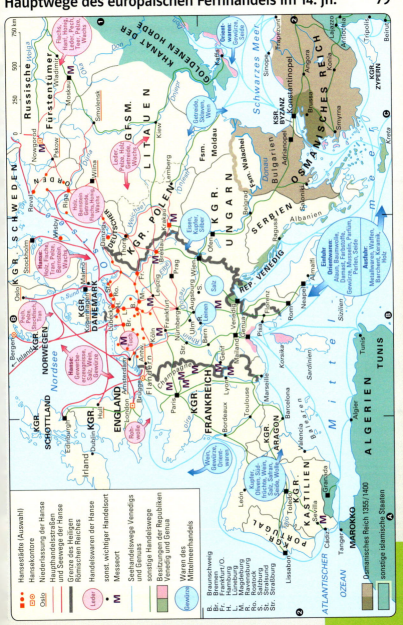

80 Politische Krisen und soziale Umbrüche – Die Staaten

Das Goldene Vlies
Das Zwischenreich Burgund hatte um 1400 eine große Kulturblüte erreicht. Ausdruck der adlig-ritterlichen Kultur der "Großen Herzöge" war auch der Orden vom "Goldenen Vlies", der im Hause Habsburg sowohl in Madrid als auch in Wien fortlebte.

Westeuropa

Auf der **Iberischen Halbinsel** war die Reconquista seit ca. 1250 ins Stocken geraten; der Aufstieg des Adels schwächte das Königtum (Ständeprivilegien); nur Aragon vermochte sein Mittelmeerreich auszubauen.

Das **Königreich Frankreich** drohte auseinander zu brechen. Eine Ursache war der Hundertjährige Krieg (1339–1453): Der **Friede von Brétigny 1360** gab ganz SW-Frankreich in englische Hand; es schien zeitweise als würde der englische König den französischen Thron besteigen. Eine weitere Ursache war die innere Zerrissenheit Frankreichs: Der glücklose König Johann II. (1350–64, Haus Valois) z. B. hatte seine Söhne großzügig mit Lehenfürstentümern "versorgt". Die so entstandenen fürstlichen Nebenlinien des königlichen Hauses (Haus Burgund, Haus Orléans und Haus Berry) verfolgten oft eine egoistische, den französischen Gesamtinteressen zuwiderlaufende Politik. Dafür war das **Herzogtum Burgund** ein gutes Beispiel [→ 76/77], das unter Herzog Karl dem Kühnen die Königswürde und damit die Loslösung von Frankreich anstrebte.

Auch das **Heilige Römische Reich** war durch dauernde innere Konflikte gelähmt. Infolge des weitgehenden Verlustes des Krongutes durch den Untergang der Staufer sah sich jeder neu gewählte König gezwungen, eine "Hausmacht" aufzubauen. Wurde bei der nächsten Königswahl eine andere Familie "gewählt", so standen die "übergangenen" Hausmachten dem jeweiligen König nicht distanziert oder gar feindlich gegenüber. Zwischen 1347 und 1437 stellten die **Luxemburger** fast ununterbrochen den König bzw. Kaiser (1346–78 Karl IV., 1378–1400 Wenzel, 1410–37 Sigismund). Mit ihnen rivalisierten die **Habsburger** und **Wittelsbacher,** welche bereits früher Könige und Kaiser gestellt hatten. Das kurze Königtum Ruprechts von der Pfalz (1400–10) bewies, dass eigentlich nur Mitglieder der o. g. drei Familien diesem Amt gewachsen waren. Ein weiterer Unruhefaktor waren die **Reichsstädte**, die Städtebünde bildeten, um sich gegen die kaiserliche Stadtpolitik (Steuern, Verpfändung), aber auch gegen die Bedrohung durch Landesherren und die steigende Unsicherheit auf den Straßen zur Wehr zu setzen.

In **Nordeuropa (Skandinavien)** erfolgte **1397** eine *Machtkonzentration,* als sich die drei Königreiche Dänemark, Norwegen und Schweden zur **"Kalmarer Union"** vereinigten. Innere Spannungen und die geringe Bevölkerung dieser Reiche lähmten freilich die politische Aktivität nach außen.

In **Osteuropa** war **1386** als Folge der **Personalunion zwischen dem Königreich Polen und dem Großfürstentum Litauen** eine starke Großmacht entstanden. Sie war aber zu sehr mit Thronstreitigkeiten und den Nachbarn im Norden (Ordensstaat Preußen), im Osten (Gfsm. Moskau) und im Südosten (Khanat der Goldenen Horde, Osmanen) beschäftigt, um sich in die mitteleuropäische Politik zu mischen.

In **Südosteuropa** war nach dem Zusammenbruch des Großserbischen Reiches 1355, vollends nach der Niederlage der südslaw. Völker auf dem **Amselfeld (Kosovo polje) 1389,** das Schicksal des Balkans besiegelt. Die Türken besetzten Serbien und nach dem **Sieg bei Nikopolis 1396** auch das Königreich Bulgarien und bedrohten nun Bosnien sowie das von Königen aus wechselnden europäischen Fürstenhäusern (Anjou, Luxemburg, Habsburg) regierte Königreich Ungarn. Nördlich der Donau war ihnen das Fürstentum Walachei tributpflichtig. Das byzantinische Kaiserreich war i. W. auf den Mauerring der Hauptstadt beschränkt und stand bereits unter osmanischem Einfluss: Seit 1390 konnte kein byzantinischer Kaiser mehr gegen den Willen des Sultans regieren. Nur das Vordringen der Mongolen und die osmanische Niederlage gegen Timur Lenk in der **Schlacht bei Angora (Ankara) 1402** sowie nachfolgende innere osmanische Wirren verhinderten vorerst noch den Untergang des Kaiserreiches Byzanz.

In **Südeuropa** waren Kirchenstaat und Papsttum durch das **Avignonesische Papsttum (1309–1377)** und das **Große Schisma (1378–1417)** in der Krise. In Unteritalien teilten sich das französische Haus **Anjou** (Kgr. Neapel seit 1263) und das **Königreich Aragon** (Sizilien seit 1285, Sardinien 1297, ab 1443 auch Neapel) in die Herrschaft.

Europas um 1400

Geographische Entdeckungen und koloniale Eroberungen

Die Erde als Kugel
Der Nürnberger Kosmograph Martin Behaim (†1507), Teilnehmer an portugiesischen Afrikafahrten, schuf 1492 den ersten „Erdapfel" (Globus).

Für die Entstehung des modernen Weltbildes, die europäische Expansion und die Europäisierung der Welt waren die Entdeckungsreisen des 15./16. Jh. in Übersee und die daraus erwachsenen Kolonialreiche grundlegend.

Das mittelalterliche Weltbild

Das geographische Weltbild von Christen, Muslimen und Asiaten war unterschiedlich geprägt. Das christliche Europa war stark auf den eigenen Kontinent fixiert. Transkontinentale Beziehungen waren selten: Pilgerreisen, Kreuzzüge, (jüdischer) Fernhandel. Das antike Wissen um die Kugelgestalt der Erde war zwar nie verloren gegangen, doch im allgemeinen Verständnis dominierte die kirchliche Lehre vom geozentrischen Weltbild und der Scheibengestalt der Erde. Dabei hatten seit dem 9. Jh. die Fahrten der norwegischen **Wikinger** neue Kenntnisse über das Nordmeer und unbekannte Länder im Westen erbracht.

Von großer Bedeutung war auch die zeitweise Öffnung des Mongolenreiches unter Kublai-Khan (1259–94) gewesen [→ 70/71]. Christliche Gesandte und Kaufleute, wie die Venezianer *Nicolò* und *Maffeo Polo* (1260–69) sowie *Marco Polo* (1271–95), erreichten die Residenz des Großkhans in China. Ihre Berichte erregten großes Interesse und ungläubiges Erstaunen; das offizielle Weltbild blieb jedoch unverändert.

Die Erdkenntnisse der Muslime und Chinesen waren dagegen aufgrund reger Reise- und Handelstätigkeit sowie geringerer religiös-theologischer Borniertheit wesentlich realistischer.

Hauptursachen und Triebkräfte der Entdeckungsfahrten und Eroberungen

Nachdem die Türken seit dem Fall Konstantinopels (1453) den Orienthandel völlig kontrollierten, wuchs in Europa der Mangel an Edelmetallen, Gewürzen und Luxusartikeln.

Entdeckungsfahrten vom 15. bis 17. Jh.

Der Seeweg nach Indien

Höhepunkt der port. Entdeckungsfahrten war **1487/88** die Umfahrung des *Kaps der Guten Hoffnung* durch **Bartholomeu Diaz** (ca. 1459–1500). Sie öffnete theoret. den Seeweg nach Indien, obwohl erst **Vasco da Gama** (ca. 1467–1524) **1498** praktisch Kalikut in Ostindien erreichte [→ 88/89].

Entdeckung und Erkundung Amerikas

Die port. Erfolge motivierten die span. Könige, nach Abschluss der *Reconquista* (1492) **Christoph Kolumbus'** (1451–1506) Projekt einer Westfahrt nach Indien **1492** zu finanzieren, das dann zur Entdeckung des amerikanischen Kontinents führte. Auf weiteren Fahrten (1493–96, 1498–1500, 1502–04) erreichte Kolumbus auch Süd- und Mittelamerika.

Bereits **1500** landete der port. Admiral **Pedro Alvares de Cabral** (ca. 1467–1520/26) an Brasiliens Küste und nahm sie gemäß dem *Vertrag von Tordesillas* für Portugal in Besitz.

Jacques Cartier (1491–1557) erkundete auf drei Reisen **zw. 1534 und 1543** den St.-Lorenzstrom und den St-Lorenzgolf – Québec und begründete den französischen Anspruch auf Kanada.

Der engl. Freibeuter **Francis Drake** (1540–96) segelte **1577–80** durch die Magellanstraße in den Pazifik, überfiel span. Schiffe und Häfen, erkundete die kalifornische Küste und suchte – vergeblich – auf den Spuren seines Landsmanns **Martin Frobisher** (1576–78) den Ausgang der Nordwest-Passage.

Der Engländer **William Baffin** (1584–1622) entdeckte 1616 die Nord- und Westküsten der Baffinbai und befuhr sie bis zum Smith-Sund.

Die Entdeckung der Inselwelt des Pazif. Ozeans

1519–1522 umsegelte eine spanische Flotte unter **Ferdinand Magellan** (1475–1521) die Welt und erkundete dabei den Pazifischen Ozean (Inseln Tuamotu und Guam). Damit begann die span. und später auch ndl. Erschließung der pazifischen Inselwelt.

1642/43 z.B. landete der ndl. Seefahrer **Abel Tasman** (1603–45) nach der Entdeckung Tasmaniens und Neuseelands (1642) auf polynesischen Inseln und auf der melanesischen Insel Neuirland.

Entdeckungen am Polarkreis

Der niederländische Seefahrer **Willem Barents** (1555–97) suchte auf drei Polarfahrten **1594–97** die Nordöstliche Durchfahrt, entdeckte dabei Spitzbergen und die Bäreninsel; er starb nach der Überwinterung auf Nowaja Semlja.

Der Kosakenführer **Semjon Iwanowitsch Deschnew** umsegelte 1648 das asiatische Ostkap und fand die Passage zwischen Asien und Amerika, die freilich vergessen und erst 1728 von Vitus Bering (Beringstraße) wieder entdeckt wurde.

Abhilfe erhoffte man vom Seeweg nach Indien; dort vermutete man den Ursprung der begehrten Waren.

Diesem Ziel dienten sowohl die port. Erkundung Afrikas als auch das spanische Projekt der Westfahrt des Kolumbus. Hinzu kamen die auf der Iber. Halbinsel noch vitale **port.** und **span. Kreuzzugsmentalität** und aufrichtiger **Missionseifer**. Außerdem profitierte man von **geograph.-wiss. und techn.-naut. Kenntnissen**, welche die Muslime großteils aus antikem Wissensgut geschöpft und über den europ. Humanismus vermittelt hatten. Das gilt bes. für die Lehre des griechischen Geographen *Ptolemäus* (ca. 100 bis nach 160 n.Chr.) von der Kugelgestalt der Erde. Bei der für die Westpassage wichtigen Annahme des Erdumfanges übernahm Kolumbus die (falsche) Angabe des Ptolemäus von 28 350 km und unterschätzte folglich mit 11 000 km (statt 21 000 km) die Länge der Westfahrt erheblich.

Port. und span. (kastilische) Königsflaggen aus der Zeit der Entdeckungen

Kgr. Portugal   Kgr. Kastilien(-León)

Die koloniale Erschließung

Als erste europäische Macht baute Portugal (Cabral 1500 in Kotschin) seine Handelsbeziehungen zu Ostindien aus. Der erste port. Vizekönig Francisco de Almeida (1505 – 09) besiegte **1509** vor **Diu** die vereinigten Flotten Ägyptens und des indischen Gudscharat und begründete damit die port. Seemacht im Indischen Ozean, die insbesondere den Besitz der wichtigen Gewürzinseln (Molukken u.a.) erlangte. Seit Ende des 16. Jh. zerfiel die port. Macht und an ihre Stelle traten Ostind. Handelsgesellschaften [→ 90], darunter v.a. die der erstarkten Seemächte England (1600) und Niederlande (1602).

Ins Zentrum des Interesses rückten zuerst Mittel- und Südamerika. Dort eroberten span. Konquistadoren die Staaten der *indianischen Hochkulturen* der Azteken, Maya und Inka. Hernán Cortés zerstörte 1519/21 das seit dem 14. Jh. aufgeblühte **Aztekenreich** um Tenochtitlán (Mexico City) im mexikan. Hochland. Die **Maya-Staaten** in Guatemala und auf Yucatán wurden zwischen 1524 und 1547 erobert. Francisco Pizarro zerstörte 1532/35 das um 1100 entstandene **Inkareich**, das Anfang des 15. Jh. seine größte Ausdehnung erreicht hatte. 1538 wurden die goldreichen **Chibcha-Staaten** nördlich des heutigen Bogotá (Kolumbien) erobert [→ 86/87]. Das Hauptinteresse galt anfangs fast ausschließlich den Edelmetallen.

Auswirkungen der Entdeckungen und Eroberungen

Rechtliche Folgen: Für die betroffenen Länder und Völker bedeutete die europ. Inbesitznahme die abrupte Zerstörung trad. Gesellschaften und Kulturen. Die christl. Mission bewirkte dabei eine tiefgreifende mentale Entwurzelung. Die Art des europ. Zugriffs wurzelte in der Kreuzzugstradition: Der auf einem päpstlichen Urteil basierende **Vertrag von Tordesillas (1494)**, ergänzt durch den **Vertrag von Zaragoza (1529)**, wies Portugal und Spanien Missionssphären als Kirchenlehen zu und monopolisierte mit Hinweis auf die Entdeckungen generell alle Küsten und Meere. Dagegen vertraten England, Frankreich und die Niederlande das *Recht der tatsächl. Inbesitznahme* und forderten das „freie Meer" und die „freie Küste" (vgl. den Traktat *Mare liberum* des niederländ. Juristen Hugo Grotius von 1609).

Strittig war auch die rechtliche Einschätzung der verschiedenen Menschenrassen: Der Dominikaner *Bartholomé de las Casas (1474–1566)* trat vom Naturrecht herkommend für eine Rechtsgemeinschaft aller Menschen ein, meinte aber auch nur die Indios und schloss die Neger aus. Trotzdem ging die herrschende Ansicht von der prinzipiellen Ungleichheit der Rassen aus.

Wirtschaftliche Auswirkungen

Erst im 17. Jh. gewann der Überseehandel ein Übergewicht über den innereurasischen Handel, woran die Handelsgesellschaften großen Anteil hatten. Auch wenn sich die Goldhoffnungen nicht voll erfüllten, warf der Handel mit Luxusartikeln (Perlen, Gewürze, Duftstoffe, Seide, Elfenbein, Edelhölzer u.a.) und Massenprodukten (Salz, Rohrzucker, Kaffee, Kakao, Indigo, Baumwolle u.a.) doch bald Gewinn ab.

Als folgenschwer erwies sich der umfangreiche Import von Edelmetallen (Gold, Silber). Da die europ. Warenproduktion nicht gleichermaßen wuchs, kam es zu einer *Preisrevolution* oder *Inflation*.

Insgesamt ist festzuhalten, dass der Austausch an Waren, Ideen, Pflanzen und Tieren zwischen Mutterländern und Übersee nicht ausgeglichen war, sondern auf koloniale Ausbeutung zielte.

84 Geographische Entdeckungen und koloniale Eroberungen

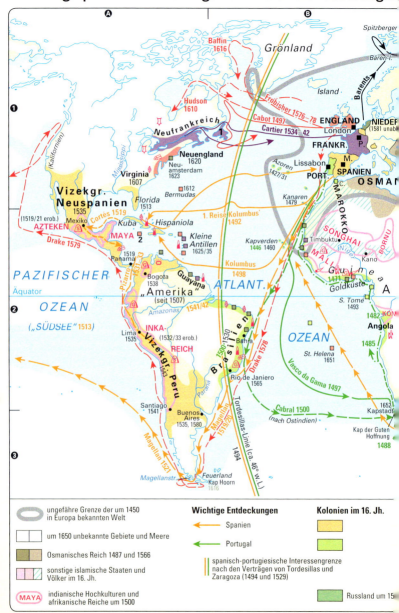

Die Welt zwischen 1492 und 1648

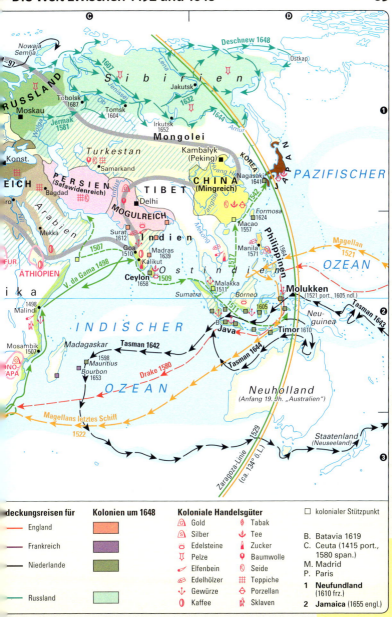

Überseeische Gebiete als Objekte der europ. Ausbeutung

Stufenpyramide der Maya in der Ruinenstadt Chichén Itzá in Ost-Yucatán – eines der beeindruckenden Zeugnisse indianischer Hochkulturen vor Kolumbus.

Spanien und Portugal teilen sich die Welt

Im Wettlauf um Entdeckungen war **Portugal** anfangs Sieger: Es fand die gesuchten Gewürze des Orients. Das kleine Königreich vermochte jedoch die weiten amerikan., afrikan. und asiat. Räume nicht zu erschließen, sondern gründete nur Handelsstationen. Ihr Unterhalt und militärischer Schutz verschlangen die Handelserträge, zumal Portugal nur den Pfefferhandel beherrschte. Eine Ausnahme bildete das 1500 erworbene Brasilien, wo mit Hilfe des *Sklavenhandels** ein effektives Plantagensystem entstand.

Sklavenhandel
Trotz christlichen Verbots sollen zwischen 1517 und 1860 über 30 Millionen Schwarzafrikaner nach Amerika verkauft worden und ebenso viele bei Sklavenjagden und Transporten umgekommen sein.

Spanien, das 1492 das port. „Monopol" der Entdeckungen glücklich durchbrochen hatte, war auf Dauer erfolgreicher. Zwar lieferte die „Neue Welt" weder Gewürze noch im erwarteten Ausmaß Gold und Silber, nachdem jedoch die erste Edelmetallgier abgeklungen war, begann es den Kolonialbesitz rasch feudalistisch zu nutzen. In Mittel- und Südamerika verlegte man sich neben dem *Gold- und Silberabbau* (Mexiko, Peru, Venezuela, Kolumbien) auf den *Zuckerrohranbau* (v. a. Kuba, Haiti, Kleine Antillen) und den *Einschlag von Edelholz*.

Und die übrigen Staaten Europas?

Die Verträge von Tordesillas (1494) und Zaragoza (1529) [→ 82–85] blieben stets umstritten. Schon Ende des 16. Jh. begann ein Kampf aller gegen alle, der v. a. England und Frankreich, aber auch Holland und Dänemark Kolonialbesitz einbrachte.

In **Nordamerika** empfahlen sich für den europ. Export v. a. der Pelztierfang (Hudsonbailänder, Kanada, Labrador) sowie der Anbau von Reis (Georgia, Carolina), Tabak (Virginia) und Mais (Louisiana, Pennsylvania).

Das Schicksal der Eingeborenen?

Die Berechtigung zur kolonialen Besitznahme begründete Spanien ab ca. 1513 mit der Pflicht zu Heidenmission und Kreuzzug. Die „heidnischen" Indios galten als unmündig und beschränkt rechtsfähig. Spanien verteilte sie anfangs praktisch als Zwangsarbeiter an die einzelnen Siedler *(Repartimiento-System)* zu rücksichtsloser Ausbeutung. Unmenschliche Behandlung und europäische Krankheiten bewirkten einen katastrophalen Bevölkerungsschwund.

Ab 1511 kämpften **Dominikaner** z. B. *Bartholomé de las Casas* (1474–1566) und später auch *Jesuiten** für eine bessere **Rechtsstellung der Indios***.

Jesuiten
Nach dem Vorbild der Bettelorden suchten die Jesuiten seit 1610, die Indios durch Absonderung von den Weißen in sog. *Reduktionen („Jesuitenstaaten")* zu schützen und zu bekehren.

Die Rechtsstellung der Indios
1536 ging man zum System der **Encomienda** (span. *Auftrag*, bis 1718–20) über. Fortan durften begünstigte Siedler nur noch die der Krone zustehenden Tribute, aber keine Arbeitsleistungen mehr fordern. Sie hatten dagegen Militärpflicht und mussten für die Bekehrung der Indios sorgen. Als die *Neuen Gesetze* von 1542 die Indianerssklaverei verboten, reagierten die Siedler mit Protesten und Aufständen gegen diese fakt. Abschaffung der Encomienda. Die Krone musste ab ca. 1550 schrittweise wieder eine staatlich kontrollierte indianische Zwangsarbeit zulassen.

Trotz der staatlichen Schutzpolitik sank die Zahl der Indios zwischen 1519 und 1597 von ca. 11 Mio. auf 2,5 Mio. Um dem Mangel an Arbeitskräften zu begegnen, begann man bald schwarze Sklaven aus Afrika zu importieren (16. Jh.: ca. 900 000; 17. Jh.: ca. 2,5 Mio.). Die daraus resultierende **Bevölkerungsvermischung*** prägt die Bevölkerung Südamerikas bis heute.

Die Bevölkerungsvermischung Südamerikas
Man unterscheidet zwischen *Kreolen* (in den Kolonien geborene Spanier), *Mulatten* (Weiße–Neger), *Mestizen* (Weiße–Indios) sowie *Zambos* (Neger–Indianer).

Reform der spanischen Kolonialverwaltung
Aufstände der Konquistadoren und ihrer Nachfolger stellten die feudale Verwaltung der spanischen Kolonien in Frage. Daher wurden ab 1535 *Vizekönigreiche* (1535 Neuspanien, 1543 Peru und 1739 Neugranada sowie 1776 Rio de la Plata) eingerichtet. Die Vizekönige kontrollierten die Finanzverwaltung und unterstanden dem 1524 gegründeten *Indienrat*.

Die Entdeckung der Küsten des „Schwarzen Kontinents"

Bronzekunst aus Ife
Zwischen ca. 1050 und 1500 schufen die Bewohner Yorubas und Benins künstlerisch hochrangige Bronzen und Terrakotten von Menschen und Tieren.

Interesse am Kontinent Afrika?

Bis auf Nordafrika und Ägypten war Afrika bis Ende des 15. Jh. in Europa fast unbekannt. Anders in der islamischen Welt: Bereits 1352 hatte der arabische Reisende Ibn Battuta aus Tanger durch die Sahara den Niger erreicht. Araber und Türken stießen immer wieder nach Süden vor, um den Islam auch im Innern Afrikas (z. B. *Ghana* und *Mali* am Niger, dazu *Bornu*, *Darfur*, *Sennar* und *Adal*) zu verbreiten. Davon wie auch von der großen Afrikaexpedition des chinesischen Generals Zeng 1405–33 erfuhren die Europäer nichts. Sie interessierten sich erst für den *Schwarzen Kontinent*, als die osmanische Kontrolle des Landweges nach Indien ab 1453 die Suche nach dem Seeweg zu den Gold- und Gewürzländern in Gang setzte.

Das Innere Afrikas

Araber und Türken wussten, dass es südlich der Sahara, im Innern Afrikas, zahlreiche Staatenbildungen gab, deren Reichtum aus dem Zwischenhandel mit afrikan. Handelsprodukten, darunter v. a. Gewürze, Gold, Elfenbein und Sklaven, stammte.

Das Zeitalter der port. Entdeckungen

Die Chance weiteren territorialen Wachstums war für Portugal bereits Mitte des 13. Jh. zu Ende. Daher suchte man in Konkurrenz zum Königreich Kastilien schon im 14. Jh. nach Alternativen. So bekundet etwa die Wiederentdeckung der *Kanaren* das portugiesische Interesse an einer Expansion über Meer. Im 15. Jh. fiel der Blick auf Nordafrika und die Küste Westafrikas. Dort wurden v. a. *Ceuta* (1415) und *Tanger* (1471) erobert.

Parallel dazu erhielt die portugiesische Politik ein neues Ziel: Der Sohn König Johanns I., **Prinz Heinrich „der Seefahrer" (1394–1460)**, hatte die Eroberung Ceutas miterlebt und erkannt, welche Schätze Afrika zu bieten hatte. Er begann die afrikanische Westküste zu erforschen, um die Osmanen zu umgehen und einen Seeweg zu den Gewürzländern zu finden. Als Hochmeister des *Christusordens* (Nachfolger der port. Templer), den Heidenkampf zu organisieren hatte, deklarierte er die portugiesischen Entdeckungsfahrten als Kreuzzüge. Dadurch wurde er auch zum Hauptnutznießer dieser Fahrten, von denen er viele persönlich finanzierte, bevor sich König Alfons V. (1446–81) selbst der Entdeckungsfahrten annahm.

Die portugiesischen Entdeckungsfahrten im 15. Jh.

1419 Wiederentdeckung der *Madeirainseln* und Beginn der Besiedlung.

1427–31 Inbesitznahme und Besiedlung der *Azoren*, die Heinrich „der Seefahrer" samt *Madeira* und später den *Kapverden* zu Lehen erhielt und energisch wirtschaftlich nutzte.

1431 **Frieden von Medina del Campo:** Portugal und Kastilien klärten ihre Ansprüche in Nordafrika. Es gelang Portugal, die Spanier aus den afrikanischen Besitzungen auszuschließen.

1434 Gil Eanes umschiffte das *Kap Bojador*.

1444 Der im portugiesischen Dienst stehende *Dinis Diaz* erreichte die Senegalmündung und Kap Verde.

1448 Handelsstützpunkt Fort Arguin.

1471/72 Der portugiesische Seefahrer *Fernão do Póo* entdeckte die nach ihm benannte Insel und überquerte den Äquator. Die Erschließung der Pfeffer-, Gold-, Elfenbein- und Sklavenküste erwies sich als wirtschaftlich lohnend. Daher entstanden dort im 16./17. Jh. auch so viele nichtportugiesische Handelsstationen.

1479 **Vertrag von Alcaçovas:** Die Kanaren fielen an Spanien, das den portugiesischen Besitz Westafrikas anerkannte.

1482–84 Im portugiesischen Dienst erreichte *Diogo Cão* († ca. 1486) die *Kongomündung*. Auf der 2. Reise (1485–86) überwand er *Kap Cross* und erreichte die Walfischbai. An dieser Fahrt nahm auch der Nürnberger Kosmograph *Martin Behaim* teil, der 1492 den ältesten Globus schuf [→ 82].

1487/88 Im Sturm passierte *Bartolomeu Diaz* (ca. 1450–1500) ohne es zu wissen die Südspitze Afrikas, welche er auf der Rückreise *Kap der Stürme* taufte, König Johann II. aber später in **Kap der Guten Hoffnung** umbenannte. Eine Meuterei zwang Diaz zur Umkehr.

1487/88 Portugiesische Expeditionen sollten auf arabischen Handelsrouten zu Land und See Indien und das wegen seiner angeblichen Goldschätze berühmte Äthiopien suchen. *Pedro de Covilhão* (ca. 1450–1521/27) erreichte als Erster Indien. Auf dem Rückweg erforschte er die afrikanische Ostküste bis zum südlichsten arabischen Handelsstützpunkt Sofala.

1494 **7.6. Vertrag von Tordesillas:** Nach einem Schiedsspruch Papst Alexanders VI. erfolgte die portugiesisch-spanische Verständigung über die Aufteilung der Neuen Welten.

1498 Vasco da Gama erreichte Indien.

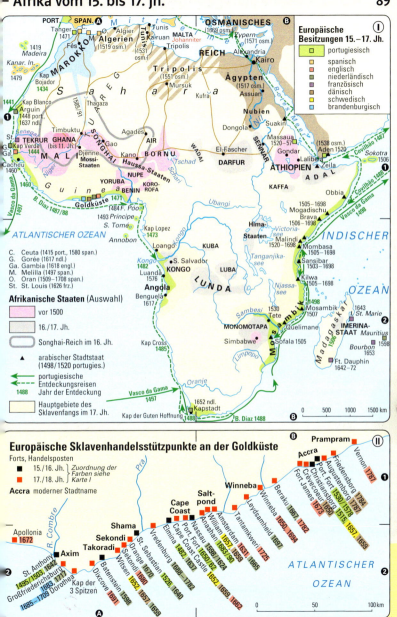

Alte Großreiche und erste europäische Kolonien – Asien

Das Wappen Indiens
Das aktuelle indische Staatswappen zeigt drei Löwen und im Sockel die Tschakra (indisch „Rad der Lehre"), ein zentrales buddhistisches Symbol.

Das portugiesische Kolonialreich

Im 16. und 17. Jh. war Asien noch wenig von fremdem Einfluss erfasst. Die europäischen Kolonien betrafen nur einzelne Stützpunkte oder Randgebiete.

Die in Süd- und Ostasien zuerst präsente **Kolonialmacht Portugal** konnte trotz überlegener Schifffahrtstechnik den durch *Vasco da Gama* und *Magalhães (Magellan)* entdeckten indischen und pazifischen Raum nur punktuell nutzen. Verkehrs- und Handelsinteressen ließen sie an den Küsten des Persischen Golfes, Ostindiens und Südchinas und auf den Inseln (v.a. Molukken, Malediven, Celebes, Ceylon und Timor) Fuß fassen. Die **Verträge von Tordesillas (1494)** und **Zaragoza (1529)** konnten aber nicht verwirklicht werden.

Krisen Portugals gegen Ende des 16. Jh. und der Aufstieg der Seemächte England und Niederlande bewirkten den Niedergang des portugiesischen Kolonialbesitzes. Nachfolger wurden **Ostindische Handelsgesellschaften***.

Gründung Ostindischer Handelsgesellschaften
- **1600** Engl. Ostindienkompanie (Sitz: Surat).
- **1602** Ndl. Ostindienkompanie (Sitz: Batavia).
- **1616** Dän. Ostindienkompanie (Sitz: Trankebar).
- **1664** Frz. Ostindienkompanie (Pondichéry).

Die Reiche und Staaten Asiens

Im Innern Asiens wirkte sich die europäische Entdeckung noch für Jahrhunderte nur indirekt aus. So erreichte etwa **Persien*** im 16./17. Jh. seine größte Blütezeit.

Persien (Iran)
- **1502–1736** Die Dynastie der *Safawiden* einigt die Gebiete der Iraner, die sich auch aufgrund des schiitischen Glaubens als ein Volk fühlen.
- **1588–1629 Schah Abbas der Große** führt das Reich, das zeitweise auch Aserbaidschan, Teile Afghanistans und den Irak umfasst, auf den Höhepunkt seiner Macht. Die Residenz Isfahan erhält prächtige Bauten. Im Westen setzt ihnen das Osmanische Reich Schranken.
- **1629–1666** Nach Abbas' Enkel Safi I. und dessen Sohn Abbas II. erlebt das Reich nochmals einen kulturellen Aufschwung, danach zerfällt es.

In **Indien*** ermöglichte erst der Zerfall der Staatsmacht ein umfassendes europäisches (brit.) Eingreifen in die inneren Angelegenheiten.

Indien – Der Norden des Subkontinents

1526 endet das um 1206 gegründete islamische Reich von Delhi. Von Afghanistan dringt nun die mongolische **Dynastie der Großmogule** unter Baber (1494–1530), einem Enkel Timur Lenks, nach Südosten vor. Die Großmogule errichten ein straffes zentralistisches Reich über Zentral- und Nordwest-Indien mit der Hauptstadt Delhi.

Unter *Akbar (1556–1605)* gewinnt das Mogulreich zw. 1556 und 1576 schrittweise die Vorherrschaft über N-Indien mit O-Afghanistan. Im Innern gelingt ihm ein Ausgleich zwischen Hinduismus und Islam.

Unter *Schahdschahan (1628–58)* gelangt das Mogulreich zu seiner höchsten Blüte. Damals entsteht das Tadsch Mahal in Agra, Grabmal für Muntas Mahal, Frau des Großmoguls. Der Verlust Kandahars wird durch Eroberungen im Süden wettgemacht, wo 1691 die größte Ausdehnung des Reiches unter *Aurangseb (1659–1707)* erreicht wird, bevor dieses zerfällt, aber erst 1857 endet.

Der Süden des indischen Subkontinents

In Südindien hatten sich seit 1490 nach dem Zerfall des *hinduistischen Großreiches* **Widschajanagar** allmählich fünf islamische Dekhan-Sultanate gebildet, die Widschajanagar 1565 besiegen. Danach spielen ca. 200 Jahre lang hinduistische Herrscher keine Rolle mehr in Indien. Anfang des 17. Jh. entsteht das hinduistische **Reich der Marathen** (Bewohner der Gegenden im Süden und Südwesten von Bombay), als dessen Gründer *Radscha Schiwadschi (1627–80)* gilt. Seit Mitte des 17. Jh. steigt es zur letzten indischen Großmacht vor der britischen Herrschaft auf.

Das Reich China
- **Seit 1368** herrscht in China die **Ming-Dynastie** (chines. *die Helle*). Die Lähmung der Zentralmacht im 15. Jh. öffnet den Portugiesen das Tor (1557 Macao).
- **Ab 1616 Nurhaci (1559–1626)**, der Gründer der **Ch'ing-Dynastie**, eint als Khan tungusische Stämme in der Mandschurei. In Allianz mit den Mongolen erweitert der **Mandschu** (Name ab 1635) das Reich auf Kosten Chinas.
- **1644** Nach dem Tod des letzten Ming-Kaisers bringen Volksaufstände die **Mandschu-Dynastie** in China an die Macht.
- **1645** Allen Chinesen werden Kleidung und Haartracht (Zopf) vorgeschrieben.
- **1689** Im russ.-chines. **Vertrag von Nertschinsk** wird die russische Ostgrenze zugunsten Chinas geregelt. Im Westen erwächst China in den **Dsungaren**, einem westmongolischen Stammesbund, ein gefährlicher Rivale. Das lamaistische Großreich erobert 1678/86 Ostturkestan und die Äußere Mongolei, zeitweilig auch Tibet.
- **1696** Mandschu-Sieg über die Dsungaren (Eroberung der Äußeren Mongolei).

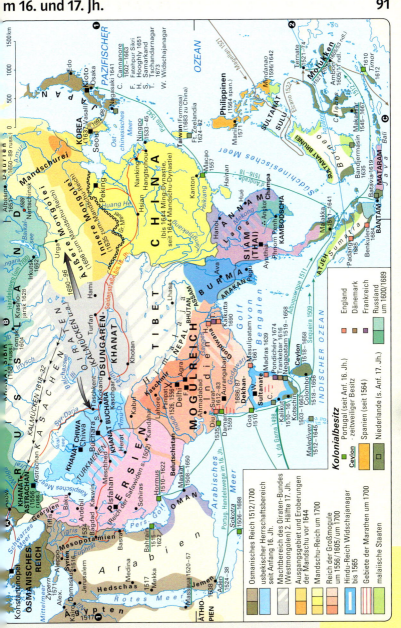

Die weltweite Expansion der Europäer – Europa und die

Kanadas Wappen von 1921
Drei Felder entsprechen England, Schottland und Irland. Die Lilien erinnern an die französische Kolonisation bis 1763. Das Ahornblatt ist das nationale kanadische Abzeichen.

1763: Großbritannien wird Weltmacht

Um 1756 hatte sich der Gegensatz zwischen England und Frankreich wegen Nordamerika und Indien zugespitzt. Zugleich betrieb Österreich die Rückgewinnung Schlesiens, seit 1746 im Bunde mit Russland, das Preußen schwächen wollte. Als sich Preußen England annäherte *(Westminsterkonvention)*, suchte Frankreich den Ausgleich mit Österreich, und es kam 1756 zum Bündnis zwischen den ehemaligen Erbfeinden. Preußen kam einer russ.-österr. Offensive zuvor und eröffnete ohne Kriegserklärung mit dem Einmarsch in Sachsen den weltweiten **Siebenjährigen Krieg***.

Der Siebenjährige Krieg 1756–63
Einmal kämpft Preußen um Schlesien und seine Existenz *("Dritter Schlesischer Krieg")* gegen Österreich, Russland, Frankreich, Schweden und die meisten Reichsfürsten, zum andern England und Frankreich um die Kolonien. Nach wechselvollem Verlauf siegen England und Preußen.

Die **Friedensschlüsse von Paris** (10.2.**1763**) zwischen Großbritannien und Frankreich und **Hubertusburg** (15.2.) zwischen Österreich und Preußen markieren einen tiefen Einschnitt in der Geschichte Europas [→ 112/113] und der überseeischen Gebiete: Sie sicherten den Bestand Preußens und brachten das Großbritannien König Georgs III. (1760–1820) durch den Gewinn der frz. Kolonien Kanada, Louisiana, Senegambien sowie des span. Florida auf den Weg zur Weltmacht.

Schon bald folgten weitere britische Erwerbungen: Zwischen 1757 und 1784 wurden weite Teile Ostindiens (Sarkars, Bengalen und Bihar) erobert [→ 140/141]. 1770 nahm James Cook die Ostküste Australiens als Neusüdwales für Großbritannien in Besitz, und bereits 1788 wurde Sydney als britische Sträflingskolonie gegründet.

Anderseits sank der französische Einfluss in Europa durch den Aufstieg Österreichs, Preußens und Russlands erheblich.

In Ost- und SO-Europa trat Russland, durch Siege gegen Türken (1735–39, 1768–1774) und Schweden (1741–43), immer stärker politisch in Erscheinung: Durch Landgewinne in Finnland sowie durch die polnischen Teilungen (1772–95) dehnte es seinen Einfluss nach Westen und Süden weiter aus.

Die Situation in der übrigen Welt

In *Ostasien* erreichte **China** unter dem Mandschukaiser K'ien-lung (1736–95) seine größte Ausdehnung (1729–57 Unterwerfung der westmongolischen Dsungaren. Tibet war bereits 1720 unterworfen worden). **Japan** hatte sich seit ca. 1636 hermetisch von der übrigen Welt abgeschlossen.

In **Indien** begann das *Reich der Großmogule* nach persischem Einfall 1739 und durch Expansion der britischen *Ostind. Handelskompanie* (1773 unter Kontrolle des britischen Parlaments), v.a. aber durch den Aufstieg des *Marathenreiches* (1714–60), zu zerbrechen. Ceylon, Malakka, Java und die Molukken waren niederländisch.

In **Südamerika** wurde das port. Brasilien im Jahre 1760 zum Vizekönigreich erhoben, nachdem ab 1730 Diamantenfunde eine Blütezeit des Landes eröffnet hatten.

Das span. Kolonialreich war, außer Venezuela (eigenes Generalkapitanat Caracas), von 1543 bis ins 18. Jh. im *Vizekgr. Peru* zusammengefasst. 1718 und 1776 wurden dann *Neugranada* und *La Plata* abgetrennt [→ 87].

Sonst besaßen nur die Niederlande und Frankreich kleine Kolonien in Westindien und auf dem südamerik. Festland in Guayana.

Afrika war Mitte des 18. Jh. nur punktuell an den Küsten kolonial erschlossen. *Nordafrika* war im Griff des Osmanischen Reiches und unabhängiger *Berberstaaten* (Marokko, Algerien). Die europäische Expansion an der Ostküste, im Süden und entlang der Westküste ging von zwei Beweggründen aus, von der Sicherung des Seeweges nach Ostindien durch Küstenstationen sowie vom *Sklavenhandel*. Initiativ waren neben den Portugiesen noch Niederländer (besonders in Kapland), Engländer und Franzosen.

Im Innern Afrikas gab es neben *Abessinien* (Äthiopien) eine Anzahl langdauernder, aber geschichtlich oft kaum fassbarer afrikan. Reiche, darunter die *Haussa-Staaten, Bornu-Kanem, Darfur, Sennar, Luba* und *Lunda, Benin, Nupe,* Yoruba (12.–19. Jh.), *Kongo* und *Monomotapa* (14.–18. Jh.) sowie die *Hima-Staaten* (seit 16./17. Jh.). [→ 88/89, 144/145].

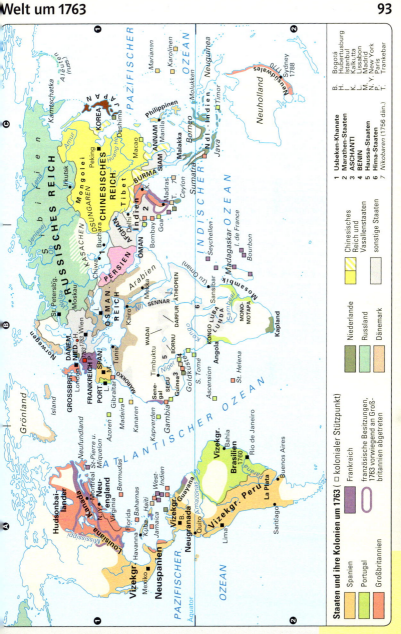

Das Haus Habsburg gegen Franz I., Protestanten und

Für Österreich und für Habsburg
Der Bindenschild (weißer Balken in Rot) taucht erstmals 1230 auf einem babenbergischen Siegel auf. Er wurde zum habsb. Hauswappen und zum österr. Staatswappen bis heute.

Ein Reich, in dem die Sonne nie untergeht
Die Geschichte Europas in der 1. Hälfte des 16. Jh., also in den Anfängen der Reformation, wurde stark geprägt durch die weltumgreifende Macht des Hauses Habsburg. Dieses hatte durch geschickte wie auch glückliche Heiraten und Erbschaften, aber auch durch die Entdeckungen des Kolumbus und anderer sowie durch die Eroberungen der Konquistadoren in der Neuen Welt eine ungeheuere *Hausmacht** geschaffen, die erstmals in den Händen **Kaiser Karls V.** (1519–1556) vereint war.

Die habsburgische Hausmacht 1273–1519
Die Habsburger, im Aargau, Breisgau und Elsass begütert, stammen vermutlich von den elsässischen Etichonen ab.
1273 Graf **Rudolf** wird dt. König und Röm. Kaiser.
1282 Erwerb Österreichs, Krains und Steiermarks.
1335 Erwerb Kärntens und Krains.
1363 Erwerb der Grafschaft Tirol.
1380/81 Grafschaft Hohenberg (Horb, Rottenburg).
1382 Erwerb Triests.
14./15. Jh. Verlust der Herrschaften in der Schweiz.
1438–1806 Ständig im **Besitz des Kaisertums** (außer 1740–45).
1437/1526 Erwerb der Kgre. Böhmen und Ungarn.
1482 Erwerb der Länder des Hzms. Burgund (Freigft. Burgund, ndl. Territorien, Luxemburg, außer frz. Hzm. Bourgogne.
1506/16 Königreich Spanien mit italienischen Ländern (Königreiche Neapel und Sizilien) und den Kolonien in der Neuen Welt.
1519 **Karl V.**, Alleinerbe aller habsburgischen Länder, wird deutscher König und Römischer Kaiser.

Kaum hatte sich die habsburgische Weltmacht formiert, erwuchsen ihr von außen und im Innern gefährliche Gegner.

Die Rivalität Frankreichs
Die Vereinigung der habsburgischen Hausmacht in der Hand Kaiser Karls V. schuf in Frankreich das Gefühl der Umklammerung. Hinzu kamen dynastische Ansprüche des französischen Königs auf das Hzm. Burgund sowie die Königreiche Neapel und Sizilien und das Hzm. Mailand. Die erfolglosen Kriege Franz' I. von Frankreich (1515–47) um ihre Wiedererlangung (1515, 1521–26, 1526–1529, 1536–38 und 1542–44) durchzogen die Reformationszeit und belasteten die Innen- und Außenpolitik Kaiser Karls V.

Die Bedrohung durch die Türken
Die ersten Jahre von Karls V. Regierung fielen auch zusammen mit einer erneuten türkischen Offensive Süleimans des Großen (1520–1566) nach Westen, der 1521 Belgrad eroberte. Als beim Angriff auf Ungarn 1526 in der **Schlacht bei Mohács** König Ludwig von Böhmen und Ungarn fiel, verhinderte die Wahl eines Gegenkönigs die vereinbarte habsburgische Nachfolge. Die Türken besetzten Ofen (Buda) und erschienen 1529 vor Wien. Auch wenn die Belagerung scheiterte, blieb doch der größte Teil Ungarns unter osmanischer Herrschaft. Außerdem bildeten die Türken eine ständige Bedrohung der habsburgischen Erblande, zumal sie im Einvernehmen mit Frankreich standen.

Gefahr durch Reformation und Stände
Die äußere Gefahr wurde durch das fortschreitende **Auseinanderbrechen des Heiligen Römischen Reiches deutscher Nation** verstärkt.

Die von Martin Luther, Ulrich Zwingli und schließlich auch von Jean Calvin ausgehenden Anstöße zu einer grundlegenden **Reform der Kirche an Haupt und Gliedern** bewirkten schließlich das Auseinanderbrechen der mittelalterlichen Einheit des Christentums und führten zur **Reformation** (von lat. *reformatio* = Neugestaltung, Erneuerung). Die religiöse Spaltung in zwei (später drei) **Konfessionen*** lud sich rasch auch politisch auf; sie verband sich mit den Ängsten vieler Reichsfürsten um ihre staatsrechtliche Sonderstellung im Reich. Da das übermächtige habsburgische Kaisertum entschieden altgläubig blieb, verbanden sich Sorgen und Ziele vieler Kurfürsten, Fürsten und Städte mit der protestantischen Sache.

Konfession
Bezeichnung für eine aus der Spaltung der abendländischen Christenheit hervorgegangene kirchliche Gemeinschaft nach ihrem *Bekenntnis* (latein. *confessio*). So heißen z.B. die *Lutheraner* nach ihrem auf dem Reichstag zu Augsburg 1530 vorgelegten Bekenntnis auch Anhänger der „Augsburger Konfession", im Unterschied zu den Anhängern der „alten (katholischen) Religion" oder denen der „reformierten Konfession" (*Kalvinisten*).

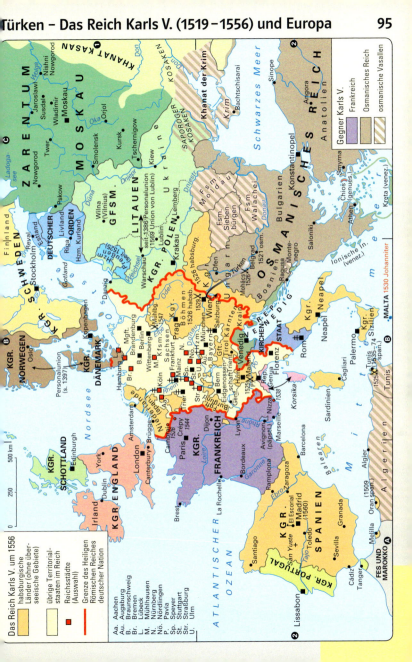

Staatliche Vielfalt und politische Rivalität – Die Staaten

Die Peterskirche
Der Bau von St. Peter in Vaticano ab 1506, seit 1870 eigentliche Papstkirche, eröffnete die glanzvolle und mächtige Phase des Papsttums der Renaissance und der Gegenreformation.

Die Staatenwelt Italiens im 16. Jh.

Die politische Karte Italiens weist im 16. Jh. eine klare Struktur auf.

Die **Königreiche Neapel** und **Sizilien** beherrschten Süditalien. In Neapel regierte eine aragonesische Bastardlinie (1459–1504), in Sizilien bis 1479 die aragonesische Hauptlinie, danach in beiden bis 1713 Habsburg-Spanien. Im Norden schloss sich der **Kirchenstaat** an. Die Päpste waren bestrebt, die Reformation zu überwinden, den Katholizismus zu stärken und ihren Staat auszuweiten.

Im restlichen Italien hatten sich die meisten **Stadtstaaten** zu **Fürstenstaaten** entwickelt: In **Mailand** herrschte seit 1447 die Familie *Sforza*. 1500 besetzte den französische König Ludwig XII. als Enkel der letzten *Visconti* die Stadt und vertrieb Herzog Ludovico Moro. Mailand blieb ein habsburgisch-französisches Streitobjekt, bis es 1556 an Habsburg-Spanien fiel.

Parma und **Piacenza** wurden 1512 dem Kirchenstaat eingegliedert, aber 1545 zu einem selbständigen Hzm. des Hauses *Farnese*.

Über **Ferrara, Modena** und **Reggio** herrschte ein Herzog aus dem Hause *Este*. 1597 wurde Ferrara abgetrennt und mit dem Kirchenstaat vereinigt.

Mantua – seit 1328 unter den *Gonzaga*, die geschickt zwischen Mailand und Venedig lavierten und glänzend Hof hielten – wurde 1530 zum Herzogtum erhoben.

In **Florenz** waren die *Medici* 1494, nach dem Feldzug König Karls VIII. von Frankreich, von der republikanischen Partei unter dem Bußprediger *Savonarola* vertrieben worden. Nach dem Sturz der republikanischen Partei 1512 wieder zurückgekehrt, wurden sie 1527 abermals verjagt. 1531 führte sie dann Kaiser Karl V. endgültig nach Florenz zurück. Cosimo I. gewann die Republik Siena und wurde 1569 zum *Großherzog von Toskana* erhoben.

Ausnahmen in Norditalien bildeten Venedig, Genua und Savoyen. Die **Republik Venedig**, die stärkste Seemacht im Mittelmeer und Herrin des Levantehandels, hatte im 15. Jh. großen Festlandbesitz erworben, der sich über Padua und Verona bis Brescia und Bergamo erstreckte. Die Entdeckung des Seeweges nach Indien leitete aber den Niedergang ein. Trotz großen Anteils am *Seesieg von Lepanto* über die Türken *1571* musste die Republik Venedig Zypern an das Osmanische Reich abtreten.

Italien in der großen Politik

Nachdem mit dem Tod Papst Alexanders I. 1503 und dem Sturz Cesare Borgias eine Art italienisches Mächtegleichgewicht eingetreten war, wurde Italien jäh und zunehmend zum Zankapfel der Großmächte Frankreich und Habsburg-Spanien sowie Habsburg-Österreich als Träger des Kaisertums. Das Papsttum erstrebte die Erweiterung des Kirchenstaates. Österreich wünschte die Kontrolle der wichtigen Alpenpässe durch die Herrschaft über Mailand und die Zurückdrängung Venedigs in Oberitalien. Frankreich erstrebte größeren Einfluss in Italien. Für das habsburgische Spanien war Italien unverzichtbar zur Versorgung seiner Truppen in Mittel- und Nordwesteuropa. Aufgrund dieser Interessen und Konflikte kam es in der 1. Hälfte des 16. Jh. zum habsburgisch-französischen *Kampf um Italien**.

Habsburgisch-französischer Kampf um Italien

- **1494** *Italienfeldzug Karls VIII. (1483–98)* wegen Erbansprüchen der Anjous auf Neapel.
- **1495** Papst, Mailand, Venedig, Kaiser Maximilian und Aragon-Kastilien bilden eine Liga, die den französischen König Karl VIII. zum Rückzug nötigt.
- **1498–1515** Der *französische König Ludwig XII.* sucht vergeblich Mailand und Neapel zu erobern.
- **1503** Tod Papst Alexanders VI.: Sturz Cesare Borgias.
- **1515** *Italienfeldzug des französischen Königs Franz I. (1515–1547)*. Sieg über die Schweizer in der *Schlacht bei Marignano*.
- **1521–26 I. Krieg Kaiser Karls V. gegen König Franz I.**
- **1525** Schlacht von Pavia: Franz I. wird besiegt.
- **1526** Friede von Madrid: Französischer Verzicht auf das Herzogtum Mailand, die Republik Genua, das Herzogtum Burgund und das Königreich Neapel.
- **1526–29 II. Krieg Kaiser Karls V. gegen König Franz I.**
- **1527** *Sacco di Roma:* Das kaiserliche Heer plündert Rom.
- **1528** Friede von Cambrai: Franz. Verzicht auf Italien.
- **1536–38 III. Italienkrieg** und
- **1542–44 IV. Italienkrieg** Ks. Karls gegen Kg. Franz.
- **1544** Friede von Crépy: Mailand bleibt Reichslehen, Neapel bei Spanien.

Italiens im 16. Jh.

Von spanischen Provinzen zur unabhängigen Republik –

Die Flagge des niederländischen Freiheitskampfes
Die niederländische Flagge, die älteste republikanische Trikolore der Welt, entstand um 1572; die oberste Farbe war ursprünglich zu Ehren des Prinzen von Oranien-Nassau orange.

Anfang des 16. Jh. war Europa politisch und staatlich im Wesentlichen geprägt durch **ständisch kontrollierte Fürstenstaaten**. Sie tendierten ab ca. 1600 fast überall zum fürstlichen Absolutismus.

Die niederländischen Ständestaaten

Um 1550 waren die **Niederlande*** ein lockerer Bund von 17 Staaten, die großteils 1477 erbweise an Habsburg gelangt waren.

Die Provinzen der Niederlande
Länder des Herzogtums Burgund (alle 1477 habsb.):
Mgft. Antwerpen, Gft. Artois, Gft. Flandern, Hft. Mecheln (alle 1384); Gft. Namur (1428), Hzm. Brabant, Hzm. Limburg (beide 1430), Gft. Hennegau, Gft. Holland, Gft. Seeland (alle drei 1433); Gft. Luxemburg sowie Doornik (Tournai) und Rijssel (Lille, 1462).
Weitere Erwerbungen Kaiser Karls V. (1519–1556):
Friesland (1524), Utrecht (1528), Overijssel samt Gft. Drenthe, Stadt Groningen (1538) und Hzm. Geldern (1543).

Die volkreichen Landschaften besaßen eine blühende Textilindustrie und einen regen Handel; ihre wirtschaftliche Bedeutung und Leistungskraft waren daher groß.

Aufstand und Unabhängigkeitsstreben

1556 fielen die Niederlande an König Philipp II. von Spanien. Anders als sein Vater Karl V. ignorierte er die besonderen Rechte der niederländischen Länder und regierte sie wie sein Königreich absolutistisch und zentralistisch. Das brutale Vorgehen spanischer Besatzungstruppen und der Inquisition empörte das Volk. Eine Umgliederung der Bistümer (13 statt bisher 4) verletzte die Adelsinteressen.

1564 brachen Unruhen aus: Die Stände (*„Generalstaaten"*) unter Führung des Hochadels forderten die Wiederherstellung ihrer Rechte und Truppenabzug. Kaum war dies gewährt, da protestierten in Flandern und Brabant Adel und kalvinistischer Prediger gegen die Inquisition. Der Pöbel plünderte Kirchen und zerstörte Heiligenbilder (*„Bildersturm"*). König Philipp errichtete eine Militärherrschaft. Oppositionelle Adlige wurden verhaftet, Wortführer hingerichtet; ihr Haupt, Prinz Wilhelm von Oranien-Nassau, floh. Gleichzeitig wurden „Ketzer" verfolgt und die Bevölkerung terrorisiert.

Der Terror verschweißte die Opposition aus Feudaladel, Stadtpatriziat und Kalvinisten. Seit 1569 leistete sie – v.a. von der See und den unzugänglichen Küsten des Nordens aus – bewaffneten Widerstand.

Als **1572** die Stände an seine Spitze traten, gewann das Bürgertum wesentlichen Einfluss; der Oberbefehl wurde Prinz Wilhelm als **Statthalter** übertragen. Der Kampf war wechselhaft und zäh. Als man die **Trennung von Spanien** ins Auge fasste, spalteten sich die Aufständischen. Die katholischen Südprovinzen kehrten **1579** in der **Union von Arras** zu Spanien zurück. Die sieben überwiegend kalvinist. Nordprovinzen bildeten dagegen in der **Union von Utrecht** die „Generalstaaten", zu denen die 1629–37 eroberten Teile Brabants, Flanderns und Limburgs als untergeordnete „Generalitätslande" traten.

1581 erklärten die Generalstaaten ihre **Unabhängigkeit von Spanien**. Lange und blutige Kriege folgten (1568–1609, 1621–1648), in denen sich – auch dank der Niederlage Habsburgs im Dreißigjährigen Krieg – letztlich die Aufständischen behaupteten. **1648** wurde im **Sonderfrieden von Münster** die **Souveränität der Generalstaaten*** oder (nach der volkreichsten Provinz) **Hollands** anerkannt.

Die Generalstaaten – eine Republik
An der Spitze stand die Versammlung der Abgeordneten der Stände der einzelnen Provinzen unter Führung der einflussreichsten Provinz Holland. Diese ernannte alle fünf Jahre den **„Ratspensionär"**, einen rechtsgelehrten Syndikus (eine Art Außenminister und Bundeskanzler). Dem Heerwesen stand der **(Erb-)Statthalter** vor.

Ergebnisse des niederländischen Aufstandes
- Spaltung der niederländischen Staaten in die freiheitliche souveräne Handelsrepublik Holland (nach Schweizer Vorbild) inmitten des absolutistischen Europa und in die überwiegend katholischen Spanischen Niederlande, die 1714 an Österreich fielen.
- Behauptung der Reformation (Kalvinismus, Protestanten, Täufer) im Norden.
- Schwächung des habsburgischen Spaniens.

Der Freiheitskampf der Niederlande (1568–1648)

100 Reformation und Gegenreformation – Die Verbreitung

Die Heilige Schrift in Deutsch
Luthers Bibelübersetzung und ihre rasche Verbreitung durch den Buchdruck machten die Bibel über den Gelehrtenkreis hinaus lesbar und waren eine der Voraussetzungen für den Siegeszug der Reformation.

Die protestantische Reformation Luthers
Gewöhnlich gelten die 95 Ablassthesen Martin Luthers von 1517 als Beginn der **Reformation***. Dazu zählen aber auch andere *Reformatoren*, z. B. Zwingli und Calvin.

Katholische Reform und protestantische Reformation
Als die innerkirchl. **kath. Reform**, die im 14./15. Jahrhundert amtskirchliche Missstände und theologische Unklarheiten zu beseitigen strebte, auf harten Widerstand der Papstkirche stieß, kam es zur Spaltung, zur **Reformation**. Es entstanden neue christliche Konfessionen, die weltweit verbreitet wurden.

Die Kirchenreform wurde v. a. durch die päpstl. Weigerung blockiert, ein Reformkonzil einzuberufen. Hindernde Faktoren waren auch die antihabsburgische Fürstenopposition im Reich, französisch-habsburgische Kriege um Italien sowie die ständige Türkengefahr.

Wichtige Ereignisse der Reformationszeit
1517 Martin Luthers (1483–1546) 95 Thesen.
1518 Züricher Reformation Ulrich Zwinglis.
1521 Worms: Verurteilung Luthers *(Wormser Edikt).*
1520–66 Türkische Expansion im Südosten Europas.
1521/22 Luthers deutsche Bibelübersetzung.
1525 Bauernkrieg.
1529 Speyer: Protest der Lutheraner („Protestanten").
1530 Augsburger Reichstag: **Augsburger Konfession.**
1531 Protest. Verteidigungsbund von Schmalkalden.
1534 **Englische Reformation: Anglikanische Staatskirche.**
1534/35 Wiedertäufer in Münster: „Täuferreich".
1540 Gründung des katholischen **Jesuitenordens**.
1541 Genfer Reformation *Jean Calvins.*
1545–63 Katholisches Reformkonzil von Trient.
1546/47 Schmalkaldischer Krieg: Protest. Niederlage.
1555 Augsburger Religionsfrieden.

Gegenreformation und Dreißigjähriger Krieg
Der **Augsburger Religionsfrieden*** **von 1555** sollte den Konfessionsstreit beenden. Jedoch die teilweise Nichtbeachtung v. a. des *Geistlichen Vorbehalts* provozierte gegen 1600 immer stärker die kath. **Gegenreformation***. 1608/09 entstanden Kampfbünde (prot. *Union*, kath. *Liga*), die zusammen mit europäischen machtpolitischen Fragen den Ausbruch des so genannten *Dreißigjährigen Krieges* bewirkten.

Die Reformation in England

Augsburger Religionsfrieden 1555
Der Reichstag von Augsburg anerkannte die lutherische (Augsburger) Konfession; die kalvinistische Konfession blieb aber ausgeschlossen. Der Landesherr bestimmte die Konfession seiner Untertanen. Quelle neuer Konflikte, weil nach 1555 kaum beachtet, wurde der **Geistliche Vorbehalt**, der Bischöfen und Äbten auferlegte, bei einem Glaubenswechsel Amt und Fürstentum aufzugeben.

Gegenreformation
Altkirchliche und politische Bestrebungen gegen die Ausbreitung der Reformation sowie die (auch gewaltsame) Rekatholisierung protestantischer Gebiete. Als **Zeitalter der Gegenreformation** gilt die Zeit zwischen 1555 und 1618/48.

Die Weigerung des Papstes, eine Ehescheidung König Heinrichs VIII. zu billigen, führte zur Trennung von Rom. Der Klosterbesitz wurde verstaatlicht. Die englische Kirche wurde eine Staatskirche mit dem König an der Spitze *(Suprematsakte)*, in der Lehre (z. B. Sakramente und Priestertum) protestantisch, in Verfassung (bischöfliche Hochkirche) und Ritus katholisch geprägt. Schottland und Irland lehnten diese Kirche weitgehend ab.

Der Kalvinismus und sonst. Bekenntnisse
Die Lehre Calvins fasste **1541** in **Genf** Fuß und erfasste rasch auch **Frankreich, Schottland, Böhmen** und die **Niederlande**. Die Schweiz einigte sich **1566** auf die kalvinistisch geprägte **Confessio Helvetica posterior***.

Confessio Helvetica posterior 1566
Der Züricher Reformator Bullinger hatte diese Zusammenfassung der Hauptgrundsätze Zwinglis und Calvins in 30 Artikeln für den Reichstag ins Deutsche übersetzen lassen.

Im **Heiligen Römischen Reich** verbreiteten sich **Kalvinismus*** und *sonstige Bekenntnisse** nur zögernd.

Der Kalvinismus fasste im Reich ab 1544 am Niederrhein und in Ostfriesland Fuß. Als erster Fürst wurde Kurfürst Friedrich III. von der Pfalz Kalvinist *(1563 Heidelberger Katechismus und Kirchenordnung)*. 1610 bildeten Kleve, Mark, Jülich, Berg und Ravensberg einen Generalsynodalverband.
Sonstige Bekenntnisse, wie Hussiten (Jan Hus, †1415) oder die (Wieder-)Täufer, die Kindertaufe, Kriegsdienst und staatliche Eide ablehnten, gab es nach 1555 nur noch in Böhmen.

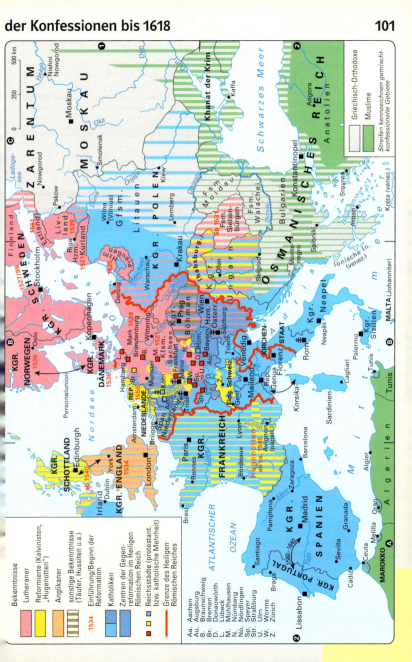

102 England, Schottland und Irland im 17. Jh. – Der englische

Der Union Jack verband 1606 das Georgskreuz der engl. Flagge (links) mit dem schott. weißen Andreaskreuz (Mitte). 1801 trat nach der Vereinigung mit Irland das irische rote Patrickskreuz hinzu (rechts).

Die Stuarts erstreben den Absolutismus

Als *1603* der schottische König Jakob VI., Sohn Maria Stuarts, als *Jakob I. (1603–25)* den englischen Thron bestieg, regierte er England, Schottland und Irland in Personalunion. Entgegen der Tradition des Parlaments* träumte er von absolutistischer Macht. Auch sein Sohn *Karl I. (1625–49)*, Gemahl der Schwester Ludwigs XIV., betrieb eine prokatholische und absolutistische Politik. Da er *1628* in der *Petition of Rights* einräumen musste, keine Steuern ohne Parlament zu erheben und willkürliche Verhaftungen zu unterlassen, regierte er 1629 bis 1640 ohne Parlament.

Das englische Parlament umfasste drei Stände: Hohe Geistlichkeit, Hochadel und die Vertreter der Grafschaften (Gentry und Bürger). Seit dem 13. Jh. kontrollierte es den König (Gesetze und Steuern).

Ein schottischer Aufstand (1638) zwang Karl jedoch 1640 zur Berufung des Parlaments. Als dieses widerstrebte, entließ er es und berief das *Lange Parlament (1640–53)*. Dieses verurteilte den engsten Berater des Königs, den Earl of Strafford, wegen Hochverrats zum Tode und oktroyierte dem König ein Gesetz, wonach das Parlament sich nur selbst auflösen durfte.

Der englische Bürgerkrieg (1642–49)

Als Karl führende Abgeordnete festnehmen wollte, kam es zum Bürgerkrieg zwischen dem König, der Mehrheit des Adels, den Katholiken und Bischofsstädten einerseits und dem Parlament samt den meisten Handelsstädten, insbesondere London, andererseits.

Der entscheidende Gegensatz aber war ein religiöser: Der König und ein Teil des Hochadels wollten die *anglikanische Bischofskirche wiederherstellen*. Das Parlament sowie weite Teile des Bürgertums und niederen Adels wollten einen kalvinistisch geprägten *Puritanismus**. Stärkste Partei wurden die puritanischen *Independenten**. Ihr Führer, der Landedelmann *Oliver Cromwell*, befehligte eine disziplinierte Berufsarmee *(new model army)*, die sog. *Ironsides ("Eisenseiten")*. 1644 bei *Marston Moor* und 1645 bei *Naseby* schlug Cromwell das königliche Heer. Karl I. floh zu den Schotten, wurde aber 1647 an das Parlament ausgeliefert.

Puritaner – Presbyterianer – Independenten?
Die *Puritaner* erstrebten eine konsequente Reinigung des Gottesdienstes vom katholischen Kultus, die sie als *Dissenter* in schroffen Gegensatz zur anglikanischen Bischofskirche brachte. Während aber das Parlament den *Presbyterianern* zuneigte, welche die Gemeinde einem *Ältestenrat (Presbyterium)* unter dem Pfarrer sowie einer *synodalen Organisation* unterstellten, wollten die *Independenten* oder *Kongregationalisten* unter Cromwell nach biblischem Vorbild eine Ortsgemeinde *(congregation)*, die unabhängig *(independent)* von königlicher, bischöflicher oder presbyterialer Gewalt war.

Der wachsende independentische und presbyterianische Gegensatz führte 1648 zur "Säuberung" des Parlaments von den Presbyterianern. Das Rumpfparlament *(rump)* von 60 Abgeordneten ließ Karl I. 1649 durch ein Sondergericht als "Tyrannen" verurteilen und hinrichten. Die Monarchie wurde abgeschafft und eine parlamentarische Republik *(Commeonwealth and free State)* errichtet. Durch *Feldzüge gegen Iren und Schotten** stellte Cromwell die englische Herrschaft überall wieder her.

Feldzüge gegen Iren und Schotten 1649/50
Das katholische *Irland* war seit 1641 im Aufstand. Die Enteignung irischer Grundbesitzer und die Ansiedlung von presbyterianischen Schotten hatten einen antiprotestantischen Volksaufstand *(Gemetzel von Ulster)* provoziert. In einem grausamen Rachefeldzug unterwarf Cromwell 1649/50 die Insel und ersetzte nun – ausgenommen Connaught – alle irisch-katholischen Grundherren durch englisch-protestantische.
In *Schottland* nahmen 1649 der katholisch-königstreue Norden und der presbyterianische Süden gemeinsam Partei gegen die Republik und für Karl II. Der Feldzug Cromwells endete mit dem *Sieg bei Dunbar 1650*.

Diese Erfolge und auch der Sieg im ersten englisch-holländischen Seekrieg (1652–54) festigten Cromwells Stellung. 1653 löste er das *Rumpfparlament* und das ihm folgende "Parlament der Heiligen" auf und herrschte als *"Lordprotektor von England, Schottland und Irland"* wie ein Diktator. Nach seinem Tod 1658 (und Abdankung seines Sohnes) stellte das Parlament 1660 das Königtum wieder her und berief den Sohn Karls I., Karl II. (1660–85), auf den Thron.

Bürgerkrieg (1643–1649)

104 Der Ausgang des sog. „Dreißigjährigen Krieges" – Europa

Frieden 1648
Der Friedensreiter oder Postreiter ist ein Symbol für die Schnelligkeit, mit der sich die Nachricht vom ersehnten Frieden nach dem Dreißigjähr. Krieg ausbreitete.

Charakter des Dreißigjährigen Krieges

Der „Dreißigjährige Krieg" (üblicherweise 1618 bis 1648) bezeichnet die bekannteste und heißeste, die „deutsche" Phase eines übergreifenden fast 60-jährigen politisch-konfessionellen Ringens in Europa. Dieses hatte um 1600 begonnen und wurde mit den Friedensverträgen in den westfälischen Städten *Münster** (kath.) und *Osnabrück** (prot.), kurz als *Westfälischer Frieden** zusammengefasst, nur partiell beendet. Seinen Abschluss fand der globale Konflikt erst **1659** im span.-frz. *Pyrenäenfrieden**

Der Westfälische Frieden (1648)
Friede von Münster (6.8.1648)
Sonderfriede zwischen dem Königreich Spanien und der Republik der Vereinigten Niederlande. – Hauptfriede zwischen dem Reich (Kaiser) und dem Königreich Frankreich unter Einbezug ihrer jeweiligen Verbündeten.
Friede von Osnabrück (8.9.1648)
Vertrag zwischen dem Reich (Kaiser) und dem Königreich Schweden samt ihren Verbündeten.

Der Pyrenäenfriede (7.11.1659)
Friede auf der Fasaneninsel im Pyrenäengrenzfluss Bidassoa zwischen Frankreich und Spanien: Roussillon, Artois und Teile Lothringens werden französisch.

Die Ursachen dieses europäischen Konflikts waren vielfältig: Einmal ging es um politische *Hegemonie*. In Mittel- und Westeuropa rivalisierte das habsburgische Spanien mit dem seit 1519 von ihm umklammerten bourbon. Frankreich, im Ostseeraum stritten sich Dänemark, Schweden, Polen und zeitweise auch das Heilige Römische Reich. Im Südosten Europas drohten die Türken.

Hinzu traten in vielen Staaten *ständische Auseinandersetzungen*: Im Heiligen Röm. Reich z. B. vollzog sich eine letzte Machtprobe zwischen den *zentralist. Bestrebungen* des habsb. Kaisertums und den *Interessen der Einzelstaaten*. In vielen Reichsterritorien, z. B. im Kgr. Böhmen, bedrohte der fürstl. Absolutismus die privilegierte Sonderstellung der Landstände. Verschärfend wirkte der *konfessionelle Zwiespalt*: Alle polit. Hauptfragen waren vielfältig und europaweit mit den divergierenden *reformator.* und *kath.-gegenreformator.* Interessen verwoben, teils konvergent, teils aber auch widersprüchlich. Das belegen z. B. die Allianzen des *katholischen* Frankreich mit dem *protestantischen* Schweden und dem *islam.* Türkenreich gegen das *kath.* Haus Habsburg!

Diese verwickelte Interessenlage bestimmte den Charakter des „Dreißigjährigen Krieges": Er begann als innerhabsburgischer ständisch-konfessioneller Konflikt in Böhmen, der von Beginn an andere deutsche Fürsten einbezog, und weitete sich rasch zu einem europäischen Krieg aus, in dem es von Anfang an um **Konfession und Politik** ging.

Der Krieg endete schließlich aus Erschöpfung aller Beteiligten, d.h. ohne einen eindeutigen Sieger.

Die wichtigsten Friedensbestimmungen
– Gebietsveränderungen:
Frankreich bekam die 1552 besetzten Bistümer Metz, Toul und Verdun, die Grafschaft Pinerolo, die Stadt Breisach, das Besatzungsrecht für Philippsburg, die Landgrafschaft Ober- und Niederelsass, den Sundgau und die elsässische Dekapolis (Bund der 10 Reichsstädte). *Schweden* erhielt Vorpommern mit Rügen, Teile Hinterpommerns (Stettin, Wollin, Oderhaff), Wismar, das Erzbistum Bremen als Herzogtum (ohne Stadt) und das Bistum Verden. *Brandenburg* erhielt die Bistümer Halberstadt, Minden und Kammin sowie die Anwartschaft auf das Erzbistum Magdeburg. Die *Rep. der Vereinigten Niederlande (Generalstaaten)* und die *Eidgenossenschaft Schweiz* schieden aus dem Reich aus.

– Änderungen der Reichsverfassung:
Bayern behielt die 1623 erworbene Kurwürde; für die Pfalz wurde eine achte Kur neu geschaffen. *Schweden* erhielt für seine Erwerbungen Sitz und Stimme im Reichstag. Auch Frankreich erlangte großen Einfluss auf die Reichspolitik.

Die *Reichsstände* erhielten Mitbestimmung in allen Reichsfragen und die volle Landeshoheit in geistlichen und weltlichen Angelegenheiten. Außerdem wurde ihnen das Bündnisrecht mit ausländischen Staaten zuerkannt; der Vorbehalt, die Bündnisse dürften sich nicht gegen Kaiser und Reich richten, blieb in der Folge papieren.

Der Kalvinismus wurde reichsrechtlich anerkannt.

nach dem Westfälischen Frieden von 1648

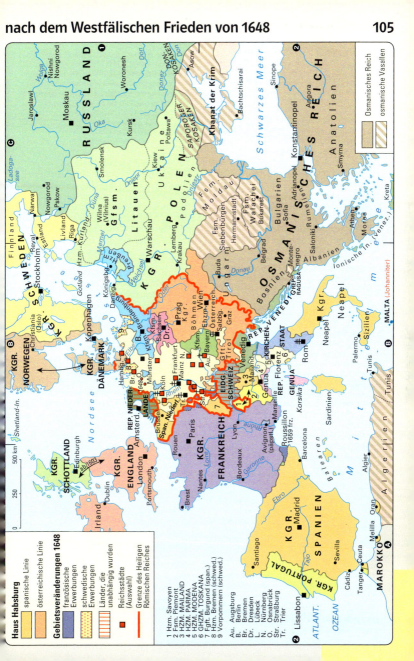

106 Frankreich auf dem Weg zum modernen Zentralstaat –

Die Lilien Frankreichs
Von ca. 1650 bis ca. 1750 stand Europa unter der Hegemonie Frankreichs, das seit dem 12. Jh. Lilien im Wappen führte.

1701–14 Spanischer Erbfolgekrieg: Nach dem Tode des spanischen Königs Karl II. meldeten Frankreich und Österreich Erbrechte in Spanien an. Wechselnde Allianzen gönnten Spanien keinem der beiden Kandidaten. Ein zermürbender europäischer Krieg war die Folge, in dem England v. a. eine Politik des Gleichgewichts verfolgte. Im *Frieden von Utrecht* erhielt ein französischer Prinz Spanien, doch wurde die Union mit Frankreich untersagt. Österreich wurde durch die spanischen Besitzungen in Italien entschädigt.

Nach dem Tode des Ersten Ministers Kardinal Mazarin 1661 übernahm Ludwig XIV. (1643–1714) die Leitung der französischen Politik. Sowohl seine höfische Kultur wie sein staatlicher Ausbau und seine merkantile Wirtschaftspolitik machten Frankreich zum glänzenden Vorbild ganz Europas.

Der französische Absolutismus im Innern

Unter Ludwig XIII. (1610–43) war es den Ersten Ministern Richelieu (1624–42) und Mazarin (1642–61) gelungen, alle **Hindernisse der französischen Königsgewalt*** zu beseitigen:

Hindernisse der französischen Königsgewalt um 1610
- Die **General- und Provinzialstände** (jeweils in drei Kurien gegliedert: Klerus, Adel und 3. Stand) besaßen das Recht der Steuerbewilligung.
- Die **königlichen Gerichtshöfe („Parlamente")** kontrollierten und behinderten die königliche Gesetzgebung.
- Die **Kalvinisten (Hugenotten)** bildeten wegen ihrer im **Edikt von Nantes (1598)** garantierten Privilegien einen **Staat im Staat**.
- Der **französische Hochadel** war wegen seines Grundbesitzes, seines Prestiges und seiner traditionellen Staatsämter einflussreich.

Absolutismus und Außenpolitik

Außenpolitisch löste Frankreich im **Pyrenäenfrieden 1659** das habsburgische Spanien als europäische Hegemonialmacht ab und untermauerte diese Stellung in mehreren **Koalitionskriegen***.

Die Koalitionskriege zur Zeit Ludwigs XIV.
1667–68 „Devolutionskrieg": Mit Erbansprüchen auf Flandern und Brabant griff Ludwig XIV. nach dem Tod König Philipps IV. von Spanien die Spanische Niederlande an. Im *Frieden von Aachen* gewann er Lille.
1672–78 Niederländischer Krieg: Ludwig XIV. besetzte die Republik der Vereinigten Niederlande; nur die Öffnung der Schleusen rettete das Land. Im *Frieden von Nimwegen* erwarb Ludwig die Freigrafschaft Burgund (Franche Comté) und Teile Westflanderns.
1681 Straßburg wurde im Handstreich besetzt.
1688–97 Pfälzischer Krieg: Mit fadenscheinigen Erbansprüchen griff Ludwig die Pfalz um, um sie zu annektieren. Eine übermächtige Koalition mit England bildete sich. Bei *La Hogue* wurde 1692 die französische Flotte vernichtet; auch sonst war Frankreich das Kriegsglück nicht hold. Im *Frieden von Rijswijk* erlitt Ludwig 1697 erstmals territoriale Verluste.

Absolutismus und Wirtschaft

Wirtschaftspolitisch orientierte sich Frankreich am Konzept des **Kameralismus** oder **Merkantilismus**, der darauf zielte, Geld in die Kassen der frz. Wirtschaft und des Königreiches zu bringen. Dieses glaubte man auf dem Wege des Handels zu erreichen. Die gewaltige Steigerung des Exports bei strikter Reduzierung von Importen sollte Edelmetall (Geld) ins Königreich bringen; die inflationistischen Auswirkungen wurden nicht erkannt.

Mit staatlichen Subventionen wurden zahlreiche **Manufakturen (Fabriken)** errichtet, deren hochwertige Fertigprodukte (v. a. Luxusgüter) durch Steuerprivilegien und Schutzzölle vor ausländischer Konkurrenz geschützt wurden. **Rohstoffen** stand der Weg ins Königreich offen; am liebsten beschaffte man sie sich mit auf französischen Werften erbauten Handelsschiffen aus eigenen Kolonien.

Der Erleichterung des Handels diente auch die Verbesserung des **Verkehrswesens** innerhalb Frankreichs durch Kanalbauten, die Schiffbarmachung von Flüssen und die Verbesserung des Straßennetzes. Der Versuch, Frankreich in ein einheitliches Zollgebiet (Aufhebung der Binnenzölle, einheitliche Außenzölle) umzugestalten, gelang nur ansatzweise.

Der höfische Absolutismus

Den Anspruch des **Sonnenkönigs** spiegelt auch **Versailles** wider. Ludwig XIV. errichtete hier zwischen 1661 und 1715 eine gigantische Schlossanlage, welche seine europäische Hegemonialstellung architektonisch untermauerte. In Versailles, der prächtigen Kulisse eines Hofes, der aus ca. 16 000 Menschen bestand, versammelte er mit perfidem Druck den französischen Hochadel um sich. So konnte er ihn kontrollieren, allmählich in seinen Dienst zwingen und durch den Aufwand des höfischen Lebens materiell ruinieren. Versailles wurde zum Inbegriff der europäischen Fürstenresidenz.

Das Zeitalter des Absolutismus im 17. und 18. Jh.

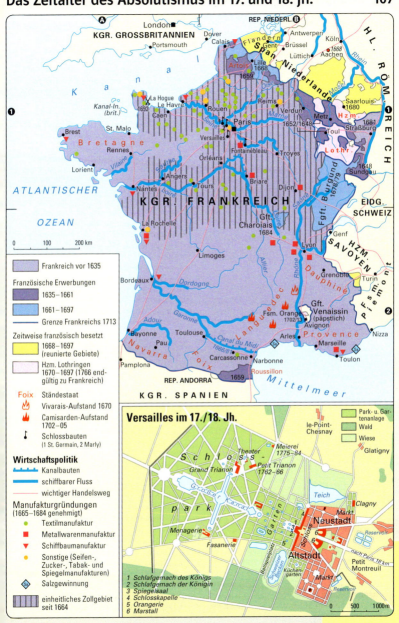

108 Vom russischen Großfürstentum zur eurasischen Welt-

Erbe von Byzanz
Nach dem Fall Konstantinopels 1453 sah sich Iwan III., mit einer byzantinischen Prinzessin verheiratet, als Erbe des Kaisertums („III. Rom") und nahm 1495 den Doppeladler in sein Siegel auf.

Der Aufstieg Moskaus im 15./16. Jh.

Im 14. und 15. Jh. stieg Moskau zur führenden Macht Osteuropas auf. Großfürst **Iwan III.** (1462–1505) nannte sich als erster programmatisch **Zar von ganz Russland**. Seine **Gebietserwerbungen*** legten die Basis für den **Aufstieg Moskaus zur eurasischen Weltmacht** (16. und 17. Jh.).

Russ. Gebietserwerbungen unter Iwan III. (1462–1505): 1463 Jaroslawl, 1478 Handelsrepublik Groß-Nowgorod, 1485 Fürstentum Twer, 1489 Republik Wjatka, 1503 Litauische Fürstentümer (Tschernigow, Brjansk und Kursk). Die Fläche wuchs von ca. 430 000 auf ca. 2,5 Mio. km² mit über 6 Mio. Einwohnern.

Nach dem Fall Konstantinopels (1453) galt Moskau seit 1510 als **III. Rom** (Hofzeremoniell, Doppeladler). Iwan III. verstand sich seit 1472 auch als oberster Hüter der Rechtgläubigkeit und beanspruchte den Vorrang vor den übrigen russ. Fürsten. Sohn Vasilij und Enkel **Iwan IV. (1533–1584)** setzten die Expansion v.a. im Osten fort (1510 Pskow, 1514 Smolensk, 1552–56 die Khanate Kasan und Astrachan). **Boris Godunow (1584–1605)** gründete u.a. Samara, Saratow und Zarizyn. Im Osten wurde das Khanat Sibir mit Tobolsk (1581/87) erworben und bis 1649 das wirtschaftlich noch unbedeutende weite **Sibirien** gewonnen. Im 17. Jh. ging unter poln. und schwed. Druck manche Eroberung im Westen wieder verloren.

Russland im 18. Jh.

Unter **Peter dem Großen (1689–1725)** endete die politische Schwäche im Westen. Als sein Plan einer christlichen Liga gegen die Türken gescheitert war (1700 russ.-türk. Friede), trat er gegen Schweden in den **Nordischen Krieg (1700–21)** ein, um Zugang zur Ostsee zu erhalten. **Im Frieden von Nystad 1721** gewann er mit Estland, Livland u.a. die wichtige Ostseeküste [→ 110/112]. 1712 verlegte Peter seine Residenz in das **1703** gegründete und im europäischen Stil erbaute **St. Petersburg**, das ihm einen eisfreien Seeweg nach Westen gewährte.

Erheblichen Gebietszuwachs erfuhr Russland unter **Katharina II. (1762–96)** durch die **Polnischen Teilungen von 1772, 1793 und 1795** [→ 114/115]. Im Südosten öffnete der russisch-türkische **Friede von Kütschük-Kainardschi 1774** den Zugang zum Schwarzen Meer; 1783 folgten die Krim und nach einem weiteren Türkenkrieg im **Frieden von Jassy 1792** die übrige Schwarzmeerküste.

Russlands Expansion im 19. Jh. bis 1914

1801 kam **Georgien** zu Russland. Im Nordwesten erweiterte **Kaiser Alexander I. (1801–1825)** sein Reich auf Kosten Schwedens. Nachdem er sich 1807 mit Napoleon verständigt hatte, gewann er **1809** im **Frieden von Fredrikshamn** Finnland. Im Süden profitierte er vom Zerfall des Osmanischen Reiches. Im **Frieden von Bukarest**, der **1812** den Russisch-Türkischen Krieg von 1806–12 beendete, erhielt er Bessarabien und Gebiete jenseits des Kaukasus.

Der **Wiener Kongress** vereinigte **1815** das (bis 1807 preußisch) *Großherzogtum Warschau* als **Königreich (Kongress-)Polen)** in Personalunion mit Russland [→ 120/121].

Nach dem Russ.-Türk. Krieg 1828/29 erwarb **Nikolaus I. (1825–55)** im **Frieden von Adrianopel 1829** das Donaudelta und Teile Armeniens.

Einen Rückschlag brachte der **Krimkrieg (1853–56)**: Russland musste im *Frieden von Paris (1856)* die Donaumündung samt Teilen Bessarabiens an das Fürstentum Moldau abtreten. Das Schwarze Meer wurde für russische Kriegsschiffe gesperrt.

Alexander II. (1855–81) erwarb in den *Verträgen von Aigun (1858)* und *Peking (1860)* von China das (teilweise besetzte) Amurgebiet und gründete Wladiwostok [→ 143]. 1875 wurde Japan gezwungen, die Insel Sachalin gegen die Kurilen abzutreten.

1864–73 wurde **Turkestan** erobert (Buchara und Chiwa russische Vasallenstaaten). 1867 erfolgte der Verkauf **Alaskas** an die USA.

Im **Russisch-Türkischen Krieg (1877/78)** wurde nur mit Rücksicht auf die europäischen Mächte Konstantinopel nicht besetzt. Im *Frieden von San Stefano 1878* erwarb Russland in Asien Kars und Batumi und in Europa den 1856 verlorenen Teil von Bessarabien. Im **Russisch-Japanischen Krieg 1904/05** verlor Russland Südsachalin und Port Arthur [→ 142/143]. 1914 wurde **Tuwa** erworben.

macht – Russlands Territorialentwicklung vom 15. bis 19. Jh.

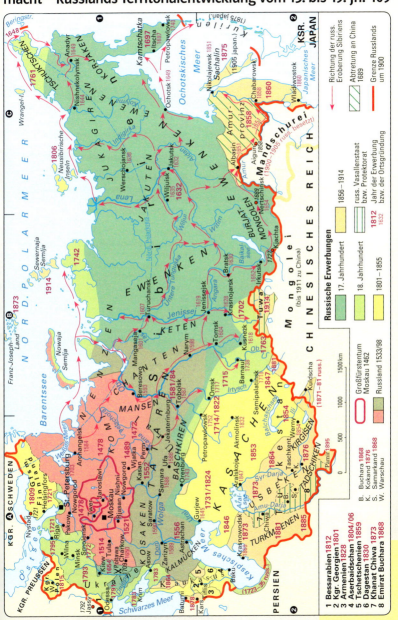

Aufstieg und Niedergang der Herrin der Ostsee –

Das Schwedenkreuz
Seit dem 16. Jh. ist das gelbe liegende Lateinerkreuz auf blauem Grund nach dem dänischen Vorbild das staatl. Symbol Schwedens.

Schweden zu Beginn des 16. Jh.

Das als letztes skandinavische Land christianisierte Königreich Schweden hatte sich *1397* mit Norwegen und Dänemark zur *Kalmarer Union* vereinigt, die vom dänischen König in Personalunion beherrscht wurde.

1523 löste sich Schweden wieder aus der Union. König Gustav Adolf I. (1523–1560) aus dem Hause Wasa begründete eine nach außen und innen gesicherte *Monarchie*, die durch die Einführung der Reformation und die Säkularisation des Kirchengutes noch gestärkt wurde. Ein Reichstag aus Vertretern von Adel, Klerus, Bürger- und Bauerntum wahrte allerdings ein *Steuerbewilligungsrecht*.

Der Aufstieg vom 16. bis 18. Jh.

Hauptziele der schwedischen Außenpolitik im 16. und 17. Jh. waren
- die Wahrung der Souveränität gegenüber Dänemark und (später) Polen,
- die Gewinnung von militärisch, politisch und wirtschaftlich wichtigen Zugängen (Häfen) zu Nord- und Ostsee, die nicht durch Dänemark (Sundzoll), Norwegen oder Russland kontrolliert wurden,
- die Hegemonie im Ostseeraum *(dominium maris Baltici)*.

Diese Politik verwickelte Schweden immer wieder in Rivalitäten und *Kriege** mit anderen im Norden wichtigen politischen Mächten.

Schwedisch-dänische Kriege
1563–1570 Der Friede von Stettin bringt keine Gebietsveränderungen.
1611–1613 Im *„Kalmarkrieg"* verliert Schweden die norwegischen Lappmarken.
1643–1645 Friede von Brömsebro: Schweden gewinnt die norwegischen Provinzen Jämtland und Herjedalen sowie Ösel und Gotland.
1657–1658 Friede von Roskilde: Schweden gewinnt Schonen, Halland, Blekinge, Bohuslän sowie die Insel Bornholm.

Schwedisch-russische Kriege
1617 Friede zu Stolbowa: Schweden erwirbt Ingermanland und Ostkarelien und schließt Russland von der Ostsee ab.
1655–1660 Friede zu Kardis (1661): Schweden erhält livländische Gebiete zurück.

Schwedisch-polnische Kriege
1621 Schweden erobert Livland mit Riga sowie Libau und Windau in Kurland.
1655–1660 Friede von Oliva: Polen verzichtet auf seine schwedischen Thronansprüche und tritt Livland an Schweden ab.

Schwedisch-preußische Kriege
1621–1629 Waffenstillstand von Altmark: Schweden gewinnt in Preußen die Häfen Memel, Pillau, Elbing und Danzig.

Aufgrund dieser Erfolge war Schweden um 1700 die tonangebende Militärmacht im Norden und eine europäische Großmacht.

Der Niedergang Schwedens im 18. Jh.

Durch Einmischung in den innerdänischen Konflikt mit dem Herzogtum Holstein forderte Schweden den „Erzrivalen" Dänemark heraus und bewirkte den Schulterschluss seiner eigenen Gegner im Norden und Osten.

Im *„Nordischen Krieg" (1700–1721)* stand es isoliert Dänemark, Hannover, Preußen, Polen, Sachsen und dem erstarkten russischen Zarenreich gegenüber. Glanzvolle Siege König Karls XII. (1697–1718), z. B. *1700* bei *Narwa* über Zar Peter I., wechselten mit verheerenden Niederlagen gegen Russland (so *1709* bei *Poltawa*). Der lange Krieg überforderte Schwedens Kräfte; in den Friedensschlüssen erlitt es schwere Gebietsverluste:
1700 Travendal: Im Konflikt Dänemark-Holstein musste es klein beigeben.
1719 Stockholm: Abtretung Bremens und Verdens an Hannover.
1720 Stockholm: Abtretung Stettins, von Teilen Vorpommerns sowie der Inseln Usedom und Wollin an Preußen.
1720 Frederiksborg: Verzicht auf Befreiung vom dänischen Sundzoll.
1721 Nystad: Abtretung Livlands, Estlands, Ösels, Ingermanlands und von Teilen Kareliens an Russland.

Insgesamt verlor Schweden bis auf Reste Vorpommerns alle deutschen Gebiete und alle außerschwedischen und außerfinnischen Stützpunkte an der Ostsee. Dies bedeutete das Ende der Hegemonie im Ostseeraum und der europäischen Großmachtstellung.

Die Abtretung Finnlands und der Ålandinseln an Russland *1809 (Friede von Fredrikshamn)* und des nördlichen Vorpommerns an Preußen *1815 (Wiener Kongress)* bildeten nur noch ein relativ unwichtiges Nachspiel.

Schweden zwischen 1648 und 1809

112 Britische Weltmacht und preußische Großmacht – Europa

Der preußische Adler Spätestens 1763, mit der Behauptung im Siebenjährigen Krieg, hatte sich der auffliegende preuß. Adler (Schwarz in Silber, mit Schwert und Blitzbündel) in Europa Achtung verschafft. Preußen galt als europ. Großmacht.

Der Siebenjährige Krieg (1756–1763)

Ausgang und Friedensschlüsse dieses Doppelkrieges brachten die seit etwa 1700 veränderten Machtverhältnisse Europas ans Licht.

Seine Ursachen waren die innerdeutsche *Rivalität zwischen Österreich und Preußen* sowie die *Rivalität britischer und französischer Handels- und Kolonialinteressen* in Nordamerika und Indien. Der Anstoß ging von Maria Theresia (1740–80) aus: Als sie eine europäische Koalition gegen Friedrich II. von Preußen (1740–86) zur Rückeroberung Schlesiens vorbereitete, marschierte Preußen ohne Kriegserklärung präventiv in Sachsen ein. Der europäische Konflikt löste dann den Kolonialkrieg aus.

Während sich Großbritannien und Frankreich in Amerika und Indien bekämpften, stand in Europa das von Großbritannien-Hannover (aufgrund der *Westminsterkonvention von 1756*) durch Subventionen unterstützte Preußen weitgehend allein den zahlenmäßig überlegenen Heeren einer Koalition aus Frankreich, Spanien, Österreich, Russland, Schweden u. a. gegenüber; mehrmals schien seine staatliche Existenz beendet. Vor allem nach der vernichtenden Niederlage von Kunersdorf 1759 rettete Preußen nur die ebenfalls große Erschöpfung seiner Gegner sowie der Zufall, nämlich der russische Thronwechsel von der antipreußischen Zarin Elisabeth zu Katharina II. (1762–1796), der dem ausgebluteten Land 1762 einen Sonderfrieden bescherte.

Die Friedensschlüsse und ihre Bedeutung

Während der *Friede von Paris 1763* [→ 92/93] zwischen Großbritannien und Frankreich die kolonialen Besitzfragen regelte, klärte der *Friede von Hubertusburg 1763* zwischen Österreich, Preußen und Sachsen die europäischen Angelegenheiten: Das *Königreich Großbritannien* wurde aufgrund seiner Erwerbungen in Übersee vollends zur See- und Weltmacht. Es besaß – auch aufgrund der Personalunion mit Hannover – großen politischen Einfluss auf dem Kontinent. Die Rivalität zu Frankreich blieb bestehen.

Das *Königreich Frankreich* Ludwigs XV. (1715–1774) war nach dem verlorenen Krieg und der Abtretung seiner Kolonien in Indien, Nordamerika (Kanada, Louisiana) und Afrika an Großbritannien innen- und außenpolit. geschwächt. Es verlor seine seit Mitte des 17. Jh. traditionelle europäische Hegemonialstellung: Es büßte seinen Einfluss in Nord- und Osteuropa sowie im Heiligen Römischen Reich ein, einmal wegen des Niedergangs Schwedens und des Zurückdrängens der Türken, zum anderen wegen des Aufstiegs Österreichs, Preußens und Russlands. Da es weder im Innern den Luxus des Hoflebens reduzierte, noch außenpolit. die kolonialen Ambitionen begrub, sondern im Gegenteil die *brit.-frz. Rivalität* Ludwigs XVI. (1774–92) ab 1778 zu offener Unterstützung des Unabhängigkeitskampfes der amerikanischen Kolonien bewog, wuchsen die Staatsschulden unaufhörlich, und der Staatsbankrott drohte.

Das *Königreich Preußen* erwarb endgültig Schlesien und die Gft. Glatz, musste aber auf zusätzliche Gebietsgewinne verzichten; trotzdem bedeutete der Friedensschluss seine definitive Anerkennung als europäische Großmacht. *Österreich* beendete den Krieg erschöpft, aber (von Schlesien abgesehen) ohne entscheidende Beeinträchtigung. Das *Heilige Römische Reich*, dessen Territorien fast vollzählig am Reichskrieg gegen Preußen teilgenommen hatten, überdauerte die Zerreißprobe. Allerdings war sein politisches Klima fortan von einem starken *preuß.-österr. Dualismus* bestimmt, der bis in die 2. Hälfte des 19. Jh. andauerte. Dagegen schied das *Kfsm. Sachsen*, das 1763 das Königreich Polen verlor, nun aus der europäischen Politik aus.

Das *Kaiserreich Russland* vermochte seinen Einfluss weiter nach Westen auszudehnen. 1764, nach Abschluss eines Beistandspaktes mit Preußen, erzwang es die Wahl Stanislaus Poniatowskis, eines Günstlings der Zarin, zum König von Polen, um dieses dadurch enger an die russische Politik zu binden. Damit war eine Voraussetzung für die spätere Aufteilung der ehemaligen Großmacht, die *„Polnischen Teilungen" von 1772/93/95*, gelegt [→ 115].

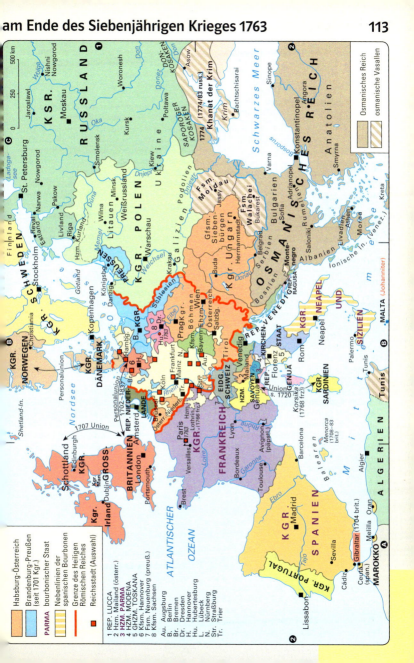

Untergang einer ehemaligen Großmacht Osteuropas –

Der polnische Kronenadler
Herzog Przemysl II. von Großpolen setzte den gekrönten Adler in sein Siegel, nachdem er 1295 vom Papst die Königskrone erhalten hatte. Der Adler wurde zum nationalen Symbol.

Die Personalunion zwischen dem Königreich Polen und dem Großfürstentum Litauen im Jahre 1386 machte Polen zu einer ostmitteleuropäischen Großmacht, vollends als Litauen durch die **Lubliner Union von 1569** fast völlig in Polen aufging. Gleichzeitig geriet es in zunehmenden Gegensatz zu seinen aufstrebenden Nachbarn, anfangs v.a. zum Moskauer Reich, zu Schweden und zum Osmanischen Reich, später auch zu Österreich und Preußen. Ende des 18. Jh. war Polen völlig von der politischen Landkarte Europas verschwunden; sein ehemaliges riesiges Reichsgebiet (ca. 1 230 000 km²) befand sich ganz unter österr., preußischer und russischer Herrschaft.

Es waren innere und äußere Ursachen, die zum Verschwinden der ehemaligen ostmitteleuropäischen Hegemonialmacht geführt hatten.

Innere Schwächung Polens (16.–18. Jh.)
Im Spätmittelalter hatte sich das Königreich zum Ständestaat entwickelt: Der sehr zahlr. poln. Niederadel *(Szlachta)* trat in Provinziallandtagen und im Reichstag *(Sejm)* zusammen. Das Königreich wandelte sich zu einer „Adelsrepublik": Seit 1505 besaß der Reichstag formell das Gesetzgebungsrecht (Legislative); das Königtum wurde u.a. auf Exekutive und Heerführung eingeschränkt.

Nach dem Ende des litauischen Herrscherhauses der Jagiellonen (1386–1572) und nachdem Polen-Litauen 1569 Wahlreich geworden war, wurde es zunehmend zum Spielball ausländischer Mächte, die über die Steuerung der Königswahl ihre politischen Interessen in Polen durchzusetzen versuchten.

Ende des 17. Jh. wurde das Kaiserreich Russland in Polen dominierend. Es unterstützte die **Personalunion Polens mit dem Kfsm. Sachsen** unter August dem Starken (1697–1733) und August III. (1733–64). Nach dem Tode des sächsischen Kurfürsten setzte die russ. Zarin Katharina II. (1762–96) im Einvernehmen mit Preußen die Wahl ihres ehem. Günstlings Stanislaus aus der poln. Magnatenfamilie (Hochadel) Poniatowski durch, der als König Stanislaus II. August (1764–95) den Thron bestieg.

Die Petersburger Verträge 1772, 1792 und 1795 – Die Polnischen Teilungen
Trotz des großen russ. Einflusses in Polen hatte es in Russland schon früh Pläne gegeben, Polen – statt es mittelbar zu beherrschen – zu zerschlagen und die russ. Grenze dadurch weiter nach Westen vorzuschieben.

Den Anfang machte allerdings Österreich, das 1770 die Besetzung ehemals an Polen verpfändeter Städte in der Zips auf benachbarte polnische Gebiete ausdehnte.

Für die Neutralität Preußens im Russisch-Türkischen Krieg (1768–74) verständigte sich Katharina II. *1772* mit Preußen über eine teilweise Annexion Polens. Österreich trat dem Abkommen auf Drängen Kaiser Josephs II. gegen den Widerstand Maria Theresias bei.

Als Russland befürchten musste, das immer noch stattliche Restpolen könnte durch eine Verfassungsreform König Stanislaus' von 1791 (u.a. Abschaffung des *Liberum Vetos* = adliger Einspruch gegen Gesetze) erstarken, regte Katharina II. eine weitere Schwächung Polens an, die *2. Polnische Teilung* von *1793*, an der sich freilich Österreich demonstrativ nicht beteiligte.

Die *3. Poln. Teilung* wurde 1793/94 durch einen national-poln. Aufstand unter Tadeusz Kościuszko veranlasst, der sich gegen die bis dahin erfolgten „Teilungen" richtete. Russland und Österreich verständigten sich nun über die vollständige Zerschlagung Polens; Preußen schloss sich an. Am Ende besaßen Russland ca. ²/₃, Österreich und Preußen je ca. ¹/₆ des ehemaligen polnischen Reichsgebietes.

Die Aufteilung Polens – Gebietsgewinne der Teilungsmächte 1772–1795 (in km²)

Jahr	Österreich	Preußen	Russland
1772	ca. 70 000	ca. 35 000	ca. 110 000
1793	nicht beteiligt	ca. 55 000	ca. 236 000
1795	ca. 115 000	ca. 145 000	ca. 465 000

Der Unabhängigkeitswille der Polen war aber auf Dauer nicht zu unterdrücken und führte im 19. Jh. zur „Polnischen Frage", einem Problem der europ. Politik, das erst 1918 durch die Wiedererrichtung eines (nunmehr stark verkleinerten) polnischen Staates einigermaßen gelöst werden konnte.

Die Aufteilung des Königreiches Polen (1772–1795)

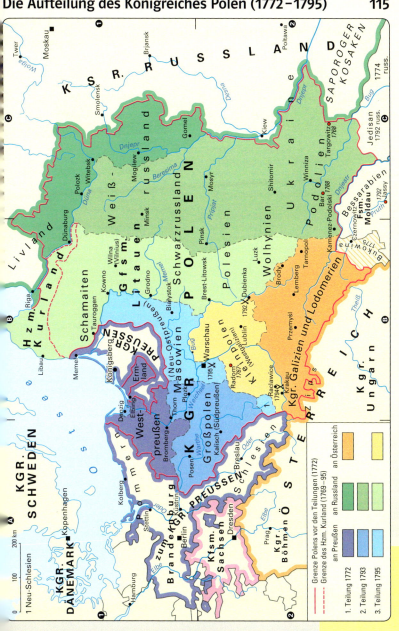

116 Die Mutter aller modernen Revolutionen – Frankreich in

Plakat der frz. Republik von 1793 mit dem Text: „Einheit, Unteilbarkeit der Republik, Freiheit, Gleichheit, Brüderlichkeit oder Tod".
Links ein Nationalgardist; rechts ein Sansculotte. Die rot-weiß-blaue Trikolore galt seit der frz. Revolution als Symbol der Freiheit.

Ursachen der Revolution

Die Finanzkrise des französischen Staates und die Ablehnung einer Steuerreform durch die offen gegen die Krone rebellierenden Stände* Klerus und Adel führten zur allgemeinen Empörung des Dritten Standes. V.a. das Bürgertum verlangte seiner wirtschaftlichen Bedeutung entsprechende politische Rechte und Aufstiegschancen in Heer und Verwaltung. Auf dem Land empfanden die Bauern die Feudallasten als schikanös, in den Städten führte eine extreme Lebensmittelteuerung zur Verschärfung der sozialen Notlagen, zu Brot- und Hungerrevolten der Unterschichten.

Stände
Soziale Gruppen, denen man durch Geburt oder durch Ernennung angehört, die sich durch Merkmale (z.B. Kleidung), Funktionen oder Privilegien *(„Vorrechte")* unterscheiden. So waren vor der Revolution *Klerus* (I. Stand) und *Adel* (II. Stand) von bestimmten Steuern ausgenommen und besaßen das *Jagdrecht*, das besonders die *Bauern* empörte, die mit dem *Bürgertum* zum III. Stand gehörten. Zur Kleidung des Adels gehörten die Kniebundhosen als Hoftracht. Daher wurden die «Sansculottes» (frz. *„die keine Kniebundhosen Tragenden")* zur Bezeichnung der radikalen kleinbürgerlichen Revolutionsbewegung.

I. Phase der Revolution 1789 – 92

In der I. Phase der Revolution stand der Durchsetzung bürgerlicher Freiheitsrechte im Zentrum. Drei Revolutionen überkreuzten sich 1789 und trugen wechselseitig zum Erfolg bei:

1. Die *Revolution der Abgeordneten der Generalstände* in Versailles: Der Auszug der Abgeordneten des III. Standes *(Ballhausschwur)* am 17.6.1789 führte zur Auflösung der Generalstände und zur Einberufung der *Nationalversammlung*.
2. Die *Revolution des städtischen Kleinbürgertums und der Unterschichten* erfolgte am 14.7.1789 in Paris mit dem *Sturm auf das Staatsgefängnis Bastille*.
3. Die *Revolution der Bauern* auf dem Land, auch «la grande Peur» (frz. *„die große Furcht")* genannt, die Adelssitze überfielen und niederbrannten.

Hauptreformen der frz. Nationalversammlung:
4.8.1789 Abschaffung der Privilegien: Ende des Feudalismus und der Ständegesellschaft.
26.8.1789 Erklärung der Menschen- und Bürgerrechte.
22.12.1789 Verwaltungs- und Justizreform: Einteilung Frankreichs nach geographischen Gesichtspunkten in 83 etwa gleich große Departements, deren Präfekten seit Napoleon direkt der Zentralregierung in Paris unterstanden.
12.7.1790 Zivilkonstitution des Klerus: Priester wurden faktisch Staatsbeamte; Eid auf die Verfassung vorgeschrieben.
2.3.1791 Auflösung der Zünfte und Korporationen; Einführung der Berufs- und Gewerbefreiheit.
3.9.1791 Verfassung: Konstitutionelle Monarchie.

Die II. radikale Phase der Revolution 1792 – 94

In der II. Phase der Revolution ging es v.a. um die Durchsetzung von Gleichheitsrechten. Nach der Kriegserklärung an Österreich im April 1792 war ihr Verlauf bestimmt durch die Notwendigkeiten des Krieges und eine Radikalisierung im Innern bis hin zur Kriegsdiktatur. Die I. Phase der Revolution endete mit dem Sturz der Monarchie am **10.8.1792**, Frankreich wurde **Republik** *(Hinrichtung Ludwig XVI. am 20.1.1793)*. Im Juli 1793 stürzten die radikalen Jakobiner die Girondisten im Nationalkonvent und errichteten die *Diktatur des Wohlfahrtsausschusses*, gestützt auf die Bewegung der Sansculotten*. Dem Terror folgte nach der Hinrichtung Robespierres (1794) die Herrschaft der *Thermidorianer* und des sog. *Direktoriums*.

I. Koalitionskrieg u. innerfranz. Aufstände seit 1792
Nach anfänglichen Erfolgen der antirevolutionären europäischen Koalition (Österreich, Preußen)
20.9.1792 Kanonade von Valmy: Rückzug der Invasionsarmeen.
1793 Großbritannien und die meisten europäischen Mächte treten der antifranzösischen Koalition bei. Französische Niederlage bei *Neerwinden*.
1793 Einführung der allgemeinen Wehrpflicht (frz. Bez. *«Levee en masse»*) machten die franz. Bürgerarmeen den europ. Söldnerheeren überlegen. Niederschlagung der inneren Aufstände (Lyon, Nantes, winter Vendée) gegen das revolutionäre Paris.
26.6.1793 Dem *französischen Sieg von Fleurus* folgt die Besetzung der Niederlande und des linken Rheinufers des Heiligen Römischen Reiches und die weitere Expansion der Revolution.
1795 *Sonderfriede von Basel* zwischen Frankreich und Preußen, in dem Frankreich das linke Rheinufer erhält.

118 Streben nach Vorherrschaft in Europa – Frankreich z. Z.

Monogramm auf einer napoleonischen Kanone
Das „N" als persönliches Monogramm Napoleons. – Die Symbolik bezieht sich auf die kaiserliche Würde Napoleons und die Selbstkrönung (2.12.1804) in Notre-Dame mit einem Lorbeerkranz.

Napoleon Bonaparte* führte zw. 1792/95 und 1815 sechs große Kriege. Bis zum Russlandfeldzug 1812 war Napoleons Vorherrschaft unbestritten. Der Kampfmoral der Revolutionsheere und ihrer modernen Kampftaktik – flexible und schnelle Bewegung und Konzentration von Truppenteilen statt klassischer Linientaktik – waren die Söldnerheere der alten Monarchien nicht gewachsen.

Napoleons Weg zur Alleinherrschaft
1799 Staatsstreich: Erster Konsul; *1802* Konsul auf Lebenszeit; *1804* Kaiser der Franzosen.

Hauptgegner: Österreich und England

Um Frankreich zur Hegemonialmacht auf dem Kontinent zu machen, musste Napoleon zunächst die Habsburger zurückdrängen, die die katholischen Niederlande an der frz. Nordgrenze beherrschten und als Kaiser Schutz- und Garantiemacht der süd- und westdt. welt. und geist. Klein- und Mittelstaaten darstellten sowie Mittelitalien kontrollierten. Bereits 1801 war der Rhein von Basel bis zur Mündung natürliche Grenze Frankreichs. Der sog. *Reichsdeputationshauptschluss* 1803* und die Gründung des *Rheinbundes 1806* führten zur Auflösung des Heiligen Röm. Reiches (1806). West- und Süddeutschland waren französische Einflusszone geworden.

Reichsdeputationshauptschluss 1803
Einleitung der „Napoleonischen Flurbereinigung" durch *Säkularisation*, d.h. Enteignung des kirchlichen Besitzes (Bistümer, Auflösung der Abteien und Klöster), und *Mediatisierung*: Verlust der Selbständigkeit vieler Gebiete (Reichsstädte, Reichsritterschaften usw.) und ihre Unterwerfung unter die Staatshoheit größerer Flächenstaaten. 1815 bleiben von mehr als 1800 politischen Einheiten des Heiligen Römischen Reiches nur 39 übrig.

Großbritannien, Verfechter des europäischen Gleichgewichts, war als See- und Kolonialmacht gefährlichster Konkurrent Frankreichs. Napoleon konnte die britische Seeherrschaft noch nicht einmal im Mittelmeer brechen: Niederlagen in den Seeschlachten von *Abukir* 1798 (Scheitern des französischen Ägyptenfeldzuges) und *Trafalgar* 1805.

Die *Kontinentalsperre* (Sperrung des europäischen Kontinents für die Einfuhr britischer Waren), ein seit 1806 ersatzweise geführter Handelskrieg gegen Großbritannien, zwang Napoleon, alle Küsten des Kontinents direkt oder indirekt zu kontrollieren. Die Unterwerfung der europäischen Randzonen, insbesondere der Iberischen Halbinsel und Russlands, bedeutete eine Überforderung, die Napoleons Niederlage einleitete.

Neuordnung des europäischen Staatensystems
Ziel war die dauerhafte französische Hegemonie. Die annektierten Gebiete wurden neue Departements des Kaiserreichs Frankreich oder als Marionettenstaaten an Verwandte Napoleons übergeben, so das Königreich Westfalen (1807 Napoleons Bruder Jérôme), Königreich Spanien (1808 Bruder Joseph) und das Königreich Neapel (1808 Schwager Murat). Die Staaten des Rheinbundes unterstanden dem Protektorat (Schutzherrschaft) Napoleons. Die großen besiegten Staaten wurden durch Bündnisdiktate zu Wohlverhalten gezwungen, z. B. Preußen nach den verheerenden Niederlagen von Jena und Auerstedt 1806.

Russlandfeldzug und militärische Niederlage

Napoleons Kriegskunst stieß an Grenzen, wo man der Vernichtungsschlacht flexibel auswich – wie beim Guerillakrieg in Spanien und wo sie auf begeisterte Patrioten stieß. Zum entscheidenden Debakel wurde 1812 der Russlandfeldzug, weil sich die Russen in die Tiefe des Raumes zurückzogen. Die Folge war der Abfall zahlreicher Verbündeter. In der *Völkerschlacht bei Leipzig 1813* wurde die «Grande Armée» endgültig vernichtend geschlagen.

Friedensschlüsse der napoleonischen Kriege
1797 Frieden von Campo Formio: Verzicht Österreichs auf linksrhein. Besitzungen: Österreich tauscht Belgien und Mailand gegen Venedig.
1801 Friede von Lunéville: Frankreich erhält alle linksrheinischen Reichsgebiete.
1802 Friede von Amiens: Rückgabe von Kolonialgebieten durch Großbritannien, Rückzug Frankreichs aus Ägypten, Neuordnung Italiens unter französischer Vorherrschaft.
1805 Friede von Preßburg: Österreich verliert Tirol an Bayern und Venetien an Frankreich.
1807 Friede von Tilsit: Preußen verliert Gebiete westlich der Elbe und polnische Gebietsgewinne, militärische Besetzung Preußens, 140 Millionen Franken Kriegsentschädigung an Frankreich.
1809 Friede von Schönbrunn: Österr. Gebietsverluste: an Bayern (Salzburg), an Frankreich (illyr. Provinzen), Ghzm. Warschau (Galizien).
1814 Erster Friede von Paris: Frankreich auf die Grenzen von 1792 begrenzt, Auflösung des Rheinbundes.

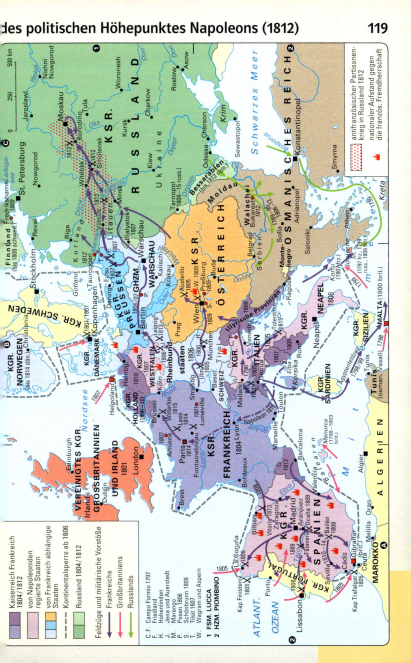

120 Machtbalance und politische Restauration – Mitteleuropa

Symbol. Darstellung der Hl. Allianz. Die drei Ringe zeigen die Solidarität der konservativen Mächte der Allianz (Österreich, Russland und Preußen). Das österr. Wappen als Zeichen der Schirmherrschaft.

Der **Wiener Kongress** von **1814/15** gehört zu den zentralen Friedensschlüssen der Neuzeit. Er begrenzte die zwischenstaatlichen Konflikte für ein ganzes Jahrhundert und lokalisierte Kriege durch ein ausgeklügeltes System der Machtbalance. Den Absprachen der III. antifranzösischen Koalition zufolge sollte Frieden nur durch einen gemeinsamen Beschluss und in Form eines Kongresses geschlossen werden. An dem mit großer höfischer Inszenierung („*Der Kongress tanzt*") in Wien tagenden Kongress nahmen Delegationen und Monarchen aus 200 Staaten teil, entscheidend waren aber die vier Siegermächte Österreich, Russland, Großbritannien und Preußen, dazu kam Frankreich. Unterbrochen wurde der Kongress durch die **Episode der Hundert Tage** (Rückkehr Napoleons) und die **Schlacht bei Waterloo 1815**, nach der Frankreich auch die vor 1792 gewonnen Grenzgebiete (Savoyen, Nizza, Landau, Saarlouis und Saarbrücken) abtreten musste.

Leitlinien des Wiener Kongresses

Trotz Betonung der **Restauration** der politischen Ordnung der Zeit vor der französischen Revolution durch die Rückkehr der gewaltsam vertriebenen Dynastien wurde nicht der Versuch unternommen, die territorialen Verhältnisse vor der großen napoleonischen Flurbereinigung wiederherzustellen. Im Zentrum der Regelungen standen das **Balancedenken** und die **Befriedung** des nachrevolutionären Europa, d.h. die Erhaltung des **Status quo** (lat. *gegenwärtiger Zustand, hier bezogen auf die staatliche Ordnung*), die eine erneute Hegemonie *(Vorherrschaft)* einer Großmacht auf dem europäischen Kontinent verhindern sollte. Die Konflikte zwischen den Siegern Russland, Österreich und Preußen wurden auf Kosten von Sachsen und Polen bereinigt. Enttäuscht wurden die Nationalbewegungen mit ihrer Hoffnung auf Regelungen nach dem Prinzip der nationalen Selbstbestimmung (Italien, Polen, Deutschland). Die „**Heilige Allianz**" **(26.9.1815)** als Solidarität der Throne verstand sich als Bündnis gegen die liberalen und nationalen Strömungen in Europa.

Territoriale Regelungen des Wiener Kongresses

Die territorialen Regelungen des Wiener Kongresses stellten teilweise auch nur Bestätigungen der in den napoleonischen Kriegen erfolgten territorialen Erwerbungen dar. **Frankreich** blieb in seinen ursprünglichen Grenzen erhalten, die Bourbonen wurden mit Ludwig XVIII. wieder als Herrscher eingesetzt. Barrierestaaten gegen Frankreich bildeten die **Vereinigten Niederlande** (ergänzt um das ehemalige österreichische Belgien), aber auch **Preußen**, das mit der Rheinprovinz weit nach Westen vorrückte. Preußen erhielt außerdem Westfalen, Vorpommern und Nordsachsen. Während das preußische Staatsgebiet nach Westen verlagert wurde, wuchs **Österreich** im Osten und Süden weiter aus Deutschland heraus. Es erhielt den größten Teil Oberitaliens und Dalmatiens und gab seine Besitzungen am Rhein endgültig auf. In **Süditalien** wurde die Bourbonenmonarchie restauriert und in Mittelitalien der **Kirchenstaat** wiederhergestellt. **Russland** erhielt Finnland von Schweden (bereits 1809 besetzt) und den größten Teil Polens, das sog. „*Kongress-Polen*", in Personalunion. **Polen** blieb dadurch weiter ohne eigene Staatlichkeit bis auf die winzige Republik Krakau (1846 Österreich angeschlossen). **England** bekam Helgoland, Malta, die Kapkolonie und Ceylon zugesprochen und wurde als dominierende See- und Handelsmacht bestätigt.

Das Heilige Röm. Reich wurde nicht wiederhergestellt, sondern der **Deutsche Bund** wurde als Teil der Machtbalance in Mitteleuropa gegründet. Er stellte einen Staatenbund dar, dessen Funktion vor allem als militärisches Defensivbündnis gedacht war, gewissermaßen als schwacher Puffer in der Mitte Europas. Ihm gehörten 34 souveräne Fürstentümer und vier freie Städte an. Der Bundestag bestand aus einem Gesandtenkongress in Frankfurt unter dem Vorsitz Österreichs. Weder Preußen noch Österreich gehörten mit ihrem gesamten Staatsgebiet dem Deutschen Bund an.

122 Kampf der National- und Freiheitsbewegungen – Europa

Griechische Flagge 1831
Die Griechen errangen als erste Nation im 19. Jh. ihre nationale Unabhängigkeit. Das Symbol des Kreuzes erinnert an religiöse Motivationen der Freiheitsbewegung gegen das Osmanische Reich. Neun Streifen symbolisieren das griechische Motto „Freiheit oder Tod".

Seit der Wiederaufnahme Frankreichs in das Konzert der Großmächte 1818 erwies sich die Allianz der Großmächte als brüchig im Hinblick auf die Unterdrückung der liberalen und nationalen Bewegungen in Europa. Dem antirevolutionären Gesinnungsbündnis der **drei Ostmonarchen** (Österreich, Preußen, Russland) standen die **konstitutionellen Westmächte** (England, Frankreich) gegenüber. Die Erfolgsaussichten der revolutionären Bewegungen hingen oftmals von der jeweiligen Einflusszone ab. Im **griechischen Unabhängigkeitskampf** (1821–1829) entschloss sich nur Österreich zur Unterstützung des Osmanischen Reiches, während die Griechen mit Unterstützung Frankreichs und Russlands die nationale Unabhängigkeit errangen.

Revolution 1830 und Schweizer Sonderbundskrieg 1847

Die Julirevolution in **Frankreich** mit der Einsetzung des *Bürgerkönigs* Louis Philippe erfasste einen großen Teil Europas. **Belgien** gelang *1830* unter dem Schutz von England und Frankreich die Unabhängigkeit von den Vereinigten Niederlanden. In **Polen** hingegen wurde die nationale Erhebung niedergeworfen, das Königreich Polen dem russischen Imperium angegliedert. Auch in **Deutschland** folgten liberalen Zugeständnissen in einzelnen Bundesstaaten repressive Maßnahmen des **Deutschen Bundes** (anknüpfend an die *Karlsbader Beschlüsse* von 1819). Der **Schweizer Sonderbundskrieg** mit dem Sieg der liberalen Kantone und der Umwandlung des Staatenbundes Schweiz in einen *Bundesstaat* 1847 stellte die letzte erfolgreiche Revolution unter dem Schutze Großbritanniens dar.

Die europäischen Revolutionen 1848/49

Die revolutionäre Bewegung erfasste fast alle europäischen Staaten mit Ausnahme Russlands und Großbritanniens. Blieb **Russland** der autokratische „Gendarm Europas", gelang in **Großbritannien** die Reform des politischen Systems vor der Revolution (Parlamentsreform, relative Presse- und Versammlungsfreiheit), obwohl die *Chartistenbewegung* zur Einführung eines allg. Wahlrechts scheiterte.

Ausgangspunkt und Ziele der revolutionären Erhebungen in Europa differierten. Ging es in **Frankreich**, dass mit der Februarrevolution mit dem Sturz des Bürgerkönigs Louis Philippe zum Ausgangspunkt der Revolutionsbewegung wurde, um die Reform des polit. Systems in einer sehr weitreichenden sozialen Revolution (Einrichtung der Nationalwerkstätten), waren Bestrebungen nach **nationaler Selbstbestimmung und Unabhängigkeit** das Thema in vielen Staaten Europas, verkörpert in den dt., poln., ungar. und ital. Nationalbewegungen. Während es in Polen und weiten Teilen Österreichs um die Befreiung von der Fremdherrschaft ging, war in den dt. Staaten die Gründung eines dt. Nationalstaates aus bestehenden Staaten das beherrschende Thema der *Frankfurter Nationalversammlung* (sog. *Paulskirchenparlament*). Trotz des schnellen Sieges der Revolution in den großen Aufstandszentren im Jahre 1848 in **Paris** (22./24.2.), **Wien** mit der sofortigen Abdankung Metternichs **(13.3.)**, **Mailand (18.3.)** und **Berlin (18.3.)** usw. mit teilw. weitreichenden Zugeständnissen, sind die europ. Revolutionen bis zur Kapitulation der **Republik in Venedig (22.8.1849)** alle gescheitert. Es kam zu keinem gemeinsamen *europäischen Völkerfrühling*, da sich die konkurrierenden Ansprüche der nat. Bewegungen als Hemmschuh für einen Zusammenschluss erwiesen, während die konservativen Mächte Russland, Österreich und Preußen sehr effektiv kooperierten – z.B. österreichische **Niederschlagung der ungarischen Revolution** im Juni 1849 mit russischer Hilfe. Im Gegensatz zu 1789 wechselte Frankreich nach der Niederschlagung des Juniaufstandes in Paris in das konservative Lager und frz. Truppen halfen 1849 bei der Niederschlagung der rev. Bewegungen in Italien.

Nation, Nationalismus

Die Nation war die leitende Idee der revolutionären Bewegungen des 19. Jh., die sich von einem Nationalstaat gleichzeitig demokratische Verhältnisse versprachen. Man unterscheidet zwischen der Staatsnation, die wie in Frankreich auf der Nationsbildung in einem bestehenden Staat fußte, und der Kulturnation, die – wie in Deutschland – von Sprache, Kultur und Charakter als Gemeinsamkeit ausging.

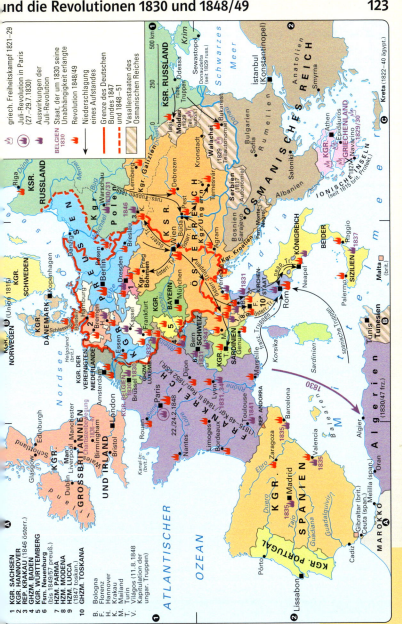

124 Radikaler Einschnitt in der Menschheitsgeschichte – Die

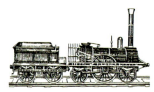

Lokomotive „Der Adler", von Stephenson für die erste deutsche Dampfeisenbahn Nürnberg–Fürth gebaut (1835). Die Eisenbahn wurde auf dem Kontinent in vielen Staaten zum Motor der Entwicklung.

Die **Industrialisierung** war einer der radikalsten Einschnitte in der Menschheitsgeschichte und bewirkte eine tiefgreifende Umformung aller Lebensbereiche. Seit 1750 von England ausgehend, setzte sie sich zunächst in Kontinentaleuropa und in den USA fort. Bis heute ist der Industrialisierungsprozess nicht abgeschlossen. Nach sehr harten Begleitumständen in der Frühphase der industriellen Revolution („Soziale Frage": Wohnungsnot, Arbeiterelend) ist der Wohlstand in den industrialisierten Staaten insgesamt angewachsen.

England als Mutterland der Industrialisierung
Mehrere Faktoren machten die engl. Industrie zeitweise zur *„Werkbank der Welt"*.
1. Ein hohes **Bevölkerungswachstum** zw. 1750 und 1851 von 6,3 Mio. auf 21 Mio. verstärkte die Nachfrage nach Waren und schuf ein großes Arbeitskräftepotenzial.
2. **Agrarrevolution**, die sog. *Einhegungen* schufen rationellere Betriebe und setzten durch Verdrängung der Kleinbauern Arbeitskräfte für die gewerbl. Produktion frei.
3. Die **Binnen- und Außenmarktausweitung:** Zum expandierenden Binnenmarkt kam die Erschließung von großen Märkten in den Kolonien, die auf dem Absatz solider Massenwaren im Gegensatz zu den Luxusgütern der merkantilistischen Fürstenhöfe beruhte. Die Kolonien wurden zur wichtigen Voraussetzung des Industrialisierungsprozesses in England (*Dreieckshandel**). Durch eine aggressive Handelspolitik schützte Großbritannien die eigene Produktion.
4. **Technische Neuerungen:** Wissenschaftliche Gesellschaften (z.B. die *Royal Society*) trieben anwendungsbezogene techn. Erfindungen voran. Sie begannen in der *Textilindustrie*, der Schrittmacherin der Industrialisierung in Großbritannien (z.B. *Spinning Jenny* 1767), und setzten sich dann in der Eisenproduktion (1784 *Puddelverfahren* zur Stahlerzeugung) und mit der Erfindung von *Wärmekraftmaschinen* fort. Die *Dampfmaschine* (James Watt 1776), zunächst zur Entwässerung von Kohlegruben entwickelt, revolutionierte das Verkehrswesen (*Dampfschiffe* 1803, erste öffentliche *Eisenbahn* von Stockton nach Darlington 1825) und ermöglichte den von naturräumlichen Gegebenheiten unabhängigen Aufbau von Produktionsstätten. So konnte sich etwa die Metallindustrie in der Nähe der Bergwerke ansiedeln.
5. **Kapitalbildung:** Gründung von Aktiengesellschaften und Diskonthäusern, die große Kapitalmengen für wirtschaftliche Unternehmungen bereitstellen konnten.
6. **Günstige naturräumliche Bedingungen:** Verkehrswege (Nähe zum Meer) und ein gut ausgebautes Kanalnetz genauso wie reiche Rohstoffvorkommen in der Nähe der Produktionszentren erleichterten den Transport von Waren. So verdankte London seinen Aufstieg zur Großstadt auch der Nähe zu den walisischen Kohlevorkommen.
7. **Gesellschaftliche und kulturelle Voraussetzungen:** Die englische Gesellschaft kannte keinen abgeschlossenen Adelsstand und keine Ständeordnung. Nachgeborene Söhne des Adels konnten bürgerliche Berufe ergreifen. Die *protestant.* Erwerbsethik in der kalvinist. Variante machte das Gewinnstreben zu einer religiösen Tugend.

Dreieckshandel
Der Dreieckshandel zw. England, Afrika und Amerika stellte eine der wesentl. Voraussetzungen für die engl. Industrialisierung dar. Durch den Handel von Sklaven aus Afrika in die „Neue Welt" (zw. 1700 und 1810 mehr als 3 Mio. Menschen) wurden Arbeitskräfte auf die Plantagen Westindiens und der südl. Kolonien Nordamerikas gebracht, die wiederum Rohstoffe (Baumwolle, Zucker usw.) nach England lieferten. Das Mutterland hingegen sandte Fertigprodukte in die Kolonien, deren Rolle durch restriktive Gesetze auf die von Rohstofflieferanten und Absatzmärkten für engl. Waren reduziert wurde.

Manchester – Manchesterdoktrin
Manchester wurde zum Zentrum der englischen Baumwollindustrie, begünstigt durch seine Nähe zu dem Seehafen Liverpool, den Kohlevorkommen Lancashires und das feuchte Klima.

Industrialisierung in Europa um 1850

Gleichzeitig wurde die Manchesterdoktrin zur Lehre eines Kapitalismus, der als treibende Kraft in Wirtschaft und Gesellschaft nur den Egoismus des Einzelnen kennt und deshalb für schrankenlose Wirtschaftsfreiheit ohne Hindernisse durch den Staat eintritt („Nachtwächterstaat"). Manchester, dessen Bevölkerung bis 1851 von ehemals 5 000 auf über 300 000 Menschen anstieg, wurde auch zum Beispiel für die völlig unzureichende Urbanisierung in der Frühindustrialisierung mit katastrophalen Wohnverhältnissen für die Arbeiter.

Industrialisierung auf dem europäischen Kontinent

Zu einem tiefen Einschnitt wurde die napoleonische Zeit, da viele europäische Staaten begannen, die Hemmnisse auf ökonom. und sozialem Gebiet zu beseitigen (Einführung der Gewerbefreiheit, Bauernbefreiung usw.). Zollvereinbarungen erleichterten den Warenverkehr. Für die Staaten im Deutschen Bund hatte der bis 1834 errichtete **Zollverein** bes. Bedeutung, da er mit den Zollgrenzen die wichtigsten Barrieren beseitigte. In Europa kann man von der Industrialisierung einzelner Regionen sprechen, wobei sie 1850 meist noch in den Anfängen steckte. Der *Vorsprung Großbritanniens** betrug teilw. 50 Jahre und mehr. Durch gezielte Industriespionage und das Anwerben von Facharbeitern wurden Kenntnisse über den Bau von Dampfmaschinen und anderen Maschinen gewonnen. Eine große Bedeutung hatte hier im Gegensatz zu England die **Eisenbahn***, v. a. dort, wo isolierte Linien in ein einheitl. Netz zusammengefügt wurden (z. B. Belgien 1844, in Deutschland ca. 1850, in Frankreich 1854).

Die Bedeutung der Eisenbahn

Die Eisenbahn und der Eisenbahnbau wurden auf dem europäischen Kontinent zum wichtigsten Motor der Industrialisierung mit Wirkung auf andere Bereiche. Zum einen ergab sich eine erhebliche volkswirtschaftliche Ersparnis bei den Transportkosten (Schätzung für Deutschland 20,3 Milliarden Mark 1844–1878). Die Transportgeschwindigkeit beschleunigte sich erheblich, Lebensmittel konnten zum erstenmal in der Geschichte in beträchtlichem Ausmaß interregional gehandelt werden; die Steigerung der Mobilität der Arbeiterschaft ermöglichte die Konzentration industrieller Fertigungsstätten. Zum anderen brachte der Eisenbahnbau neben der Nachfrage nach Geldkapital (Gründung von Aktienbanken) eine erhebliche Steigerung der Produktion anderer Industriesektoren v. a. bei Steinkohle und Roheisen, die ihrerseits wieder den Eisenbahnbau intensivierten. Die gesellschaftliche Wirkung der Eisenbahn als „demokratisches" Beförderungsmittel war erheblich; zum erstenmal in der Geschichte reisten alle Menschen mit der gleichen Geschwindigkeit; ein führender deutscher Industrieller nannte sie daher den *„Leichenwagen des Feudalismus"*.

Rohstoff- und Energiequellen wurden neu entdeckt oder intensiver ausgebeutet, wie an der Ruhr im westlichen Preußen oder im Departement Pas-de-Calais in Frankreich. Sie bildeten den Grundstock zum Aufstieg bedeutender Industrieregionen.

Belgien wurde zum ersten hochindustrialisierten Land Kontinentaleuropas, aufbauend auf langen Erfahrungen in der Metallverarbeitung und Maschinenkonstruktion sowie reichen Kohlevorkommen. Die ersten Dampfmaschinen auf dem Kontinent wurden in der Gegend von Lüttich gefertigt. In **Deutschland** wurde der Süden (Bayern, Baden und Württemberg) zum Zentrum der Baumwollindustrie, während Preußen mit 90 Prozent der Eisenerzeugung im Deutschen Bund wirtschaftlich dominierte (Ruhrgebiet, Schlesien, Teile Sachsens, Raum Berlin) und nach 1850 zum neuen „Industriegiganten" Europas aufstieg.

In **Frankreich** existierten außerhalb des Großraums Paris drei große Industriegebiete: Normandie (Rouen), Lille, Roubaix und Tourcoing im Norden, im Osten Elsass-Lothringen und die Vogesen, wo Unternehmer aus Mülhausen Vorreiter in der Textilindustrie waren.

Der Vorsprung Großbritanniens in Europa im Jahre 1850

	Länge des Eisenbahnnetzes (engl. Meilen)	Kohleförderung oder -verbrauch (in 1000 t)	Dampfkraftkapazität (in 1000 t)	Roheisenproduktion (in 1000 t)
Großbritannien	**6621**	**37500**	**1290**	**2249**
Frankreich	1869	7225	270	406
Deutschland	3639	5100	260	212
Belgien	531	3481	70	145

126 Radikaler Einschnitt in der Menschheitsgeschichte – Die

B. Bern
C. Calais
M. Mülhausen
R. Rostock
Z. Zürich

Industrialisierung in Europa um 1850

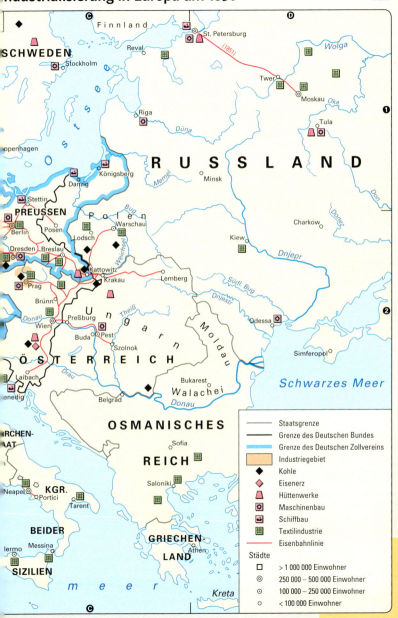

128 Nordamerika von der Kolonialzeit zur Unabhängigkeit

Kontinentalfarben 1775 und die USA-Flagge 1777
Die erste Flagge besaß noch den Union Jack. Nach der Unabhängigkeitserklärung ersetzte man den Union Jack durch 13 Sterne auf blauem Grund.

Die britischen Kolonien in Nordamerika

Zunächst war der nordamerikanische Kontinent, da ohne nennenswerte Goldvorkommen, wenig attraktiv. Eine erste spanische Siedlung entstand in St. Augustine an Floridas Atlantikküste. Allerdings konnte **Spanien** den Anspruch auf die nördliche Küste gegen **Frankreich** und England nicht behaupten. Die engl. Besiedlung Nordamerikas begann mit **Jamestown (1607)**, der ersten unter widrigen Umständen gegründeten Dauerkolonie in **Virginia**. Zum amer. Gründungsmythos wurde die religiös motivierte Puritanersiedlung *(Pilgrim Fathers)* von **Plymouth (1620)** in **Neuengland**, deren Überlebensbund als Vorläufer eines späteren demokrat. u. republikan. Nationalstaates angesehen wird. Seit 1630 begann die Auswanderung aus England im großen Stil. 1664 wurde das holländische Neuamsterdam erobert und in **New York** umbenannt. **Pennsylvania** als Quäkergründung entwickelte sich rasch zur blühenden Kolonie, Philadelphia zur zweitgrößten Stadt des brit. Weltreiches. Die „Eigentümerkolonien" **Georgia** und **Carolina** im Süden dienten als engl. Vorposten gegen Spanisch-Florida. Frankreich erhob im 18. Jh. Anspruch auf fast drei Viertel Nordamerikas, was seine Militärmacht und Auswandererzahl überforderte. In **Kanada** erfolgte eine zunehmende Zurückdrängung des frz. Einflusses durch die Hudsonbai-Kompanie. 1763 verzichtete Frankreich im *Frieden von Paris* auf «La Nouvelle France». Spanien verlor Ost- und West-Florida.

Konflikte mit dem Mutterland nach 1763

Da nach dem Ende des Siebenjährigen Krieges 1763 Spanien und Frankreich keine Bedrohung für die nordamer. Kolonien mehr darstellten, verlor das Mutterland an Bedeutung. Steuerbelastungen und wirtschaftliche Einschränkungen wurden zunehmend zum Konfliktstoff zw. England und den Kolonien. Die enorm gewachsenen Staatsschulden (133 Mio. Pfund Sterling) veranlassten das brit. Parlament zur Anhebung der indirekten Steuern, zumal die Kolonisten als Nutznießer des Krieges angesehen wurden und die Grundbesitzersteuer erheblich niedriger war als im Mutterland. Da die langen Reisezeiten eine Repräsentation im brit. Parlament nicht zuließen, spitzte sich die Diskussion auf die Frage seiner Berechtigung zu, von den Kolonisten Steuern zu erheben ("No taxation without representation"). Genauso strittig war die Entscheidung der engl. Krone, den Raum westlich der Appalachen als Indianerland unter Schutz zu stellen, um eine Eindämmung des landhungrigen Siedlerstromes zu erreichen.

Revolution und Nationalstaatsgründung

Von den Steuergesetzen des englischen Parlaments erwies sich das **Steuermarkengesetz** *(Stamp Act)* **von 1765** als besonders ungeschickt, da es v.a. Zeitungen traf, die nun zum Forum für den antibritischen Widerstand wurden. Bei der **Boston Tea Party (1773)** wurden als Protest der Siedler 342 Kisten Tee von drei geankerten Schiffen ins Wasser geworfen. Sie führte zur endgültigen Zuspitzung des Konflikts. Es folgten die „*Unerträglichen Gesetze*" von 1774, die u.a. die Schließung des Hafens von Boston verfügten. Der **Erste Kontinentalkongress 1774** beschloss den Zusammenschluss der amerikanischen Kolonien. 1775 kam es mit den **Schlachten von Lexington und Concord** zum Ausbruch des Unabhängigkeitskrieges. Nur die **kanadischen Kolonien** schlossen sich dem Widerstand dank der im Quebec-Gesetz von 1774 gewährten Privilegien nicht an. Der amerikanische Oberbefehlshaber George Washington setzte seit 1776 auf die Strategie des Ausweichens und Hinhaltens. In der Schrift *"Common Sense"* (von Thomas Paine) vom 10. Januar 1776 wurde mit großer öffentlicher Wirkung *die amerikanische Unabhängigkeit* gefordert. Am **4.7.1776** erfolgte die **Unabhängigkeitserklärung** der amerikanischen Kolonien. Nach anfänglichen Rückschlägen der Amerikaner bedeutete der **Sieg von Saratoga** (1777) den Wendepunkt des Krieges.

Entscheidend war auch die Unterstützung durch die europäischen Großmächte Spanien und Frankreich, die den Aufständischen mit Waffen im Wert von 1 Million Livres halfen (seit 1778 förmliche **Militärallianz**). Der britische Kolonialkrieg erweiterte sich zum internationalen Seekrieg, an dem sich ab 1779 die Kriegsmarine Spaniens und nach 1780/81 die der Niederlande beteiligten. Die letzte **Schlacht bei Yorktown** endete mit dem Sieg der Kolonisten. **1783** erkannte Großbritannien im **Frieden von Paris** die Souveränität der Vereinigten Staaten (USA) an; 1789 trat die **Verfassung der USA** in Kraft.

Die Entstehung der Vereinigten Staaten von 1607 bis 1783   129

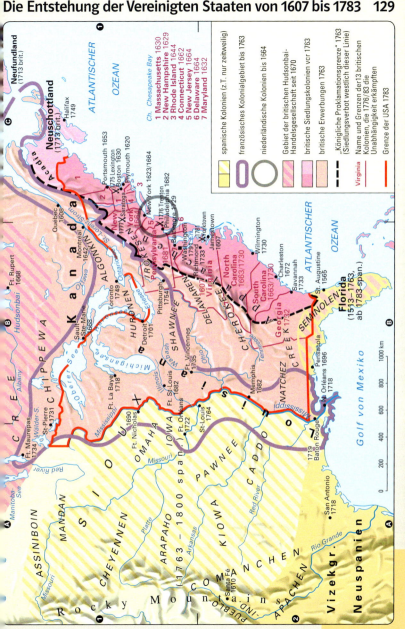

130 Käufe, Verträge, Annexionen – Die territoriale Entwicklung

USA-Flagge 1818
1818 wurde beschlossen, es bei 13 Streifen zu belassen und nur noch die Zahl der Sterne zu erhöhen, sobald ein neuer Staat hinzukam. Seit 1776 wurde die Zahl der Sterne 26-mal verändert, zuletzt 1959 mit Hawaii als 50. Staat.

In einem Jahrhundert (1790–1890) wurden aus 13 Gründerstaaten 48, da die Erschließung des Westens bis zum Pazifik durch die Gründung neuer Staaten begleitet wurde. Bestimmend wurde der Dreischritt von Siedlungsexpansion, Erschließung und politischer Erweiterung der Union.

Gründung neuer Staaten im Zuge der Ausdehnung nach Westen

Die **Northwest Ordinance** von **1787** legte fest, dass die neuen Gebiete westl. der Appalachen nicht in die bestehenden Staaten integriert wurden. Beim Erreichen der Anzahl von 60 000 „freien" Siedlern, konnten diese die Aufnahme in die Union beantragen (sofern sie eine konforme Verfassung besaßen), der sie dann in völliger Gleichberechtigung mit den dreizehn Gründerstaaten angehörten. Die Gründung der neuen Staaten brachte Probleme im Hinblick auf die *Balance zwischen sklavenhaltenden und – freien Staaten* mit sich, so dass *Vermont* 1791 aus Teilen von New York und New Hampshire zur Stärkung der Zahl der nördl. Abgeordneten im Kongress gegründet wurde.

Erweiterung des Territoriums der USA

Gegenüber den alten Kolonialmächten Großbritannien, Frankreich, Spanien und Russland besaßen die USA die Voraussetzungen und die Präsenz, eine breite Durchdringung des riesigen Landes durchzuführen. Es gelang in mehreren Schritten, das Gebiet zwischen Pazifik und Atlantik durch Verträge, Kauf oder Annexion zu erwerben. Außenpolitisch abgesichert wurde dieser Prozess durch die **Monroe-Doktrin*** (1823), die sich gegen jede koloniale Ausdehnung oder Einmischung europäischer Mächte in der westlichen Hemisphäre verwahrte.

Monroe-Doktrin
In seiner Jahresbotschaft am 2. Dezember 1823 an den Kongress wandte sich der Präsident James Monroe (1817–1825) sowohl gegen Besitzansprüche europäischer Mächte auf dem amerikanischen Kontinent als auch gegen mögliche Versuche der Rekolonisation der Heiligen Allianz in Lateinamerika. Grundsätzlich stellte er fest, dass europäische Mächte keine kolonialen Ansprüche in Amerika erheben dürften. Auch wies er auf die Unterschiede zwischen den politischen Systemen Amerikas (demokratisch) und der Alten Welt (autokratisch) hin und postulierte ein Prinzip der wechselseitigen Nichteinmischung. Die Monroe-Doktrin wurde zu einem der grundsätzlichen außenpolitischen Prinzipien („*Isolationismus*") der USA bis in das 20. Jahrhundert.

Durch den **Erwerb des Louisiana-Territoriums 1803** zwischen Mississippi und Rocky Mountains von Napoleon für 15 Millionen Dollar – auch als „bestes Geschäft der USA" bezeichnet – erfolgte annähernd eine Verdopplung des Territoriums. Teile der späteren Staaten North Dakota und Minnesota wurden 1818 von Großbritannien erworben. Durch den Kauf Floridas von Spanien (1819) erfolgte eine Abrundung des Staatsgebietes nach Süden.

Massive Wanderungsbewegungen seit den vierziger Jahren in den Westen förderten das Interesse an einer Ausdehnung bis an die pazifische Küste („*Oregon-Fieber*") und die Beanspruchung weiterer Gebiete durch die USA mit dem Übergang zur kriegerischen Expansion in Mexiko. *Texas*, das bereits 1836 seine Unabhängigkeit von Mexiko erklärt hatte, wurde 1845 in die Union aufgenommen. Nach vergeblichen Versuchen zum Kauf von New Mexico und Kalifornien erklärten die USA nach Grenzwischenfällen 1846 Mexiko den Krieg. 1848 trat Mexiko im **Frieden von Guadelope Hidalgo** schließlich alle Territorien nördlich des Rio Grande an die Vereinigten Staaten ab: Kalifornien, New Mexico sowie die Gebiete der späteren Staaten Utah, Nevada, Arizona und Colorado (insgesamt ein Gebiet von 1,1 Mio. Quadratmeilen). Für den Eisenbahnbau an den Pazifik wurde dieses Gebiet durch einen Landstreifen südlich des Gila-Rivers erweitert („*Gadsden-Kauf 1853*").

Mit der vertraglichen Abtretung des südlichen **Oregon-Gebietes** durch Großbritannien (1846) wurde die endgültige Festlegung der Grenze der USA mit Kanada möglich (spätere Staaten: Oregon, Washington, Idaho).

Der Kauf Alaskas 1867 von Russland für 7,2 Millionen Dollar und die Annexion von Hawaii 1898 waren die letzten Gebietsgewinne der USA.

132 Die Besitzergreifung des Westens – Die Besiedlung und

„Remember Wounded Knee" Im Jahre 1973 besetzten Mitglieder des American Indian Movement (AIM) den Schauplatz des blutigen Massakers von 1890, um auf die Nichteinhaltung von Verträgen und ihr menschenunwürdiges Dasein in den Reservaten aufmerksam zu machen.

Zwischen 1790 und 1890 vollzog sich die Erschließung des amerikanischen Kontinents bis zum Pazifik: Gerechtfertigt wurde die Ausdehnung der USA durch die Ideologie des *Manifest Destiny* (engl. *offenkundige Vorherbestimmung*) und durch das *Sendungsbewusstsein* als demokratische Nation. Der Geist der Pioniere, das Bewusstsein der ständig wandernden Grenze wurde Teil der nationalen Identität. Begleitet wurde dieser Prozess von einer Masseneinwanderung (über 50 Mio. Europäer bis 1914).

Besiedlung des Westens

Der Erschließung des Westens gingen nach dem *Louisiana-Kauf (1803)* die *Expeditionen von Lewis und Clark (1803–1806)* im Auftrag Präsident Jeffersons und anderer voraus. Der Landweg zum Pazifik war möglich und damit die „*Trails*" (engl. *Pfade*) in den Westen, während sich die Hoffnung auf eine schiffbare Schneise von Flüssen und Seen vom Atlantik zum Pazifik nicht erfüllte. Die Erschließung des Westens erfolgte in mehreren Schüben und durch unterschiedliche Gruppen.

Trapper, Squatter, Farmer – Die Pioniere des Westens
Die Pioniere erschlossen den Westen in drei Wellen:
1. *Trapper* (Jäger, Fallensteller), Pelzhändler und Wissenschaftler, die den Westen erforschten.
2. *Squatter* (Jäger mit etwas Landwirtschaft), Rancher (Viehzüchter) und Goldgräber.
3. *Farmer*, *Handwerker* und schließlich *Kaufleute*, Abenteurer und Glücksritter. Im fernen Westen (Kalifornien) waren zudem die Bergbauunternehmer und -arbeiter sowie Goldgräber von bes. Bedeutung.

Nach der Besiedlung des Gebietes westlich der Appalachen (Nord-West-Territorium) folgte zunächst die Besiedlung des Westens mit Kalifornien (Goldrausch) und dem Oregon-Gebiet. Den Anfang machten die Binnenwanderer aus den Neuenglandstaaten, seit 1845 Einwanderer aus Europa (ca. 53% aus Großbritannien und Irland, 32% aus deutschsprachigen Ländern und aus Skandinavien). Die Westbesiedlung brachte zwischen 1790 und 1860 ein Anwachsen der Bevölkerung um das Zehnfache von 3,9 Millionen auf 31,4 Millionen mit sich und eine Westverlagerung des Bevölkerungsschwerpunktes der USA.

Reisewege in den Westen
1. Seereise um das Kap Hoorn
2. kombinierte See- und Landreise durch Panama
3. Der gängigste Reiseweg führte aus dem Missourital den *Oregon Trail* entlang, der etwa 130 Tage dauerte. Über 300 000 Menschen machten 1840–60 mit ihren Planwagen („Prärie-Schonern") diese 3 000 Meilen lange gefährliche Reise Richtung „Oregon". Seit 1869 vereinfachten sich die Reisewege durch die Fertigstellung der *Union-Zentral-Pazifik-Bahn 1869*, der ersten transkontinentalen Eisenbahn. Sie machte auch die landwirtschaftliche Erschließung der Prärien des Westens möglich.

Indianer – Verdrängung der Ureinwohner

Die Eroberung des Westens und die territoriale Erweiterung der USA betrafen immer mehr Indianerstämme. Sie wurden durch den Landhunger der Siedler in immer kleinere Reservate verdrängt. Die Indianerstämme wurden „nations" genannt. Indianer zählten nicht zum Staatsvolk, sondern waren „unterworfene Andere", „einheimische, abhängige Nationen ... im Zustand der Unmündigkeit" (1831), die der Aufsicht der Bundesregierung unterstanden. Der *Indian Removal Act (1830)* eröffnete ein Jahrzehnt der gewaltsamen Umsiedlung, verbunden mit dem Zwangsverkauf der bisherigen Wohngebiete an die USA. Am Anfang stand die Zwangsumsiedlung von etwa 100 000 Indianern in ein unfruchtbares *Indianerreservat* (*Indian Territory*, heute Oklahoma und Kansas). Bei dem von Miliz und Militär begleiteten Marsch starben 4000 Cherokees (engl. *„Trail of Tears"* = *„Der Pfad der Tränen"*). In Kalifornien wurde die Erfolgsgeschichte der Europäer zur *demographischen Katastrophe der Ureinwohner*. 1845, vor der Entdeckung des Goldes, lebten 150 000, 1860 nur noch 35 000 in kleinen Reservaten auf kaum nutzbarem Land.

Der ständige Widerstand der Indianer gegen die Landnahme hatte keinen dauerhaften Erfolg. Legendär war die Schlacht am *Little Big Horn 1876*, bei der Tausende Krieger der Dakota, Cheyenne und Arapaho die Kavallerie General Custers vernichteten. *1890* fand beim *Wounded Knee* das schlimmste Indianermassaker statt. Erst 1924 erhielten die Indianer die Staatsbürgerschaft.

Erschließung der USA von 1783 bis 1890

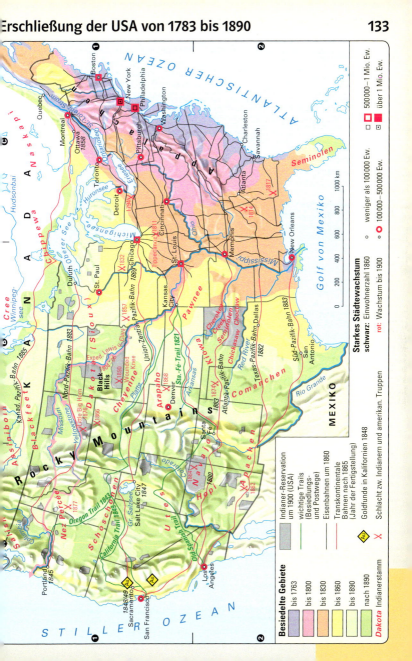

Kampf um die Einheit der Nation – Verbreitung der

Rebel flag
Das Problem der klaren Unterscheidung zwischen Freund und Feind im Bürgerkrieg bedingte 1861 die Einführung einer Kriegsflagge des Südens, die sich von der des Nordens durch die quadratische Form und die Anordnung der Sterne als Andreaskreuz klar abhob.

Der amerikanische Bürgerkrieg war der gewaltsamste, verlustreichste und folgenträchtigste Schritt in der nationalen Entwicklung der USA.

Konflikte zwischen Norden und Süden
Der Krieg wurde vor allem durch wirtschaftl.-soziale Gegensätze ausgelöst. Der Süden konzentrierte sich auf die Monokulturen von Tabak, Reis, Baumwolle und Zuckerrohr, die auf der Arbeit afrikan. Sklaven beruhten. Deshalb erhielt sich im Süden die *Sklavenhaltung* (sog. *„peculiar institution"*). Die Ausdehnung der Plantagenwirtschaft bis Texas und Missouri entsprach der Verbreitung der Sklaverei in den USA. Die Zahl der Sklaven stieg bis 1860 auf 3,95 Millionen und entsprach etwa einem Drittel der Gesamtbevölkerung der 15 Südstaaten. Der Norden war vor allem charakterisiert durch Farmwirtschaft und Industrie. Von 1776–1804 leisteten alle Nordstaaten die Freilassung der Sklaven ein; seit 1807 war ihre Einfuhr offiziell verboten. Eine Kette weißer und schwarzer Fluchthelfer im Süden und Norden wurde ab 1831 *Underground Railroad* genannt. Daneben existierten auch Gegensätze zwischen den Interessen an Schutzzöllen (Norden) und Freihandel (Süden).

Ausbruch des Krieges
Problem waren die neu entstehenden Bundesstaaten und die Frage des Gleichgewichts im Kongress. Der *Missouri-Kompromiss* von *1820*, der die Sklavenhaltung nördlich des Breitengrades 36°30' und westlich von Missouri verbot, geriet nach 1850 mehrfach ins Wanken: Die Aufnahme Kaliforniens (1850) führte zur Mehrheit der sklavenfreien Staaten (16:15). Trotzdem beließ das *Kansas-Nebraska-Gesetz 1854* zur Empörung der Sklavereigegner die Entscheidung den Einwohnern der neuen Staaten. *1854* erfolgte die *Gründung der Republikanischen Partei* als Zusammenschluss aller Gegner der Sklaverei. Die Wahl des Republikaners *Abraham Lincoln* zum Präsidenten 1860 bewirkte die *Sezession* (Austritt) South Carolinas aus der Union und die *Gründung der Konföderation* von 11 Südstaaten am *8.2.1861* (Präsident J. Davis), während die Sklaven haltenden Randstaaten Delaware, Maryland, Kentucky und Missouri bei der Union verblieben. Lincolns Antrittsrede als Präsident am 4.3.1861 erklärte die Union der Vereinigten Staaten für unzerstörbar, die Konföderierten galten somit als Aufständische.

Kriegsverlauf und Folgen
Das Kriegsziel des Nordens, den Zusammenhalt der Nation gegen den Willen einer großen abtrünnigen Region zu bewahren, machte den Konflikt zu einer Mischung aus Bürgerkrieg und nat. Einigungskrieg.

Der Krieg begann zunächst mit Erfolgen des Südens. Allerdings gelang dem Norden die Seeblockade und die Besetzung von New Orleans mit der Kontrolle des gesamten Mississippi (1862/63) und damit die Zweiteilung des Gebietes der Konföderierten. 1863 brachte das erste Wehrpflichtgesetz im Norden eine breite Mobilisierung. Die *Schlacht bei Gettysburg (4.7.1863)* mit dem Sieg über die Südstaatenarmee unter Robert F. Lee bedeutete die Wende zugunsten des Nordens. *Lincolns Rede in Gettysburg* am 19.11.1863 erhob das Verbot der Sklaverei endgültig zum Kriegsziel. Die Verwüstungszüge des Nordstaatengenerals Sherman durch Georgia und Carolina bedingten große Zerstörungen. Vom 2.4.–9.4.1865 besiegelten die Besetzung der Hauptstadt Richmond und die *Kapitulation* des Hauptteils der Südstaatenarmee von 26 000 Mann bei *Appomattox Courthouse* die endgültige Niederlage des Südens. Als *Ergebnis des Krieges* wurde die Sklaverei in den USA verboten. Kein Staat konnte eigenmächtig aus dem Bundesstaat austreten.

Gründe für die Unterlegenheit der Südstaaten
- Die industrielle und demograph. Überlegenheit des Nordens. Der Krieg wurde erstmals mit modernen Waffen und als „totaler" Krieg geführt (Kampf in Schützengräben, Tauchboote mit Torpedos usw.).
- Trotz diplomatischer Anerkennung der Südstaatenkonföderation durch Großbritannien und Frankreich erfolgte keine militärische Intervention von außen. Der Krieg schuf auch die Bedingungen für den Aufstieg der USA als Industriemacht und den Niedergang der agrarischen Südstaaten (Zerstörung von etwa zwei Dritteln des Vermögens in den Südstaaten und zwei Fünfteln des Viehbestandes).

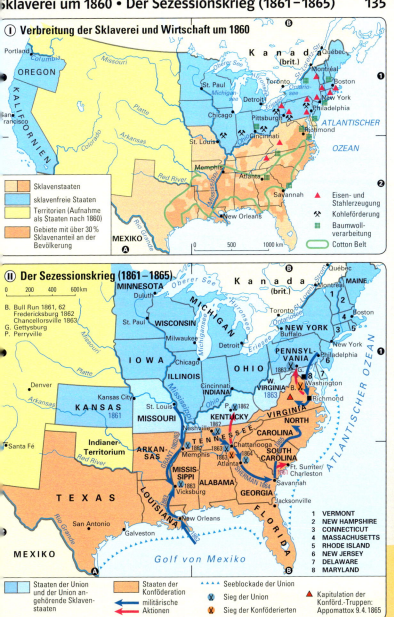

136 Aufstand gegen die Kolonialmächte Spanien und Portugal

Flagge von Uruguay 1830
Diese Flagge ist durch die USA-Flagge und durch die Nationalfarben Argentiniens inspiriert.

Angeregt durch die Ideen der französischen Revolution und begünstigt durch die Schwäche der Kolonialmächte Spanien und Portugal in der napoleonischen Zeit entstanden die Unabhängigkeitsbewegungen, die **zum Zusammenbruch des kolonialen Einflusses in Lateinamerika** führten. Bereits 1791/1804 gewann als Folge der französischen Revolution die Inselrepublik *Haiti* die Unabhängigkeit von Frankreich, während Guayana und die Kleinen Antillen französisch blieben. Die USA schirmten nach dem Wiener Kongress 1815 die neu entstandenen Staaten von jeder Intervention der europäischen Staaten im Zeichen der Restauration (Heilige Allianz) ab und wurden so zur Garantiemacht gegen jede restaurative Einflussnahme der europäischen Mächte *(Monroe-Doktrin 1823)*. [→ 130/131].

Der Weg zur Unabhängigkeit in den spanischen Kolonien
Aus den spanischen Besitzungen in Lateinamerika entstanden zuletzt 18 unabhängige Staaten. Trotz der Unterwerfung der in der napoleonischen Zeit entstandenen Unabhängigkeitsbestrebungen wurde die wieder hergestellte Bourbonenmonarchie in Spanien nicht Herr der Lage in Südamerika. Die Anführer der Aufstandsbewegungen Simón Bolivar und José de San Martín führten den Aufstand von Neugranada im Nordwesten und Buenos Aires im Süden als Zentren des Widerstandes an. Im Winter 1817 gelang es San Martín mit 4000 Mann von La Plata aus über die Anden nach Chile vorzudringen. 1820 kamen der Ausbruch einer Offiziersrevolte im spanischen Expeditionsheer für Lateinamerika in Cádiz und die folgende **Revolution in Spanien** (1823 frz. Intervention in Spanien) den Aufständischen zugute. 1821, nach 11 Jahren blutiger Revolutionskämpfe, errang **Mexiko** die Unabhängigkeit von Spanien. Im Jahre 1822 war ganz Span.-Amerika von Mexiko bis Buenos Aires, mit Ausnahme des heutigen Boliviens, unabhängig. 1826 wurde die letzte spanische Garnison aus Peru vertrieben; nur Kuba und Puerto Rico blieben bis 1898 spanische Kolonien. Die fünf mittelamerikanischen Republiken bildeten seit 1821/23 die **Vereinigten Provinzen Zentralamerikas**, trennten sich aber seit 1838 in fünf Staaten: Guatemala, El Salvador, Honduras, Nicaragua und Costa Rica. Der Plan Bolivars einer Panamerikanischen Union war misslungen.

Unabhängigkeit Brasiliens von Portugal
Nach einer Phase der Verlagerung des portugiesischen Hofes nach Rio de Janeiro in der napoleonischen Zeit (1807–1821) vollzog sich die **Gründung eines selbständigen Brasiliens** gewaltlos. Brasiliens Unabhängigkeit wurde 1822 von Pedro, Sohn des portugiesischen Königs Joao VI., proklamiert. Eher als taktische Geste gegenüber der liberalen Bewegung gedacht, führte es zur tatsächlichen Unabhängigkeit des Kaiserreiches Brasilien, das bis zur Ausrufung der Republik 1889 bestand. **Strukturelle Probleme** des Staates waren:
- Keine oder nur begrenzte Kontrolle über weite Gebiete des Landes, so war z. B. das Amazonas-Gebiet weitgehend unerforscht;
- Der Konflikt zwischen Zentralismus und Föderalismus führte zu separatistischen Aufständen in den dreißiger und vierziger Jahren des 19. Jh.;
- Heterogene Zusammensetzung der Bevölkerung: Von 7 Mio. Einwohnern waren 3–4 Mio. Sklaven (Sklaverei bis 1888), eine Mio. freie Schwarze und Mulatten, ca. eine Mio. Indianer und eine weiße Oberschicht als Minderheit (ca. 2 Mio.).

Erbe der Kolonialzeit
Charakteristisch war die politische Instabilität der neu entstandenen Staaten in Lateinamerika, in denen die Armee die entscheidende Ordnungsmacht blieb, was oftmals zu Diktaturen in der Form von Militärjunten führte. Die politische und wirtschaftliche Macht hatten die *Kreolen* (Nachfahren der Einwanderer) inne.

Charakteristisch waren große soziale Gegensätze und Latifundienwirtschaft. Die Hacienda (Großgrundbesitz) bestimmte in den Provinzen oftmals das politische und soziale Leben. Die Großgrundbesitzer übten mit autoritärer Gewalt praktisch Regierungsbefugnisse aus, während die Landarbeiter rechtlos blieben und eine echte Mittelschicht fehlte.

Radschiff „Savannah", 1819
Schiffe, die als erstes Transportmittel Dampfmaschinen als Antrieb nutzten, verkürzten seit 1825 die Reisezeiten im Überseeverkehr in die Kolonien erheblich. Auch wenn ab 1835 Schiffsschrauben in Gebrauch kamen, waren Überseedampfer noch bis ca. 1890 zusätzlich mit Stützsegeln ausgestattet.

In der Epoche des Frühimperialismus (1815 bis 1881) waren noch Handels- und geostrategische Interessen und die Suche nach Siedlungsraum entscheidende Motive der Kolonialmächte. So ist das in dieser Phase zunächst nachlassende Interesse an Afrika durch die Einschränkung und schließlich das *Verbot des Sklavenhandels seit 1815* erklärbar. Zu diesem Zeitpunkt hatten einige alte Kolonialmächte an Bedeutung verloren (Portugal, Spanien), während Frankreich als Verlierer des 18. Jahrhunderts einen zweiten kolonialen Anlauf nahm. Großbritannien hingegen erwies sich als kontinuierliche Macht des „klassischen" Kolonialzeitalters wie der Epoche des Imperialismus des 19. Jahrhunderts.

Entwicklung der Kolonialreiche in der ersten Hälfte des 19. Jahrhunderts
Großbritannien wurde durch den Wiener Kongress (1815) als *führende See- und Handelsmacht* bestätigt. Das vor allem an den Interessen des Seereiches orientierte britische Empire war in allen Phasen des Kolonialismus entstanden. Anfang des 19. Jahrhunderts nach der Unabhängigkeit der USA wurden neue Siedlungskolonien in Besitz genommen: 1806/14 Kapkolonie, seit 1788 Neusüdwales in Australien (zunächst als Sträflingskolonie) und 1814/40 Neuseeland. Andere koloniale Erwerbungen dienten der Sicherung der Seehandelswege: Singapur (1819), dessen Freihafen sich dank seiner günstigen strategischen Lage zu einem Knotenpunkt des britischen Weltreiches entwickelte, die Falkland-Inseln (1833) und Aden (1839); auch konnten die Stützpunkte zur Erschließung neuer Märkte (Hongkong 1842) dienen. Mit der britischen Durchdringung Indiens, das sich zum Kernstück des Empire entwickelte, begann die europäische Herrschaft über hochentwickelte asiatische Gesellschaften. Im Gegensatz zu Großbritannien suchte **Frankreich** eine Wiederbelebung seines Kolonialreiches in Westafrika und im südlichen Pazifik (1831 *Gründung der Fremdenlegion*). 1830 erfolgte die Besetzung von Algier, das zur bedeutenden französischen Siedlerkolonie wurde; dies trieb auch einen Keil in die einheitliche islamische Länderkette in Nordafrika. Auch besaß Frankreich seit dem Feldzug Napoleons verstärktes Interesse an Ägypten.

Russland, seit Ende des 18. Jahrhunderts Vormacht am Schwarzen Meer, betrieb seine koloniale Ausdehnung nach Süden (Meerengenpolitik) durch Gebietsgewinne auf Kosten des geschwächten Osmanischen Reiches. Nach dem *Russisch-Türkischen Krieg* 1828/29 erhielt Russland im Frieden von *Adrianopel* das Donaudelta als Ausgangspunkt der Expansionspolitik auf dem Balkan. Russlands Expansion im Mittleren Osten schob die Grenze gegen Persien, Indien und China vor [→ 108/109].

Das **Osmanische Reich** erlitt als Kolonialmacht in Europa mit der *Unabhängigkeit Griechenlands* (1829/30) einen ersten schwerwiegenden Verlust und sah sich mit einem wachsenden *Nationalgefühl der Balkanvölker und der Araber* konfrontiert (1939/40 Krieg mit dem Statthalter und Vizekönig von Ägypten) [→ 156/157].

Die **Niederlande** besaßen im Malaiischen Archipel wichtige Kolonien, die auf den Gewürzhandel der Ostindischen Handelskompanie seit dem 17. Jahrhundert zurückgingen. Von den Briten in der napoleonischen Zeit übernommen und nach dem Wiener Kongress 1816 zurückgegeben, entwickelten sie sich zum Kern eines großen Kolonialreiches (Niederländisch-Indien).

Durch die Unabhängigkeitsbewegungen in Lateinamerika unter dem Schutz der USA ging der riesige Kolonialbesitz **Portugals** und **Spaniens** in Südamerika verloren. Spanien verblieb als Kolonialmacht der pazifische Besitz (Philippinen, Karolinen, Marianen). Portugal versuchte in Angola (Expansion seit 1836) und in Mosambik, wo vor 1831/34 seine wichtigsten Sklavenhandelszentren lagen, sein Kolonialreich in Afrika auszubauen.

Mit dem Sieg über Tibet (um 1720) und mit der Eroberung des Dsungaren-Khanats (1759) erreichte der **chin. Vielvölkerstaat** (Mandschu-Reich) seine größte Ausdehnung.

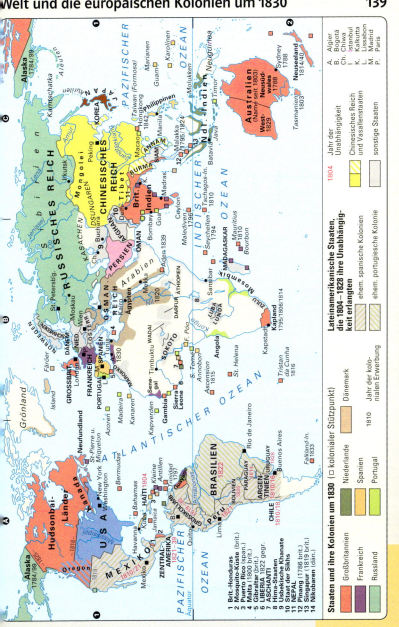

Kernstück des britischen Empire – Indien im 18. und 19.

Die Flagge der British East India Company seit 1801 war nahezu identisch mit den Kontinentalfarben der späteren USA von 1775.

Indien entwickelte sich in der ersten Hälfte des 19. Jahrhunderts zum Kernstück des britischen Empire. Die besondere Flexibilität britisch-imperialer Politik zeigte sich in der Vielfalt an Vertragsformen beim Ausbau der Macht in Indien durch direkte und informelle Herrschaft etwa durch Vertragsbindungen der indischen Fürstentümer. Durch den *Bau des Suezkanals* (1859–1869) verkürzte sich der Seeweg nach Indien.

Entwicklung der Beherrschung Indiens bis zum Sepoy-Aufstand

Die Brit. Ostind. Kompanie hatte zunächst von Hafenstützpunkten wie Madras, Bombay und Kalkutta aus Handel betrieben. Seit 1755 verfolgten die Briten eine Politik der Unterwerfung, wobei Hunderte von scheinautonomen Fürstenstaaten bestehen blieben (562 im Jahre 1947). Im 18. Jahrhundert setzte sich Großbritannien gegen die Kolonialmächte Portugal und die Niederlande durch. Nach dem Siebenjährigen Krieg war auch **Frankreich**, das nach dem *Frieden von Paris 1763* seine Stützpunkte (Tschandernagar, Karikal, Mahé, Pondichéry) nicht mehr militärisch befestigen durfte, aus der indischen Politik ausgeschaltet. Als Reste der ehem. großen portugiesischen Kolonialreiches blieben Goa, Daman und Diu bestehen.

Im späten 18. Jahrhundert übernahm die **Ostind. Kompanie** nach Konflikten mit dem *Nawab* (Statthalter des Mogulherrschers) nach der **Schlacht von Plassey 1757** schrittweise die direkte Herrschaft in Bengalen. Die Kompanie nahm nun Regierungsfunktionen unter der Aufsicht eines Generalgouverneurs wahr *(1773 Regulation Act)*. In der Zeit vor dem Sepoy-Aufstand kam es im Zeichen der „*Pax Britannica*" (Friedensperiode unter britischer Herrschaft) zu Reformen (z. B. 1829 Verbot der Witwenverbrennung) und zur Einführung technischer Neuerungen (Eisenbahn, Telegraphen).

Britische Eroberungen bis 1850

1816/1818 3. Marathenkrieg: Endgültiger Sieg über die Marathen-Konföderation: Gebietsgewinne in Nordindien und Bindung der Marathenstaaten durch Verträge; Großbritannien wird damit unbestrittene Vormacht auf dem indischen Subkontinent.

1816 Schutzverträge mit Nepal dienen der Sicherung Indiens im Norden, es folgen Sikkim (1817), Buthan (1864). Das Eindringen brit. Truppen in Tibet 1903/04 dient dem gleichen Ziel.

1849 Eroberung des Sikh-Reiches als neuer Provinz von Brit.-Indien mit der Annexion des Punjab (Pandschab).

Bedeutung des Sepoy-Aufstandes von 1857/58

Der einjährige *Sepoy-Aufstand** wurde zum Wendepunkt der britischen Kolonialpolitik auf dem Subkontinent, wie sich im **Indiengesetz von 1858** zeigte. Die Ostind. Kompanie wurde aufgelöst, Indien der direkten Herrschaft durch einen britischen Generalgouverneur als Vertreter des britischen Königs unterworfen – Königin Victoria nahm 1876 den Titel *Kaiserin von Indien* an – und der abgesetzte Mogulherrscher Bahadur Schah wurde nach Burma verbannt (Ende der seit 1526 dauernden Mogulherrschaft). Auch beschränkte sich die britische Kolonialpolitik nunmehr auf reine Verwaltung des Landes und verzichtete auf Eingriffe in die inneren Angelegenheiten.

Sepoy-Aufstand
Der einjährige Aufstand brach unter indischen Kolonialtruppen (sog. Sepoy-Soldaten) im Dienst der Ostind. Kompanie aus. Da Auslöser die Einführung einer angeblich mit Tierfett eingeschmierten Munition war, kann er als Reaktion auf die kulturelle Einflussnahme Großbritanniens in Indien gewertet werden. Da sich die Erhebung auf ein regional begrenztes Gebiet in Nordost- und Mittelindien beschränkte, gelang es den Briten, sie mit Hilfe der Sikhs aus dem Punjab (Pandschab) und der nepalesischen Gurka-Truppen niederzuschlagen.

Entwicklung bis 1914

Seit Ende 19. Jahrhumderts gab es eine wachsende ind. Nationalbewegung, die zur Bildung des **Indischen Nationalkongresses** 1885 führte. Die brit. Politik zielte auf eine Sicherung Indiens gegen das russische Vordringen im Norden durch Ausdehnung des Einflusses auf Afghanistan (1890/93 Eroberung der afghanischen Grenzprovinzen). In drei Kriegen (1838/42, 1878/81 und 1919) scheiterte der Versuch, das schwer zugängliche Bergland Afghanistans Brit.-Indien anzugliedern. Nach einem dritten Krieg 1885/86 gegen Burma erfolgte die britische **Annexion Oberburmas**.

142 Abschottung oder Europäisierung? – China und Japan z.Z.

Japan. Flagge 1854

Chines. Flagge vor der Revolution 1911/12

Die Herausforderung des Imperialismus beantworteten China und Japan verschieden. Während das *Reich der Mitte* sich gegen europäischen Einfluss sperrte, öffnete sich Japan nach einer strikten Abschottungspolitik westlichen Einflüssen und machte einen rapiden *Modernisierungsprozess* durch. Japan stieg so zur Kolonial- und Großmacht in Ostasien auf, China hingegen wurde zum Objekt kolonialer Einflüsse und von der Küste und den Grenzen her längs der Flüsse in *Einflusssphären* der Kolonialmächte geteilt, die sich gegenseitig in Schach hielten und so eine Aufteilung Chinas verhinderten.

Opium – Der britische Schlüssel zu China

China, dessen Bevölkerung bis 1850 auf ca. 430 Millionen anstieg, war einerseits größter Wirtschaftsraum des 19. Jh., andererseits als Handelspartner trotz der seit dem 16. Jh. bestehenden europ. Handelsniederlassungen von geringer Bedeutung, da europ. Produkte in China generell als minderwertig galten. Der *Opiumhandel* von Indien nach China durch die Brit. Ostind. Kompanie stellte die erste Importware dar, die den chinesischen Markt überschwemmte und die innere soziale Ordnung nachhaltig erschütterte. Nach der Vernichtung von 20 000 Kisten Opium durch einen Sonderbevollmächtigten des chinesischen Hofes 1840 kam es zum **Opiumkrieg**, der mit der Niederlage Chinas und mit dem **Vertrag von Nanking (1842)** als erstem der sog. *„ungleichen Verträge"* endete. China wurde nun zur Öffnung wichtiger Häfen und zur Abtretung Hongkongs gezwungen. Der **Zweite Opiumkrieg (1856–60)** endete im **Friedensschluss von Peking** mit der Zahlung einer hohen Kriegsentschädigung und der endgültigen Öffnung des chinesischen Marktes (und weiterer Häfen). Russland erhielt 1858/60 das chinesische Amurgebiet (Gründung von Wladiwostok).

Nach dem **Chin.-Jap. Krieg (1894–1895)**, der zur Abtretung Taiwans und der Pescadores-Inseln an Japan führte, *(Frieden von Schimonoseki 1895)*, schlossen 1898 Russland (Port Arthur), Frankreich (Kwangschouwan), Deutschland (Kiautschou) und Großbritannien (Weihaiwei) Pachtverträge für weitere Häfen ab. Die 1899 von den USA erklärte *Politik der offenen Tür* führte zur Öffnung Chinas als gemeinsamem Markt der Kolonialmächte.

Erschütterung der Ordnung Chinas

Der *Taiping-Aufstand (1850–64)* in Zentral- und Südchina war Symptom einer inneren Destabilisierung. Die religiös und sozial motivierte Taiping-Bewegung forderte die Abschaffung des Privatbesitzes und die Gleichberechtigung von Mann und Frau. Ihre blutige Niederschlagung kostete ca. 20 Mio. Menschenleben und verstärkte die äußere Abhängigkeit Chinas.

Der Boxer-Aufstand 1900/01

Die „Faustkämpfer für Recht und Einigkeit", im Westen als „Boxer" bezeichnet, waren eine religiös motivierte Bewegung in den Nordprovinzen gegen christl. Missionierung und europ. Einfluss. Nach der Ermordung eines deutschen Gesandten kam es zur Entsendung eines Expeditionsheeres aus acht europäischen Staaten. 1901 musste China das *Boxerprotokoll* unterzeichnen, das u.a. eine hohe Kriegsentschädigung und das Verbot fremdenfeindlicher Aktionen enthielt.

In der *Chin. Revolution (1911/12)* errang die nat. Volkspartei die Macht mit der Ausrufung der Republik und der Abdankung des letzten Kaisers Pu Yi. – Tibet und die Äußere Mongolei wurden unabhängig bzw. autonom.

Japan und die europäische Herausforderung

Nach der Landung der Amerikaner (1853) in Edo (Tokio) kam es auch mit Japan zu den ersten „ungleichen" Verträgen. Allerdings schuf die *Meji-Zeit (1868–1912)* durch umfassende soziale und politische *Modernisierung Japans* (Abschaffung des Feudalismus, Verwaltungs- und Militärreform, Verfassung) eine Voraussetzung zur Behauptung gegenüber kolonialen Einflüssen. Japan stieg selbst zur Hegemonialmacht in Ostasien auf. Im *Jap.-Chin. Krieg (1894/95)* zeigte sich die militärische Überlegenheit Japans. Im *Russ.-Jap. Krieg (1904/05)* kam es zu japanischen Siegen zu Land in der *Schlacht von Mukden* und zu Wasser in der *Seeschlacht von Tsushima*. Russland musste große Teile der Mandschurei räumen, trat Südsachalin an Japan ab, übertrug Pachtverträge etwa in Port Arthur an Japan und erkannte die japanische Hegemonie in Korea an (seit 1910 jap. Kolonie).

des Imperialismus zwischen 1842 und 1912

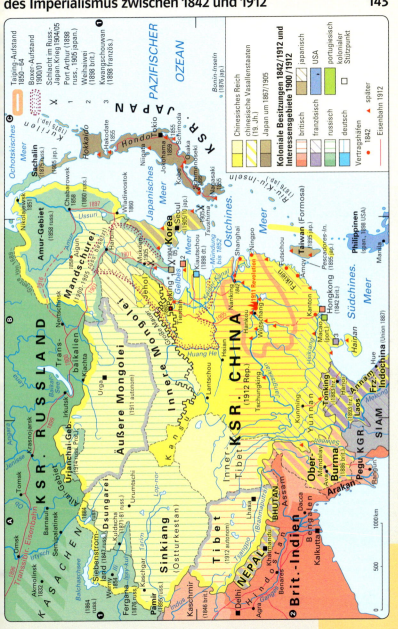

144 Erforschung eines unbekannten Kontinents – Afrika und

Flagge von Liberia (1847)
Die Gründung Liberias als Heimstatt ehemaliger Sklaven aus den USA spiegelt sich auch in der deutlichen Anlehnung an die Flagge der Vereinigten Staaten wider.

Der Sklavenhandel in Afrika war in den arab. beeinflussten Gebieten noch intensiv (Ostafrika, Ostsudan), ansonsten wurde er durch das Verbot des Handels mit Sklaven (seit 1807/15) und der Sklaverei immer mehr zurückgedrängt, bis um 1860 auch der letzte heimliche Menschenhandel vor allem durch Großbritannien unterbunden wurde. Dies brachte ein Nachlassen des Interesses der meisten Kolonialmächte an Afrika mit sich. Während Dänen und Niederländer ihre Faktoreien aufgaben, begann **Frankreich** seit 1830 mit der Besetzung Algeriens ein neues Kolonialreich mit Schwerpunkt in Nord- und Westafrika aufzubauen (Senegambien, Gabun, Elfenbeinküste). Nach der Eröffnung des Suezkanals 1869 erfolgte eine Verlagerung des Interesses **Großbritanniens** nach Nordostafrika, das 1882 zur Besetzung Ägyptens führte. – Eine Sonderrolle spielte das mit Unterstützung der US-Regierung zur Ansiedlung von Afroamerikanern 1822 an der afrikanischen Westküste gegründete **Liberia** (1847 Unabhängigkeit).

Die Erforschung Afrikas und die Krise der innerafrikanischen Reiche

Das innere Gebiet Afrikas war zu Beginn des 19. Jh. Europäern weitgehend unbekannt. Die 1788 in London gegr. „*African Association*" förderte die Erforschung des „dunklen Kontinents". Bei **Entdeckungsreisen*** durch Afrika

Entdeckungsreisen durch Afrika
- **1795–1806** Mungo **Park** erkundet den Niger und gelangt bis südwestlich von Sokoto.
- **1828** René **Callié** erreicht Timbuktu.
- **1849–56** Der schottische Arzt und Missionar David **Livingstone** erforscht von der Kapkolonie aus das Sambesi-Gebiet und findet 1867–73 die Quellflüsse und -seen des Kongo.
- **1850–55** Heinrich **Barth** erforscht die Geschichte, Sprachen und Kulturen des mittleren Sudan.
- **1861–63** John H. **Speke** und James A. **Grant** lösen das Rätsel um die Quellen des Nils.
- **1869–74** Gustav **Nachtigal** erforscht unbekannte Teile der Sahara und des östlichen Sudan.
- **1876/77** Henry Morton **Stanley** entdeckt den bis dahin völlig unbekannten Kongo-Mittellauf.

machten viele Regionen im Innern zum erstenmal Bekanntschaft mit Europäern. Auch Missionare drangen über die Grenzen der europ. Niederlassungen hinaus vor.

Es gab Anzeichen der Schwäche der **zentralafrikanischen Reiche**, so etwa der Luba- und Lunda-Staaten, die von durch Feuerwaffen militär. überlegenen Eindringlingen bedrängt wurden und deshalb starke territoriale Einbußen hinnehmen mussten. In die afrikan. Waldländer drangen arab. Sklavenjäger aus Ostafrika ein. Afrikan. Häuptlinge schlossen deshalb Schutzverträge mit Briten, Belgiern und Deutschen ab.

Briten und Buren in Südafrika

Die Niederlassung der Niederländischen Ostindischen Kompanie am Kap der Guten Hoffnung (1652) entwickelte sich zur Siedlerkolonie (ndl. deutsche und frz. Einwanderer) der *Buren* (ndl. boeren = Bauern), die sich als Sklaven haltende Farmer- und Händlergesellschaft herausbildete. Beim Vorstoß über den Großen Fisch-Fluss (1760) trafen die Siedler auf das Volk der Xhosa, gegen die mehrere verlustreiche Kriege geführt wurden (sog. „Kaffern-Kriege"). Nach der brit. Besetzung der Kapkolonie 1806 erfolgte 1814 deren Abtretung an Großbritannien. Von den folgenden Reformen war vor allem die Abschaffung der Sklaverei (1833/34) einschneidend, da sie großen Teilen der bur. Bevölkerung die Lebensgrundlage entzog. 1835–44 verließen die Buren im *Großen Treck* die Kapkolonie. Es folgte die Gründung der freien Burenrepublik *Natal* (1837/38), die 1843 von den Briten annektiert wurde. Trotz der Proklamation der Rassengleichheit wurde die Errichtung von Reservaten für die Zulu zum Grundstein für die „Rassen"-Trennungspolitik. Der *Oranje-Freistaat*, seit 1842/46 ein lockerer Zusammenschluss der Buren zwischen Oranje und Vaal, wurde 1854 gegründet. Die Entdeckung von Diamanten 1870 in Kimberley führte zu Konflikten mit der brit. Kolonialregierung, die das Gebiet 1871 annektierte.

Zwischen Vaal und Limpopo entstanden weitere *Transvaalrepubliken* der Buren, die sich 1852/58 zur **Südafrikanischen Republik (Transvaal)** mit der Hauptstadt Pretoria zusammenschlossen. Die jahrzehntelangen Kämpfe gegen die Zulu, Basuto, Betschuanen und Xhosa („Kaffern") endeten erst in den achtziger Jahren des 19. Jahrhunderts.

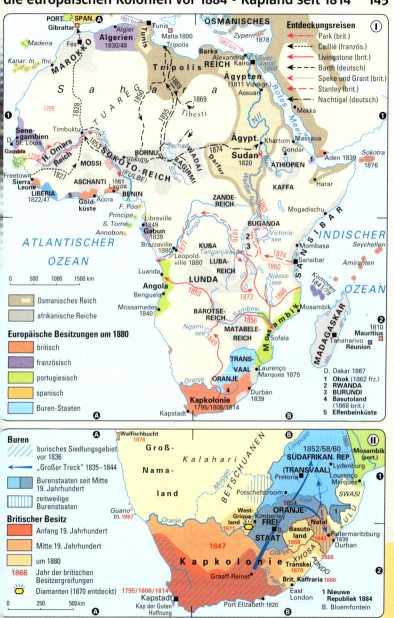

Die koloniale Aufteilung eines Kontinents – Afrika von

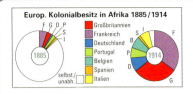

Europ. Kolonialbesitz in Afrika 1885/1914

In der Phase des „Hochimperialismus" erfolgte die Aufteilung Afrikas als rücksichtsloser Akt der polit. Einschmelzung hunderter staatenähnlicher Gebiete und Stammesherrschaften auf bloße vierzig unter willkürl. Grenzziehung. Es war eine einzigartige zeitl. konzentrierte Enteignung eines ganzen Kontinents. Betroffen waren sowohl das islam. Nordafrika als auch Schwarzafrika südlich der Sahara. Die Entdeckung von Diamantenvorkommen (1870) und Goldlagerstätten (1886) in Südafrika verwandelte Afrika in ein kapitalist. Wachstumszentrum, einen Magneten für internationales Kapital, und festigte zugleich die weiße Vorherrschaft weiter.

Die Teilung Afrikas

Am Vorabend der Aufteilung des Kontinents waren allein Südafrika (seit 1652) und Algerien (seit 1830) größere europ. Kolonisationsgebiete. Die Aufteilung begann mit der frz. Besetzung von Tunis (1881) und der brit. Besetzung Ägyptens (1882). **Großbritannien**, das nach dem Bau des Suezkanals vor allem Interessen in NO-Afrika besaß, baute seine Herrschaft ausgehend von Ägypten und dem Kapland aus („*from Cape to Cairo*"). Schrittweise gelang der Ausgleich mit **Frankreich**, das in West- und Zentralafrika ein riesiges Kolonialreich in Besitz nahm, zu dem allerdings auch die menschenleere Sahara gehörte, und eine frz. Achse vom Atlantik zum Indischen Ozean anstrebte. Nach der **Faschoda-Krise 1898**, in der sich am Weißen Nil brit. und frz. Truppen gegenüber standen, wurde im **Sudan-Vertrag** 1899 der Sudan in eine brit. und eine frz. Einflusszone geteilt. In der **Entente Cordiale (1904/05)** erkannten Großbritannien und Frankreich wechselseitig die Vorherrschaft in Marokko (frz.) und Ägypten (brit.) an.

Die **Berliner Kongokonferenz** legte in der **Kongoakte (1885)** die Spielregeln für die koloniale Durchdringung Afrikas fest: Staaten sollten nur noch Anspruch auf Gebiete erheben können, die sie auch tatsächlich in Besitz nahmen. Dies löste jene Kettenreaktion aus, die zur restlosen Aufteilung Afrikas führte.

In Schwarzafrika konnten sich zunächst die jungen Kolonialmächte **Belgien** (Kongogebiet) und **Deutschland** mit Kamerun, Togo, Dt.-Südwestafrika (1884) und Dt.-Ostafrika (1885) große Gebiete sichern. Verträge untereinander verpflichteten die Mächte zur gegenseitigen Anerkennung von Kolonien, Protektoraten und Einflusssphären.

Italien suchte zunächst in Eritrea (1882/90) und dann in Somalia eine terr. Ausdehnung in Ostafrika. Die Eroberung Äthiopiens allerdings scheiterte nach der vernichtenden Niederlage in Adua (1896) gegen äthiopische Truppen. Nach der Einigung mit Frankreich über Einflusssphären in Nordafrika (1900) besetzte Italien 1911/12 nach dem **Italien.-Türk. Krieg** Libyen. Die einzigen afrikanischen Länder, die unabhängig blieben, waren das christliche Kaiserreich **Äthiopien** und die unter amer. Schutz stehende Republik **Liberia**. Aufstände gegen die europäische Herrschaft* wurden blutig unterdrückt.

Wichtige Aufstände gegen die europ. Herrschaft:
Algerien (1871); Ägypten (1882);
Mahdi im Sudan (1882/85 – 1899);
Südrhodesien (1893/96); Angola (1902);
Zulu-Aufstand (1907);
Nama (abschätzig „*Hottentotten*" genannt) und Hereros in Deutsch-Südwest-Afrika (1904/07).

Der Burenkrieg

Der Burenkrieg (1899 – 1902) entstand aus Konflikten zwischen dem britischen Kapland und den freien Burenstaaten. Großbritannien bestand auf vollem Stimmrecht der britischen Einwohner in den Burenrepubliken, die vor allem in den Goldgräbergebieten wie Johannesburg die weiße burische Bevölkerung zahlenmäßig übertrafen. Nach der **britischen Annexion des Oranje-Freistaates und Transvaals (Okt. 1899)** gingen die Buren zum Guerillakampf über. Die Briten antworteten mit der Taktik der verbrannten Erde und der Einrichtung von Internierungslagern auch für Frauen und Kinder, in denen von 200000 Inhaftierten 25000 starben. 1902 wurden die Burenrepubliken offiziell annektiert; **1910** erfolgte die Gründung der **Südafrikanischen Union**. Die Einigung der Buren und Briten erfolgte vor allem auf Kosten der Nichtweißen, die sich von nun an einer strikten Rassentrennung und -diskriminierung gegenübersahen.

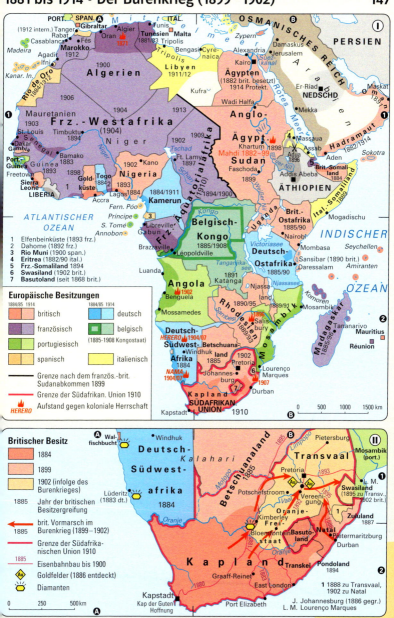

148 Paradiese unter imperialer Herrschaft – Australien und

Australische Flagge
1901 mit der Unabhängigkeit Australiens eingeführt, enthält sie das Kreuz des Südens (ein helles, nur auf der südl. Erdhalbkugel sichtbares Sternbild). Der Union Jack erinnert an die Verbindung zu Großbritannien (Commonwealth). Der siebenstrahlige Stern steht für die Bundesstaaten.

Der pazifische Raum wurde aufgrund seiner großen Entfernung von Europa erst spät Objekt einer systematischen Kolonialisierung. Es waren v.a. die drei Entdeckungsfahrten des Engländers *James Cook (1764–1779)*, die zur exakten Erschließung der Südsee führten. Während Großbritannien im Pazifik mit Australien und Neuseeland nach der Unabängigkeit der USA neue wichtige Siedlerkolonien erschloss, waren es im Bereich der pazifischen Inseln neben Frankreich und Großbritannien die jungen Kolonialmächte Deutschland, Japan und USA, die sich im 19. Jh. Besitzungen sicherten. Schließlich blieb im Pazifik keine unabhängige Insel bestehen.

Australien und Neuseeland

1788 begann mit der Ankunft der ersten 778 Sträflinge in der Botany Bay die **Besiedlung Australiens** (Anfänge der Stadt Sydney sowie der Kolonie Neusüdwales). Zwischen 1825 und 1859 entstanden sechs austral. Staaten aus unabhängigen europ. Siedlungszentren entlang der Küsten. Auch *Tasmanien* war seit 1825 eigenständige Kolonie.

Zinnfunde und Goldrausch in Australien.

Seit 1851 löste die Entdeckung von Goldvorkommen (Neusüdwales, Victoria) einen Goldrausch und die Verdreifachung der Bevölkerung innerhalb eines Jahrzehnts aus (1146000 im Jahre 1861). Zinnfunde machten Australien zeitweise zum größten Zinnproduzenten der Welt (1871–1882), schließlich wurden auch reiche Silbervorkommen im westl. Teil von Neusüdwales entdeckt (seit 1892/93 weitere Goldvorkommen und Kupfer).

1885 erfolgte die Errichtung eines Bundesrates *(Federal Council)* noch ohne Neusüdwales. Die Staatsgründung erfolgte 1901 durch die Konstituierung des **Commonwealth of Australia** als Mitglied des brit. Commonwealth mit der Hauptstadt Canberra (seit 1913/26). 1907 erhielt Australien Dominionstatus, d.h. de facto die innere Souveränität. Die **Aborigines** *(Ureinwohner Australiens, Jäger und Sammler)* erlebten eine besonders brutale Dezimierung durch Massaker und Krankheiten in der Siedlungsphase, später durch Vernachlässigung, Diskriminierung und Ausbeutung.

Seit 1814 begann die **Kolonisierung Neuseelands** durch Handels- und Walfangexpeditionen, zunächst inoffiziell ohne festen Status. 1840 wurde Neuseeland brit. Kronkolonie *(Vertrag von Waitangi)*. Der **Constitution Act** führte *1853* zu einer demokrat. Verfassung. 1907 wurde Neuseeland brit. *Dominion* und damit staatlich weitgehend unabhängig.

Ozeanien

Für *Mikronesien* und *Melanesien** bedeutete der spanische Erwerb mikronesischer Inseln 1668/96 und der niederländische Anspruch auf West-Neuguinea 1828 den Beginn des kolonialen Zeitalters. 1842 wurden mehrere Archipele *Polynesiens** französische Protektorate. 1874 übernahm Großbritannien die Fidschi-Inseln. 1884/85 erwarb das Deutsche Reich Kaiser-Wilhelm-Land (Neuguinea) und die Marshall-Inseln.

Der **Spanisch-Amerikanische Krieg** 1898 führte zur Übernahme spanischen Besitzungen in der Südsee durch neue Kolonialmächte. Die USA annektierten z.B. Hawaii, Guam und die Philippinen und begannen mit dem Aufbau wichtiger Militärbasen auch auf Samoa, das mit Deutschland geteilt wurde. 1899 erwarb das Deutsche Reich die Karolinen, Marianen und die Palauinseln von Spanien (alle 1914 jap. besetzt). 1906 bedeutete die Errichtung eines britisch-französischen Kondominiums über die Neuen Hebriden den Abschluss der Kolonisierung des pazifischen Raumes.

Das *Pazifikabkommen 1921* regelte die Besitzverhältnisse zwischen den nach dem Ersten Weltkrieg verbliebenen Kolonialmächten. Die Entkolonisierungsbestrebungen seit dem Zweiten Weltkrieg erfassten außer den französischen und von Neuseeland verwalteten Besitzungen nahezu alle Inselgruppen.

Melanesien, Mikronesien, Polynesien: übliche geographische und ethnographische Einteilung der vielfältigen Inselwelt des Pazifiks (ca. 25000 Inseln):

Melanesien (griech. *Schwarz-Inselwelt* wegen der dunkelhäutigen Bewohner: *Papua* u.a.) von Neuguinea bis zu den Fidschi-Inseln; *Mikronesien (Kleininselwelt)* im nordwestlichen Ozeanien, zum größten Teil aus Atollen gebildet; *Polynesien* (griech. *Vielinselwelt*) im zentralen und östlichen Ozeanien (Samoa bis Osterinsel). Die Urbevölkerung der Hawaii-Inseln und die *Maori* auf Neuseeland sind *Polynesier*.

Ozeanien in der Kolonialzeit im 19. und 20. Jh.

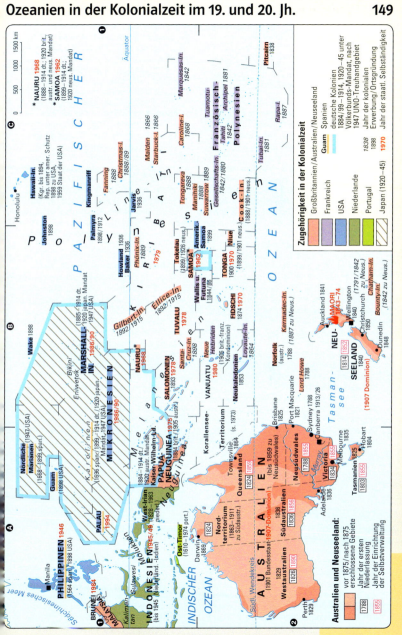

150 Vom geographischen Begriff zum Nationalstaat – Die

*Italien – Trikolore von 1861
Entstanden in der napoleon. Zeit und beeinflusst von der frz. Trikolore. Bis zur Abschaffung der Monarchie 1946 in der Mitte das Wappen von Savoyen.*

Die italienische Einigung war die erste und deshalb entscheidende Nationalstaatsgründung in Europa nach den gescheiterten Nationalbewegungen 1848/49.

Politische Verhältnisse in Italien vor der Einigung

Als Ganzes existierte Italien nur als „geographischer Begriff" (Metternich) und bestand aus *fünf großen Herrschaftsbereichen:* 1. Das Kgr. beider Sizilien im Süden; 2. Das Kgr. Sardinien-Piemont im Norden; 3. Der Kirchenstaat; 4. Die von Österreich abhängigen Herzogtümer Parma und Modena sowie das Großhzgm. Toskana; 5. Das unter österr. Herrschaft stehende Lombardo-Venetien. Der starke Einfluss *Österreichs* war der stärkste Hemmschuh für eine Einigung Italiens. Nach den Erfahrungen in der Revolution von 1848/49 konnte Österreich nur durch Krieg und im Bund mit einer Großmacht vertrieben werden.

Die Rolle des Kgr. Sardinien-Piemont

Das *Kgr. Sardinien-Piemont* wurde die treibende Kraft in der Einigung Italiens nach der konsequenten Liberalisierung und Modernisierung unter dem *Grafen von Cavour* (seit 1852 Ministerpräs.). Cavour unterstützte und bündelte die Nationalbewegung in Italien v.a. durch die 1857 gegründete „*Societá Nationale*" (ital. Nationalverein). Zum außenpolitischen Motor der ital. Einigung wurde die *Allianz mit Napoleon III. von Frankreich*, der entschlossen war, die europ. Nationalbewegungen im Sinne frz. Interessen, unter Aufgabe der Mächtebalance des Wiener Kongresses zu unterstützen.

Zum außenpolitischen Wendepunkt wurde die Beteiligung des Kgr. Sardinien-Piemont am *Krimkrieg (1853–1856)*. Auf dem *Pariser Friedenskongress* (1856) brachte Cavour die italienische Frage zur Sprache und klagte die Rückständigkeit der anderen ital. Staaten an. In der Folge kam es zu Geheimabsprachen mit Frankreich *(Treffen im Vogesenbad Plombières 1858)*, die die Vertreibung Österreichs aus Italien vorsahen.

Die Einigung Norditaliens 1859/60

Der *Einigungskrieg der ital.-frz. Allianz gegen Österreich* begann mit dem Einmarsch österr. Truppen im Mai 1859. Als moderner Krieg unter Einsatz der Eisenbahn zur schnellen Verschiebung der Truppen geführt, brachte bereits im Juni *1859* mit den beiden *Schlachten von Magenta und Solferino* den Sieg für die Allianz. Zeuge der Schlacht von Solferino war Henri Dunant, den die grauenvolle Wirkung der modernen Artillerie zur Gründung des *Internat. Roten Kreuzes* anregte *(1864 Erste Genfer Konvention des R. K.)*. Im *Frieden von Zürich* 1859 verlor Österreich die Lombardei, die Sardinien-Piemont im Tausch gegen Nizza und Savoyen (1860) von Frankreich erhielt. *Rev. Volksabstimmungen* in den Staaten Toskana, Parma und Modena erzwangen den Anschluss an Sardinien-Piemont.

Die Gründung des Königreiches Italien

Wichtig für den *Anschluss Süditaliens* wurde die rev. Eigendynamik der nat. Bewegung. Unterstützt von Cavour, landete Garibaldi in Sizilien und bewirkte durch einen *Freischarenzug („Marsch der 1000")* den Sturz der Bourbonenmonarchie *(Schlacht von Gaeta)*. Eine Serie von Plebisziten führte den Anschluss Süditaliens herbei, allerdings wurde der weitere Vormarsch Garibaldis auf Rom aus Angst vor Komplikationen mit Frankreich und einer Machtübernahme der Linken im Süden durch die Truppen Sardinien-Piemonts verhindert. Am 14.3.1861 wurde Viktor Emanuel II. von einem neugewählten Parlament der Titel „König von Italien" verliehen. *Venetien* wurde nach dem *Preuß.-Österr. Krieg 1866* aufgrund der preuß.-ital. Allianz Teil des Königreiches Italien.

Die Römische Frage

Die schwerste Hypothek des jungen Staates war Rom. Das Papsttum sah sich seit dem Einigungsprozess Italiens im Belagerungszustand. Das hatte auch Rückwirkungen auf die Entwicklung der katholischen Kirche: 1869 begann das *I. Vatikanische Konzil* in Rom, das das *Dogma von der päpstlichen Unfehlbarkeit* verkündete. Rom wurde bis 1870 von einer frz. Garnison beschützt. Als diese wegen des Dt.-Frz. Krieges abzog, wurde Rom als neue Hauptstadt des geeinten Italiens besetzt. Der Staat des Papstes wurde auf ein winziges Gebiet reduziert (heute *Vatikanstadt*). Die Beziehungen zwischen Staat und katholischer Kirche normalisierten sich erst durch die unter Mussolini geschlossenen *Lateranverträge (1929)*.

Einigung Italiens zwischen 1859 und 1870

152 Eine neue Großmacht in der Mitte Europas – Die Einigung

Deutsche Flagge von 1871
Seit 1867 vom späteren Reichskanzler Bismarck entworfene Flagge als Alternative zu Schwarz-Rot-Gold (1848), die als demokratischen Farben galten.

Otto von Bismarck, seit 1862 Ministerpräsident in Preußen, trieb mit taktischem Geschick und unter Nutzung militärischer Mittel die Einigung Deutschlands unter Ausschluss Österreichs voran.

Die Gründung eines 40-Millionen-Reiches in der Mitte Europas verschob noch mehr als die italienische Nationalstaatsgründung das Mächtegleichgewicht in Europa. Das 1871 unter preußischer Führung entstandene kleindeutsche Reich zementierte die dominante Stellung Preußens in der deutschen und europäischen Politik.

Preußen als Motor der deutschen Einigung – Der preußisch-österreichische Gegensatz

Seit der gescheiterten Revolution 1848/49 und der Restauration des *Deutschen Bundes* dominierten diesen drei wesentliche Einheiten: die Großmächte Österreich und Preußen und die Mittelstaaten wie Bayern oder Württemberg, die sich bemühten, eine dritte Kraft zu bilden (sog. *Triaspolitik*). Der preuß.-österr. Gegensatz verschärfte sich seit den fünfziger Jahren. Bereits 1850 führte der Versuch Preußens, die kleindt. Einigung durch die *Erfurter Union* herbeizuführen, an den Rand eines österr.-preuß. Krieges. Gegenüber Österreich ergaben sich für Preußen folgende Vorteile:

1. **Territoriales Übergewicht** im Deutschen Bund, dem Österreich nur zum geringen Teil angehörte. Preußen hatte andererseits wegen seines seit dem Wiener Kongress in einen Ost- und einen Westteil gespaltenen Staatsgebietes besonderes Interesse an einer deutschen Einigung.
2. **Wirtschaftliche Dominanz** durch Industrialisierung und den Deutschen Zollverein, dem Österreich nicht angehörte.
3. **Militärisches Übergewicht** durch Modernisierung von Heer und Waffentechnik.
4. **Politische Fortschrittlichkeit** durch die oktroyierte Verfassung von 1849, obgleich diese noch weit hinter der westeuropäischen Verfassungsentwicklung zurückblieb (*Dreiklassenwahlrecht*).
5. Seit der Wahl des preußischen Königs zum deutschen Kaiser durch die Nationalversammlung 1849 schien Preußen berufen, Führungsmacht einer *kleindeutschen Lösung* zu werden.

1864–1870. Drei Kriege auf dem Weg zur Gründung des Deutschen Reiches

1864 *Österr.-preuß. Krieg gegen Dänemark:* Auslöser ist die Einführung einer Verfassung in Dänemark, die Schleswig Dänemark einverleibt. Einmarsch Österreichs und Preußens in das Hzm.

30.10.1864 *Friede von Wien:* Dänemark tritt die Herzogtümer Schleswig, Holstein und Lauenburg an Österreich und Preußen ab.

14.8.1865 *Vertrag von Gastein:* Festlegung der Verwaltung der gemeinsamen Rechte: in Holstein durch Österreich und in Schleswig durch Preußen.

1866 *Deutscher Krieg:* Auslöser sind Spannungen in der Schleswig-Holstein-Frage und der Antrag Preußens auf eine Reform des Dt. Bundes unter Ausschluss Österreichs. Preußen und seine norddt. Verbündeten kämpfen gegen Österreich und die meisten Mittelstaaten.

3.7.1866 *Schlacht bei Königgrätz:* Preußen siegt aufgrund moderner Militärtechnik und Logistik wie Eisenbahnnetz und Telegraphen. Entscheidender Wendepunkt der dt. Entwicklung.

23.8.1866 *Frieden von Prag:* Österreich wird territorial geschont und stimmt sowohl den *preuß. Annexionen* (Hannover, Kurhessen, Nassau und Frankfurt am Main) als auch der *Auflösung des Dt. Bundes* und der Neugestaltung Deutschlands ohne Österreich (kleindt. Lösung) zu.

1867 *Norddeutscher Bund:* Die Gründung fasst die dt. Staaten nördl. des Mains unter preuß. Führung zusammen. Durch den *Zollbundesrat* und das *Zollparlament* wird der **Dt. Zollverein** 1867 zu einem polit. Zusammenschluss zwischen Norddt. Bund und den süddt. Staaten.

1870/71 *Deutsch-Französischer Krieg:* Die Ausdehnung der preuß. Einflusssphäre südl. des Mains und die Entstehung einer Großmacht an der Ostgrenze Frankreichs führt zum dt.-franz. Gegensatz.

Juli 1870 Auseinandersetzung um die Kandidatur des Erbprinzen Leopold von Hohenzollern-Sigmaringen für den spanischen Thron kulminiert in einer diplomatischen Krise über die sog.

13.7. *"Emser Depesche"* und mündet in die

19.7. *Kriegserklärung Frankreichs an Preußen* als Beginn des Deutsch-Französ. Krieges, der zum Debakel für das fanzösische Kaiserreich wird.

2.9. *Entscheidungsschlacht von Sedan,* Gefangennahme des frz. Kaisers (Sturz des Kaisertums); Frankreich wird Republik (4.9.).

18.1.1871 *Die Ausrufung Kg. Wilhelms I. von Preußen zum "Deutschen Kaiser"* im Spiegelsaal des Schlosses von Versailles weckt in Frankreich Revanchegefühle genauso wie die harten

26.2.1871 Friedensbedingungen im *Vorfrieden von Versailles:* Annexion von Elsass-Lothringen und hohe Kriegsentschädigungsforderungen.

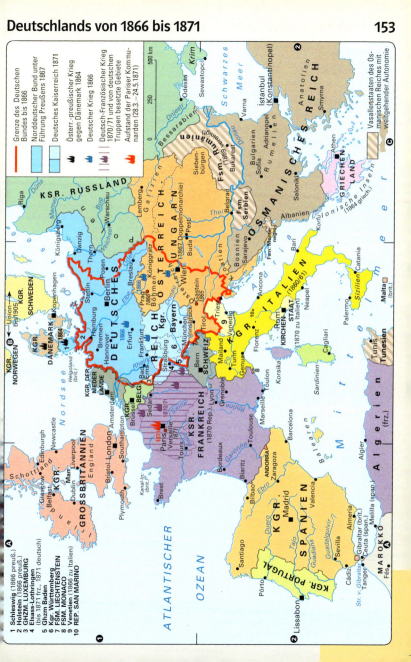

154 Das Pulverfass Europas – Der Balkan vom Berliner

Flagge von Serbien
Serbien nahm die russischen Farben an, da dieses Land den Unabhängigkeitskampf unterstützt hatte („Panslawismus").

Der **Verfall des Osmanischen Reiches** und die aus seiner Konkursmasse entstehenden jungen Nationalstaaten mit ihren hochgesteckten nationalen Zielen und komplexen Volkstums-, Kultur- und Religionsgrenzen hielten den Balkan in ständiger Unruhe. Bis zum Ersten Weltkrieg war er ein besonderes **Konfliktfeld der Weltpolitik**, in das die Großmächte direkt (Österreich-Ungarn, Italien, Russland) oder indirekt (Deutschland, Frankreich, Großbritannien) verwickelt waren.

Politische Interessen der Großmächte auf dem Balkan

Österreich-Ungarn hatte strategische und wirtschaftliche Interessen auf dem Balkan, zielte aber nicht auf Expansion, um den slawischen Bevölkerungsteil in der Doppelmonarchie (seit 1867) nicht zu erhöhen. Nach dem Verlust Venetiens war Österreich vor allem an einem direkten Zugang zum Mittelmeer interessiert, der in Dalmatien auf einen schmalen Küstenstreifen reduziert war.

Russland verstand sich als Schutzmacht der slawischen Staaten auf dem Balkan und als Führer der **Panslawistischen Bewegung** und zielte auf die Kontrolle der Schifffahrtswege in das Mittelmeer *(Meerengenpolitik)*, das seit dem *Krimkrieg* für russische Kriegsschiffe geschlossen war. Russland schürte seit den siebziger Jahren nationale antitürkische Aufstände in den Balkanregionen (v.a. in Bulgarien).

Panslawistische Bewegung
Von der romantischen Philosophie beeinflusste Bewegung. Wichtigste Idee war die Bruderschaft aller slawischen Völker. Ein politisches Hauptziel stellte die Befreiung aller Slawen von Fremdherrschaft dar.

Nach angeblichen „Türkengräueln" griff Russland in Bulgarien ein. *1877/78* im **Russisch-Türkischen Krieg** erfolgte nach der Besetzung des *Schipka-Passes* der Vormarsch auf Konstantinopel und in Kaukasien. Der *Diktatfriede von San Stefano 1878* alarmierte v.a. Großbritannien. Um die Gefahr eines Krieges Englands und Österreichs gegen Russland abzuwenden und um zur Schlichtung der Situation auf dem Balkan beizutragen, kam es *1878* zur Einberufung des **Berliner Kongresses**, auf dem sich der deutsche Reichskanzler Bismarck als „ehrlicher Makler" verstand.

Im **Berliner Vertrag** wurde die Einheit des Osmanischen Reiches aufrechterhalten. **Serbien, Montenegro** und **Rumänien** wurden endgültig souverän, **Bulgarien** ein von der Türkei abhängiges Fürstentum, dem sich 1885 Ostrumelien anschloss. Teile Thessaliens kamen (1881) an Griechenland, **Österreich** übernahm 1878 die Verwaltung *Bosniens-Herzegowinas* und besetzte den *Sandschak von Novi Pazar*. **Russland** erhielt Bessarabien und Teile Armeniens (Kars), **Großbritannien** Zypern. Trotz der grundlegenden Neugliederung des Balkans gelang keine dauerhafte Friedenslösung. Die **Konflikte auf dem Balkan** wurden anhaltend verschärft, genau so wie der russisch-österreichische Balkangegensatz, da sich Russland in seinen Zielen (Schaffung eines panslawistischen, nach Russland orientierten Großbulgariens) enttäuscht sah.

Krisen auf dem Balkan seit 1908
1908 Bosnische Annexionskrise: Bosnien und Herzegowina werden von Österreich annektiert. Deutschland stellt sich bedingungslos hinter Österreich-Ungarn *(„Nibelungentreue")*. Russland muss zurückstecken. Enttäuschung in Serbien führt zur Unterstützung von Geheimbünden.

In **zwei Balkankriegen** gelingt durch die Intervention Großbritanniens und Deutschlands und die Einflussnahme auf ihre Bündnispartner Russland und Österreich-Ungarn eine Lokalisierung des Konflikts auf dem Balkan.

1912 Erster Balkankrieg: Der **Balkanbund** aus Bulgarien, Serbien, Montenegro und Griechenland beginnt einen Angriff auf die Türkei, die bis zu den Meerengen zurückgedrängt wird. Konflikte bei der Verteilung der europäischen Besitzungen der Türkei führen zum nächsten Krieg zwischen den Siegern.

1913 Zweiter Balkankrieg: Auslöser wird der Überfall Bulgariens auf Serbien, dem Rumänien und die Türkei beistehen. Der Krieg führt zur Niederlage und zu Gebietsverlusten Bulgariens. Der Widerstand Österreich-Ungarns gegen einen Zugang Serbiens zum Mittelmeer führt zur Schaffung eines unabhängigen Staates **Albanien**.

28.6.1914 Die **Ermordung des österreichischen Thronfolgerehepaares** durch einen serbischen Nationalisten in Sarajewo wird Anlass für die Julikrise und den **Ausbruch des Ersten Weltkrieges**.

Kongress (1878) bis zu den Balkankriegen (1912/13)

156 Der „kranke Mann am Bosporus" – Zerfall und Ende des

Osmanisch-türkische Flagge
Diese bis heute gültige Form bildete sich im 19. Jh. heraus und ist von der früheren osmanischen Flagge [→ 72] abgeleitet.

Ende des 17. Jh. hatte das Osmanische Reich seine größte territoriale Ausdehnung erreicht. Allerdings setzte seit dem Wendepunkt im Großen Koalitionskrieg (**1683 Schlacht am Kahlen Berg** bei Wien) ein Zerfallsprozess ein, der zur Auflösung des Osmanischen Reiches und der Gründung der Türkei nach dem Ersten Weltkrieg führte.

Russland als Hauptgegner und der Einfluss der europäischen Mächte

Als Russland sich im 18. Jh. am Schwarzen Meer festsetzte, drohte dem Osm. Reich eine wachsende Gefahr. Dies brachte im 19. Jh. andererseits auch eine zunehmende Unterstützung der europ. Großmächte (v.a. Großbritanniens) mit sich, die eine Ausdehnung des russischen Machtbereiches in das Mittelmeer verhindern wollten. Im **Krimkrieg (1853–56)** unterstützten diese daher das Reich des Sultans gegen Russland. So kam es schließlich zu einer immer engeren Anlehnung des Osm. Reiches an das Deutsche Reich und zum Kriegseintritt in den Ersten Weltkrieg auf der Seite des Mittelmächte. Schwerwiegende Abhängigkeitsverhältnisse entstanden auch auf wirtschaftl. Gebiet: Der **Staatsbankrott** 1875 zwang die Türkei, 1881 in eine internationale Steuerverwaltung einzuwilligen.

Verselbstständigung der Nationalitäten und Gier der Kolonialmächte

Verstärkt wurde der osmanische Zerfallsprozess wesentlich durch die **Nationalbewegungen** in den **europ.** und **nordafrikan.** Reichsteilen. Die Unabhängigkeit der Balkanstaaten verdrängte das Reich bis 1913 fast gänzlich vom europ. Kontinent. In Nordafrika begann die Auflösung mit der fakt. Selbstverwaltung **Ägyptens** unter Mehemet Ali (1805) und setzte sich mit der Übernahme der nordafrikan. Länder durch die europ. Kolonialmächte seit 1881 fort. Im Ersten Weltkrieg führte der Pakt Großbritanniens mit dem arab. Nationalismus seit 1916 zum Abfall der osm. Gebiete auf der Arabischen Halbinsel. Der **Waffenstillstand von Mudros am 30.10.1918** bedeutete faktisch das Ende des Osm. Reiches. Syrien, Libanon, Palästina und der Irak wurden 1920 frz. bzw. brit. Mandatsgebiete.

Innere Entwicklung

Alle Ansätze zur inneren Reform konnten den Verfallsprozess nicht aufhalten. Die **Jungtürkische Bewegung** (eine liberale Reformbewegung seit 1860/76), die die nationale Eigenart der Türken gegen die islamische Gemeinschaft betonte, verschärfte die Spannungen mit den abfallenden Nationalitäten.

Friedensschlüsse und territoriale Verluste des Osmanischen Reiches

- **1699** *Friede von Karlowitz:* Ende des großen Koalitionskrieges. Verluste: Ungarn, Siebenbürgen, Kroatien an Österreich, Podolien an Polen, Peloponnes (bis 1718) und Dalmatien an Venedig.
- **1718** *Friede von Passarowitz:* Verlust des Banats, der Kleinen Walachei, des Nordsaums Serbiens.
- **1774** *Friede von Kütschük-Kainardschi:* Die Schirmherrschaft über die Krim und über den Nordrand des Schwarzen Meeres geht an Russland.
- **1775/84:** Kampflose Überlassung einiger Grenzgebiete: Bukowina an Österreich, die Krim und Schutzrechte über Georgien an Russland.
- **1792** *Friede von Jassy:* Ende des letzten gemeinsamen Krieges Österreichs und Russlands gegen das Osmanische Reich. Der Dnejstr wird Grenze zu Russland, die Krim und die Festung Otschakow bleiben endgültig russisch.
- **1812** *Friede von Bukarest:* Bessarabien wird russisch
- **1829** *Friede von Adrianopel:* Ende des Freiheitskampfes der Griechen. Der Süden Griechenlands wird unabhängig. Russland gewinnt das Donaudelta und Teile Armeniens.
- **1856** *Friede von Paris:* Ende des Krimkrieges – Die Unabhängigkeit der Türkei wird garantiert. Die Dardanellen sind für russische Kriegsschiffe gesperrt.
- **1878** *Berliner Kongress:* Unabhängigkeit der Balkanstaaten. Im Kaukasus gehen Batumi und Kars an Russland. Britische Besetzung Zyperns.
- **1912** *Friede von Lausanne:* Tripolis, Cyrenaica und der Dodekanes (mit Rhodos) fallen an Italien.
- **1913** *Friede von London und Bukarest:* Friedensschlüsse des 1. und 2. Balkankrieges. Zurückdrängung des Osmanischen Reiches vom europäischen Festland bis auf Ostthrakien.
- **1920** *Friede von Sèvres:* Ende des Ersten Weltkrieges. Die Türkei wird reduziert auf Istanbul und Anatolien (ca. 10 Mio. Ew.). Internationale Verwaltung und Kontrolle der Meerengen. Die griechische Besetzung Izmirs und die Unabhängigkeit Türkisch-Armeniens werden von der Türkei nicht akzeptiert.
- **1923** *Friede von Lausanne:* Ende des Griechisch-Türkischen Krieges. Anerkennung der neuen Türkei durch die Alliierten. Verzicht auf alle nichttürkischen Gebiete (ausgenommen Kurdistan).

158 Wettlauf um den Besitz des Globus – Die Welt im Zeitalter

Der Hochimperialismus

Die Zeit zwischen 1881 und 1914 führte zu einer *beispiellosen Expansionsbewegung Europas und der USA* vor dem Ersten Weltkrieg. 1914 standen ca. 80 % der Erdoberfläche unter der direkten oder indirekten Herrschaft von Kolonialmächten. Diese Phase des Imperialismus besaß eine von den vorhergehenden europäischen Kolonialisationsbestrebungen deutlich unterscheidbare Qualität. Der Wettlauf um den Anteil an der *„Weltherrschaft"* in Form von Kolonien war nicht mehr nur gegründet auf Handelsinteressen oder die Suche nach Siedlungsgebieten, sondern darüber hinaus Ausdruck eines *Konkurrenzkampfes der souveränen Nationalstaaten*. Der **imperialistische Wettlauf** wurde gesehen als eine Form *nationaler Rivalität*. So definierten die Nationalstaaten ihre Stärke und ihr Prestige zunehmend durch ihre außereuropäische Position. Deshalb konnte durch koloniale Erfolge von inneren Spannungen der hochindustrialisierten Gesellschaften abgelenkt werden. Die wirtschaftliche Abkapselung der europäischen Staaten durch Schutzzölle und Handelsbeschränkungen erhöhte den Druck zur Erschließung neuer Absatzmärkte und Rohstoffquellen. Möglich wurde die koloniale Ausdehnung auch durch die verbesserte medizinische Behandlung von Tropenkrankheiten, die die Erschließung tropischer Gebiete erleichterte und die verbesserte Erreichbarkeit ferner Gebiete durch den Ausbau der Dampfschifffahrt. Überzeugt von dem *Sendungsbewusstsein der europäischen Kultur* wurde der *Imperialismus** von seinen Verfechtern sogar als *schwere Aufgabe des weißen Mannes* bezeichnet (Cecil Rhodes), als kultureller Auftrag. Nach 1880 erfolgte eine Verlagerung kolonialer Interessensschwerpunkte nach Afrika *(„Scramble for Africa")* und führte zu einem einzigartigen Wettlauf um die Aufteilung des Kontinents [→ 147].

Imperialismus – Formen des Imperialismus

Imperialismus (lat. *imperare* = befehlen, *Imperium* = Weltreich) dient zur Bezeichnung einer Epoche zwischen den achtziger Jahren des 19. Jh. und dem Ersten Weltkrieg.

Kennzeichen ist das Streben der Großmächte nach Weltmachtstellung, nach Kolonialreichen und Herrschaft über die Weltmeere. Imperiale Reiche beinhalteten eine Vielzahl von Kolonien, Schutzgebieten und Protektoraten einer Staatengesellschaft. Zu unterscheiden ist zwischen **formellem Imperialismus**, der die direkte Herrschaft über ein Gebiet beansprucht und einem **informellen Imperialismus**. Informelle Einflussnahme konnte begründet sein auf Freundschafts- oder Schutzverträgen oder Schaffung wirtschaftlicher und finanzieller Abhängigkeiten. So konnte die wirtschaftliche und technische Erschließung eines Gebietes ein unterentwickeltes Land von der Finanzkraft und dem technischen Wissen entwickelterer Staaten abhängig machen. Informeller Imperialismus wurde v. a. dort praktiziert, wo entwickelte Gesellschaften mit eigenen Staaten wie das Osmanische Reich existierten oder dort, wo sich die imperialen Mächte wechselseitig in Schach hielten, z. B. in China. In Afrika hingegen zielten die Kolonialmächte auf eine formelle Herrschaft und die Aufteilung des gesamten Kontinents.

Entwicklung der Kolonialreiche – traditionelle Kolonialmächte

Das Empire **Großbritanniens** war in allen Phasen des Kolonialismus entstanden. Die älteren Siedlungskolonien in Kanada, Australien und Neuseeland wurden schrittweise zusammengefasst und in die politische Unabhängigkeit entlassen als sog. **Dominions** (englisches *Herrschaftsgebiet*, sich selbst verwaltender Teil des britischen Empire als föderativer Zusammenschluss von Teilkolonien), beginnend mit Kanada 1867. Das maritim orientierte britische Reich erhielt mit dem Suezkanal (1869) das Kernstück seiner Verbindung nach Osten. Von daher erklärt sich auch das strategische Interesse an Ägypten und das Ziel, in Ostafrika eine territorial verbundene Herrschaft von der Kapkolonie bis nach Kairo zu errichten. Bis **1907 (Entente Cordiale)** gelang hier auch die eindeutige Abgrenzung der Interessenssphären mit Frankreich (*Sudan-Vertrag 1899*). Die Herrschaft in Indien, dem die zentrale Aufmerksamkeit britischer Kolonialpolitik galt, wurde seit 1857 territorial und politisch ausgebaut. – **Spanien** war in dieser Zeit eine sinkende Kolonialmacht, die auch im Pazifik wichtige Besitzungen an die USA verlor, während **Portugal** ausgehend von Angola und Mosambik in Afrika erneut größere Gebiete in Besitz nahm. – Vor allem **Frankreich**, das seit dem 18. Jh. durch Großbritannien aus Indien und Nordamerika verdrängt worden war, gelang beim Wettlauf um Afrika der Aufbau eines neuen Kolonialreiches in West- und Zentralafrika. In Ostasien schaffte es Frankreich 1858, die Isolation Vietnams zu durchbrechen (1883 frz. Protektorat) und 1897 Madagaskar in Besitz zu nehmen. – **Russland**, das seit den Fünfzigerjahren seine kontinentale Expansion verstärkt wieder aufnahm, stellte einerseits die größte Landmacht der Welt dar, andererseits zeigte sich bei der Konfrontation mit anderen Kolonialmächten mehrfach seine innere Schwäche (*„Koloss auf tönernen Füßen"*). Das Zarenreich war bemüht, sich auf Kosten des zerfallenden Osmanischen Reiches nach Süden und Südwesten auszudehnen (*Meerengenpolitik*), was auf den Widerstand der anderen europäischen Großmächte stieß. Als Folge des *Krimkrieges (1853–56)* wurden die Dardanellen für russische Kriegsschiffe gesperrt und die Machtausdehung in das Mittelmeer dauerhaft unterbunden. Im Fernen Osten zwang Russland nach der Erschließung Sibiriens China zur Abtretung von Randprovinzen und besetzte 1900 die Mandschurei. Der Vorstoß im fernöstlichen Asien führte zu Gegensätzen mit Japan in Korea und zum **Russisch-Japanischen Krieg (1904/05)**, der nach der katastrophalen Niederlage Russlands das Ende der Expansion in Ostasien bedeutete. In Mittelasien sollte über den Erwerb von Taschkent (1864) und Samarkand (1868) der Zugang zum Indischen Ozean erreicht werden, was zu Konflikten mit Großbritannien um Afghanistan führte, das als Pufferstaat zwischen dem Zarenreich und Indien galt (1907 Einigung im *Petersburger Vertrag*). Die russische Strategie eines **Festlandsimperialismus**, der nur an direkt an das Reich angrenzenden Gebieten interessiert war, zeigte sich 1867 am *Verkauf Alaskas* an die USA.

Neue Kolonialmächte im imp. Wettlauf

Im Wettlauf um Kolonien versuchten auch die neu entstandenen Nationalstaaten mitzuhalten. **Belgien** gelang es, mit dem Kongobecken (1885) eine der an Bodenschätzen reichsten Regionen Afrikas in Besitz zu nehmen. Die Erwerbungen **Italiens** beschränkten sich auf Libyen und Gebiete am Horn von Afrika (Eritrea, Teile Somalias). – **Deutschland** gewann mit Südwestafrika, Deutsch-Ostafrika, Togo und Kamerun große Gebiete in Afrika, in China Kiautschou und im pazifischen Raum einige Inseln aus der Konkursmasse des spanischen Kolonialreiches.

Im Pazifik agierten zwei außereuropäische Kolonialmächte. **Japan** spielte eine Sonderrolle in Asien, da es durch *umfassende Modernisierung* im Gegensatz zu Indien und China einer Kolonialisierung entging und selbst als Kolonialmacht auftrat (Korea, Taiwan). – Als um 1890 die Erschließung des amerikanischen Westens abgeschlossen war, begannen die **USA** mit ihrer kolonialen Ausdehnung vor allem in Lateinamerika und im Pazifik. **1898** nach dem Sieg im **Spanisch-Amerikanischen Krieg** wurden Kuba, Puerto Rico, Guam, die Insel Wake und die Philippinen besetzt; die Hawaii-Inseln wurden annektiert. Von wesentlicher strategischer Bedeutung war für die USA wegen des Kanalbaus (1914 abgeschlossen) die Einflussnahme auf Panama, das 1903 de facto *Protektorat der USA* wurde.

Entwicklung bis zum Ersten Weltkrieg

Schrittweise erfolgte die Beilegung der Konflikte der „klassischen" Kolonialmächte Russland, Frankreich und Großbritannien. Im Gegensatz hierzu hatten die neuen Imperialmächte Italien und Deutschland den Eindruck, dass sie bei der Aufteilung der Welt den ihnen vom Selbstverständnis her zustehenden Teil nicht erhalten hatten. Der krampfhafte Versuch Deutschlands, einen gebührenden Anteil an der „Weltherrschaft" demonstrativ einzufordern (Flottenrüstung, Marokkokrisen), trug mit zum Ausbruch des Ersten Weltkriegs bei.

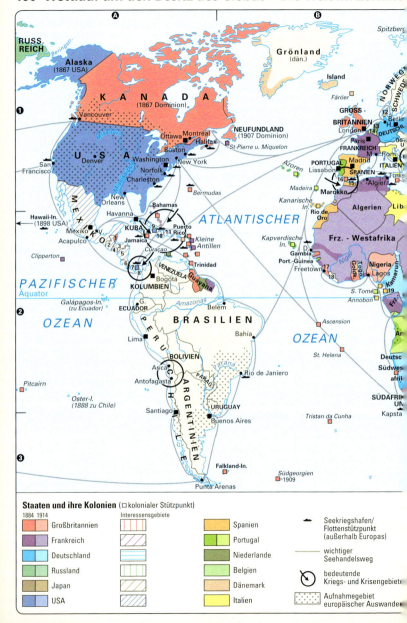

162 Geheimdiplomatie und Blockbildung – Bündnisse der

Britisches Schlachtschiff "Dreadnought" (engl. „furchtloser Zerstörer"), seit 1905 in völlig neuen Dimensionen gebaute Schiffe, um den Flottenvorsprung vor dem Dt. Reich zu halten.

Bis in die achtziger Jahre des 19. Jh. versuchte die Außenpolitik der Großmächte trotz der Nationalstaatsgründungen, die Machtbalance in Europa zu erhalten und Kriege zu lokalisieren. Der imperial. Wettlauf verschärfte die Machtrivalitäten zwischen den europ. Staaten, bei denen es nicht mehr um **Großmacht-**, sondern um **Weltmachtstatus** ging. Auch verlagerten sich die geograph. Zonen, in denen Krisen ausgetragen wurden, auf andere Erdteile (v.a. Afrika und Asien). Im Gegensatz zur klassischen Kabinettspolitik konnte sich Außenpolitik nun nationalistischen Stimmungen in den einzelnen Staaten immer weniger entziehen. Das aggressivere Auftreten der jungen Nationalstaaten brachte das internat. System immer wieder an den Rand eines europäischen Krieges. Sozialdarwinistisches Denken bewirkte bei den Entscheidungsträgern den Eindruck, dass ein großer europäischer Krieg unvermeidbar sei.

Bündnissysteme nach 1871

Die Zeit nach 1871 war gekennzeichnet durch die Feindschaft zwischen Frankreich und Deutschland als Folge der Annexion Elsass-Lothringens und eine Isolation Frankreichs in Europa. Auch wurde zunächst die Allianz der konservativen Monarchien als natürlich angesehen, z. B. im **Dreikaiserbund** (1872), dessen Grundlage trotz Erneuerung 1881 durch den russ.-österr. Gegensatz auf dem Balkan immer mehr schwand. Wichtiger wurde der 1879 abgeschlossene dt.-österr. **Zweibund**, der 1882 zum **Dreibund** mit Italien erweitert wurde. Deshalb kam es 1887 zum **Rückversicherungsvertrag** zwischen Russland und Deutschland, dessen geheimes Zusatzprotokoll Russland Unterstützung bei seiner Meerengenpolitik versprach. Dieses stand im Gegensatz zum **Mittelmeerabkommen** oder **Orientbund** von 1887 (Österreich-Ungarn, Italien, Großbritannien), das zum Schutz der Türkei und zur Eindämmung der russischen Ansprüche auf den Bosporus gedacht war. Es entstand ein widersprüchliches Bündnissystem, das nur funktionieren konnte, solange der Bündnisfall nicht tatsächlich eintrat.

Entstehung der Grundkonstellationen des Ersten Weltkrieges

In der Phase 1890–1914 entstanden völlig neue Mächtekonstellationen, etwa durch das Ende der seit 1813 fast ununterbrochenen deutsch-russischen Zusammenarbeit und die zunehmende Isolation Deutschlands. Großbritannien gab seine traditionelle Neutralität (*„splendid isolation"*) auf, da es sich als See- und Handelsmacht herausgefordert sah. Bis 1907/14 entstanden zwei Blöcke: **Mittelmächte** (Deutschland und Österreich-Ungarn) und **Entente** (Großbritannien, Frankreich, Russland). Das zunehmende Wettrüsten konnte auch durch die zwei **Haager Friedenskonferenzen** (1899, 1907) nicht begrenzt werden.

Blockbildung in Europa 1890–1914

- **1890** Entlassung des Reichskanzlers Bismarck: Grundsätzlich neue deutsche Außenpolitik im Zeichen der Weltpolitik. **Nichterneuerung des Rückversicherungsvertrages** mit Russland.
- **1894** *Französisch-russische Militärkonvention.*
- **1897** Bau der Anatolischen und Bagdadbahn durch dt. Firmen stößt auf britisches Misstrauen.
- **1898** Die Beilegung der **Faschoda-Krise** zw. Großbritannien und Frankreich leitet die britisch-französische Annäherung ein (**Sudan-Vertrag 1899**).
- **1898** Beginn der deutschen **Flottenpolitik** und des Wettrüstens zur See mit Großbritannien.
- **1900** *Französ.-italienisches Abkommen:* Abgrenzung der Interessensphären in Nordafrika.
- **1902** *Französisch-italienischer Neutralitätsvertrag.*
- **1904** **Entente Cordiale:** kolonialer Interessensausgleich zwischen Frankreich und Großbritannien in Afrika – Anerkennung der französischen Einflusssphäre in Marokko.
- **1905/06 Erste Marokkokrise:** Deutscher Kaiser protestiert durch persönliches Auftreten in Algier gegen die frz. Durchdringung Marokkos. **Konferenz von Algeciras** (Isolation des Dt. Reiches).
- **1907** *Brit.-russ. Interessenausgleich* in Asien führt zur Erweiterung der Entente zur **Tripelentente**.
- **1908** Die **österr.-ungar. Annexion Bosniens** führt zur weiteren Entfremdung Russlands von Österreich-Ungarn, dem Deutschland die „Nibelungentreue" hält.
- **1911** **Zweite Marokkokrise:** Entsendung des deutschen Kanonenbootes Panther nach Agadir nach der französischen Besetzung von Fés führt zur Festigung der französisch-britischen Entente.
- **1912/13 Zwei Balkankriege** werden v.a. durch den Einfluss Großbritanniens und Deutschlands auf ihre Bündnispartner Russland und Österreich-Ungarn auf den Balkan lokalisiert.

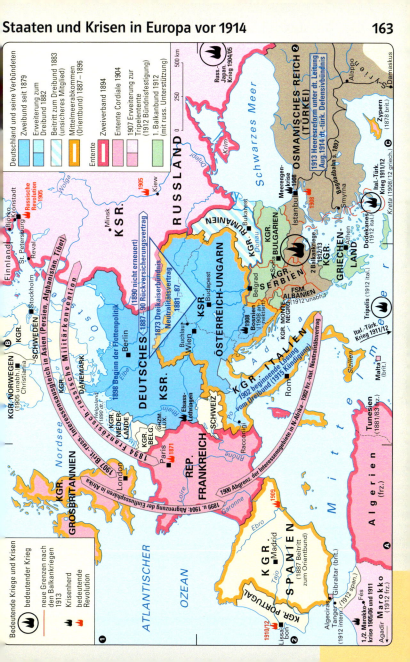

164 Die „Urkatastrophe des 20. Jh." – Der Erste Weltkrieg in

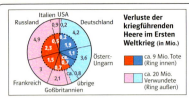

Verluste der kriegführenden Heere im Ersten Weltkrieg (in Mio.)

ca. 9 Mio. Tote (Ring innen)

ca. 20 Mio. Verwundete (Ring außen)

Hauptkriegsschauplatz dieses ersten *„totalen Krieges"* war Mitteleuropa. Seine Kennzeichen waren: Existenzkampf der beteiligten Mächte (im Gegensatz zu *Kabinettskriegen*) unter Einsatz aller Mittel; Materialschlachten, Massentötung, Fraueneinsatz an der sog. *Heimatfront*.

Mächtegruppierungen im Ersten Weltkrieg
Die *Ermordung des österreichischen Thronfolgers in Sarajewo (28.6.1914)* und die folgende *Julikrise* lösten den Ersten Weltkrieg aus. Die *Mittelmächte* (Deutschland, Österreich-Ungarn) standen der *Entente* (Frankreich, Russland mit seinem Verbündeten Serbien, Großbritannien) gegenüber. *Italien*, das sich anfangs für neutral erklärte, trat nach Gebietsversprechungen *(Geheimvertrag von London)* 1915 auf die Seite der Entente, ebenso *Rumänien* 1916. *Japan*, das den dt. Kolonialbesitz im Pazifik annektierte, griff auf dem europ. Kriegsschauplatz nicht ein.

Das *Osmanische Reich* trat bereits im Nov. 1914 auf die Seite der Mittelmächte, genauso wie 1915 *Bulgarien*. Die *Eroberung Serbiens* schuf eine Landbrücke zw. allen Mittelmächten. Trotzdem besaßen diese von Anfang an wesentl. *strukturelle Nachteile*: Sie kämpften an mehreren Fronten. Die *brit. Seeblockade* schnitt sie von kriegswichtigen Rohstoffen und Nahrungsmitteln ab, die auch durch die Schaffung synthet. Stoffe (Gummi, Salpeter) und von Ersatzstoffen bei Lebensmitteln nicht ersetzt werden konnten. Es mangelte an einer engen Abstimmung der Verbündeten, die eine Nutzung des Vorteils der kürzeren Transportwege gebracht hätte. Demgegenüber stimmten sich die Ententemächte z. B. in der *Konferenz von Chantilly* (6.–8. Dez. 1915) über ihr militär. Vorgehen ab.

Kriegsverlauf – Westfront:
Nach dem Scheitern des dt. *Schlieffen-Plans** begann ein vierjähriger *Stellungskrieg* mit einem System von Schützengräben, das sich von der belgischen Kanalküste bis an die Schweizer Grenze erstreckte.

Schlieffen-Plan
Der Schlieffen-Plan war Ausdruck der deutschen außenpolitischen Misere vor dem Weltkrieg. Er löste ein diplomatisches Problem durch eine militärische Option. Bereits 1905 von Chef des dt. Generalstabs Afred Graf von Schlieffen (1833–1913) aufgestellt, versuchte er der Einkreisung Deutschlands zu begegnen, indem er den zu erwartenden Zweifrontenkrieg gegen Russland und Frankreich in zwei aufeinander folgende Einfrontenkriege auflöste. Unter Verletzung der belg. Neutralität sollten die dt. Truppen mit einem starken rechten Flügel zu einer großen Umfassung der frz. Armeen bis westl. von Paris ausholen und diese gegen einen defensiven linken Flügel drücken und aufreiben (Vorbild war die antike Schlacht bei Cannae!). Anschließend erst sollten die dt. Truppen in den Osten transportiert werden und die russ. Armeen niederwerfen. Der Schlieffen-Plan scheiterte und verursachte durch die Verletzung der belg. Neutralität den Kriegseintritt Großbritanniens.

Der Versuch, doch noch den Durchbruch zu erzielen, führte zu immer bedenkenloserem Einsatz von Menschen, Material und furchtbarer Waffentechnik *(Giftgas)* seit 1915. Der dt. Angriff auf *Verdun* (1916), der auf eine „Ermattung" Frankreichs zielte, war Höhepunkt des Versuchs, den Gegner in einer riesigen Menschen- und Materialschlacht zu verschleißen (mehr als 500000 Tote und Verwundete auf beiden Seiten – parallel engl. Entlastungsangriff an der *Somme*). Erst der Angriff der Alliierten bei *Amiens* (August 1918) mit der neuen Panzerwaffe durchbrach die Westfront.

Ostfront: Nach anfänglichen russ. Erfolgen in *Ostpreußen* und *Galizien* gelang es den Mittelmächten bis Okt. 1915, große Teile Polens zu erobern. Nach der russ. *Brussilow-Offensive 1916* erstarrte aber auch hier die Front bis zur Russischen Revolution 1917.

1917 und die Niederlage der Mittelmächte
Das *Ausscheiden Russlands* nach der Russischen Revolution 1917 *(Frieden von Brest-Litowsk 3.3.1918)* brachte keine Wende zugunsten der Mittelmächte. Der *Kriegseintritt der USA* (6.4.1917), der hauptsächlich durch den *uneingeschränkten U-Boot-Krieg* provoziert worden war, machte den Krieg zum Weltkrieg und brachte frische Kräfte für die Entente. Dem Zusammenbruch seiner Verbündeten folgte auch das Deutsche Reich mit dem *Waffenstillstand am 11.11.1918*.

166 Vom Sturz des Zarentums zur „Diktatur des Proletariats"

Flagge der Weißen
Bürgerliche Flagge Russlands, 1699 von Peter dem Großen eingeführt, 1883 Nationalflagge – 1991 wieder eingeführt.

Flagge der Roten
1924–1991 in der abgebildeten Form Flagge der Sowjetunion.

Der Erste Weltkrieg muss als Auslöser der **Russischen Revolution 1917** angesehen werden: Misserfolge, über 8 Mio. Gefangene, Verwundete, Vermisste und Tote bis Februar 1917, die schlechte Ausrüstung der Armeen und die miserable Versorgungslage in den Städten führten Anfang 1917 zu Hungerrevolten und Streiks.

Am **23. Februar 1917** kam es zum Ausbruch der **Februarrevolution** in Petersburg (Petrograd). Das Überlaufen der Armee zu den Aufständischen führte zum **Zusammenbruch des Zarismus**. Seit Februar ergab sich eine **Doppelherrschaft der Provisorischen Regierung** unter Kerenski und der **Arbeiter- und Soldatensowjets** in Petersburg, deren radikaler Flügel (Bolschewisten) sozialist.-marxist. Forderungen vertrat. Im April 1917 kehrte Lenin mit Hilfe der deutschen Obersten Heeresleitung(!) aus der Schweiz zurück und formulierte in den **Aprilthesen** die bolschewistische Strategie.

Bolschewisten – Menschewisten
Die Russische Sozialdemokratische Arbeiterpartei zerfiel in zwei Flügel. Die Bolschewisten (russ.: „Die in der Mehrheit") und die Menschewisten (russ.: „Die in der Minderheit"). Die **Bolschewisten** (seit 1903) unter Führung Lenins verlangten die Begrenzung der Parteimitgliedschaft auf wenige Berufsrevolutionäre und verweigerten die Zusammenarbeit mit jeder konstitutionellen bürgerlichen Regierung und anderen politischen Parteien. Sie forderten **alle Macht den Arbeiterräten** und ein „Klassenbündnis" mit den Bauern.

Versäumnisse in der Agrarfrage und vor allem die Fortsetzung des aussichtslosen Krieges führten nach einem gescheiterten Putschversuch (im Juli) zur **Oktoberrevolution** der Bolschewisten. Am **24./25. Oktober 1917** (nach dem westl. gregorian. Kalender 6./7. Nov.) erstürmten sie strateg. wichtige Punkte in Petersburg und das Winterpalais des Zaren. Die Provisorische Regierung wurde gestürzt und verhaftet. Nach dem Ausscheiden der Menschewisten (gemäßigte Sozialrevolutionäre) aus dem Allrussischen Rätekongress beherrschten die Bolschewisten unter Lenin und Trotzki den **„Rat der Volkskommissare"**, der eine Reihe von Dekreten erließ.

Dekrete des Rates der Volkskommissare
1. **Über den Frieden:** Vorschlag eines sofortigen Waffenstillstands und eines Friedens ohne Annexionen und Reparationen an alle Regierungen der am Krieg beteiligten Länder;
2. **Grund und Boden:** entschädigungslose Enteignung des Großgrundbesitzes;
3. **Rechte der Völker Russlands:** Zusicherung der freien Selbstbestimmung an alle Nationalitäten.

Am 3.3.1918 wurde der **Friede von Brest-Litowsk** zwischen den Mittelmächten und der Sowjetregierung geschlossen, die auf ihre Hoheit in Polen, Litauen und Kurland sowie in Estland und Livland verzichtete und die Selbständigkeit Finnlands und der Ukraine (Ergänzungsvertrag 27.8.) anerkannte.

Der Bürgerkrieg 1918–1922

Der **Bürgerkrieg** kostete mit den Hungertoten mehr als 16 Mio. Menschen das Leben. Verschiedene Gruppen, die sog. **Weißen**, die ein weites Spektrum von den zaristischen Generälen Koltschak, Denikin und Wrangel bis hin zu sozialrevolutionären Menschewisten einschlossen, kämpften gemeinsam gegen die Bolschewisten, waren sich aber in ihren politischen Zielsetzungen uneinig. Auch die **Interventionstruppen** der ausländ. Mächte agierten unkoordiniert. Die von Trotzki geleitete **Rote Armee** entwickelte sich zu einer schlagkräftigen, gut organisierten Truppe. 1920, im **Russ.-Poln. Krieg**, stießen poln. Truppen bis Kiew vor; der Gegenstoß der Roten Armee wurde erst kurz vor Warschau aufgehalten. 1921 führten Unstimmigkeiten mit den Weißen (u.a. Ablehnung des Vorschlags des US-Präsidenten Wilson einer Konferenz aller russ. Parteien) zum Abzug der Alliierten. Der **Kriegskommunismus** (Enteignung des Bodens, Verstaatlichung der Industrie, der Banken und des Außenhandels) führte im Innern zu chaot. wirtschaftl. Zuständen und Hungersnöten, so dass Lenin nach dem **Kronstädter Aufstand** (2.–18.3.1921) gezwungen war, in der **Neuen Ökonomischen Politik** (X. Parteikongress, März 1921) wirtschaftliche Liberalisierung in einem Mischsystem zwischen kapitalistischer und sozialistischer Wirtschaftsform zuzulassen.

Die Russ. Revolution 1917 und der Bürgerkrieg (1918–22)

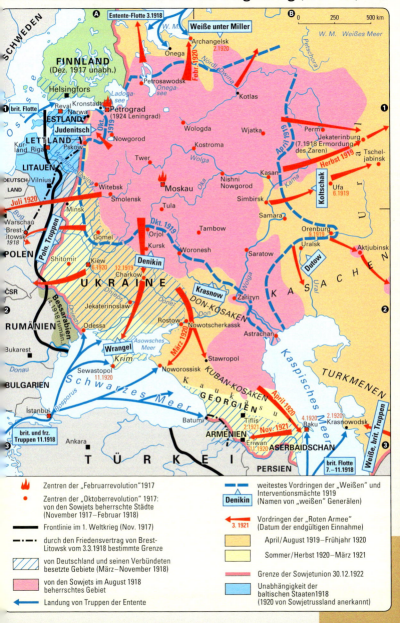

168 Russland als „zentralisierte Föderation" – Die Gründung

Sowjetisches Staatswappen von 1936
Roter Stern sowie Hammer und Sichel über der Erdkugel symbolisieren den weltweiten kommunistischen Herrschaftsanspruch.

Die Russische Revolution gab zunächst den **Unabhängigkeitsbestrebungen der Nationalitäten** Auftrieb. Die Völker des Kaukasus sowie die Finnen und Esten erklärten sich noch 1917 für unabhängig; 1918 folgten nach der deutsch- österreichischen Niederlage die Ukrainer, Georgier, Weißrussen, Polen, Letten und Litauer. Der **Bürgerkrieg** um die Durchsetzung der Revolution gegen die Weißen und die Interventionsmächte war gleichzeitig auch ein **Krieg um die Wiederherstellung der Grenzen des ehemaligen Russischen Reiches**, die der Roten Armee im Süden und Osten gelang. Im Westen konnten Polen, Finnland und die baltischen Staaten hingegen ihre staatliche Unabhängigkeit behaupten. Als die **Verfassung der Sowjetunion 1922** erlassen wurde, waren die wichtigsten territorialen Rückeroberungen abgeschlossen. Besondere Bedeutung besaß wegen ihres agrarischen Reichtums die **Ukraine**, deren Anschluss als Sozialistische Sowjetrepublik gelang. Genauso wurde die kurzzeitige Unabhängigkeit der **kaukasischen Republiken** beendet. In Ostsibirien gelang die Durchsetzung gegen Japan, das sich 1922 aus wichtigen Küstengebieten zurückzog. Die Sowjetunion trat das koloniale Erbe des Zarenreiches als größter Staat der Erde an. Sie umfasste 47% Dauerfrostboden, 11 Zeitzonen und mehr als 100 Nationalitäten.

Die Verfassung der UdSSR und ihre Realität

Es bestand eine große Diskrepanz zwischen der Verfassung der UdSSR und den tatsächlichen Machtverhältnissen. An sich sollte die Grundlage der neuen Föderation das Prinzip der Freiwilligkeit und die völlige Gleichberechtigung der Einzelrepubliken sein, wobei jede von ihnen das vertragliche Recht behielt, aus der Union wieder auszuscheiden, was durch den Zentralismus der Kommunistischen Partei verhindert wurde. Der föderale „Allunions-Sowjet" war aber nicht entscheidend.

Daten zur Gründung der Sowjetunion (UdSSR)
1918 Gründung der „**Russischen Sozialistischen Föderativen Sowjetrepublik**" (**RSFSR**), zunächst aus vier sozialistischen Republiken.
1920 Gründung der **Fernöstlichen Republik** in Ostsibirien, zunächst als Puffer gegen Japan, das Teile der pazifischen Küste einschließlich Wladiwostok besetzt hielt (nach dem japanischen Rückzug im November 1922 in die RSFSR aufgenommen).
1921 Eroberung **Georgiens** und der Protektorate **Chiwa** und **Buchara** (Turkestan), Widerstand gegen die Bolschewisierung durch die in den Bergen kämpfenden **Basmatschen**.
1922 Verfassung (30.12.1922) der **UdSSR** (*Union der Sozialistischen Sowjetrepubliken*) machte sie zu einem Bundesstaat „fortschrittlichen Typs" mit Moskau als Hauptstadt. Anschluss der Sowjetrepubliken Ukraine, Weißrussland, Transkaukasien und der Sozialistischen Volksrepubliken Choresm und Buchara. Später aus der RSFSR herausgelöst: die Republiken Usbekistan (1924), Turkmenistan (1924), Tadschikistan (1929), Kasachstan und Kirgisien (beide 1936).
1924 Tod Lenins, Übergang zur **Diktatur Stalins**.
1928 **Fünfjahresplan** und Beginn der **Zwangskollektivierung der Landwirtschaft**.

Sowjets, Arbeiter- und Soldatenräte
Im Prinzip sollten die **Sowjets** – spontan gewählte Räte der Arbeiter, Soldaten und Bauern – die Grundlage einer **direkten Demokratie** des arbeitenden Volkes darstellen. Das basisdemokratische System beruhte auf einer Kontrolle der verschiedenen Ebenen von unten nach oben, deren Vertreter jeweils ein **imperatives Mandat** (weisungsgebundener Auftrag) besaßen und jederzeit abberufen werden konnten. Tatsächlich wurden die Sowjets zum unselbständigen Instrument der Kommunistischen Partei.

Das politische System war autoritär und zentralisiert. Die Macht besaßen:
1. Die **Kommunistische Partei** als die zentrale Machtinstanz, obwohl sie in der Verfassung der UdSSR gar nicht erwähnt wurde. Alle wesentlichen Entscheidungen wurden vom so genannten **Politbüro** getroffen, das neben dem **Sekretariat** und dem **Organisationsbüro** das Herz des ständig tagenden **„Zentralkomitees der Partei"** darstellte. Letzteres ernannte auch den **„Rat der Volkskommissare"** (de facto die Regierung), dessen Vorsitz 1917 bis 1924 Lenin hatte.
2. Die gefürchtete **Geheimpolizei OGPU** (russ. „*Vereinigte Staatliche Politische Verwaltung*") sollte den Kampf gegen die „Konterrevolutionäre" führen. Sie war die Nachfolgeorganisation der „*Tscheka*", die bis 1922 ca. 50 000 Menschen getötet haben soll.

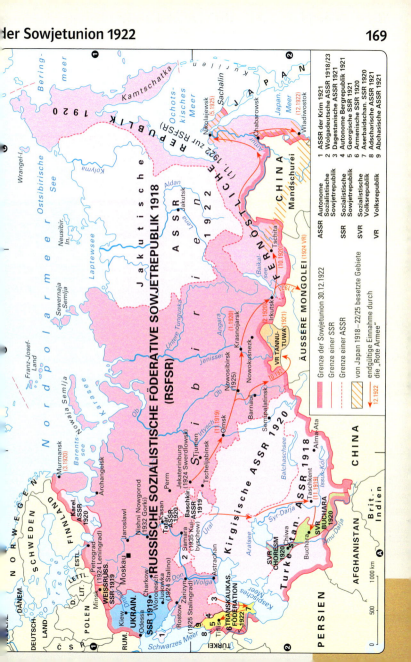

170 Der Zusammenbruch der Nachkriegsdemokratien in

„Fascio": Rutenbündel und Beil (lat. fasces), das röm. Herrschaftssymbol wird namensgebend für faschistische Bewegungen.

Der Erste Weltkrieg endete mit dem **Sieg der Demokratien in Europa** und dem **Sturz der autokrat. Regime**. Er schien eine demokrat. Weltordnung im Sinne des amer. Präsidenten Wilson herbeizuführen und gründete auf der nat. Selbstbestimmung der Völker unter dem Schutz des Völkerbundes. Sowohl die in den **Pariser Vorortverträgen** in Ostmitteleuropa neu gegr. Nationalstaaten als auch die ehem. Monarchien wie Deutschland und Österreich gingen zur parlamentar. Regierungsform über. Das kommunist. Experiment konnte westlich der Sowjetunion nicht Fuß fassen. 30 Jahre nach Ende des Ersten Weltkrieges waren fast alle dieser **Nachkriegsdemokratien** mit Ausnahme der Tschechoslowakei zu **autoritären Regimen** übergegangen, so dass die **diktatorische Regierungsform zum Normalfall in Europa** zu werden drohte. Stabil blieben nur die traditionellen Demokratien wie Frankreich und Großbritannien, in denen es allerdings auch faschistische* Bewegungen gab.

Faschismus
Meist handelt es sich um eine *zentralisierte Massenbewegung mit einer Einheitspartei* und einer *offiziellen totalitären Ideologie*, die unter dem Einfluss eines charismatischen Diktators steht. An die Macht kommen faschistische Bewegungen, deren soziale Basis vor allem der Mittelstand ist, durch einen Pakt mit konservativen Gruppen in Staat und Gesellschaft. Sie erstreben die totale Kontrolle der Nachrichtenmittel, setzen eine *terroristische Geheimpolizei* zur Machtsicherung ein und nutzen moderne Mittel der Massenkommunikation (Film, Radio usw.) zur Propaganda.

Ursachen für die Krise der Demokratien
Die Ursachen für die Krise der Demokratien waren vielfältig. Sie können in den **psycholog. und soziolog. Folgen des Ersten Weltkrieges** gesucht werden, gehörten doch viele Aktivisten in den faschist. Bewegungen zu der **Frontkämpfergeneration des Ersten Weltkrieges**. Sowohl die *Unzufriedenheit mit den Friedensregelungen* des **Versailler Vertrages**, die bei Siegern (wie Italien) und bei Verlierern (wie Deutschland) herrschte, als auch die *schwierige wirtschaftl. Lage* und *innere soziale oder ethnische Gegensätze* waren mit ursächlich.

Auch bewirkte das *Fortleben autoritärer und aggressiver nationalistischer Einstellungen sowie mangelnde Erfahrung mit demokratischen Ordnungen* in vielen Staaten Europas den Übergang zu diktatorischen Systemen.

Die Errichtung der Diktaturen
Unterschieden werden muss zwischen den **faschistischen Diktaturen** (Italien, Deutschland, Spanien) und **autoritären Regimen** (Polen, Estland usw.), bei denen lediglich konservative Kräfte mit Hilfe der Armee die Macht im Staat errangen.

Die Ausbreitung der faschistischen Idee in Europa verlief nicht planmäßig. In den 1930er-Jahren allerdings intervenierten Italien und Deutschland massiv im Spanischen Bürgerkrieg und verhalfen der faschistischen Bewegung General Francos zum Sieg. Die **deutsche Besatzungsherrschaft** im Zweiten Weltkrieg brachte in Frankreich, Kroatien usw. kollaborierende faschistische Regime an die Macht.

Zusammenbruch der Demokratien
1920 Ungarn: Nikolaus v. Horthy Reichsverweser (1944 dann faschistische „Pfeilkreuzler" unter deutscher Besatzung).

1. Phase des Zusammenbruchs der Demokratien
1922 Italien: Benito Mussolinis Marsch auf Rom.
1923 Spanien: Militärdiktatur Primo de Riveras (Rücktritt 1930).

2. Phase des Zusammenbruchs der Demokratien
1926 Portugal: Militärputsch General Gomez da Costas.
1926 Polen: Militärputsch Pilsudskis – Obristenregime (1935 autoritäre Verfassung).
1929 Jugoslawien: Königsdiktatur König Alexanders (Königreich der Serben, Kroaten und Slowenen wird zu „Jugoslawien").

3. Phase des Zusammenbruchs der Demokratien
1933 Deutschland: Machtübernahme der Nationalsozialisten unter Adolf Hitler.
1934 Lettland: Staatsstreich Karlis Ulmanis'.
1933 Österreich: *„Austrofaschist."* Regime Dollfuß, nach dessen Ermordung 1934 Regierung Kurt Schuschniggs (bis 1938).
1933 Portugal: Salazars faschistischer Ständestaat (*„Estado Novo" = der neue Staat*).
1934 Estland: Staatsstreich Konstantin Päts.
1934 Bulgarien: Autorit. Regime Oberst Georgiews.
1936 Griechenland: Staatsstreich General Metaxas.
1936 Spanien: Staatsstreich General Francos und Spanischer Bürgerkrieg (1936 – 38), Sieg der faschistischen „Falange".
1938 Rumänien: Regierung der „Nationalen Konzentration" des Patriarchen M. Christeas.

Europa – Die Errichtung von Diktaturen zw. 1920 und 1937

172 Neue Nationalstaaten und Bevölkerungsminderheiten –

Neue Flagge Polens (angenommen 1919). Das poln. Wappen ist über 700 Jahre alt, Rot und Weiß gelten seit 1831 als Farben der Nationalkokarde.

Anstelle der **Vielvölkerstaaten** vor 1918 (v.a. Österreich-Ungarn, Russland) entstanden nach dem Ersten Weltkrieg **Nationalstaaten** mit zahlreichen **nationalen Minderheiten**. Daraus resultierten in der Zwischenkriegszeit Konflikte, da **Minderheitenschutzverträge**, für deren Einhaltung der Völkerbundsrat zuständig war, nicht eingehalten und Minderheitenbeschwerden in Genf nur schleppend behandelt wurden.

Verschärft wurde die Minderheitenproblematik durch **wirtschaftliche Probleme**, die die neuen Grenzziehungen und die Entstehung der Sowjetunion mit sich brachten. Der **Revisionismus*** wurde zwischen den Kriegen oftmals mit den Minderheiten jenseits der Grenzen begründet.

Revisionismus
Außenpolitische Richtung in der Zwischenkriegszeit, die sich die **Revision der Pariser Vorortverträge** zum Ziel setzte, z. B. die Revision von Grenzen aufgrund von Benachteiligungen einzelner Volksgruppen. In Deutschland standen der so genannte Kriegsschuldartikel und die Frage der Reparationen im Zentrum. Als revisionistische Mächte konnten auch Siegermächte auftreten, denen die Regelungen des Versailler Vertrages nicht weit genug gingen (z. B. Frankreich und Italien).

Die Pariser Vorortverträge und die neuen Staaten in Osteuropa

Die **Pariser Vorortverträge** nach dem Ersten Weltkrieg brachten in Ostmitteleuropa die stärksten territorialen Veränderungen und Umbrüche. Vom Eismeer bis zur Adria entstand eine Kette neuer demokratischer Staaten. Durch die Auflösung des **österreichischen Kaiserreiches**, dessen wichtigste Teile bereits bei Kriegsende ihre Unabhängigkeit proklamiert hatten, entstanden die neuen Staaten **Tschechoslowakei, Jugoslawien** und **Ungarn**. Von **Österreich**, das sich nicht mit dem Deutschen Reich vereinigen durfte, blieb ein Reststaat mit 6,5 Millionen Einwohnern übrig. (Vertrag von Saint-Germain, Sept. 1919). Aus dem **Kaiserreich Russland** lösten sich als Ergebnis des Krieges und nach der Russischen Revolution **Polen**, die **baltischen Staaten** (Estland, Lettland, Litauen) und **Finnland**.

Sicherheitsinteressen, v.a. Frankreichs, bedingten die Gründung eines **(Sicherheits-) Gürtels** (frz. Cordon Sanitaire) von Staaten in Ostmitteleuropa.

Da z. B. **Polen** als Bollwerk sowohl gegen Deutschland als auch gegen die kommunistische UdSSR dienen sollte, wurde es **in seiner Staatlichkeit wiederhergestellt** und territorial weit über seine Volkstumsgrenzen nach Osten ausgedehnt. Der im Versailler Vertrag (Juni 1919) festgelegte so genannte **Polnische Korridor**, der einen freien Zugang Polens zur Ostsee sicherstellen sollte, trennte Ostpreußen vom Deutschen Reich.

Gleichzeitig wurden die Siegermächte, teilweise auf Kosten von Verliererstaaten, erheblich erweitert. Besondere Härten erfuhr **Ungarn** (Vertrag von Trianon, Juni 1920), das fast drei Viertel seines Territoriums (Verlust von 67,8% des Staatsgebietes und 59% der Bevölkerung) an Jugoslawien, die Slowakei, Österreich und Rumänien verlor.

Das Problem der Volkstumsgrenzen

Das Konzept Wilsons, Grenzziehungen nach dem Nationalitätenprinzip vorzunehmen, erwies sich aufgrund der gemischten Bevölkerungen in Osteuropa und der als vorrangig angesehenen Sicherheitsfragen als unmöglich, so dass es in allen neuen Staaten **Minderheiten** gab. Vor allem die **Tschechoslowakei** setzte sich aus Völkern zusammen, die besonders schwer zu integrieren waren: mehr als ein Drittel Polen, Russen, Deutsche, Ungarn und Ukrainer. Ein Drittel der Einwohner **Polens** sprach kein Polnisch. Das vergrößerte **Rumänien** enthielt mehr als eine Million Ungarn. **Jugoslawien** bildete einen Vielvölkerstaat aus Slowenen, Kroaten, Serben, Bosniaken, Makedoniern, Italienern und Albanern.

Grenzkorrekturen nach Volksabstimmungen oder kriegerischen Konflikten

10.8.1920 Der zwischen Jugoslawien und Österreich strittige Teil Kärntens um Klagenfurt entscheidet sich für Österreich.

14.12.1921 Das Gebiet um Ödenburg (Sopron) im Burgenland entscheidet sich für Ungarn.

20.3.1921 In Oberschlesien – 1921 ca. 60% für Deutschland – werden industriell wichtige Teile trotzdem Polen zugewiesen.

1924 Das **Memelgebiet** kommt nach Einfall litauisch. Freischaren im **Memelabkommen** an Litauen.

27.1.1924 Jugoslawien verzichtet zugunsten Italiens auf Fiume (Rijeka).

Mittel- u. Osteuropa zw. den Weltkriegen von 1919 bis 1939

Friedenssicherung durch eine „Gesellschaft der Nationen"

Völkerbund-Emblem
Die Schwäche des Völkerbundes zeigte sich auch in dem lange vergeblichen Bemühen, ein verbindliches Symbol zu finden. Erst 1939 wurde dieses halboffizielle Emblem allgemein genutzt.

Bereits vor dem Ersten Weltkrieg gab es in den Haager Friedenskonferenzen (1899 und 1907) Anstrengungen zur Errichtung eines Systems der **kollektiven Sicherheit**. Nach dem mörderischen Völkerringen erhielten diese Bemühungen durch die Initiative des US-Präsidenten Wilson in den sog. **14 Punkten*** den entscheidenden Impuls. Zu diesem Zeitpunkt bildeten bereits das liberal-demokratische Modell der Friedenssicherung der USA (Frieden durch Demokratie und Freihandel) und das sozialistische Modell Lenins (Frieden durch Weltrevolution) einen unversöhnlichen Gegensatz.

Wilsons 14 Punkte
Die 14 Punkte (Februar 1918) des amerikanischen Präsidenten Wilson waren als grundlegendes Programm zur Nachkriegsordnung gedacht und sahen die **Schaffung eines Völkerbundes** als „allgemeine Gesellschaft der Nationen" vor. Er sollte die Einhaltung internationalen Rechtes, die Souveränität, Sicherheit und territoriale Integrität aller Völker und Nationen garantieren. Zur **Friedenssicherung** sollten öffentlich beschlossene Friedensverträge, die Abschaffung der Geheimdiplomatie zur Vermeidung der Blockbildung und die drastische Herabsetzung der nationalen Rüstungen dienen. Die Forderung nach **liberalem Welthandel** setzte die wirtschaftliche an die Stelle der militärischen Konkurrenz.

Als Teil des **Friedensvertrages von Versailles** wurde der von Wilson geforderte **Völkerbund** aus der Taufe gehoben und nahm 1920 seine Tätigkeit in Genf auf.

Institutionen des Völkerbundes
Die **Völkerbundsversammlung** (jedes Mitglied mit einer Stimme) tagte einmal jährlich. Der **Völkerbundsrat** bestand aus vier bis sechs ständigen und neun nichtständigen Mitgliedern, die von der Völkerbundsversammlung gewählt wurden. **Ständige Mitglieder** waren: Großbritannien, Belgien, Frankreich, Italien und Japan, nach 1926 Deutschland, dessen Sitz nach dem Austritt 1934 an die Sowjetunion fiel. Jeder Beschluss musste mit Zweidrittelmehrheit gefasst werden. Für Streitigkeiten sollte der **Haager Ständige Internationale Gerichtshof** zuständig sein. Das Mittel der **Sanktion** (Art. 16 der Völkerbundssatzung) wurde nur – 1935 – erfolglos – gegen Italien angewandt.

Probleme und Versagen des Völkerbundes
Entscheidend geschwächt wurde der Völkerbund bereits bei der Gründung durch den **Nichtbeitritt der USA**, die zu einer isolationistischen Politik zurückkehrten. Von 63 Mitgliedsstaaten traten bis 1939 14 aus, zwei wurden annektiert und einer (UdSSR 1939) ausgeschlossen.

Deuteten sich in den zwanziger Jahren tatsächlich Entspannung und wirtschaftliche Zusammenarbeit in Europa *(Verträge von Locarno 1923)* an, die in die Aufnahme Deutschlands in den Völkerbund 1926 mündeten, so zeigte sich in den dreißiger Jahren die **Machtlosigkeit des Völkerbundes** gegenüber der immer aggressiveren Expansionspolitik Italiens und Japans sowie der Kriegsvorbereitung Deutschlands.

Daten zur Geschichte des Völkerbundes
28.4.1919 Annahme der **Völkerbundssatzung** durch die Friedenskonferenz von Versailles.
28.6.1919 Unterzeichnung der aus 26 Artikeln bestehenden Satzung durch die Gründerstaaten.
Jan. 1920 Beginn der **Völkerbundstätigkeit** in Genf.
März 1920 USA lehnen Eintritt in den Völkerbund ab (keine Zweidrittelmehrheit im Senat).
1920 Aufnahme **Österreichs** in den Völkerbund.
Ab 1920 Aktivitäten des Völkerbundes zur Durchführung der **Pariser Verträge**: Grenzziehung in Abstimmungsgebieten; Aufsicht über die Freie Stadt Danzig; Verwaltung des Saarlandes bis 1935; Aufsicht über die Mandatsgebiete; Minderheitenschutz (Südtirol u. a.).
1920/24 Schlichtung internat. **Konflikte** um Wilna (poln.), Korfu (griech.) und Mossul (Irak).
1925 *Genfer Protokoll* für die friedliche Regelung internationaler Streitigkeiten scheitert.
1926 **Aufnahme Deutschlands** in den Völkerbund nach dem Abschluss der **Verträge von Locarno** mit Frankreich (1925).
1928 **Briand-Kellog-Pakt** zur Ächtung des Krieges: allgemeines Verbot des Angriffskrieges als Mittel der Politik.
1931/32 Einfall **Japans in die Mandschurei**. Völkerbundsrat setzt Kommission zur Untersuchung des japanisch-chinesischen Konflikts ein. Japan lehnt den Vermittlungsvorschlag des Völkerbundes ab (Lytton-Bericht).
1933 Internationale Abrüstungskonferenz gescheitert, Japan tritt aus dem Völkerbund aus.
Okt. 1933 Deutschland verlässt den Völkerbund.
1935 Überfall Italiens auf Äthiopien. – Die Sanktionen des Völkerbundes werden durch Deutschland und die USA unterlaufen.
1937 Austritt Italiens aus dem Völkerbund.
1939 UdSSR wegen des Finnlandkrieges aus dem Völkerbund ausgeschlossen.
1946 Auflösung des Völkerbundes – Die UNO setzt seine Tätigkeit fort.

– Die Welt und der Völkerbund von 1920 bis 1939

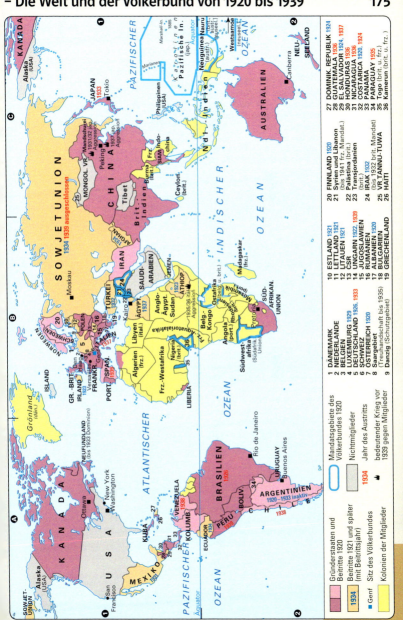

Nationalsozialistischer Terror und Krieg – Mitteleuropa

Die Hakenkreuzflagge – das Symbol der NS-Bewegung – wurde 1935 offizielle Staats- und Landesflagge des „Dritten Reiches".

Seit der **Machtübernahme der Nationalsozialisten in Deutschland** unter Adolf Hitler (30.1.1933) diente die deutsche Außenpolitik der Vorbereitung eines **Rassen- und Vernichtungskrieges*** im Osten. Dieses Ziel wurde getarnt durch vorgetäuschte Verhandlungsbereitschaft und Friedensbeteuerungen, die mit Drohungen, Überraschungsaktionen und vollzogenen Tatsachen wechselten.

Der Rassen- und Vernichtungskrieg im Osten

In Hitlers Zielsetzungen mischten sich außenpolit. mit rassenpolit. Motiven. Er sah die **Sowjetunion** als den entscheidenden Feind des Dt. Reiches an. So sollte der **Krieg gegen die UdSSR** den Bolschewismus zerschlagen, die „Lösung der Judenfrage" herbeiführen und dem dt. Volk den notwendigen **Lebensraum im Osten** für eine menschenverachtende Germanisierungspolitik erobern. Insofern ist die Phase bis zum Überfall auf die Sowjetunion 1941 als takt. Vorbereitung des großen Rassen- und Vernichtungskrieges im Osten anzusehen.

Der Weg zum Ziel führte über eine **Revision der Bestimmungen des Versailler Vertrages** (Wiederaufrüstung zunächst geheim, Anspruch auf Gebiete mit dt. Minderheiten) hin zu einer **aggressiven Expansionspolitik**, die seit 1938 immer offener und unverhohlener verfolgt wurde. Er mündete schließlich 1939 in die **Entfesselung eines Weltkrieges**. Tragischerweise stieß diese Außenpolitik auf Entgegenkommen vor allem Großbritanniens, das in der sog. **Appeasement-Politik** (engl. *Beschwichtigung, Besänftigung,* eig. gemeint als *Befriedung Europas*) versuchte, das Deutsche Reich durch Nachgiebigkeit bei berechtigten Forderungen zufrieden zu stellen. Begünstigt wurde die NS-Außenpolitik in den dreißiger Jahren durch die immer aggressiver auftretenden Mächte **Italien** (Überfall auf Äthiopien) und **Japan** (Besetzung der Mandschurei), die auch die Kolonien der Westmächte bedrohten. Auch behinderten die Vorbehalte der Westmächte gegen eine dauerhafte Zusammenarbeit mit der **Sowjetunion** ein gemeinsames Vorgehen gegen Hitler, der im **Hitler-Stalin-Pakt** 1939 aus taktischen Gründen an die deutsch-sowjetische Zusammenarbeit der zwanziger Jahre anknüpfte. Die lange **Serie von außenpolit. Erfolgen** führte zur Stabilisierung des NS-Regimes in Deutschland. Die wachsende Akzeptanz des Regimes in der dt. Bevölkerung zeigte sich auch an der *Schließung einiger Konzentrationslager,* die seit 1933 als brutales Mittel zur Einschüchterung politischer Gegner dienten.

Von der aggressiven Außenpolitik zur Expansion: 1933–1939

- **14.10.1933** Austritt Deutschlands aus dem Völkerbund: Ziel der ungehinderten Aufrüstung.
- **26.1.1934 *Nichtangriffspakt des Deutschen Reiches mit Polen*:** Zusammenrücken der Sowjetunion mit den Westmächten (Völkerbundseintritt der UdSSR).
- **13.1.1935** *Rückgliederung des Saargebietes* an Deutschland nach Volksabstimmung.
- **16.3.1935 *Wiedereinführung der allgemeinen Wehrpflicht*** in Deutschland: Bildung der antideutschen **Stresa-Front**, die allerdings mit dem **deutsch-britischen Flottenabkommen** bereits zerbröckelt.
- **1936** Militärische Intervention Deutschlands und Italiens im **Spanischen Bürgerkrieg (1936–39)**.
- **1936** *Einmarsch in die entmilitarisierte Zone des Rheinlandes* (Blitzcoup). **Antikominternpakt** zwischen Deutschland und Japan, dem auch Italien beitritt *(1937)*.
- **13.3.1938 „Anschluss"** Österreichs unter massivem Druck der nationalsozialistischen Führung als „Ostmark" des Reiches.
- **29.9.1938 *Münchner Konferenz*** Deutschlands, Italiens, Frankreichs und Großbritanniens: beschließt die Abtretung des Sudetenlandes durch die Tschechoslowakei an das Deutsche Reich mit gleichzeitiger Garantie für den Bestand der Rest-Tschechoslowakei.
- **9./10.11.1938 *„Reichspogromnacht"*:** Massive Ausschreitungen gegen Juden und jüdischen Besitz. Das NS-Regime lässt alle außenpolitischen Rücksichten fallen.
- **22.5.1939** Stahlpakt mit Italien: **Achse Berlin-Rom**.
- **15.3.1939** „Erledigung der Rest-Tschechei": „Protektorat Böhmen und Mähren" wird Teil des nunmehr **„Großdeutschen Reiches"**.
- **31.3.1939** Britische Garantieerklärung für Polen: Reaktion auf wachsenden deutschen Druck.
- **23.8.1939 *Deutsch-Sowjet. Nichtangriffspakt („Hitler-Stalin-Pakt")*.** Das *geheime Zusatzprotokoll* steckt die Interessensphären in Osteuropa ab und schafft die Voraussetzung für
- **1.9.1939 *Dt. Überfall auf Polen*** als Ausbruch des Zweiten Weltkrieges, Unterwerfung Polens in nur 18 Tagen im „Blitzkrieg". Die west-polnischen Gebiete werden als deutsche Reichsgaue direkt angegliedert, während Zentralpolen zum **„Generalgouvernement"** unter deutscher Besatzung wird. Nach dem deutschen Überfall auf die UdSSR 1941 Einrichtung des Distrikts Lemberg und der **Reichskommissariate Ostland** (Nordostpolen und Baltikum) und **Ukraine**.

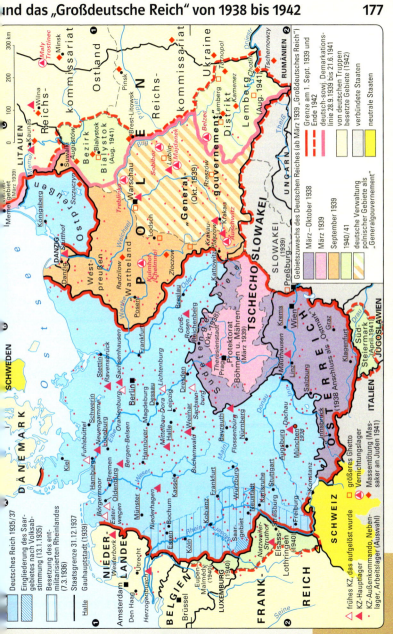

178 Von Blitzkriegen zum „totalen Krieg" – Europa im Zweiten

Hitler wird durch die Koalition besiegt.
Die Karikatur auf einer sowjetischen Propagandapostkarte zeigt die koordinierte Anstrengung der „Anti-Hitler-Koalition".

Nach der Eroberung Polens erfolgte ab **9.4.1940** die **Besetzung Dänemarks** und **Norwegens**, um den Zugang zur Nord- und Ostsee und zu den kriegswichtigen schwed. Erzen zu sichern. Mit **Frankreich** war es seit der Kriegserklärung 1939 zu keinen nennenswerten Kriegshandlungen gekommen (sog. „*Sitzkrieg*" oder «*drôle de guerre*»). Am 10.5.1940 begann der **Westfeldzug** mit der Eroberung der neutralen Staaten Niederlande und Belgien unter Umgehung der frz. Maginotlinie. Nach der frz. Kapitulation (23.6.1940) wurden Nordfrankreich und die Kanalküste besetzt, während sich im S und SO das kollaborierende **Vichy-Regime** etablierte (Nov. 1942 ebenfalls besetzt). Allerdings konnte sich das engl. Expeditionsheer in **Dünkirchen** einer Gefangennahme entziehen. Die am 13.8.1940 begonnene erfolglose „*Luftschlacht um England*" stellte die erste deutsche Niederlage dar.

Die Taktik des „Blitzkrieges" ermöglichte die schnelle Eroberung großer Gebiete in der ersten Phase des Zweiten Weltkrieges. Beim Polenfeldzug vernichtete die dt. Luftwaffe zunächst die poln., worauf Sturzkampfbomber poln. Truppenkonzentrationen sowie Städte angriffen. Panzervorstöße rissen dann Lücken in die poln. Linien (Konzentration der Stoßkraft auf einen Punkt), in die dann motorisierte und nichtmotorisierte Infanterie eindrang. Bei dieser Art der Kriegsführung gab es keine Fronten; stehen zu bleiben bedeutete umzingelt zu werden.

Der italienische „Parallelkrieg"

Die ausgreifenden Eroberungspläne **Italiens** im **Mittelmeerraum** endeten in militär. Misserfolgen, die den dt. Verbündeten mehrfach zum Eingreifen zwangen: in **Jugoslawien** (April 1941) und **Griechenland** mit der Eroberung der strateg. wichtigen Insel Kreta. In **Nordafrika**, wo Großbritannien die gesamte ital. Kolonialreich eroberte, griff das dt. Expeditionskorps ein, das bis in die Nähe des Suezkanals (El-Alamein) vordrang. Im Okt. 1942 folgte die **brit. Gegenoffensive in Afrika**. (13. Mai 1943 Kapitulation des dt. Afrikakorps). Die **Landung in Sizilien** im Juni 1943 als großer Amphibienangriff gegen die Achsenmächte führte zum Sturz Mussolinis und dem Waffenstillstand mit Italien, allerdings zog sich die **Eroberung Italiens** gegen die deutsche Armee noch bis April 1945 hin.

Etappen des „Russlandfeldzuges" – Stalingrad als Wendepunkt

22.6.1941 Deutscher Überfall auf die Sowjetunion („Unternehmen Barbarossa") trifft auf eine unvorbereitete sowjetische Armee. Ziel ist aus strategisch und wirtschaftlichen Gründen die Linie Leningrad-Moskau-untere Wolga: Kontrolle über die Getreidegebiete der Ukraine und wichtige Rohstoffe, wie die Kohlevorkommen des Donez-Gebietes und das kaukasische Öl, die Vorherrschaft über Ostsee und Schwarzes Meer.

Bis Nov. 1941 Siege in gewaltigen „Kesselschlachten", Gefangennahme von über 3 Mio. sowjetischen Soldaten beim Vorstoß der deutschen Truppen bis vor Moskau. Wichtige sowjetische Industrieanlagen können nach Osten verlagert werden.

5.12.1941 Nach einem frühen Wintereinbruch erfolgt die **sowjetische Gegenoffensive** vor Moskau.

1942 **Deutsche Sommeroffensive**: Vorstoß nun gegen Leningrad (Landverbindung zum finnischen „Waffengefährten") und die kaukasischen Erdölfelder. Erbitterter Partisanenkrieg hinter der Front aufgrund der brutalen deutschen Besatzungsherrschaft.

Nov. 1942 Nachdem die 6. Armee in **Stalingrad** völlig eingeschlossen wird, erfolgt am

2.2.1943 ihre **Kapitulation als zentraler Wendepunkt des Krieges**. Trotz sinnloser Durchhaltebefehle ist der deutsche Rückzug unaufhaltsam.

Januar 1945 Die sowjetischen Truppen erreichen die Oder als letzte Etappe vor Berlin.

Völkerrechtswidrige Befehle der deutschen Kriegsführung im Osten

Der **Kommissarbefehl** entzog die als politische Funktionäre betrachteten Angehörigen der sowjetischen Armee dem Schutz des Völkerrechts und ordnete an, sie zu „erledigen". Der „*Gerichtsbarkeits*"-*Erlass* garantierte allen Wehrmachtsangehörigen vorab Straffreiheit für die Ermordung verdächtiger Zivilpersonen. Auch starb über die Hälfte der Russen in deutscher Kriegsgefangenschaft (ca. 3 Mio.) unter unmenschlichen Bedingungen.

Die Errichtung der „zweiten Front"

Die Stalin von den Alliierten versprochene **zweite Front** wurde zunächst durch **Flächenbombardements deutscher Städte** 1942 ersetzt und am **6. Juni 1944** durch die **Landung der Alliierten** in der Normandie errichtet. Sie erreichten bereits im September die deutsche Westgrenze, während die **Rote Armee** zu diesem Zeitpunkt nach Ostpreußen und an die Weichsel vorstieß. Am 25.4.1945 trafen russ. und amer. Truppen bei Torgau an der Elbe zusammen. Es folgte die **deutsche Kapitulation** in Reims (7.5.) und Karlshorst (9.5.1945).

Die Alliierten vereint gegen die „Achse" – Die Welt und

Opfer im 2. Weltkrieg in Europa (in Tsd.)
Soldaten: 19 680 / Zivilisten: 19 600
- UdSSR 13 600 / UdSSR 7 000
- Deutschland 3 250 / Deutschland 3 800
- Polen 100 / Polen 5 500
- Jugoslawien 300 / Jugoslawien 1 400
- Frankreich 250 / Frankreich 350
- Rumänien 200 / Rumänien 260
- Italien 330 / Italien 80
- Großbrit. 326 / Großbrit. 62

Mehr als 60 Staaten beteiligten sich am Zweiten Weltkrieg mit dem ungeheuren Blutzoll von mehr als 50 Millionen Menschen; in Europa gab es nur noch vier neutrale Staaten. Obwohl *Europa den Hauptkriegsschauplatz* darstellte, spielten sich auch in *Ostasien*, auf *zwei Ozeanen* und in den *Kolonialreichen* Asiens und Nordafrikas entscheidende Auseinandersetzungen ab.

Mächtegruppierungen u. Kriegsschauplätze

Auf der einen Seite standen die **Achsenmächte**, die mit ihrer aggressiven Expansion in unterschiedlichen geographischen Gebieten den Krieg auslösten: **das Deutsche Reich** in Europa mit dem Ziel der Ausdehnung nach Osten; **Italien** im Mittelmeergebiet, auf dem Balkan und in Nordafrika; **Japan** in Ostasien. Auf der anderen Seite kämpften die Staaten, die sich dieser Expansion entgegenstellten: die **Alliierten**, die seit 1941 unter der Führung **der USA, Großbritanniens und der Sowjetunion** standen. Diese Allianz verstand sich v.a. als **Anti-Hitler-Koalition**, so dass sie nur in Europa als gemeinsamem Kriegsschauplatz fochten. Die Sowjetunion trug hier die Hauptlast des Landkrieges, während der Krieg im **Pazifik** bis auf die letzte Phase von den USA und Großbritannien (einschl. Dominien) bestritten wurde, die auch im Atlantik gemeinsam kämpften.

Die **Niederlage der Achsenmächte** vollzog sich zeitlich versetzt. Bereits 1943 schied Italien nach der Landung der Alliierten in Sizilien durch einen separaten Waffenstillstand aus (anschließend noch „Marionettenregime" von Salò in Norditalien als Kriegsverbündeter Deutschlands). Auch nach der Kapitulation des Deutschen Reiches am 8.5.1945 bekundete **Japan** die Entschlossenheit, allein weiterzukämpfen.

Die Schlacht im Atlantik

Wichtige Kriegsschauplätze waren auch die **Weltmeere**. Der **Atlantik** war deshalb so entscheidend, weil nur freie Schifffahrtslinien die kriegswichtigen Lieferungen der USA an die Alliierten sicherstellten. Seit dem Kriegseintritt der USA 1941 erfolgte eine enorme Ausweitung des **deutschen U-Boot-Krieges** im Atlantik mit hohen Versenkungszahlen bei alliierten Geleitzügen und Vorstößen bis zur amerikanischen Ostküste. Seit 1943 galt der Sieg über die deutsche U-Boot-Flotte als vorrangiges Ziel der Alliierten. Die Entschlüsselung des deutschen Funkverkehrs durch die britische Abwehr und Erfindungen wie die magnetische Seemine erlaubten es, die deutsche U-Boot-Waffe bis zum Mai 1943 so entscheidend zu treffen, dass die Schlacht im Atlantik von deutscher Seite als verloren abgebrochen werden musste.

Wichtige Entscheidungen und alliierte Kriegskonferenzen

März 1941 Abkehr der USA vom **Isolationismus** und Hinwendung zum **Interventionismus:** Das „*Leih- und-Pacht-Gesetz*" (*Land Lease Act*) ermächtigt den USA-Präsidenten, Waren kostenlos zur Verfügung zu stellen. Mehr als 40 Staaten erhielten bis 1945 Waffenhilfe im Wert von über 40 Milliarden Dollar.

14.8.1941 Atlantik-Charta: Entwurf einer von Roosevelt und Churchill formulierten Nachkriegsordnung (sog. „*Grande Design*" = *großer Entwurf*) in Anlehnung an Wilsons Vierzehn-Punkte-Programm; allerdings sollen die Aggressoren (Deutschland, Japan, Italien) unschädlich gemacht werden.

7.12.1941 Japanischer Überfall auf Pearl Harbor: Amerikanischer Kriegseintritt und **deutsche Kriegserklärung an die USA (11.12.1941);** Grunsatzentscheidung „Germany first" („Deutschland zuerst" zu besiegen).

14.–26.1.1943 Konferenz von Casablanca: Forderung nach bedingungsloser Kapitulation der Achsenmächte. Idee einer „One World" ohne Interessensphären und Handelshemmnisse.

28.11.–1.12.1943 Konferenz von Teheran: Roosevelt, Churchill, Stalin beschließen Vorgehen gegen das besiegte Deutschland. Zusage der Westmächte zur Errichtung einer „Zweiten Front" **(Landung in der Normandie Mai 1944);** UdSSR verspricht den Kriegseintritt gegen Japan nach der deutschen Kapitulation.

4.–11.2.1945 Konferenz der „großen Drei" in Jalta: Beschlüsse zur Nachkriegsordnung, wie Westverschiebung Polens und Aufteilung Deutschlands in Besatzungszonen unter Beteiligung Frankreichs. „Erklärung über das befreite Europa": Alle Völker sollen „demokratische Einrichtungen nach ihrer Wahl" schaffen dürfen.

die Mächtegruppierungen im Zweiten Weltkrieg 1942 181

182 Japans Griff nach der Vorherrschaft in Asien – Der Zweite

*Das Denkmal nach dem bekannten Pressefoto des Pazifik-Krieges, (bei der Erstürmung der **Insel Iwojima** durch amer. Marinesoldaten am 19.2.1945 aufgenommen) steht für den erbarmungslosen Krieg, denn fast alle der 23 000 jap. Soldaten wurden bei der Erstürmung getötet.*

Im Ersten Weltkrieg vollzog sich **Japans Aufstieg zur Weltmacht**. Die Ausdehnung seiner Macht in China seit den dreißiger Jahren verletzte das seit der Jahrhundertwende von den Kolonialmächten anerkannte Prinzip der *„Politik der Offenen Tür"* und machte Asien neben Europa zum zweiten großen Kriegsschauplatz der Welt.

„Politik der offenen Tür" – „Neue Ordnung Ostasiens"
Seit 1899 galt die von den USA erklärte „Politik der offenen Tür" als Grundlage der Politik der Großmächte im Fernen Osten (bestätigt auf der *Konferenz von Washington 1922*). Sie beruhte auf der Zusicherung des gleichberechtigten Zugangs aller Länder zum chinesischen Markt und der Garantie der territorialen Integrität Chinas. Durch die im November 1938 von Japan proklamierte *„Neue Ordnung Ostasiens"*, die einen autarken Wirtschaftsraum in Asien unter japanischer Vorherrschaft vorsah, trat Japan in scharfen Gegensatz zu diesem Prinzip, v.a. zu den USA.

Japanische Expansion in Ostasien
Ausdruck der immer aggressiveren jap. Außenpolitik war 1931/32 die **Eroberung der Mandschurei**, die zum jap. Satellitenstaat **Mandschukuo** wurde. Ziel war die Schaffung eines von Japan beherrschten Wirtschaftsraumes. Der **Angriff auf China 1937** führte zur Konfrontation mit den USA. Bis 1939 eroberte Japan weite Teile des Reiches der Mitte. Sein brutales Vorgehen gegen die Zivilbevölkerung zeigte sich in Massakern und Massenvergewaltigungen (ca. 300 000 Tote) bei der Einnahme der provis. chines. Hauptstadt Nanking. 1940 erfolgte der Einmarsch in **Franz.-Indochina** unter Ausnutzung der geschwächten Position Frankreichs, woraufhin die USA, Großbritannien und die Niederlande im Juli 1940 mit einem Wirtschaftsembargo reagierten.

Kriegsbeginn im Pazifik
Am **7.12.1941** erfolgte ohne vorherige Kriegserklärung der jap. Angriff auf die amer. Pazifikflotte in **Pearl Harbor** (Hawaii-Inseln), um die überlegene amerikanische Marine entscheidend zu schwächen. Bis zum **Juni 1942** verzeichnete Japans Expansion große Erfolge im Pazifik entlang eines dreigeteilten Operationsplanes. Der Hauptstoß zielte auf die Inselwelt der Philippinen und Niederländisch-Indien. Der Vorstoß über das verbündete Thailand nach *Burma* zielte letztendlich auf Britisch-Indien und die *Schließung der Burmastraße* als Hauptversorgungslinie nach China (April 1942). In wenigen Monaten nahmen die Japaner Indonesien, Indochina, Malaysien und die Philippinen ein. Mit der Landung auf *Neuguinea* und den *Aleuten* (Juni 1942) erreichte die japanische Ausdehnung ihren Höhepunkt. Japan beherrschte zu diesem Zeitpunkt ca. 450 Mio. Menschen, kontrollierte 95% der Produktion an Rohgummi, 90% an Chinin und je 70% an Reis und Zinn. Von Neuguinea aus erfolgte die *Bombardierung austral. Küstenstädte* (Darwin im Febr. 1943); die Bevölkerung des nördlichen Australiens musste evakuiert werden.

Kriegswende und japanische Niederlage
Die **Wende** im pazifischen Krieg bildete die **Schlacht um die Midway-Inseln im Juni 1942**, die mit einer schweren japanischen Niederlage endete; durch den Verlust von vier seiner Flugzeugträger verlor Japan die Überlegenheit im See-Luftkrieg. Dadurch wurde es den USA möglich, im Jahre 1943 in verlustreichen Landeoperationen im sog. *Inselspringen*, die japanischen Positionen langsam aufzurollen. Unter Umgehung japanischer Stützpunkte drangen Amphibienunternehmungen bis in den Kern des japanischen Reiches vor, so dass von den Marianen aus massive Luftangriffe auf das japanische Festland möglich wurden. Die *Seeschlacht bei Leyte* (Okt. 1944) und die Rückeroberung der Philippinen bedeutete das Ende der japanischen Seemacht.
Am 8.8.1945 erfolgte die **Kriegserklärung der Sowjetunion** und der Einmarsch der Roten Armee in die Mandschurei sowie die Besetzung der *Kurilen* und *Sachalins*. Um die amer. Verluste möglichst gering zu halten und den Führungsanspruch bei der Gestaltung der Nachkriegsordnung zu demonstrieren, erfolgten am 6.8.1945 die Abwürfe der amer. **Atombomben** auf *Hiroshima* und am 9.8. auf *Nagasaki*. Am **2.9.1945** fand die Unterzeichnung der *jap. Kapitulation* an Bord des Schlachtschiffes „Missouri" statt.

Weltkrieg in Ostasien und im Pazifik bis 1945

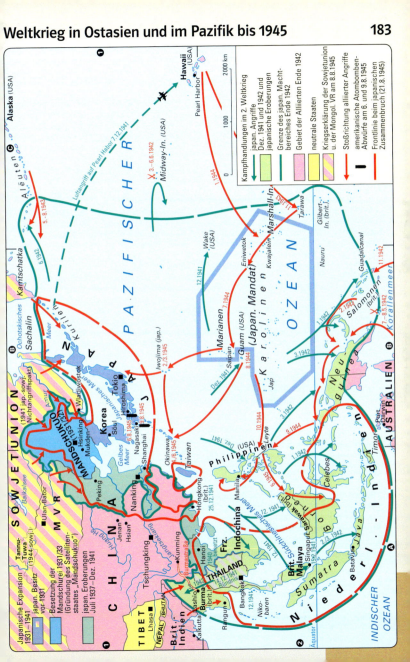

184 Planmäßiger Völkermord im europäischen Maßstab – Die

„Judenstern": zuerst im Generalgouvernement 1939, 1941 auch im „Reich" eingeführt. Gehörte zu einer Reihe von Maßnahmen zur äußeren Kennzeichnung von Juden („J" im Pass, das Führen bestimmter Vornamen usw.). Reichspropagandaminister Goebbels entwarf das Zeichen. Alle Juden über sechs Jahre mussten sichtbar auf der linken Brustseite der Kleidung „fest angenäht" den gelben Stern tragen.

Der **Völkermord im europäischen Maßstab** war Teil eines gezielten Planes, dem im Deutschen Reich bereits vor 1939 eine umfassende Diskriminierung und Entrechtung der Juden vorausgegangen war. Er ließ sich nur im Rahmen eines **Krieges** radikal verwirklichen. Besondere Bedeutung hatte der erfolgreiche **Polenfeldzug** (September 1939), durch den sich die Zahl der jüdischen Bevölkerung unter deutscher Herrschaft verschachte. Die Errichtung der **Besatzungsherrschaft in Europa** mit besonders fanatischen Vertretern der NSDAP und der SS an der Spitze schuf die Voraussetzung für den Aufbau einer „effizienten" Mordmaschinerie.

Definition: Judenfeindschaft, Antisemitismus
Die Vernichtung der europäischen Juden war die Folge eines fanatischen *Rassenantisemitismus*. Gegenüber der religiös motivierten *traditionellen Judenfeindschaft*, gründete der *Antisemitismus* auf primitiver biologischer Vorstellung von unterschiedlichen Rassen und deren Kampf ums Dasein (*Sozialdarwinismus*). Die Vorstellung der Bedrohung einer Rasse durch „artfremde" Elemente begründete die *Züchtungs- und Vernichtungsideologie* des NS-Staates und die Aufgabe aller moralischen Wertvorstellungen von Toleranz, Schutz und Fürsorge als Teil der Zivilisation.

Etappen der Judenvernichtung im Zweiten Weltkrieg

Die Einrichtung von *Ghettos (abgeriegelte Wohnbezirke, in denen in Warschau bis zu 500 000 Menschen zusammengepfercht wurden)* in Polen schuf die Voraussetzung zur Konzentration der jüdischen Bevölkerung. Später entwickelten sie sich zu Sammel- und Durchgangslagern für die Zentren der Vernichtung. Beim *„Russlandfeldzug"* Juli/August 1941 stellten **massenhafte Erschießungen** jüdischer Frauen, Kinder und Männer durch die **vier Einsatzgruppen** – mobile Einheiten, die unmittelbar hinter den vorrückenden Armeen mit Unterstützung der Wehrmacht ihr Mordwerk verrichteten – den Übergang zur **systematischen Vernichtung** dar.

Zum **Wendepunkt in der „Judenpolitik"** des Dritten Reiches wurde der Jahreswechsel 1941/42. Die Großoffensive der sowjetischen Armee und der Kriegseintritt der USA machten die Hoffnung auf einen raschen „Endsieg" und die Pläne einer Massendeportation nach Sibirien oder auf die Insel Madagaskar zunichte. Daher verstärkten sich die fanatischen Anstrengungen zur Durchführung der *Judenvernichtung noch im Krieg*. Auf der Berliner **Wannseekonferenz vom 20. Januar 1942** wurde die Planung eines europäischen Vernichtungsprojektes durch die verantwortlichen Stellen der SS und der Ministerien koordiniert. Bei der Ermordung behinderter Menschen (*sog. Aktion T 4, 1939 – 41*) waren bereits Erfahrungen mit dem *Einsatz von Gaskammern* zur massenhaften Tötung von Menschen gesammelt worden, die die „Experten" zum Bau großer Vernichtungslager im Osten nutzten. **Auschwitz-Birkenau** wurde zur größten dieser Mordfabriken, in denen der größte Teil der Ermordung von bis zu sechs Millionen Menschen geschah. Besonders makaber war die systematische industrielle *Verwertung* aller Hinterlassenschaften, sogar des Zahngoldes oder der Haare der Opfer.

Massenmord im europäischen Maßstab

Wurde in Osteuropa im Rahmen der Besatzungsherrschaft rücksichtslos gemordet, so war der Zugriff auf die jüdische Bevölkerung im übrigen Europa unterschiedlich. Auf **verbündete Staaten** wie Italien nahm das NS-Regime aus taktischen Gründen Rücksicht, wenn sie ihre Juden schützten, so dass es davon abhing, wie stark die Regime jeweils mit dem Deutschen Reich **kollaborierten**. Aus den **besetzten Staaten**, wie den Niederlanden, wurde der größte Teil der jüdischen Bevölkerung in die Vernichtungslager deportiert. Dies galt auch für **Ungarn**, das nach der deutschen Besetzung 1944 Gegenstand der letzten großen Deportations- und Vernichtungswelle wurde. In einer beispiellosen Rettungsaktion gelang es dagegen 1943 in **Dänemark**, fast die gesamte jüdische Bevölkerung auf Fischerbooten in das neutrale Schweden zu retten.

Vernichtung der europäischen Juden von 1939 bis 1945

186 Die Folgen des „totalen" Krieges – Flucht, Vertreibung und

Mahnmal der Friedland-Gedächtnisstätte
Das Grenzdurchgangslager Friedland (bei Göttingen) für Flüchtlinge, Vertriebene und Heimkehrer aus sowj. Gefangenschaft wurde 1945 an der Grenze dreier Besatzungszonen eingerichtet.

Der „totale Krieg", der auch vor der Zivilbevölkerung nicht Halt machte, schuf in Europa ein *Flüchtlingsproblem*, das einer Völkerwanderung gleichkam. Bereits nach dem Ersten Weltkrieg entstanden Zwangsumsiedlungen (z. B. Türkei und Griechenland) und Massenflucht vor Völkermord (Armenien) oder revolutionären Ereignissen (Russ. Revolution 1917). Für die Vielzahl staatenloser Menschen schuf der Völkerbund den sog. *Nansenpass*. Im Zweiten Weltkrieg erreichten Massenflucht und Vertreibungen ihren Höhepunkt, so dass es bei Kriegsende 1945 ca. 40 Millionen entwurzelte Menschen gab. Besonders *Osteuropa* wurde Schauplatz der Verschiebung von Völkergrenzen auf brutale Weise.

1939/40 „Hitler-Stalin-Pakt" und deutscher Überfall auf die Sowjetunion

Nach dem *Hitler-Stalin-Pakt (23.8.1939)* und der Besetzung Polens begannen beide Regime mit einer *„ethnischen Flurbereinigung"* in ihren Interessensphären, die die UdSSR auch nach Kriegsende mit der Vertreibung von Millionen Menschen fortsetzte. Die dem Deutschen Reich angegliederten Teile Westpolens wurden durch die Deportation der polnischen Bevölkerung in das sog. „Generalgouvernement" und die Ansiedlung von Volksdeutschen aus mehreren Staaten (ca. 500 000) „germanisiert". In *Ostpolen* und anderen Gebieten unter sowjetischem Einfluss folgten Zwangsumsiedlungen nach Sibirien. Der deutsche *Überfall auf die Sowjetunion 1941* sollte eine dramatische Verschiebung von Volkstumsgrenzen nach Osten bewirken. *„Lebensraum im Osten"* sollte durch den 1941 erstellten deutschen „Generalplan Ost" (Aussiedlung von 30 Millionen Menschen nach Sibirien) geschaffen werden.

Kriegsende

Die *Niederlage Deutschlands* im Zweiten Weltkrieg löste gewaltige Wanderungsbewegungen der Deutschen von Osten nach Westen aus. Besonders dramatisch gestaltete sich die Flucht vor der Roten Armee aus den deutschen Ostgebieten, da keinerlei Vorsorge für die Zivilbevölkerung getroffen worden war. Aus Ostpreußen mussten ca. zwei Millionen Flüchtlinge mit Schiffen über die Ostsee evakuiert werden, da der Landweg durch die Rote Armee bereits abgeschnitten war. Oftmals waren Vertreibungen aus den Ostgebieten, dem Sudetenland und Ungarn begleitet von der Rache der Osteuropäer, die unter der deutschen Besatzungsherrschaft gelitten hatten. Auf der *Potsdamer Konferenz 1945* wurde das Gebiet östlich der Oder-Neiße-Linie als polnisches Gebiet (Westverschiebung Polens) bestätigt, so dass sich *Zwangsumsiedlungen* bis 1951 hinzogen.

Umsiedlung, Vertreibung

21.10.1933 Vertrag Hitler-Deutschlands mit dem faschistischen Italien: sog. *„Option für Deutschland"*: Bis 1944 verlassen deutsch- und ladinischsprachige Südtiroler Italien und werden im östlichen Mitteleuropa nach der Vertreibung der slawischen Bevölkerung als „Wehrbauern" angesiedelt.

1939 Vertreibungen nach dem Hitler-Stalin-Pakt
Deutsche Seite:
Deportation der polnischen und jüdischen Bevölkerung des „Warthelandes" und *Danzig-Westpreußens* in das Generalgouvernement. Städte wie Gdynia (in „Gotenhafen" umbenannt) wurden zwangsgermanisiert. Ansiedlung von Volksdeutschen aus dem Baltikum (Okt.–Dez.1939), aus Wolhynien, Galizien und vom Narew (Nov. 1939 – Jan. 1940), aus der Region Chelm und Lublin (Sommer 1940), aus Bessarabien, der Nord- und Südbukowina und der Dobrudscha (Sept.–Dez. 1940) und Litauen.

Sowjetische Seite:
1940/41 Deportation von zwei Mio. Polen nach Sibirien.
1940 und *1944* Nach dem Kriegen gegen Finnland Umsiedlungsaktionen aus *Karelien*.

Nach dem deutschen Überfall auf die Sowjetunion:
1941/44 Zwangsumsiedlung der Völker, die im Verdacht standen, mit dem Feind zu sympathisieren aus ihren Siedlungsgebieten zwischen Kaukasus und Mittlerer Wolga nach Mittelasien (Wolgadeutsche, Karatschaier, Kalmücken, Inguschen, Tschetschenen, Krimtataren).

1945 Nach der deutschen Niederlage:
Seit Anf. 1945 Flucht vor der Roten Armee (ca. 4–5 Mio.). Enteignung, Entrechtung und Vertreibung von mehr als 3 Mio. Sudetendeutschen und Ungarn aus der Tschechoslowakei (sog. Beneš-Dekrete).
Juli/Aug. 1945 Die bereits in Gang gesetzte Vertreibung der Deutschen östlich der Oder und Neiße wird von den Siegermächten bestätigt.

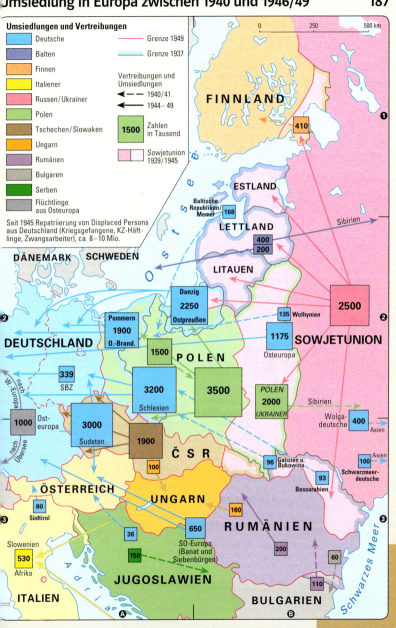

188 Neubeginn aus Ruinen – Besatzungszonen in Deutschland

Flaggen der Bundesrepublik Deutschland und der DDR
Beide Staaten nahmen die Farben Schwarz-Rot-Gold (die Farben der Revolution von 1848) an. Die Flagge der DDR wurde zusätzlich mit dem sozialistischen Staatsemblem versehen.

Deutschland unter alliierter Herrschaft

Nach der militärischen Niederlage und der Kapitulation des Dritten Reiches gingen Staatshoheit und Regierungsgewalt Deutschlands vollständig auf die Oberbefehlshaber der alliierten Streitkräfte über. Die Aufteilung Deutschlands in **vier Besatzungszonen** der Siegermächte UdSSR, USA und Großbritann. unter Einbeziehung Frankreichs war bereits auf der **Konferenz von Jalta** im Februar 1945 beschlossen worden. Sie sollten Teile eines von den Alliierten gemeinsam verwalteten Gebietes sein. Wichtige Beschlüsse zur Besatzungsherrschaft wurden von den Alliierten auf der **Potsdamer Konferenz*** gefasst.

Potsdamer Konferenz 17. Juli bis 2. August 1945
Einrichtung des Alliierten Kontrollrates, *Entmilitarisierung und Entnazifizierung* Deutschlands, *Reparationen* sollen durch Entnahme in den jeweiligen eigenen Besatzungszonen befriedigt werden (zentraler sowjetisch-amerikanischer Konfliktpunkt).
Die deutsche Wirtschaft wird alliierter Kontrolle unterstellt, Deutschland soll aber als *wirtschaftliche Einheit* behandelt werden.

Die oberste Zivilgewalt bildeten die vier Militärgouverneure, die in Berlin zum **„Alliierten Kontrollrat"** zusammentraten, dem Herrschaftsorgan der Alliierten über Gesamtdeutschland.

Berlins Sonderstatus
Die ehem. Reichshauptstadt wurde in **vier Sektoren** geteilt (Räumung von 12 von 20 Berliner Stadtbezirken durch die Rote Armee), was die Insellage Westberlins inmitten der Sowj. Besatzungszone (SBZ) begründete. Im Nov. 1945 wurden Vereinbarungen über „Luftkorridore" zu den drei Berliner Westsektoren als Teil der Sicherung der Versorgungswege getroffen. Die Abhängigkeit vom Einvernehmen der Besatzungsmächte zeigte sich bei der **Berlin-Blockade 1948/49**. Eine Regelung der Berlin-Frage erfolgte erst nach zwei Krisen und dem **Mauerbau (1961)** im **Viermächteabkommen** von 1971, das bis zur deutschen Wiedervereinigung Bestand hatte.

Die Teilung Deutschlands

Die zwischen den Siegermächten aufbrechenden wirtschaftlichen und gesellschaftspolitischen Konflikte und der daraus resultierende *Kalte Krieg* führten schließlich zur *Gründung von zwei deutschen Staaten*. Während in der Sowjetischen Besatzungszone (SBZ) das sozialistische Gesellschaftsmodell durchgesetzt wurde und schließlich die DDR entstand, wurden die Westzonen der USA und Großbritanniens zur *Bi-Zone* zusammengefasst und schließlich mit der französischen Zone zur so genannten *Tri-Zone* zum Staatsgebiet der späteren Bundesrepublik Deutschland vereinigt.

Gründung von zwei deutschen Staaten
7./9.5.1945 Kapitulation der deutschen Wehrmacht.
17.7. bis 2.8.1945 Potsdamer Konferenz
Nov. 1945 Beginn des Internationalen Militärtribunals in Nürnberg **(Nürnberger Prozesse)** gegen die Hauptkriegsverbrecher.
April 1946 Vereinigung der Parteien KPD und SPD in der Sowjetischen Besatzungszone zur **SED**.
23.8.1946 Bildung der Länder Schleswig-Holstein, Niedersachsen (Hannover unter Einbeziehung weiterer Länder) und Nordrhein-Westfalen in der britischen Zone aus dem ehemaligen Preußen (*Länderneubildung* auch in den anderen Zonen).
1.1.1947 Vereinigung der Zonen der USA und Großbritanniens zur **Bi-Zone**. Der „Wirtschaftsrat" der Bi-Zone wird zum ersten deutschen Selbstverwaltungsorgan im Westen, Ausgangspunkt der späteren Weststaatsgründung.
Juni 1947 Bekanntgabe des *„Marshallplans"*.
25.11.–15.12.1947 Außenministerkonferenz der Siegermächte in London ohne Einigung in der Deutschlandfrage.
März 1948 Die UdSSR verlässt den Alliierten Kontrollrat aus Protest gegen den Beschluss zur Bildung der *Tri-Zone*.
August 1948 Erweiterung der Bi-Zone durch die französische Zone zur **Tri-Zone**.
20.6.1948 Währungsreform (Einführung der D-Mark) in den Westzonen führt zur
Juni 1948 – Mai 1949 Blockade Berlins durch die UdSSR. „Luftbrücke" Großbritanniens und der USA zur Versorgung Berlins.
1.9.1948 Zusammentritt des **Parlamentarischen Rates** zur Ausarbeitung des Grundgesetzes.
23.5.1949 Verkündigung des Grundgesetzes der **Bundesrepublik Deutschland**.
7.10.1949 Gründung der **Deutschen Demokratischen Republik** (DDR).

Österreichs Rückkehr zur Selbständigkeit

Österreich wurde ebenfalls in vier Besatzungszonen und Wien mit Ausnahme der Innenstadt in vier Sektoren geteilt. Der am 15. Mai 1955 in Wien unterzeichnete **Staatsvertrag für Österreich** sah die Aufhebung des Besatzungsstatuts vor. Österreich (Zweite Republik) wurde ein unabhängiger Staat in den Grenzen vom 1. Januar 1938 mit der Verpflichtung, keine politische und wirtschaftliche Vereinigung mit Deutschland einzugehen.

190 Eine Weltorganisation zur Schaffung der „Einen Welt"?

*Die **UNO-Flagge** wurde 1947 eingeführt. Die blaue Farbe und der Olivenzweig symbolisieren Frieden und Versöhnung, die Darstellung der Welt die Globalität der Institution.*

Die Ursprünge der UNO (engl. *United Nations Organisation*) lagen in der Anti-Hitler-Koalition des Zweiten Weltkrieges. Ihre Grundidee der „Einen Welt" wurde bereits in der *Atlantic Charta 1941* formuliert und auf den alliierten Kriegskonferenzen weiterentwickelt [→ 180/181]. Das Konzept einer *Weltfriedensordnung* knüpfte an den Völkerbund an, den die UNO ablöste [→ 174/175]. Bereits 1944 arbeitete eine Konferenz der Vertreter der USA, Großbritanniens, der UdSSR und Chinas in *Dumbarton Oaks* (USA) Vorschläge für die Gestaltung der UNO aus. Von April bis Juni 1945 trafen sich Vertreter von 51 Staaten zur Gründungskonferenz der Vereinten Nationen. Die Ziele, die vor allem auch unter dem Eindruck der Brutalität und Willkürakte des NS-Regimes formuliert wurden, fanden ihren Niederschlag in der ***UNO-Charta*** (26.6.1945). Der *Gründungsakt* fand am 24.10.1945 statt.

Die Prinzipien der UNO-Charta vom 26.6.1945
1. Erhaltung des Weltfriedens und der internationalen Sicherheit;
2. Garantie der persönlichen Freiheit und der Menschenrechte;
3. Weltweite Verbesserung der sozialen Lebensbedingungen und des allgemeinen Lebensstandards. Die UNO beruht auf der Souveränität und Gleichheit aller Mitglieder. Insofern ist die UNO „Friedensvermittler", „Entwicklungshelfer" und Konstrukteur einer neuen Weltordnung zugleich.

Die Mitgliederzahl hat sich seit der Gründung mehr als verdreifacht (bis 1985 von 51 auf 159 Staaten). Vor allem die Dekolonisation (1960/61 Aufnahme von allein 17 jungen afrikanischen Staaten) bedingte die Öffnung der UNO für die Dritte Welt. Hatten die USA gemeinsam mit den lateinamerikanischen Staaten zunächst das Übergewicht in der Generalversammlung, so zeigte sich die Verschiebung der Gewichte an der Wahl des ersten Generalsekretärs aus einem Staat der Dritten Welt 1961 (U Thant aus Burma). Seither wurde die UNO auch zum Forum für Fragen des Nord-Süd-Konfliktes (1964 Bildung der UNCTAD = *Konferenz der Vereinten Nationen für Handel und Entwicklung* zur Verbesserung der wirtschaftlichen Position der Entwicklungsstaaten). Die Gründung der Volksrepublik China 1949 verlagerte die Mitgliedschaft des Gründungs- und Sicherheitsratsmitgliedes National-China auf die Insel Taiwan, das seine UN-Mitgliedschaft aufgrund des Einflusses der USA zunächst behaupten konnte (1971 hingegen Aufnahme der Volksrepublik China in die UNO und Ausschluss Taiwans).

Aufbau und Institutionen der UNO
Die UNO hat sechs Hauptorgane und eine Vielzahl von Unter- und Sonderorganisationen, die als Instrumente der Friedenssicherung dienen sollen. Im Zentrum stehen die ***Generalversammlung*** und der ***Sicherheitsrat***. In der Generalversammlung haben alle Staaten eine Stimme, die USA das gleiche Gewicht wie z. B. Botswana. Dem Sicherheitsrat gehören fünf Großmächte als ständige Mitglieder an (USA, Sowjetunion – seit 1991 Russ. Föderation –, Großbritannien, Frankreich und China), gegen deren Veto nichts entschieden werden kann, und zehn nichtständige Mitglieder, die jeweils für zwei Jahre gewählt werden. Der Sicherheitsrat kann als einziges Organ für die Mitglieder bindende Beschlüsse fassen (Funktion einer „Weltpolizei"). Der *Wirtschafts- und Sozialrat (ECOSOC)* ist für wirtschaftl. und soziale Entwicklung zuständig und koordiniert die Arbeit einer Reihe von selbständigen Sonderorganisationen in diesem Bereich (z. B. *FAO – Organisation für Ernährung und Landwirtschaft* oder *GATT*). Das *Sekretariat*, an dessen Spitze ein durch die Generalversammlung gewählter Generalsekretär steht, ist das Hauptverwaltungsorgan der UNO. Die Finanzierung der UNO erfolgt durch Beiträge der Mitgliedsstaaten.

Die UNO als Organ konkreter Konfliktregelung

Die UNO wurde in der Zeit des Kalten Krieges oftmals Plattform zur Austragung des Ost-West-Konfliktes, was ihre Möglichkeiten zur Konfliktregelung behinderte. Die UNO kann auch als „Weltpolizist" Friedensstörer durch militär. Einsatz in die Schranken weisen, wozu ein einstimmiger Beschluss des Sicherheitsrates notwendig ist (z. B. in Korea 1950). Seit 1956 erfolgte die Praktizierung eines neuen Konzeptes des „Peace-Keeping", bei dem die UNO nicht als kriegführende Partei, sondern flankierend bei der Friedenswahrung auftrat: Beobachtung, Verhandlung, Vermittlungshilfen, Pufferbildung, Patrouillendienste durch neutrale UN-Truppen („Blauhelme"). Es wurde v. a. dort angewandt, wo die Interessen der Großmächte nicht unmittelbar tangiert waren: z. B. im Nahen Osten, Zypern, Kaschmir, West-Irian, Kongo (Zaire).

Die Vereinten Nationen (UNO) seit der Gründung 1945

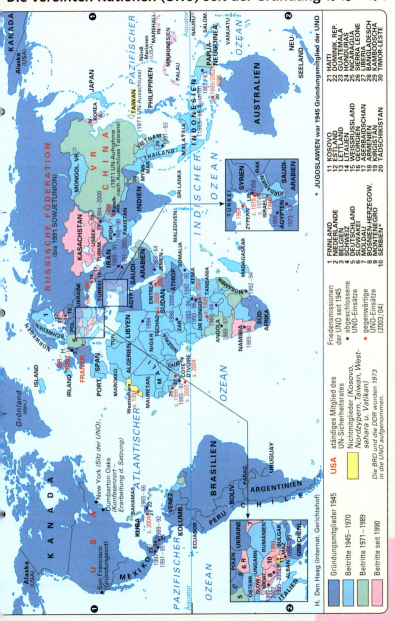

192 Ein „Eiserner Vorhang" teilt Europa – Die militärischen

Flagge der NATO: Das blaue Feld repräsentiert den Atlantik. Ozean, der Kreis symbolisiert die Einheit, der Kompass die gemeinsame Richtung der 19 Nationen zum Frieden.

Als Ergebnis des Zweiten Weltkrieges erfolgte die Ausdehnung des sowj. Machtbereiches um ca. 1200 km nach Westen, was letztendlich bis 1948 etwa 100 Mio. Osteuropäer unter kommunistische Herrschaft brachte.

Sicherheitskonzept der Sowjetunion (UdSSR)
Beruhte gegenüber dem Westen auf drei Dingen:
1. Annexion der balt. Staaten und Ostpolens seit 1939;
2. Gürtel von „Volksdemokratien" in Polen, Rumänien, Bulgarien, Ungarn usw. durch die Einsetzung von Führungskadern, die die ideolog. Führungsrolle der Sowjetunion bzw. der KPdSU im „sozialist. Lager" anerkannten und durch ein Netz bilateraler Verträge über Wirtschafts- und Militärhilfe an die UdSSR gebunden waren;
3. ein möglichst neutralisiertes Deutschland, das dann aber zwischen dem östl. und dem westl. Lager geteilt wurde [→ 188/189].

Der Westen reagierte auf die Sowjetisierung Osteuropas mit dem *Marshall-Plan* und der Gründung des *Nordatlantikpaktes,* d.h. der zunehmenden Verschmelzung Westeuropas mit den USA auf dem Gebiet der militärischen Sicherheit, während Ansätze zu einer eigenständigen europäischen Verteidigungsgemeinschaft scheiterten.

Obwohl der sowj. Vormachtsanspruch im Osten massiv durchgesetzt wurde, gab es auch Unterschiede und Differenzen im sozialistischen Lager etwa im Fall von Rumänien, das in den sechziger Jahren einen eigenständigen außenpolit. Kurs verfolgte, während sich der Block der fünf „harten" Warschauer Paktstaaten (UdSSR, Polen, DDR, Ungarn, Bulgarien) herausbildete, die auch den Reformkurs in der ČSSR 1968 beendeten.

Etappen der Geschichte der NATO und der WEU
17.3.1948 Gründung des *Brüsseler Paktes* als westeuropäisches Sicherheitsbündnis: Erweiterung des *Vertrages von Dünkirchen* (1947) Großbritanniens und Frankreichs um die Benelux-Staaten.
4.4.1949 Gründung des *Nordatlantikvertrages (NATO)* in Washington. Gründungsmitglieder: USA, Benelux-Staaten, Dänemark, Frankreich, Großbritannien, Island, Italien, Kanada, Norwegen und Portugal.
1952 Beitritt Griechenlands (1974–80 Austritt wegen Zypern-Konflikts) und der Türkei zur NATO. Die Gründung der *Europäischen Verteidigungsgemeinschaft (EVG)* scheitert nach der Ablehnung durch die französische Nationalversammlung (sog. „Pléven-Plan").
5.5.1955 Erweiterung des Brüsseler Paktes durch den Beitritt Italiens und Deutschlands zur *Westeuropäischen Union (WEU).*
9.5.1955 Beitritt Deutschlands zur NATO *(Pariser Verträge* vom 23.10.1954)
1966 Frankreich entzieht seine Truppen dem integrierten NATO-Kommando und erzwingt die Verlegung der NATO-Behörden von Paris nach Belgien und den Niederlanden.

Daten zur Geschichte des Warschauer Paktes
1947 Gründung des **„Kominform"** *(Kommunist. Informationsbüro),* das die Arbeit der kommunistischen Parteien unter sowjetischer Führung straffer koordinieren soll (1956 Schließung).
1948 Ausschluss Jugoslawiens.
5.3.1953 Tod Stalins.
17.6.1953 Proteste gegen die Erhöhung der Arbeitsnorm in der DDR wachsen sich zum *Aufstand gegen die SED* aus. Niederschlagung durch sowjetische Truppen und Volkspolizei.
1955 Unterzeichnung des *„Vertrages über Freundschaft, Zusammenarbeit und gegenseitigen Beistand"* durch osteuropäische Staaten (UdSSR, Albanien, Bulgarien, Polen, Rumänien, die Tschechoslowakei und Ungarn, DDR 1956), gemeinsames Oberkommando der Streitkräfte ergänzt durch Truppenstationierungsverträge.
1956 Die Reformkommunisten unter Ministerpräsident Imre Nagy verkünden am 1.11. den Austritt Ungarns aus dem Warschauer Pakt. Sowj. Truppen marschieren in Budapest ein und schlagen den **Ungarischen Volksaufstand** nieder.
1962 Austritt Albaniens, das sich stärker an der VR China orientiert.
1968 Nach dem *„Prager Frühling"* – Reformen unter Alexander Dubček – besetzen Truppen des Warschauer Paktes die ČSSR.

Von der Konfrontation zur Entspannung
Die Veränderung des Klimas zw. den Supermächten in den sechziger Jahren erlaubte auch eine Entwicklung hin zur Normalisierung in Europa: *Ostverträge*, KSZE-Prozess. Die letzte Etappe des Kalten Krieges stellte die Auseinandersetzung um die Mittelstreckenraketen in Europa dar, die der SALT-II-Vertrag nicht berücksichtigt hatte. Der *„NATO-Doppelbeschluss"* (1979) führte seit 1983 zum Aufbau von Pershingraketen und Marschflugkörpern als Reaktion auf die Stationierung von SS-20-Raketen. Über ihren Abbau wurde 1987 im *INF-Vertrag* Einigung erzielt (erstmalig Vernichtung einer Waffengattung).

Ostverträge der Bundesrepublik Deutschland
UdSSR (1970), Polen (1970), DDR (Grundlagenvertrag 1972) und ČSSR (1973).

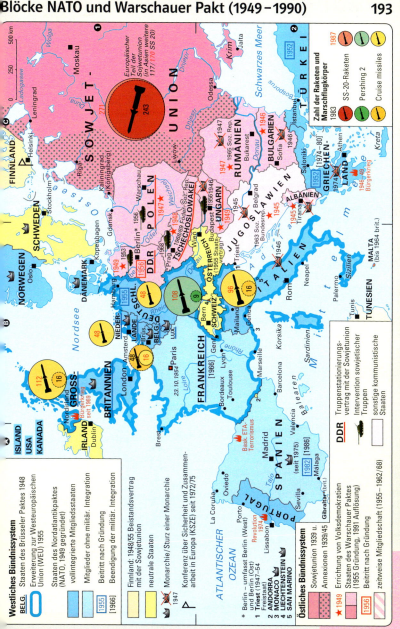

194 Marktwirtschaft oder Planwirtschaft? – Die Teilung Europa

EU-Flagge
Zunächst Flagge des Europarates (1955), seit 1986 von der Europäischen Union übernommen.

Der militär. und polit. Spaltung Europas entsprach auch die wirtschaftl. Blockbildung. Es entstanden zwei konkurrierende überstaatl. Organisationen: Die marktwirtschaftl.-kapitalist. *Europäischen Gemeinschaften (EG)* im Westen und der planwirtschaftl.-kommunist. *Rat für Gegenseitige Wirtschaftshilfe (RGW)* im Osten. Während sich im militär. Bereich die Anbindung an die Supermächte UdSSR und USA in Ost und West entsprach, stand nur der östliche RGW unter Führung der UdSSR, wohingegen die westeurop. Staaten im wirtschaftlichen Bereich einen von den USA unabhängigen Weg gingen.

Die EG im Westen
Zum entscheidenden Impuls für die Europabewegung wurde der Zwang zur Koordination des Marshallplanes*, dessen Hilfe an die Bedingung einer engen Kooperation der europäischen Empfängerländer geknüpft war.

Marshallplan
Vom amer. Außenminister 1947 initiierte Wiederaufbauhilfe für Europa. Die europ. Staaten erhielten insgesamt 12,4 Milliarden Dollar Wirtschaftshilfe.

Aus diesem Grund wurde 1948 die *OEEC (Organization for European Economic Cooperation)* als erster Schritt zu einer engen wirtschaftl. Kooperation von 16 westeurop. Staaten gegründet. Es folgte die Gründung des *Europarates* als moralisch-ideelle Autorität der gemeinsamen europ. Werte (*Europ. Menschenrechtskonvention* 1950), dessen Entscheidungen allerdings keine Rechtsgültigkeit besitzen. Erfolgreicher wurde der ökonom. Einigungsprozess von sechs Gründerstaaten seit 1952, ausgehend von drei Teilgemeinschaften (*Montanunion, EWG, EURATOM*), die *1967* zu den *Europäischen Gemeinschaften (EG)* vereinigt wurden. Sie führten zur Schaffung eines *Gemeinsamen Marktes* mit seinen „vier Freiheiten": Freier Verkehr von Waren, Dienstleistungen, Personen und Kapital. Bis 1986 wuchs die EG von der urspr. Sechser- zur Zwölfergemeinschaft.
Neben der EG bildete sich seit *1960* die *Europäische Freihandelsassoziation (EFTA)*, die auf einem zollfreien Handel zwischen den Mitgliedern beruhte, die allerdings ihre Außenzölle selbst festlegten und im Gegensatz zur EG keine gemeinsame Agrarpolitik besaßen.

Die wichtigsten gemeinsamen Organe der EG:
Der *Ministerrat* stellt das Entscheidungszentrum dar, den „Gesetzgeber" der EG.
Die *Europ. Kommission* in Brüssel ist das ausführende Organ (Exekutivorgan) als ständige Zentralbehörde und einflussreichste Institution.
Das *Europ. Parlament* (seit 1979 direkt gewählt) hat nur begrenzte Macht (Beratung, Kritik und Kontrolle) und beschließt den Haushalt der EG.
Der *Europ. Gerichtshof* entscheidet bei Streitigkeiten über die Auslegung der Gemeinschaftsverträge und bei Konflikten zw. Mitgliedsstaaten und Organen der EG.

Daten zur Geschichte der EG bis 1990
1949 Gründung des *Europarates* durch zehn westeuropäische Staaten mit Sitz in Straßburg, bestehend aus *Parlamentarischer Versammlung* (Abgeordnete aus den nationalen Parlamenten) und *Ministerkomitee.*
1950 *Europ. Menschrechtskonvention.* Jeder Bürger kann diese anrufen.
1952 Gründung der *Europ. Gemeinschaft für Kohle und Stahl* (*EGKS*, sog. *Montanunion*) durch die Bundesrepublik Deutschland, Frankreich, Italien und die drei Beneluxstaaten.
1958 Gründung der *Europ. Wirtschaftsgemeinschaft (EWG)* und der *Europ. Atomgemeinschaft (EURATOM, EAG)* durch die Montanunionsstaaten, sog. *„Römische Verträge"* (unterzeichnet am 25.3.1957).
1965 Höhepunkt der schwersten EG-Krise (Agrarmarktfragen – Ablehnung eines britischen Beitritts) ausgelöst durch Frankreich – Beilegung durch den *Luxemburger Kompromiss* (Prinzip der Einstimmigkeit im Ministerrat).
1967 Vereinigung der drei europäischen Gemeinschaften (EGKS, EWG und EAG) zu den *Europäischen Gemeinschaften (EG).*
1973 Beitritt Großbritanniens, Irlands u. Dänemarks.
1979 Einführung des europäischen Währungssystems (feste gemeinsame Wechselkurse mit einer gemeinsamen Leitwährung *ECU*, dem sich Großbritannien nicht anschließt.
1981 Beitritt Griechenlands.
1986 Beitritt Portugals und Spaniens.

Der RGW im Osten
1949 erfolgte als Antwort auf den Marshallplan die Gründung des *Rates für Gegenseitige Wirtschaftshilfe* (RGW – engl. *COMECON* gen.). Er beruhte u.a. auf bilateralem Außenhandel mit der Sowjetunion. Den Volkswirtschaften wurden arbeitsteilige Spezialisierungen vorgeschrieben. 1949 folgten der Beitritt Albaniens (Austritt 1962) und 1950 der DDR (Auflösung des RGW am 28.6.1991).

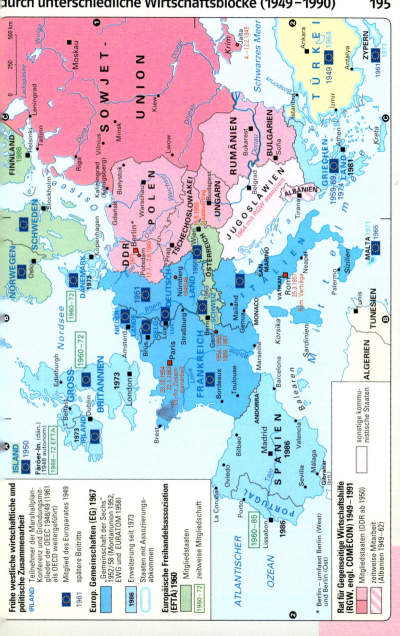

196 Blockbildung und Dekolonisierung – Ost-West-Konflikt

Flagge des Commonwealth
Heute gehören 54 unabhängige Länder zum Commonwealth. – Der Anfangsbuchstabe „C" umschließt einen Globus als Symbol für die weltumspannende Bedeutung der Organisation.

Das Ende des Zweiten Weltkrieges brachte auch das Ende Europas als Zentrum der Weltpolitik und den Niedergang der europäischen Kolonialmächte mit sich. Die bipolare Weltordnung führte zu einer Teilung der Welt. Der Ost-West-Konflikt überlagerte und verschärfte zahlreiche regionale Konflikte in der ***Dritten Welt****. Oftmals schlossen sich Dekolonisierungskonflikten wie in Angola unmittelbar Bürgerkriege oder Regionalkonflikte an, in denen die Supermächte USA und UdSSR eine der beiden Parteien unterstützten.

Der Begriff „Dritte Welt"
Der Begriff wurde im Zusammenhang mit dem Ost-West-Konflikt geprägt, d.h. die Staaten der Dritten Welt grenzten sich vom Westen („Erste Welt") und Osten („Zweite Welt") ab.
Bis 1989 galten als Länder der „Dritten Welt" alle Staaten Lateinamerikas, Afrikas (mit Ausnahme der Südafrikanischen Republik), alle Länder Asiens (außer Israel, Japan, Südkorea, Taiwan) und alle Gebiete Ozeaniens ohne Australien und Neuseeland.

Gründe für die Dekolonisierung
- Wachsendes Nationalbewusstsein der kolonialisierten Völker und die zunehmende Ablehnung der weißen Kolonialherrschaft, in Asien bereits seit dem Ende des 19. Jahrhunderts, in Afrika nach dem Zweiten Weltkrieg.
- Einstellungswandel bei den Kolonialmächten: Verlust des Glaubens an den eigenen kolonialen Herrschaftsanspruch und das Sendungsbewusstsein.
- Der Niedergang und Machtverlust der europäischen Kolonialmächte infolge des Zweiten Weltkrieges. Als Lohn für die Unterstützung im Kampf gegen die Achsenmächte wurde einigen Kolonien die Unabhängigkeit in Aussicht gestellt.
- Die Unvereinbarkeit des Kolonialismus mit den Ideen des Völkerbundes (1919) und der Charta der Vereinten Nationen (1945). Bereits die Völkerbundssatzung von 1919 enthielt den Auftrag an die Mandatsmächte, die Kolonialgebiete zur Unabhängigkeit zu leiten, deren Verwaltung sie im Auftrag der Gemeinschaft des Völkerbundes übernahmen.

Hatte **Großbritannien** mit dem Umbau des britischen Kolonialreiches in ein *„Commonwealth of Nations"* einen Weg des stufenweisen Übergangs der Kolonien in die Selbständigkeit gefunden, fochten die Niederlande, Frankreich und Portugal in Afrika und Asien teilweise blutige *Dekolonisierungskriege*.

Die erste große Welle der Dekolonisierung nach 1945 setzte in **Asien** ein, wo 1946 die Philippinen die Unabhängigkeit von den USA erlangten. 1947 gewannen Pakistan und Indien die Souveränität von Großbritannien, 1949 Indonesien von den Niederlanden. Asien wurde nach 1949 zur ersten Region, in der sich Dekolonisierung und Ost-West-Konflikt in blutigen Kriegen (Korea, Indochina, Malaya) überschnitten und sich schwere Regionalkonflikte anschlossen (z.B. Kaschmir).

Die zweite Welle der Dekolonisierung in **Afrika** begann mit dem Sudan (1956) und der britischen Kolonie Ghana (ehemals „Goldküste"), die 1957 in die Unabhängigkeit entlassen wurde. 1960 erlangten alleine 17 der schwarzafrikanischen Kolonien die Selbständigkeit von Frankreich, Großbritannien und Belgien. Während in den schwarzafrikanischen Ländern die Kolonien Frankreichs weitgehend unblutig die Unabhängigkeit erlangten (Beitritt zur frz. Staatengemeinschaft *Communauté Française*), erfolgte das Ende der französischen Kolonialherrschaft in **Algerien**, das seit 1881 Teil des Mutterlandes gewesen war, in einem schmutzigen Bürgerkrieg (1954–1962, 1958 Offizierputsch und Ende der IV. Republik in Frankreich). 1975/76 endete für die portugiesischen Afrikabesitzungen die Kolonialzeit nach längeren blutigen Befreiungskämpfen (ermöglicht durch das Ende der Diktatur in Portugal – *„Nelkenrevolution"* 1974).

Auf dem **lateinamerikanischen Subkontinent** wurde die Mehrzahl der Länder im 19. Jh. bereits nach Befreiungskriegen selbständig. Allerdings gestaltete sich die Entwicklung dieser Staaten auch nach 1945 wirtschaftlich und politisch instabil.

Dekolonisierung und Ost-West-Konflikt
Im Rahmen des Kalten Krieges versuchten die Supermächte, die jungen Staaten Asiens und Afrikas für das eigene Lager zu gewinnen, so dass seit den sechziger Jahren Nord-Süd-Konflikt und Ost-West-Konflikt überlagerten. Die Sowjetunion sah sich aus ideologischen Gründen als Sachwalterin der Dritten Welt an, da sie Imperialismus und Kapitalismus gleich-

setzte und deshalb „Befreiungsbewegungen" in Asien und Afrika (z. B. Ägypten, Somalia, Mosambik) unterstützte. Kuba, als Staat der Dritten Welt, agierte hier oftmals als sowjetischer „Stellvertreter" mit der Entsendung von Militärberatern und Truppen. Auf der anderen Seite versuchten die USA, die Ausbreitung des Kommunismus in Asien und Afrika einzudämmen und sogar zurückzudrängen (z. B. Korea, Vietnam).

Containment – Rollback – Truman-Doktrin
Die Prinzipien der amerikanischen Außenpolitik beruhten im Kalten Krieg zunächst auf dem Prinzip des *Containment* (engl. *Eindämmung*). Sie sollte die Eindämmung des Kommunismus durch gezielte Außenpolitik, die Schaffung von Bündnissystemen und antisowjetischen „Bollwerken" leisten.
Aggressiver war die *Roll-Back Doktrin* (engl. *Zurückdrängen*), die auf eine Zurückdrängung des sowjetischen Einflusses zielte.
Die *Truman-Doktrin* meinte die politisch-diplomatische Ebene, da sie ausgehend von der Türkei und Griechenland allen vom Kommunismus bedrohten *freien Völker der Welt* massive Unterstützung anbot.

Jede der beiden Supermächte achtete im eigenen Einflussbereich darauf, dass die Staaten nicht die Seiten wechselten oder intervenierten, wenn dieser Fall drohte. Als Machtmittel dienten auch der Ausbau und die Festigung von Bündnissystemen, voran des Warschauer Paktes und der NATO. Die USA waren maßgeblich in weiteren regionalen Bündnissystemen mit den lateinamerikanischen Staaten (OAS, 1948 gegr.), im Pazifik (ANZUS-Pakt 1951), im südasiatischen Raum (SEATO 1954) und bilateralen Verteidigungsverträgen [→ 200/201]. Auch erfolgte der Ausbau von Militärstützpunkten auf der ganzen Welt.

Die Angst vor Ausbreitung des Kommunismus führte bei den USA, die sich als Vertreter der demokratischen Weltordnung verstanden, zur Zusammenarbeit mit Militärregimen u. a. Diktaturen.

Bewegung der Blockfreien
Als Reaktion auf den zunehmenden Druck der Supermächte vereinigten sich Staaten mit dem Ziel der *Bündnis- und Blockfreiheit* (erste Konferenzen in Kairo 12. Dezember 1952 und Belgrad 1961), um aus der Bipolarität auszubrechen und einen Weg unabhängig vom Ost-West-Konflikt (Höhepunkt: Harare-Konferenz 1986) zu gehen.

Ziele der Blockfreien:
Unterstützung der nationalen Unabhängigkeitsbewegungen; Abbau der Ost-West-Spannungen, friedliche Koexistenz und Unabhängigkeit gegenüber den Supermächten. Teilweise ermöglichte die Blockfreiheit den Staaten, sich durch eine Pendelpolitik im Rahmen des Ost-West-Konfliktes Vorteile zu verschaffen und Militär- und Wirtschaftshilfe von beiden Supermächten zu erhalten.

Der Politisierungsprozess der Dritten Welt wurde auch durch das Rohstoffkartell der 1960 gegründeten *OPEC* (engl. *Organization of the Petroleum Exporting Countries = Organisation der Erdöl exportierenden Länder*) verstärkt. Das im vierten Nahostkrieg 1973 ausgesprochene Ölembargo erzwang die Neutralität Europas und Japans im Nahostkonflikt. Die UNO wurde seit den sechziger Jahren zum Forum für die Nöte der Staaten der Dritten Welt (UNCTDAD seit 1964): Meilenstein war die ***7. Generalversammlung der UNO von 1974***, die eine „*Charta der wirtschaftlichen Rechte und Pflichten der Staaten*" beschloss.

Kein Jahr seit 1945 ohne Krieg in der Dritten Welt:

Dekolonisierungskriege, Stellvertreterkriege und Regionalkonflikte [→ 200/201]
- **1945–1949** Indonesischer Unabhängigkeitskrieg.
- **1946–1954** Indochinakrieg Frankreichs.
- **1947/48** Erster Indisch-Pakistanischer Krieg.
- **1948/49** Erster Nahostkrieg.
- **1950–1953** Koreakrieg.
- **1954–1962** Unabhängigkeitskrieg Algeriens von Frankreich.
- **1956** Suezkrieg und zweiter Nahostkrieg
- **1960–1965** Bürgerkrieg im Kongo.
- **1961/64–1975** Vietnamkrieg.
- **1965** Zweiter Indisch-pakistanischer Krieg.
- **1967** Dritter Nahostkrieg (Sechstagekrieg: Israel, arabische Staaten).
- **1969** Fußballkrieg Honduras – El Salvador.
- **1962–1975** Unabhängigkeitskriege in Angola und Mosambik (Portugal).
- **1967–1970** Vergeblicher Unabhängigkeitskrieg Biafras in Nigeria.
- **1973** Vierter Nahostkrieg (Yom-Kippur-Krieg).
- **1973** Umsturz in Chile.
- **1974** Zypernkrieg.
- **1974** Krieg Äthiopien – Eritrea (Unabhängigkeit Eritreas 1993).
- **1975–1992** Bürgerkrieg im Libanon.
- **1975–1994** Bürgerkrieg in Angola.
- **1979** Bürgerkrieg in Nicaragua und El Salvador.
- **1979–1988** Sowjetische Invasion in Afghanistan.
- **1980–1988** Erster „Golfkrieg" (Irak – Iran).
- **1982** Tschadkrieg (Bürgerkrieg).

198 Blockbildung und Dekolonisierung – Ost-West-Konflikt

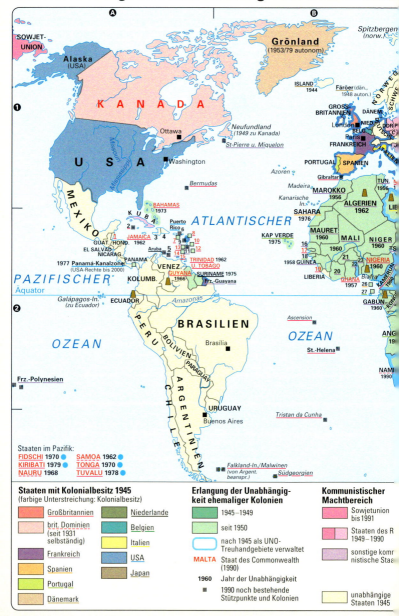

nd Dritte Welt zwischen 1945 und 1990   199

itere politische u. wirtschaftl. ammenschlüsse		
Europäische Gemeinschaften (EG) 1990		
Mitglieder der Organisation Erdöl exportierender Länder 1990 (gegr. 1960)		

Liga (1945 gegr.) vgl. Seite 219
AU (1963 gegr.) vgl. Seite 219
EAN (1967 gegr.) vgl. Seite 219
AS (1948 gegr.) vgl. Seite 201

1 BELIZE 1981
2 Cayman-In.
3 HAITI
4 DOMINIK. REP.
5 Niederl. Antillen
6 Amer. Jungfern-In., Brit. Jungfern-In., Anguilla, Montserrat
7 SAINT KITTS UND NEVIS 1983
8 ANTIGUA UND BARBUDA 1981
9 Guadeloupe
10 DOMINICA 1978
11 Martinique
12 BARBADOS 1966
13 SAINT LUCIA 1979
14 SAINT VINCENT 1979
15 GRENADA 1974
16 SENEGAL 1960
17 GAMBIA 1965
18 GUINEA-BISSAU 1973
19 SIERRA LEONE 1961
20 CÔTE D'IVOIRE 1960
21 BURKINA FASO 1960
22 TOGO 1960
23 BENIN 1960
24 DJIBOUTI 1977
25 ZENTRALAFRIKA 1960
26 ÄQUAT.-GUINEA 1968
27 SÃO TOMÉ U. PR. 1975
28 UGANDA 1962
29 RWANDA 1962
30 BURUNDI 1962
31 Mayotte
32 MALAWI 1964
33 SIMBABWE 1980
34 BOTSWANA 1966
35 SWASILAND 1968
36 SYRIEN 1946
37 LIBANON 1943
38 ISRAEL 1948
39 JORDANIEN 1946
40 BAHREIN 1971
41 KATAR 1971
42 VER. ARAB. EMIRATE 1971
43 BANGLAD. (bis 1971 zu Pak.)
44 Frz. Besitz in Ind. bis 1954

200 Globale Konfrontation im Zeichen des Kalten Krieges –

Westliche Karrikatur zur Kuba-Krise: Chruschtschow zu Kennedy: „Einverstanden, Herr Präsident, wir wollen verhandeln."

Globale Konfrontation

Die sowj.-amer. Konfrontation begann in Mitteleuropa. In ihrem Zentrum stand zunächst Berlin. Es folgte eine Serie von Konflikten an immer neuen Brennpunkten, die sich schließlich zum globalen Ost-West-Konflikt auswuchsen. Schwerpunkte waren zunächst Mitteleuropa, dann Asien (seit 1949), Afrika (seit 1960) und Lateinamerika. Ausgehend von einem ideolog. Gegensatz zwischen liberal-kapitalist. und marxist.-kommunist. Wertordnung kam es zu einem Ringen um regionale Einflusszonen. Diese Rivalität führte zur Teilung der Welt in zwei Lager *(Bipolarität)*.

Supermächte

Nach dem Machtverlust der „klassischen" europ. Großmächte formulierten Supermächte einen wesentl. umfassenderen Herrschaftsanspruch, der auf einer globalen Ausübung von Macht und einer ideolog. fundierten und weltweit vertretenen polit. und gesellschaftl. Wertvorstellung beruhte. Ihr Fundament im Zeitalter der atomaren Rüstung stellte die militär.-strateg. atomare „Zweitschlagfähigkeit" dar. Die Dominanz im eigenen Lager beruhte auf der klaren militär. Überlegenheit gegenüber den Partnerstaaten, der Führungsrolle in regionalen Paktsystemen und der wissenschaftl., technolog. und wirtschaftl. Überlegenheit, die im Falle der Sowjetunion v.a. auf der Autarkie bei Rohstoffen beruhte.

Die atomare Bedrohung und der Übergang zur begrenzten Kooperation

Die beiden Supermächte gerieten nie direkt in einen militär. Konflikt. Länder, die in den Konflikt hineingerieten, *führten Stellvertreterkriege*. Die Atomwaffe schuf eine völlig neue Situation der Abschreckung, seit 1949 die UdSSR ebenfalls zur Atommacht wurde. Die **Kuba-Krise 1962** zeigte, dass keine der beiden Supermächte tatsächlich einen Atomschlag, aus Angst vor Vergeltung, führen wollte. Sie wurde zum *Wendepunkt im Ost-West-Verhältnis*, da sie zunächst zur begrenzten Kooperation und schließlich zur Entspannungspolitik führte. Allerdings verhinderte die Kooperation nicht, dass die Supermächte zur Sicherung ihrer Einflusssphären militär. intervenierten oder eine Ausdehnung des anderen ideolog. Blockes mit kriegerischen Mitteln zu verhindern suchten.

Phasen des Kalten Krieges und der Entspannung

1947/48 Beginn des **Kalten Krieges** – Bildung der Blöcke nach Anfang der *Marshallplan-Hilfe*.

Erste Phase 1948 bis 1953

- **1946–1949** Griechischer Bürgerkrieg, ausgelöst durch die kommunistische Gegenregierung im Norden. Die Zentralregierung stand mit Unterstützung der USA. *(„Truman-Doktrin")*.
- **1948/49** Die **Berlin-Blockade** wird durch die Berliner *Luftbrücke* der USA und Großbritanniens unterlaufen.
- **1949** Die UdSSR bricht das Atomwaffenmonopol der USA.
- **1949** Die Gründung der VR China macht Asien zum neuen Konfliktherd des Kalten Krieges.
- **1950–53** Koreakrieg.
- **1953** **Stalins Tod** – kurze Tauwetterperiode in der Anfangszeit Chruschtschows.

Zweite Phase 1958–1962

Beginn der Rüstung mit Interkontinentalraketen.
- **1958** Berlin-Ultimatum Chruschtschows.
- **1961** Bau der Berliner Mauer, Scheitern eines durch die USA unterstützten Landeunternehmens von Exilkubanern im kommunistischen Kuba.
- **1962** Die **Kuba-Krise**, ausgelöst durch die heimliche Stationierung von Raketen durch die UdSSR, bringt die Supermächte an den Rand eines Krieges – *Wendepunkt im Ost-West-Konflikt*.

1964–75 Beginn der begrenzten Kooperation

- **1963** Einrichtung einer direkten Fernschreiberverbindung Moskau-Washington („Heißer Draht"), der Eskalationen verhindern soll.
- **Seit 1964** Neue Atommächte China und Frankreich (*«force de frappe»*).

1969/70 Entspannungs- und Kooperationspolitik

- **1971** *Viermächteabkommen* über Berlin.
- **1972** *SALT-I-Vertrag* zur Reduktion der strategischen Waffen- und Raketenabwehrsysteme. Beginn der „Sicherheitspartnerschaft".
- **1972** Beginn der *„Konferenz für Sicherheit und Zusammenarbeit in Europa"* (KSZE). Höhepunkt des west-östlichen Entspannungsprozesses (1975 *Schlussakte von Helsinki*).
- **1979** *SALT-II-Vertrag* – Präzisiert die Bestimmungen des SALT-I-Vertrages. Beide Seiten halten sich im Wesentlichen an den Vertrag, obwohl er vom amerikanischen Kongress nicht ratifiziert wurde.

Seit 1979 – Krise der Entspannung und Rückkehr zum Wettrüsten

- **1979** Einmarsch der UdSSR in Afghanistan.
- **Seit 1982** Verstärktes Wettrüsten und erneuter Beginn des Kalten Krieges.

Seit 1985 Letzte Entspannungsphase bis 1991

- **1985** Amtsantritt Gorbatschows und Beginn der Reformpolitik in der UdSSR.
- **1991** Auflösung des Warschauer Paktes und der UdSSR: Ende der UdSSR als Supermacht.

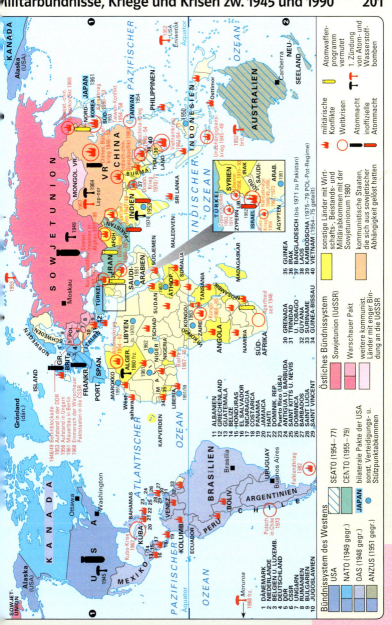

202 Dekolonisierung, Streit der Ideologien und Regional-

Flaggen der VR China und der Republik China (Taiwan)
Die Flaggen zeigen den Systemegensatz zw. kommunist. Volksrepublik (der große Stern als Zeichen der KP, die vier Sterne repräsentieren die sozialen Gruppen) und der Republik China mit drei Farben, die sich auf die Grundlagen des Volkes beziehen: Demokratie (Blau), Lebensunterhalt (Weiß) und Nationalismus (Rot).

Der Zerfall der Kolonialreiche in Asien war eine unmittelbare Auswirkung des Zweiten Weltkrieges. Die geschwächten europäischen Mächte Frankreich, Großbritannien, die Niederlande und Portugal mussten ebenso wie der Kriegsverlierer Japan ihre gesamten kolonialen Besitzungen aufgeben. Während des Krieges hatten die Kolonialmächte die Völker für den Kampf gegen Japan und Deutschland mit dem Versprechen ihrer Unabhängigkeit zu gewinnen versucht. Als man in den ndl. (Indonesien) und frz. Besitzungen (Indochina) diese Zusagen brach, folgten Aufstände und Befreiungskriege. Seit 1917 wuchs der Einfluss der UdSSR auf die Kolonialvölker, die für die kommunist. Weltrevolution gewonnen werden sollten. Teilweise nutzten die Kolonien 1945 die Frist zwischen dem Abzug der Japaner und dem Einrücken der Alliierten bereits zur Ausrufung ihrer Unabhängigkeit.

Chinesischer Bürgerkrieg*

Der Chinesische Bürgerkrieg war von besonderer historischer Bedeutung. Zum ersten Mal gewann eine kommunist. Partei (KPCh) die Macht in einem nichteurop. Land. Gleichzeitig gelang China die Befreiung von kolonialer Abhängigkeit. Mao Tse-tung* versuchte, den Marxismus auf die Verhältnisse eines kolonial abhängigen rückständigen Agrarlandes der Dritten Welt anzupassen.

Mao Tse-tungs Lehre
Im Gegensatz zu Karl Marx sah Mao nicht das Industrieproletariat als Vorreiter der Revolution an, sondern die unterdrückten Kleinbauern und die ausgebeuteten Landarbeiter Chinas. Der rev. „Volkskrieg" musste auf dem Land beginnen, dann erst sollten die Städte durch die Bauernheere kommunist. werden. Die Befreiung von kolonialer Abhängigkeit gehörte zur maoistischen Revolution.

Nach dem Abzug der Japaner aus China erhoben zwei Gruppen Anspruch auf die Macht: Die Nationalregierung Chinas *(Kuomintang = KMT)* unter Tschiang Kaishek und die Kommunistische Partei Chinas *(KPCh)*, die sich beide bereits vor 1937 erbittert bekämpft hatten.

Chinesischer Bürgerkrieg

- **1927** *Massaker von Nanking* und **Shanghai** und Rückzug der KPCh auf das Land, Sowjetgebiete in West-Kiangsi und West-Fukien.
- **1934/35** Nach dem Vernichtungsfeldzug der KMT gegen die Kiangsi-Sowjets erfolgte der *Lange Marsch* der Kommunisten nach Nordchina (Jenan) und die Durchführung der Landreform in den kommunist. kontrollierten Gebieten.
- **1937–45** Ruhen des Bürgerkrieges in der Zeit des *Japanisch-Chinesischen Krieges* (Einheitsfront von Kuomintang und Kommunisten).
- **1946/47** Wiederausbruch des Bürgerkrieges zwischen Kuomintang und Kommunisten.
- **1948** Nach anfänglichen Erfolgen der Kuomintang Übergang der Initiative an die Kommunisten. Eroberung der Mandschurei.
- **1949** Peking und die wichtigsten Städte werden kommunistisch. Rückzug Tschiang Kaisheks (21.1.49) auf die Insel Taiwan mit dem Alleinvertetungsanspruch als *„Republik China"*.
- **1.10.1949** Ausrufung der *Volksrepublik China* am Tor des Himmlischen Friedens durch Mao Tse-tung.

Unabhängigkeit und Teilung Indiens

Entgegen den Absichten des Freiheitskämpfers Indiens, „Mahatma" Gandhi, wurde der ind. Subkontinent bei seiner Unabhängigkeit in einen Hindustaat, die *Indische Union*, und einen Moslemstaat, *Pakistan*, geteilt. Schwerste religiöse Kämpfe folgten. „Jammu und Kaschmir" wurde zum dauernden Zankapfel zwischen den beiden Staaten.

- **15.8.1947** Die Indische Union und Pakistan erhalten den Dominion-Status und werden aus der britischen Herrschaft entlassen (Pakistan: Kunstname a.d. Buchstaben mehrerer Provinzen).
- **1947** Ausbruch des *Kaschmir-Konflikts*. Der Sonderfall einer überwieg. muslim. Bevölkerung unter hinduistischer Herrschaft bietet beiden Seiten Anlass zur Intervention.
- **1.1.1949** Waffenstillstand unter UNO-Vermittlung in der Kaschmir-Frage, das ehemalige Fürstentum Jammu und Kaschmir bleibt geteilt in einen pakistan. und einen südl. ind. Teil.
- **26.11.1949** Indien konstituiert sich als Republik. Eingliederung der 562 Fürstenstaaten.
- **1962** *Ind.-Chin. Krieg* um Grenzgebiete. Streit um die britische *„McMahon-Linie"* im Nordosten und der *Ardagh-Linie* im Norden.
- **1965** *2. Indisch-Pakistanischer Krieg.*
- **1971** Der Bürgerkrieg in Ost-Pakistan (Bangladesch) weitet sich zum *3. Ind.-Pakistan. Krieg* aus. *Bangladesch* wird unabhängig.

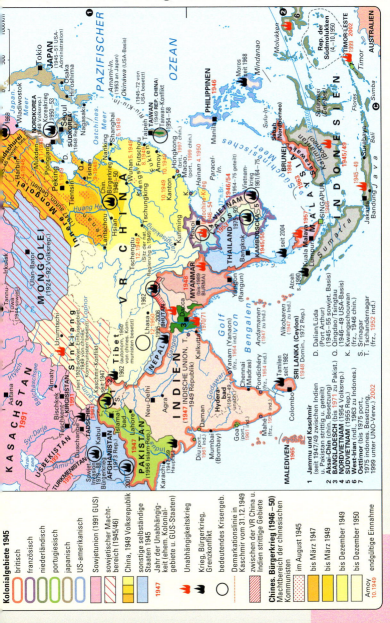

204 Ostasien im Zeichen des Kalten Krieges – Der Koreakrieg

*Die **Flagge des Vietcong** 1955 eingeführt, zeigte die Flagge Vietnams mit dem gelben Stern, dazu ein zusätzliches blaues Feld.*

Mit den Kriegen in Korea und Vietnam kam es zum Ausbruch der schwersten bewaffneten Konflikte seit dem Zweiten Weltkrieg. Beide Länder wurden künstlich geteilt und gerieten schließlich in einen Krieg im Zeichen des Ost-West-Gegensatzes. Der Korea-Krieg hatte Auswirkungen auf die Eskalation des Kalten Krieges (massive Aufrüstung, Beschleunigung der Blockbildung).

Koreakrieg (1950–1953)

Aufgrund alliierter Absprachen erfolgte nach dem jap. Abzug die sowj.-amer. Besetzung Koreas (entlang des 38. Breitengrades), die die spätere Teilung vorwegnahm. Im Norden, der durch Bergbau und Industrie charakterisiert war, bildeten sich Volksfrontkomitees, im landwirtschaftlichen Süden erfolgte die Errichtung einer US-Militärregierung. Die Teilung Koreas vertiefte sich 1948 durch die *Gründung zweier unabhängiger Staaten* mit den Wahlen zur Nationalversammlung im Süden und durch die Proklamation der kommunistischen Volksrepublik im Norden.

Koreakrieg

1950 ausgelöst durch nordkorean. Überfall auf Südkorea nach Konflikten an der Demarkationslinie (38. Breitengrad). UN-Truppen unter General Douglas MacArthur hielten den nordkorean. Vorstoß am Naktong-Fluss auf. Der Angriff auf Nordkorea folgte unter Billigung der UNO: Einnahme von Pjöngjang und Vorrücken bis zum Jalu-Fluss an der chinesischen Grenze.

1951 Eingreifen Chinas, das sich an seiner Grenze bedroht sah: Vorstoß chin. Verbände mit nordkoreanischen Einheiten bis südl. von Seoul.

1953 **Waffenstillstand von Panmunjom** macht den Frontverlauf faktisch zur Staatsgrenze (Teilung Koreas).

Vietnamkrieg

In Vietnam übernahmen die USA aus Furcht vor einem Machtvakuum und der Ausbreitung des Kommunismus in weiteren Staaten Südostasiens („Domino-Theorie") immer mehr die Rolle Frankreichs. Das amer. Engagement zur Zurückdrängung des Kommunismus („Roll-Back-Doktrin") in Vietnam geriet aber polit. und moralisch zu einem Debakel und endete mit dem Sieg des Kommunismus nicht nur in Vietnam, sondern auch in den Nachbarstaaten Laos und Kambodscha (Errichtung der Schreckensherrschaft der Roten Khmer).

David besiegt Goliath

Wie konnte der Vietcong mit nordvietnamesischer Unterstützung der Supermacht USA eine so vernichtende Niederlage zufügen?

Die seit 1965 angewandte *Guerilla-Taktik*, die bereits im Krieg gegen Japan und Frankreich erprobt worden war, vermied eine offene Schlacht mit dem Gegner. Eine Stärke des Vietcong lag auch in der *Nutzung der natürlichen Gegebenheiten des Dschungels*. Verborgene Tunnelsysteme dienten als Unterschlupf. Cu Chi, eine der größten dieser Versorgungsbasen mit zahlreichen Kampfständen, befand sich nahe Saigon. Als wichtigster Versorgungspfad führte der *Ho-Chi-Minh-Pfad* durch Laos und Kambodscha. Allerdings bremsten auch die Furcht der USA vor einer direkten Konfrontation mit der UdSSR oder der VR China und die wachsende öffentliche Kritik einen nochmals massiveren Einsatz der amerikanischen Militärmacht.

Vietnamkrieg

1946–54 **Französischer Indochinakrieg** gegen die kommunist. Guerilla unter Ho Chi Minh endet mit der frz. Niederlage bei **Dien Bien Phu**.

1954 **Waffenstillstand in Genf:** Teilung Vietnams entlang des 17. Breitengrades, Nordvietnam enthält die industriellen Zentren, Südvietnam ausschließlich Agrargebiete.

1954 Gründung der **SEATO** *(South East Asia Treaty Organization)* zur Eindämmung der kommunistischen Bedrohung in Südostasien.

Seit 1960 Bildung der *Nationalen Befreiungsfront FNL (Front National de liberation du Vietnam Sud)*, militärisch führend ist die kommunistische Gruppe Vietcong.

1964 Ein Zwischenfall im Golf von Tonking wird Anlass zum Eingreifen der USA.

1967/68 Höhepunkt der Eskalation des Krieges. **Tet-Offensive** auf über 100 südvietnamesische Städte führt zu vorübergehenden Einnahme Saigons: Die USA erkennen, dass der Krieg nicht mehr zu gewinnen ist. Amerikanische Massaker von My Lai an mehr als 200 Zivilisten.

1969 Beginnende Vietnamesierung des Krieges, Rückzug der USA, vorbereitet durch Ausdehnung des Krieges auf Kambodscha und verstärkte Luftangriffe auf Laos, um den Ho-Chi-Minh-Pfad zu zerstören.

1973 **Waffenstillstand von Paris** beendet direkte Verwicklung der USA in den Krieg.

1975 Sieg des Nordens: Eroberung Saigons.

1976 Wiedervereinigung von Nord- und Südvietnam als **„Sozialistische Republik Vietnam"**.

1978 Beitritt zum RGW als 10. Vollmitglied.

1979 Einmarsch in **Kambodscha** nach Grenzzwischenfällen – Sturz des **Terrorregimes der Roten Khmer** Pol Pots, Beginn des Bürgerkrieges in Kambodscha (bis 1992).

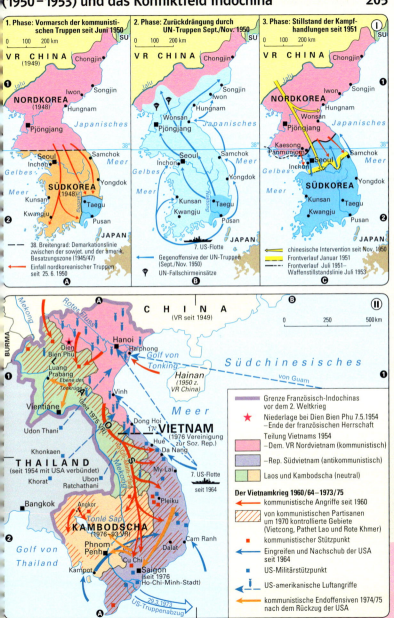

206 Region ohne Frieden – Kriege und Konflikte im Nahen

Flagge der Arabischen Liga mit dem Namen der Organisation in der Mitte. Grün und der Halbmond stehen für den Islam.

Besondere Faktoren machten den Nahen Osten zu einer der wichtigsten Konfliktregionen der Welt:
- Die Bedeutung für die Energieversorgung mit über 60 % der Erdölreserven der Welt. Dies schuf auch Konfliktzonen entlang der Seetransportwege Persischer Golf, Suezkanal, Horn von Afrika. Ebenso entstand ein extremes Wohlstandsgefälle zwischen den Staaten mit und ohne Ölvorkommen.
- Der arab.-israel. Konflikt als besonderer Unruheherd und andererseits auch als einigendes Band zwischen den arab. Staaten.
- Unterschiedl. ideolog. Entwicklung: In den „fortschrittlichen" Staaten fanden Revolutionen gegen die informelle Abhängigkeit vom Westen statt (Ölgesellschaften, Militärbasen usw.). Als Modell gilt die ägypt. Revolution (1952) für einen arab. Weg zum Sozialismus (Irak, Syrien, Libyen). In den „konservativen" Staaten konnten sich die Monarchien (Kuwait, Saudi-Arabien, Golf-Emirate usw.) als polit. Kraft behaupten, v.a. durch die Etablierung eines Wohlfahrtsstaates.
- Unklare, teilw. willkürliche Grenzziehungen zw. den Staaten durch die Kolonialmächte.
- Wasserknappheit und Streit um die Nutzung der Flüsse (Schlüsselrolle der Türkei, in der wichtige Flüsse der Region entspringen).

Wichtigste Institution zur Schlichtung von Konflikten im Nahen Osten ist die **Arabische Liga***, die allerdings oftmals durch Gegensätze zwischen ihren Mitgliedern – für ein Beschluss nur bindend ist, wenn sie ihm zugestimmt haben – blockiert war.

Arabische Liga
Die A.L. (gegr. 1945) mit Sitz in Kairo hat 21 Mitgliedsstaaten und die PLO als Vollmitglied. Zentrales Ziel ist die Unabhängigkeit Palästinas. Die A.L. dient u.a. der Streitschlichtung der Mitglieder untereinander, der Wahrung ihrer Souveränität und der arabischen Außeninteressen.

Kriege und Konflikte (Zahlen vgl. Karte Seite 207)

1. Sandschakfrage seit 1939 (Syrien – Türkei)
Das Sandschak von Alexandrette (türk. *Iskenderun*), in dem mehrheitlich Türken wohnten (1937 als *Rep. Hatay* autonom), wurde von der Mandatsmacht Frankreich 1939 der Türkei zugesprochen.

2. Israel.–arabische Kriege seit 1948 [→ 208/209].

3. Suezkrieg 1956 (Ägypten – Frankreich, Großbritannien, Israel)
Auslöser war die Verstaatlichung (Juli 1956) der Betriebsgesellschaft des Suezkanals (88 % der Kanalaktien in brit. und frz. Besitz); die Passagegebühren waren für den Bau eines 5,5-Milliarden-Staudammes bei Assuan zur Entwicklung Ägyptens gedacht. Es folgte die militärische Intervention der Briten und Franzosen zur Sicherung der Präsenz im Suezraum parallel zur israelischen Invasion auf dem Sinai. – Auf Druck der Supermächte (auch die UdSSR drohte mit einem Atomschlag) und der UNO erfolgte am Ende der frz. und brit. Rückzug vom Suezkanal – Prestigegewinn der UdSSR im Nahen Osten.

4. Bahrain-Konflikt (1957 mit Iran, seit 1939 zwischen Bahrain und Katar um den Besitz der Hawar-In.)
Seit Großbritannien 1939 die Hawar-Inseln Bahrain zugesprochen hatte, dauerte der Streit an, der 1986 fast zum Krieg geführt hätte. Er wurde 2001 durch einen Spruch des Internationalen Gerichtshofs zugunsten Bahrains beigelegt.

5. Zypern-Konflikt seit 1960/64
Seit der Unabhängigkeit der Insel von Großbritannien 1960 war sie ein ständiger Zankapfel zw. den NATO-Mitgliedstaaten Türkei und Griechenland. Das Abkommen von 1960 schützte die türk. Minderheit, schuf aber polit. Probleme. Ende 1963 brachen Kämpfe zw. der griech. Bevölkerungsmehrheit und der türk. Minderheit aus. 1974 kam die türk. Invasion dem drohenden Anschluss Zyperns an Griechenland zuvor. 1975 erfolgte die Proklamation eines türk.-zypriot. Bundesstaates (1983 Proklamation der **Türk. Rep. Nordzypern** (internat. aber nicht anerkannt). Der gescheiterte Zypern-Putsch führte zum Abdanken der Militärjunta in Athen.

6. Libanon-Konflikt (Bürgerkrieg 1958, 1975 – 92)
Das Scheitern des polit. Proporzes von Christen und Moslems im Libanon führte zum Ersten Bürgerkrieg 1958, der durch die Intervention von US-Truppen beschwichtigt wurde. Die Gewährung einer Zufluchtsstätte für Palästinenser im Grenzgebiet zu Israel 1967 machte Libanon zur Basis der PLO, die dort einen Staat im Staate errichtete. Demgegenüber erfolgte der Aufbau christl. Milizen *(Falange)* gegen die PLO. 1975/76 brach Bürgerkrieg zwischen Falange und PLO aus (Intervention Syriens und 1982 Israels).

7. Kurden-Konflikt seit 1975/76 [→ 226/227].

8. Erster Golfkrieg 1980 – 88 (Irak.-Iran. Krieg)
Auslöser dieses verlustreichen Stellungskrieges war der Streit um den Grenzfluss Schatt el Arab. Der Iran setzte gegen die militärtechnische Überlegenheit des Irak sog. „Menschenwellen" ein, bei denen auch viele Kinder als „Märtyrer" umkamen.

9. Ägäis-Konflikt 1994 (Türkei – Griechenland)
Griech. und türk. Spannungen um die Frage der Ausdehnung der Hoheitsgewässer durch Griechenland von sechs auf zwölf Seemeilen, wie es die neue internationale Seerechtskonvention erlaubt.

10. Zweiter Golfkrieg 1990 [→ 226/227].

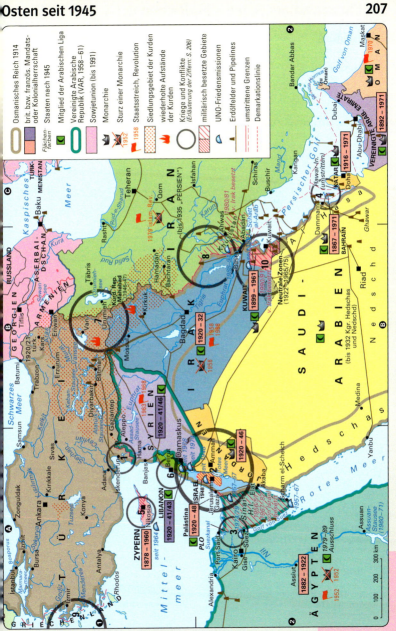

Heimstatt der Juden oder Heimat der Araber? – Die

*Die **Flagge Israels** wurde für die zionistische Bewegung 1891 entworfen. Sie erinnert an den Tallit (jüd. Gebetsschal). Das Hexagramm, der „Schild Davids" (irrtümlich auch „Stern Davids" genannt) ist das Symbol des Judentums.*

Der Nahost-Konflikt hat seine Wurzeln in der widersprüchl. Politik der Kolonialmächte im Ersten Weltkrieg. Zur Schwächung des Osmanischen Reiches schürte Großbritannien den nationalen arabischen Traum von einem Großreich [→ 156/157] und versprach gleichzeitig den *Zionisten* die Schaffung einer Heimstätte für die Juden in Palästina (*Balfour-Declaration* vom *8.11.1917*). Im Widerspruch zu beiden Versprechungen stand ein Geheimabkommen mit Frankreich über die koloniale Aufteilung des Mittleren Ostens zur Sicherung des Zugriffs auf die Ölvorkommen (*Sykes-Picot-Abkommen* vom *16. Mai 1916*). 1919/20 wurde **Palästina Mandatsgebiet** Großbritanniens.

Zionismus, zionistische Bewegung

Ihr Vorkämpfer Theodor Herzl (1860–1904) gründete 1897 in Basel die *Zionistische Weltbewegung*. Ziel war die Schaffung einer gesicherten „Heimstätte" durch einen eigenständigen Staat für die Juden in Palästina auf dem Hintergrund der osteuropäischen Judenverfolgungen und der Assimilationsschwierigkeiten westeuropäischer Juden.

Die nationalsozialistische Judenverfolgung verstärkte die Zuwanderung nach Palästina und verschärfte die jüdisch-arabischen Auseinandersetzungen. 1947 trat Großbritannien sein Palästina-Mandat an die UNO ab, deren Beschluss zur Teilung Palästinas die **Gründung des Staates Israel am 14. Mai 1948** ermöglichte.

Da die arabischen Nachbarn das Existenzrecht des Staates Israel nicht anerkannten, kam es allerdings im Anschluss an die Staatsgründung zu vier Kriegen, deren Resultat die Entstehung des palästinensischen Flüchtlingselends und das ungelöste Palästinaproblem waren, da die im UNO-Teilungsplan vorgesehene Gründung eines palästinensischen Staates nicht erfolgte.

Zusätzliche Brisanz bekam der Nahost-Konflikt als Stellvertreterkrieg der Supermächte, indem die USA zur Schutzmacht Israels avancierten und die Sowjetunion die arabischen Gegner unterstützte.

Die israelisch-arabischen Kriege

Terroranschläge der Palästinenser gegen jüdische Einwanderer werden durch die Gründung der Schutzorganisation *Haganah* der Juden beantwortet.

- **1947** **Beschluss der UNO zur Teilung Palästinas** in einen palästinensischen und einen jüdischen Staat.
- **14.5.1948** Gründung des Staates Israel und Abzug der britischen Truppen
  Erster Krieg mit den arabischen Nachbarn: Ausdehnung des israelischen Staatsgebietes um mehr als ein Drittel über den UNO-Plan hinaus; Wiedervereinigung Jerusalems mit der Altstadt (als künftige Hauptstadt) scheitert. Massenflucht von ca. 700 000 Palästinensern.
- **1948–54** Einwanderungswelle von Juden aus aller Welt (ca. 576 000).
- **1949** Waffenstillstandsabkommen unter Vermittlung der UNO: Ägypten besetzt den Gaza-Streifen, Jordanien den arabischen Teil Palästinas (Westjordanland). Erster Einsatz der UNO (UNTSO) zur Beobachtung und Überwachung des Abkommens (seither mehrere Einsätze/Friedensmissionen der UNO).
- **1956** Während der **Suezkanal-Krise** besetzt Israel die Sinai-Halbinsel und den Gazastreifen. Auf Druck beider Supermächte muss Israel die eroberten Gebiete räumen, dafür erhält es freie Schifffahrt im Golf von Akaba. Überwachung der israelisch-ägyptischen Grenze durch UN-Truppen.
- **1964** Gründung der PLO *(Palestinian Liberation Organization)* mit dem Ziel der Befreiung Palästinas und der Vernichtung des Staates Israel.
- **5.6.1967** Beginn des *„Sechstagekrieges"* als Präventivkrieg durch Israel: Eroberung des Sinai, des Gazastreifens, des Westjordanlandes, der Altstadt von Jerusalem und der syrischen Golanhöhen (Gebiet dreimal größer als das Staatsgebiet Israels). Verschärfung des arabischen Flüchtlingsproblems (1,6 Mio.).
- **1967–77** Beginn der israelischen Siedlungspolitik im Westjordanland *(Allon-Plan)*.
- **1973** *Jom-Kippur-Krieg:* Angriff Ägyptens und Syriens am höchsten jüdischen Feiertag *(6. Okt. „Jom-Kippur-Fest")*; gleichzeitig Einsatz des Ölboykotts durch die OPEC. (Allen Staaten, die Israel unterstützen, wird mit einem Lieferstopp gedroht.)
- **1979** *Ägyptisch-israelischer Friedensvertrag:* Israelische Rückgabe des Sinai-Gebietes gegen Frieden mit Ägypten. Ausschluss Ägyptens aus der Arabischen Liga.
- **1982** Vertreibung der PLO aus dem Libanon durch israelische Truppen.
- **1987** Beginn der ersten *Intifada* (arab. *Erhebung, Aufstand*) in den von Israel besetzten palästinensischen Gebieten – v.a. Jugendliche mit Barrikaden und Molotowcocktails („Krieg der Steine").

[Zur weiteren Entwicklung vgl. Seiten 230/231.]

Teilung Palästinas 1947/48 und die israel.-arab. Kriege

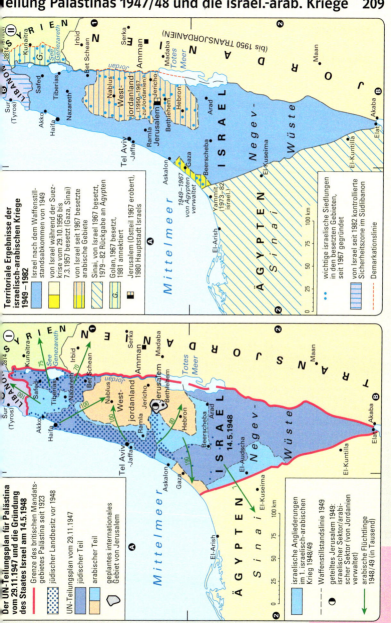

Aufbruch zu Freiheit und Unabhängigkeit – Die staatliche

OAU-Flagge
Die Farben der Flagge symbolisieren die Natur Afrikas (Grün), die goldene Zukunft (Gelb) und die friedliche Koexistenz (Weiß).

Im Jahre 1945 waren in Afrika, das im Zeitalter des Imperialismus rücksichtslos zwischen den Kolonialmächten aufgeteilt worden war [→ 146/147], nur drei Länder (Äthiopien, Ägypten und Liberia) und Südafrika selbständig. In den fünfziger Jahren bildeten sich Unabhängigkeitsbewegungen, die in der **Panafrikan. Bewegung** zusammenfanden (erste *„All-African-People's Conference" 1958*). In Nordafrika wurden Libyen (1951), Marokko, Tunesien und Sudan (1956) unabhängig. 1957 machte sich die britische Kolonie Goldküste (unter dem Namen „Ghana") als erster schwarzafrikanischer Staat auf friedlichem Weg selbständig. Höhepunkt der Dekolonisierung war **1960 „das Jahr Afrikas"**, in dem allein 17 afrikanische Staaten ihre Unabhängigkeit feiern konnten. Die französischen und britischen schwarzafrikanischen Besitzungen gelangten friedlich in die Unabhängigkeit (Beitritt zur frz. *Communauté* oder zum brit. *Commonwealth*). Algerien, das als Teil des französischen Mutterlandes angesehen wurde, erreichte erst 1962, nach 12 Jahren blutigen Bürgerkrieges, die Unabhängigkeit von Frankreich. Auch den portugiesischen Kolonien gelang nach grausamen Kriegen (Angola und Mosambik 1975) die Lösung vom Mutterland.

Probleme der jungen Staaten:

- Verlust der europäischen Fachleute und fortbestehende wirtschaftliche Abhängigkeit von den ehemaligen Kolonialmächten. So blieben Industrien und Plantagen oftmals in der Hand ausländischer Konzerne.
- Folgen der wirtschaftlichen Interessenpolitik der Kolonialmächte in den Kolonien: Einseitige Nutzung afrikanischer Gebiete als Rohstofflieferanten, mangelhafte industrielle Entwicklung, Monokulturen, Entwicklungsgefälle Stadt-Land.
- Die Staaten waren künstliche koloniale Gebilde, die ohne Rücksicht auf ethnische, religiöse und sprachliche Grenzen geschaffen wurden. In Tansania etwa lebten Angehörige von über 120 Stämmen (Stammesrivalitäten, Tribalismus).
- Im Zeichen des Ost-West-Gegensatzes folgten in einigen der instabilen jungen Staaten Bürgerkriege, in denen die Supermächte jeweils eine Partei unterstützten.

Unabhängigkeit Afrikas

1957 Unabhängigkeit der brit. Kolonie Goldküste als Ghana.
1958 Guinea stimmt in einer Volksabstimmung gegen die neue frz. Verfassung der V. Republik und erklärt sich für unabhängig.
1960 13 französische Kolonien erlangen die Unabhängigkeit.
Dem völlig unvorbereiteten Übergang der belgischen Kongo-Kolonie in die Unabhängigkeit folgt ein blutiger Bürgerkrieg.
18.3.1962 Unabhängigkeitskrieg Algeriens endet mit dem *Waffenstillstand von Evian*.
1964 Nordrhodesien (unter dem Namen Sambia) und Njassaland (Malawi) unabhängig.
1974/75 Das Ende der Diktatur in Portugal („Nelkenrevolution") leitet das Ende der port. Kolonialherrschaft in Afrika ein: Guinea-Bissau, Mosambik, Angola, São Tomé und Principe sowie die Kapverdischen Inseln.

Südafrika und die Apartheidgesetzgebung

Seit der Unabhängigkeit Südafrikas 1910 [→ 146/147] war die farbige Bevölkerung Opfer einer strikten Rassendiskriminierung, die sich seit dem Wahlsieg der Nationalpartei 1948 als **Apartheid***-Gesetzgebung noch einmal erheblich verschärfte.

Apartheid (Afrikaans, *„Trennung"*)
Bezeichnet die für Südafrika spezifische Politik der Rassentrennung und -diskriminierung nach dem *„Prinzip der getrennten Entwicklung"*. Durch entsprechende Gesetze wurde eine völlige territoriale Trennung zwischen Schwarz und Weiß angestrebt. Entscheidend war der *Population Registration Act* von 1950, der die schwarze Bevölkerung als **„Bantu"** klassifizierte. Weitere Bevölkerungsgruppen waren: **Coloureds** (Farbige = „Mischlinge"), **Weiße** und **Asiaten** (Inder, Malaien). Seit 1959 wurden 10 Bantustaaten (**Bantustans**) geschaffen, die weitgehend scheinautonom wurden, und in denen jeder Schwarze zwangsweise Bürger sein musste. Den Weißen vorbehaltene Gebiete durften von Farbigen nicht mehr bewohnt werden, was ihnen vielfach den Status von *„Wanderarbeitern"* aufzwang.

Innerhalb Südafrikas stieß die Apartheidgesetzgebung auf den Widerstand des ANC *(African National Congress)*, dem mit scharfer Repression begegnet wurde (u. a. lebenslange Haftstrafen für acht Führer des ANC 1964). Außenpolitisch geriet Südafrika immer mehr in die Isolation (Austritt aus dem Commonwealth 1961) und wurde mit Wirtschaftssanktionen belegt.

Entwicklung Afrikas seit 1956/60

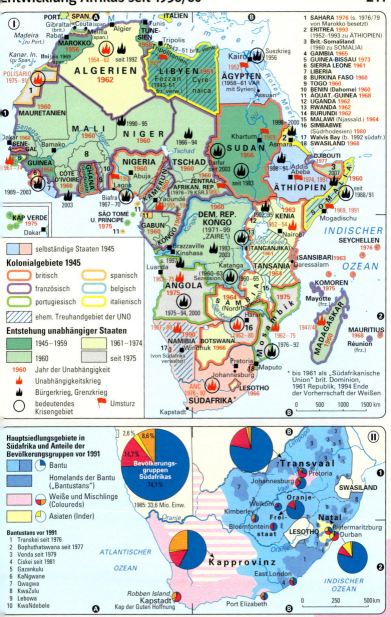

212 Eine Weltreligion am Scheideweg – Die islamische Welt

Flagge der Islam. Konferenz
Die Flagge (seit 1981) zeigt die panarabischen Farben. Grün und der Halbmond symbolisieren den Islam, die Aufschrift bedeutet „Allahu Akbar" („Gott ist groß").

Mehr als eine Milliarde Menschen bekennen sich zum Islam als zweitgrößte und wachstumsstärkste Weltreligion. Die islam. Staaten liegen in einem Gürtel zwischen Nordafrika, Zentralasien und dem indischen Subkontinent und Südostasien. Obwohl die hl. Stätten des Islams im Orient liegen, leben die meisten Muslime in Süd- und Südostasien.

Herausforderung des Islamismus*

Die islamischen Gesellschaften unterlagen seit den siebziger Jahren einem tiefgreifenden Wandel, der v.a. durch das Auftreten des *Islamismus** (auch *Re-Islamisierung, Fundamentalismus*) gekennzeichnet war. Seit der islamischen Revolution Ayatollah Khomeinis (1978/79) und der Errichtung des schiitischen Gottesstaates im Iran wuchs der Islamismus zur bed. polit. Kraft heran. Seine Errichtung war verbunden mit der Einführung der *Scharija** als islamisches Recht.
[Zur Ausbreitung des Islam vgl. S. 60/61.]

Islamismus, Scharija
Der „*Islamismus*" gilt als glaubensstrenge, antiwestl. Richtung des Islams. Die Islamisten möchten den Koran und die Sunna (Leben, Aussprüche und Ratschläge Mohammeds) des Propheten zur Richtschnur allen Denkens und Handelns machen und die öffentl. Ordnung auf konkrete religiöse Handlungsanweisungen gründen. Gesetzliche Regelungen betreffen das Familien-, Erb- und Strafrecht sowie ganz alltägliche Verrichtungen, von der Hygiene bis zur Kleidung (z.B. Verschleierungspflicht für Frauen). Die Scharija droht mit drastischen Strafen, z.B. für Ehebruch, und archaischen Hinrichtungsmethoden (Schwert, Steinigung usw.).

Ein weiterer Gottesstaat wurde in Afghanistan errichtet, nachdem sich die *Mudschaheddin* (Paschtu = hl. *Krieger*) dort erfolgreich gegenüber der Supermacht UdSSR behauptet hatten (1979 bis 88) und sich in der anschließenden Auseinandersetzung zwischen den Siegern die radikal-islamischen *Taliban* in Kabul durchsetzten [→ 224/225].

Ursachen für den Islamismus

Beim Islamismus handelt es sich um ein vielschichtiges Phänomen, das nicht als geschlossene Front verstanden werden darf. Moslem-Bruderschaften in Ägypten, die Veränderungen innerhalb des herrschenden politischen Systems herbeiführen wollen, zählen genauso dazu wie konspirative und terroristische Gruppen.

Die Ursachen für eine Rückbesinnung auf die traditionellen islamischen Werte waren vielschichtig:
- Erinnerung an die islamische Expansion und Erfolge in der Vergangenheit gemischt mit der Wahrnehmung der Demütigung durch den Westen in der Neuzeit.
- Die Niederlagen in den Kriegen gegen Israel.
- Die teilweise korrupten und undemokratischen Systeme seit der Unabhängigkeit der islamischen Staaten.
- Soziale Probleme aufgrund von negativen Modernisierungseffekten (unkontrollierte Urbanisierung, Wohlstandsgefälle auch innerhalb der islamischen Gesellschaften, Auflösung der Familie und anderer traditioneller Werte), für die die „Verwestlichung" verantwortlich gemacht wird.

Reaktionen in der arabischen Welt

Manche Staaten empfanden den Islamismus als Gefährdung und reagierten deshalb mit Repression (z.B. Algerien, Ägypten, Tunesien). Besonders schwierig gestaltete sich die Gradwanderung gegenüber den islamistischen Gruppen in Saudi-Arabien („Hüter der heiligen Stätten des Islam"), wo besonders radikale islamische Gruppierungen entstanden. Auch innerhalb der **Ständigen Islamischen Konferenz*** blieb das Verhältnis zum Islamismus gespalten. Außerdem verschärfte sich seit der iranisch-islamischen Revolution die Konkurrenz zwischen dem Iran (Schiiten als Imamiten) und Saudi-Arabien (Sunniten) um die Führung der Muslime. [Richtungen des Islam vgl. S. 60/61.]

Ständige Islamische Konferenz (OIC)
Sitz in Dschidda (Saudi-Arabien) seit 1971. Ziel der Konferenz ist die Förderung der islam. Solidarität und der wirtschaftl. und kulturellen Zusammenarbeit der Mitglieder. Ein Anliegen ist die Unterstützung des palästinens. Volkes im Kampf um die Befreiung seines Landes. Zugehörig sind 51 Staaten und die PLO. Jährliche Außenministerkonferenzen und Gipfelkonferenzen. 1994 auf ihrer siebten Gipfelkonferenz versuchte die S.I.K., eine eindeutige Unterscheidung zwischen islam. Freiheitskämpfern (*Mudschaheddin*) und terroristischen islamischen Extremisten festzulegen.

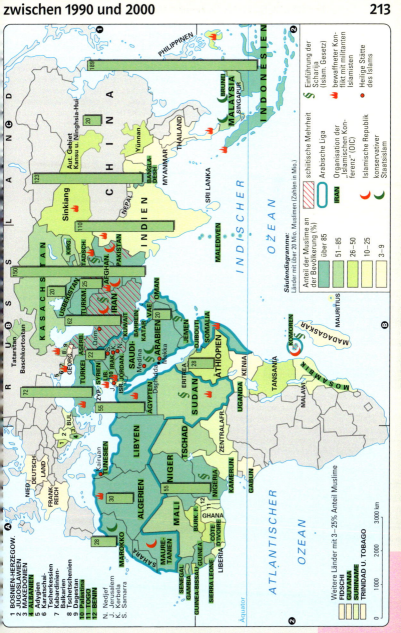

214 Die Wende in Europa – Die Demokratisierung Osteuropas

Flagge der Solidarność, die Flagge der polnischen Gewerkschaft Solidarność steht für den Widerstand gegen die kommunistische Herrschaft.

Die Wende 1989/90 begann mit der Demokratisierung Osteuropas und führte zur Auflösung des Ostblocks. Ermutigt wurde diese Entwicklung durch den *KSZE-Prozess* (Helsinki-Schlussakte von 1975 mit der Verpflichtung auf die Menschenrechte). In der ČSSR (*Charta 77*) und in Polen mit der *Gewerkschaft Solidarność* bildeten sich seit 1980 Demokratiebewegungen, die in Polen 1989 zu den ersten freien Wahlen führten. Parallel begann seit 1985 ein Reformprozess in der UdSSR, der den sowjet. Griff auf Ostmitteleuropa lockerte [→ 220/221]. Staats- und Parteichef Michail Gorbatschow entwickelte die Vision eines gemeinsamen „*Europäischen Hauses*" zur Überwindung der Spaltung Europas.

Dem Druck der reformorientierten Staaten konnten sich auch die letzten reformunwilligen Länder in Osteuropa nicht mehr entziehen, wie sich etwa in der Flucht von DDR-Bürgern über Ungarn zeigte. Mit dem blutigen Sturz und der Hinrichtung des rumän. Staats- und Parteichefs Ceaușescu fiel am 25.12.1989 das letzte kommunist. Regime in Osteuropa.

Deutsche Wiedervereinigung 1990
Der Wandel in Osteuropa bahnte auch die Wiedervereinigung der beiden deutschen Staaten an. Er bewirkte das Ende der Einschränkungen der Souveränitätsrechte durch die Siegermächte des Zweiten Weltkrieges sowie eine endgültige Friedensregelung für Berlin und Gesamtdeutschland.

- **9.11.1989** Öffnung der *Mauer in Berlin* und der Grenze der DDR als Ergebnis der friedlichen Revolution (Massendemonstrationen u. Ä.).
- **Mai – Sept. 1990** Die *2+4 Verhandlungen* (beide deutsche Staaten und die Siegermächte des Zweiten Weltkrieges) schaffen die außenpolitischen Voraussetzungen der dt. Wiedervereinigung.
- **12.9.1990** Unterzeichnung des *2+4 Vertrages* in Moskau. Voraussetzungen der deutschen Wiedervereinigung sind: 1. Westbindung; 2. endgültige Anerkennung der durch den Zweiten Weltkrieg geschaffenen Grenzen (v.a. Oder-Neiße); 3. Verzicht auf atomare, biolog. und chem. Waffen.
- **3.10.1990 Beitritt der Deutschen Demokratischen Republik** zur **Bundesrepublik Deutschland** nach Art. 23 des Grundgesetzes.

Verstärkung der europäischen Integration
Die Wende in Osteuropa verstärkte den europäischen Einigungsprozess. Einerseits wurde die Zusammenarbeit in der Gemeinschaft durch die Gründung der **Europäischen Union (EU)*** intensiviert, um der veränderten Lage in Europa gerecht zu werden. Andererseits drängten neue Beitrittskandidaten auf Vollmitgliedschaft, was eine Erweiterung der EU von 15 auf 27 Mitgliedsstaaten zur Folge hatte.

Charakter und Aufnahmebedingungen der EU
Die *Europäische Union* erweitert die europäische Zusammenarbeit neben der Wirtschafts- und Währungsunion um zwei weitere Pfeiler:
1. Gemeinsame *Außen- und Sicherheitspolitik* im Rahmen der NATO (Integration der WEU in die EU).
2. Polizeiliche und gerichtliche Zusammenarbeit in der *Innen- und Rechtspolitik:* Koordinierung der Asyl- und Einwanderungspolitik als Voraussetzung der Schaffung gemeinsamer Außengrenzen (**Zweites Schengener Abkommen 1995**) sowie zur Bekämpfung des organisierten Verbrechens. Die Staaten, die der EU beitreten wollen, müssen sich dem europäischen Kulturkreis zurechnen, eine demokratische Staatsform besitzen, die Menschenrechte achten und über eine wettbewerbfähige Wirtschaft verfügen. So stellen die Menschenrechtslage und die mangelnde Meinungsfreiheit in der Türkei ein schweres Hemmnis für den gewünschten EU-Beitritt dar. **Assoziierungsverträge** sehen eine umfassende polit., wirtschaftl. und kulturelle Zusammenarbeit vor als Vorstufe für einen Beitritt.

Der europäische Einigungsprozess
- **1993** Gründung der *Europäischen Union (EU)* durch Inkrafttreten des *Vertrages von Maastricht*. Die EU-Staaten sollen bis 1999 eine Wirtschafts- und Währungsunion bilden.
- **1994** Inkrafttreten des *EWR* (Europ. Wirtschaftsraum): 15 Mitgliedsstaaten der EU und die EFTA-Staaten Island, Liechtenstein und Norwegen (nur die Schweiz hat sich per Volksentscheid gegen eine Teilnahme am EWR entschieden). Gemeinsamer Markt nach den Regeln des EU-Binnenmarktes, allerdings keine Vertretung in EU-Gremien und keine gemeinsame Agrarpolitik.
- **1995** Beitritt Österreichs, Schwedens und Finnlands zur EU.
- **1.1.1999** Beginn der *Europäischen Währungsunion:* Einführung des *EURO* (bis Ende 2001 bargeldlos). Alle EU-Staaten außer Großbritannien, Dänemark (negativer Volksentscheid) und Schweden nehmen teil.
- **1.5.2004** Estland, Lettland, Litauen, Malta, Polen, die Slowakei, Slowenien, Süd-Zypern, Tschechien und Ungarn, treten der EU bei.
- **2007** Beitritt Rumäniens und Bulgariens zur EU. Einführung des EURO in Slowenien.
- **2008** Einführung des EURO in Malta und Zypern.

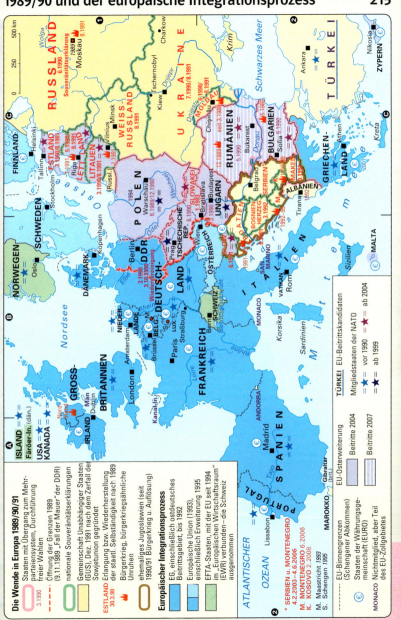

1989/90 und der europäische Integrationsprozess

216 Die Welt nach der Auflösung der Blöcke – Neue Staaten,

Anteil der Ländergruppen 1986 und 2000
- USA
- übrige entwickelte Industrieländer
- UdSSR
- übrige kommunistische Länder
- Transformationsländer (GUS, Osteuropa)
- Entwicklungsländer (ohne kommunist. Länder)

Die Wende 1989/90 [→ 214/215] und der Zusammenbruch der Sowjetunion [→ 220/221] brachten auch dramatische Veränderungen der internationalen Ordnung mit sich. Als einzige kommunistische Großmacht schaffte es China, sich dem Wandel zu entziehen (Niederschlagung der Studentenrevolte auf dem Platz des Himmlischen Friedens 1989). Drei wesentliche Veränderungen brachte das abrupte Ende der Teilung der Welt nach der Beendigung des Ost-West-Gegensatzes mit sich:
- Erstens bot die veränderte Weltlage die Chance, Konflikte zu entschärfen oder zu beenden, die teilweise noch aus der Zeit des Kalten Krieges andauerten, etwa die Beendigung der Bürgerkriege in Kambodscha und Angola.
- Zweitens bewirkte die Auflösung der Blöcke das Aufflammen neuer Konflikte und Kriege.
- Drittens veränderten sich die supranationalen Organisationen, da sie ihre Aufgabenstellungen im Rahmen des Ost-West-Konfliktes verloren (z. B. NATO).

Entschärfung und Beilegung alter Konflikte
Die neunziger Jahre brachten in *Südafrika* [→ 210/211] das *Ende des Apartheidregimes*, eine neue Verfassung und die ersten freien Wahlen (1994) mit dem Sieg des ANC. Im *Nahen Osten* schien sich durch die Gewährung der Autonomie an die Palästinenser eine Lösung des Konfliktes mit Israel abzuzeichnen, was sich aber letztendlich als trügerische Hoffnung erwies. Auch konnte der seit den siebziger Jahren dauernde Bürgerkrieg in *Kambodscha* durch das *Friedensabkommen von Paris (1991)* beendet werden. In *Angola* wurde der seit 1975 andauernde Krieg 1994 nach dem Abzug der kubanischen Truppen in einem Friedensabkommen zwischen der Regierung und der Rebellenorganisation UNITA beendet. Die Entwaffnung der Contras brachte 1990 auch in *Nicaragua* das Ende des Bürgerkrieges. Allerdings dauern andere bewaffnete Auseinandersetzungen an, v.a. in Afrika (Tschad) und Asien.

Neue Konflikte und Kriege
Die Zeit des Kalten Krieges war auch geprägt vom gemeinsamen Stabilitätsinteresse („Status quo") der Supermächte, die bemüht waren, Konflikte innerhalb des eigenen Machtbereiches einzudämmen oder niederzuhalten. Das Ende des Kalten Krieges ließ deshalb eine Vielzahl alter tiefverwurzelter ethnischer und religiöser Konflikte, die über Jahrzehnte niedergehalten worden waren, erneut aufbrechen. Minderheiten verlangten einen eigenen Staat oder suchten Anschluss an einen Staat ihrer Volkszugehörigkeit. Der schwierige Übergangsprozess in ehemaligen kommunistischen Staaten förderte solche separatistischen Tendenzen. Nicht überall geschahen diese Teilungen friedlich wie im Fall der *Trennung der Slowakei von der Tschechischen Republik* (1993). Als Folge war bei den Kriegen oftmals die Grenze zwischen Bürgerkrieg und zwischenstaatlichen Konflikt, wie im ehemaligen Jugoslawien kaum zu ziehen. Die Zahl dieser Konflikte ist überwältigend. In verschiedenen Teilen der Welt breiten sie sich wie ein Flächenbrand aus.

Konflikte und Kriege nach 1990 [→ 200/201]

- **1988** Abzug der sowjetischen Truppen aus *Afghanistan*. Fortführung als afghanischer Bürgerkrieg.
- **1989** *China:* Massaker auf dem Platz des Himmlischen Friedens in Peking.
- **1991–95** Krieg und ethnische Säuberungen im *ehemaligen Jugoslawien* [→ 228/229].
- **1990** Einmarsch Iraks in Kuwait. **2. Golfkrieg:**
- **1991** Befreiung Kuwaits durch UN-Intervention [→ 226/227].
- **1992** Schwere Eskalation der Konflikte im *Kaukasus:* Krieg in Berg-Karabach und Süd-Ossetien (Georgien) [→ 224/225].
- **1993** Die Auseinandersetzungen um die Öffnung eines Tunnels am Tempelberg (*El-Aksa*-Aufstand) in Jerusalem eröffnen eine neue Welle der *Gewalt im Nahen Osten.*
- **1994** Einmarsch Russlands in *Tschetschenien* zur Beendigung der Unabhängigkeitsbestrebungen.
- **1994** *Massenmord in Ruanda* der Hutu an der Minderheit der Tutsi (ca. 500 000 Opfer), beendet durch das Eingreifen französischer Truppen von Zaire (Kongo) aus.
- **1999** *Kosovo-Krieg* [→ 228/229].

Kriege und Konflikte in den neunziger Jahren

Man spricht von einem Krisenbogen, der sich vom südlichen Afrika über Nordafrika, den Nahen und Mittleren Osten und das südöstliche Europa bis in die zentralasiatischen Gebiete der früheren Sowjetunion und Ostasien spannt.

Hoffnungen auf eine „neue Weltordnung"

Der Zusammenbruch des Ostblocks brachte auch Veränderungen in den supranationalen (überstaatlichen) Organisationen mit sich. In der neuen multipolaren Weltordnung gewannen regionale und überregionale Zusammenschlüsse immer mehr an Gewicht. Die USA brachten als einzige verbliebene Supermacht ihren Einfluss als Mitglied zahlreicher supranationaler Organisationen sowie auch als einziger Staat mit weltweiter militärischer Präsenz trotz des Wegfalls der kommunistischen Herausforderung weiterhin zur Geltung.

Für die **UNO** bedeutete die Auflösung der starren Blöcke das Abrücken vom Nichteinmischungsprinzip, das durch das Ende der wechselseitigen Blockade der Supermächte im Sicherheitsrat [→ 190/991] möglich wurde. Die Intervention von außen zur Eindämmung von regionalen Konflikten oder Durchsetzung von Menschrechten (Art. 39 UN-Charta) schien nun möglich und wirkungsvoller als Wirtschaftsboykotte oder humanitäre Maßnahmen allein. Sie weckte Hoffnungen auf eine „neue Weltordnung". 1991 beendete eine Streitmacht im Auftrag der UNO unter Führung der USA die *Aggression des Iraks in Kuwait*. Allerdings zeigte bereits das Eingreifen *beim Massensterben in Somalia* die Grenzen von UN-Interventionen. Die unter großem Medienspektakel inszenierte Operation *„Neue Hoffnung"*, die erstmals vorsah, ein Land aus humanitären Gründen zu befrieden, endete nach Unstimmigkeiten über das Ausmaß des Auftrages 1995 mit dem ergebnislosen Abzug der UN-Truppen.

Auch konnten Blauhelme weder 1994 in **Ruanda** den Völkermord der Hutus an der Minderheit der Tutsi noch in ehemaligen Jugoslawien die serbischen Gräueltaten verhindern. 1995 intervenierten die USA in **Haiti** (UN-Resolution 940) zur Wiedereinsetzung des demokratisch gewählten und 1991 durch einen Militärputsch gestürzten Präsidenten Aristide.

Zunehmende Bedeutung regionaler Zusammenschlüsse

Regionale und überregionale Zusammenschlüsse gewannen nach dem Ende des Kalten Krieges an Gewicht und mussten teilweise ihr Konzept neu überdenken. Nach der Auflösung des Warschauer Paktes veränderte sich auch das Sicherheitskonzept der **NATO** als einziges verbliebenes globales Militärbündnis. An die Stelle kollektiver Verteidigung trat „kollektive Sicherheit". Ihre Aufgabe bestand nun nicht mehr nur darin, die Mitglieder im Falle des Angriffs zu verteidigen, sondern auch in Bereichen außerhalb des Bündnisses zur Friedenserhaltung und Krisenbewältigung zu intervenieren ("out of area"). So konnte die NATO auch im Auftrag der Vereinten Nationen in Konflikte eingreifen, z. B. bei ihrem ersten Kriegseinsatz überhaupt im ehemaligen Jugoslawien. Genauso wie die Europäische Union begann die *NATO* mit der *Osterweiterung*, als ihr 1999 die Tschechische Republik, Ungarn und Polen beitraten. Parallel wurde versucht, durch den **Euro-Atlantischen Partnerschaftsrat (EAPC)** eine Sicherheitspartnerschaft zwischen der NATO und den *PfP-Staaten* (= *Partnerschaft für den Frieden*) herzustellen, dem die blockfreien Staaten und mit einem Sonderstatus auch Russland und die Ukraine angehören.

Die **OSZE** (*Organisation für Sicherheit und Zusammenarbeit in Europa*, bis 1995 *KSZE*) setzte ihre Arbeit zur Kontrolle von Abrüstungs- und vertrauensbildenden Maßnahmen mit der Entsendung von Beobachtermissionen in Krisengebiete fort.

In Afrika versuchte die **OAU** (*Organisation der Afrikanischen Einheit*) durch die Gründung einer *Afrikanischen Union* 2002, den afrikanischen Kontinent nach dem Vorbild der Europäischen Union zu einen. Allerdings bestehen aufgrund der vielen kriegerischen Konflikte Zweifel am Gelingen dieses Projektes.

Die **ASEAN-Staaten** (*Verband Südostasiatischer Staaten*) bemühten sich um den Ausbau ihrer Freihandelszone *(AFTA)*, während die amerikanischen Staaten die Gründung der größten Freihandelszone der Welt **(NAFTA)** von Alaska bis Feuerland bis zum Jahre 2005 beschlossen (Gipfelkonferenz in Quebec am 22. April 2001). Ihr sollen allerdings nur Demokratien beitreten dürfen.

218 Die Welt nach der Auflösung der Blöcke – Neue Staaten,

Kriege und Konflikte in den neunziger Jahren

DEUTSCHLAND (1990 Wiedervereinigung)	17 MAKEDONIEN 1991	35 SIERRA LEONE	53 SWASILAND
LUXEMBURG	18 ALBANIEN	36 LIBERIA	54 LESOTHO
SCHWEIZ	19 GRIECHENLAND	37 CÔTE D'IVOIRE	55 GEORGIEN 1991
ÖSTERREICH	20 BELIZE	38 BURKINA FASO	56 ARMENIEN 1991
TSCHECHISCHE REP.	21 EL SALVADOR	39 GHANA	57 ASERBAIDSCHAN 1991
SLOWAKEI 1993	22 HAITI	40 TOGO	58 TADSCHIKISTAN 1991
UNGARN	23 DOMINIKAN. REPUBLIK	41 BENIN	59 KIRGISISTAN 1991
LITAUEN 1991	24 Guadeloupe u.Martinique (frz.)	42 ZENTRALAFRIKAN. REP.	60 BANGLADESCH
LETTLAND 1991	25 SAINT KITTS U. NEVIS	43 ÄQUATORIALGUINEA	61 KAMBOSCHA
ESTLAND 1991	26 ANTIGUA U. BARBUDA	44 SÃO TOMÉ U. PRÍNCIPE	62 Hongkong (1997 an VR CHINA)
WEISSRUSSLAND 1991	27 DOMINICA	45 ERITREA 1993	63 Macao (1999 an VR CHINA)
MOLDAU 1991	28 BARBADOS	46 DJIBOUTI	
SLOWENIEN 1991	29 SAINT LUCIA	47 UGANDA	
KROATIEN 1991	30 SAINT VINCENT	48 RWANDA	
BOSNIEN UND HERZEGOWINA 1992	31 GRENADA	49 BURUNDI	
JUGOSLAWIEN	32 SENEGAL	50 MALAWI	
	33 GAMBIA	51 SIMBABWE	
	34 GUINEA-BISSAU	52 BOTSWANA	

220 Der Sturz des Kolosses Sowjetunion 1991 – Die Gliederung

Flagge der Russischen Föderation: Seit dem Zerfall der UdSSR (1991) wurde die 1918 abgeschaffte russ. Nationalflagge wieder eingeführt.

Flagge der GUS (seit 1996): Das Emblem auf blauem Grund steht für Gleichberechtigung und Partnerschaft, Einheit, Frieden und Stabilität.

Ursachen des Zusammenbruchs der Sowjetunion (UdSSR)

Die Auflösung der seit 1922 bestehenden Sowjetunion [→ 168/169] bedeutete gleichzeitig das Ende einer die Weltordnung der Vor- und Nachkriegszeit mitgestaltenden Supermacht. Bereits seit Ende der siebziger Jahre hatte die wirtschaftliche und soziale Entwicklung der UdSSR stagniert. Die militärische Bedeutung und die innere Entwicklung klafften aufgrund folgender Probleme auseinander:
- Die *zentrale Kommandowirtschaft* und der *ruinöse Rüstungswettlauf* mit dem Westen.
- *Mangel und Misswirtschaft* im Alltag der Sowjetbürger und eine überalterte Führungselite.
- *Nationalitätenkonflikte* im Baltikum, im Kaukasus und in Mittelasien. *Die Invasion in Afghanistan* 1978, um die Ausbreitung der islamischen Revolution auch in die Kaukasusrepubliken zu verhindern, erwies sich als Fehlschlag und innenpolitische Belastung.
- *Technologische Unterlegenheit und Mängel*, wie sie zu dem Super-GAU im Kernkraftwerk von Tschernobyl 1986 führten.

Die Einsicht in die Notwendigkeit eines Wandels ließen den 1985 an die Macht gekommenen Generalsekretär der KPdSU, Michail Gorbatschow, **Reformen** einleiten, deren zentrale Anliegen er mit „Perestroika" (russ. *Umgestaltung, Umbau, Veränderung*) und „Glasnost" (russ. *Transparenz, Offenheit, Wahrhaftigkeit*) umschrieb.

Gorbatschow beendete das Wettrüsten mit dem Westen und leitete eine umfassende Demokratisierung der sowjetischen Gesellschaft ein. Allerdings setzte diese auch die unterdrückten Nationalitätenkonflikte („Explosion des Ethnischen") frei, die sich seit 1988 wie ein Steppenbrand ausbreiteten. Mehr und mehr Regionen, Nationalitäten und Völkerschaften verlangten die Selbstbestimmung und schließlich die Unabhängigkeit von der UdSSR.

Der sowjetische **Abzug aus Afghanistan 1988** bedeutete einen radikalen Kurswechsel, da erstmals der Sturz eines kommunistischen Regimes in einem Nachbarstaat in Kauf genommen wurde. Auch die Wende 1989/90 in Ostmitteleuropa ohne sowjetische Intervention war ein deutliches Signal nach innen.

Das Ende der Sowjetunion 1991

Die Auflösung begann mit der Unabhängigkeitserklärung aller 15 Unionsrepubliken im Jahre 1990. Sie pochten auf ihr verfassungsmäßiges Recht zum Austritt aus der UdSSR oder wiesen auf ihre zwangsweise Eingliederung in die UdSSR hin, z. B. die baltischen Staaten nach dem Hitler-Stalin-Pakt 1939. Der *Zerfall der Sowjetunion** fand seinen Abschluss in der **Gründung der GUS** am 21. Dezember 1991. Die führende Rolle innerhalb der GUS hat die *Russische Föderation*, die als Nachfolgerin der UdSSR auch den Sitz im UN-Sicherheitsrat innehat. Höchstes Organ der GUS ist der Rat der Staatsoberhäupter, der zweimal im Jahr zusammentritt.

Die Auflösung der Sowjetunion und die Gründung der GUS

11. 3. 1990 Als erste Republik erklärt **Litauen** die Unabhängigkeit. Es folgen im Mai die restlichen baltischen Staaten in den seit dem Hitler-Stalin-Pakt besetzten Gebieten.
Insgesamt erklären sich alle 15 Unionsrepubliken nacheinander für souverän (in der Verfassung der UdSSR bereits angelegt). An die zwei Dutzend Minderheiten, die Teil von Unionsrepubliken sind, folgen diesem Schritt und wollen ihrerseits als eigene Unionsrepubliken anerkannt werden, z. B. Tschetschenien.

Aug. 1991 Ein **Putsch konservativer Funktionäre** scheitert am Widerstand der Moskauer Bevölkerung und am russischen Präsidenten Boris Jelzin. Es folgt das Verbot der KPdSU in der UdSSR.

8. 12. 1991 Die Ministerpräsidenten der drei slawischen Kernrepubliken Russland, Weißrussland und Ukraine beschließen die Schaffung der „Gemeinschaft Unabhängiger Staaten".

21. 12. 1991 Gründung der GUS (Gemeinschaft Unabhängiger Staaten) von elf ehemaligen Sowjetrepubliken in Alma-Ata (nur die baltischen Staaten treten der GUS nicht bei; Beitritt Georgiens erst Dez. 1993).

25. 12. 1991 Der Rücktritt Gorbatschows als Präsident markiert das **Ende der Sowjetunion**.

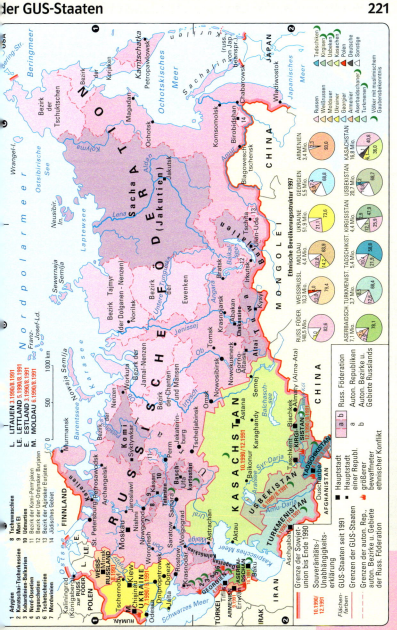

222 Arme und reiche Länder in der „Einen Welt" – Industrie-

*Das **Transfair Symbol** steht für Produkte, die faire langfristige Handelsbeziehungen mit der „Dritten Welt" und gerechte Preise garantieren, die die Produktionskosten decken und angemessene Löhne ermöglichen.*

Seit dem Ende des Ost-West-Konflikts wird die Bezeichnung *Entwicklungsländer* dem Begriff *Dritte Welt* [→ 196/199] vorgezogen. Der komplexen Realität in den unterentwickelten Staaten, die nicht alleine nach dem Bruttosozialprodukt (Wirtschaftskraft) gemessen werden kann, versucht die UNO durch ihre Klassifizierung der Staaten nach dem *HDI** gerecht zu werden.

HDI – Human Development Index
Der *Human Development Index* wird seit 1990 von der UNO aufgrund von drei Indikatoren errechnet: Pro-Kopf-Kaufkraft, Lebenserwartung und Alphabetisierungsrate. Dabei ist nicht ausschließlich die Wirtschaftskraft eines Landes ausschlaggebend, sondern auch die Umsetzung der Wirtschaftskraft in soziale Errungenschaften. Deshalb schneiden manche Erdöl exportierenden Länder infolge der hohen Analphabetenquote unter den Frauen in islamischen Staaten vergleichsweise schlecht ab und die Transformationsländer in Osteuropa wegen ihres hohen Bildungsstandards besser als ihre Wirtschaftsdaten vermuten lassen.

75% der südlichen Weltbevölkerung verfügen über nur 20% des Welteinkommens. Die meisten der unterentwickeltsten LDC-Länder *(LDC = Least Developed Countries)* befinden sich in Afrika, wobei sich hier die zahlreichen kriegerischen Konflikte besonders negativ auswirken. Manche Länder Asiens und Lateinamerikas konnten sich hingegen zu *Schwellenländern* (Länder an der „Schwelle" zu Industrieländern) entwickeln.

Faktoren der Unterentwicklung
- Zahlreiche *kriegerische Konflikte:* „nachkoloniale" Grenz- und Stammeskriege, Auseinandersetzungen aus religiösen und separatistischen Motiven.
- *Förderung von Exportkulturen* in manchen Entwicklungsländern unter Vernachlässigung der Nahrungsmittelproduktion, z.B. Baumwolle und Erdnüsse in der Sahelzone.
- *Rasantes Bevölkerungswachstum* etwa in Asien, wo die Nutzung agrarischer Flächen begrenzt ist.
- *Ungleiche Besitzverhältnisse*, z.B. durch das Pachtsystem in Lateinamerika oder andere Formen des sog. „Rentenkapitalismus".
- Überschuldung der Staaten und Korruption der politischen Eliten.

Strukturen des Welthandels
Eine Ursache der ungleichen Verteilung des Wohlstandes sind die Strukturen des Welthandels, begründet im Welthandelsabkommen **GATT** (*General Agreement on Tarifs and Trade 1947*), dem multilateralen Handelsvertrag zur Herabsetzung der Zolltarife und Handelsschranken. Eine Minderheit hoch entwickelter Industrienationen sichert sich gegenüber der Mehrheit den Hauptanteil am Welthandel. **Multinationale Konzerne** mit grenzüberschreitendem Verkehr von Waren, Kapital und Arbeit beeinflussen die **Terms of Trade** für Rohstoffe zu ihren Gunsten. Terms of Trade sind internationale Austauschverhältnisse für Waren und Dienstleistungen. Da dem Sinken der Rohstoffpreise ein Anstieg der Preise für Industriegüter gegenübersteht, sehen sich die Entwicklungsländer einer Verschlechterung der Terms of Trade gegenüber.

Verbesserung der Ungleichgewichte?
Bei der Frage, wie sich die ärmsten Länder aus ihrer Armut befreien können, rückte zunehmend die Frage der Überschuldung in den Mittelpunkt. Der *„Brady-Plan"* 1989 zur Lösung der Verschuldungskrise sah einen Teilschuldenerlass durch IWF (*Internationaler Währungsfond*) und Weltbank vor, dessen Gegenwert in Programmen zur Armutsbekämpfung verwendet werden sollte.

Die **UNCTAD** (seit 1964 *Konferenz der Vereinten Nationen für Handel und Entwicklung*) hat sich die Verbesserung der Position der Rohstoffe liefernden gegenüber den Rohstoffe verarbeitenden Staaten zum Ziel gesetzt. Allerdings konnte trotz mehrerer UNCTAD-Konferenzen eine andere Weltwirtschaftsordnung nicht erreicht werden. Ein Zusammenschluss von Entwicklungsländern zur *Gruppe 77* fungiert als deren Sprachrohr in wirtschaftlichen und entwicklungspolitischen Fragen. Die EG bemühte sich seit der 1975 beschlossenen **Konvention von Lomé** um Handelsverträge mit 46 *AKP-Staaten* (Afrika, Karibik, Pazifik), die den europäischen Markt öffnen sollten (zinsgünstige Darlehen, zollfreier Zugang zum europäischen Binnenmarkt). Ziel war der Abbau von Spannungen im Nord-Süd-Konflikt: 1979 zweites Abkommen mit 57 AKP-Staaten [→ 218/219].

Neue Konzepte der Entwicklungspolitik
Aufgabe eines für alle Länder gleichen Entwicklungsweges und Suche nach individuellen Lösungen (angepasste Entwicklung), die den unterschiedlichen Entwicklungsstand der Länder, die Unterschiede in der Ressourcenausstattung, die spezifischen Umweltbedingungen, die unterschiedlichen soziokulturellen und politischen Faktoren berücksichtigen.

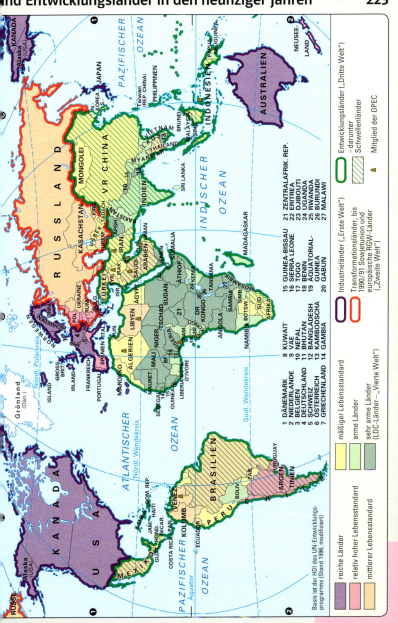

224 Völker und Konflikte am Ende des 20. Jahrhunderts

Flaggen **Tschetscheniens**, **Abchasiens** (beide mit grüner islamischer Farbe) und **Berg-Karabachs** (in den armenischen Nationalfarben).

Nationalitätenkonflikte und Auseinandersetzungen zwischen den Ethnien haben in den Vielvölkergebieten sowohl in Kaukasien als auch in Afghanistan eine lange Tradition. Beide Gebiete sind schwer zugängliche Gebirgsregionen und erwiesen sich als widerspenstig gegenüber Eroberern.

Kaukasus

Nach der Eingliederung Georgiens (1801) und der Eroberung Aserbaidschans (1804–1806) sowie Armeniens (1828) wurde der Kaukasus 1830–64 endgültig von Russland erobert. Ein kurzer Versuch der Eigenstaatlichkeit nach der Russ. Revolution wurde durch die Rote Armee beendet [→ 168/169]. Im Zerfallsprozess der SU kamen alte ethn. Konflikte und separatist. Tendenzen wieder zum Tragen. **Georgien** trat der GUS zunächst nicht bei [→ 220/221], was zu fortlaufenden Spannungen mit der Russ. Föderation führte. Separatist. Konflikte innerhalb Georgiens gab es in Abchasien und Südossetien, dessen Bevölkerung die Vereinigung mit dem russ. Nordossetien wünschte. Der Konflikt in Abchasien führte 1992 zum Verlust dieses Gebietes und zur Vertreibung von 250 000 Georgiern. Bes. kompliziert war die Lage der christl.-armen. Enklave **Berg-Karabach** (Nagorny Karabach), die nach der Unabhängigkeit des islam. **Aserbaidschans** um den Anschluss an Armenien kämpfte. Die Angst vor einem „Domino-Effekt" bei anderen Völkern und die wirtschaftl. Bedeutung des Gebietes (Öl) führten zum russ. Einmarsch in **Tschetschenien** (1994), der dem dortigen Streben nach Unabhängigkeit (Erklärung 1991) ein Ende setzte und einen grausamen Krieg eröffnete.

Afghanistan

Afghanistan konnte im 19. Jh. seine Unabhängigkeit gegenüber Russland und Großbritannien behaupten. Mehrfach scheiterten Versuche, das schwer zugängliche Bergland Britisch-Indien anzugliedern (drei Kriege 1838–42, 1878–81 und 1919). Trotzdem teilten die Kolonialmächte die Stämme Afghanistans willkürlich zw. ihren Besitzungen auf. Die Teilung des Gebietes der *Paschtunen* durch die Grenze zu Pakistan (Durand-Linie) führte zur „Paschtunistan-Frage". Charakteristisch blieb eine starke Stellung der region. Stammesfürsten, deren Widerstand gegen Modernisierung jeder Zentralmacht Grenzen setzte. Tribalismus und Einflüsse der Supermächte, v.a. der UdSSR, führten zu andauernden Bürgerkriegen.

Die **Stämme Afghanistans** sind in viele ethn. und tribale Gruppen gegliedert, die sich auch in den Lebensweisen (z.B. als Nomaden) unterscheiden. Hauptgruppe bilden die sunnit. *Paschtunen* (ca. 50% der Bevölkerung), die auch die Herrscher und polit. Eliten des Landes hervorbrachten (Hauptmerkmal: iran. Sprache Paschtu und Stammessystem). Die den Persern nahe verwandten *Tadschiken* (Sprache: das pers. *Dari*) sind überwiegend Sunniten. Die *Hasara* und *Aimak* sprechen pers. Dialekte, sind aber mongol. Herkunft und deshalb leichter erkennbar; sie wurden als Schiiten oftmals Ziel von Racheakten der radikal-islam. Taliban. Die turksprachigen sunnit. *Usbeken* sind vorwiegend Bauern und Viehzüchter. Eine starke Einwanderungswelle nach der Sowjetisierung Mittelasiens seit den zwanziger Jahren hat das usbek. Stammessystem bedeutungslos werden lassen.

Daten zur neueren Geschichte Afghanistans

1973 *Sturz der Monarchie* Zahir Schahs: Afghanistan wird Republik.
1978 Kommunistischer Putsch.
1979 *Sowjetischer Einmarsch* zur „Unterstützung" des kommunist. Regimes. 15 afghan. Mudschaheddingruppen, die über Pakistan Waffen aus dem Westen erhalten, fügen den sowjetischen Truppen schwere Verluste zu.
1988 *Afghanistanvertrag:* Abzug der Sowjets.
1992 Sturz der Regierung „Najibullah": Blutiger Bürgerkrieg zwischen den Mudschahedin.
1996 Die radikal-islam. Taliban-Milizen erobern Kabul und rufen den ersten „reinen" islam. Staat aus, der z.B. das Verbot der Mädchenausbildung, des Reisens, der Erwerbsarbeit für Frauen beinhaltet.
11.9.2001 Entführte Flugzeuge schlagen im World Trade Center in New York und im Pentagon in Washington ein (ca. 3300 Tote). Eine intern. Allianz unter Führung der *USA interveniert militär.* in Afghanistan, um das Terrornetzwerk des saud. Dissidenten Osama Bin Laden zu zerschlagen.
22.12.2001 „Petersberger Konferenz" beschließt Interimsregierung unter *Hamid Karzai* (2004 durch Präsidentschaftswahlen bestätigt) und eine UN-Mission zur Befriedung (sog. ISAF-Mission).
18.4.2002 Rückkehr des Ex-Königs Zahir nach fast dreißigjährigem Exil in Rom.
2005 Erste Parlamentswahlen seit 1969
2003–2007 Schrittweise Ausdehnung der ISAF-Mission von der Gegend um Kabul auf die wichtigsten Provinzen des Landes.

Die Krisenregionen Kaukasien und Afghanistan

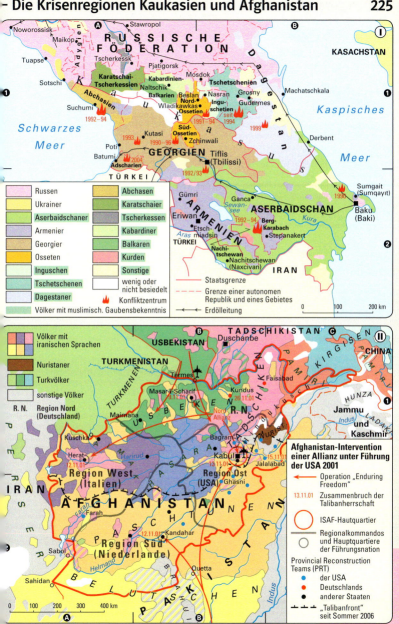

226 Ungleiche Nachbarn und ein Volk ohne Land – Drei Golf-

„Das Schicksal des kurdischen Volkes": Die Karikatur zeigt Kurden als Volk ohne Staat, verteilt auf vier Länder.

Andauernde Konflikte der arabischen Nachbarn im Nahen Osten, die im Zweiten Golfkrieg 1990/91 eskalierten, betreffen auch das ungelöste Problem der Kurden.

Das Kurdenproblem
Das nichtarabische Bergvolk der ca. 22 Millionen Kurden spricht eine dem Persischen verwandte Sprache und ist mehrheitlich sunnitisch-islamisch. Die Kurden leben zu einem knappen Drittel in geschlossenen Siedlungsgebieten im nördlichen Irak, im nordwestlichen Iran und in der Südosttürkei sowie zu kleineren Teilen in Syrien und auf dem Kaukasus. Eigentlich wurde ihnen nach dem Zusammenbruch des Osmanischen Reiches bei Ende des Ersten Weltkriegs (Friedensvertrag von Sévres 1920) ein eigener Staat zugesagt. Tatsächlich wurde das Kurdengebiet entsprechend dem Sykes-Picot-Abkommen von 1916 unter den vier Staaten Türkei, Iran, Irak und Syrien aufgeteilt.

Kurdische Autonomiebestrebungen führten zu blutig niedergeschlagenen Aufständen in der **Türkei** (1925, 1937) und seit der Gründung der PKK (Arbeiterpartei Kurdistans) 1978 zu einem Guerillakrieg. Die kurzlebige kurdische Republik Mahabad (1946/47) im **Iran** wurde militärisch aufgelöst. Im **Irak** kam es seit 1958 zu immer wieder aufflackernden Aufständen in den nördlichen Provinzen Dohuk, Arbil, Suleimaniya und Kirkuk. Zwar wurde den Kurdengebieten 1974 ein Autonomiestatut eingeräumt. Jedoch ging die Regierung in Bagdad nach dem Ersten Golfkrieg mit großer Härte u.a. mit Giftgasangriffen gegen die kurdische Zivilbevölkerung vor.

Der Zweite Golfkrieg 1990/91
Die Entscheidung des Irak zur Invasion Kuwaits hatte v.a. ökonomische Motive, darunter auch die als Folge des Ersten Golfskriegs [→ 207] gestiegenen hohen Staatsschulden. Durch die Einverleibung der kuwait. Ölfelder wäre der Irak zum viertgrößten Ölproduzenten der Welt und zur Großmacht am strategisch wichtigen Persischen Golf aufgestiegen. Die Golf-Allianz (31 Staaten) im Auftrag der UNO unter Führung der USA vertrieb den Irak aus Kuwait. Durch die Errichtung einer Schutzzone im Nordirak konnte sich eine autonome kurdische Verwaltung etablieren (Flugverbotszonen).

Zweiter Golfkrieg
- **2.8.1990** Irakische Truppen besetzen Kuwait, das als 19. Provinz des Irak annektiert wird.
- **2.8.1990** Der UN-Sicherheitsrat verlangt mit der Resolution 660 den sofortigen und bedingungslosen Rückzug aus Kuwait
- **17.1.1991** Beginn der Luftoffensive und des **Zweiten Golfkrieges**, Angriff auf den Irak *(„Operation Wüstensturm")*.
- **24.2.1991** Beginn der Bodenoffensive: Vorstoß in den Kuwait und in den Süden Iraks.
- **28.2.1991** Bedingungslose Annahme aller 12 Resolutionen des Sicherheitsrates zum Golfkrieg durch den Irak.
- **1998** Amerikanische und britische Luftangriffe gegen den Irak *(„Operation Wüstenfuchs")*.

Dritter Golfkrieg 2003 – Projekt eines neuen amerikanischen Jahrhunderts?
Im Anschluss an die Anschläge vom 11. September 2001 verfolgte die amerikanische Außenpolitik eine Doktrin, die massive Aufrüstung, weltweite Verteidigung amerikanischer Prinzipien und *Präventivkriege* gegen potentiell gefährliche Staaten einschloss. Der v.a. von den USA und Großbritannien im Rahmen des sog. „Krieges gegen den Terrorismus" initiierte Feldzug gegen den Irak zum Sturz des Regimes Saddam Husseins kam ohne Mandat des Sicherheitsrates zustande, da die Sicherheitsratsmitglieder Frankreich, Russland und Deutschland an dem Vorwurf Zweifel hegten, dass der Irak Massenvernichtungswaffen besaß oder den internationalen Terrorismus unterstützte. Binnen drei Wochen stürzte das Regime von Saddam Hussein. Allerdings gelang es den Alliierten nach dem Ende der Kampfhandlungen nicht, die Situation im Irak zu stabilisieren, die von ständigen Anschlägen auf Zivilisten und Soldaten, das Eindringen islamistischer Terrororganisationen und einer unklaren Nachkriegsordnung gekennzeichnet war.

Verlauf des Krieges im Irak
- **20.3.2003** Beginn des Krieges durch Raketenbeschuss auf Bagdad. Von Anfang an massive Luftüberlegenheit der USA
- **6.4.2003** Einnahme der Stadt Basra durch britische Truppen.
- **9.4.2003** Eroberung der Hauptstadt Bagdad durch US-Truppen. Zusammenbruch des Regimes von Saddam Hussein.
- **28.6.2004** Übergabe der Macht an die irakische Übergangsregierung mit Interims-Regierungschef Iljad Allawi.

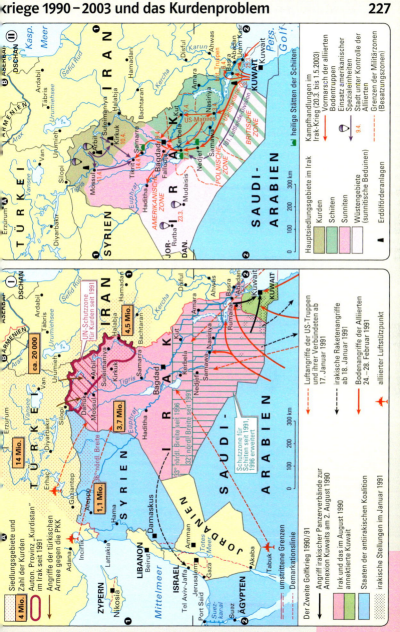

228 Das Aufleben alter Balkankonflikte – Kriege im ehem.

Keraterm – Die Kriegsgräuel und ihre Aufarbeitung
Keraterm war eines von drei serb. Konzentrationslagern in Bosnien, die für ethnische Säuberung, Vertreibung und Völkermord stehen. Der Internat. Gerichtshof in Den Haag klagt Schuldige an.

Der Vielvölkerstaat Jugoslawien, der in der Zeit des Kalten Krieges einen vom Ostblock unabhängigen Weg gegangen war, geriet seit Titos Tod 1980 in eine tiefe Krise. Militär. Auseinandersetzungen seit 1991 führten zu schwersten Menschenrechtsverletzungen bei den sog. „ethn. Säuberungen" (ca. 250 000 Tote und 2,2 Mio. Flüchtlinge). Sie bedingten die Auflösung der 1945 gegr. *Föderativen Volksrepublik Jugoslawien* (seit 1963 „Sozialistische Föderative Republik Jugoslawien").

Historische Wurzeln des Konfliktes
Als bes. konfliktträchtig erwiesen sich die komplizierten Volkstums- und Religionsgrenzen, die sich seit Jahrhunderten herausgebildet hatten. An der Drina verlief in der Antike die *Grenze zw. dem Oström. und dem Weström. Reich*, was sich bis heute in der Trennung in orthodoxe (Serben) und katholischen (Kroaten) Christen niederschlug. In der Neuzeit war die Region Militärgrenze zum Osman. Reich und damit auch Grenze zw. Christentum und Islam. 1535 siedelte die habsburg. Verwaltung vertriebene Serben und Kroaten in Wehrdörfern auf einem 170 km langen Landstreifen (Krajina) an. In Bosnien und Südkroatien entstand ein gemischtes Siedlungsmuster der Volksgruppen wie auf einem „Leopardenfell". Hinzu traten die tiefen Wunden des „totalen Bürgerkrieges" im Zweiten Weltkrieg (1941–45), als kroat. Ustascha, serb. Tschetniks und serb. Partisanen erbarmungslos gegeneinander kämpften. In der Bundesrepublik Jugoslawien klaffte die Entwicklung der sechs Teilrepubliken extrem auseinander, so dass v. a. der entwickelte Norden (Kroatien, Slowenien) zur Unabhängigkeit drängte.

Multikulturell, multi-ethnisch, multikonfessionell
Tito sprach von *Jugoslawien* als einem Land mit zwei Alphabeten (kyrill., latein.), drei Sprachen (serbokroat., slowen., makedon.), vier Religionen (serb.-orthodox, kath., muslim. und jüd.) und fünf Nationalitäten (Serben/Montenegriner, Kroaten, Slowenen, muslim. Bosniaken und Makedonen), die in sechs Republiken lebten, von sieben Nachbarn umgeben seien und mit acht Minderheiten auskommen müssten.

Die Kriege 1991 bis 1995 – Der Kosovo-Konflikt 1999
Seit 1989 stießen großserb. Stimmungen auf separatist. Tendenzen der Teilrepub.. Den *Unabhängigkeitserklärungen Sloweniens, Kroatiens* und *Bosnien-Herzegowinas* folgte die militärische Intervention der serb. dominierten Bundesarmee. In gemischt besiedelten Gebieten Bosniens und Kroatiens wurde versucht, durch ethn. Vertreibungen Gebiete zu gewinnen. Die schweren Menschenrechtsverletzungen riefen die internat. Gemeinschaft auf den Plan: Vermittlungsversuche, Entsendung von Friedenstruppen und direkte militär. Interventionen der NATO seit 1995. 1999 eskalierte die Situation im **Kosovo** zw. der UÇK (Befreiungsarmee des Kosovo) und serb. Einheiten. Die NATO reagierte auf Massenvertreibungen der Albaner mit 79 Tagen Luftangriffen auch auf serb. Gebiete. Schließlich wurde die Prov. Kosovo unter int. Verwaltung gestellt.

Neun Jahre nach dem Ende des Krieges erklärte sich das Kosovo (17. 2. 2008) unabhängig; seine Sicherheit wird weiter durch eine Schutztruppe der NATO garantiert.

Kriege in Jugoslawien 1991–1995

1980 Tod des jugoslawischen Präsidenten Josip Tito.
1981 Erstmals Ausnahmezustand im Kosovo.
28. 6. 1989 Rede des serb. Präsidenten Milosevic zur Erinnerung an die *Schlacht auf dem Amselfeld* im Kosovo (1389) vor über einer Million Serben heizt großserb. Stimmungen an. Aufhebung der Autonomie (seit 1963) des Kosovo.
Juni/Juli 1991 Krieg in Slowenien: Der slowen. Unabhängigkeitserklärung folgt der „Kleine Krieg" zw. der jugoslaw. Bundesarmee und den slowen. Territorialstreitkräften. Waffenstillstand auf Vermittlung der EU *(Brioni-Abkommen)*.
Juni 1991–Jan. 1992 Krieg in Kroatien als Folge der Unabhängigkeitserklärung.
1993 Die *Krajina* sagt sich von Kroatien los und erklärt den Anschluss an die Republik Serbien.
April 1992–Nov. 1995 Krieg in Bosnien-Herzegowina folgt der Unabhängigkeitserklärung.
1992 Gräueltaten im Sommer 1992 trotz Anwesenheit von UN-Friedenstruppen in Bosnien-Herz.
1993 UNO-Resolution 827: Einrichtung eines internationalen Kriegsverbrechertribunals in Den Haag zur Ahndung der Verbrechen in Jugoslawien.
1994 Erster militär. Einsatz der NATO seit ihrer Gründung – Abschuss serb. Flugzeuge über der Flugverbotszone.
1995 Serbische Einnahme der bosn. Sicherheitszonen Srebrenica und Žepa wird erstmals mit massiven Luftschlägen der NATO gegen Stellungen der bosnischen Serben beantwortet.
1995 Kroatische Armee erobert die Gebiete Krajina und Westslawonien: Vertreibung von mehr als 170 000 Serben.
14. 12. 1995 Dayton-Friedensabkommen zw. Serbien, Kroatien und Bosnien-Herzegowina: Erhaltung der staatl. Einheit Bosnien-Herzegowina als Dach einer *Bosniakisch-Kroatischen Föderation* und einer *Serbischen Republik* mit der Hauptstadt Sarajevo (wirksam 20. 3. 1996).

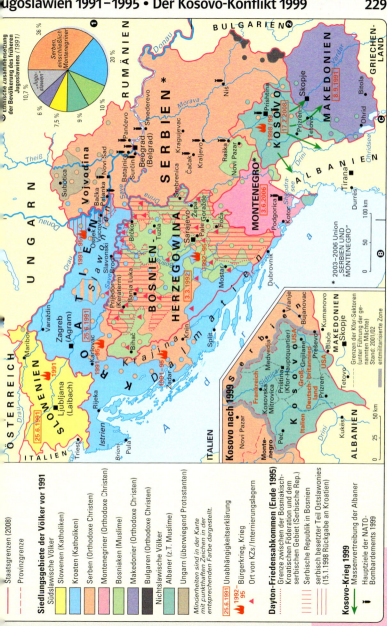

230 Kein Frieden für Israel und Palästinenser? – Der Konflikt-

Wappen der Fatah
Die Fatah-Bewegung von Yassir Arafat stellt die wichtigste Gruppe in der PLO dar. Aus ihr rekrutieren sich auch die „Märtyrerbrigaden" von Al-Aksa.

Scheitern des Friedensprozesses von Oslo

Die 1990er Jahre begannen zunächst mit der Einleitung des hoffnungsvollen histor. *Friedensprozesses von Oslo*. In der vom israel. Premier Yitzak Rabin und dem PLO-Führer Yassir Arafat getroffenen Vereinbarung war erstmals die Rede von wechselseitiger Anerkennung legitimer polit. Rechte und einer Beilegung der seit 1948 dauernden Konflikte [→ 208]. – Das *Gaza-Jericho-Abkommen* sah palästinensische Autonomiegebiete im Westjordanland und im Gaza-Streifen und den schrittweisen Rückzug der israel. Truppen aus den besetzten Gebieten vor. In der Normalisierung der Beziehungen Israels zu Jordanien deutete sich auch ein neues Verhältnis zu den arab. Nachbarn an, während die Beziehung zu Syrien wegen der Golanhöhen gespannt blieb. Eine Serie von Attentaten und die Ermordung des für den Friedensprozess maßgeblichen israel. Premiers Yitzak Rabin führten zu einer erneuten Eskalation der Gewalt. Sowohl der polit. Wechsel zum konserv. Likud-Block in Israel und die Wiederaufnahme der israel. Siedlungspolitik als auch die **Zweite Intifada** seit 2000 mit einer Serie von Selbstmordattentaten radikaler palästinens. Gruppen wie *Hamas, Jihad (Heiliger Krieg)* oder den *Al-Aksa-Aktivisten*, verhärteten erneut die Fronten.

Weiter ungelöste Konflikte

Sowohl die israel. als auch die palästinens. Gesellschaft blieben in der Frage der Akzeptanz des Friedensprozesses tief gespalten. Auf beiden Seiten standen sich „Falken" und „Tauben" gegenüber. Auch sparte der Oslo-Friedensprozess **wichtige Konfliktpunkte** aus. Sie sind durch den Anspruch beider Gruppen auf dasselbe Land bedingt:

- Die palästinens. Forderung nach vollständiger Rückgabe aller durch Israel seit 1967 besetzten Gebiete und das syr. Verlangen nach Räumung der Golanhöhen.
- Die palästinens. Forderung nach einem eigenen Staat. Israel will demgegenüber nur in einen Autonomiestatus einwilligen. Die Autonomiegebiete sind wirtschaftl. kaum lebensfähig und gleichen einem Flickenteppich. Die Überlandwege zw. den palästinens. Zentren Hebron, Ramallah, Nablus und Gaza-Stadt werden weiterhin von der Besatzungsmacht kontrolliert. Ungeklärt ist auch die Frage der *Wasserreserven.**
- Israel verweigert einen Baustopp jüdischer Siedlungen im Gazastreifen und Westjordanland (erneuter Ausbau seit 1993).
- Die Israelis sehen Jerusalem als Hauptstadt an, einschließlich des 1967 annektierten Ostteils, den ihrerseits auch die Palästinenser

Kampf um Wasserreserven: Das Regenwasser, das als Grundwasser des cisjordan. Hochlandes in die Ebene fließt, kommt dortigen Bewohnern zu Gute, während es den Palästinensern in den besetzten Gebieten seit 1967 kaum genehmigt wurde, neuere u. bessere Brunnen zu graben. Vom **Wasser des Jordans** gelangt fakt. nichts in palästinens. Gebiete. Die israel. Wasserversorgung saugt dem Jordanbecken 600 Mio. Liter im Jahr ab u. leitet das Wasser bis in die Negev-Wüste, während Syrien u. Jordanien den Jordan-Zufluss Yarmuk abpumpen.

Das Scheitern des Nahost-Friedensprozesses

Okt. 1991 Nahostkonferenz in Madrid. Erstmals Palästinenser offiziell auf einer int. Konferenz vertreten (nicht offizielle Vertreter der PLO).

13.9.1993 Auf Vermittlung Norwegens und der USA wird das *Gaza-Jericho-Abkommen* (Oslo I) abgeschlossen, ergänzt durch ein zweites *Autonomieabkommen über die Gebiete im Westjordanland. Selbstverwaltung im Westjordanland* 28.9.1995 (Oslo II).

1994 Friedensvertrag zw. Israel und Jordanien. Ende des seit 1948 bestehenden Kriegszustandes.

25.2.1994 Massaker in einer Moschee in Hebron durch einen extremist. israel. Siedler.

1995 Ermordung Yitzak Rabins durch einen extremist. israel. Studenten.

1996 Arafat siegt bei der ersten Wahl zum Vorsitzenden der Autonomiebehörde in den palästinens. Autonomiegebieten. Seine Bewegung al-Fatah gewinnt die Mehrheit im Autonomierat.

25.9.1996 Die Öffnung eines Tunnels unter dem Tempelberg löst schwere Unruhen aus.

Mai 2000 Friedensgespräche in Camp David scheitern v.a. wegen des Streites um Ost-Jerusalem.

28.9.2000 Besuch des israel. Oppositionsführers Scharon auf dem Tempelberg in Jerusalem wird Auslöser der **Zweiten Intifada** (*Al-Aksa-Intifada*, benannt nach Al-Aksa-Moschee auf dem Tempelberg).

seit 2003 Bau von Sperranlagen zw. Israel und dem Westjordanland, die die Sicherheit gegenüber Anschlägen sichern sollen (internat. umstritten).

2006 Nachdem die Situation im Südlibanon zw. der Hisbollah und der israel. Armee eskaliert, kommt es zu Luftangriffen, einer Seeblockade u. Vorstößen der israel. Armee in den Libanon (tw. 33-Tage-Krieg gen.). Waffenstillstand sieht Maßnahmen zur Befriedung des Südlibanons vor (14.8.2006).

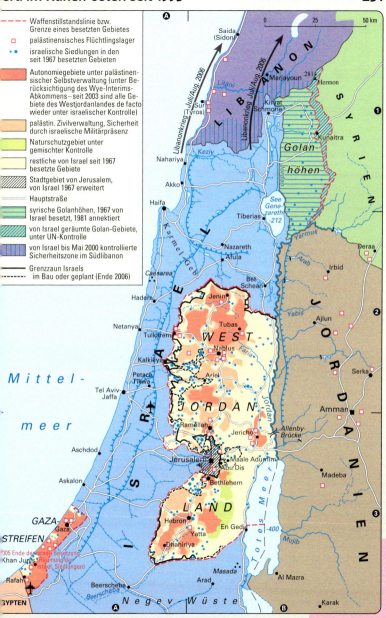

232 Die Welt im Zeichen neuer Konflikte – Terrorismus, Kriege

Twin-Towers am 11.9.2001
Die Zwillingstürme des World Trade Centers galten islamistischen Terroristen als Symbol für die Dominanz der westlichen Welt.

Die Phase 2001 bis 2007 sah eine Steigerung der Anzahl kriegerischer Konflikte. Teilweise wurden sie in Folge des Anschlags vom 11. September 2001 initiiert (Afghanistan, Irak), einige resultierten aus einer Intensivierung bereits lange bestehender Binnen- oder Regionalkonflikte. Der „Krieg gegen den Terror" offenbarte auch Konflikte im transatlantischen Bündnis, da wichtige Verbündete der USA nicht mehr bereit waren, den zunehmenden Alleingängen der letzten verbliebenen Supermacht zu folgen. Trotz der militärisch-technischen Übermacht erwies sich, dass kriegerische Auseinandersetzungen auf Dauer nicht auf dem Feld eines High-Tech-Krieges zu gewinnen waren, sondern im zermürbenden Kleinkrieg, auf dem Kleinfeuerwaffen, Sprengstoffanschläge etc. dominierten.

Der Kampf gegen den Terror

Am 11. September 2001 entführten Selbstmordattentäter der islamistischen Terrorgruppe *Al Quaida* vier Verkehrsflugzeuge auf Inlandsflügen in den USA und lenkten zwei in das *World Trade Center* in New York und eines in das Gebäude des amerikanischen Verteidigungsministeriums Pentagon (Virginia). Bei den Anschlägen kamen vor allem in New York mehr als 3000 Menschen ums Leben. Der folgende von den USA initiierte „Kampf gegen den Terror" führte zum Einmarsch der NATO 2001 in Afghanistan, das als islamistischer Staat unter dem Regime der Taliban als wichtigstes Zentrum des Terrornetzwerks galt [→ 225].

Der Irakkrieg 2003 als Konfliktfall des transatlantischen Bündnisses?

Da die Behauptung, der Irak stelle durch den Besitz von Massenvernichtungswaffen, eine Bedrohung für die internationale Gemeinschaft dar, weder vom Sicherheitsrat der UN noch von allen Verbündeten der USA geteilt wurde, kam es zu einer Krise des transatlantischen Bündnisses, als im Jahre 2003 der amerikanische Einmarsch in den Irak erfolgte. Sie legte auch die außenpolitische Schwäche der *Europäischen Union* offen, da sie in *Unterstützer (z. B. Spanien, Großbritannien, fast alle ostmitteleuropäischen Staaten)* und *Gegner des Krieges (Deutschland, Frankreich und Belgien)* gespalten war.

Sieger ohne Siege

Die Kriege in Afghanistan (2001) und im Irak (2003) führten zwar zum Sturz der jeweiligen Regime, jedoch konnten beide Staaten nicht befriedet werden, blieben die neu installierten Regierungen ohne militärische Unterstützung von außen nicht lebensfähig. Es folgte jeweils ein jahrelanger verlustreicher Kleinkrieg. Durch die fortdauernden Auseinandersetzungen mit den Taliban in Afghanistan wurde auch der Nachbar Pakistan in nicht unerheblichem Maße destabilisiert.

Auch erwies sich der transnationale Gegner Terrorismus mit den traditionellen Mitteln des Krieges als nicht besiegbar, da das Netzwerk islamistischer terroristischer Gruppen wie Al Quaida* über Grenzen hinweg dezentral organisiert war. Es folgten weitere schwere Attentate.

Al Quaida

Bei Al Quaida handelt es sich um ein internationales Geflecht von unabhängig agierenden Terrorgruppen, deren selbst ernannter Führer Osama bin Laden darstellt. Gemeinsam ist ihnen eine Ideologie des Dschihad, den sie als Heiligen Krieg gegen die Dominanz des Westens definieren. Vor allem das Versprechen einer unmittelbaren Aufnahme in das Paradies beim eigenen Tod im Dschihad motiviert Selbstmordattentäter, deren Anschläge den Kern der Terrorstrategie darstellten. Allerdings ist die Anwendung des Dschihad, die Al Quaida vornimmt, in der islamischen Welt hoch umstritten.

Spektakuläre Anschläge nach dem 11.9.2001, für die Al Quaida die Verantwortung übernommen hat:

11. März 2004 Madrid: Zehn Bombenexplosionen im Pendlerverkehr fordern 191 Todesopfer. 1500 Menschen werden verletzt.

Juli 2005: London wird während des Berufsverkehrs von vier fast zeitgleichen Explosionen erschüttert. Vier Selbstmordattentäter, sog. „Rucksackbomber", töten in drei U-Bahn-Zügen und einem Doppeldeckerbus 52 Menschen; über 700 werden teilweise schwer verletzt. Drei der vier Täter sind pakistan. Herkunft, aber in Grossbritannien aufgewachsen.

23. Juli 2005 Sharm-El-Sheik, Ägypten: Bei drei Bombenanschlägen der Terrororganisation Al Quaida sterben mindestens 88 Menschen.

Die Zuschreibung weiterer Attentate ist alles andere als sicher, da einerseits die Zellen unabhängig agieren, es sich andererseits teilweise um andere islamistische Gruppierungen handelt, denen eine Nähe zu Al Quaida nachgesagt wird.

Konfliktzonen in West- und Ostafrika

Konfliktzone Westafrika: Besonders *Sierra Leone*, *Liberia* und *Elfenbeinküste* wurden durch instabile Krisensituationen und Bürgerkriege erschüttert, die auch unter Einsatz von Kindersoldaten* ausgetragen wurden. Der 2003 in Liberia beendete Bürgerkrieg hatte erhebliche Folgen für das Land. In der Elfenbeinküste führte der Konflikt zwischen den Rebellen der *Force Nouvelle* (FN), die den muslimischen Norden kontrollieren, und der Regierung im mehrheitlich christlichen Süden, zur faktischen Teilung des Landes.

Kindersoldaten
Ein besonders schlimmes Phänomen der Bürgerkriege stellt international die Rekrutierung von Kindersoldaten dar, deren Zahl weltweit auf mindestens 250 000 geschätzt wurde. In den meisten Fällen wurden sie von der Regierungsseite wie Rebellengruppen gleichermaßen zwangsrekrutiert und teilweise zu fürchterlichen Mordtaten angestiftet. Die 1989 von der UN verabschiedete *Konvention über die Rechte des Kindes* verbietet in ihrem Zusatzprotokoll die Rekrutierung von Kindersoldaten und macht sie so zu einem Kriegsverbrechen (Anklage beim Internationalen Gerichtshof in Den Haag möglich).

Konfliktzone Ostafrika: Vom Sudan bis Somalia erstreckt sich eine schwere Konfliktzone. Der **Sudan** erlebte kriegerische Konflikte in mehreren Zonen des Landes. Die Auseinandersetzungen im Südsudan schienen durch ein Friedensabkommen (2005) gelöst, flammten aber in der Folgezeit wieder auf. Im Westsudan begannen 2003 die Auseinandersetzungen um die *Provinz Darfur*, die sich vor allem durch den Rohstoffreichtum (Öl, Uran, Kupfer, Diamanten) dieses Gebietes verschärften. Die Konfliktparteien, die *SPLM (Sudan Peoples Liberation Movement)* und die Regierung in Khartoum sind von schrecklichen Verbrechen gegen die Menschlichkeit und ethnischen Säuberungen und von Flüchtlingsströmen über 2,5 Millionen Menschen (z.T. in den Tschad) begleitet. Vor allem am Widerstand Chinas scheiterte im Jahre 2006 die Umsetzung einer UN-Resolution zur Installation einer Friedenstruppe für Dafur.

In die Konflikte in **Somalia** waren auch die benachbarten Staaten verwickelt.

Israel/Palästina [→ 230/231]

Sri Lanka
Der bereits 20 Jahre bestehende Konflikt zw. Tamilischen Rebellen *(Tigers of Tamil Eelam)* und dem Militär führte seit 2006 erneut zu schweren Kämpfen und zur Verschärfung der humanitären Katastrophe. Auch hier erfolgte der Einsatz von Kindersoldaten und Selbstmordattentaten auf beiden Seiten. Zugrunde liegt ein in die Kolonialzeit zurückreichender Konflikt zwischen hinduist. Tamilen (18% der Bev.) und der buddhist. singales. Mehrheit.

Atomwaffen – Von strategischer Bedeutung?
Konflikte entstanden zwischen den fünf offiziellen Atommächten USA, Russland, Frankreich, Großbritannien und China und jenen Staaten, die im Verdacht standen eine eigene Atommacht aufzubauen, namentlich vor allem Nord Korea und Iran.

Auch wuchs die Befürchtung eines Einsatzes von Atomwaffen in Regionalkonflikten, z. B. im Kaschmir-Konflikt zwischen Pakistan und Indien.

2001 kündigten die USA den *ABM (Anti Ballistic Missile)* Vertrag von 1972, der u.a. die Installation von landesweiten Raketenabwehrsystemen verbot, um die Option auf einen atomaren Erstschlag auszuschließen. Die potentielle Installation eines Raketenabwehrsystems auch in Ostmitteleuropa birgt die Gefahr eines weiteren atomaren Wettrüstens mit Russland in sich. Auch in wichtigen anderen Fragen, wie einem internationalen Teststopp für Atomwaffen, konnte noch keine Einigung erzielt werden.

Die SCO – Shanghai-Organisation für Zusammenarbeit
Als regionales Bündnis, das ein Viertel der Weltbevölkerung vertritt, stellt die 2001 gegr. SCO (Shanghai-Organisation für Zusammenarbeit) – als Erweiterung der Shanghai Five (VR China, Russland, Kasachstan, Kirgisistan, Tadschikistan) um Usbekistan – ein potentielles neues Gegengewicht zu den USA dar. Gemeinsame Aufgabe ist die Koordinierung von Anti-Terror-Aktivitäten in Zentralasien, die etwa in Friedensmissionen (gemeinsamen Großmanövern) geübt werden sollte. Ein im Jahre 2005 auf der Halbinsel Shandong durchgeführtes Manöver der SCO-Mitgliedstaaten rief Besorgnisse in Bezug auf den Taiwan-Konflikt wach. Angestrebt wird der Beitritt weiterer asiat. Staaten etwa Indiens.

234 Die Welt im Zeichen neuer Konflikte – Terrorismus, Kriege

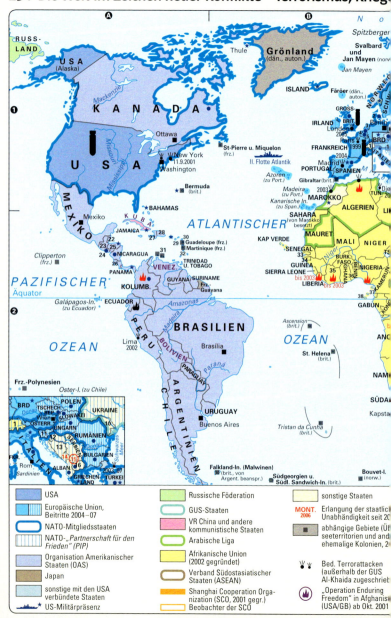

Die Welt im Zeichen der Globalisierung – Welthandel,

"**Containerschiff**": Die Zunahme des Schiffsverkehrs und -handels ist Voraussetzung und Folge der Globalisierung. Der Gebrauch des genormten Containers erlaubt es, Stückgut ohne Umpacken und Umladen auf mehreren Verkehrsmitteln bis zum Endverbraucher oder -fertigung zu transportieren.

Eine ganze Reihe von Faktoren intensivierten den Prozess der Globalisierung* seit den 1990er Jahren. Durch den Zusammenbruch des Kommunismus wurde ein Drittel der Menschheit zusätzlich in die kapitalist. Ökonomie einbezogen. Hierzu gehörte trotz seiner weiter bestehenden kommunist. Verfassung **China**, das zum „global player" in der Weltwirtschaft aufstieg. Eine bedeutende Rolle spielten auch techn. Innovationen vor allem im Bereich *Kommunikation und Medien* (Internet und E-Mail) und des *Transportwesens*, die eine weltweite Vernetzung von Produktionsprozessen möglich machten (sog. *Globales Outsourcing*).

Globalisierung: Zunehmende weltweite Verflechtung der Güterproduktion, der Dienstleistungs- und Finanzmärkte mit einer starken Intensität des Warenaustauschs und der Zunahme des internationalen Reiseverkehrs (Tourismus). Eine Auswirkung der Globalisierung ist ein Anwachsen des Welthandels, der schneller wächst als die Weltwirtschaft insgesamt.

Grundlagen der Globalisierung: Vom Gatt-Abkommen zur Welthandelsorganisation (WTO)
Globalisierung ist ein politisch gesteuerter Prozess, dessen Grundlage internationale Vereinbarungen bilden, die vor allem freien Handel garantieren sollen. Grundlage der Globalisierung ist das sog. **GATT**-Abkommen (*General Agreement on Tariffs and Trade, geschlossen 1947*), das den freien Waren- und Geldverkehr zwischen den Vertragspartnern vorsieht. Am 15. April 1994 wurde die WTO, die Welthandelsorganisation (World Trade Organization), gegründet, deren Aufgaben, neben GATT, eine ganze Reihe von Verträgen umfasst. Der WTO gehören inzwischen 150 Mitglieder an. Hauptorgane sind die **Ministerkonferenz** (oberstes Beschlussorgan), die mindestens alle zwei Jahre tagt, und der Allgemeine Rat mit Vertretern aller Länder. Einen Kernbereich der Arbeit bildet die Schlichtung zahlreicher Handelskonflikte der Mitglieder. Konflikte bilden vor allem der Agrarprotektionismus der USA und der EU, die ihre Märkte gegen Importe aus den Entwicklungsländern abschotten und die damit verbundenen Ungleichgewichte im Welthandel verschärfen (sog. *Doha-Entwicklungsrunde* seit 2001, benannt nach der 4. Ministerkonferenz in Doha).

Verstärkung globaler Ungleichgewichte?
80% des Welthandels machen drei Pole miteinander aus: *Europa, Ost- und Südostasien* und die USA. 25 von 186 Ländern kontrollieren zusammen 80% des Welthandels. Neue Akteure im Welthandel waren die neuen industrialisierten Staaten Ost- und Südostasiens und zunehmend auch Lateinamerikas, die Transformationsländer (ehemalige Staaten des Ostblocks), von denen acht der EU beitraten, und die GUS. Eine Intensivierung der Warenströme geschah auch innerhalb der Regionen. So tauschten die EU-Staaten ca. 2/3 ihres Warenaustausches untereinander. Hoffnungen, dass die Globalisierung den Wohlstand auf allen Kontinenten mehren und einen Ausgleich zwischen Arm und Reich befördern würde, wurden enttäuscht. Es trat eine Vertiefung des *Nord-Süd-Gefälles* und eine dramatische Verschlechterung der Situation Afrikas ein, die allerdings auch andere Ursachen hatte (Krieg, Auseinandersetzungen, Krankheiten).

Kritiker der Globalisierung
1998 wurde die internationale Organisation ATTAC gegründet, die eine Kontrolle der internationalen Finanztransfers fordert und sich in zahlr. Basisgruppen in 50 Länder für eine sozial gerechtere Ausgestaltung des Globalisierungsprozesses stark macht. Zielpunkt der Kritik ist auch die mit dem internationalen Wettbewerb um Arbeitsplätze verbundene Senkung der Sozialstandards.

Tourismus
In der kleiner werdenden Welt stellt der Tourismus, mit inzwischen mehr als 10% Anteil am Weltbruttosozialprodukt, als weltweit größte Branche einen der dynamischsten Wachstumsbereiche am Anfang des neuen Jahrtausends (trotz kurzfristiger Einbrüchen durch Terrorismus und Klimakatastrophen wie Tsunami) dar. Von den Einkünften aus dem Tourismus entfallen Dreiviertel auf die Industrieländer, etwa ein Viertel auf die Entwicklungsländer.

Geld und Tourismus zu Beginn des 21. Jahrhunderts

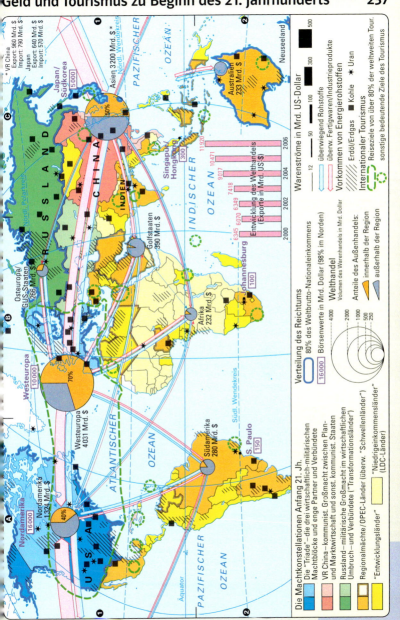

Symbol des UNHCR. Der UNHCR, Hoher Kommissar für Flüchtlinge/United Nations High Commissioner for Refugees, gegr. 1950 unterstützt Flüchtlinge und Vertriebene.

Migration ist ein Normalfall der Geschichte, denn in allen Epochen verließen Menschen aus unterschiedlichsten Gründen ihre Lebensräume, um sich diesseits oder jenseits von Grenzen neu anzusiedeln. In der globalisierten Welt gewinnt Migration eine neue Dimension. Unterschiedliche nat. und internat. Ursachen führen zur Wanderung von Menschen. Hierbei sind sog. *Push- und Pull-Faktoren* wirksam. Unterschieden werden *Auswanderer* und *Flüchtlinge*, die vor Krisen oder politischer Verfolgung ausweichen.

Rolle der Binnenwanderung

Ein wichtiges Phänomen stellt nicht nur die transnationale, sondern auch die Binnenwanderung dar. So bildet die *Stadt-Land-Flucht* in den Schwellenländern der Dritten Welt den größten Anteil der Migrationsströme (in Afrika ca. 80%). In einer bes. schwierigen Situation befinden sich *Binnenvertriebene (ca. 23,7 Mio. in 50 Staaten)*, die vor Krieg, Konflikten, Verfolgung, aber auch Naturkatastrophen innerhalb eines Landes, fliehen, aber keine Grenze überschreiten, was ihnen den Rechtsstatus als Flüchtlinge* einbringen und somit ein Anrecht auf Unterstützung bedeuten würde. Nach Schätzungen des zuständigen UN-Beauftragten gibt es Binnenvertriebene v.a. in Afghanistan, Sri Lanka, Kolumbien, Bosnien-Herzegowina und den Staaten der ehem. SU. Ziel ist es auch für diese Flüchtlinge, eine Zuständigkeit des UNHCR zu erreichen.

Flüchtlinge mit Rechtsstatus: Die *Genfer Flüchtlingskonvention von 28.7.1951* (ergänzt durch ein Protokoll 1967) legt fest, wer den völkerrechtl. Status als Flüchtling erhält und deshalb Anrecht auf Unterstützung hat. Sie wurde bisher von 143 Staaten unterzeichnet.

Flüchtlinge aus Krisengebieten oder wegen Menschenrechtsverletzungen

Die UNHCR schätzt, dass ca. 40 Mio. Menschen vor Krieg, Verfolgung oder massiven Menschenrechtsverletzungen geflohen sind. Bes. hoch waren die Zahlen in Afghanistan, im Irak und in den Krisengebieten Afrikas (Sudan, Somalia, Kongo, Burundi, Angola etc.). Auch in den Palästinensergebieten und in der Türkei blieben die Flüchtlingszahlen hoch.

Wanderung zur Verbesserung der Lebensbedingungen – Zonen der Aus- u. Einwanderung

Ein beträchtlicher Teil des Wanderungsdrucks entsteht durch das Armutsgefälle zw. den USA und Lateinamerika, der EU und Afrika und teilweise auch zw. West- und Osteuropa.

USA: Als das klass. Einwanderungsland gelten die USA, wo Einwanderer aus Mexiko und Lateinamerika längst die europ. Migranten als größte Gruppe abgelöst haben. So gibt es beträchtliche, auch illegale Einwanderungen aus Lateinamerika *(Mexiko, Guatemala, Honduras, El Salvador, Costa Rica und Panama)* in die USA. Dem US Census Bureau sowie regierungsunabhängigen Quellen zufolge betrug die Zahl der illegalen Migranten im Jahr 2001 etwa 8 bis 9 Mio. Personen. Die USA unternahmen Versuche zur Eindämmung der illegalen Einwanderung. Am 4.10.2006 wurde ein Gesetz zur Errichtung eines 1125 km langen Sperrzauns an der amerikan.-mexikan. Grenze erlassen.

Europa: Jedes Jahr versuchen Hunderttausende von Menschen aus Osteuropa, Asien, Afrika, Lateinamerika und der Karibik illegal in die EU einzuwandern. Illegale Flüchtlinge versuchen mit meist seeuntüchtigen Booten das europ. Festland über das Mittelmeer zu erreichen, was zu Tausenden Toten an der südl. Seegrenze der EU führte.

Klass. Auswanderungsländer verwandeln sich hierdurch in Einwanderungs- oder Transitländer wie die südeurop. Staaten Spanien, Portugal, Italien u. Griechenland. Sog. Schleuser nutzen diese Menschen für Milliardeneinnahmen aus. Durch das sog. *Schengener Abkommen* (1985) und Folgeregelungen (sog. *Schengen-Acquis*) sind in der EU gemeinsame Außengrenzen (bis 2008 22 Staaten der EU mit den assoziierten Mitgliedern Norwegen, Island, Schweiz) unter Wegfall der Binnenkontrollen geschaffen worden. Dies führte zu einer Abstimmung der Asylpolitik, v.a. durch die sog. sichere Drittstaatenregelung, die dem Land der Einreise in der EU die Zuständigkeit für das Asylverfahren zuweist. Die Zahl der Asylsuchenden nahm daraufhin, v.a. in den Staaten im Binnenraum der EU, die auch entsprechende Maßnahmen an den Flughäfen ergriffen, massiv ab (insgesamt um ca. 20%).

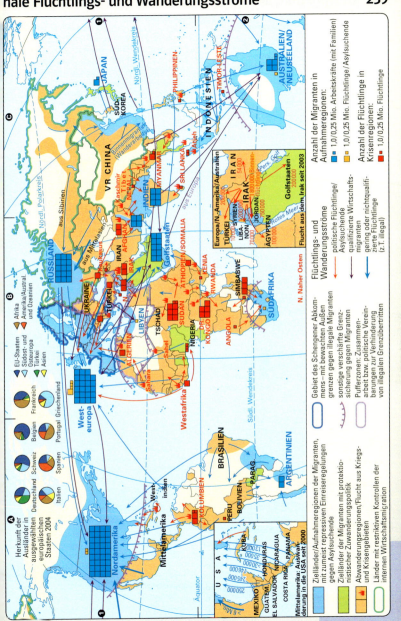

240 Klimawandel und Naturzerstörung – Umweltfragen als

Windenergieanlage
Wind stellt v. a. in küstennahen Gebieten eine der wichtigsten Ressourcen für die Gewinnung regenerativer Energien dar. Besonders sog. Offshore-Windparks deckten 2006 in Dänemark bereits 20 % der Energieversorgung.

In der Aufmerksamkeit der Weltöffentlichkeit stand am Anfang des 21. Jh. v. a. das Phänomen der globalen Erwärmung des Klimas. Mindestens genauso brisant sind allerdings Probleme der Verschmutzung und Überfischung der Meere, der Knappheit des Trinkwassers und der Entwaldung.

Erwärmung des Klimas: „Treibhauseffekt"
Klimaschwankungen auch extremen Ausmaßes sind ein natürliches Phänomen der Geschichte. Neu ist das anthropogene (durch menschlichen Einfluss verursachte) Klimawandel seit dem Beginn der Industrialisierung: Die globale Erderwärmung wird durch den in den letzten Jahrzehnten steigenden Ausstoß von Treibhausgasen durch den Menschen beschleunigt. Die Emissionen des wichtigsten Treibhausgases Kohlendioxid (CO_2) haben sich seit Beginn der Industrialisierung von 342 Mio. Tonnen (1860) auf 276,3 Mrd. Tonnen erhöht. In dieser Zeit hat sich die Erde um 0,7°C erwärmt. Seit 1990 steigt der Energiehunger der sog. Schwellenländer (v. a. in Asien) und der Transformationsstaaten (ehem. Ostblock) mächtig an. Das zweitwichtigste Treibhausgas *Methan* wird verursacht durch Viehhaltung und Reisanbau.

Die Folgen des Klimawandels sind noch schwer einzuschätzen: Es wird davon ausgegangen, dass ein Anstieg des Meeresspiegels v. a. für tiefer liegende Staaten zum Problem wird. Das Abschmelzen der polaren Eiskappen und anderer Gletschergebiete hat bes. intensiv in der **Arktis** (Polarmeer) eingesetzt: Reduktion der Dicke des Meereises um die Hälfte in fünfzig Jahren und Rückzug der polaren Eisgrenze. Diese Tendenz ist in der **Antarktis** noch nicht eingetreten.

Ozonloch
Das *Ozonloch* – ein dramatisch verlaufender Abbau der Ozonschicht in der antarktischen Stratosphäre (ca. 20–25 km Höhe) meist zw. September und November mit gravierenden Folgen für die menschl. Gesundheit und die Ökosysteme – wird durch als Treibgas und Kühlmittel verwendete halogenierte Kohlenwasserstoffe (FCKW) verursacht. Durch internationale Abkommen (*Montrealer Protokoll 1987* und Folgeabkommen) konnte die Emission ozonschädigender Substanzen verringert werden; die Regeneration der Ozonschicht wird allerdings bis über die Jahrhundertmitte hinaus andauern.

Klimaschutz
Im Zentrum der Bemühungen steht die Begrenzung des Ausstoßes an klimaschädl. Treibhausgasen. So fordert der Weltklimarat, die globalen Emissionen bis 2050 mindestens zu halbieren, um den Temperaturanstieg bis Ende des Jahrhunderts gegenüber dem vorindustriellen Durchschnittswert auf 2°C zu begrenzen.

Klimaschutzkonferenzen und Konventionen – Fortschritte mit kleinen Schritten

1992 Auf dem Erdgipfel in Rio de Janeiro wird eine Klimarahmenkonvention (KRK) unterzeichnet.

1997 Auf der dritten Vertragsstaatenkonferenz (VSK) der KRK in **Kyoto** (Japan) wird das sog. **Kyoto-Protokoll** unterzeichnet, das Verpflichtungen zum Klimaschutz in Folgeverhandlungen konkretisiert.

16. 2. 2005 Inkrafttreten der Bestimmungen des Kyoto-Protokolls, die vorsehen: Überprüfbare Reduktion der Treibhausgasemissionen durch die Industrieländer (5,2 % bis 2008/12). Die Reduktion von Emissionen können auch durch die Ausweitung von Waldflächen (CO_2-Senke) oder durch den Erwerb von Emissionsrechten von Ländern mit stärkerer Reduktion erfüllt werden. (Bis Mitte 2007 Ratifikation des Kyoto-Protokolls durch 174 Staaten, auf die 62 % der globalen Treibhausemissionen entfallen). Allerdings blieben bis 2005 eine ganze Reihe an Staaten hinter den Zielen des Kyoto Protokolls zurück.

2007 Eine **UN-Konferenz auf Bali** beschließt ein neues globales Klimaabkommen. Der Vertrag soll 2009 auf der Klimakonferenz in Kopenhagen abgeschlossen und in den Folgejahren ratifiziert werden. Das Abkommen soll dann das Kyoto-Protokoll ablösen, das 2012 ausläuft. Neben dem Klimaschutz nennt das Mandat auch die wirtschaftliche und soziale Entwicklung sowie die Armutsbekämpfung als vorrangige Aufgaben. Erstmals verpflichten sich die USA, Japan, China und Indien zur Beteiligung.

Überfischung und Verschmutzung der Meere
Die Überfischung der Meere nahm seit den 1970er Jahren dramatische Ausmaße an und entwickelte sich von einem regional (Nordat-

lantik, Nordpazifik, Mittelmeer) beschränktem zu einem globalen Phänomen. Die Artenvielfalt der Meere ist hierdurch massiv gefährdet; v.a. *Wander- und Hochseefische* (Thunfisch, Seehecht, Kabeljau, Kaiserbarsch und Haie). Der Ausbau der industriellen Fangbote und der Schleppnetzfischerei; die wenigen Abkommen zur Begrenzung der Fangquoten konnten das Problem nicht beseitigen. Die Meeresverschmutzung v.a. vom Land durch Müll, Einleiten ungeklärter Abwässer aus Industrie und Haushalten und Stickstoffeinträge aus der Landwirtschaft. Insgesamt wurde die Meeresverschmutzung durch Öl reduziert v.a. durch die Verbesserung der Tankersicherheit.

Begrenzte Ressourcen: Energiehunger vieler Staaten

Durch den Wirtschaftsaufschwung v.a. in Asien entstand tendenziell eine Energieknappheit, die die Kosten für Primärenergie (Öl, Gas) verteuerten. Die Kernkraft, die weniger Schadstoffausstoß produziert, hat durch schwere Reaktorunfälle (Sellafield, Tschernobyl etc.) in der Vergangenheit und durch Probleme mit der Endlagerung Akzeptanzprobleme. Ein Ausbau alternativer Energien durch die Verbrennung von Biomasse – vermeintlich klimaneutrale Energieproduktion, da Pflanzen CO_2 aus der Atmosphäre binden – erweist sich als zweischneidig, da teilweise beträchtliche Nebeneffekte eintreten. So mussten für die Produktion von Palmöl, das zur Stromerzeugung verbrannt wird, beträchtliche Flächen Regenwald in Malaysia gerodet werden. In *Mexiko* kam es zur sog. *Tortilla-Krise*, als sich der Preise für Tortillas im Jahre 2007 wegen des Exports von Mais zur Produktion von Bioethanol in die USA verdoppelten.

Begrenzte Ressourcen: Wasserknappheit als Zukunftsproblem

Probleme bildet der wachsende Energiehunger, aber in vielen Regionen auch die schwindenden *Wasserreserven*. Die globale Wasserentnahme ist im 20. Jh. mehr als doppelt so schnell gewachsen wie die Weltbevölkerung. So trat für einige Regionen eine Wasserkrise ein oder wird zukünftig befürchtet (z.B. Arabische Halbinsel). Verursacher ist teilweise auch die Intensivierung industriell betriebener Landwirtschaft. (z.B. Spanien, Israel), da sich die bewässerten Flächen seit 1966 verdoppelt haben (70% der Weltwasserentnahme erfolgt für die Landwirtschaft).

In **Afrika** schrumpft die Sahelzone durch anhaltende Dürreperioden sowie die Überweidung und das Absinken des Grundwasserspiegels (durch das Anlegen immer tieferer Brunnen), so das sich die Wüste immer weiter in Richtung Süden ausdehnt *(Desertifikation)*. Der *Aralsee* als zweitgrößter See Asiens ist von der kompletten Austrocknung bedroht, da seine Zuflüsse seit den 1960er Jahren zur Bewässerung der Landwirtschaft (vor allem zum Baumwollanbau) abgeleitet wurden.

Wald

Die Zerstörung der Wälder schreitet in alarmierendem Tempo voran. Vor allem durch Umwandlung in Ackerland gingen zwischen 2000 bis 2005 weltweit durchschnittlich 13 Mio. ha. Wald pro Jahr verloren. Am stärksten waren die Waldverluste in Südamerika (4,3 Mio. ha. pro Jahr) und Afrika (4 Mio. ha. pro Jahr Demgegenüber legten manche Staaten wie China beträchtliche Aufforstungsprogramme vor. Trotz Bemühungen zur Definition gemeinsamer Prinzipien der Waldbewirtschaftung (z.B. auf dem Erdgipfel in Rio de Janeiro 1992) gelang bis 2007 noch keine globale Konvention zum Schutz der Wälder.

Umweltkatastrophen

Immer wieder ereigneten sich seit dem Zweiten Weltkrieg Umweltkatastrophen schweren Ausmaßes. Die Atomwaffenproduktion und Atomwaffenversuche kontaminierten ganze Landstriche. In Fabriken zur Anreicherung von atomwaffenfähigem Plutonium kam es zu schwerwiegenden Unfällen (1957 in *Majak, sog. Kyschtym-Unfall, SU und Windscale/Sellafield, Großbritannien*). Viele Gebiete, etwa die Inseln Nowaja Semjla in der Ostsee, sind durch Atomwaffenversuche schwer verseucht.

Das schwerste Unglück bei der zivilen Nutzung der Kernkraft ereignete sich 1986 in *Tschernobyl* (Ukraine), bei der es sogar zur Kernschmelze eines Reaktorblocks und zur Verstrahlung einer ganzen Region kam (ca. 200 000 km^2). Der schwerwiegendste Chemieunfall ereignete sich 1984 in *Bhopal/Indien*, als es in einem Werk des US-Chemiekonzerns Union Carbide Corporation beim Austritt einer giftigen Gaswolke zu Tausenden von Todesfällen und Verwundeten mit teilweise schweren Folgeschäden kam.

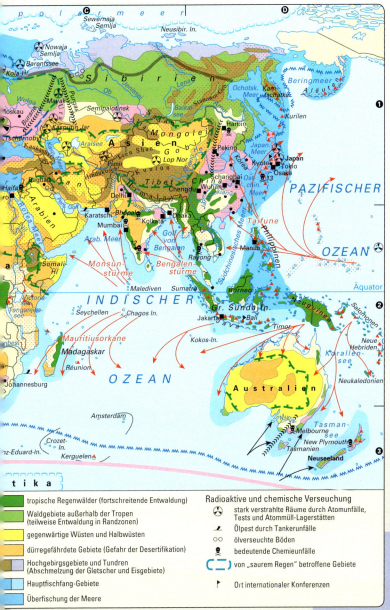

244 Zur Benutzung des Registers

Inhalt, Reihenfolge der Namen

- Das Register erschließt den Inhalt der Karten, Legenden und Texte. Es umfasst neben dem historisch-geographischen Namengut auch Personennamen und wichtige Sachbegriffe aus den Kartenlegenden und Texten. Ferner enthält es Namen von Flüssen, Seen, Bergen, Pässen usw., zu denen ein historischer Bezug existiert.

- Die Reihenfolge der Namen entspricht dem lateinischen Alphabet. Dabei wurden Umlaute und Buchstaben mit diakritischen Zeichen wie einfache Buchstaben eingereiht, z. B.
    ä = a; ê = e.

- Die abgekürzten Namen sind im Register zumeist ausgeschrieben. Abkürzungen von Eigennamen und Organisationen werden im Register erklärt.
    USA → Vereinigte Staaten von Amerika

- Von historischen Namen wird auf die heutige Namenform verwiesen, sofern dies von Bedeutung ist oder es die historische Kontinuität erfordert, z. B.
    Südwestafrika → Namibia

- Bei Namen mit Klammerzusätzen erfolgt eine zusätzliche Verweisung:
    Jekaterinburg (Swerdlowsk)
    Swerdlowsk → Jekaterinburg

- Gleich lautende Ortsnamen wurden zur Unterscheidung mit einem Zusatz versehen, z. B.
    Theben/Ägypten
    Theben/Griechenland

Erläuternde Zusätze

- Außer den Sachbegriffen sind nahezu alle Namen des Registers mit Gattungssignaturen in Form von Piktogrammen versehen, die auf jeder rechten unteren Seite erläutert sind:
    - ⊙ Siedlung, Ort, Stadt
    - ✗ Schlacht, Eroberung
    - § Vertrag, Bündnis, Gesetz
    - ☐ Reich, Staat, Land, Provinz, Landschaft, Insel
    - ∽ Gewässer (Fluss, Meer usw.)
    - ⚥ Person
    - ᎡᎡ Völkergruppe, Volk, Stamm

Suchangaben

- Die Suchangabe besteht aus der arabischen Zahl für die Text- oder Kartenseite und der römischen Zahl für die Kartennummer auf dieser Seite (bei Nebenkarten mit dem Zusatz Nk.). Wichtige Seitenhinweise sind fett hervorgehoben.
  Beispiele: Mesopotamien ☐ 21.II
                Attika ☐ **35.Nk.**

- Suchangaben, die sich auf die topographische Lage in der Karte beziehen, sind aus den Suchfeldern zu entnehmen, die sich mit Hilfe der Index-Angaben für Spalten (Großbuchstaben) und Zeilen (Ziffern) ergeben, z. B.
    Bagdad ⊙ 21.II B 2
    Slawen ᎡᎡ 49 AB 1

Zeitliche Zuordnung

- Auf jeder linken Seite des Registers befindet sich unten eine Zeitleiste, die die schnelle Zuordnung der Seitenzahlen zu den üblichen Epochen (Altertum, Mittelalter usw.) ermöglicht:

S. 10 bis 19	S. 20 bis 53	S. 54 bis 81	S. 82 bis 115	S. 116 bis 165	S. 166 bis 187	S. 188 bis 243
Vor- und Frühgeschichte	Altertum bis ca. 500	Mittelalter 500 bis ca. 1500	Neuzeit 1500 bis 1789	Neuzeit 1789 bis 1918	Zeitgeschichte 1918 bis 1945	Zeitgeschichte seit 1945

Alanen 245

A

Aachen ⊙ 63 B 1, 95 B 1, 99 B 3, 101 B 1, § (1668) **106–107 B 1**, 117 B 1
Aarau ⊙ 75 B 1
Aargau □ 74, 75 B 1, 94
Abadan ⊙ 207 B 2, 221 B 2, 227.I B 2
Abbas I., d. Gr. ♀ 90
Abbas II. ♀ 90
Abbasiden, Dynastie 60, **65 C 2**
Abbeville ⊙ 15 A 2
Abchasen, -ien ⚥ □ 169 A 2 (ASSR), **224–225.I A 1** (Flagge), 225.I
Abdera ⊙ 31 C 1, 35 B 1, 37 B 1
Abdur ⊙ 12 B 2
Aberdeen ⊙ 103 B 1, 126 B 1
Abessinien → Äthiopien
Åbo ⊙ 111 B 2
Aborigines ⚥ **148**
Abu Dhabi ⊙ 207 C 2, 227 C 2
Abu Dis ⊙ 231 B 3
Abu Hurreira ⊙ 17 C 2
Abuja ⊙ 211.I A 1
Abukir ⊙ ✗ (1798) 118
Abu Roasch ⊙ 23 A 1
Abu Simbel ⊙ 23 A 3
Abusir ⊙ 23 A 1
Abydos ⊙ 23 A 2, 35 C 1, 37 C 1, 57 C 2
Acadia □ 129 C 2
Acapulco ⊙ 87 A 1, 160 A 2
Accra ⊙ 89.II B 1, 145.I A 1, 147.I A 1
Achäer → Aioler
Achaia □ 29 B 1, 30, 33 A 2, 35 B 1, 37 B 1, 47 B 2, **81 C 2** (Fsm.), 49 B 2
Achämeniden 26
Achanti ⚥ □ 139 B 1
Achsenmächte → **176, 179, 180–181, 196**
Actium (Aktium) ⊙ ✗ (31 v.Chr.) 46, 47 B 2
Adal ⊙ 88, 89.I B 1
Adalia → Antalya
Adana ⊙ 73 B 2, 157 B 2, 207 A 1, 227.I A 1
Adda ✗ (490) 58, 59 B 1
Addis Abeba ⊙ 13.II, 147.I B 1, 161 C 2, 211.I B 1
Adelaide ⊙ 149 A 2, 161 D 3, 161 D 3
Aden ⊙ □ 61 C 2, 89.I B 1, 91 A 2, **138, 139 B 1**, 145.I B 1, 147.I B 1, 161 C 2
Adra ⊙ 25.III B 1
Adrianopel (Edirne) ⊙ ✗ (378) 56, 57 C 2, 65 B 2, 72, 79 C 2, 81 C 2, 105 C 2, § (1829) 108, 113 C 2, 119 C 2, § (1829) 138, 153 C 2, 155 B 2, § (1829) 156, 157 B 1

Adscharien □ 169 A 2 (ASSR), 225.I A 1
Adua ⊙ ✗ (1896) 146, 147.I B 1
Adygien □ 213 B 1, 221 A 1/2
Aethiopien → Äthiopien
Afghanistan □ 90, 93 BC 1, 141 AB 1, **159, 161 C 1**, 175 B 1, 191 B 1, 197, 199 C 1, 203 A 1, 212, 213 B 1, **216**, 219 C 1, 223 B 1, 224 (-vertrag), 232, 235 (NK)
Afghanistankrieg 201 B 1, **224–225.II AB**, 220
African National Congress → ANC
Afrika ⊙ 10, 46, 47A B 2/3, 49 AB 2, 53 AB 2, 55 B 2, 56 (röm. Prov.), **84–85 BC 1/2/3, 88–89.I, 92**, 138, 145.I, 146 (Kolonien), **146** (europ. Kolonien 1885 u. 1914), 187 A 3, 200, **201 B 1/2, 196–199, 210–211**
Afrikanische Union § 234–235
AFTA (Asian Free Trade Area) □ 217
Afula ⊙ 231 B 2
Ägä (Vergina) → Aigai
Agade ⊙ 20, 21.II B 2
Agades ⊙ 89 A 1
Agadir ⊙ 147.I A 1
Ägäis-Konflikt (1994) **206**
Ägatische In. □ ✗ (241 v.Chr.) 43 A 3, 44, 45 B 2
Agen ⊙ 77 A 2
Ager Gallicus □ 42, 43 A 1
Aghlabiden, Dynastie **65 AB 2**
Ägina ⊙ □ 29 B 2, 33 B 2, 34, 35.Nk., 35 B 2, 37 B 2, 155 B 3
Aginsker Burjaten, Bezirk der □ 221 C 2
Agora **36, 37.Nk.**
Agra ⊙ 90, 91 B 1, 141 B 1, 143 A 2, 203 B 1
Agram (Zagreb) ⊙ 97 B 1, 121 B 2, 123 B 2, 155 A 1, 173 A 3, 229 A 1
Agrarwirtschaft, röm. **52–53**
→ auch Landwirtschaft
Agrigent (Akragas) ⊙ 43 A 3
Agrippa-Thermen/Rom 51.Nk.
Ägypten □ 16, 19 C 2, **22** (Name), **22–23** (Kart., Mittl., Neues Reich), 20, 21.II AB 1 (Hochkultur), 24, 25.I A 1/2, 26, 27 A 2, 28, 30, 31 C 2, 39 A 2, 40, **41 A 2**, 46, 47 BC 3, 48, 49 BC 2 (röm. Provinz), 53 C 2 (Wirtschaft), 55 C 2, 57 C 2, 67 C 2, 72, 73 B 2, 89.I B 1, 91 A 1, 139 B 1, 139 B 1, 157 B 2, **158**, 161 C 1/2, 175 B 1, 179 B 3, 146 (Aufstand 1881), 147.I B 1, 144, **145.I B 1** (brit. Besetzung), 191 B 1, 191.Nk., **206, 207 A 2** (Revolution 1952), 197, 199 C 1/2, 208, 209.I AB 2, 209.II AB 2, 211.I B 1, 212, 213 B 1, 219 C 1/2, 223 B 1, 227.I A 2, 231 A 3, 231 A 3 auch Ptolemäerreich

Ägyptisch-Israelischer Frieden § (1979) 208
Ahmadabad ⊙ 91 B 2, 141 B 1
Ahwas ⊙ 207 A 2, 227.II B 2
Aigai (Ägä, Edessa) ⊙ 33 B 1, 37 B 1, 38, 39 A 1
Aigion ⊙ 33 A 2
Aigues Mortes ⊙ 67 A 1
Aigun ⊙ § (1858) 108, 109 C 2, 143 B 1
AIM (American Indian Movement) 132
Aimak ⚥ 224, 225.II AB 1/2
Ain, Dep. □ 117 B 2
Ain Dschalut ⊙ ✗ (1260) 70, 71 A 1
Ain Malla ⊙ 17 C 2
Ainos ⊙ 35 C 1, 37 C 1
Aioler (Achäer) ⚥ 30
Aiolis/Kleinasien □ 29 C 1
Air □ 89.I A 1
Aisne, Dep. □ 117 B 1
Aix-en-Provence → Aquae Sextiae
Ajaccio ⊙ 63 B 2, 97 A 2, 121 A 3, 151 A 2
Ajas ⊙ 71 A 1
Ajlun ⊙ 231 B 2
Ajmer ⊙ 141 B 1
Akaba ⊙ 157 B 2, 207 A 2, 208 (Golf), 209.I B 2, 209.II B 2, 227.I A 2
Akanthos ⊙ 33 B 1
Akarnanien □ 29 AB 1, 33 A 2, 35 B 1
Akbar, Großmogul ♀ 90
Akkad, Reich □ 20, 21.II AB 2
Akkerman ⊙ 73 B 1
Akko, -on (Acre) ⊙ 25.II A 1, 66, **67 C 2**, 209.I B 2, 209.II B 1, 231 A 1
Akmolinsk ⊙ 109 A 2, 143 A 1
AKP-Länder (mit der EG/EU assoz. Staaten Afrikas, der Karibik und des Pazifiks) □ **218–219**, 222
Akragas → Agrigent
Akropolis/Athen **36, 37.Nk.**
Aksai-Chin □ 203 B 2
Aksum □ 61 B 2
Aktau ⊙ 221 A 2
Aktium → Actium
Aktjubinsk ⊙ 167 B 2
Alabama □ 131 C 2, 135.II B 2
Al-Aksa-Aktivisten 230
Alalia ⊙ 31 B 1
Alamannen, -ien ⚥ □ 57 B 1, 58, 59 B 1, 63 BC 1
Åland-In. □ 111 B 2
Alanen ⚥ □ 49 C 1, 56, 57 C 1, 59 C 1, 65 C 2, 71 A 1

⊙ Siedlung, Ort, Stadt	□ Reich, Staat, Land, Provinz, Landschaft, Insel	♀ Person
✗ Schlacht, Eroberung		⚥ Völkergruppe, Volk, Stamm
§ Vertrag, Bündnis, Gesetz	∿ Gewässer (Fluss, Meer usw.)	→ Verweis

246 Alarcos

Alarcos ⊙ ⚔ (1195) 68, 69.I A 2
Alaska ☐ 108, 130 (Kauf 1867), 139 A 1, **159, 160 A 1**, 201 A 1
Alba ♟ 43 A 2
Albaner, -ien ♟♟ ☐ 73 A 1, 79 BC 2, 81 B C 2, 105 B 2, 113 B 2, 153 C 2, Fsm. **154–155 A 2**, 157 A 1, 163 B 2, 165 B 2, 171 C 2, 173 (Sprache), 173 AB 3, 175 B 1, 185 B 2, 192, 193 C 2, 195 C 2, 198 B 1, 201 B 1, 213 A 1, 215 C 2, 218 B 1, **229 C 2**
Albarracín ⊙ 69.I B 1
Albasin ⊙ 91 C 1, 109 C 2
Albi ⊙ 69.I B 1, 69.II B 2
Albret ⊙ 77 A 2
Albuquerque ♟ 91 BC 2
Alcaçovas ⊙ § (1479) 88
Alcántara ⊙ 69.I A 2,
Aleppo (Haleb) ⊙ ⚔ (1516) 65 C 2, 71 A 1, 72, 73 B 2, 91 A 1, 157 B 2, 163 C 2, 165 C 2, 207 A 1, 227.I A 1
Aleuten ☐ 93 C 1, 139 C 1, 182, 183 C 1
Alexander I., jugoslaw. Kg. ♟ 170
Alexander I., Ks. ♟ 108
Alexander I., Papst ♟ 96
Alexander II., Ks. ♟ 108
Alexander VI., Papst ♟ 88
Alexander der Große, Reich ♟ ☐ **38–39**, 40
Alexandreia → Alexandria
Alexandrette (Iskenderun), Gebiet von (Haytay) ⊙ ☐ 157 B 2, 206, 207 A 2
Alexandria, Städtegründungen Alexanders 38–39 C 1/2, 41 C 1/2
Alexandria/Ägypten ⊙ **38–39, 39 A 2**, 40, 41 A 2 (Leuchtturm), 45 C 2, 47 C 2, 49 C 2, 53 C 2, 55 C 2, 57 C 2, 59 C 2, 61 B 2, 67 C 2, 73 B 2, 89.I B 1, 91 A 1, 145.I B 1, 147.I B 1, 157 B 2, 161 C 1 (A.), 207 A 2
Alexandropolis ⊙ 39 C 1
Alexandrowsk ⊙ 161 C 1
Alfons I., port. Kg. ♟ 68
Alfons III., port. Kg. ♟ 68
Alfons V., port. Kg. ♟ 68
Algarve ⊙ 69.I A 2
Algeciras ⊙ 68, 69.I A 2, 163 A 2
Algerien ⊙ 97 A 3, 101 AB 2, 105 AB 2, 113 AB 2, 73 A 1, 79 AB 2, 81 A 2, 89.I A 1, 92, 95 AB 2, **123 A 2 B2, 144**, 145.I A 1, 146 (Aufstand 1871), **147.I A 1**, 151 A 3, 153 AB 2, 157 A 1, 160 B 1/2, 163 AB 2, 165 A 2, 171 AB 2, 175 B 1, 179 A 3, 181 B 1, 191 B 1, **196**, 197, 198 B 1/2, 201 B 1 (-krieg), **210, 211.I A 1**, 212, 213 A 1, 218 B 1/2, 223 B 1
Algier ⊙ 79 A 2, 81 A 2, 95 A 2, 101 A 1, 105 A 2, 113 A 2, 119 A 2, 126 B 3,

(1830) **138**, 145.I A 1, 147.I A 1, 153 B 2, 160 B 1, 165 A 2, 171 B 2, 179 A 2, 211.I A 1
Algonkin ♟♟ 129 B 1
Al-Hasa ☐ 73 C 2, 157 C 2, 207 BC 2
Alicante ⊙ 69.I B 2
Ali Kosh ⊙ 21.II B 2
Aljubarrota ⚔ (1385) 69.I A 2
Al Kamil, Sultan ♟ 66
Alkmaar ⊙ 99 B 1
Allahabad ⊙ 141 B 1
Allenby-Brücke 231 B 3
Allenstein (Olsztyn) ⊙ 189 B 1
Allia ⁀ ⚔ (387 v.Chr.) 42, 43 A 2
Allier, Dep. ☐ 117 B 2
Alliierte 178, 179 (Machtbereich 1942), **180–181, 183**, 188, 190
Alliierter Kontrollrat **188**–189
Allon-Plan 208
Allrussischer Rätekongress 166
Allunions-Sowjet 168
Alma-Ata (Almaty, Werny) ⊙ 109 A 2, 169 A 2, 203 B 1, 220, 221 B 2
Almagro, Diego de ♟ 87 B 2/3
Al Mazra ⊙ 231 A 3
Almeria ⊙ 69.I B 2, 153 A 2
Almohaden, Dynastie **67 AB 2**, 68
Almoraviden, Dynastie 68
Alphons VI., kastil. Kg. ♟ 68
Al Quaida 232
Altai ☐ 221 B 2
Altaich ⊙ 63 C 1
Altamira ⊙ 14, 15 A 2
Altbabylonisches Reich ☐ 20, 21
Altdorf ⊙ 75 B 1
Altmark § (1629) 110, 111 B 3
Altpaläolithikum **14, 15**
Altsteinzeit (Paläolithikum) **14**
Amalfi ⊙ 79 B 2, 97 B 2
Amara ⊙ 227.II B 2
Amarna ⊙ → Echet-Aten
Amazonas-Gebiet ☐ 136
Ambon ⊙ 91 C 2
Ambrakia ⊙ 33 A 1, 35 A 1, 37 A 1
Amenophis IV. (Echnaton), Pharao ♟ 22
American Indian Movement → AIM
Amerika ☐ 13 D 1, 82 (1492), **84–85 A 2** (1492), **86–87** (1492) → Vereinigte Staaten (USA)
Amerikanische Jungfern-In. ☐ 198–199 A 2
Amerikanisch-Mexikan. Krieg (1846) 130
Amerikanisch-Samoa ☐ 149 B 1/2
Amiens ⊙ 99 A 3, 117 A 1, § (1802) 118, 119 B 1, 164
Amiranten ☐ 145.I B 2, 147.I B 2
Amisos ⊙ 31 C 1

Amman ⊙ 207 A 2, 209.I B 1, 209.II B 1, 227.I A 1, 231 B 2
Amman → Philadelphia
Amman → Rabbot Ammon
Ammon, -ion (Siwa) ⊙ 23 A 1, 45 B 2
Ammoniter ♟♟ 24, 25.II B 1
Amorgos ☐ 35 C 2, 37 C 2, ⚔ (322) 41 A 1
Amoy ⊙ 143 B 2, 203 C 1
Amphipolis ⊙ 37 B 1
Amphitheater/Rom 50, 51 B 2
Amritsar ⊙ 141 B 1
Amselfeld (Kosovo polje) ⚔ (1389) 72–73 A 1, 80, 81 C 2, ⚔ (1448) 72–73 A 1
Amsterdam ⊙ 79 B 1, 81 B 1, 99 B 2, 101 B 1, 105 B 1, 113 B 1, 121 A 1, 126 B 2, 153 B 1, 171 B 1, 177 A 1, 185 A 1, 193 B 1, 195 B 1, 215 B 1
Amsterdam/Goldküste ⊙ 89.II B 1
Amsterdam-Insel ☐ 199 C 3
Amur, -gebiet, -provinz ☐ 109 C 2, 142, 143 BC 1
Amurriter ♟♟ 21.II A 2
Amyklai ⊙ 33 B 3
Anadyr ⊙ 109 C 1
Anagyras ⊙ 35.Nk.
Ananjew ⊙ 185 C 2
Anaphe ⊙ ☐ 37 C 2
Anaktorion ⊙ 33 A 2
Anatolien ☐ 53 C 2, 59 C 2, 73 B 1/2, 95 C 1, 101 C 2, 105 C 2, 113 C 2, 153 C 2, 155 B 2, 157 B 1, 162 (Anatol. Bahn)
ANC (African National Congress) 210, 211.I, 216
Ancona ⊙ 43 A 1, 63 C 2, 97 B 1, 151 B 1, 153 B 2
Ancyra ⊙ 57 C 2
Andalusien ☐ 56
Andamanen 141 C 2, 203 B 2
Andorra ⊙ ☐ Rep. 69.I B 1, 77 B 3, 107 B 2 (Republik), 123 A 2, 153 A 2, 165 A 2, 171 B 2, 193 B 2, 195 B 2, 215 B 2
Andrade, de ♟ 91 C 2
Andros ⊙ 31 C 1, 35 B 2, 37 B 2
Anfal-Kampagne 226
Angeln, -sachsen ♟♟ 55 AB 1, **57 AB 1**, 59 A 1 (Reiche)
Angermanland ☐ 111 AB 2
Angers ⊙ 77 A 2, 107 A 1
Angevinisches Reich ☐ **68–69.II**
Angkor ⊙ 71 C 2, 91 B 2, 205.II A 2
Anglesay ☐ 103 AB 2
Anglikaner **101 AB 1**
Anglo-Ägyptischer Sudan (Sudan) ☐ 147.I B 1, 161 C 2, 175 B 1, 181 B 1

S. 10 bis 19	S. 20 bis 53	S. 54 bis 81	S. 82 bis 115	S. 116 bis 165	S. 166 bis 187	S. 188 bis 243
Vor- und Frühgeschichte	Altertum bis ca. 500	Mittelalter 500 bis ca. 1500	Neuzeit 1500 bis 1789	Neuzeit 1789 bis 1918	Zeitgeschichte 1918 bis 1945	Zeitgeschichte seit 1945

Assur 247

Angola ☐ 84–85 BC 2, 89 A 2, 93 B 2, 138, 139 B 2, 145.I A 2, **159, 160 B 2**, 175 B 2, 146 (Aufstand 1902), 147.I AB 2, 181 B 2, 191 B 2, 196, 197, 198 B 2, 201 B 2, 210, 211.I AB 2, **216** (Bürgerkrieg), 218 B 2, 223 B 2
Angora → Ankara
Angoulême ☐ 77 A 2
Ani ⊙ 71 A 1
Aniane ⊙ 63 B 2
Aniba ⊙ 23 A 3
Anjou ☐ 68, 69.II B 2, 77 A 2, 80 (Dynastie), **81 A 1**
Ankara (Angora) ⊙ ✗ (1402) 71 A 1, 73 B 1, 79 C 2, 80, 81 C 2, 95 C 1, 101 C 2, 105 C 2, 113 C 2, 157 B 1, 165 C 2, 167 A 3, 171 C 2, 179 B 2, 195 C 2, 215 C 2, 227 A 1
Annam (Vietnam) ☐ 91 BC 2, 93 C 1, 139 C 1, 143 B 2
Annecy ⊙ 75 A 2, 97 A 1, 151 A 1
Annobon ☐ 89.I A 2, 139 B 2, 145.I A 2, 147.I A 2, 160 B 1/2
Antalya (Adalia) ⊙ 73 B 2, 165 C 2, 179 B 2, 195 C 2, 207 A 1
Antigoniden, Diadochen ☐ 40, **41**, 45 BC 1/2, 47 BC 1/2
Antigua u. Barbuda ☐ 87 B 1, 137 B 1, 198 A 2, 201 A 1, 218 A 2
Anti-Hitler-Koalition → Alliierte
Antillen, Kleine → Kleine Antillen
Antiochia, Fsm. ☐ 66, 67 C 2
Antiochia/Syrien ⊙ 41 B 1, 45 C 2, 47 C 2, 49 C 2, 53 C 2, 55 C 2, 57 C 2, 73 B 2, 79 C 2, 81 C 2, 66–67 C 2 (Eroberung 1098)
Antipater, Diadoche ♀ 40, **41**, 45 BC 1/2, 47 BC 1/2
Antisemitismus **184–185**
Antofagasta ⊙ 160 A 2
Antwerpen ⊙ 79 B 1, 98, 107 B 1, 117 B 1, 126 B 2, 165 A 1
ANZUS-(Australia-New Zealand-United States-)Pakt (1951) 197, **201**
Aosta ⊙ 97 A 1
Apachen ♀♀ 129 A 2, **132, 133 A 2**
Apamea ☐ 41 B 1, 41 (188) 46–47 BC 2
Apartheid, -politik 201 B 2, **210**, 216
Aphetai ⊙ 34, 35 B 1
Apollonia ⊙ 31 B 2
Apollonia/Thrakien ⊙ 31 C 1
Appenzell ⊙ ☐ 74, 75 C 1
Appomattox Courthouse ✗ (1865) 134
Apulien ☐ 64, 151 B 2, 139 B 1, 147.I B 1, 157 BC 2, 161 C 1/2, 165 C 2
Aquädukte/Rom 50, **51**
Aquae Sextiae (Aix-en-Provence) ⊙ ✗ (102 v.Chr.) 47 C 1, 63 B 2, 77 B 3

Äquatorialguinea (Spanisch-Guinea) ☐ 160 B 2, 198 B 2, 211.I A 1, 218 B 2, 223 B 1/2
Aquileia ⊙ 49 B 1, 53 B 1, 55 B 2, 63 C 2, 97 B 1
Aquincum ⊙ 49 B 1
Aquitanien ☐ 48, 49 A 1, **63 B 2**, 68, 69.II B 2 → Guyenne
Araber ♀♀ **27 B 2**, 39 B 2, 41 B 2, 49 C 2, 55 C 2, **64**, 69.I (Expansion)
Arabien ☐ 23 B 1/2, 31 C 2, 61 BC 2, 73 C 2, 27 B 2 (neubab. Prov.), 49 C 2
Arabische Liga 198–199, **206–207, 206 (Flagge)**, 212, 213 AB 1/2, **218–219**, 226, 234–235
Arachosien ☐ 27 C 1/2, 41 C 1/2
Arad ⊙ 209.I B 2, 209.II B 2, 231 A 3
Arafat, Yassir ♀ 230
Aragon ☐ 67 A 1, **68–69.I B 1**, 69.II B 2, 77 AB 3, 79 AB 2, 80, 81 A 2, 96
Arakan ☐ 91 B 2, 141 C 1/2, 143 A 2
Aralskoje ⊙ 109 A 2
Aramäer ♀♀ 21.II A 2, 24, 25.II B 1, 26 (Sprache), 30
Aramis ⊙ 13.II
Aranjuez ⊙ 119 A 2, 126 A 3
Ara pacis (Friedensaltar)/Rom 51 A 1
Arapaho ♀♀ 129 A 1, 133 B 1
Arbil ⊙ 227.I B 1, 227.II A 1
Arbela ⊙ 21.II B 1, 27 B 1, ✗ (331 v.Chr.) 38–39 B 1, 41 B 1
Arcadia ⊙ 87 B 1
Archangelsk ⊙ 109 A 1, 161 C 1, 167 A 1, 169 A 1, 179 B 1, 221 A 1
Archelais ⊙ 25.III B 2
Ardabil ⊙ 71 A 1, 91 A 1, 227.I/II. B 1
Ardèche, Dep. ☐ 117 B 2
Ardèche, -tal ⊙ 14
Ardennes, Dep. ☐ 117 B 1
Arene Candide ⊙ 17 A 1
Argentinien ☐ (bis 1826 La Plata) **136, 137 B 3** (Unabhängigkeit 1810/16), 139 A 2, 160 A 2/3, 175 A 2, 181 A 2, 191 A 2, 198 A 2/3, 201 A 2, 218 A 2/3, 223 A 1
Arginusische In. ☐ 37 C 1
Argolis ☐ 29 B 2, **33 B 2**, 37 B 2
Argos ⊙ 33 B 2, 35 B 2, 37 B 3
Arguin ⊙ ☐ 88, 89.I A 1
Aria, Ariane ☐ 27 C 1, 39 C 1
Arianismus 54, 58, 60
Arica ⊙ 137 B 2, 160 A 2
Ariege, Dep. ☐ 117 A 2
Arier ♀♀ 25.I AB 1
Ariminium → Rimini
Arizona ☐ **130, 131 A 2**
Arkader → Aioler
Arkadien ☐ 29 B 2, 33 A 2, 35 B 2, 37 B 2

Arkansas ☐ **131 B 2**, 135.II A 2
Arles ⊙ 53 A 1, 55 B 2, 57 B 1, 59 B 1, 63 B 2, 65 A 2, 69.II B 2, 107 B 2
Armada, Spanische ✗ (1588) 66
Armagnac ☐ 77 AB 2/3
Armagnaken, frz. Söldner 74
Armenien, -er ☐ ♀♀ 27 B 1, 39 B 1, 41 B 1, 45 C 1, 47 C 1/2, 49 C 2–55 C 2 (röm. Prov.), 61 B 1, 65 C 2, 67 C 2, 73 C 1, 108, 109 A 2, 53 C 1/2, **156, 157 C 1**, 165 C 2, 169 A 2 (SSR), **186 (Völkermord)**, 191 B 1, 207 B 1, 219 C 1, **221**, 221 A 2, 224, **225.I AB 2**, 227 B 1
Arnheim ⊙ 99 B 2
Arnhofen ⊙ 19 B 1
Arpaden, Dynastie 64
Arras ⊙ § (1435) 76–77 B 1, § (Union 1579) 98–99 AB 2/3
Arritium ⊙ 43 A 1
Artaxata ⊙ 47 C 1, 49 C 1
Artois ☐ 76, 98, 99 A 3
Aruba ☐ 137 B 1
Arwad ⊙ 31 C 1
Ascension ⊙ 93 B 2, **139 B 2**, 198 B 2
Aschanti ♀♀ ☐ 93 B 1, 145.I A 1
Aschdod (Asdod) ⊙ 25.II A 1, 213 B 1
ASEAN ☐ 198–199, 217, **218–219**, 234–235
Aserbaidschan, -er ☐ ♀♀ 72, 73 C 1, 90, 167 B 3, 169 A 2 (SSR), 191 B 1, 207 B 1, 213 B 1, 219 C 1, **221 A 2**, 224, **225.I B 2**, 227 B 1
Asien ☐ 47 B 2, 49 B, 85 CD 1/2, **196–197, 202–203**, 200, **201 BC 1/2**
Askalon ⊙ 25.II A 2, 25.III B 2, 209.I B 1, 209.II B 1, 231 A 3
Asmara ⊙ § 211.I B 1
Asow ⊙ 73 B 1, 91 A 1, 105 C 1, 109 A 1, 113 C 1, 119 C 1, 157 B 1
Aspendos ⊙ 31 C 1
Aspern → Wagram
Aspromonte ✗ (1862) 151 B 2
Assab ⊙ 147.I B 1
Assam ☐ 91 B 1/2, 141 C 1, 143 A 2
Assiniboin ♀♀ 129 A 1, 133 AB 1
Assisi ⊙ 97 A 1
Assiut (Lykonpolis) ⊙ 23 A 2, 207 A 2
Association of South-East Asian Nations → ASEAN
Assoziierte Staaten (EU) ☐ **214–215, 218–219**
ASSR (Autonome Sozialistische Sowjetrepublik) ☐ **169**
Assuan (Syene) ⊙ 22, 23 B 2, 61 B 2, 89.I B 1, 145.I B 1, 211.I B 1
Assuan, Stausee ∽ 206, 207 A 2
Assur ⊙ 19 C 2, 21.I A 1, 21.II A 1

⊙ Siedlung, Ort, Stadt	☐ Reich, Staat, Land, Provinz, Landschaft, Insel	♀ Person
✗ Schlacht, Eroberung		♀♀ Völkergruppe, Volk, Stamm
§ Vertrag, Bündnis, Gesetz	∽ Gewässer (Fluss, Meer usw.)	→ Verweis

248 Assyrer

Assyrer, -ien ♟ ☐ 19 C 2, 20, 21.II A 1, 22, 26, 27 B 1, 49 C 2 (röm. Prov.)
Astana ☉ 203 B 1, 221 B 2
Asti ☐ 97 A 1
Astrachan ☉ ☐ 73 C 1, 91 A 1 (Khanat), 108, 109 A 1, 157 C 1, 167 B 2, 169 A 2, 221 A 2
Asturien ☐ 61 A 1, 63 A 2, 69.I A 1
Asturien-Léon ☐ **65 A 2**
Astypalia ☐ 35 C 2, 37 C 2
Asunción ☉ 87 B 3, 137 B 3
Asylsuchende 239
Atacama ☐ 137 B 3
Atapuerca ☉ 15 A 2
Atceh ☐ 203 B 2
Athanasius, -anismus ♟ 54, 58, 60
Athen ☉ 18, 19 B 2, 27 A 1, 29 B 1, 30, 31 B 1, **32**, 33 B 2, 34, 35 B 2, 35.Nk., **36**, 37 B 1, 37.Nk., 39 A 1, 41 A 1, 49 B 2, 55 B 2, 57 B 2, 73 B 1, 81 C 2, 95 C 1, 101 C 2, 105 C 2, 113 C 2, 121 B 3, 123 C 2, 155 B 3, 157 B 1, 165 B 2, 193 C 2, 195 C 2, 206, 215 C 2
Äthiopien (Abessinien) ☐ 12 B 2, 22, 84–85 C 2, 88, 89.I B 1, 91 A 2, 92, 93 B 1, 139 B 1 (Ksr.), 145.I B 1 a, **146**, 147.I B 1, 161 C 2, **174** (it. Überfall), **175 B 1**, 181 B 1, 191 B 1, 199 C 2, 201 B 1, 210, 211.I B 1, 213 B 1/2, 219 C 2, 223 B 1
Äthiopien → Nubien u. Kusch
Athos, Berg 33 B 1, 155 B 2
Athos, Kanal ∩ 34, 35 B 1
Atjeh ☐ ♟ 91 B 2
Atlanta ☉ 131 C 2, 133 C 2, 135.I B 2, 135.II B 2
Atlantik Charta § (1941) 180, **190**
Atlantik-Schlacht ✗ 180
Ätolien ☐ 28, 29 B 1, 33 A 2, 37 B 1
Atombombenabwürfe (1945) **182–183**
Atommächte, -versuche 200, **201**, 234–235, -unfälle 242–243, -waffen 233
Atropatene ☐ 41 B 1, 45 C 2
ATTAC 236
Attalos I. von Pergamon ♟ 44
Attigny ☉ 63 B 1
Attika ☐ 28, 29 B 2, 32, 33 B 2, **34**, 35 B 1/2, **35.Nk.**, 37 B 2
Attila (Etzel) ♟ 56
Attisch-Delischer Seebund ☐ 34, **35**, **36**, **37**
Attisches Reich ☐ 36
Auaris → Tanis
Aubonne ☉ 75 A 2
Auch ☉ 69.II B 2
Auckland ☉ 149 B 2, 161 D 3

Aude, Dep. ☐ 117 A 2
Auerstedt ☉ ✗ (1806) 118, 119 B 1
→ Jena
Aufidus (Ofanto) ∩ 43 B 2
Augsburg ☉ 49 B 1, 63 C 1, 65 B 2, 79 B 1, 81 B 1, 94–95 B 2 (Reichstag 1530) 101 B 2, 105 B 2, 113 B 2, 177 A 2
August d. Starke, poln. Kg. ♟ 114
August III., poln. Kg. ♟ 114
Augustów ☉ 177 C 1
Augustus (Octavian), Ks. ♟ 46, 48
Augustus-Forum/Rom 50, 51 AB 1
Aulis ☉ 33 B 2
Aurangabad ☉ 91 B 2
Aurangseb, Großmogul ♟ 90
Aurelianische Mauer/Rom 50, **51**
Aurignac, -en 14, 15 A 2
Aurunker ♟ 42, 43 A 2
Auschwitz ☐ 177 B 2
Auschwitz-Birkenau ☉ **184–185 B 2**
Außenhandel 237
Austerlitz ☉ ✗ (1805) 119 B 1
Australia-New Zealand-United States-Pakt → ANZUS
Australien (Neuholland) ☐ 84–85 D 2/3, 92, 93 C 2, 139 C 2, **148** (Kolonialzeit), **148** (Commonwealth), 148 (Bundesrat), **149 A 1/2**, 148 (Flagge), 161 D 2/3, 175 C 2, 181 C 2, 182, 183 B 2, 191 C 2, 199 D 2/3, 201 C 2, 219 D 1/3, 223 C 2
Australopithecus (Südaffe), Affenmenschen ♟ **10–12, 13.II**
Austrien ☐ **63 B 1**
Autonome Bergrepublik ☐ 169 A 2
Autun ☉ (532) 58, 59 B 1
Auvergne ☐ 69.II B 2, 77 B 2
Ava ☉ 91 B 2, 141 C 1, 143 A 2
Aventin/Rom 50, 51 A 2
Aveyron, Dep. ☐ 117 A 2
Avignon ☉ 69.II B 2, 77 B 2, 80 (Papsttum), 81 B 2, 95 B 2, 101 B 2, 107 B 2, 113 B 2
Aviz ☉ 69.I A 2
Awaren ♟ ☐ **59 BC 1**, 61 B 1, 63 C 1/2
Axim ☉ 89.II A 1
Ayacucho ✗ (1824) 137 B 2
Ayatollah Khomeini ♟ 212
Aygade ☉ 67 A 1
Ayubiden, Dynastie ☐ **67 C 2**
Ayuthia ☉ 91 B 2
Azincourt ☉ ✗ (1415) 76, 77 B 1
Azoren ☐ **84–85 B 1** (Entdeckung 1427–31), 88, 93 B 1, 139 B 1, 181 A 1
Azteken, Hochkultur und Reich ♟ ☐ 20, **84 A 1/2**, **87 A 1**

B

Baalberge ☉ 17 B 1
Baber, Großmogul ♟ 90
Babi Jar ☉ 185 C 1
Babylon, -ien ♟ ☐ **18**, 19 C 2, 20, 21.I A 1, 21.II B 2, 26, 27 B 2, 38, 39 B 2, 41 B 2, 45 C 2, 47 C 2
Bachtaran ☉ 207 B 1, 227.I/II B 1
Bachtschisarai ☉ 73 B 1, 95 C 1, 105 C 2, 113 C 2, 157 B 1
Bačka Palanka ☉ 229 C 1
Badajoz ☐ 68, 69.I A 2
Badari/Tasa ☉ 17 C 2, 23 A 2
Bad Ems ☉ 153 B 1
Baden-Baden ☉ 189 A 2
Baden, Ghzm. ☐ 189 A 2, **121 A 2, 123 B 1, 153 B 1**
Bad Oeynhausen ☉ 189 A 1
Baffin, William ♟ 82, 84–85 B 1
Baffinbai ∩ 82
Bagdad ☉ 20, 21.II B 2, 60, 61 B 2, 66, 71 A 2, 73 C 2, 84–85 C 1, 91 A 1, 157 C 2, 161 C 1, 165 C 2, 207 B 1, 226, 227.I B 1, 227.II A/B 1 → auch Dur-Kurigalsu
Bagdadbahn 157, 162, 163 C 2
Bagirmi ☐ 145.I A 1
Bahama-In. ☐ 87 AB 1, 93 A 1, **137 B 1**, 139 A 1, 160 A 1/2, 191 A 1, 201 A 1, 218 A 1
Bahawalpur ☐ 141 AB 1
Bahia (S. Salvador) ☉ 84–85 B 2, 87 B 2, 93 A 2, 137 B 2, 160 B 2
Bahrain ☐ 91 A 1, 161 C 1/2, 199 C 1/2, **206**, 207 BC 1, 213 B 1, 227 B 2
Bahr el-Ghazal ∩ 12 B 2
Bahrija (Kleine Oase) ☉ 23 A 2
Baikonur ☉ 221 A 2
Bailén ☉ ✗ (1808) 119 A 2
Bajezid II. ♟ 72
Bajuwaren → Bayern
Baktra ☉ 27 C 1, 39 C 1, 41 C 1
Baktrien ☐ 26, **27 C 1**, 39, 39 C 1, **41 C 1**
Baku (Baki) ☉ 73 C 1, 91 A 1, 109 A 2, 157 C 1, 161 C 1, 167 B 3, 207 C 1, 221 A 2, 225.I B 2
Balanowka ☉ 185 C 2
Balch ☉ 71 B 2
Balearen ☐ 57 A 2, 68, 113 AB 2
Balfour-Deklaration (1917) 226
Bali ☐ 91 C 2
Balkankonflikte, -kriege ✗ (1912/13) **155**, 162, 163 B 2, **228–229**
Balkanstaaten ☐ **154, 155, 156**
Balkarien, -en ☐ ♟ 225.I A 1
Balten, -ikum ♟ ☐ 45 B 1, 49 B 1, 135 B 1, 57 B 2, 173 (Sprachen), 186–**187**

S. 10 bis 19	S. 20 bis 53	S. 54 bis 81	S. 82 bis 115	S. 116 bis 165	S. 166 bis 187	S. 188 bis 243
Vor- und Frühgeschichte	Altertum bis ca. 500	Mittelalter 500 bis ca. 1500	Neuzeit 1500 bis 1789	Neuzeit 1789 bis 1918	Zeitgeschichte 1918 bis 1945	Zeitgeschichte seit 1945

Besatzung 249

Baltimore ⊙ **129 B 1**
Baltische Staaten □ **168–169, 172–137, 186–187 B 1,** 220
Bamako ⊙ 147.I A 1, 211.I A 1
Bamberg ⊙ 55 B 1
Banat □ 121 B 2, 155 AB 1, 157 AB 1, **187 AB 3**
Banda Oriental □ 87 B 3
Bandar Abbas ⊙ 207 C 2, 227 C 2
Bandjermasin ⊙ 91 C 2
Bandkeramiker ᛉ 16, **17**
Bandung ⊙ 203 C 2
Bangalore ⊙ 141 B 2
Bangkok ⊙ 183 A 2, 203 B 2
Bangladesch □ 191 C 1, 199 C 2, 201 C 1, **202, 203 B 1/2,** 213 C 1, 219 C 2, 223 C 1
Banja Luka ⊙ 97 B 1, 229 B 1
Banjas ⊙ 207 A 1
Bantam □ 91 C 2
Bantu ᛉ 210–211.II
Bantustans □ **210, 211.II**
Bar ⊙ § (1768) 115 C 2 (Konföderation)
Bar ⊙ § (1768) 185 C 2
Baranowitschi ⊙ 165 B 1
Barbados □ 87 B 1, **137 B 1,** 198 A 2, 201 A 1, 218 A 2
Barbuda □ → Antigua
Barcelona ⊙ □ 55 A 2, 59 A 2, 63 B 2, 65 A 2, 67 A 2, 69.II B 1, 77 B 3, 79 A 2, 95 A 2, 101 A 2, 123 A 2, 126 B 3, 171 B 2
Bäreninsel □ 82, 84–85 B 1
Barents, Willem ᛉ 82, 84–85 BC 1
Bari ⊙ 55 B 2, 63 C 2, 65 B 2, 67 B 2, 97 B 2, 121 B 3, 151 B 2, 153 B 2
Barka → Cyrenaica
Bar Kochba ᛉ 48
Barnaul ⊙ 109 A 2, 143 A 1, 169 B 2
Barotse-Reich □ 145.I B 2
Baschkiren ᛉ 109 A 1
Baschkortostan (Baschkirische ASSR) □ 169 A 1, 213 B 1, 221 A 1/2
Basel ⊙ 74, 75 AB, 77 B 2, § (1795) 116, 117 B 2
Basilica Aemilia/Rom 51.Nk.
Basilica Julia/Rom 51.Nk.
Basilicata □ 151 B 2
Basiliken/Rom 50, **51**
Basken ᛉ 59 A 1
Basmatschen ᛉ 168
Basra ⊙ 20, 21.II B 1, 21.II B 2, 61 C 2, 71 A 2, 73 C 2, 91 A 1, 157 C 2, 207 B 2, 227.I/II B 2
Bas-Rhin, Dep. □ 117 B 1
Bassai (Apollon) ⊙ 33 A 2
Basses-Alpes, Dep. □ 117 B 2
Basses-Pyrénées, □ Dep. 117 A 2

Bastia ⊙ 97 A 1, 151 A 1
Bastille/Paris 116, 117.Nk.
Basutoland □ 145.I B 2, 145.II B 1/2, 147.II B 2 → Lesotho
Batajnica ⊙ 229 C 1
Batanäa □ 25.III B 1
Bataver ᛉ 48
Batavia (Jakarta) ⊙ 84–85 D 2, 90, 91 C 2, 139 C 2, 183 A 2, 203 C 2
Batavische Republik → Niederlande
Bätien □ 49 A 2
Batman ⊙ 207 B 1
Batu, Großkhan ᛉ 70
Batumi (Batum) ⊙ 108, 109 A 1, 157 C 1, 167 B 3, 179 B 2, 207 B 1, 225.I A 1
Bauernkulturen, vorgeschichtl. **16–17**
Baumwollindustrie 124 (engl.), 135.I (amer.)
Bayern (Bajuwaren) ᛉ □ 58, 59 B 1, 62, 63 C 1/2, 104, 105 B 2, 113 B 2, 189 A 2 (Kgr.), 121 A 2, **123 B 1, 126 B 2**
Bayeux ⊙ 63 B 1, 69.II B 1
Bayonne ⊙ 77 A 3, 107 A 2
Bayreuth ⊙ 177 A 2
Béarn □ 77 A 3
Beaune-La-Rolande ⊙ 185 A 1
Beerscheba ⊙ 25.II A 2, 209.I B 2, 209.II B 2, 231 A 1
Behaim, Martin ᛉ 82, 88
Beirut ⊙ 25.II B 1, 65 C 2, 79 C 2, 81 C 2, 157 B 2, 207 B 2, 227.I A 1
Belém ⊙ 160 B 2, 207 A 1, 227 A 1
Belfast ⊙ 126 A 1, 153 A 1, 165 A 1, 179 A 1
Belgien -er □ ᛉ 45 A 1, 49 A 1 (röm. Prov.), 160 B 1, **159, 160–161** (Kolonien), 171 B 1, 175 B 1, 177 A 1/2, **178, 179 B 2, 122, 123 B 1** (1830), **125, 126 B 2, 146,** 153 B 1, 163 AB 1, 164, **165 A 1,** 185 A 1, 189 A 2, 191 B 1, 192, 193 B 1, 195 A 1, 196, 198 B 1, 201 B 1, 215 B 1, 218 B 1, 223 B 1
Belgisch-Kongo (Kongo, Zaire) □ 147.I AB 1/2, **160–161 BC 1/2,** 175 B 2, 181 B 1/2 → Kongo
Belgrad ⊙ 67 B 1, 79 C 2, 72, 73 A 1, 81 C 2, 95 B 2, 105 B 2, 113 A 2, 119 C 2, 121 B 2, 127 C 2, 153 C 2, 155 A 1, 157 A 2, 163 B 2, 165 B 2, 171 C 2, 173 A 3, 179 A 2, 185 B 2, 193 C 2, 197 (Konferenz 1961), 215 C 2, **229 C 1**
Belgrano, Manuel ᛉ 137 B 2/3
Belize (Britisch-Honduras) ⊙ □ 87 A 1, 137 B 1, 139 A 1, 160 A 2, 198 A 2, 201 A 1, 218 A 2

Bellinzona ⊙ 75 B 2
Belutschen, -istan ᛉ □ 91 A 1, 141 A 1, **225.II AB 2**
Belzec □ 177 C 1, 185 B 2
Benares □ 141 B 1, 143 B 2
Benelux-Staaten □ 192
Benevent ⊙ ✕ (275 v.Chr.) 43 B 2, □ 63 C 2, 97 B 2, 151 B 2
Bengalen □ 92, 141 BC 1, 143 A 2
Bengasi ⊙ 73 A 2, 147.I A 1, 157 A 2, 179 A 3
Benguela ⊙ 89.I A 2, 145.I A 2, 147.I A 2
Beni Hasan ⊙ 23 A 2
Benin (Dahome) □ 147.I A 1, 198 B 2, 211.I A 1, 213 A 2, 218 B 2, 223 B 1
Benin-Reich □ 92, 93 B 1, 145.I A 1
Benkulen ⊙ ᛉ 91 B 2
Bentheim □ 99 B 1
Beograd → Belgrad
Berar □ 141 B 2
Berber ᛉ 61 A 2, 92
Berenike □ 41 A 2
Beresina ᛝ ✕ (1812) 119 C 1
Beresowo ⊙ 109 B 1
Berg ⊙ 185 B 1
Bergamo ⊙ 96, 97 A 1
Bergen ⊙ 78, 79 B 1, 81 B 1, 179 A 1
Bergen-Belsen ⊙ 177 A 1, 185 A 1
Berg-Karabach □ **224, 225.I B 2** (Flagge)
Bering, Vitus ᛉ 82, 109 B 1
Beringstraße ᛝ 82, 109 B 1
Berlin ⊙ 95 B 1, 105 B 1, 111 A 3, 113 B 1, 115 A 1, 119 B 1, **122, 123 B 1,** 127 C 2, 146 (Kongokonferenz), **153 B 1,** 155–156 (Kongress 1878), 160 B 1, 163 B 1, 165 B 1, 171 B 1, 173 A 2, **177 B 1,** 179 A 2, 185 B 1, **188–189 B 1** (Blockade 1949), **189.Nk.,** 193 B 1, 195 B 1, 200–201, 200 (Ultimatum 1958), 214, 215 B 1 → Mauer, Berliner
Bermuda-In. □ 87 B 1, 137 B 1, 198 A 1
Bern ⊙ 74, 75 B 1, 77 B 2, 79 B 2, 81 B 2, 95 B 2, 97 A 1, 117 B 1, 121 A 2, 126 B 2, 171 B 2, 193 B 2
Bernburg ⊙ 185 B 1
Beroia ⊙ 55 B 2
Berry □ 77 B 2
Berwick ⊙ 103 B 1
Berytos → Beirut
Besançon ⊙ 63 B 2, 75 A 1, 77 B 2, 117 B 1
Besatzung, -sherrschaft, -zonen, Alliierte **184, 186, 188–189**

⊙ Siedlung, Ort, Stadt	□ Reich, Staat, Land, Provinz, Landschaft, Insel	ᛉ Person
✕ Schlacht, Eroberung		ᛉ Völkergruppe, Volk, Stamm
§ Vertrag, Bündnis, Gesetz	ᛝ Gewässer (Fluss, Meer usw.)	→ Verweis

250 Beslan

Beslan 225.I AB 1
Bessarabien (Moldau) ☐ 108, 109 A 1, 115 C 2, 153 C 1, **155 B 1**, 157 B 1, 165 BC 1/2, (1812) **119 C 2**, 186, **187 B 3**
Bethlehem ⊙ 25.III B 2, 209.I B 1, 209.II B 1, 231 B 3, 231 B 3
Bet Schean ⊙ 209.I B 1, 209.II B 1, 231 B 2
Betschuanaland → Botswana
Betschuanen 𝐀 145.II B 1
Bhonsla ⊙ 141 B 1/2
Bhopal ⊙ 243 C 2
Bhutan ☐ 91 B 1, **140, 141 C 1**, 143 A 2, 161 C 1, 183 A 1, 199 CD 1, 203 B 1, 223 C 1
Biache ⊙ 12 A 1
Biafra, -krieg, -krise 𝐗 197, 201 B 1
Białystok ⊙ 111 B 3, 115 B 1, 119 C 1, 121 B 1, 173 B 2, **177 C 1**, 185 B 1
Biarritz ⊙ 153 A 2
Bidassoa ⌒ § (1659) 104 → Pyrenäenfriede
Biel ⊙ 75 A 1
Bihać ⊙ 97 B 1, 229 B 1
Bihar ☐ 92, 141 B 1
Bikini ☐ 149 B 2
Bilbao ⊙ 69.I A 1, 119 A 2, 126 A 2, 153 A 2, 195 A 2
Bilzingsleben ⊙ 12 A 1, 15 B 2
Binnenflüchtlinge 239 (NK)
Binnenwanderung 238
Birka ⊙ 64, 65 B 1
Birmingham ⊙ 103 B 2, 126 B 1
Birobidshan ⊙ 221 C 2
Bisanthe ⊙ 35 C 1, 37 C 1
Bischkek (Frunse) ⊙ 203 B 1, 221 B 2
Biserte ⊙ 97 A 3
Bismarck, Otto von 𝐀 152
Bithynien ☐ 41 A 1, 45 BC 2, 47 BC 2 (röm. Prov.), 49 BC 2
Bitola ⊙ 229 C 2
Bi-Zone ☐ 188
Björkö ⊙ 163 C 1
Blače ⊙ 229.Nk.
Blackfeet 𝐀 133 AB 1
Blagoweschtschensk ⊙ 221 C 2
Blekinge ☐ 110, 111 A 3
Blockade Berlins → Berlin
Blockbildung ☐ **162–163** (Europa seit 1890), **196–199**, 216 (Ende), **218–219**
Blockfreie, -heit ☐ **197**
Bloemfontein ⊙ 145.II A 2, 211.II B 2
Blombos Cave ⊙ 12 B 3
Boca ⊙ 229 B 2
Bochum ⊙ 177 A 1
Bogotá ⊙ 84–85 A 2, 87 B 2, 93 A 1, 137 A 2, 160 A 2

Böhmen ☐ 81 B 1, 95 B 1, 101 B 1, 104, 105 B 1, 113 B 1, 115 A 2, 153 B 1, **185 B 1/2** (Protektorat)
Bohuslän ☐ 110, 111 A 2
Bojer 𝐀 45 B 1
Bolgar ⊙ (1237) 71 A 1
Bolivar, Simón 𝐀 136, 137
Bolivien ☐ **137 B 2** (Unabhängigkeit 1825), 139 A 2, 160 A 2, 175 A 2, 181 A 2, 198 A 2, 201 A 2, 218 A 2, 223 A 2, 191 A 2
Bologna ⊙ 97 A 1, 121 A 2, 123 B 1, 126 B 2, 151 A 1
Bolschewisten 166 (Begriff)
Bombay (Mumbai) ⊙ 90, 93 C 1, 139 C 1, 140, 141 C 2, 183 A 2, 203 A 2
Bona ⊙ 97 A 3
Bonn ⊙ 64, 189 A 2
Böotien ☐ 29 B 1, 33 B 2, 35 B 1, 37 B 1
Bophuthatswana ☐ 211.II B 1/2
Bordeaux ⊙ 49 A 1, 53 A 1, 55 A 1, 57 A 1, 59 A 1, 63 B 2, 65 A 2, 69.II B 2, 77 A 2, 79 A 2, 81 A 2, 95 A 2, 101 A 1, 105 A 2, 107 A 2, 113 A 2, 117 A 2, 119 A 2, 153 A 2, 165 A 2, 179 A 2, 193 B 2, 195 B 2
Border Cave ⊙ 12 B 3
Börgermoor ⊙ **177 A 1**
Boris Godunow, Zar 𝐀 **108**
Bormio ⊙ 75 C 2
Borneo (Kalimantan) ☐ 84–85 D 2, **91 C 2**, 93 C 1, 149 A 1, 161 D 2, 183 A 2, 203 C 2
Bornholm ☐ 56, 110, 111 A 3
Bornu ☐ 84–85 B 2, 88, 89.I A 1, 93 B 1, 145.I A 1
Bornu-Kanem ☐ 92
Borodino 𝐗 (1812) 119 C 1
Bosniaken 𝐀 173 A 3, **229**
Bosniakisch-Kroatische Föderation ☐ 228
Bosnien ☐ 73 A 1, 81 B 2, 95 B 2, 105 B 2, 113 B 2, 121 B 2, 153 BC 2, 160 B 1
Bosnien-Herzegowina ☐ **154, 155 A 1/2**, 157 A 1, 191 B 1, 213 A 1, 215 BC 2, 218 B 1, 228, 229 BC 1/2
Bosnische Annexionskrise 154, **162, 163 B 2**
Bosporanisches Reich ☐ 39 B 1, 41 AB 1, 45 C 1, 47 BC 1, 49 C 1
Bosporus ⌒ 35 C 1, 119 C 2, 167 A 2
Bosra ⊙ 97 C 1
Boston ⊙ **129 C 2**, 131 C 1, 133 C 1, 135.I B 1, 135.II B 1, 160 A 1
Boston Tea Party (1773) 128
Botswana (Betschuanaland) ☐ 147.I B 2, 147.II B 1, 161 C 2, 198–199 C 2, 211.I B 2, 218–219 BC 2, 223 B 2

Bouches-du-Rhône, Dep. ☐ 117 B 2
Bouillon ⊙ 66, 67 A 1
Boulogne ⊙ 126 B 2
Bounty-In. ☐ 149 B 2
Bourbon, Dynastie 77 B 2, **113, 120** (Rückkehr)
Bourbon-In. → Réunion
Bourges ⊙ 67 A 1, 77 B 2, 117 A 2
Bourgogne → Burgund
Bouvines 𝐗 (1214) 68, 69.II B 1
Boxer-Aufstand (1900) 𝐗 142 (Protokoll 1901), 143
Boyacá 𝐗 (1819) 137 B 2
Bozen ⊙ 185 A 2
Brabant ☐ 77 B 1, 81 B 1, 98, **99 AB 1/2**, 106
Braga ⊙ 55 A 2, 59 A 1, 69.I A 1, 101 A 1
Brahui 𝐀 225.II B 2
Brandenburg ☐ 81 B 1, 95 B 1, 105 B 1, 115 A 1, 185 B 1, 189 AB 1
Brasília ⊙ 198 B 2, 218 B 2
Brasilien ☐ 82, 84–85 B 2, 86, **87 B 2**, 92, 93 A 2 **136, 137 B 2** (Ksr.), **136, 137 B 2**, 139 A 2, 160 AB 2, 175 A 2, 181 A 2, 191 A 1/2, 198 A 2, 201 A 1/2, 218 AB 2, 223 A 1/2
Bratislava →Preßburg
Bratsk ⊙ 109 B 2, 221 B 2
Braunschweig ⊙ ☐ 79 B 1, 95 B 1, 101 B 1
Brauron ⊙ 35.Nk.
Brava ⊙ 89.I B 2
Brazaville ⊙ 145.I A 2, 147.I A 2, 211.I A 2
Brčko ⊙ 229 B 1
BRD → Bundesrepublik Deutschland → Deutschland
Breda ⊙ 99 B 2
Breendonk ⊙ 185 A 1
Bregenz ⊙ 189 A 2
Breisach ⊙ 104
Breisgau ⊙ 75 B 1, 94
Bremen ☐ ⊙ 63 B 1, 67 B 2, 79 B 1, 95 B 1, 101 B 1, 104, 105 B 1, 111 A 3, 113 B 1, 121 A 1, 123 B 1, 153 B 1, 177 A 1, 189 A 1
Bremerhaven ⊙ 189 A 1
Brenner, Pass ⊙ 63 C 2
Brescia ⊙ 79 B 1, 81 B 1, 97 A 1, 115 A 2
Breslau (Wrocław) ⊙ 121 B 2, 123 B 1, 153 B 1, 171 C 1, 173 A 2, 177 B 1, 179 A 2
Brest ⊙ 77 A 1, 81 A 1, 95 A 1, 101 A 1, 105 A 1, 107 A 1, 113 A 1, 117 A 1, 119 A 1, 126 A 2, 165 A 1
Brest-Litowsk ⊙ 115 B 2, 121 B 1, § (1918) 164, 165 B 1, **166, 167 A 1**, 177 C 1

S. 10 bis 19	S. 20 bis 53	S. 54 bis 81	S. 82 bis 115	S. 116 bis 165	S. 166 bis 187	S. 188 bis 243
Vor- und Frühgeschichte	Altertum bis ca. 500	Mittelalter 500 bis ca. 1500	Neuzeit 1500 bis 1789	Neuzeit 1789 bis 1918	Zeitgeschichte 1918 bis 1945	Zeitgeschichte seit 1945

Bretagne □ 59 A 1, 63 A 1/2, 65 A 1, 68, 69.II A 2, 77 A 1, 81 A 1, 107 A 1
Brétigny ⊙ § (1360) 76, 77 B 1, 80, 81 B 1
Bretonische Mark □ **63 AB 1/2**
Briand-Kellog-Pakt § (1928) 174
Briare ⊙ 107 B 1
Brielle ⊙ 99 A 2
Brindisi ⊙ 43 B 2, 63 C 2, 67 B 2, 97 B 2, 155 A 2
Brisbane ⊙ 149 B 2, 161 D 2
Bristol ⊙ 77 A 1, 103 B 2, 123 A 1, 126 B 2, 153 A 1
Britannien □ 49 A 1, 53 A 1
Briten ⚇ 45 A 1, 55 A 1, 57 A 1, 59 A 1, 63 A 1, 65 A 1
Britisch-Afghanische Kriege ✗ (1838/42, 1878/81 und 1919) **140**
Britische Hudsonbaigesellschaft (1670) **129 B 1**
Britisch-Guayana → Guyana
Britisch-Honduras → Belize
Britisch-Indien □ **159, 161 C 1/2**, 175 BC 1, 181 BC 1, 182, 183 A 1, 224 → Indien, Pakistan
Britisch-Kaffraria □ 145.II B 2
Britisch-Malaya □ 183 A 2
Britisch-Nordborneo □ 161 D 2
Britisch-Ostafrika □ 147.I B 1/2, 161 C 2
Britisch-Russischer Interessensausgleich § (1907) 162
Britisch-Somaliland (1960 zu Somalia) □ 147.I B 1, 161 C 1, 211.I B 1
British Empire **158–159, 160–161**
Brixen ⊙ 97 A 1
Brjansk ⊙ 115 C 1
Brno → Brünn
Brody ⊙ 115 B 2
Bromberg (Bydgoszcz) □ 115 A 1, 189 B 1
Brömsebrö ⊙ § (1645) 110, 111 A 3
Bronzezeit **18–19**
Brügge ⊙ 67 A 1, 77 B 1, 78, 79 B 1, 81 B 1, 99 A 2, 101 B 1
Brukterer ⚇ 48
Brundisium → Brindisi
Brunei □ 91 C 2, 149 A 1, 161 D 2, 203 C 2, 213 C 1/2, 219 D 2
Brünn (Brno) ⊙ □ 127 C 2, 173 A 2, 189 B 2
Brussa (Bursa) ⊙ 72, 73 B 1, 79 C 2, 155 B 2, 207 A 1
Brüssel ⊙ 77 A 1, 105 B 1, 113 B 1, 121 A 2, 126 B 2, 153 B 1, 171 B 1, 177 A 1, 185 A 1, **192–193 B 1** (Brüsseler Pakt 1948), 195 B 1, 215 B 1
Bruttier ⚇ 43 B 3

Buchara ⊙ □ 61 C 1, ✗ (1220) 71 B 2, 93 B 1, 108, 109 A 2, 161 C 1, **168–169 A 2** (Soz. VR)
Buchenwald ⊙ 177 A 1, 185 B 1
Buchlau ⊙ 163 B 1
Buckingham ⊙ 103 B 2
Buda (Ofen) → Budapest
Budapest (Buda u. Ofen) ⊙ 71 A 1, 73 A 1, 79 B 2, 81 B 2, 95 B 2, 101 B 2, 105 B 2, 113 B 2, 121 B 2, 127 C 2, 153 C 1, 155 A 1, 157 A 1, 163 B 2, 171 C 2, 173 A 3, 185 B 2, 189 B 2, 192, 193 C 2, 195 C 2, 215 C 2
Buenos Aires ⊙ 84–85 A 3, 93 A 2, 137 B 3, 139 A 2, 160 A 3, 175 A 2, 181 A 2, 218 A 3
Buffalo ⊙ 135.II B 1
Buhen ⊙ 23 A 3
Bujanovac ⊙ 229.Nk.
Bukarest ⊙ 105 C 2, § (1812) 108, 113 C 2, 119 C 2, 123 C 2, 127 D 2, 153 C 2, 155 B 1, § (1913) 156, 157 B 1, 163 C 2, 165 B 2, 167 A 2, 171 C 2, 173 B 3, 179 B 2, 185 B 2, 193 C 2, 195 C 2
Bukephala ⊙ 38
Bukowina □ 115 B 2, 155 B 1, **156, 157 B 1**, 186, **187 B 3**
Bulgaren, -ien ⚇ □ 55 B 2, 59 BC 1/2, 61 B 1, **65 BC 2, 67 BC 1**, 71 A 1, 72, **73 B 1**, 79 C 2, 81 C 2, 95 C 1, 101 C 2, 105 C 2, 113 C 2, 121 B 3, 153 C 2, **154, 155 AB 1** (Unabhängigkeit), 157 B 1, 163 BC 2, **164, 165 B 2** (I. Weltkrieg), 167 A 2, **170, 171 C 2**, 173 B 3, 175 B 1, 179 B 2, 181 B 1, 185 BC 2, **187 B 3**, 191 B 2, 192, 193 C 2, 195 C 2, 199 C 1, 201 B 1, 213 C 1, 215 C 2, 219 C 1, 223 B 2, **229**
Bull Run ✗ (1861/62) 135.II B 1
Bundelkhand □ 141 B 1
Bundesgenossen, Röm. ⚇ 43 A 1/2, 43 B 2/3
Bundesrepublik Deutschland (BRD) □ **188** (Flagge), **188–189**, 192, 193 B 1/2, **194–195 B 1/2**, 214 → Deutschland
Bundestag, Dt. Bund **120**
Duron ⚇ 144, 145.II
Burenkrieg (1899–1902) **146, 147.II**
Burgas ⊙ 155 B 2
Burgenland □ 189 B 2
Bürgerkrieg 234–235
Burgos ⊙ 67 A 1, 69.I A 1, 81 A 2, 126 A 3, 171 A 2
Burgund □ 69.II B 2, 74, **80**, 94, 96, 98 → Deutschland
Burgund (franz. Hzm. Bourgogne) □ **63 AB 2, 65 AB 2, 76–77**, 81 B 2, 94

Burgund, Fgft. (Franche Comté) □ 75 A 1, 76, 77 B 2, 81 B 1, 94, 95 B 2, 97 A 1, 105 B 2, 106, 107 B 1
Burgund, Gesamtherzogtum □ 77 B 1/2, 81 B 1/2
Burgunder ⚇ **56–57 B 1, 58–59**, 64, 65 AB 2
Burjatien □ 221 BC 2
Burjat-Mongolen ⚇ 71 BC 1, 109 BC 2
Burkina Faso (früher Obervolta) □ 198 B 2, 211.I A 1, 213 A 1/2, 218 B 2
Burma (Myanmar) □ 71 C 2, 91 B 2, 93 C 1, 139 C 1, 161 CD 1/2, 175 C 1, 182, 183 A 1/2, 190, 191 C 1, 201 C 1, 203 B 1/2, 213 C 1, 219 CD 1/2, 223 C 1
Burma-Straße 182
Bursa → Brussa
Burundi (Urundi) □ 145.I B 2, 199 C 2, 211.I B 2, 219 C 2, 223 B 2
Buschir ⊙ 207 C 2, 227 B 2
Buto ⊙ 23 A 1
Buyiden, Dynastie □ 66
Byblos (Gubail) ⊙ 23 B 1, 25.II B 1, 31 C 2
Bylany ⊙ 17 B 1
Byzantion → Byzanz
Byzanz (Byzantion) ⊙ □ 27 A 1, 31 C 1, 35 C 1, 37 C 1, 39 A 1, 41 A 1, 45 B 2, 47 B 2, 49 B 2, 53 C 1, 58, ✗ (718) **60–61**, 64, **65 BC 2**, 66, ✗ (1204) 67 C 1, 72, 78, 79 C 2, 80, 108 → İstanbul u. Konstantinopel → auch Ostrom, Oström. Reich

C

Cabot(o), John ⚆ 84–85 B 1
Cabral, Pedro Alvares de ⚆ **82, 83, 84–85 B 3**
Čačak ⊙ 229 C 1
Cacheo ⊙ 89.I A 1
Caddo ⚇ 129 A 2
Cádiz (Cadix, Gades) ⊙ 30, 31 A 1, 45 A 2, 47 A 2, 49 B 1, 52, 55 A 2, 65 A 2, 69.I A 2, 79 A 2, 81 A 2, 95 A 2, 101 A 1, 105 A 2, 113 A 2, 153 A 2
Caelius/Rom 50, 51 B 2
Caen ⊙ ✗ (1436) 77 A 1, 107 A 1, 117 A 1
Caesar, Gaius Julius ⚆ 46
Caesarea/Anatolien ⊙ 55 C 2, 59 C 2, 67 C 2
Caesarea/Judäa ⊙ 25.III AB 1, 231 A 2
Caesarea/Mauretanien ⊙ 49 A 2, 57 A 2, 59 A 2
Caesarea Philippi ⊙ 25.III B 1
Caesar-Forum/Rom 51 A 1

⊙ Siedlung, Ort, Stadt	□ Reich, Staat, Land, Provinz, Landschaft, Insel	⚆ Person
✗ Schlacht, Eroberung		⚇ Völkergruppe, Volk, Stamm
§ Vertrag, Bündnis, Gesetz	⌒ Gewässer (Fluss, Meer usw.)	→ Verweis

252 Caesar-Tempel

Caesar-Tempel/Rom 51.Nk.
Cagliari ⊙ 97 A 2, 151 A 2, 153 B 2
Calais ⊙ (1347) 76, 77 B 1, 103 B 3, 107 B 1
Calatrava ⊙ 69.I A 2
Calicut → Kalikut
California → Kalifornien
California Trail (1849) 132 A 1
Callao ⊙ 87 A 2
Callié, René ⚲ 144
Calvados, Dep. □ 117 A 1
Calven ⚔ (1499) 75 C 2
Calvin, Jean ⚲ 74, 94
Calvinisten, -nismus → Kalvinismus
Cam Ranh ⊙ 205.II A 2
Cambrai ⊙ □ 57 B 1, 59 B 1, 77 B 1, 95 B 1, ⚔ (1528) 96, **99 A 3**
Cambridge ⊙ 69.II B 1, 103 B 2
Camisarden-Aufstand ⚔ **107 B 2**
Camp David, Friedensgespräche § (2000) **230**
Campo Formio ⊙ § (1797) **118, 119 B 2**
Canal du Midi ⌒ 107 B 2
Canberra ⊙ **148**, 149 A 2, 175 C 2, 181 C 2, 199 D 3, 201 C 2, 219 D 3
Can Hasan ⊙ 17 C 2
Cannae ⚔ (216 v.Chr.) 43 B 2, 44, 45 B 2
Cannanore ⊙ 91 B 2
Canterbury ⊙ 55 AB 1, 63 B 1, 69.II B 1, 77 A 1, 95 A 1, 103 B 3
Canusium ⊙ 43 B 2
Cão, Diogo ⚲ 88
Cape Coast Castle ⊙ 89.II A 1
Capri □ 15 B 3
Capua ⊙ 42, 43 A 2, ⚔ (1860) 151 B 2
Carabobo ⚔ (1821) 137 B 2
Caracas ⊙ 87 B 2, 92
Caracalla-Thermen/Rom 51 B 2
Carcassonne ⊙ 107 B 2
Cardiff ⊙ 103 B 2
Carlisle ⊙ 103 B 2
Carnatic □ 141 B 2
Carnac ⊙ 17 A 1
Carnatic □ 141 B 2
Carnuntum ⊙ 49 B 1
Carolina ⊙ □ 86, 128, **134**
Caroline-In. □ 149 C 1
Carrhae ⚔ (53 v.Chr.) 46, 47 C 2
Cartagena (Neu Karthago) ⊙ 44, 45 A 2, 47 A 2, 49 B 1, 53 A 2, 59 A 2, 69.I B 2
Cartier, Jacques ⚲ 82, 84–85 B 1
Casablanca ⊙ 147.I A 2, 180 (Konferenz), 181 B 1
Cäsaropapismus 54
Casas, Bartholomé de las ⚲ 83, 86
Caserta ⊙ ⚔ (1860) ⊙ 151 B 2

Castelfidardo ⊙ ⚔ (1860) 151 B 1
Castillon ⊙ ⚔ (1453) 76, 77 A 2
Castor u. Pollux-Tempel/Rom 51.Nk.
Castro ⊙ 97 A 2
Castrum Novum 43 A 2
Çatal Hüyük/Konia ⊙ 17 C 2, **18**, 19 C 2
Catalafimi ⊙ ⚔ (1860) 151 B 1
Catania (Katane) ⊙ 43 B 3, 97 B 3, 151 B 3, 153 B 2
Cavour, Camillo Benso Graf von ⚲ 150
Cayenne ⊙ 87 B 2, 137 B 2
Cayman-In. □ 198 A 2
Çayönü Tepesi ⊙ 21.II A 1
Cazorla ⊙ § (1179) 68, 69.I B 2
Céara (Fortaleza) ⊙ 87 B 2
Ceaușescu, Nicolae ⚲ 214
Celebes (Sulawesi) □ 90, 91 B 2, 149 A 1/2, 183 A 2, 203 C 2
CENTO **201**
Cerignola ⚔ (1503) 97 B 2
Cetinje ⊙ 155 A 2
Ceuta ⊙ 55 A 2, **61 A 1**, 65 A 2, 81 A 2, 84–85 B 1, 84–85 B 1, 88, 89.I A 1, 101, 105 A 2, 113 A 2, 119 A 2, 123 A 2, 153 A 2, 211.I A 1
Ceylon → Sri Lanka
Chabarowsk ⊙ 109 C 2, 143 C 1, 221 C 2
Chablais □ 75 A 2
Chacabuco ⚔ (1817) 137 A 3
Chagos-In. → Tschagos-In.
Chaironea ⚔ (338 v.Chr.) 33 B 2, 38, 39 A 1
Chakassien □ 221 B 2
Chalcedon ⊙ 55 C 2
Chaldäer ⚔ 21.II AB 2, 24, 30, 6, 27 B 2
Chalkedon (Kalchedon) ⊙ 31 C 1
Chalkidike □ 29 B 1, 33 B 1, 35 B 1, 37 B 1
Chalkis ⊙ 29 B 1, 31 B 1, 33 B 2, 35 B 1, 37 B 1
Chalkolithikum → Kupferzeit
Chalon ⊙ 63 B 2
Chambéry ⊙ 151 A 1
Champa (Tschampa) □ 71 C 2, 91 C 2
Champagne □ 69.II B 1/2, 77 B 1, 79 B 1 (-Messen)
Champollion, Jean Francois ⚲ 22
Chancellorsville ⚔ (1863) 135.I B 1
Chanten ⚔ 109 B 1
Chanten u. Mansen □ 221 B 1/2
Chantilly ⊙ 165 A 1, Konferenz von (1915) 164
Charente, Dep. □ 117 A 2
Charente-Inférieure, Dep. □ 117 A 2
Charidschiten 60

Charkow ⊙ 109 A 1, 119 C 1, 127 D 2, 165 C 1, 167 A 2, 169 A 1, 179 B 2, 185 C 1, 215 C 1
Charleston ⊙ 87 A 1, 131 C 2, 133 C 2, 137 A 1, 160 A 1
Charlottenburg ⊙ 189.Nk.
Charolais □ 107 B 2
Charta 77 214
Chartistenbewegung → Großbritannien
Chartres ⊙ 77 B 1
Chasaren ⚔ □ 55 C 1, 61 B 1, **65 C**
Chassey ⊙ 17 A 1
Chatham-In. □ 149 B 2, 161 D 2
Chattanooga ⚔ (1863) 135.II B 2
Chatten ⚔ 48, 49 B 1
Chauvet-Höhle ⊙ 14, 15 A 2
Chelm, Region 186
Chelmno → Kulmhof
Chemeron ⊙ 13.II
Chemiunfälle 242–243
Cheng Chou ⊙ 21.I B 1
Chengdu → Tschengtu
Chennai → Madras
Cher, Dep. □ 117 AB 1/2
Cherbourg ⊙ 77 A 1, 117 A 1
Cherokee ⚔ 129 B 2, 133 B 2
Chersones(os) ⊙ 31 C 1, 37 C 1, 47 C 1, 49 C 1, 65 C 2, 185 C 2
Chester ⊙ 103 B 2
Cheyenne ⚔ 129 A 1, 132, 133 B 1
Ch'ing-Dynastie □ 90
Chiavenna ⊙ 75 C 2
Chibcha-Staaten □ 87 B 2
Chicago ⊙ 135.I B 1, 137 A 1
Chichén Itza ⊙ 86
Chickasaw ⚔ 133 B 2
Chile □ 87 AB 2/3, 136, **137 B 3**, 139 A 2, 160 A 2/3, 175 A 2, 181 A 2, 191 A 2, 197, 198 A 2/3, 201 A 2 (Putsch), 218 A 2/3, 223 A 2
Chilpancingo ⊙ 137 A 1
China, Ksr., Rep., VR □ 13 D 1 (Besiedlung), 20, **21.I B 1**, 25.I B 1, 61 C 1 (Tangreich), 70, **71 C 1** (mong. Zeit), 84 D 1/2 (Ming), **90, 91 BC 1/2**, 92, 93 C 1, 108, 109 BC 2, 138, 139 C 1, **142** (Vertragshäfen), **142–143** (Chines.-Japan. Krieg 1894–96), **142** (Revolution 1911–12), 143 AB 2 (Chin. Mauer), 142 (Flagge), 143 (Vasallenstaaten), 161 CD 1, 169 AB 2, 175 C 1, 181 BC 1, **182, 183 A 1** (jap. Überfall 1937), 190–**191 C 1**, 199 CD 1/2, 201 C 2, 200, 201 C 1, **202–203 BC 1/2** (Bürgerkrieg), 202, 204, 205.I ABC 1, 213 C 1, **216**, 219 CD 1/2, 223 C 1

S. 10 bis 19	S. 20 bis 53	S. 54 bis 81	S. 82 bis 115	S. 116 bis 165	S. 166 bis 187	S. 188 bis 243
Vor- und Frühgeschichte	Altertum bis ca. 500	Mittelalter 500 bis ca. 1500	Neuzeit 1500 bis 1789	Neuzeit 1789 bis 1918	Zeitgeschichte 1918 bis 1945	Zeitgeschichte seit 1945

Dan 253

China, -reisen 82, 84–85 CD 1
Chinesische Intervention (Korea) 205.I
Chinesische Mauer 91 BC 1
Chioggia ⊙ 97 A 1
Chios ⊙ ▢ 29 C 1, 31 C 1, 35 C 1, 37 C 1, 73 B 1, 95 C 3 (genues.), 155 B 2
Chippewa ⋘ 129 B 1, 133 B C 1
Chişinău (Kischinew) ⊙ 215 C 2, 221 A 1
Chittagong ⊙ 141 C 1
Chiwa ⊙ ▢ 61 C 1, 91 A 1, 93 B 1, 109 A 2, 161 C 1
Choctaw ⋘ 133 B 2
Chodschent ⊙ 39 C 1, 41 C 1, 71 B 2
Chongjin ⊙ 205.I
Choresm, Soz. VR ▢ 169 A 2
Choresmien, -er ⊙ **27 C 1**, 39 C 1, 41 C 1, 61 C 1, 71 AB 1
Chota Nagpur ▢ 141 B 1
Chotin ⊙ 177 C 2
Chou-Dynastie (China) ▢ 24, 25.I B 1
Choukoutien (Peking) ⊙ 13 D 1
Christchurch ⊙ 149 B 2
Christentum, Ausbreitung, Urkirche **54–55**
Christiania → Oslo
Christiansborg/Goldküste ⊙ 89.II B 1
Christmas-I. ▢ 149 C 1
Christus-Orden (port.) 88
Christusmonogramm 54
Chruschtschow, Nikita ⋔ 200
Chuquisaca (Sucre) ⊙ 137 B 2
Chur ⊙ 75 C 1
Churchill, Winston ⋔ 180
Cid, El → Díaz de Vivar
Cincinnati ⊙ 133 C 1, 135.II B 1
Circus Flaminius/Rom 51 A 1
Circus Maximus/Rom 51 AB 2
Ciskei ▢ 211.II B 2
Cîteaux ⊙ 69.II B 2
Clacton ⊙ 15 A 2
Clagny ⊙ 107.Nk.
Clairvaux ⊙ 69.II B 2
Claudius-Tempel/Rom 51 B 2
Clermont ⊙ 66, 67 A 1, 69.II B 2, 77 B 2, 117 B 1
Clipperton ⊙ 160 A 1
Cluny ⊙ 55 B 1, 69.II B 2
Clusium ⊙ 43 A 2
Clyde-Forth-Linie (Limes) 48, 49 A 1
Cochin → Kotschin
Codex Euricianus 58
Codex Hammurabi 20
Coimbra ⊙ 69.I A 1
Colchester ⊙ 103 B 2
Colombo ⊙ 91 B 2, 141 B 2, 161 C 2 (C.), 203 B 2
Colorado ▢ **130, 131 B 1**
Colosseum → Kolosseum

Coloureds ⋘ 210, 211 AB 1/2
Comanchen ⋘ 129 A 1, 133 B 2
COMECON (Council for Mutual Economic Assistance) → RGW
Comitium, Tempel/Rom 50
Commonwealth, British ▢ **196, 196–199** (Mitgliedsstaaten), 210
Communauté Francaise (Franz. Staatengemeinschaft) ▢ **196, 210**
Compiègne ⊙ 77 B 1, 165 A 1, 185 A 2
Concergerie, Paris 117.Nk.
Concord ⊙ X (1775) 128
Concordia-Tempel/Rom 51.Nk.
Connaught ▢ 103 A 2
Connecticut ⊙ 129 C 2, 131 C 1, 135.II B 1
Constanța ⊙ 155 B 1, 173 B 3
Constantia ⊙ 55 C 2
Constantine ⊙ 49 B 1
Containerschiff 236
Containment (Eindämmung) 197
Cook, James ⋔ 92, 148
Cook-In. ▢ 149 C 2
Copia → Thurii
Córdoba ⊙ ▢ 55 A 2, 57 A 2, 59 A 2, 60, 61 A 1, 63 AB 2, **65 A 2**, 67 A 2, 68, 69.I A 2
Cordon Sanitaire ▢ 171, 172
Cork ⊙ 103 A 2
Cornwall ▢ 77 A 1, 103 AB 3
Corrèze, Dep. ▢ 117 A 2
Cortés, Fernan ⋔ **83, 84–85 A 1/2**, 87 A 1
Cosenza ⊙ 56, 57 B 2, 97 B 2
Cossack ⊙ 13 D 3
Costa Rica ▢ 136, 137 A 2, 160 A 2, 175 A 1, 201 A 1, 218 A 2, 223 A 1
Côte d'Ivoire (Elfenbeinküste) ▢ **144**, 145.I A 1, 147.I A 1, 198 B 2, 211.I A 1, 213 A 2, 218 B 2, 223 B 1
Côte-d'Or, Dep. ▢ 117 B 1
Côtes-du-Nord, Dep. ▢ 117 A 1
Cotton Belt 135.I
Council for Mutual Economic Assistance (COMECON) → RGW
Coventry ⊙ 179 A 2
Covilhão, Pedro de ⋔ 88
Crécy X (1346) 76, 77 B 1
Cree ⋘ 129 A 1/2, 133 B 1/2
Crépy § (1544) 95 B 1, 96
Creuse, Dep. ▢ 117 A 2
Cro Magnon, -Mensch ⋔ 11, **12, 12 A 1**, 14, 15 A 2
Cromwell, Oliver ⋔ **102–103**
Crozet-In. ⊙ 161 C 2
ČS(S)R ▢ Tschechoslowakische (Sozialistische) Republik → Tschechoslowakei

Cu Chi ⊙ 205.II A 2
Cúcuta X (1813) 137 B 2
Cumae → Kyme
Curaçao ▢ 87 B 2, 137 B 1
Curia/Rom 50, 51.Nk.
Curzon-Linie (1919) 171
Cusco ⊙ 87 B 2, 137 B 2
Custer, General ⋔ 132
Custoza ⊙ X (1866) 151 A 1
Cuttack ⊙ 141 B 2
Cyrenaika (Kyrenaika) ▢ 26, 27 A 2, 55 B 2, 61 B 2, 73 A 2, 145.I B 1, 146, 147.I B 1, 157 AB 2 → Kyrene
Czernowitz (Tschernowzy) ⊙ 115 B 2, 155 B 1, 173 B 2, 177 C 2
Częstochowa → Tschenstochau

D

Dacca ⊙ 141 C 1, 143 A 2, 203 B 1
Dachau ⊙ 177 B 2, 185 B 2
Dagestan, -er ▢ ⋘ 73 C 1, 109 A 2, 169 A 2 (ASSR), 213 B 1, 221 A 2, 225.I B 1, 225.I
Dagö ⊙ 177 A 2
Daher ⋘ 27 C 1, 39 BC 1
Dahome → Benin
Dahschur ⊙ 22, 23 A 1
Dahuk ⊙ 227.I B 1
Dai-Viet → Vietnam
Dakar ⊙ 145.I A 1, 147.I A 1, 160 B 2 (D.), 211.I A 1
Daker, -ien ⋘ ▢ 47 B 1, 48, 49 B 1, 53 B 1
Dakhla (Gr. Oase) ⊙ 23 A 2
Dako-Romanen ⋘ 65 BC 2
Dakota ⋘ 132, 133 B 1
Dalarne ▢ 111 A 2
Dalat ⊙ 205.II A 2
Dalekarlien ▢ 111 A 2
Dali ⊙ 13 D 1
Dalian/Lüda ⊙ 203 C 1
Dallas ⊙ 131 B 2, 133 B 2
Dalmatien ▢ 151 B 1, **155 A 2**, 157 A 1, 229 B 1/2
Daman ⊙ 91 A 2, **140, 141 B 2**, 161 C 2, 203 A 2
Damaskus ⊙ 23 B 1, 24, 25.II B 1, 27 B 2, 39 B 2, 41 B 2, 45 C 2, 47 C 2, 49 C 2, 53 C 2, 57 C 2, 59 C 2, 60, 61 B 2, X 66–67 C 2, 71 A 1, 73 B 2, 91 A 1, 147.I B 1, 157 B 2, 179 B 3, 207 A 2, 227.I A 1
Damiette ⊙ X (1219, 1249) 66, 67 C 2
Dammam ⊙ 207 C 2, 227 B 2
Dampfmaschine 124
Dampfschiffe 124, 138
Dan ⊙ 25.II B 1

⊙	Siedlung, Ort, Stadt	▢	Reich, Staat, Land, Provinz, Landschaft, Insel	⋔	Person
X	Schlacht, Eroberung	⋃	Gewässer (Fluss, Meer usw.)	⋘	Völkergruppe, Volk, Stamm
§	Vertrag, Bündnis, Gesetz			→	Verweis

254 Da Nang

Da Nang ⊙ 205.II A 1
Dänemark □ 63 BC 1, 64, 67 B 1, 78, 79 B 1, 80, 81 B 1, 86, 90–91 (Kolonialmacht), 93 B 1, 95 B 1, 101 B 1, 104, **110, 111 A 2/3**, 113 B 1, 115 A 1, 119 B 1, 121 A 1, 123 B 1, **144** (Kolonien), **153 B 1**, 160 B 1, 163 B 1, 165 B 2, 171 B 1, 175 B 1, 177 AB 1, **178, 179 A 1**, 184, 185 AB 1, **187 A 2**, 189 A 1, 192, 193 B 1, 195 B 1, 198 B 1, 201 B 1, 214, 215 B 1, 218 B 1, 223 B 1
Dänen → Normannen
Danica ⊙ 185 B 2
Danzig (Gdánsk) ⊙ 79 B 1, 81 B 1, 95 B 1, 101 B 1, 105 B 1, 110, 111 B 3, 113 B 1, 115 B 1, 119 B 1, 121 B 1, 123 B 1, 127 C 1, 153 B 1, 165 B 1, 175 B 1, 177 B 1, 185 B 1, 186, 187 AB 2, 189 B 1, **171 C 1** (Freie Stadt), 173 A 1
Dardenellen (Hellespont) ∪ 159, 165 C 2, 171 C 2
Dareios, pers. Kg. ⚔ 26, 38
Daressalam ⊙ 147.I B 2, 211.I B 2
Darfur □ 84–85 C 2, 88, 89.I B 1, 92, 93 B 1, 111 B 1, 139 B 1, 145.I B 1
Darjeeling ⊙ 141 B 1
Darwin (Port Darwin) ⊙ 149 A 2, 161 D 2, 182, 183 B 2
Daskyleion ⊙ 37 C 1
Dauphiné □ 76, 77 B 2, 107 B 2
Daurien □ 91 C 1
Davis, Jefferson ⚔ 134
Dayton ⊙ § (1995) **228–229** (Frieden)
DDR → Deutsche Demokratische Republik
Debrecen ⊙ 123 C 2, 155 A 1
Decius-Thermen/Rom 51 A 2
Dekapolis/Thermen 104
Dekapolis/Palästina 25.III B 1
Dekeläa ⊙ 35.Nk.
Dekhan-Sultanate □ **90, 91 B 2**
Dekolonilisierung, -skriege 190, **196–199, 202–203, 210–211**
Dekumatland □ 49 AB 1
Delaware □ 131 C 1, **134, 135.II B 1**
Delawaren ⚔ 129 B 1 2
Delft ⊙ 99 A 2
Delhi ⊙ □ ⚔ (1297) 71 B 2, 84–85 C 1, 91 B 1, 93 C 1, 139 C 1, 141 B 1, 143 A, 161 C 1, 181 B 1, 199 C 1, 219 C 1
Delisch-Attischer Seebund (477) □ → Attisch-Delischer Seebund
Delos ⊙ □ 34, 35 C 2, 37 C 2
Delphi ⊙ 33 B 2, 35 B 1, 37 B 1, 45 B 2, 49 B 2

Demarkationslinien Ost-West (1945) **189**
Den Haag ⊙ 99 A 2, 121 A 1, 162, 164 (Friedenskonferenzen 1899/1907), 174 (Int. Gerichtshof), 175 B 1, 177 A 1
Denia ⊙ □ 68, 69.I B 2
Denver ⊙ 131 B 1, 133 B 2, 135.II A 1, 160 A 1
Departements/Frankreich □ **116–117**
Deportationen, Juden **184–185**
Deraa ⊙ 231 B 2
Derbent ⊙ 71 A 1, 73 C 1, 225.I B 1
Deschnew, Semjon Iwanowitsch ⚔ **82, 84–85 D 1**
Deshima □ 93 C 1
Dessau ⊙ 177 B 1
Detroit ⊙ **129 B 1**, 133 C 1, 135.I B 1, 135.II B 1
Deutsch-Britisches Flottenabkommen § (1935) 176
Deutsche ⚔ 173 AB 1/2/3, **187, 189** (Vertreibung), 221 (UdSSR)
Deutsche Demokratische Republik (DDR) □ **188–189**, 188 (Flagge), 192, **193 B 1, 194–195 B 1**, 198 B 1, 201 B 1 (Volksaufstand 1953), 214, 215 B 1
Deutscher Bund □ 120, **123 B 1, 152, 153** (Auflösung)
Deutscher Krieg (1866) 152, 153
Deutscher Orden → auch Preußen
Deutscher Zollverein (1834) 124, 126 B 2, **127 C 1/2, 152**
Deutsch-Französischer Krieg (1870/71) **153**
Deutschland (Deutsches Kaiserreich, Deutsches Reich) □ 62, **64**, 125, 125 (Kohleförderung 1850), **125, 126–127** (Eisenbahnnetz 1850), 146 (Afrika), 148 B 2 (Pazifik), **152–153** (Reichsgründung), **152** (Flagge), **153 B 1/2**, 157 A 1, **159** (Kolonien), 160 B 1, **160–161, 162** (Außenpolitik), **163 B 1/2, 164** (I. Weltkrieg), 165 B 1, **170, 171 BC 1** (Nationalsozialismus), 173 AB 1/2, **174, 175 B 1** (Völkerbund), **176–177** (Großdeutsches R.), 179 AB 1/2 ,180, 181 B 1, **184, 185 AB 1/2, 186–187 A 2, 188–189** (Besatzungszonen), **188** (Teilung), 191 B 1, 188 (Flagge), **194–195** (Gesamtd.), 198 B 1, 201 B 1, **215 B 1/2**, 218 B 1, 223 B → Heiliges Römisches Reich, Deutscher Bund, Bundesrepublik, Deutschland, DDR
Deutsch-Ostafrika □ **146, 147.I B 2**, 161 C 2

Deutsch-Polnischer Nichtangriffspakt § (1934) 176
Deutsch-Sowjetische Demarkationslinie (1939) 176
Deutsch-Sowjetischer Nichtangriffspakt → Hitler-Stalin-Pakt
Deutsch-Südwestafrika □ **146**, 147. I AB 1/2, 147.II A 1, 160 B 2
Deutsch-Türkisches Defensivbündnis (1914) 163 C 2
Deux-Sèvres, Dep. □ 117 A 2
Deventer ⊙ 99 B 2
Devolutionskrieg Ludwigs XIV. 106
Dhahiriya ⊙ 231 A 3
Diadochen, -reiche □ **40–41, 44–45**
Diaz, Bartholomeo ⚔ **22, 84–85**, 88, **89.I**
Diaz de Vivar, Roderich (Cid) ⚔ 68
Diaz, Dinis ⚔ 88, 89.I
Die ⊙ 77 B 2
Diedenhofen ⊙ 63 B 1
Dien Bien Phu ⊙ ⚔ (1954) 204, 205.II A 1
Dieppe ⊙ 103 B 3
Dijon ⊙ ⚔ (500) 58, 59 B 1, 77 B 2, 95 B 2, 107 B 1, 117 B 1, 121 A 2
Diktaturen/Europa (1920–37) **170–171**
Dingle ⊙ 103 A 2
Diokletian, Ks. ⚔ **48**
Diokletian-Thermen/Rom 51 B 1
Dionysos-Theater/Rom 37.Nk.
Dioskurias ⊙ 31 C 1
Diredaua ⊙ 12 B 2, 13.II
Disful ⊙ 227.I/II B 1
Displaced Persons 187
Distrikt Lemberg □ 177 C 2
Diu ⊙ ⚔ (1509) 83, 91 A 2, **140, 141 A 2**, 161 C 2, 203 A 2
Diyarbakır ⊙ 207 B 1, 227.I A 1
Djakowo ⊙ 185 B 2
Djibouti → Dschibuti
Djubail ⊙ 227 B 2
Dmanisi ⊙ 12 B 1
Dnjepropetrowsk (Dniepropetrowsk) ⊙ 185 C 2, 221 A 1
Dobrudscha □ 155 B 1, 186
Dodekanes □ 155 B 3, 157 B 2, 163 C 2, 165 BC 2
Dodoma ⊙ 13.II
Dodona ⊙ 37 A 1
Doha ⊙ 207 C 2, 227 C 2
Dominica □ 87 B 1, 137 B 1, 198 A 2, 201 A 1, 218 A 2
Dominikanische Republik □ 160 A 2, 175 A 1, 191 A 1, 198 A 2, 201 A 1, 218 A 2, 223 A 1
Dominion, -Status 158, 202

S. 10 bis 19	S. 20 bis 53	S. 54 bis 81	S. 82 bis 115	S. 116 bis 165	S. 166 bis 187	S. 188 bis 243
Vor- und Frühgeschichte	Altertum bis ca. 500	Mittelalter 500 bis ca. 1500	Neuzeit 1500 bis 1789	Neuzeit 1789 bis 1918	Zeitgeschichte 1918 bis 1945	Zeitgeschichte seit 1945

Engelsburg 255

Domrémy ⊙ 77 B 1
Donauwörth ⊙ 101 B 1
Donez-Gebiet ☐ **178**
Donezk ⊙ 221 A 1
Dong Hoi ⊙ 205.II A 1
Dongola ⊙ 89.I B 1
Don-Kosaken ⅋ 105 C 1, 113 C 1, 167 AB 2
Doornik → Tournai
Doppeladler **108**
Dordogne ☐ 14, 117 A 2 (Dep.)
Dorer ⅋ **28–29**, 30, **31**
Doris/Griechenland ☐ 33 B 2
Doris/Kleinasien ☐ 28, 29 C 2, 33 B 2
Dorpat ⊙ 171 C 1
Dortmund ⊙ 189 A 1
Dorylaion ⊙ ✗ (1097) 66, 67 C 2
Doubs, Dep. ☐ 117 B 2
Dover ⊙ 77 A 1, 103 B 3, 107 B 1
Drake, Francis ♀ 82, 84–85
Drancy ⊙ 185 A 2
Drangiana ☐ 27 C 2, 39 C 2, 41 C 2
Drawida ⅋ 25.I B 2
Dreadnought 162
Dregowitschen ⅋ 65 B 1
Dreibund 162, 163
Dreieckshandel 124 (Begriff)
Dreikaiserbündnis 162, 163
Dreißigjähriger Krieg (1618–48) **104–105**
Drenthe ☐ 98, **99 B 1**
Drepanon ⊙ 43 A 3
Dresden ⊙ 105 B 1, 113 B 1, 115 A 2, 121 A 2, 127 C 2, 177 B 1
Drittes Reich → Deutschland
Dritte Welt ☐ 190, **196–199, 202, 222–223**
Drogheda ⊙ 103 A 2
Drôme, Dep. ☐ 117 B 2
Dschibuti (Djibouti, Franz.-Somaliland) ☐ 13.II, 199 C 2, 211.I B 1, 213 B 1/2, 219 C 2, 223 B 1
Dschidda ⊙ 212, 213 B 1
Dschihad 60
Dschingis Khan (Temudschin) ♀ **70–71**
Dschurdschen (Kinreich) ⅋ ☐ 71 C 1
Dsungaren, -ei ⅋ ☐ (-Khanat) 90, 91 B 1, 92, 93 BC 1, 138, 139 C 1, 143 A 1
Dubai ⊙ 207 C 2, 227 C 2
Dubienka ⊙ ✗ (1792) 115 B 2
Dublin ⊙ 55 A 1, 65 A 1, 69.II A 1, 79 A 1, 81 A 1, 95 A 1, 101 A 1, 103 A 2, 105 A 1, 113 A 1, 119 A 1, 123 A 1, 126 A 1, 165 A 1, 171 B 1, 215 A 1
Dubrovnik → Ragusa
Duluth ⊙ 133 C 2, 135.II A 1
Dumbarton Oaks (1944) ⊙ 181 A 1, **190–191 A 1**

Dünaburg ⊙ 115 B 1, 173 B 1
Dunant, Henri ♀ 150
Dunbar ⊙ ✗ (1650) 102, 103 B 1
Dunedin ⊙ 149 B 2
Dungul ⊙ 23 A 2
Dünkirchen (Dunkerque) ⊙ 99 A 2, 117 A 1, **178, 179 A 2**, 192 (Vertrag 1937)
Dura Europus ⊙ 41 B 2
Durand-Linie 224
Durazzo (Durrës) ⊙ 155 A 2, 157 A 1, 229 C 2
Durban ⊙ 145.I B 2, 145.II B 2, 147.I B 2, 147.II B 2, 161 C 2, 211.II B 2
Düren ⊙ 63 B 1
Durham ⊙ 103 B 2
Dur-Kurigalsu (Bagdad) ⊙ 21.II B 2
Durrës → Durazzo
Duschanbe ⊙ 203 A 1, 221 A 2, 225.II B 1
Düsseldorf ⊙ 189 A 1
Dwin ⊙ 55 C 2, 65 C 2

E

EAG (Europäische Atomgemeinschaft) → EURATOM
Eanes, Gil ♀ 88
East London ⊙ 145.II B 2, 147.II B 2, 211.II B 2
Échallens ⊙ 75 A 2
Echet Aten (Amarna) ⊙ 22, 23 A 2
ECOSOC (Economic and Social Council)/UNO 190
Ecuador ☐ 160 A 2, 175 A 2, 181 A 1/2, 191 A 1/2, 198 A 2, 201 A 1/2, 218 A 2, 223 A 2
Edessa ⊙ 55 C 2, 57 C 2, 59 C 2, 65 C 2, 66, 67 C 2
Edessa/Makedonien → Aigai
Edge Hill ✗ (1642) 103 B 2
Edinburgh ⊙ 79 A 1, 81 A 1, 95 A 1, 101 A 1, 103 B 1, 105 A 1, 113 A 1, 119 A1, 123 A 1, 126 B 1, 165 A 1, 179 A 1
Edineţi ⊙ 185 B 2
Edirne → Adrianopel
Edo → Tokio
Edom, -iter ☐ ⅋, 24, 25.II A 2
Edward II., Kg. ♀ 76
Edward III., Kg. ♀ 76
EFTA (European Free Trade Area) **194–195, 214–215**
EG (Europäische Gemeinschaft, -en) **194–195, 198–199, 215**
EGKS (Europäische Gemeinschaft für Kohle und Stahl) **194–195**
Ehringsdorf ⊙ 12 A 1, 15 B 2
Eidgenossenschaft → Schweiz

Einsatzgruppen A-D 185 C 1/2
Einsiedeln ⊙ ✗ (1314) 74–75 B 1
Eion ⊙ 37 B 1
Eisenbahn **125** (Industrialisierung), 124 (Stockton–Darlington), **125, 126–127** (Europäische Netze 1850)
Eisenstadt ⊙ 189 B 2
Eiserner Vorhang 192
Eiszeit, -alter (Pleistozän) 10, 14
Ekbatana ⊙ 26, 27 B 1, 38, 39 B 1, 41 B 1, 45 C 2, 47 C 2, 49 C 2
Eknomus ✗ (256 v.Chr.) 43 A 3, 44, 45 B 2
Eläa ⊙ 37 C 1
El-Aksa-Aufstand 216
El Alamein ⊙ **179 B 3**
Elam → Susiana
El-Arisch ⊙ 209.I A 2, 209.II A 2
Elat ⊙ 23 B 1, 207 A 2, 209.I B 2, 209.II B 2
El-Audscha ⊙ 209.I A 2
Elba ⊙ 43 A 2, **119 B 2**, 121 A 3, 151 A 1
Elbing (Elbląg) ⊙ 110, 111 B 3, 115 B 1, 189 B 1
Elcano 91 C 2
Elea (Velia) ⊙ 31 B 1, 43 B 2
Elephantine ⊙ 22, 23 B 2
Eleusis (Demeter) ⊙ 33 B 2, 35.Nk.
El-Fascher ⊙ 89.I B 1
El-Fayum ⊙ 23 A 1
Elfenbeinküste → Côte d'Ivoire
El-Hasa → Al-Hasa
Elis ⊙ ☐ 29 B 2, 33 A 2, 35 B 1/2, 37 B 2
Elisabeth, Zarin ♀ 112
Eliye Springs ⊙ 12 B 2, 13.II
El-Kuntilla ⊙ 209.I B 2, 209.II B 2
El-Kuseima ⊙ 209.I A 2, 209.II A 2
Ellice-In. ☐ 149 B 1
Ellwangen ⊙ 63 B 1
Elmina ⊙ 89.II A 2
El Salvador ☐ **136** (Unabhängigkeit 1821/39), **137 A 1**, 160 A 2, 175 A 1, 197 (Bürgerkrieg), 198 A 2, 201 A 1, 218 A 2
Elsass ☐ 94, **126 B 2**
Elsass-Lothringen ☐ **125, 153 B 1, 152, 162, 163 B 1** (dt. Annexion 1871), **177 A 2**
Embrun ⊙ 63 B 2
Emmaus ⊙ 25.III B 2
Empire, Britisches → British Empire
Emporion ⊙ 31 A 1
Energierohstoffe 237
En Gedi ⊙ 231 A 3
Engelberg ⊙ 75 B 1
Engelsburg/Rom → Hadrian-Grab

⊙	Siedlung, Ort, Stadt	☐	Reich, Staat, Land, Provinz, Landschaft, Insel	♀	Person
✗	Schlacht, Eroberung			⅋	Völkergruppe, Volk, Stamm
§	Vertrag, Bündnis, Gesetz	∽	Gewässer (Fluss, Meer usw.)	→	Verweis

256 England

England ☐ 54, 61 A 1, 63 AB 1, 64, 65 A 1, 67 A 1, **69.II AB 1/2, 76–77**, 79 AB 1, 81 AB 1, 86, 95 A 1, 101 A 1, **102–103** (Bürgerkrieg), 105 A 1, 188 → Großbritannien
Englisch-Holländ. Seekrieg ⚔ 103
Eniwetok ☐ 149 B 1, 183 B 2, 201 C 1
Enkhuizen ⊙ 99 B 1
Entdeckungen, -sreisen, geograph. 82–85, 89.I (port.), 91, 145.I
Entente Cordiale (1904/05) **146**, 163
Entente-Mächte 162, 163, 165, **166–167** (Russ. Bürgerkrieg)
Entkolonisation → Dekolonisierung
Entwicklungsländer, -politik **222–223**
Eoia ☐ 33 B 2
Epeiros → Epirus
Ephesos ⊙ 29 C 2, 35 C 2, 37 C 2, 39 A 1, 41 A 1, 45 B 2, 47 B 2, 49 B 2, 53 B 2, 55 C 2, 57 C 2
Epidamnos ⊙ 31 B 1, 33 B 2, 35 B 2, 37 B 2
Epidauros ⊙ 123 C 2
Epigonen 40
Epiros, -us ⊂ 28, 29 A 1, 33 A 1, 35 AB 1, 37 AB 1, 39 A 1, 41 A 1, 45 B 2, 67 B 1/2 (Despotat)
Equus Cave ⊙ 12 B 3
Erdbeben 242–243
Erechtheion/Athen 36, 37.Nk.
Eresburg ⊙ 63 B 1
Eretria/Euböa ⊙ ☐ 31 C 1, 33 B 2, 34, 35 B 1, 37 B 1
Erfurt ⊙ 63 C 1, 153 B 1, 189 A 2
Erfurter Union (1850) 152
Erhaç ⊙ 227 A 1
Eridu ⊙ 20, 21.II B 2
Eritrea ☐ **146, 147.I B 1,159**, 161 C 1, 191 B 1, 197 (Unabhängigkeitskrieg), 211.I B 1, 213 B 1, 219 C 2, 223 B 1
Eriwan (Jerewan) ⊙ 157 C 1, 207 B 1, 221 A 2, 225.I A 2
Ermland ☐ 115 B 1
Er-Riad ⊙ 147.I B 1
Er-Rif ☐ 165 A 2
Erster Weltkrieg 156, **164–165**, § (1918), 164 (Opfer), 186, 226
Erste Welt → Industrieländer
Ertebølle ⊙ 17 B 1
Erythrä/Kleinasien ⊙ 35 C 1, 37 C 1
Erzincan ⚔ (1473) 73 C 1
Erzurum ⊙ 157 C 1, 165 C 2, 207 B 1, 227 A 1
Eschnunna ⊙ 21.II B 2
Escorial/Madrid ⊙ 95 A 2
Esquilin/Rom 50, 51 B 1
Essen ⊙ 177 A 1, 189 A 1

Esten ☀ 55 B 1, 173 A 1
Esterwegen ⊙ 177 A 1
Estland ☐ 101 BC 1, 105 C 1, 108, 110, 111 B 2, 113 C 1, 121 B 1, 167 A 1, **170, 171 C 1, 172, 173 B 1**, 175 B 1, 185 B 1, 187 B 1, 191 B 1, 215 C 1, 218, 219 BC, 221 B 1 (E.)
Etrurien ☐ **42, 43 A 1/2**
Etrusker ☀ 24, 25.I A 1, 31 B 1, **42, 43 A 1/2**, 50
Etschmiadsin ⊙ 225.I A 2
Etzel → Attila
EU → Europäische Union
Euböa ☐ 29 B 1, 33 B 2, 35 B 1, 37 B 1, 155 B 2
Eupen-Malmédy ⊂ 177 A 2
EURATOM **194–195**
Eure, Dep. ☐ 117 A 1
Eure-et-Loire, Dep. ☐ 117 A 1
Euro (Währung) 218
Euro-Atlantischer Partnerschaftsrat → EAPC
Europa, Staatenwelt (um 1400) **80–81**
Europäische Atomgemeinschaft → EURATOM
Europäische Freihandelszone → EFTA
Europäische Gemeinschaft, -en → EG
Europäische Gemeinschaft für Kohle und Stahl → EGKS
Europäische Integration **214–215**
Europäische Kommission 194
Europäische Union (EU) **214–215** (Osterweiterung), **218–219**, 234–235
Europäische Verteidigungsgemeinschaft → EVG
Europäische Währungsunion (1999) → EWU
Europäische Wirtschaftsgemeinschaft → EWG
Europäischer Gerichtshof 194
Europäischer Wirtschaftsraum → EWR
Europäisches Parlament 194
Europäisches Währungssystem 194
Europäisierung der Welt **82–85**
Europarat **194–195**
Eurymedon ⌒ ⚔ (465 v.Chr.) 36
EVG **192**
Evian § (1962) 210
Ewenen ☀ 109 C 1
Ewenken (Tungusen) ☀ 71 BC 1, 109 B 1, 109 C 1/2, 221 B 1/2
EWG **194–195**
EWR **214–215, 218–219**

EWU **214**
Exeter ⊙ 103 B 3
Export 237
Eyasi ⊙ 13.II
Eylau ⚔ (1807) 119 B 1

Faisabad ⊙ 225.II B 1
Faiyum ⊙ 17 C 2
Falange/Libanon 206
Falange/Spanien 170
Falkland-In. (Malwinen) ☐ 87 B 3, 137 B 3 (brit. 1833), 138, **139 A 2**, 160 B 3, 198 B 3, 201 (F.-krieg)
Falun ⊙ 111 A 2
Fanning ⊙ 149 C 1
FAO (Food and Agriculture Organization)/UNO 190
Farafra ⊙ 23 A 2
Farah ⊙ 225.II A 2
Färöer-In. ☐ 64, 65 A 1, 139 B 1, 160 B 1, 179 A 1, 195 A 1, 198 B 1, 215 A 1
Faschismus **170** (Begriff, Regime)
Faschoda, -Krise (1898) 146, 147.I B 1, 162
Fatah, -Bewegung **230**
Fatehpur Sikri ⊙ 91 B 1
Fatimiden, Kalifat (Kairo) ☐ **67 BC 2**
Februarrevolution → Frankreich
Februarrevolution → Russische Revolution
Fehrbellin ⚔ (1675) 111 A 3
Felsina ⊙ 43 A 1
Fergana ⊙ 143 A 1
Fernando Póo ☐ 89.I A 1, 139 B 1, 145.I A 1, 147.I A 1
Fernão do Póo ⚓ 88, 89.I A 1
Fernöstliche Republik (1920) ☐ **168, 169 BC 1/2**
Ferrara ⊙ 96, 97 A 1
Fès ⊙ 95 A 2, 145.I A 1, 147.I A 1, 153 A 2
Feuerland ☐ 84–85 A 2, 87 B 3, 137 B 3
Feuillants/Paris 117.Nk.
Fidschi, Fidschi-In. ☐ 82, 148, 149 B 2, 213
Finistère, Dep. ☐ 117 A 1
Finnen ☀ 55 B 1, **187**
Finnland ☐ 101 BC 1, 105 BC 1, 110, 111 B 2, 113 BC 1, 108, 109 A 1, 120, 167 A 1, **168** (Unabhängigkeit), 171 C 1, 173 B 1, 174 (-krieg), 175 B 1, 179 AB 1, 181 B 1, 185 B 1, 186, 187 B 1, 191 B 1, 193 C 1, 195 C 1, 198–199 BC 1, 214, 215 C 1, 218, 219 BC 1, 223 B 1

S. 10 bis 19	S. 20 bis 53	S. 54 bis 81	S. 82 bis 115	S. 116 bis 165	S. 166 bis 187	S. 188 bis 243
Vor- und Frühgeschichte	Altertum bis ca. 500	Mittelalter 500 bis ca. 1500	Neuzeit 1500 bis 1789	Neuzeit 1789 bis 1918	Zeitgeschichte 1918 bis 1945	Zeitgeschichte seit 1945

Ganca 257

Finno-Ugrier ᕮ, 59 C 1, 61 B 1, 64, 65 BC 1, 71 B 3, 173 (Sprachen)
Fiume (Rijeka) ⊙ 97 B 1, 172, 173 A 3, 185 B 2
Flandern ☐ 63 B 1, 69.II B 1, 76, 77 B 1, 79 B 1, 81 B 1, 98, **99 A 2**, 106, 107 B 1, 113 B 2
Fleurus ✗ (1793) 116, 117 B 1
Florenz ⊙ 79 B 2, 81 B 2, 95 B 2, 96, **97 A 1**, 101, 105 B 2, 121 A 3, 123 B 1, 126 B 3, 151 A 1, 153 B 2
Flores ☐ 203 C 2
Florida ☐ 84–85 A 1, 87 A 1, 92, 93 A 1, **128**, **129 B 2**, **130**, 131 C 2, 135.II B 2, 137 A 1
Florisbad ⊙ 12 B 3
Flossenbürg ⊙ 177 B 2, 185 B 2
Flucht und Vertreibung **186–187**
Flüchtlinge, -sproblem **186–187**, **187** (Osteuropa), 238, 239
FNL (Front National de liberation) 204
Föderaten/Rom **56**
Foggia 97 B 2, 151 B 2
Foix ⊙ 77 B 3, 107 B 2
Foley, R. ᛉ 10
Fontainebleau ⊙ 107 B 1
Fontenoy ✗ (841) 62, 63 B 2
Force de Frappe/Frankreich 200
Formosa → Taiwan
Fortaleza → Ceára
Fort Dauphin ⊙ 89 B 2
Fort James/Goldküste ⊙ 89.II B 1
Fort La Baye (1718) 129 B 1
Fort Lamy ⊙ 147.I A 1
Fort Maurepas ⊙ 129 A 1
Fort Orléans 129 A 1
Fort Ross ⊙ (1811–41 russ.) 131 A 1, 137 A 1
Fort Rupert ⊙ 129 B 1
Fort Sumter/Charleston ✗ (1861) 135.II B 2
Fort Vincennes ⊙ 129 B 1
Fort Zeelandia ⊙ 91 C 1
Forum Boarium/Rom 50, 51 A 2
Forum Iulium/Rom 50, 51
Forum Romanum/Rom 50, 51 AB 1/2, **51.Nk.**
Fossoli ⊙ 185 A 2
Franche Comté → Burgund, Fgft.
Franco, Francisco ᛉ 170, 171 B 2
Franken ᕮ ☐ 55 AB 1, **57 AB 1, 58–59**, 60, **61**, 63, **64** → Karolinger, -reich
Frankfurt/M. ☐ ⊙ 79 B 1, 81 B 1, 95 B 1, 101 B 1, 105 B 1, 113 B 1, **120–121 A 2** (Bundestag), 126 B 2, **153 B 1**, 165 B 1, 177 A 2, 189 A 2
Frankfurt/O. ⊙ 79 B 1, 177 B 1

Frankfurter Nationalversammlung (Paulskirche) 122
Frankreich, Westfrankenreich ☐ 63 AB 1/2, 67 A 1, **68**, 69.II B 1, **76–77**, 79 AB 1/2, **80**, 81 AB 1/2, 86, **92–93** (Kolonien), **94–95 AB 1/2**, **97 A 1**, 99 A 3, 101 AB 1/2, **104**, **105 AB 1/2**, **106–107**, **112**, **113 AB 1/2**, **116–117** (1789), **117** (Eroberungen 1792/93 u. 1794/95), **119**, **120** (Ksr. 1804/1814), **121 A 2**, 122, 125, **123 AB 1/2** (II. Rep. 1848), **123 AB 1/2** (Kgr. 1815–48), **123 AB 1/2** (Ksr. 1852), 125 (Eisenbahnnetz 1850), **125**, **126 B 2**, **128** (Kolonien), 128, **138** (Kolonialreich 1830), 136 (Spanien 1823), 139 B 1, **140** (Indien), 144 (Afrika), **146**, **148** (Pazifik), 151 B 2, **152**, **153 B 1** (Republik 1870), 160 B 1, **159**, **160–161** (Kolonien), 160 B 1, **162** (Bündnispolitik), **163 AB 1/2**, **164**, **165 A 1/2** (I. Weltkrieg), **170**, **171 B 1/2**, 175 B 1, 178 (Kapitulation 1940), **179 A 2**, 181 B 1, **185 A 1/2**, 188, **189**, **189 A 2**, 191 B 1, 192, **193 B 1/2**, **194**, **195 B 1/2**, 196, 198 B 1, 201 B 1, **202**, 204, 205.II, 206, 210, 215 AB 1/2, 218 B 1, 223 B 1
Franz I., Kg. ᛉ 94, 96
Franz-Joseph-Land ☐ 109 B 1
Französ.-Amerikanische Militärallianz (1778) 128
Französ.-Äquatorialafrika ☐ 147.I AB 1/2, 160–161 BC 1, 2, 175 B 1/2, 181 B 1
Französ.-Guayana ☐ 136, 137 B 2, 198 A 2, 218 A 1
Französ.-Indochina ☐ 143 B 2, **159**, **160–161 D 2**, 175 C 1, 182, 183 A 1/2, 203 C 1/2, **205.II A 1/2**
Französ.-Italienische Neutralität § (1902) 162, 163 B 2
Französ.-Italienischer Vertrag § (1900) 162
Französ.-Polynesien ☐ 149 C 2, 199 A 2
Französ.-Russische Militärkonvention § (1894) 162
Französ.-Somaliland ☐ 147.I B 1, 161 C 1 → Dschibuti
Französ.-Westafrika ☐ 147.I A 1, 160 B 2, 175 B 1, 181 B 1
Fredericksburg (Friedrichsburg) ⊙ ✗ (1862) 135.II B 1
Fredrikshamn ⊙ § (1809) **108**, **110**, **111 B 2**, 119 C 1
Freetown ⊙ 145.I A 1, 147.I A 1, 160 B 2

Freiburg ⊙ 177 A 2, 189 A 2
Freiburg (Fribourg)/Schweiz ⊙ 74, 75 A 1
Fremdenlegion, Gründung (1831) 138
Fribourg/Schweiz → Freiburg
Friedland ⊙ ✗ (1807) 119 B 1
Friedland (Lager) ⊙ 186, 189 A 1
Friedrich I. ᛉ 66
Friedrich II. ᛉ 66, 67 BC 1/2, 74
Friedrich II. d. Gr., Kg. ᛉ **112**
Friedrich III. ᛉ 74
Friedrichsburg (Frederiksborg) ⊙ § (1720) 110, 111 A 3
Friesen, -land ᕮ ☐ 55 B 1, 57 AB 1, 59 B 1, 63 B 1, 98, **99 B 1**
Frobisher, Martin ᛉ 82, 84–85 B 1
Fruchtbarer Halbmond **16**, **17 C 1/2**, 18
Fuhlsbüttel ⊙ 177 A 1
Fulbe ᕮ 145.I A 1
Fulda ⊙ 55 B 1
Fundamentalismus, islam. **212**
Fünfkirchen (Pecs) ⊙ 97 B 1
Fußballkrieg Honduras-Salvador 197
Fustat → Kairo
Futschou ⊙ 143 B 2, 203 C 1

G

Gabun ☐ **144**, 145.I A 2, 147.I A 2, 211.I A 2, 213 A 2, 218 B 2, 223 B 1/2
Gadara ⊙ 25.III B 1
Gades → Cádiz
Gadsden-Kauf § (1853) 130, 131 A 2
Gaeta ⊙ § (1861) 151 B 2
Gainsborough ✗ (1643) 103 B 2
Galápagos-In. ☐ 137 A 2, 198 A 2
Galater, -ien ᕮ ☐ 41 A 1, 44, 45 C 2, 49 C 2, 55 C 2
Galatz ⊙ 155 B 1, 173 B 3
Galicien (Gallaezien/Iber. Halbinsel) ☐ 56, 69.I A 1
Galiläa ☐ 25.III AB 1/2, 54
Galizien (u. Lodomerien) ☐ 113 BC 1, **115 B 2**, 121 B 2, 153 C 1, **164**, 165 B 1, 186, **187 B 3**
Gallaezien → Galicien
Gallien ☐ 48, **47 A 1**, 49 A 1, 53 AB 1, 55 AB 1, 56
Gallier → Kelten
Gallipoli ✗ 72, 73 B 1, 155 B 2, 165 B 2
Galveston ⊙ 135.II A 2
Galway ⊙ 103 A 2
Gama, Vasco da ᛉ 88, **89.I**, 91 AB 2
Gambia ☐ 89.I A 1, 93 B 1, 139 B 1, 145.I A 1, 147.I A 1, 160 B 2, 198 B 2, 211.I A 1, 213 A 1, 218 B 2, 223 B 1
Ganca ⊙ 225.I B 2

⊙	Siedlung, Ort, Stadt	☐	Reich, Staat, Land, Provinz, Landschaft, Insel	ᛉ	Person
✗	Schlacht, Eroberung			ᕮ	Völkergruppe, Volk, Stamm
§	Vertrag, Bündnis, Gesetz	ᔐ	Gewässer (Fluss, Meer usw.)	→	Verweis

258 Gandhara

Gandhara ☐ 27 C 1, 41 C 1
Ganges, Hochkultur 24, 25.I B 1/2
Ganj-Dareh ☉ 17 C 2
Garamanten ⚔ 47 BC 2, 49 AB 2
Gard, Dep. ☐ 117 B 2
Garibaldi, Giuseppe ♗ 150, 151
Gascogne ☐ 68, 69.II B 2
Gastein § (1865) 153 B 1
Gatow, Flughafen ☉ 189.Nk.
GATT (General Agreement on Tarifs and Trade) 222–223, 236
Gätuler ⚔ 47 A 2
Gaugamela ⚔ (331 v.Chr.) 38, 39 B 1
Gaulanitis ☐ 25.III B 1
Gaza ☉ ☐ 23 B 1, 25.II A 2, 25.III B 2, 39 A 2, 207 A 2, 208, 209.I A 1, 209.II A 1, 227.I A 2, 230, 231 A 3
Gaza-Jericho-Abkommen § (1993) **230**
Gazankulu ☐ 211.II B 1
Gaza-Streifen ☐ **230–231 A 3**
Gaziantep ☉ 207 A 1, 227.I A 1
Gdańsk → Danzig
Gdingen (Gdynia, Gotenhafen) ☉ 186, 189 B 1
Gebel Irhoud ☉ 12 A 1
Gedrosien ☐ 39 C 2, 41 C 2
Gegenreformation, kath. **101**
Geisa, Kg. ♗ 64
Geiserich, Kg. ♗ 56
Gela ☉ 43 B 3
Geldern ☐ 77 B 1, 98, 99 B 2
Gembloux ⚔ (1578) 99 A 3
Gemeine drei Bünde ☐ 75 BC 1/2
Gemeinschaft unabhängiger Staaten → GUS
General Agreement on Tarifs and Trade → GATT
Generalgouvernement ☐ **167, 177 BC 1/2**, 184, **185 B 1/2**, 186
Generalitätslande ☐ **99 AB 2**
Generalstaaten → Niederlande
Generalstände/Frankreich **106**, 116 (1789)
Genezareth, See ⌒ 209.I B 1, 209.II B 1
Genf ☉ ☐ 57 B 1, 59 B 1, 74, 75 A 2, 77 B 2, 79 B 2, 81 B 2, 95 B 2, 97 A 1, 101 B 2, 117 B 1, § (1864) 150 (G.er Konvention), 151 A 1, 165 A 2, 171 B 2, § (1925) 174 (G.er Protokoll), **175 B 1** (Völkerbund), 193 B 2, § (1954) 204
Gent ☉ 81 B 1, ⚔ (1576) 99 A 2 (Pazifikation), 107 B 1
Genua ☉ ☐ 63 B 2, 67 B 1, 73 A 1, 78, **79 B 2**, 81 B 2, 95 B 2, **96, 97 A 1**, 101 B 2, 105 B 2, 119 B 2, 121 A 2, 151 A 1

Georg III., Kg. ♗ 92
Georgetown ☉ 137 B 2
Georgia ☉ 86, **128, 129 B 2**, 131 C 2, 135.II B 2, 134
Georgien, -er ⚔ 65 C 2, 67 C 2, 73 C 1, **109 A 1/2**, 157 C 1, 165 C 2, 167 AB 2/3, 169 A 2 (SSR), 191 B 1, 207 B 1, 213 B 1, 219 C 1, 221 C 2, 224, 225.I, **225.I AB 1/2**
Geozentrisches Weltbild **82**
Gepiden, -reich ⚔ ☐ 59 BC 1
Gerasa ☉ 25.III B 1
Germanen ⚔ ☐ 45 AB 1, 48, 49 B 1, 54, **58–59, 273** (Sprachen)
Gers, Dep. ☐ 117 A 2
Gesellschafts-In. ☐ 149 C 2
Geten ⚔ 39 A 1, 41 A 1, 45 B 1, 47 B 1, 49 B 1
Gettysburg ⚔ (1863) 134, 135.II B 1
Gewerbe, -zentren, röm. **52–53**
Ghana (Goldküste) ☐ 88, **89.I B 1, 93 B 1**, 145.I A 1, 147.I A 1, 160 B 2, 191 B 1, 196, 213 A 2, 218 B 2, 210, 211.I A 1
Ghana-Reich ☐ 84–85 B 3
Ghasna ☉ 71 B 2
Ghasni ☉ 225.II B 1
Ghawar ☉ 203 C 1
Ghettos (1939–45) 177, **184–185**
Gibraltar ☐ 12 A 1, 15 A 3, 30, 60, 61 A 1, 69.I A 2, 93 B 1, **113 A 2, 119 A 2**, 145.I A 1, 147.I A 1, 165 A 2
Gidjón 126 A 2
Gilbert-In. ☐ 149 B 1
Gilead ☉ 25.II B 1
Girondisten 116
Gizeh (Gise) ☉ 22, 23 A 1, 207 A 2
Glarus ☉ ☐ 74
Glasgow ☉ ☐ 103 B 1, 126 B 1, 153 A 1
Glasnost 220
Glatz, Gft. ☐ 112
Globalisierung 236
Globus (M. Behaim) 82
Gloucester ☉ 103 B 2
Gnesen ☉ 55 B 1
Gnesia ☉ 33 B 1
Gnjilane ☉ 229.Nk.
Goa ☉ ☐ 84–85 C 2, 91 B 2, 93 C 1, 139 C 1, **140, 141 B 2**, 161 C 2, 203 A 2
Goebbels, Josef ♗ 184
Golan, -höhen ☐ 208, 209.II B 1, **230–231 B 1**
Goldene Horde, Khanat ☐ **70, 71 AB 1**, 79 C 1/2, 81 C 1
Goldküste → Ghana
Golfkriege (I–II) 201 B 1, **206, 216, 226–227**
Golo, Dep. ☐ 117 B 2

Gomel ☉ 115 C 1, 167 A 2, 173 B 2
Gondar ☉ 89.I B 1, 145.I B 1
Gondwana ☐ 91 B 2
Gonzaga, Dynastie, Fsm. ☐ 96
Goražde ☉ 229 BC 2
Gorbatschow, Michail ♗ 214, 220
Gordion ☉ 39 A 1
Gorée ☉ 89.I A 1
Gorki → Nishni Nowgorod
Gorno-Altaisk ☐ 221 B 2
Görz ☉ 97 B 1
Gorze ☉ 63 B 1
Göteborg ☉ 121 A 1
Goten ⚔ 57 BC 1, 59 C 1
Göten ⚔ 65 B 1
Gotenhafen → Gdingen
Gotland ☐ 110, 111 B 2
Götland ☐ 111 A 2, 113 B 1
Götter, -glaube, griech. **32–33**
Gotteshausbund ☐ **75 C 2**
Gotthard, Pass 63 B 2, 74, 75 B 2
Goyás → Santa Ana
Graaff-Reinet ☉ 145.II B 2, 147.II B 2
Grafeneck ☉ 185 A 2
Gran ☉ 55 B 1, 64, 67 B 1
Granada ☉ ☐ 67 A 2, **68, 69.I AB 2** (Fall 1492), 79 A 2, 81 A 2, 95 A 2, 101 A 1
Grandson ☉ ⚔ (1476) 74, 75 A 1
Grand Trianon 107.Nk.
Granikos ⌒ ⚔ (334 v.Chr.) 35 C 1, 38, 39 A 1
Grant, James Augustus ♗ 144
Grant, Ulysses S. ♗ 135.II A 2
Granville ☉ 126 B 2
Grasburg ☉ 75 A 1
Graubünden, Grauer Bd. ☐ **75 BC 1/2**
Gravisca ☉ 31 B 1
Graz ☉ 97 B 1, 105 B 2, 177 B 2, 189 B 2
Gregor IX., Papst ♗ 66
Grenada ☉ 87 B 1, 137 B 1, 198 A 2, 201 A 1, 218 A 2
Grenoble ☉ 77 B 2, 107 B 2, 117 B 1, 121 A 2, 153 B 2
Grenzsicherung 239
Greyerz ☉ 74, 75 A 2
Griechen, -land ⚔ ☐ 16, 20 (Hochkultur), 24, 27 A 1, **30, 32–33, 34–35, 37**, 39 A 1, 40, 41 A 1, 54, **123 C 2** (Kgr. 1829/30), **122** (Unabhängigkeit), **138**, 153 C 2, **155 AB 2/3**, 157 AB 1/2, 163 BC 2, **164, 165 B 2, 170, 171 C 2**, 173 B 3, 173 (Sprache), 175 B 1, **178, 179 AB 2**, 185 B 2, 186, 191 B 1, 192, 193 C 2, 194, 195 C 2, 200 (Bürgerkrieg), 201 B 1, 206, 207 A 1, 215 C 2, 218 B 1, 223 B 1

S. 10 bis 19	S. 20 bis 53	S. 54 bis 81	S. 82 bis 115	S. 116 bis 165	S. 166 bis 187	S. 188 bis 243
Vor- und Frühgeschichte	Altertum bis ca. 500	Mittelalter 500 bis ca. 1500	Neuzeit 1500 bis 1789	Neuzeit 1789 bis 1918	Zeitgeschichte 1918 bis 1945	Zeitgeschichte seit 1945

Haute-Vienne 259

Griechenaufstand/Kleinasien 34
Griechische Kolonisation → Kolonisation, Griechische
Griechisch-Orthodoxe Kirche (Ostkirche) 54–55, 55 B 1/2, 67, 101
Gries, Pass 75 B 2
Grimaldi ⊙ 12 A 1, 15 A 2
Grini ⊙ 185 A 1
Grodno ⊙ 115 B 1, 139 B 1, 160 B 1, 173 B 2, 175 AB 1
Groningen ⊙ □ 98, 99 B 1
Grönland □ 64, **84 B 1**, 93 B 1, 181 AB 1, 191 A 1, 198 B 1, 201 AB 1, 218 B 1, 223 A 1
Grosny ⊙ 225.I B 1
Großbritannien □ 90, **92–93** (Kolonien), 107 A 1, **112–113 A 1**, 117 A 1, **122** (Parlamentsreform), **124–125**, **126 ABC 1/2** (Eisenbahnnetz 1850), 138 (Kolonialreich 1830), **138–139** (Empire), 139 B 1, **140–141**, 144, **145** (Afrika), 148 (Pazifik), 153 A 1, 160 B 1, **162, 163 A 1, 164, 165 A 1** (I. Weltkrieg), 171 AB 1, 175 B 1, 179 A 1, 181 B 1, 182, 185 A 1, 188, **189**, 190, 191 B 1, 192, **193 B 1, 194, 195 AB 1, 196**, 198 B 1, 200, 201 B 1, **202**, 206, 208, 214, 215 AB 1, 218 B 1, 223 B 1, 224 → auch England, Irland und Schottland
Großbritannien und Irland □ **119 A 1** (Verein. Kgr.1801), 123 A 1
Großdeutsches Reich → Deutschland
Großfriedrichsburg/Goldküste ⊙ 89.II A 2
Großkolumbien □ (1819–30) **137 A 1**, 139 A 1
Großmährisches Reich □ **65 B 1/2**
Großmogule □ **90–91**, 92 → Mogulreich
Groß-Namaland □ 145.II A 1
Großpolen → Polen
Groß-Rosen ⊙ 177 B 1, 185 B 1
Grotius, Hugo ♀ 83
Grundgesetz, Deutsches § (1949) **188**, 214
Guadalajara ⊙ 137 A 1
Guadeloupe □ 87 B 1, 137 B 1, 198 A 2, 218 A 2
Guadelupe Hidalgo ⊙ § (1848) 130
Guam □ 82, 139 C 1, **148**, 149 A 1, **159, 161 D 2**, 183 B 2
Guangzhou ⊙ 71 C 2
Guano-In. □ 145.II A 1
Guastalla ⊙ 97 A 1
Guatemala ⊙ □ 87 A 1, 136 (Unabhängigkeit 1821/39), **137 A 1**,

160 A 2, 175 A 1, 191 A 1, 198 A 2, 201 A 1, 218 A 2, 223 A 1
Guayachil ⊙ 137 A 2
Guayaquil ⊙ 87 A 2, 160 A 2
Gubail → Byblos
Gudermes ⊙ 225.I B 1
Guinea □ 84 B 2, 89.I A 1, 93 B 1, 147.I A 1, 160 B 2, 198 B 2, 210, 211.I A 1, 213 A 2, 218 B 2, 223 B 1
Guinea-Bissão (Portugies.-Guinea) □ 147.I A 1, 160 B 2, 198 B 2, 211 B, 211.I A 1, 213 A 2, 218 B 2, 223 B 1
Gujarat (Gudscherat) □ 141 AB 1/2
Gümr ⊙ 225.I A 2
Gundahar, Kg. ♀ 56
Gurjew ⊙ 109 A 2
Gurs 185 A 2
GUS □ 203, **214–215 C 1/2**, 218, 220 (Flagge), **220–221**, 224, 234–235
Gustav Adolf I., Kg. ♀ 110
Guyana (Britisch-Guayana) □ 92, 93 A 1, 137 B 2, 139 A 1, 213, 218 A 2, 160 A 2, 210 A 1 → Französ.-Guayana, Niederländisch-Guayana (Surinam) → Surinam
Guyenne □ 68, 69.II B 2, 76, 77 A 2, 84–85 A 2 → Aquitanien
Gwadar ⊙ 141 A 1
Gytheion ⊙ 33 B 3

H

Haag → Den Haag
Habsburg, Haus □ 73 A 1, **74–75**, 75 B 1 (Burg), 80, **94–95, 104–105**, 121 A 2/3 (ital. Nebenlinien)
Hacilar ⊙ 17 B 2
Hada/Afardreieck ⊙ 10
Hadamar ⊙ 185 B 1
Hadar ⊙ 12 B 2, 13.II
Hadera ⊙ 231 A 2
Haditha ⊙ 227.I B 1, 227.II A 1
Hadramaut □ 147.I B 1
Hadrian, Ks. ♀ 48, 51 A 1 (-Circus, -Grab, u. -Tempel/alle Rom)
Hadrianopolis ⊙ 49 B 2
Hadrianswall ⊙ 49 A 1
Haifa ⊙ 209.I B 1, 209.II B 1, 231 A 1
Hainan (Li) □ 71 C 2, 91 C 2, 205.II AB 1
Haiphong ⊙ 205.II A 1
Haithabu ⊙ 63 B 1, 64, 65 B 1
Haiti ⊙ □ 92, 136, **137 B 1** (1791/1804), 139 A 1, 175 A 1, 191 A 1, 198 A 2, 201 A 1, 218 A 2, 223 A 1

Hakodate □ 143 C 1
Halabja ⊙ 226, 227.I/II B 1
Halberstadt ⊙ 104
Halbwüsten 242–243
Haleb → Aleppo
Halifax ⊙ 129 C 2, 160 A 1
Halikarnassos ⊙ 29 C 2, 35 C 2, 37 C 2, 39 A 1
Halitsch ⊙ 67 B 1, 71 A 1
Halland □ 110, 111 A 2
Halle ⊙ 177 A 1, 189 A 1
Hallstatt, -kultur ⊙ 18, 19 B 1, 45 B 1
Halonnesos □ 35 B 1, 37 B 1
Hälsingborg ⊙ 111 A 3
Halys ᛔ 26 (Grenzfluss)
Hama ⊙ 207 A 1, 227.I A 1
Hamadan ⊙ 61 C 1, 71 A 2, 73 C 2, 157 C 2, 207 B 1, 227.I/II B 1
Hamburg ⊙ □ 64, 65 B 1, 78, 79 B 1, 81 B 1, 95 B 1, 101 B 1, 105 B 1, 113 B 1, 115 A 1, 121 A 1, 123 B 1, 153 B 1, 160 B 1, 165 B 1, 177 A 1, 185 A 1, 189 A 1
Hami ⊙ 91 B 1
Hammurabi, Kg. ♀ 20
Hampton Court ⊙ 103 B 2
Handelsstützpunkte, europ. **89.I, 89.II** → Kolonien
Hangtschou ⊙ 91 C 1
Hankou ⊙ 143 B 2
Hannibal ♀ **44–45**
Hannover ⊙ □ 110, 111 A 3, 112, 113 B 1, 121 A 1, **123 B 1**, 126 B 2, 153 B 1, 177 A 1, 189 A 1
Hanoi (Thang-long) ⊙ 71 C 2, 91 C 2, 143 B 2, 183 A 1, 203 B 2, 205.II A 1
Hanse, dt. 78 (Kogge), **78–79**
Harappa ⊙ 21.I B 1
Harar ⊙ 145.I B 1
Harare (Salisbury) ⊙ 69.II A 1, 197 (Konferenz 1986), 211.I B 2
Harbin ⊙ 143 B 1, 203 C 1
Harran ⊙ 19 C 2, 21.II A 1, 27 B 1
Hartheim ⊙ 185 B 2
Hasara ♀♀ **224**, 225.II B 1/2
Hassuna ⊙ 17 C 2
Hastings ⊙ ✕ (1066) 69.II B 1, 103 B 3
Hatay (Sandschak), Rep. □ 206
Hatti → Hethiter
Hattin ⊙ ✕ (1187) 66, 67 C 2
Hattuscha ⊙ 19 C 2, 21.I A 1
Haua Fteeah ⊙ 12 B 1
Haussa, -staaten ♀♀ □ 89.I A 1, 92, 93 B 1
Haute-Garonne, Dep. □ 117 A 2
Hautes-Alpes, Dep. □ 117 B 2
Haute-Saône, Dep. □ 117 B 1
Hautes-Pyrénées, Dep. □ 117 A 2
Haute-Vienne, Dep. □ 117 A 2

⊙	Siedlung, Ort, Stadt	□	Reich, Staat, Land, Provinz, Landschaft, Insel	♀	Person
✕	Schlacht, Eroberung			♀♀	Völkergruppe, Volk, Stamm
§	Vertrag, Bündnis, Gesetz	ᛔ	Gewässer (Fluss, Meer usw.)	→	Verweis

Haut-Rhin, Dep. ☐ 117 B 1
Havanna ☉ 87 A 1, 93 A 1, 137 A 1, 160 A 2
Hawaii ☐ 82, **130, 148** (amer. 1898), **149 C 1**, 160 A 2, 183 C 1/2
Hawar-In. ☐ 206, 207 C 2
Hazor ☉ 23 B 1, 25.II B 1
HDI (Human Development Index) 222
Hebriden ☐ 103 A 1
Hebron ☉ 25.II A 2, 25.III B 2, 209.I B 1, 209.II B 1, 230–231 B 3
Hedschas ☐ 61 B 2, 73 B 2, 91 A 1, 157 BC 2, 207 AB 2
Hefziban ☉ 17 C 2
Hegemonie 38 (griech., theban.)
Heidelberg ☉ 189 A 2
Heilige Allianz § (1815) **120, 136**
Heiliger Krieg (christl.) → Kreuzzüge
Heiliger Krieg (islam.) → Dschihad
Heiligerlee ⚔ (1588) 99 B 1
Heiliges Grab/Jerusalem 66
Heiliges Römisches Reich (dt. Nation) ☐ **65 AB 1/2**, 67 B 1, 69.II B 1/2, 73 A 1, 77 B 1, 80, 81 B 1, **94–95** (1556), **101** (1618), **104–105** (1648), 107 B 1, 112 B 1/2, 120 (Ende 1806)
Heiligtümer, griech. **33**
Heinrich d. Seefahrer ♣ 88
Heinrich I., dt. Kg. ♣ 64
Heinrich II., engl. Kg. ♣ 68
Heinrich V., engl. Kg. ♣ 76
Heinrich VII., dt. Kg. ♣ 74
Helgoland ☐ **120, 121 A 1**, 153 B 1, 189 A 1
Heliopolis → On
Hellas, Hellenen → Griechenland, Griechen
Hellenisierung, -ismus 38, **40–41**
Hellenistische Reiche ☐ **40–41**
Hellespont → Dardanellen
Helsinki (Helsingfors) ☉ 109 A 1, 111 B 2, 167 A 1, 171 C 2, 173 B 1, 179 B 1, 185 B 1, 193 C 1, 195 C 1
Helsinki, SALT-Schlussakte § (1977) 200, 214, 215 C 1
Helvetische Konfession, Zweite 74
Hemoroskopeion ☉ 31 A 1
Hennegau ☐ 77 B 1, 98, 99 A 3
Hephaisteion 37.Nk.
Heraclea ☉ 31 C 1, 43 B 2
Herakleopolis/Ägypten ☉ 23 A 1
Herat (Alexandria) ☉ 39 C 1, 41 C 1, 61 C 1, 71 A 2, 91 A 1, 225.II A 1
Herault, Dep. ☐ 117 B 2
Herenthals ☉ 99 B 2
Herero-Aufstand ⚔ (1904/07) 146
Herjedalen ☐ 110, 111 A 2
Hermannstadt ☉ 105 C 2, 113 C 2, 155 B 3, 173 B 3

Hermione ☉ 33 B 3
Hermon, Berg 25.III B 1, 231 B 1
Herniker ♣ 42, 43 A 2
Herodes d. Gr. ♣ 24, **25.III AB 1/2**
Herrenchiemsee ☐ 189 A 2
Herstal ☉ 63 B 1
Hertogenbosch ('s-Hertôgenbosch) ☉ 99 B 2, 177 A 1, 185 A 1
Herzegowina ☐ 97 B 1, 121 B 3 → Bosnien-Herzegowina
Herzl, Theodor ♣ **208**
Hesbon ☉ 25.II B 1
Hessen ♣ ☐ 63 B 1, 121 A 2 (Kfsm.)
Hethiter (Hatti) ♣ → 19 BC 2, 20, 21.I A 1, 21.II A 1, 23 B 1, 24, 29 C 1
Heuneburg ☉ 45 B 1
Heveller ♣ 63 C 1
Hierakonpolis → Nechet
Hieroglyphen 22, 30
Highlands, Schottische ☐ 103 AB 1 (Highland-Linie)
Hima-Staaten ☐ 89.I B 2
Himera ☉ 31 B 1, 43 A 3
Hindostan ☐ 141 B 1, 143 A 2
Hinduismus 90
Hindukusch, Gebirge 39 C 1, 41 C 1, 225.II BC 1
Hinterpommern ☐ 104
Hippo Regius ☉ 57 B 2, 59 B 2
Hippodamosplan 18
Hippos ☉ 25.III B 1
Hiroshima ☉ 183 B 1, 203 C 1, **182** (Atombombe 1945)
Hispalis ☉ 53 A 2
Hispaniola (Haiti) ☐ 84 A 2, 87 B 1
Histiaia ☉ 33 B 2
Hitler, Adolf ♣ 170, 176
Hitler-Stalin-Pakt § (1939) 176, 186, 220
Hobart ☉ 149 A 2
Ho-Chi-Minh, -Pfad 204, 205.II A 1/2
Ho-Chi-Minh-Stadt → Saigon
Hochkulturen ☐ **20–21**
Hofuf ☉ 227 B 2
Hohenberg ♣ 94
Hohenlinden ☉ ⚔ (1800) 119 B 2
Höhlenmalerei **14, 15**
Hokkaido ☐ 143 C 1
Holland ☐ 77 B 1, 98, **99 A 1**, 119 B 1 (Kgr. 1806–10) → Niederlande
Holozän (Nacheiszeit) 14, 16
Holstein ☐ 110, 121 A 1, **123 B 1**, 153 B 1
Homelands/Südafrika ☐ 211.II
Hominiden, Menschenarten **10–13**, 14
Hondo ☐ 143 C 1
Hondschoote ☉ 99 A 2, ⚔ (1793) 117 A 1

Honduras ☐ **136, 137 A 1** (Unabhängigkeit 1821/39), 160 A 2, 175 A 1, 191 A 1, 197 (Fußballkrieg), 198 A 2, 201 A 1, 218 A 2, 223 A 1
Hongkong ☉ **138** (brit. 1842), 143 B 2, 161 D 2, 183 A 1, 203 C 1, 219 D 2
Honolulu ☉ **149 C 1**
Hooghly ☉ 91 B 2, 141 B 1
Hoorn ☉ 99 B 1
Hopi ♣ 132 A 2
Horb ☉ 94
Hormus ☉ 61 C 2, 71 A 2, 91 A 1, 141 A 1
Horn von Afrika 206
Hôtel des Invalides/Paris 117.Nk.
Hottentotten → Nama
Howland und Baker ☐ 149 B 1
Hsian ☉ 91 C 1, 143 B 2, 183 A 1, 203 B 1
Huang He, Hochkultur 24, 25.I B 1
Hubertusburg ☉ § (1763) 92, 93 B 1, **112, 113 B 1**
Hudson, Henry ♣ 84–85 A 1
Hudsonbai, -länder ☐ 128–129 B 1 (-Company), 131 C 1, 133 C 1 → Kanada
Hué ☉ 91 C 2, 205.II A 1
Huesca ☉ 68, 69.I B 1
Hügelgräberkultur **19 AB 1**
Hugenotten **101 A 2**, 106
Hull ☉ 79 B 1, 103 B 2
Human Development Index → HDI
Hundertjähriger Krieg **76–77**
Hungnam ☉ 205.I
Hunnen ♣ → 25.I B 1, **56–57** (Kriege)
Hunza ♣ 225.II C 1
Huronen ♣ 129 B 1
Hurriter → Hyksos
Hus, Jan ♣ 76
Hussiten 66, **101**
Hutu ♣ 216
Hydaspes ∽ ⚔ (326) 38, 39 C 1
Hyderabad ☉ ☐ 141 B 2, 203 AB 2
Hydrea (Hydra) ☐ 33 B 3, 155 B 3
Hyksos (Hurriter) ♣ 20, 22, **23 AB 1/2**
Hyphasis ∽ 38 (Meuterei 325), 39 C 1/2
Hyrkanien 27 B 1, 39 B 1

I

Iași → Jassy
Iberer → Keltiberer
Iberische Halbinsel ☐ 45 A 1/2, 47 A 1/2, 49 A 1/2, 53 A 1/2, 55 A 1/2, 57 A 1/2, 59 A 1/2, **65 A 2, 67 A 1/2, 68, 69.I**, 80

S. 10 bis 19	S. 20 bis 53	S. 54 bis 81	S. 82 bis 115	S. 116 bis 165	S. 166 bis 187	S. 188 bis 243
Vor- und Frühgeschichte	Altertum bis ca. 500	Mittelalter 500 bis ca. 1500	Neuzeit 1500 bis 1789	Neuzeit 1789 bis 1918	Zeitgeschichte 1918 bis 1945	Zeitgeschichte seit 1945

Italien 261

Ibiza ☐ 69.I B 2
Ibn Battuta ♀ 88
Iconium → Konia
Idaho ☐ **130, 131 A 1**
Idfu ⊙ 23 B 2
Idrisiden ♔ ☐ **65 A 2**
Idumäa ☐ 25.III B 2
Ifni ⊙ 145.I A 1, 147.I A 1, 211.I A 1
Ikaria ⊙ 35 C 2, 37 C 2
Ikonion (Iconium) → Konia
Ikos ☐ 33 B 1
Ile de France, In. → Mauritius
Ilhéus ⊙ 87 B 2
Ilion (Troja) ⊙ 17 B 2, 19 B 2, 29 C 1, 35 C 1, 37 C 1, 39 A 1
Ilkhanat ☐ **70, 71 AB 2**
Illinois ☐ 131 B 1, 135.II A 1
Illyrer, -ien ♔ ☐ 6, 27 A 1, 31 B 1, 39 A 1, 41 A 1, 45 B 1, 49 B 1 (röm. Prov.), 53 B 1/2 (Wirtschaft), 57 B 1/2, 59 B 2 (Illyricum)
Illyrien, Kgr. ☐ 121 A 2
Illyrische Provinzen (1809) ☐ 119 B 2
Imatsu ⊙ 71 C 1
Imbros ⊙ 35 C 1, 37 C 1
Imerina-Staat ☐ 89.I B 2
Imperialismus **138–139**, 158 (Begriff), 210
Import 237
Imre Nagy ♀ 192
Inchon ⊙ 205.I
Incirlik ⊙ 227.I A 1
Indien, -er ☐ ♔ 13 C 1 (Besiedlung), 27 C 2 (Staaten), 38, 41 C 1/2, 71 B 2, 72, **82–85** (Seeweg), 85 C 1/2, 88, **89.I, 90–91**, 91 A 2, **92, 93 BC 1**, 112, 138, 139 C 1, **140–141** (brit. Reformen), 140 (Nationalkongress 1885), **141** (Kaiserreich), 141 B 1 (NW.-Provinzen), 191 BC 1, 196, 199 C 1/2, 199 C 2 (frz. Besitz), 201 BC 1, **202–203 AB 1/2** (Union), 210, 213 BC 1, 219 C 1/2, 223 C 1, 225.II C 1
→ Indus, Hochkultur
Indiana ☐ 131 C 1
Indianer ♔ 131 B 2 (-territorium), 132–136 (Reservationen um 1900), **122**, 132 (Indian Territory), 133 (-kämpfe), 135.II A 2, 136 (Amazonas) → Indian Removal Act
Indian Removal Act § (1830) 132
Indiengesetz § (1858) **140**
Indisch-Chinesischer Konflikt, Krieg 201 C 1, 202
Indische Fürstenstaaten 141
Indischer Ozean 82 (Entdeckung), 206
Indisch-Pakistanische Kriege (I–III) ✕ 197, 202

Indoarier ♔ ☐ 25.I AB 1/2
Indochina, -krieg ☐ ✕ 182, 197, 201 C 1, 202, 203 B 2, **204–205.II, 206**
Indoiranier ♔ ☐ 21.II B 1
Indonesien (Niederländisch-Indien) ☐ **149 A 1**, 182, 191 C 2, 197, 199 D 2, 201 C 2, **202, 203 BC 2**, 213 C 2, 219 D 2, 223 C 2
Indore ⊙ 141 B 1
Indre, Dep. ☐ 117 A 2
Indre-et-Loire, Dep. ☐ 117 A 1
Indus, Hochkultur ☐ 20, 21.I B 1/2, 24, 25.I AB 1/2
Industrie, -länder, -alisierung **124–125, 126–127, 222–223**
INF (Intermediate-range Nuclear Forces)-Vertrag § (1987) 192
Ingelheim ⊙ 63 B 1
Ingermanland ☐ 110, 111 B 2
Inguschen ♔ 186, 225.I
Inguschetien ☐ 221 A 2, 225.I B 1
Inka, Hochkultur ♔ ☐ 20, **84–85 A 2**, 87 AB 2/3
Inlandseisgrenze 242–243
Innere Mongolei → Mongolei, Innere
Innozenz III., Papst ♀ 66
Innsbruck ⊙ 153 B 1, 165 B 1, 177 A 2, 189 A 2
Internationaler Währungsfonds → IWF
Internationales Rotes Kreuz, Gründung 150
Intifada ✕ 208, **230**
Inverness ⊙ 103 B 1
Ioannina (Janina) ⊙ 121 B 3, 155 A 2, 185 B 2
Ionien, -ier ☐ ♔ **28–29 C 1/2**, 30, **31**, 38, 35 C 1/2, 37 C 1/2
Ionische In. ☐ 113 BC 2, **119 B 2**, 153 C 2, **155 A 2**
Ios ☐ 35 C 2
Iowa ☐ ♔ 129 A 1 (Stamm), **131 B 1**
Ipsos ⊙ ✕ (301 v.Chr.) 40–41 A 1
Irak ☐ 90, 157 C 2, 175 B 1, 179 B 2/3, 181 B 1, 191 B 1, 191.Nk., 199 C 1, 201 B 1, 201.Nk., 206, **207 B 1/2**, 213 B 1, 216, 219 C 1, 223 B 1, **26–227.I/II AB 1/2**, 232 → Mesopotamien
Irakkrieg 232
Irakisch-Iranischer Krieg → Golfkrieg
Iran (Persien) ☐ 175 B 1, 181 B 1, 191 B 1, 191.Nk., 199 C 1, 201 B 1, 206, **207 BC 1**, 213 B 1, 219 C 1, 223 B 1, 225.II A 1/2, 226–227.I/II B 1/2
Irbid ⊙ 209.I B 1, 209.II B 1, 231 B 2
Iren ♔ 55 A 1, 59 A 1, 65 A 1

Irkutsk ⊙ 84–85 C 1, 91 B 1, 93 C 1, 109 B 2, 143 B 1, 161 D 1, 169 B 2, 203 B 1, 217 B 1
Irland ☐ 54, 61 A 1, 64, 65 A 1, 68, 69.II A 1, 79 A 1, 95 A 1, 101 A 1, **102–103** (engl. Straffeldzüge), **103 A 2** (Aufstand), 105 A 1, 113 A 1, 153 A 1, 171 A 1, 175 B 1, 179 A 1, 191 B 1, 193 AB 1, 195 A 1, 215 A 1, 218 B 1, 223 B 1
Irokesen ♔ 129 B 1
Isère, Dep. ☐ 117 B 2
Isfahan ⊙ 61 C 2, 71 A 2, 73 C 2, 90, 91 A 1, 157 C 2, 207 C 2, 227 C 1
Isin ⊙ 21.II B 2
Iskenderun → Alexandrette
Islam **54–55** (Ausbreitung 7./11. Jh.), **60–61** (Expansion bis 750), **60** (Lehre), **65** (Eroberungen 9./10. Jh.) **66–67, 68–69** (Iber. Halbinsel), 72–73, 84–85, 88 (Afrika), 101, **212–213** (Verbreitung 1990), **213** (Hl. Stätten), **212** (Fundamentalismus)
Islamabad ⊙ 203 A 1, 225.II C 1
Islamische Konferenz 212, **213**, 212 (Flagge)
Islamische Revolution/Iran (1979) 207
Islamismus **212**
Island ☐ 64, 93 B 1, 139 B 1, 160 B 1, 171 A 1, 192, 193 A 1, 223 B 1
Isolationismus 180
Isonzo ᓚ ✕ (1915/17) 165 B 2
Israel ☐ 191 B 1, 191.Nk., 196, 199 C 1, 201.Nk., 207 A 1/2, **208–209** (Gründung d. Staates), 208 (Flagge), **209.I AB 2, 209.II AB 1/2**, 213 C 1, 219 C 1, 223 B 1, 227.I A 1/2, **230–231** (Palästina-Konflikt)
Israelisch-Arabische Kriege ✕ 206, **208–209**, 212
Israeliten, Sakralverband ☐ 23 B 1, 24, 25.II AB 1/2, 27 A 2
Issos ✕ (333 v.Chr.) 38, 39 B 1
İstanbul (Byzanz, Konstantinopel) ⊙ 123 C 2, 153 C 2, **155 B 2**, 157 B 1, 161 C 1 (I.), 163 C 2, 165 C 2, 167 A 3, 171 C 2, 179 B 2, 185 C, 193 C 2, 195 C 2, 207 A 1
Istrien ☐ 151 B 1
Istros ⊙ 31 C 1
Italien, -er ☐ ♔ **43**, 49 B 1/2, **63 BC 2**, 64, 65 B 2, **97, 119 B 2, 150, 151 A 1** (Entstehung des Kgr.), 150 (Flagge), **150**, 153 B 2 (Einigungskriege), 157 A 1, 160 B 1, **146** (Kolonien in Afrika), **159, 160–161** (Kolonien), 173 A 3, **174, 175 B 1**, 177 B 2, **178, 179 A 2**,

⊙	Siedlung, Ort, Stadt	☐	Reich, Staat, Land, Provinz, Landschaft, Insel	♀	Person
✕	Schlacht, Eroberung			♔	Völkergruppe, Volk, Stamm
§	Vertrag, Bündnis, Gesetz	ᓚ	Gewässer (Fluss, Meer usw.)	→	Verweis

262 Italien

162, 163 **B 2** (Bündnispolitik), **164, 165 B 2** (I. Weltkrieg), **170, 171 B 2** (Faschismus), 173 A 3, 176 (Überfall auf Abessinien), 155 A 2, 180, 181 B 1, 184, **185 AB 2**, 186, **187 A 3**, 189 AB 2, 191 B 1, 192, 193 A 2, 195 B 2, 198 B 1, 201 B 1, 215 B 2, 218 B 1, 223 B 1, 229 A 1
Italienisch-Somaliland → Somalia
Italienisch-Türk. Krieg (1911/12) 146, 162, 163 B 2
Ithaka ⊙ 29 A 1, 33 A 2, 35 A 1, 37 A 1
Itil ⊙ 55 C 1, 65 C 1
Itscha ⊙ 109 C 1
Iwan III., Zar ♣ **108–109**
Iwan IV., Zar ♣ **108–109**
IWF (Internat. Währungsfonds) 222
Iwojima ☐ 182, 183 B 1
Iwon ⊙ 205.I
İzmir (Smyrna) ⊙ 157 B 1, 171 C 2, 179 B 2, 195 C 2, 207 A 1

J

Jabes ⊙ 25.III B 1
Jabne → Jamma
Jacksonville ⊙ 135.II B 2
Jacquerie, Aufstand 76, **77 B 1**
Jadovno ⊙ 185 B 2
Jaffa (Theodosia) ⊙ 25.III A 1, 25.III B 2, 73 B 2, 209.I B 1, 209.II B 1
Jäger und Sammler ♣ 20
Jakarta → Batavia
Jakob d. Ä., Apostel ♣ 68
Jakob, I., schott. u. engl. Kg. ♣ 102
Jakuten, -ien (Sacha) ♣ ☐ 109 C 1, 169 BC 1/2 (ASSR), 221 BC 1
Jakutsk ⊙ 84–85 D 1, 109 C 1, 161 D 1, 169 C 1, 221 C 1
Jalalabad ⊙ 225.II B 1
Jalta ⊙ Konferenz § (1945) 179 B 2, 180–181 B 1, 185 C 2, **188**, 193 C 2, 195 C 2, 221 A 1
Jamaica ☐ A 2, 93 A 1, 137 A 1, 139 A 1, 160 A 2, 198 A 2, 201 A 1, 218 A 2, 223 A 1
Jamal-Nenzen ♣ 221 B 1
Jamestown ⊙ **128**, 129 B 2 (Gründung 1607)
Jamma (Jabne) ⊙ 25.III B 2
Jammu und Kaschmir ☐ **202, 203 B 1**, 225.II C 1
Jämtland ☐ 110, 111 A 2
Janina → Ioannina
Janitscharen ♣ 72
Janoska ⊙ 185 B 2
Japan ☐ 84–85 C 1, **91 C 1**, 92, 93 C 1, 109 C 2, 139 C 1, **142**, 143 C 1/2, **148–149, 160–161**, 161 D 1, **164, 168**, 169 C 2, **174, 175 C 1, 176**, 180, 181 C 1, **182–183 B 1**, 191 C 1, 196, 199 D 2, 201 C 1, 202, 203 C 1, 204, 219 D 1, 223 C 1
Japanisch-Chinesischer Krieg ✗ (1937–45) 202, 203
Jarmo ⊙ 17 C 2, 21.II B 1
Jaroslawl ⊙ 71 A 1, 81 C 1, 95 C 1, 105 C 1, 109 A 1, 113 C 1, 119 C 1, 169 A 1, 221 A 1
Jarvis ☐ 149 C 1
Jasenovac ⊙ 185 B 2
Jasos ⊙ 29 C 2
Jassy (Iaşi) § (1792) 108, **109 A 1**, 115 C 2, 155 B 1, **156**, 179 B 2, 185 C 2
Java ⊙ 10, 12 (-mensch), 84–85 D 2, 91 C 2, 92, 93 C 2, 139 C 2, 183 A 2, 203 C 2
Jazygen ♣ 48, 49 B 1
Jeanne d'Arc ♣ 76, 77 (Zug)
Jedisan ☐ 73 B 1, 115 C 2, 157 B 1
Jefferson, Thomas ♣ 132
Jekaterinburg (Swerdlowsk) ⊙ 109 A 1, 167 B 1, 169 A 1, 221 A 1
Jekaterinoslaw ⊙ 167 A 2
Jelzin, Boris ♣ 220
Jemappes ⊙ ✗ (1792) 117 B 1
Jemen ☐ 61 BC 2, 91 A 2, 175 B 1, 191 B 1, 199 C 2, 213 B 1, 219 C 2, 223 B 1 → Südjemen
Jena ⊙ ✗ (1806) 118, 119 B 1 → Auerstedt
Jenan ⊙ 183 A 1, 203 B 1
Jenin ⊙ 231 B 3
Jenissejsk ⊙ 109 B 2
Jerewan → Eriwan
Jericho ⊙ 17 C 2, **18**, 19 C 2, 23 B 1, 25.III B 2, 167 B 3, 209.I B 1, 209.II B 1, 231 B 3
Jermak, German Timofejew ♣ 85 C 1
Jérome, Kg. ♣ 118
Jersey, brit. → Guernsey
Jerusalem ⊙ 23 B 1, 25.II A 1, 25.III B 2, 27 A 2, 39 A 2, 41 A 2, 45 C 2, 47 C 2, 48 (Zerstörung), 49 C 2, 54, 55 C 2, 57 C 2, 61 B 2 (Eroberung), 66 (islam. Eroberung 638), 67 C 2 (1099 Kgr.), 71 A 1, 73 B 2, 91 A 1, 147.I B 1, 157 B 2, 165 C 2, 207 A 2, 208, **209.I B 1, 209.II B 1**, 213 B 1, 216, 227.I A 2, **231 B 3**
Jesuiten **86** → auch Reduktionen
Jihad (Heiliger Krieg) 230
Jinniushan ⊙ 13 D 1
Johan, frz. Kg. ♣ 76
Johann I., port. Kg. ♣ 88
Johann II., frz. Kg. ♣ 80

Johann II., port. Kg. ♣ 88
Johannesburg ⊙ 146, 147.I B 2, 211.I B 2, 211.II B 1
Johnston ☐ 149 B 1
Jokohama ⊙ 143 C 1
Jolkos ⊙ 29 B 1, 33 B 1
Jom-Kippur-Krieg ✗ (1973) 208
Jordan ∿ 209.I B 1, 231 A 1/2/3
Jordanien ☐ 191 B 1, 191.Nk., 199 C 1, 201.Nk., **207 AB 1/2, 208, 209. II B 2**, 213 B 1, 219 C 1, 227.I A 1/2, 230, **231 B 2/3** → Transjordanien
Joseph II., Ks. ♣ 114
Juda ☐ 24, 25.II A 2, 27 A 2
Judäa ☐ 24, 25.III A 2, 26, 48, 49 C 2
Juden (Diskriminierung) 184
Juden, -tum 54, **61, 84** (Diskriminierung), 173 (Osteuropa), **184–185** (Feindschaft, Vernichtung), 184 (-stern), 221 C 2 (Russ. Föderation), **184–185** (Judenpolitik/III. Reich) → Israel
Jugoslawien, Kgr. ☐ **170, 171 BC 2, 172** (Unabhängigkeit), 173 **AB 3, 178, 179 AB 2**, 175 B 1, 185 B 2, **187 AB 3**, 191 B 1, 192, 193 BC 2, 195 BC 2, 198 B 1, 201 B 1, 213 A 1, 214, 215 C 2, **216**, 218 B 1
Jukagiren ♣ 109 C 1
Jülich ☐ 99 B 1/2
Juli-Revolution, Paris (1830) 123 B 1
Jünan → Yünnan
Jungfern-In. ☐ 87 B 1, 137 B 1 (dän.), 198 A 2 (amer., brit.)
Jungpaläolithikum **14, 15**
Jungsteinzeit (Neolothikum) 14, 16, 17 (Siedlungen), 18
Jungtürken, Bewegung (seit 1860/76) 156
Junín ⊙ ✗ (1824) 137 A 2
Juno-Tempel/Rom 51.Nk.
Jupiter-Tempel/Rom 51.Nk.
Jura, Dep. ☐ 117 B 2
Jusowka (Stalino) ⊙ 169 A 1, 179 B 2, 185 C 2
Justinian, oström. Ks. ♣ **58–59**
Justizpalast/Paris 117.Nk.
Jüten ♣ 57 B 1, 59 A 1

K

Kabardiner ♣ 225.I A 1
Kabardinien-Balkarien ☐ 213 B 1, 221 A 2, 225.I A 1
Kabul ⊙ 39 C 1, 41 C 1, **61 C 1**, 71 B 2, 91 B 1, 141 A 1, 203 A 1, 224, 225.II B 1, **212**

S. 10 bis 19	S. 20 bis 53	S. 54 bis 81	S. 82 bis 115	S. 116 bis 165	S. 166 bis 187	S. 188 bis 243
Vor- und Frühgeschichte	Altertum bis ca. 500	Mittelalter 500 bis ca. 1500	Neuzeit 1500 bis 1789	Neuzeit 1789 bis 1918	Zeitgeschichte 1918 bis 1945	Zeitgeschichte seit 1945

Karripala 263

Kabwe ⊙ 12 B 3
Kadesch ⊙ ✗ (1285 v.Chr.) 23 B 1
Kaffa (Theodosia) ⊙ 55 C 1, 73 B 1, 79 C 2, 81 C 2, 101 C 2, 145.I B 1
Kaffa/Afrika ▫ 89.I B 1
Kaffern → Xhosa
Kafiren → Nuristaner
Kahler Berg ✗ (1683) 156
Kairo ⊙ 23 A 1, 61 B 2, **67 C 2** (Kalifat), 71 A 1, ✗ (1517) 72–73 B 2, 84–85 C 1, 89.I B 1, 93 B 1, 139 B 1, 145.I B 1, 147.I B 1, 157 B 2, 161 C 1, 197 (Konferenz 1952), 199 C 1, 206, 207 A 2, 211.I B 1, 219 C 1
Kairuan ⊙ 61 A 1, 65 B 2, 67 A 2, 89.I A 1, 213 A 1
Kaiseri ⊙ 227 A 1
Kaisertum 46 (röm.), **62** (Karl d. Gr.)
Kaiser-Wilhelm-Land (Neuguinea) **148, 149 A 1**, 161 D 2 → Papua-Neuguinea
Kajana ⊙ 111 B 1
Kalabrien ⊙ 97 B 2, 151 B 2
Kalaureia ⊙ 33 B 2
Kalchedon → Chalkedon
Kalchu (Nimrud) ⊙ 21.II A 1
Kalif, -at 60
Kalifornien (California) ▫ 84 A 1, 87 A 1, **130, 131 A 1, 132, 133 A1, 134**, 135.I AB 1, 137 A 1
Kalikut (Calicut) ⊙ 82, 84–85 C 2, 91 B 2, 141 B 2
Kalimantan → Borneo
Kalinin → Twer
Kaliningrad → Königsberg
Kalisch ⊙ 115 A 2, 119 B 1, 121 B 2, 173 A 2
Kalka ᴗ ✗ (1223) 71 A 1
Kalkiliya ⊙ 231 A 2
Kalkutta ⊙ 91 B 2, 93 C 1, 141 C 1, 143 A 2, 161 C 2, 183 A 1, 203 B 2
Kallatis ⊙ 31 C 1
Kallias- (Kimon-) friede § (448 v. Chr.) 36
Kalmar, -er Union § (1397) **80–81 B 1**, 110 (-krieg), **111 A 2**, 121 B 1
Kalmücken (Oiraten), -ien ᛉᛉ ▫ 71 B 1, 91 AB 1, 109 A 1/2, 186, 221 A 1/2
Kalter Krieg 190, 192, **200–201, 216, 204–205 I/II, 228**
Kalvinisten, -mus 94, **100–101, 104, 106**
Kama-Bulgaren ᛉᛉ 71 AB 1
Kambalyk → Peking
Kambodscha (Khmer) ▫ 71 C 2, 91 BC 2, 191 C 1, 201 C 1, 203 B 2, 204, **205.II A 2, 216**, 219 D 2, 223 C 1 (Bürgerkrieg)

Kambyses, pers. Kg. ᛉ 26
Kamenez/Podolien ⊙ ✗ (1672) 72, 73 B 1, 115 B 2, 177 C 2
Kameralismus → Merkantilismus
Kamerun ▫ **146**, 147.I A 1/2, 160 B 2, 175 B 1, 198 B 2, 211.I A 1, 213 A 2, 218 B 2, 223 B 1
Kammin ⊙ 104
Kampala ⊙ 13.II
Kampanien ▫ 42, 43 AB 2
Kampot ⊙ 205.II A 2
Kamtschatka ▫ 93 C 1, 109 C 1, 139 C 1, 169 C 1, 183 B 1
Kana ⊙ 25.III AB 1
Kanaan, -äer ▫ ᛉᛉ 23 B 1, 24, 30 (Schrift)
Kanada ▫ 82 (Entdeckung), 86, 87 AB 1, **92** (Wappen), 93 A 1, 112, **128, 129 B 1**, 135.II B 1, 139 A 1, 160 A 1, 175 A 1, 181 A 1, 191 A 1, 192, 193 A 1, 198 AB 1, 201 A 2, 215 A 1, 218 A 2, 223 A 1
Kanadische Pazifik-Bahn (1885) 132, 133 ABC 1
Kanal des Xerxes → Athoskanal
Kanal-In. ▫ 153 A 1
Kanarische In. ▫ 84–85 B 1, 88, 89.I A 1, 93 B 1, 139 B 1, 145.I A 1, 147.I A 1
Kandahar (Alexandria) ⊙ 39 C 2, 41 C 2, 61 C 1, 90, 141 A 1, **225.II B 2**
Kandy ⊙ 141 B 2
Kanem → Bornu-Kanem
Kangan ⊙ 207 C 2
KaNgwane ▫ 211.II B 1
Kano ⊙ 84–85 B 2, 147.I A 1
Kansas ▫ 135.II A 2
Kansas City ⊙ 131 B 1, 133 B 2, 135.II A 1
Kansu ▫ 143 AB 1/2
Kansu u. Ninghsia-Hui ▫ 213 C 1
Kanton ⊙ 143 B 2, 203 C 1
Kantone (Orte) ▫ **74**
Kap Artemision ✗ (480) 33 B 1, 34, **35 B 1**
Kap Blanco 89.I A 1
Kap Bojador 88, 89.I B 1
Kap Cross 89.I A 1
Kap der Guten Hoffnung (K. der Stürme) 82, 84–85 B 3, 88, 89.I A 2, 144, 145.I A 2, 147.II A 2, 211.II A 2
Kap Finisterre ✗ (1805) 119 A 2
Kap Hoorn 84–85 A 3, 87 B 3, 132
Kapitol/Rom 50, 51 A 1, 51.Nk.
Kapitulation, Deutsche § (1945) 180, **188**
Kapkolonie (-land, -provinz) ▫ 92, 93 B 2, **120, 138**, 139 B 2, **144**,

145.I AB 2, 145.II AB 2, 147.I A 2, 147.II B 2, 211.II AB 2
Kap Lopez 89.I A 2
Kap Malea 33 B 2
Kappadokien ▫ 27 AB 1, 39 AB 1, 41 AB 1, 45 C 2, 47 C 2, 49 C 2
Kappel ⊙ ✗ (1531) 74, 75 B 1
Kapstadt ⊙ 84–85 B 3, 89.I AB 2, 145.I A 2, 145.II A 2, 147.I A 2, 160 B 2, 211.I A 2, 211.II A 2
Kap Sunion 33 B 2, 34, 35.Nk.
Kap Verde 84–85 B 2, 88, 89.I A 1
Kapverden (Kapverdische Inseln) ▫ 84–85 B 2, 88, 93 B 1, 139 B 1, 210
Karachi (Karatschi) ⊙ 141 A 1, 161 C 2, 203 A 1
Karaghandy (Karaganda) ⊙ 221 B 2
Karak ⊙ 231 A 3
Karakitai ᛉᛉ 71 B 1
Karakorum ⊙ 70, 71 C 1
Karaman ⊙ 72, 73 B 2/3
Karanovo ⊙ 17 B 1
Karantanien → Kärnten
Karatepe ᛉᛉ 186, 225.I
Karatschaier ᛉᛉ 213 B 1, 221 A 2, 225.I A 1
Karatschaier-Tscherkessien ▫ 213 B 1, 221 A 2, 225.I A 1
Karatschi → Karachi
Kardis ⊙ § (1661) 110, 111 B 2
Karelien ▫ 108, 110, 111 B, 169 A 1 (SSR), 186
Karien ▫ 35 C 2, 37 C 2
Karikal ⊙ **140, 141 B 2**, 161 C 2
Karkemisch ⊙ 21.II A 1
Karl d. Gr. ᛉ 60, **62–63** (Kstm.)
Karl d. Kühne ᛉ 76
Karl II., schott. u. engl. Kg. ᛉ 102
Karl II., span. Kg. ᛉ 106
Karl IV., Ks. ᛉ 80
Karl Martell ᛉ 60, 62
Karl V., Ks., Reich ᛉ ▫ **94–95**, 98
Karl VI., franz. Kg. ᛉ 76
Karl VII., franz. Kg. ᛉ 76
Karl VIII., franz. Kg. ᛉ 96
Karlowitz ⊙ § (1699) 72, 73 A 1, 156, 157 A 1
Karlsbad, -er Beschlüsse ⊙ § (1819) **121 A 2, 122**
Karlshorst ⊙ § (1945) **178**, 189.Nk.
Karlsruhe ⊙ 177 A 2
Karluken ᛉᛉ 71 B 2
Karmanien ▫ 39 C 2, 41 C 2
Karnak ⊙ 23 B 2
Kärnten (Karantanien) ▫ 63 C 2, 65 B 2, 94, 97 B 1, **172**, 189 B 2
Karolinen-In. ▫ 93 C 1, 138, 139 C 1, **148, 149 AB 1**, 161 D 2, 183 B 2
Karolinger ▫ **62–63, 62** (843)
Karpathos ▫ 35 C 2, 37 C 2
Karripala ⊙ 13.II

⊙ Siedlung, Ort, Stadt	▫ Reich, Staat, Land, Provinz, Landschaft, Insel	ᛉ Person
✗ Schlacht, Eroberung		ᛉᛉ Völkergruppe, Volk, Stamm
§ Vertrag, Bündnis, Gesetz	ᴗ Gewässer (Fluss, Meer usw.)	→ Verweis

264 Kars

Kars ☉ 108, 109 A 2, 157 C 1, 207 B 1
Karthago ☉ 19 A 2, 24, 25.I A 1, 27 A 1/2, **30, 31 B 1**, 39 A 1/2, 40, 41 A 1/2, 42, 43 A 3, **44, 45 AB 2**, 46, **47 B 2**, 49 B 2, 53 B 2, 55 B 2, 57 B 2, 59 B 2 (vandal. Eroberung 534)
Karystos ☉ 37 B 1
Kasachen ⚔ **91 AB 1**, 93 B 1, 109 A 2, 143 A 1, 167 B 2
Kasachstan ☐ **191 BC 1**, 203 AB 1, 213 B 1, 219 C 1, 221 AB 2, 223 BC 1
Kasan ☉ 95 C 1, 108, 109 A 1, 161 C 1, 167 B 1, 169 A 1, 179 B 1, 221 A 1
Kaschgar ☉ 71 B 2, 91 B 1, 143 A 1
Kaschmir (Jammu u. Kaschmir) ☐ 91 B 1, 141 B 1, 143 A 1/2, 199 C 1, 219 C 1, 225.II C 1
Kaschmir, -konflikt ☐ 190, 191 B 1, 201 BC 1, **202–203 AB 1**, 233
Kaschuben ⚔ 173 A 1/2
Kaspische Tore, Pass 39 B 1
Kassel ☉ 126 B 2, 177 A 1, 189 A 1
Kassiten ⚔ 21.II B 2
Kasthanaia ☉ 33 B 1
Kastilien ☐ 67 A 1, **68–69.I AB 1**, 77 A 3, 79 A 2, 81 A 2, 88
Kastilien-León ☐ **69.II AB 2**
Kaswin ☉ 71 A 2, 91 A 1
Katalaunische Felder ✗ (451) 56, 57 A 2
Katalonien ☐ 69.II B 1
Katane → Catania
Katanga (Shaba) ☐ 211.I B 2
Katar ☐ 199 C 2, 206, 207 C 2, 213 B 1, 227 BC 2
Katharina II., Zarin ♗ **108**, 112, 114
Katmandu ☉ 141 B 1
Katna ☉ 23 B 1
Kattowitz (Katowice) ☉ 127 C 2, 177 B 2, 189 B 2
Katyn ☉ 185 C 1
Kaukasien ☐ **168** (Staaten), 224–**225** (Konflikte)
Kaukasus, Gebirge 167 AB 2/3, 186, 220
Kaukasus-Konflikte **224–225**
Kaunas ☉ 171 C 1, 173 B 1, 177 C 1, 185 B 1
KDP (Kurdistan Democratic Party) 226
Keksholm ☉ 111 B 2
Kelat ☉ 141 A 1
Kelten (Gallier) ⚔ 25.I A 1, 31 AB 1, 42 (röm. Abwehr), 43 A 1, **45 AB 1/2**, 47 A 1
Keltiberer ⚔ 31 A 1, 45 A 1
Kempten ☉ 63 C 1
Kenia ☐ 13.II, 191 B 1/2, 199 C 2, 211.I B 1/2, 213 B 2, 219 C 2, 223 B 1/2
Kennedy, Präsident ♗ 200
Kent's Hole ☉ 15 A 2

Kentucky ☐ 131 C 1, **134**
Keos ☉ ☐ 29 B 2, 33 B 2, 35 B 2, 37 B 2
Kephallenia ☉ ☐ 29 A 1, 33 A 2, 37 A 1
Keraiten ⚔ 71 C 1
Kerasos ☉ 31 C 1
Keraterm **228**
Kerbela ☉ 213 B 1, 227.I B 1, 227.II A 1
Kerenski, Alexander ♗ 166
Kerguelen-In. ☐ 161 C 2, 199 C 3
Kerma ☉ 23 A 3
Kermadec-In. ☐ 149 B 2
Kertsch → Pantikapaion
Ketara, -Höhle 10, 12 B 1
Keten ⚔ 109 B 1
Kfor 229.Nk.
Khan Junis ☉ 231 A 3
Kharga, Oase ☉ 23 A 2
Khartum ☉ 145.I B 1, 147.I B 1, 211.I B 1
Khatmandu ☉ 143 A 2
Khmer-Reich → Kambodscha
Khomeini, Ayatollah ♗ 212
Khonkaen ☉ 205.II A 1
Khorat ☉ 205.II A 1
Khorsabad ☉ 21.II A 1
Khotan ☉ 71 B 2, 91 B 1
Khusistan ☐ 207 BC 2
Kiautschou ☐ 143 B 1, **159, 161 D 1**
Kiel ☉ 165 B 1, 177 A 1, 189 A 1
Kielce ☉ 173 A 2
K'ien-lung, Mandschu-Ks. ♗ 92
Kiew ☉ ☐ 55 C 1, 64, **65 BC 1** (Kiewer Rus), 67 C 2, 71 A 1 (Eroberung 1240), 79 C 1, 81 C 1, 95 C 1, 101 C 1, 105 C 1, 109 A 1, 113 C 1, 115 C 2, 119 C 1, 127 D 2, 165 B 1, 167 A 2, 169 A 1, 173 B 2, 179 B 2, 185 C 1, 195 C 1, 215 C 1, 221 A 1
Kiik Koba 12 B 1
Kikerino ☐ 185 B1
Kilikien ☐ 27 AB 1, 47 C 2, 49 C 2 (röm. Prov.), 157 B 1/2
Kilwa ☉ 89.I B 2
Kimberley ☉ 144, 145.II B 2, 147.II B 1, 211.II B 1
Kimbern ⚔ **47 AB 1/2**
Kimmerier ⚔ 25.I A 1
Kimonfriede → Kalliasfriede
Kindersoldaten 233
Kingmanriff ☐ 149 C 1
Kinreich (Dschurdschen) ☐ ⚔ 71 C 1
Kinsale ☉ 103 A 2
Kinshasa → Léopoldville
Kioto ☉ 91 C 1
Kiowa ⚔ 129 A 2, 133 B 2
Kirchenstaat (Patrimonium Petri) ☐ 62, 63 C 2, 65 B 2, 73 A 1, 80, 81 B 1

2, 95 B 2, **96, 97 AB 1/2**, 101 B 2, 105 B 2, 113 B 2, **120, 121 A 2/3**, 123 B 1, 155 AB 1, **150–151 AB 1/2**, 153 B 2
Kirgisen, -istan ⚔☐ 109 A 2, 169 AB 2 (ASSR, 1936 Kasach. SSR), 191 B 1, 203 AB 1, 213 B 1, 219 C 1, 223 BC 1, **221 AB 2**, 225.II C 1
Kiribati ☐ 149 BC 1
Kirikkale ☉ 207 A 1
Kirkuk ☉ 207 B 1, 227.I B 1
Kirman ☉ 71 A 2
Kiruna ☉ 179 A 1
Kiryat ☐ 231 B 1
Kisch ☉ 20, 21.II B 2
Kischinew (Chișinău) ☉ 173 B 3
Kistarcsa ☉ 185 B 2
Kitzingen ☉ 63 B 1
Kjachta ☉ 109 B 2, 143 B 1
Klagenfurt ☉ 97 B 1, 177 B 2, 189 B 2
Klasies River Mouth ☉ 12 B 3
Klausenburg ☉ 155 B 1, 173 B 3
Kleinarmenien ☐ 67 C 2
Kleindeutsche Lösung 152
Kleine Antillen ☐ 84–85 A 2, 86, 136, 139 A 1
Kleinpolen (Westgalizien) → Polen
Kleve ☐ 99 B 2
Klimaschutzkonferenz 240
Klimawandel 240, 242–243
Klooga ☉ 185 B 1
KMT → Kuomintang
Knidos ☉ 31 B 1, 35 C 2, 37 C 2
Knin ☉ 229 B 1
Knossos ☉ **18**, 19 B 2, 29 B 2, 35 B 2, 37 B 2
Knut, dän. Kg. ♗ 64
Koalitionskriege/Franz. Rev. **116**
Kobe ☉ 143 C 1
Koblenz ☉ 177 A 2
Kokand ☉ ☐ 91 B 1, 109 A 2
Kokos-In. ☐ 161 D 2, 199 CD 3
Kola ☐ 111 B 1
Kolberg ☉ 115 A 1
Kolcher ⚔ 27 B 1, 39 B 1
Köln ☉ ☐ 49 A 1, 55 B 1, 57 B 1, 59 B 1, 61 A 1, 63 B 1, 64, 67 B 1, 77 B 1, 79 B 1, 81 B 1, 95 B 1, 99 B 2, 101 B 1, 105 B 1, 107 B 1, 113 B 1, 119 B 1, 171 B 1, 177 A 1, 189 A 1
Kolonien, Kolonialherrschaft **82–85**, **112, 138, 139** (1830), 158, **159–161, 196–199, 202–203**, 210, **211.I**
Kolonisation, Griechische 18, 24, 25.I A 1, **30–31**
Kolonisation, Phönikische 30–31
Kolophon ☉ 29 C 1, 35 C 1, 37 C 1
Kolosseum (Colosseum)/Rom 50, 51 B 2

S. 10 bis 19	S. 20 bis 53	S. 54 bis 81	S. 82 bis 115	S. 116 bis 165	S. 166 bis 187	S. 188 bis 243
Vor- und Frühgeschichte	Altertum bis ca. 500	Mittelalter 500 bis ca. 1500	Neuzeit 1500 bis 1789	Neuzeit 1789 bis 1918	Zeitgeschichte 1918 bis 1945	Zeitgeschichte seit 1945

Kuomintang 265

Kolumbien (Neugranada) ☐ 86, **136, 137 AB 2** (Unabhängigkeit 1810/19), 160 A 2, 175 A 1, 181 A 1, 191 A 1/2, 198 A 2, 201 A 1/2, 218 A 2, 223 A 1/2
Kolumbus, Christoph ⚤ 82, 83, 84–85
Komi ⚏ ☐ 109 A 1, 221 AB 1
Kominform (Kommunist. Informationsbüro) **192**
Komi-Permjaken ⚏ ☐ 221 A 1
Kommunismus, Machtbereich 196–197, **198–199**
Kommunistische Partei Chinas → KPCh
Kommunistische Partei der Sowjetunion → KPdSU
Komoren ☐ 145.I B 2, 147.I B 2, 211.I B 2
Komsomolsk ⊙ 221 C 2
Konfessionen (prot., kalvin.) **94, 101**
Konföderation/Südstaaten ☐ (1861) **134, 135.II**
Kongo (1971–99 Zaire) ☐ **146–147.I AB 2, 146** (Kongo-Akte 1885) 191 B 2, 198–199 BC 2, 201 B 1/2, 211.I AB 1/2, 216, 218–219 BC 2, 223 B 1/2 → Belg. Kongo
Kongo, -krieg 190, 197, 201 B 1/2, 211.I (-krise 1960–65)
Kongo-Reich ☐ 88, 89.I A 2, 92, 93 B 2
Konia (Konya, Ikonium) ⊙ 65 C 2, 67 C 2, 71 A 1, ⚔ (1386) 72–73 B 2, 79 C 2, 81 C 2, 157 B 2, 207 A 1, 227 A 1
Königgrätz ⊙ ⚔ (1866) 152–153 B 1
Königsberg (Kaliningrad) ⊙ 195 C 1, 105 B 1, 111 B 3, 113 B 1, 115 B 1, 121 B 1, 127 C 1, 153 C 1, 165 B 1, 173 A 1, 177 B 1, 189 B 1, 193 C 1, 221 A 1
Königsstraße, pers. 27 AB 1, 35 C 2, 37 C 1, 39 AB 1
Konquistadoren 83
Konrad III., dt Kg. ⚤ 66
Konstantin d. Gr., Ks. ⚤ 54
Konstantinopel (Byzanz) ⊙ 55 B 2, 57 C 2, 59 C 2, 64, 65 C 2, 67 C 2, 72, 73 B 1 (1453), 79 C 2, 81 C 2, 91 A 1, 95 C 1, 101 C 2, 105 C 2, 113 C 2, 119 C 2, 173 B 3 → auch Byzanz u. Istanbul
Konstantins-Bogen/Rom 51 B 2
Konstantin-Thermen/Rom 51 AB 1
Konstanz ⊙ 63 B 2, 75 C 1, 78, 177 A 2
Kontinentalsperre (1806) 118–119
Konya → Konia
Konzentrationslager **176–177,** 185
Koobi Fora ⊙ 13.II
Kopenhagen ⊙ 95 B 1, 101 B 1, 111 A 3, 113 B 1, 115 A 1, ⚔ (1801/07)

119 B 1, 121 A 1, 123 B 1, 127 C 1, 153 B 1, 165 B 1, 179 A 1, 185 B 1, 189 A 1, 193 B 1, 195 B 1
Koptos ⊙ 23 B 2, **45 C 2**
Korallensee-Territorium ☐ 149 AB 2
Korea ☐ 71 C 1, 91 C 1, 93 C 1, **119 B 2,** 139 C 1, 143 BC 1/2, **159, 161 D 1,** 183 B 1
Koreakrieg ⚔ (1950–53), 190, 197, **200,** 201 C 1, 203 C 1, **204–205.I ABC**
Korfu → Korkyra
Korinth ⊙ ☐ 18, 19 B 2, 30, 31 B 1, 33 B 2, 35 B 2, 37 B 2, 45 B 2, 49 B 2, 53 B 2, 55 B 2, 57 B 2, 59 B 2
Korjaken ⚏ 109 C 1, **221 C 1**
Korkyra (Korfu) ⊙ 29 A 1, 31 B 1, 35 A 1, 37 A 1, 73 A 1, 153 C 2, 155 A 2, 174
Kororofa ☐ 89.I A 1
Korsika ☐ 31 B 1, 49 B 1, 55 B 2, 57 B 2, 63 BC 2, 65 B 2, 67 B 1, 73 A 1, 95 B 3, 97 A 2, 119 B 2, 121 A 3, 151 A 1/2, 179 A 2
Kos ⊙ 23 C 2, 35 C 2, 37 C 2
Kosaken ⚏ 73 B 1, 73 C 1, 109 A 1
Kosciuszko, Thaddäus ⚤ 114
Kosovo ⊙ 215 C 2, 191 B 1, 215 C 2, **228, 229.Nk.** (Kfor-Sektoren), 229 C 2
Kosovo-Konflikt, -krieg (1999) 216, **228–229**
Kosovo polje → Amselfeld
Kosovska Mitrovica ⊙ 229.Nk.
Kostenki ⊙ 12 B 1
Kostroma 167 A 1
Kotlas ⊙ 167 B 1
Kotor ⊙ 229 B 2
Kotschin (Cochin) ⊙ 91 B 2, 141 B 2
Kowno ⊙ 115 B 1, 165 B 1
KPCh 202
KPdSU 192
Kragujevac ⊙ 229 C 1
Krain ☐ 94, 95 B 2, 97 B 2, 228, 229 B 1 → Slowenien
Krakau (Krakow) ⊙ 67 B 1, 79 B 1, 81 B 1, 95 B 1, 101 B 1, 105 B 2, 113 B 1, 115 B 2, 119 B 1, **123 C 2** (Rep. 1815–30), 127 C 2, 173 A 2, 177 C 2, 185 B 2, 189 B 2
Krakau-Plaszow 177 B 2, 185 B 2
Krakow → Krakau
Kraljevo ⊙ 229 C 2
Krannon ⚔ (322 v.Chr.) 41 A 1
Krapina ⊙ 12 B 1, 15 B 2
Krasnodar ⊙ 185 C 2, 221 A 1
Krasnojarsk ⊙ 91 B 1, 109 B 2, 143 A 1, 169 B 2, 221 B 2
Krasnowodsk ⊙ 109 A 2,167 B 3
Krems ⊙ 177 B 2

Kreta, Hochkultur ☐ 20, 21.I A 1, **28, 29 BC 2,** 30, 31 C 2, 32, 34, 35 BC 2, 37 BC 2, 41 A 1, 49 B 2, 53 B 1, 55 BC 2, 57 C 2, 64, 65 BC 2, 72, 73 B 2, 95 C 1, 119 C 2 (1822–40 ägypt.), 123 C 2, **155 B 3,** 157 B 2, **178,** 193 C 2, 195 C 2
Kreuzzüge, Kreuzzugsidee 60, **66–67,** 68 (Iber. Halbinsel), 78, 82, 83, 86, 88
Krewo ⊙ 81 C 1
Kriegsopfer (III. Weltkrieg), Grafik 180
Krim ☐ 53 C 1, 72, **73 BC 1,** 95 C 1, 101 C 2, 105 C 2, 109 A 1, 113 C 1, 119 C 2, 123 C 2, 153 C 1/2, 156–157 BC 1 (Khanat), 163 C 2, 165 C 2, 169 A 1 (ASSR), 185 C 2, 186 (-tataren), 193 C 2, 195 C 2
Krimkrieg (1853–56) **108, 150,** 156–157
Kriwitschen ⚏ 65 C 1
Kroaten, -ien ⚏ ☐ 63 C 2, 65 B 2, 72, 81 B 2, 97 B 1, 123 B 2 (Kgr.), 151 B 1, 153 BC 2, **155 A 1,** 157 A 1, 173 A 3, 181 B 1, 185 B 2, 191 B 1, 215 BC 2, 218 B 1, 228, **229 BC 1**
Kronstadt ⊙ 121 B 2, 123 C 2, 155 B 1, 163 C 1, 166 (Aufstand 1921), 167 A 1
Kroton ⊙ 31 B 1, 43 B 3, 45 B 2
Kruščica ⊙ 185 B 2
KSZE (Konferenz für Sicherheit und Zusammenarbeit in Europa) 192, **193, 200,** 214
Ktesiphon ⊙ 47 C 2, 49 C 2, 53 C 2
Kuala Lumpur ⊙ 203 B 2
Kuba ☐ span. 84–85 B 2, 86, 87 A 1, **136, 137 A 1,** 139 A 1, 145.I B 2, **159, 160 A 2,** 191 A 1, 197, 218 A 2, 223 A 1
Kuba-Krise 200–201 A 1
Kuban-Kosaken ⚏ 167 B 2
Kuba-Reich/Afrika ☐ 89.I B 2
Kublai Khan, Großkhan ⚤ 70, 82
Kufa ⊙ 61 B 2
Kufra ⊙ 147.I AB 1
Kuibyschew → Samara
Kuksche ⊙ 229.Nk.
Kuldscha ⊙ 109 B 2, 143 A 1
Kulmhof (Chelmno) ⊙ 177 B 1, 185 B 1
Kumanen ⚏ ☐ **67 BC 1,** 71 A 1
Kumanovo ⊙ 229.Nk.
Kunaitra ⊙ 209.I B 1, 209.II B 1, 231 B 1
Kundus ⊙ 225.II B 1
Kunersdorf ⚔ (1759) 112
Kunming ⊙ 142 A 2, 183 A 1, 203 B 1
Kunsan ⊙ 205.I
Kuomintang (KMT) **202**

⊙	Siedlung, Ort, Stadt	☐	Reich, Staat, Land, Provinz, Landschaft, Insel	⚤	Person
⚔	Schlacht, Eroberung			⚏	Völkergruppe, Volk, Stamm
§	Vertrag, Bündnis, Gesetz	∽	Gewässer (Fluss, Meer usw.)	→	Verweis

266 Kupferzeit

Kupferzeit (Chalkolithikum) 16, **18–19**
Kuppelgräber, griech. **33**
Kurden ᨁ 201, **206–207** (-konflikt, -krieg) 225.I, **226–227** (-problem), 226 (Aufstände) → auch Mahabad
Kurdistan ☐ 73 C 1, 157 C 1/2, 227 (auton. Prov.)
Kurdistan Democratic Party → KDP
Kuren ᨁ 65 B 1
Kurilen ☐ 108, 109 C 2, 139 C 1, 143 C 1, 169 C 1/2, **182, 183 B 1**, 199 D 1, 221 C 1/2
Kurland ☐ 95 C 1, 101 BC 1, 110, 111 B 2, 113 BC 1, 115 B 1, 121 B 1
Kursk ⊙ 95 C 1, 105 C 1, 113 C 1, 119 C 1, 167 A 2, **179 B 2**, 185 C 1
Kurultai (mong. Reichstag) 70
Kurupedion ⊙ ✗ (281 v.Chr.) 40–41 A 1
Kusch → Nubien
Kuschka 225.II A 1
Kusnezk ⊙ 109 B 2
Küstrin ⊙ 115 A 1
Kut ⊙ 227.I B 1, 227.II B 1
Kutaisi ⊙ 225.I A 1
Kütschük-Kainardschi ⊙ § (1774) **108**, 156, 157 B 1
Kuwait ⊙ 157 C 2, 161 C 1, 199 C 1, 207 B 2, 213 B 1, 216, 223 B 1, **226–227.I/II B 2**
KwaNdebele ☐ 211.II B 1
Kwangju ⊙ 205.I
Kwangschouwan ⊙ 143 B 2, 161 D 1, 203 C 2
KwaZulu ☐ 211.II B 2
Kyaxares, med. Kg. ᨁ 26
Kyburg ⊙ 75 B 1
Kydonia ⊙ 29 B 2
Kykladen ⊙ 28, 29 B 2, **37 B 2**
Kyme (Cumae) ⊙ 31 B 1, 35 C 1, **37 C 1**, 43 A 2
Kynoskephalai ⊙ ✗ (197 v.Chr.) 46, 47 B 2
Kyrene (Kyrenaika) ⊙ 27 A 1/2, 31 B 2, 39 A 1, 41 A 1, 45 B 2, 47 B 2, 48, 49 B 2 (röm. Prov.), 53 B 2, 55 B 2, 61 B 2 → Cyrenaika
Kyros II., pers. Kg. ᨁ 26
Kysy ⊙ 221 B 2
Kythera ⊙ ☐ 29 B 2, 33 B 3, 35 B 2, 37 B 2
Kyoto-Protokoll 240
Kyzikos ⊙ 31 C 1, 35 C 1, 37 C 1
KZ → Konzentrationslager

L

Labiau ⊙ 111 B 3
Labrador ☐ 86
La Coruña ⊙ ✗ (1809) 69.I A 1, 119 A 2, 193 A 2
Ladaki ᨁ 225.II C 1
Ladoga ⊙ 65 C 1
Ladogasee ᨆ 119 C 1
Laetoli ⊙ 12 B 2, 13.II
Lagasch ⊙ 20, 21.II B 2
Lagos ⊙ 145.I A 1, 147.I A 1, 160 B 2, 211.I A 1
La Hogue ⊙ ✗ (1692) 106–107 A 1
Lahore ⊙ 71 B 2, 91 B 1, 141 B 1, 203 A 1
Laibach → Ljubljana
Lajazzo ⊙ 79 C 2
Lakkadiven ☐ 141 B 2
Lakonien ☐ 29 B 2, 33 B 3
Lalibela ⊙ 89.I B 1
La Madeleine ⊙ 15 A 2
Lampsakos ⊙ 35 C 1
Lamu ⊙ 89.I B 2
Lancaster ⊙ 103 B 2
Landes, Dep. ☐ 117 A 2
Lange Mauern/Athen 34
Langer Marsch/China 202
Langobarden ᨁ ☐ **57 B 1, 59 B 1, 61 A 1**, 62
Languedoc ⊙ 69.II A 2, 77 B 2/3, 107 B 2
Lantian ⊙ 13 D 1
Lantschou ⊙ 143 B 2, 203 B 1
Laon ✗ (1814) 119 B 1
Laos ☐ 91 BC 2, 143 AB 2, 199 D 2, 201 C 1, 203 BC 2, **204, 205.II A 1/2**, 219 D 2, 223 C 1
La Paz ⊙ 87 B 2/3, 92, 93 A 2, 137 B 2
La Plata, span. Vizekgr. ☐ 87 B 2/3 → Argentinien (seit 1826)
Lappen ᨁ 65 B 1
Lappland ☐ 179 AB 1
Lappmark ☐ 110, 111 B 1
Laptewsee ᨆ 169 BC 1
Larisa (Larissa) ⊙ 33 B 1, 37 B 1, 155 A 2
La Rochelle ⊙ ✗ (1372) 69.II B 2, 77 A 2, 95 A 2, 107 A 2, 117 A 2
Larsa ⊙ 21.II B 2
Lascaux ⊙ 14, 15 A 2
Lateinamerika ⊙ **136–137** (Dekolonisierung), **196**, 200, 222–223
Lateinisches Kaiserreich ☐ 66, 67 B 2
La Tène-Kultur 18, 19 A 1, 45 A 1
Lateran/Rom § (1929) 150
Latiner ᨁ 43 A 2
Latium ☐ 42, 43 A 2
Lattakia ⊙ 227.A.1 1
Laupen ✗ 75 A 1
Lausanne ⊙ 74, 75 A 2, § (1912) 156, § (1923) 156, 171 B 2

LDC (Least Developed Countries) **222–223**
Least Developed Countries → LDC
Lebowa ☐ 211.II B 1
Lechfeld ✗ (955) 64, 65 B 2
Leeuwarden ⊙ 99 B 1
Le Havre ⊙ 107 A 1, 117 A 1
Lehringen ⊙ 15 B 2
Leicester ⊙ 69.II B 1, 103 B 2
Leiden ⊙ 99 A 2
Leinster 103 A 2
Leipzig ⊙ 79 B 1, 81 B 1, 121 A 2, 173 A 2, 177 B 1, 189 A 1
Le Mans ⊙ 77 A 2
Lemberg (Lwow) ⊙ 79 C 1, 81 C 1, 95 C 1, 101 C 1, 105 C 1, 115 B 2, ✗ (1813) 118–119 B 1, 121 B 2, 127 C 2, 165 B 1, 173 B 2, **177 C 2**, 185 B 2, 193 C 1, 195 C 1
Lemnos ⊙ 29 B 1, 35 B 1, 37 B 1, 35 BC 1, 37 BC 1, 155 B 2
Lenin, Wladimir I. ᨁ 166, 168, 174
Leningrad → Petersburg
León ⊙ ☐ 65 A 2, 67 A 1, 68, 69.I A 1, 79 A 2, 81 A 2
Leonidas, spartan. Kg. ᨁ 34
Leopold, Hz. ᨁ 74
Léopoldville (Kinshasa) ⊙ 145.I A 2, 147.I A 2, 211 A 2
Lepanto ✗ (1572) 66, 72, 73 A 1, **96**
Leptis, L. Magna ⊙ 31 B 2, 45 B 2, 47 B 2, 57 B 2
Lérida ⊙ 68, 69.I B 1
Lérins ☐ 63 B 2
Les Milles ⊙ 185 C 1
Lesbos ⊙ 29 C 1, 31 C 1, 35 C 1, 37 C 1, 73 B 1
Lesotho (Basutoland) ☐ 145.I B 2, 145.II B 1/2, 147.II B 2, 211.I B 2, 211.II B 2, 219 C 2
Letten, -land ᨁ ☐ 167 A 1, **170, 171 C 1, 172, 173 A 1**, 175 B 1, 185 B 1, **187 B 1/2**, 191 B 1, 215 C 1, 218–219 BC 1, 221 A 1
Leukas ⊙ ☐ 29 A 1, 33 A 2, 35 A 1, 37 A 1
Levante, -handel 78–79, 96
Leventina ☐ 75 B 2
Lewis und Clark (Expedition 1803/06) 132, 133 B 1
Lexington ⊙ ✗ (1775) 128, 129 C 2
Leyte ☐ ✗ (1944) 182
Lhasa ⊙ 71 B 2, 91 B 1, 141 C 1, 143 A 2, 161 C 1, 183 A 1, 203 B 1
Li → Hainan
Liamone, Dep. ☐ 117 B 2

S. 10 bis 19	S. 20 bis 53	S. 54 bis 81	S. 82 bis 115	S. 116 bis 165	S. 166 bis 187	S. 188 bis 243
Vor- und Frühgeschichte	Altertum bis ca. 500	Mittelalter 500 bis ca. 1500	Neuzeit 1500 bis 1789	Neuzeit 1789 bis 1918	Zeitgeschichte 1918 bis 1945	Zeitgeschichte seit 1945

Luxor 267

Libanon ☐ 157 B 2, **175 B 1**, 179 B 3, 191 B 1, 197, 199 C 1, 208, 209.I B 1, 209.II B 1, 213 B 1, 219 C 1, 227.I A 1, **231 B 1**
Libanon, -konflikt, -krieg ☐ 201.Nk., **206**, 207 A 1, 231 AB 1
Libau ⊙ 110, 111 B 1, 115 B 1
Liberia ☐ 139 B 1 (1822), **144** (1847), 144 (Flagge), 144 (African Association), **145.I A 1**, 147.I A 1, 160 B 2, 175 B 1, 181 B 1, 191 B 1, 198 B 2, 201 B 1, 210, 211.I A 1, 213 A 2, 218 B 2
Libreville ⊙ 145.I A 2, 147.I A 2
Libyen, -er ☐ ⥁ 23 A 1, 27 A 2, 31 C 2, 39 A 2, 41 A 2, 45 C 2, 57 BC 2, 59 B 2, 147.I A 1, **160–161 BC 1/2**, 175 B 1, 179 AB 3, 181 B 1, 191 B 1, 201 B 1, 210, 211.I AB 1, 213 AB 1, 218–219 BC 1/2, 223 B 1
Lichtenburg ⊙ 177 B 1
Lidice ⊙ 185 B 2
Liechtenstein, Fsm. ☐ 171 B 2, 153 B 1, 189 A 2, 193 B 2, 214
Liegnitz ⊙ ✗ (1241) 70, 71 A 1
Lienz ⊙ 189 A 2
Ligurer ⥁ 31 B 1, 43 A 1
Lille ⊙ 77 B 1, 99 A 3, 107 B 1, 117 B 1, 121 A 2, 126 B 2, 125
Lilybaeum ⊙ 43 A 3
Lima ⊙ 84–85 A 2, 87 A 2, 93 A 2, 137 A 2, 139 A 2, 160 A 2
Limburg ☐ 98, 99 B 2/3
Limerick ⊙ 103 A 2
Limes, Mz. Limites **48–49**
Limoges ⊙ 63 B 2, 77 A 2, 117 A 2
Lincoln ⊙ 63 B 2, 77 A 2, 103 B 2, 107 A 2
Lincoln, Abraham ♃ 134
Lindau ⊙ 75 C 1
Lindisfarne ⊙ 64, 65 A 1
Lindos ⊙ 35 C 2, 37 C 2
Ling, Belagerung ✗ (1226) 71 C 1
Linz ⊙ 177 B 2
Liparische In. ☐ 43 B 3, 97 B 2, 151 B 2
Lippspringe ⊙ 63 B 1
Lissa ⊙ ☐ ✗ (1866) 151 B 1
Lissabon ⊙ 59 A 2, 65 A 2, 66, 67 A 1, 68, 69.I A 2, 79 A 2, 81 A 2, 84–85 B 1, 93 B, 95 A 2, 101 A 1, 105 A 2, 113 A 2, ✗ (1808) 119 A 2, 123 A 2, 126 A 3, 139 B 1, 153 A 2, 160 B 1, 165 2, 171 A 2
Litauer, -en ⥁ ☐ 55 B 1, 65 B 1, 71 A 1, **79 C 1**, 80, 81 C 1, 95 C 1, 101 C 1, 105 C 1, 111 B 3, 113 C 1, **114, 115 B 2**, 121 B 1, 165 B 1, **170, 171 C 1, 172** (Freischaren), 173 A 1, **173 B 1**, 175 B 1, 185 B 1, 186, 187 B 2, 189 C 1, 191 B 1, 215 C 1, 218–219 BC 1, 220, 221 A 1 → Polen
Little Big Horn ✗ (1876) 132, 133 B 1
Liujiang ⊙ 13 D 2
Livadien ☐ 113 C 1, 121 B 3, 155 AB 2
Liven, Livland ⥁ ☐ 55 B 1, 65 B 1, **81 C 1, 95 C 1**, 105 C 1, 108, 110, **111 B 2**, 113 C 1, 115 B 1, 121 B 1, 165 B 1
Liverpool ⊙ 123 A 1, 126 B 1, 153 A 1, 165 A 1
Livingston, David ♃ 144, 145.I
Livland → Liven
Livorno ⊙ 97 A 1
Lixos ⊙ 31 A 1
Ljubljana (Laibach) ⊙ 97 B 1, 173 A 3, 229 B 1
Loango ⊙ 89.I A 2
Loborgrad ⊙ 185 B 2
Locarno ⊙ 75 B 2, 171 B 2, § (1925) 174
Locri ⊙ 43 B 3
Lodomerien → Galizien und Lodomerien
Lodsch (Lodz) ⊙ 127 C 2, 173 A 2, **177 B 1**, 189 B 1
Loire, Dep. ☐ 117 B 2
Loire-Inférieure, Dep. ☐ 117 A 1
Loir-et-Cher, Dep. ☐ 117 A 1
Loiret, Dep. ☐ 117 A 1
Lokris ☐ 33 B 2
Lokris-Ozolis ☐ 33 A 2
Lombardei ☐ 63 BC 2, 151 A 1
Lombardo-Venetien, Kgr. ☐ **121 A 2**
Lomé, Konvention § 222
London ⊙ 53 A 1, 55 A 1, 57 A 1, 59 A 1, 63 B 1, 65 A 1, 67 A 1, 69.II B 1, 77 A 1, 78, 79 B 1, 81 B 1, 93 B 1, 95 A 1, 101 B 1, 103 B 2, 105 A 1, 107 A 1, 113 A 1, 117 A 1, 123 A 1, 126 B 2, 139 B 1, 153 A 1, ✗ (1913) 156, 160 B 1, 163 A 1, § (1915) 164, 165 A 1, 171 B 1, 179 A 2, 185 A 1, **188** (Konferenz 1947), 193 B 1, 195 B 1, 198 B 1, 215 B 1, 218 B 1, 234 B 1
Londonderry (Derry) ⊙ 103 A 2
Lonetal ⊙ 14, 15 B 2
Lop-nor ⊙ 201 C 1
Lorient ⊙ 107 A 1
Lorraine, Dep. ☐ 117 A 2
Lorsch ⊙ 63 B 1
Los Angeles ⊙ 131 A 2
Lot, Dep. ☐ 117 A 2
Lot-et-Garonne, Dep. ☐ 117 A 2
Lothar I., Kaiser ♃ 62
Lothringen ☐ **63 BC 1/2/3**, 64, 77 B 1/2, 99 B 3, **107 B 1**, 113 B 1, **126 B 2**

Louisiana ☐ **87 A 1**, 92, 93 A 1, 112, 130–132 (Kauf 1803), **131 B 2**, 135.II A 2, 137 A 1
Louis Philippe, Kg. ♃ 122
Lourenço Marques → Maputo
Louvre/Paris 117.Nk.
Löwen/Dyle ⊙ ✗ (891) 64, 65 B 1, 99 B 2
Loyang ⊙ 21.I B 1, 25.I B 1
Loyauté-In. ☐ 149 B 2
Lozère, Dep. ☐ 117 B 2
Luanda ⊙ 89.I A 2, 145.I A 2, 147.I A 2, 211.I A 2
Luang Prabang ⊙ 205.II A 1
Luba-Staaten ☐ 89.I B 2, 92, 93 B 2, 139 B 2, 144, 145.I B 2
Lübeck ⊙ 78, 79 B 1, 81 B 1, 101 B 1, 105 B 1, 113 B 1
Lublin ⊙ 95 C 1, **114–115 B 2** (L.er Union 1569), 186
Lublin-Majdanek ⊙ 177 C 1, 185 B 1
Lucca, Hzm. ⊙ ☐ 97 A 1, 113 B 2, 151 A 1, 121 A 3, 123 B 1
Lucentum ⊙ 31 A 1
Luceria ⊙ 43 B 2
Lucknow ⊙ 141 B 1
Lüderitz ⊙ 147.II A 1
Ludwig der Fromme, Ks. ♃ 62
Ludwig IX., der Heilige ♃ 66
Ludwig VII., franz. Kg. ♃ 66, 68
Ludwig XII., franz. Kg. ♃ 96
Ludwig XIII., franz. Kg. ♃ **106**
Ludwig XIV., franz. Kg. ♃ **106**
Ludwig XV., franz. Kg. ♃ 112
Ludwig XVI. ♃ 112, 116 (Hinrichtung)
Ludwig XVIII., frz. König ♃ 120
Luftbrücke, -korridore/Berlin **189, 189 AB 1**
Lugano ⊙ 75 B 2
Lukanier ⥁ 43 B 2
Lulea ⊙ 179 A 1, 111 B 1
Lund ⊙ 81 B 1, 111 A 3
Lunda-Reich ⊙ 89.I AB 2, 92, 93 B 2, 145 I AB 2
Lüneburg ⊙ 79 B 1, 177 A 1
Lunéville ⊙ § (1801) 118, 119
Luristan ☐ 73 C 2
Lusitanien ☐ 49 A 1
Luther, Martin ♃ 94
Lutheraner **101**
Lüttich ⊙ 77 B 1, 99 B 1/2, 99 B 3, 107 B 1, 117 B 1, 125
Luxemburg, Ghzm. ☐ 77 B 1, 81 B 1, 98, 99 B 3, 121 A 2, 153 B 1, 163 B 1, 165 A 1, 175 B 1, 177 A 2, 189 A 2, 192, 193 B 1, 195 B 1, 215 B 1, 218 B 1
Luxemburger, Fam. ☐ **80, 81 BC 1/2**
Luxor ⊙ 23 B 2

⊙ Siedlung, Ort, Stadt	☐ Reich, Staat, Land, Provinz, Landschaft, Insel	♃ Person
✗ Schlacht, Eroberung		⥁ Völkergruppe, Volk, Stamm
§ Vertrag, Bündnis, Gesetz	∽ Gewässer (Fluss, Meer usw.)	→ Verweis

Luxueil ⊙ 63 B 1
Luzern ⊙ 74, 75 B 1
Luzk ⊙ 115 B 2
Lwow → Lemberg
Lydda ⊙ 25.III B 2
Lydenburg ⊙ 145.II B 2
Lyder, Lydien ⚒ □ 24, 25.I A 1, 26, **27 AB 1**, 35 C 1, 37 C 1, 39 A 1
Lyker, -ien ⚒ □ 27 A 1, 40, 41 A 1, 49 BC 2
Lykonpolis → Assiut
Lyon ⊙ □ 49 A 1 (röm. Prov.), 53 A 1, 55 B 1, 57 B 1, 61 A 1, 63 B 2, 65 A 2, 67 A 1, 77 B 2, 79 B 2, 81 B 2, 95 B 2, 101 B 2, 105 B 2, 116 (Aufstand 1793), 117 B 1, 119 B 2, 121 A 2, 123 B 2, 126 B 2, 153 B 2, 165 A 2, 171 B 2, 193 B 2
Lysimachia ⊙ 41 A 1
Lysimachos, Diadoche ⚒ 40, 41

M

Maan ⊙ 209.I B 2, 209.II B 2
Maastricht ⊙ § (1993) 99 B 2, 214, 215 B 1
Maba ⊙ 13 D 1
Mac Arthur, Douglas ⚒ 204
Macao ⊙ 84–85 D 2, 90, 91 C 2, 93 C 1, 143 B 2, 161 D 2, 203 C 1, 219 D 2
Machatschkala ⊙ 225.I B 1
Mâcon ⊙ 77 B 2
Madaba ⊙ 209.I B 1, 209.II B 1, 231 B 3
Madagaskar □ 84–85 C 3, 89.I B 2, 93 B 2, 139 B 2, 145.I B 2, 147.I B 2, **159, 161 C 2**, 175 B 2, 181 B 2, 184, 191 B 2, 199 C 2, 201 B 2, 211.I B 2, 213 B 2, 219 C 2, 223 B 2
Madeba ⊙ 25.III B 2
Madeira ⊙ 88, 89.I B 2, 139 B 1, 145.I A 1, 147.I A 1
Madjaren → Ungarn
Madras (Chennai) ⊙ □ 84–85 C 3, 91 B 2, 93 C 1, 139 C 1, 140, 141 B 2, 161 C 2, 203 B 2
Madrid ⊙ 15 A 3, 69.I A 1, 84–85 B 1, 93 B 1, 95 A 2, § (1526) 96, 101 A 1, 105 A 2, 113 A 2, 123 A 2, 126 A 3, 139 B 1, 153 A 2, 160 B 1, 163 A 2, 165 A 2, 171 A 2, 193 A 2, 195 A 2, 215 A 2, 230 (Nahostkonferenz 1991), 234 B 1
Magadan ⊙ 221 C 1
Magadha □ 25.I B 2
Magdala ⊙ 25.III B 1
Magdalénien 14
Magdeburg ⊙ □ 65 B 1, 67 B 1, 79 B 1, 81 B 1, 95 B 1, 101 B 1, 104 (Ebm.), 105 B 2, 177 B 1, 189 A 1
Magellan (Magalhães), Fernan ⚒ **82, 84–85**, 90
Magellanstraße ~ 82, 84–85 A 3, 87 B 3
Magenta ⊙ ⚔ (1859) 151 A 1
Maghreb □ 61 A 1
Maginotlinie 178
Magna Graecia (Sizilien) □ 32
Magnesia/Griechenland ⊙ 33 B 1, 35 B 1, 37 B 1
Magnesia/Kleinasien ⊙ 35 C 1, 37 C 1, ⚔ (189 v.Chr.) 46, 47 B 2
Magyaren → Ungarn
Mahabad, Kurdische Rep. □ 207 B 1
Mahatma Ghandi ⚒ 202
Mahdi-Aufstand ⚔ (1882/85–99) 146, 147.I B 1
Mahé ⊙ **140, 141 B 2**, 161 C 2, 203 A 2
Mährer, -en ⚒ □ 55 B 1, 63 C 1, 65 B 1, 185 B 1/2 → Großmährisches Reich
Maikop ⊙ 17 C 1, 179 B 2, 225.I A 1
Mailand ⊙ □ Toleranzedikt § (313) 54, 55 B 2, 57 B 1, 59 B 1, 63 B 2, 67 B 1, 73 A 1, 75 B 2, 79 B 2, 81 B 2, 95 B 2, **96, 97 A 1**, 101 B 2, 121 A 2, 122 (Rev. 1848/49), 123 B 1, 151 A 1, 153 B 2, 179 A 2, 185 A 2
Maimana ⊙ 225.II B 1
Maine ⊙ 68, 69.II B 2, 77 A 1/2, 131 C 1, 135.II B 1
Maine-et-Loire, Dep. □ 117 A 1
Mainz ⊙ 55 B 1, 63 B 1, 65 B 1, 67 B 1, 77 B 1, 95 B, 105 B 1, 113 B 1, 117 B 1
Maipú ⊙ ⚔ (1817) 137 A 3
Majdanek ⊙ 177 C 1
Maka ⊙ 27 C 2
Makassar ⊙ 91 C 2
Makedonen, -ien (Mazedonien) ⚒ □ 26, 27 A 1, 30, 33 A 1, 35 B 1, 37 B 1, **38, 39 A** 1, 40, 41, 44, 45 B 2, **46, 47 B 2**, 49 B 2, **155 AB 2**, 157 AB 1, 191 B 1, 213 A 1, 215 C 2, 218 B 1, 229 C 2, 229.Nk.
Malabar □ 141 B 2
Málaga ⊙ 31 A 1, 68, 69.I A 2, 126 A 3, 165 A 2, 193 A 2
Malaien ⚒ 210
Malakka ⊙ 91 B 2, 92, 93 C 1, 161 D 2
Malawi (Njassaland) □ 147.I B 2, 199 C 2, 210, 211.I B 2, 213 B 2, 219 C 2, 223 B 2
Malawisee (Njassasee) ~ 12 B 3, 13.II
Malaya □ 203 B 2
Malaysia □ 149 A 1, 182, 191 C 1/2, 199 D 2, 203 BC 2, 213 C 2, 219 D 2, 223 C 1/2

Malden □ 149 C 1
Malediven ⊙ 90, 91 A 2, 141 B 2, 161 C 2, 199 C 1, 203 A 2, 213 B 2
Malema ⊙ 13.II
Mali □ 191 B 1, 198 B 2, 201 B 1, 211.I A 1, 213 A 1, 218 B 2
Malindi ⊙ 84–85 C 2, 89.I B 2
Mali-Reich □ 84–85 C 3, 88, 89.I B 2
Mallia ⊙ 29 C 2
Mallorca □ 69.I B 2
Mallos ⊙ 31 C 1
Malmö ⊙ 79 B 1
Malta □ 31 B 2, 55 B 2, 65 B 2, 67 B 2, 73 A 2, 89.I A 1, 95 B 2, 101 B 2, 105 B 2, 113 B 2, **119 B 2**, 120, **123 B 2**, 145.I A 1, 147.I A 1, 153 B 2, 157 A 2, 163 B 2, 171 B 2, 179 A 3, 193 B 2
Malwa □ 141 B 1
Malwinen → Falkland-In.
Maly Trostinec ⊙ 177 C 1, 185 B 1
Mameluken ⚒ □ 67 C 2, 70, 71 A 1
Mamertinischer Kerker/Rom 51.Nk.
Man □ 103 AB 2, 113 A 1, 153 A 1
Manama ⊙ 227 B 2
Manaus ⊙ 87 B 2, 137 B 2
Manche, Dep. □ 117 A 1
Manchester ⊙ 103 B 2, 123 A 1, **124** (-doktrin), 126 B 1
Mandalay ⊙ 141 C 1, 143 A 2
Mandan ⚒ 129 A 1
Mandate des Völkerbundes (1920) 175
Mandschu, -reich ⊙ **90–91**
Mandschukuo (1931/32) □ 181 C 1, 182, **183 AB 1**
Mandschurei ⊙ 90, **91 C 1**, 108, 109 C 2, 143 BC 1, **159, 161 D 1**, 169 C 2, 175 C 1, 182, 202, 203 C 1
Mangalore ⊙ 141 B 2
Mangaseja ⊙ 108, 109 B 1
Manihiki-In. □ 149 C 1
Manila ⊙ 84–85 D 2, 91 C 2, 93 C 1, 139 C 1, 143 B 2, 149 A 1, 183 A 2, 203 C 1
Manipur □ 141 C 1
Mansen ⚒ 109 B 1
Mansurah/Ägypten ⚔ (1221, 1250) 66–67 C 2
Mansurah/Indien ⊙ 61 C 2
Mantineia ⊙ 33 A 2
Mantua ⊙ □ 43 A 1, **96, 97 A 1**, 151 A 1
Mantzikert ⊙ ⚔ (1071) 66, 67 C 2
Manzhao ⊙ 71 C 2
Maori ⚒ 149 B 2
Mao Tse-tung ⚒ **202** (Lehre)
Maputo (Lourenço Marques) ⊙ 145.II B 1, 147.I B 2, 161 C 2, 211.I B 2
Maragha ⊙ 71 A 1

S. 10 bis 19	S. 20 bis 53	S. 54 bis 81	S. 82 bis 115	S. 116 bis 165	S. 166 bis 187	S. 188 bis 243
Vor- und Frühgeschichte	Altertum bis ca. 500	Mittelalter 500 bis ca. 1500	Neuzeit 1500 bis 1789	Neuzeit 1789 bis 1918	Zeitgeschichte 1918 bis 1945	Zeitgeschichte seit 1945

Methone 269

Marakanda → Samarkand
Marathen, -reich ☐ **90–91**, 92, 93 C 1, **140** (-kriege), **141 B 1/2** (-konföderation)
Marathon ⊙ ✗ (490 v.Chr.) 33 B 2, 34, **35.Nk., 35 B 2**
Marco Polo → Polo
Marengo ⊙ ✗ (1800) 119 B 2
Mari ⊙ 19 C 1, 21.II A 1, 71 A 1
Mari, El 221 A 1
Marianen, In. ☐ 93 C 1, 138, 139 C 1, **148, 149 A 1**, 182, 183 B 2, 191 C 1, 199 D 2
Maria Theresia ♀ 112, 114
Maribor ⊙ 229 B 1
Marignano ⊙ ✗ (1515) 74, 97 A 1
Marjayoun 231 B 1
Marken (Italien) ☐ **97 B 1**, 151 AB 1
Marktwirtschaft **194–195**
Marly ⊙ 107 B 1
Marne, Dep. ☐ 117 B 1
Marokko ☐ 79 A 2, 81 A 2, 84–85 A 1/2, 89.I A 1, 92, 93 B 1, 95 A 2, 101 A 1, 105 A 2, 113 A 2, 119 A 2, 139 B 1, 145.I A 1, 147.I A 1, 153 A 2, 160 B 1, 163 A 2, 165 A 2, 171 A 2, 191 B 1, 198 B 1, 201 B 1, 210, 211.I A 1, 213 A 1, 218 B 1, 223 B 1
Marokkokrisen (I–II) 162–163 A 2 (1905/06 und 1911)
Marquesas-In. ☐ 149 C 1
Marsala ⊙ 151 B 2
Marsch der 1000/Italien 150–151
Marseille (Massilia) ⊙ 19 A 1, 30, 31 A 1, 45 A 1, 47 A 1, 49 A 1, 53 A 1, 55 B 2, 57 B 1, 65 A 2, 67 A 1, 77 B 3, 79 B 2, 81 B 2, 95 B 2, 107 B 2, 119 A 2, 126 B 3, 153 B 2, 160 B 1 (M.), 165 A 2, 171 B 2, 179 A 2, 185 A 2, 193 B 2, 195 B 2
Marsfeld/Paris 117.Nk.
Marsfeld/Rom 51 A 1
Marshall-In. ☐ 148, 149 B 1, 183 C 2, 191 C 1, 199 D 2
Marshallplan (1947) 188, 192, **194–195**, 200
Marston Moor ⊙ ✗ (1644) 102, 103 B 2
Martigny ⊙ 75 A 2
Martin, José de San ♀ 136, 137
Martinique ⊙ 87 C 1, 137 B 1, 198 A 2
Marxismus 202
Marx, Karl ♀ 202
Maryland ☐ 131 C 1, **134**, 135.II B 1, **129 B 1**
Masabad ⊙ 226
Masada ⊙ 25.III B 2, 231 B 3
Masar-i-Scharif ⊙ 225.II B 1
Maschinenbau, Europa (1850) 126–127

Maskat ⊙ 61 C 2, 91 A 1, 141 A 1, 147.I B 1, 207 C 2, 227 C 2
Masowier, -en ♙ 63 C 1, 115 B 1
Massa-Carrara ⊙ 97 A 1
Massachusetts ☐ 129 C 2, 131 C 1, 135.II B 1
Massageten ♙ 27 C 1, 39 C 1, 41 C 1
Massaua ⊙ 89.I B 1, 91 A 1, 145.I B 1, 147.I B 1
Massilia → Marseille
Masulipatam ⊙ 91 B 2, 141 B 2
Masuren ☐ ✗ (1914) 165 B 1
Matabele, -reich ☐ 145.I B 2, 146
Mataram ☐ 91 C 2
Mataro B 63 C 3
Matera ⊙ 17 B 2
Mauer, Berliner 200–201 (Bau 1961), 214 (Öffnung)
Mauer/Heidelberg ⊙ 10, 12 A 1, 15 B 2
Maupertuis ⊙ ✗ (1356) 76, 77 A 2
Mauren ♙ 31 A 1, 57 AB 2, 59 A 2
Mauretanien ☐ 49 B 1, 47 A 1, 147.I A 1, 191 B 1, 198 B 2, 211.I A 1, 213 A 1, 218 B 2, 223 B 1
Mauritius (Ile de France) ☐ 84–85 C 3, 89.I B 2, 93 B 2, 139 C 2, 145.I B 2, 147.I B 2, 161 C 2, 199 C 2
Mauryareich/Indien ☐ 24, 25.II AB 1/2, 41 C 1/2
Mauthausen ⊙ 177 B 2, 185 B 2
Maximilian I., Ks. ♀ 74, 96
Maya, -staaten ♙ ⊙ 20, **84 A 2**, 86, 87 A 1
Mayenne, Dep. ☐ 117 A 1
Mayotte ⊙ 199 C 2, 211.I B 2
Mazarin, Kardinal ♀ 106
Mazedonien → Makedonien
Mecheln ⊙ 98, 99 B 2
Mecklenburg ☐ 189 AB 1
Mecklenburg-Schwerin, Ghzm. ☐ 121 A 1
Mecklenburg-Strelitz, Hzm. ☐ 121 A 1
Meder, Medien ♙ 24, 25.I A 1, **26, 26–27**, 45 C 2, 47 C 1/2
Mediatisierung (1803–06) 118
Medici, Familie 38, 39 B 1, 41 B 1/2, 47 C 2, **96**
Medina ⊙ 60, 61 B 2, 71 A 2, 91 A 1, 207 B 2, 213 B 1
Medina del Campo § (1431) 69.I A 2, 88
Medvedja ⊙ 229.Nk.
Meere 240 (Verschmutzung), 240, 242–243 (Überfischung)
Meersen § (870) 63 B 1
Megalopolis ⊙ 33 A 3
Megara, -ris ⊙ 30, 31 B 1, 33 B 2, 35.Nk., 37 B 1

Megiddo ⊙ ✗ (1468 v.Chr.) 19 C 2, 23 B 1, 25.II A 1
Mehmed I. ♀ 72, **73**
Meji-Zeit/Japan 142
Mekka ⊙ 60, 61 B 2, 71 A 2, 84–85 C 2, 91 A 1, 93 B 1, 145.I B 1, 147.I B 1, 161 C 2, 213 B 1
Melanesien ☐ **148–149**, 149 AB 1/2
Melbourne ⊙ **149 A 2**, 161 D 3
Melilla ⊙ 89.I A 1, 95 A 2, 101 A 1, 105 A 2, 113 A 2, 119 A 2, 123 A 2, 153 A 2, 211.I A 1
Melnik ⊙ 155 B 2
Melos ⊙ ☐ 29 B 2, 35 C 2, 37 B 2
Memel ⊙ 110, 111 B 3, 115 B 1, 171 C 1, 172 (-gebiet)
Memelabkommen § (1924) 172
Memphis/Ägypten ⊙ **18**, 19 C 2, 22, 23 A 1, 25.I A 1, 27 A 2, 39 A 2, 41 A 2, 45 C 2, 47 C 2, 49 C 2
Memphis/USA ⊙ 133 B 2, 135.I B 2, ✗ (1862) 135.II A 2
Mende ⊙ 33 B 1, 37 B 1
Menora 24
Menorca ☐ (1798–1803) 69.I B 1, 113 B 2, **119 B 2**
Mensch, Entwicklung ♀ **10–13, 14**
Menschenrechtskonvention, Europäische § **194**
Menschenrechtsverletzungen 238
Menschen- und Bürgerrechte, Erklärung der § (1789) 116
Mentana ⊙ ✗ (1867) 151 B 2
Mercia ☐ 63 AB 1
Merida ⊙ 49 B 1
Merimde ⊙ 17 C 2, 23 A 1
Merkantilismus **106**
Merkiten ♙ 71 B 2
Meroe ⊙ **41 A 2**
Merowinger, Dynastie 62
Merw (Alexandria Margiane) 39 C 1, 41 C 1, 71 A 2
Meschhed ⊙ 91 A 1, 225.II A 1
Mesembria ⊙ 31 C 1
Mesolithikum → Mittelsteinzeit
Mesopotamien (Zweistromland, Zwischenstromland) ☐ 18, **20, 21.I A 1, 21.II AB 1/2** (Hochkultur), 39 B 1, 41 B 1, 49 C 1, 55 C 2, 73 C 2, 91 A 1, 165 C 2
Messana ⊙ 31 B 1, 43 B 3, 45 B 2
Messapier ♙ 43 B 2
Messenien ⊙ 29 B 2, 33 A 3, 37 B 2
Messina ⊙ 49 B 2, 97 B 2, 121 B 3, 151 B 2
Metallzeitalter **18–19**
Metapont ⊙ 43 B 2
Methone/Makedonien ⊙ 33 B 1
Methone/Peloponnes ⊙ 33 A 3

⊙	Siedlung, Ort, Stadt	☐	Reich, Staat, Land, Provinz, Landschaft, Insel	♀	Person
✗	Schlacht, Eroberung			♙	Völkergruppe, Volk, Stamm
§	Vertrag, Bündnis, Gesetz	∽	Gewässer (Fluss, Meer usw.)	→	Verweis

270 Metternich

Metternich, Clemens v. ♟ 122
Metz ⊙ ☐ 55 B 1, 104, 107 B 1
Meurthe, Dep. ☐ 117 B 1
Meuse, Dep. ☐ 117 B 1
Mewar ☐ **130, 131 A 2, 136–137 A 1**, 139 A 1, 141 B 1
Mexiko ☐ 84–85 A 2, 86, 87 A 1, 93 A 1, 160 A 1/2, 175 A 1, 181 A 1, 191 A 1, 198 A 1/2, 201 A 1, 218 A 1/2, 223 A 1 → auch Neuspanien
Michigan ☐ **131 C 1**, 135.II B 1
Midia ⊙ 155 B 2
Midway-In. ☐ ✗ (1942) 182, **183 C 1**
Migranten 239
Migration 238
Mikronesien ☐ **148, 149 AB 1**, 191 C 1, 199 D 2, 219 D 2
Milet ⊙ 19 B 2, 25.I A 1, 27 A 1, 29 C 1, 31 C 1, 34, 35 C 2, 37 C 2, 39 A 1
Milvische Brücke ✗ (312) 54
Mindanao ⊙ 91 C 2, 203 C 2
Minden ⊙ ☐ 104
Ming, -dynastie **85 D 1**, 90 → China
Minnesota ☐ **130, 131 B 1**, 135.II A 1
Minoische Kultur → Kreta
Minsk ⊙ 109 A 1, 111 B 3, 113 C 1, 115 C 1, 121 B 1, 127 D 1, 163 C 1, 165 B 1, 169 A 1, 171 C 2, 173 B 1, 177 C 1, 179 B 2, 185 B 1, 195 C 1, 215 C 1, 221 A 1
Miskolc ⊙ 173 A 2
Mississippi ☐ **131 B 2, 134–135.II A 2**
Missolunghi ⊙ 155 A 2
Missouri ☐ **131 B 1, 134, 135.II A 1**
Missouri-Kompromiss § (1820) 134
Mitanni, -reich ♟ ☐ 20, 21.II A 1
Mithradates VI., Kg. ♟ 46
Mithradatische Kriege (I–III) ✗ **46**
Mittelmächte ☐ 156, 162, 165
Mittelmeerabkommen (Orientbund) § 162, 163
Mittelpaläolithikum **14, 15**
Mittelsteinzeit (Mesolithikum) **14**, 16
Moab, -iter ☐ ♟ 24, 25.II A 2 → Nabatäer
Modena ⊙ ☐ 96, 97 A 1, 105 B 2, 113 B 2, 121 A 2, 123 C 1, **150, 151 A 1**
Modjokerto ⊙ 13 D 3
Mogadischu ⊙ 13.II, 89.I B 1, 145.I B 1, 147.I B 1, 211.I B 1
Mogilew ⊙ 115 C 1, 165 B 1, 173 B 1, 185 C 1
Mogulreich, Reich der Großmogule ☐ 72, 84–85 C 1/2, 90, **91 AB 1/2**
Mohács ⊙ ✗ (1526) 72, 73 A 1, 95 B 2
Mohammed ♟ **60–61**

Mohenjo-Daro ⊙ 21.I A 1
Moldau (Bessarabien) ☐ 73 B 1, 79 C 1/2, 81 C 2, 95 C 1, 101 C 2, 105 C 2, 113 C 1/2, 115 C 2, 123 C 2, 155 B 1, 157 B 1, 215 C 1/2, 219 C 1, 221 A 1
Moldauer ♟ **221**
Moldovo ⊙ 15 B 2
Molossis ☐ 33 A 1
Molukken ☐ **85 D 2**, 90, **91 C 2**, 92, 93 C 1, 139 C 1, 149 A 1, 203 C 2
Mombasa ⊙ 89.I B 2, 145.I B 2, 147.I B 2
Monaco ☐ 97 A 1, 121 A 3, 151 A 1, 153 B 2, 171 B 2, 193 B 2, 195 B 2, 215 B 2
Mongolei, Äußere (Mongolei), VR ☐ **90–91 BC 1**, 142, 143 AB 1, 161 CD 1, 169 BC 2, 175 C 1, 181 BC 1, 183 A 1, 191 C 1, 199 CD 1, 201 C 1, 203 B 1, 219 CD 1, 223 C 1
Mongolei, Innere ☐ **90–91 BC 1**, 143 AB 1, 203 BC 1
Mongolen, Mongolisches Reich ♟ ☐ 56, 66 (Kreuzzug), **70–71**, 72, 73 (europ. Einfall), 82, 84–85 CD 1, **90, 91 BC 1**, 93 C 1, 109 B 2, 203 BC 1
Monomotapa ☐ 84–85 C 2, 89.I B 2, 92
Monroe, James, -Doktrin (1823) **130**, 136
Mons ⊙ 99 A 3
Montana ☐ 131 A 1 B 1
Montanunion → EGKS
Monte Cassino ⊙ 55 B 2, 63 C 2
Montenegriner ♟ **229**
Montenegro ☐ 95 B 2, 105 B 2, 113 B 2, 119 C 2, 121 B 3, 153 C 2, 157 A 1, **154–155 A 1/2** (Unabhängigkeit), 163 B 2, 157 A 1, 165 B 2, 185 B 2, 191 B 1, 215 B 1, 229 BC 2, 229.Nk.
Montesa ⊙ 69.I B 2
Montevideo ⊙ 87 B 3, 137 B 3
Montferrat ☐ **97 A 1**
Montmartre/Paris 117.Nk.
Montpellier ⊙ 77 B 3
Montréal ⊙ 87 B 1, 93 A 1, **129 B 1**, 131 C 1, 133 C 1, 135.I B 1, 135.II B 1, 160 A 1
Mook ✗ (1574) 99 B 2
Morbihan, Dep. ☐ 117 A 1
Mordwinien ☐ 221 A 1
Morea (Peloponnes) ☐ 73 A 2, 105 C 2, 113 C 2, 121 B 3, 155 AB 3
Morgarten ✗ (1315) **74, 75 B 1**
Moros ♟ 203 C 2
Mosambik ⊙ 89.I B 2
Mosambik (Moçambique) ☐ 84–85 C 2, **89.I B 2**, 93 B 2, 138, 139 B 2, 145.I B 2, 145.II B 2, 147.I B 2, 147.II

B 1, **159, 161 C 2**, 181 B 2, 191 B 2, 197, 199 C 2 (Unabhängigkeitskrieg), 201 B 2, 210, 211.I B 2, 213 B 2, 219 C 2, 223 B 2
Mosdok ⊙ 179 B 2
Moselle, Dep. ☐ 117 B 1
Mösien ☐ 49 B 1 (röm. Prov.), 53 B 1, 58, 59 BC 2
Moskau ⊙ ☐ 71 A 1, 79 C 1, 81 C 1, 84–85 C 1, 93 B 1, 95 C 1, 101 C 1, 105 C 1, **108–109 A 1, 113 C 1**, 114, 115 C 1, 119 C 1, 127 D 1, 161 C 1, 165 C 2, 167 A 1, 169 A 1, 171 C 2, 175 C 1, 179 B 1, 181 B 1, 185 C 1, 193 C 1, 195 C 1, 199 C 1, 215 C 1, 219 CD 1, 221 A 1
Mosquito-Küste ☐ 87 A 1, 137 B 1, 139 A 1
Mossamedes ⊙ 145.I A 2, 147.I A 2
Mossi-Staaten ☐ 89.I A 1, 145.I A 1
Mossul ⊙ 55 C 2, 71 A 1, 73 C 2, 157 C 2, 165 C 2, 174, 207 B 1, 227.I B 1, 227.II A 1
Mostar ⊙ 97 B 1, 229 B 2
Mosyr ⊙ 115 C 2
Mudaisis ⊙ 227.II A 1
Mudros ⊙ 155 B 2, § (1918) 156, 165 B 2, 157 B 1
Mudschaheddin 212, 224
Mühlberg ✗ (1547) 95 B 2
Mühlhausen/Thür. ⊙ 101 B 1
Mukden ⊙ ✗ (1905) 142–143 B 1, 183 A 1, 203 C 1
Mülhausen (Mulhouse) ⊙ 75 A 1, 117 B 1, **125–126 B 2**
Multan ⊙ 71 B 2, 141 B 1
Mumbai → Bombay
Mumba Rock Shelter 13.II
München ⊙ 95 B 2, 123 B 1, 126 B 2, 153 B 1, 165 B 1, 171 B 1, 173 A 2, § (1938) 176 (M.er Konferenz), 177 A 2, 185 B 2, 189 A 2
Munkács ⊙ 173 B 2
Munster ⊙ 100 A 2
Münster ⊙ § (1648) 98 (Sonderfriede 1648), 101 B 1, 103 A 2, **104, 105 B 1**, 111 A 3, 177 A 1
Murad II., Sultan ♟ 72
Muraibit ⊙ 17 C 2
Murat, Kg. ♟ 118
Murcia ⊙ 68, 69.I B 2
Muret ⊙ ✗ (1213) 69.I B 2
Muri ⊙ 75 B 1
Murmanbahn 179 B 1
Murmansk ⊙ 169 A 1, 179 B 1, 221 A 1
Murten ⊙ ✗ (1476) 74, 75 A 1
Mursuk ⊙ 89.I A 1
Muslime → Islam
Mussolini, Benito ♟ 150, 170

S. 10 bis 19	S. 20 bis 53	S. 54 bis 81	S. 82 bis 115	S. 116 bis 165	S. 166 bis 187	S. 188 bis 243
Vor- und Frühgeschichte	Altertum bis ca. 500	Mittelalter 500 bis ca. 1500	Neuzeit 1500 bis 1789	Neuzeit 1789 bis 1918	Zeitgeschichte 1918 bis 1945	Zeitgeschichte seit 1945

New Hampshire 271

Myanmar → Burma
Mykale ⊙ ⚔ (479 v.Chr.) 34, **35 C 2**
Mykene ⊙ **19 BC 2, 28** (Kultur), 29 B 2, 33 B 2
Mykonos ⊙ ☐ 37 C 2
Mylae ⚔ (259 v.Chr.) 43 B 3, 44, 45 B 2
My Lai ⊙ 204, 205.II A 2
Mysien ☐ 35 C 1, 37 C 1
Mysore ☐ 141 B 2
Mytilene ⊙ 35 C 1, 37 C 1, 155 B 2

N

Nabatäer ⚇ ☐ 25.III B 2, 27 AB 2, 39 AB 2, 41 B 2, 45 C 2, 47 C 2 → Moabiter
Nablus ⊙ 109.I B 1, 209.II B 1, 230, 231 B 2
Nabupolassar, Kg. ⚉ 26
Nacheiszeit → Holozän
Nachitschewan (Naxcivan) ⊙ 225.I B 2
Näfels ⊙ (1388) 74, 75 B 1
NAFTA 217
Nagasaki ⊙ 84–85 D 1, 91 C 1, 143 C 2, **182** (Atombombe), 183 B 1, 203 C 1
Nagorny-Karabach → Berg-Karabach
Nagpur ☐ 141 B 2
Nahariya ⊙ 231 A 1
Naher Osten ☐ **206–207, 216, 226–227, 230–231**
Nahost-Konflikt, -Kriege ⚔ 197 (Kriege I–IV), 201, 201.Nk., **208–209**
Naimanen ⚇ 71 B 1
Nairobi ⊙ 13.II, 147.I B 2
Najibullah ⚉ 224
Naltschik ⊙ 225.I A 1
Nama (Hottentotten) ⚇ 146 (Aufstand 1904), 147.I A 2
Namibia (Südwestafrika) ☐ 175 B 2, **191 B 2**, 198 B 2, 201 B 2, 211.I AB 2, 218 B 2, 223 B 2
Namur ⊙ 98, 99 B 3
Nancy ⚔ (1477) 76, 77 B 1, 117 B 1
Nangking ⊙ 71 C 2, 91 C 1, § (1842) 142, 143 B 2, 182, 183 A 1, 202–203 C 1
Nantes ⊙ 63 B 2, 77 A 2, 105 A 2, § (1598) **106–107 A 1, 116**, 117 A 1, **123 A 1**, 126 B 2, 165 A 1
Nanzhao ⊙ 71 C 2
Napata ⊙ 23 A 3, 25.I A 2
Napoleon Bonaparte ⚉ 118, 130
Napoleoniden-Staaten ☐ **119**
Napoleon III., Ks. ⚉ 150
Narbonne ⊙ 47 A 1, 49 A 1 (röm. Prov.), 53 A 1, 57 A 1, 59 A 1, 63 B 2, 69.II A 2, 77 B 3, 107 B 2

Narwa ⊙ 105 C 1, ⚔ (1700) **110–111 B 2**, 113 C 1, 167 A 1
Narym ⊙ 108, 109 B 1
Naseby ⊙ ⚔ (1645) 102, 103 B 2
Nashville ⊙ ⚔ (1862) 135.II B 1
Nasiriya ⊙ 227.I/II B 2
Nassau/Goldküste ⊙ 89.II A 1
Natal ☐ 87 B 2, **144–145.II B 1/2** (Burenrepublik 1837/38), 211.II B 2
Natchez ⚇ 129 B 2
Nation, -alismus **122** (Begriff)
Nationalbewegungen **122–123**
Nationalsozialismus **176–177** (Außenpolitik)
NATO **192–193**, 234–235, 192 (Flagge), **192** (Doppelbeschluss 1979), 193, 197, **201**, 206, **214–215**, 216–217, 216 (Osterweiterung), **218–219**, 228, **229** (-Einsatz)
Naturisiken 242–243
Naturzerstörung 240, 242–243
Natzweiler-Struthof ⊙ 177 A 2, 185 A 2
Naukratis ⊙ 31 C 2
Naupaktos ⊙ 33 A 2
Nauplia ⊙ 33 B 2, 155 B 3
Nauru ☐ 149 B 1, 175 C 2, 191 C 2
Navajo ⚇ 132 C 2
Navarino ⊙ ⚔ (1827) 123 C 2, 155 A 3
Navarra ☐ 65 A 2, 67 A 1, 68, 69.II B 1, 69.II AB 2, 77 A 3, 81 A 2
Navas de Tolosa ⊙ ⚔ (1212) 68, 69.I A 2
Nawab 140
Naxcivan → Nachitschewan
Naxos ⊙ ☐ 29 C 2, 35 C 2, 37 C 2
Nazareth ⊙ 25.III AB 1, 55 C 2, 209.I B 1, 209.II B 1, 231 B 2
Neandertal/Düsseldorf ⊙ 12 A 1, 15 A 2
Neandertaler **10**, 12 A 1, 15 A 2
Neapel ⊙ ☐ 31 B 1, 42, 43 A 2, 45 B 2, 49 B 2, 53 B 2, 57 B 2, 63 C 2, 65 B 2, 73 A 1, 78, 79 B 2, 81 B 2, 94, 95 B 2, **96, 97 B 2**, 101 B 2, 105 B 2, 113 B 2, **119 B 2** (Kgr. 1806), 121 A 3, 151 B 2, 153 B 2, 157 A 1, 165 B 2, 171 B 2 → auch Sizilien, Kgr.
Nebraska ☐ **131 B 1**
Nebukadnezar II. ⚉ 26
Nechen (Hierakonpolis) ⊙ 23 B 2
Nedjef ⊙ 213 B 1, 227.I B 2, 227.II A 2
Nedschd ☐ 147.I B 1, 207 B 2
Neerwinden ⊙ ⚔ (1793) 116, 117 B 1
Negade ⊙ 17 C 2, 23 B 2
Negapatam ⊙ 91 B 2
Negev-Wüste ⊙ 209.I B 2, 231 AB 3
Nelkenrevolution/Portugal 196, 210
Nemea (Zeus) ⊙ 33 B 2

Nenzen (Samojeden) ⚇ ☐ 109 B 1, 221 AB 1
Neolithikum → Jungsteinzeit
Neolithische Revolution 16
Nepal ☐ 71 B 2, 139 C 1, **140–141 B 1**, 143 A 2, 161 C 1, 183 A 1, 199 C 1, 203 B 1, 213 C 1, 219 C 1, 223 C 1
Nero-Thermen/Rom 51 A 1
Nertschinsk ⊙ § (1689) 91 C 1, 109 C 2, 143 B 1
Netanya ⊙ 231 A 2
Neuamsterdam → New York
Neuassyrisches Reich ☐ 24, 25.I A 1
Neubabylonisches Reich (6. Jh. v.Chr.) ☐ 26, **27 B 1/2**
Neu-Delhi ⊙ 203 B 1
Neue Hebriden → Vanuatu
Neuenburg ⊙ ☐ 75 A 1, 113 B 2, 121 A 2, 123 B 1
Neuengamme ⊙ 177 A 1, 185 B 1
Neuengland ☐ 84–85 A 1, 87 B 1
Neufrankreich → Kanada
Neufundland ☐ 84–85 B 1, 87 B 1, 93 A 1, 129 C 2, 139 A 1, 160 B 1, 175 A 1, 198 A 1
Neugranada (seit 1863 Kolumbien) ☐ 86, **87 B 2**, 92, 93 A 1 → Kolumbien
Neuguinea ☐ 84–85 D 2, 93 C 2, 139 C 2, **149 A 1**, 161 D 2, 175 C 2, 182, 183 B 2 → Papua-Neuguinea
Neuholland → Australien
Neuilly ⊙ § 171 B 1
Neuirland ☐ 82
Neukaledonien ☐ 149 B 2, 199 D 2
Neu-Karthago → Cartagena
Neumexiko → New Mexico
Neu-Ostpreußen ☐ **115 B 1**
Neu-Schlesien ☐ **115 B 2**
Neuschottland ☐ 87 B 1, 129 C 2
Neuseeland (Staatenland) ☐ 82, 84–85 D 3, **138, 139 C 2, 148,** 149 B 2, 161 D 3, 175 C 2, 181 C 2, 191 C 2, 199 D 3, 201 C 2, 219 D 3, 223 C 2
Neusibirische In. ☐ 109 C 1, 169 C 1
Neuspanien (Mexiko), span. Vizekgr. ☐ **84 A 1/2**, 86, **87 A 1**, 93 A 1, **136**
Neuß ⊙ 64
Neustadt ⊙ 177 A 2
Neustrien ☐ 63 AB 1/2
Neusüdwales ☐ 92, 93 C 2, **138, 139 C 2, 148, 149 AB 2**
Neutrale Staaten (II. Weltkrieg) 179, **181, 183, 193**
Nevada ☐ **130, 131 A 1**
Nevers ⊙ 77 B 2
Newcastle ⊙ 103 B 2, 126 B 1, 153 A 1
New Hampshire ☐ 129 C 2 Nr.2, **130, 131 C 1**, 135.II B 1

⊙ Siedlung, Ort, Stadt	☐ Reich, Staat, Land, Provinz, Landschaft, Insel	⚉ Person
⚔ Schlacht, Eroberung		⚇ Völkergruppe, Volk, Stamm
§ Vertrag, Bündnis, Gesetz	∽ Gewässer (Fluss, Meer usw.)	→ Verweis

272 New Jersey

New Jersey ☐ 129 B 1, 131 C 1, 135.II B 1
New Mexiko (Neumexiko) ☐ 87 A 1, **130, 131 AB 2**, 137 A 1
New Orléans ⊙ 87 A 1, 129 B 2, 131 B 2, 133 B 2, **134**, 135.I B 2, **135.II A 2**
Newsbury ✗ (1643) 103 B 2
New York (früher Neuamsterdam) ⊙ ☐ 84–85 A 1, 87 B 1, 93 A 1, 128 (1664), 129 C 2, **130, 131 C 1**, 133 C, 135.I B 1, 135.II B 1, 139 A 1, 160 A 1, 161 C 2, 175 A 1, 191 A 1, 234 A 1
Nez Percée ⚔ 132 A 1
Niah ⊙ 13 D 2
Nicaragua ☐ 136–137 A 2 (1821/38), 160 A 2, 175 A 1, 191 A 1, 197, 201 A 1, 216, 218 A 2, 223 A 1
Nice ⊙ 117 B 1
Nicosia → Nikosia
Nidwalden ☐ 75 B 1
Niedergermanien ☐ 49 A 1
Niederhagen ✗ 177 A 1, 185 A 1
Niederlande (Generalstaaten, Holland, Vereinigte N.) ☐ 86, 90–91, 92, 95 B 1, **98–99**, 98 (Trikolore), 101 B 1, **104, 105 B 1**, 106, 107 B 1, 111 A 3, 113 B 1, 117 B 1 (Batavische Rep. 1795), 120–121 A 1, 123 B 1, 126 B 2, **138**, 144 (Ostindienkompanie), **148–149**, 153 B 1, **160–161**, 163 B 1 (Kgr.), 165 AB 1, 171 B 1, 175 B 1, 177 A 1, **178**, 179 A 2, 182, 184, 185 A 1, 189 A 1/2, 191 B 1, 192, 193 B 1, 195 B 1, 196, 198 B 1, 201 B 1, 202, 215 B 1, 218 B 1, 223 B 1
Niederlande, Österreichische ☐ 113 B 1
Niederlande, Spanische ☐ 95 B 1, **99 AB 2/3**, 101 B 1, 107 B 1, 113 B 1
Niederländisch-Brasilien ☐ 87 B 2
Niederländische Antillen ☐ 198 A 2
Niederländischer Krieg Ludwigs XIV. 106
Niederländisch-Guayana → Surinam
Niederländisch-Indien ☐ 93 C 2, 139 C 2, 182, **183 AB 2** → Indonesien
Niederlausitz ☐ 56
Nieder-Österreich ☐ 189 B 2
Niedersachsen ☐ 188, 189 A 1
Nieuw Amsterdam → New York
Nieuwport ✗ (1600) 99 A 1
Nièvre, Dep. ☐ 117 B 2
Niger ☐ 147.I A 1, 191 B 1, 198 B 2, 201 B 1, 211.I A 1, 213 A 1, 218 B 2, 223 B 1

Nigeria ☐ 147.I A 1, 160 B 2, 175 B 1, 181 B 1, 198 B 2, 201 B 1, 211.I A 1, 213 A 2, 218 B 2
Niigata ⊙ 143 C 1
Nikäa (Nikaia) ⊙ 55 C 2 (Konzil 325 v. Chr.), 61 B 1, 65 C 2, 67 C 2, 71 A 1, 73 B 1
Nikaia ⊙ 31 B 1, 38, 39 C 1
Nike-Tempel/Athen 36, 37.Nk.
Nikobaren ☐ 141 C 2, 183 A 2, 203 B 2, 93 C 1
Nikolajew ⊙ 185 C 2
Nikolajewsk ⊙ 109 C 2, 143 C 1, 169 C 2
Nikolaus I., Zar ♙ 108
Nikomedia ☐ 45 B 2, 53 C 2, 67 C 2
Nikopolis ✗ (1396) 72, 73 B 1, 80, 81 C 2
Nikosia (Nicosia) ⊙ 81 C 2, 157 B 2, 207 A 1, 215 C 2, 227 A 1
Nil-Hochkultur → Ägypten
Nîmes ⊙ 77 B 2, 117 B 1
Nimrud → Kalchu
Nimwegen ⊙ § (1678) 63 B 1, 99 B 2, 108
Ningpo ⊙ 91 C 1, 143 B 2
Ninive ⊙ **18**, 19 C 2, 21.II A 1, 24, 25.I A 1, 27 B 1
Nippur ⊙ 21.II B 2
Nisch (Niš) ⊙ 155 A 1, 229 C 2
Nischapur ⊙ 61 C 1, 71 A 2
Nishnekolymsk ⊙ 109 C 1
Nishni Nowgorod (Gorki) ⊙ 95 C 1, 101 C 1, 105 C 1, 109 A 1, 113 C 1, 119 C 1, 167 B 1, 169 A 1, 179 B1, 221 A 1
Niue ☐ 149 B 2
Nizam, Reich des ☐ 141 B 2
Nizza ⊙ 97 A 1, 107 B 2, 121 A 2, 126 B 3, **150, 151 A 1**
Njassaland → Malawi
Nora ⊙ 31 B 1
Nord, Dep. ☐ 117 B 1
Nordamerika ☐ **84 A 1/2, 86, 87 AB 1, 93**, 112, 128 (Kolonien), **129–139**, 161, 175, 181, 191, 198, 201, 218, 223
Nordatlantikpakt → NATO
Nordborneo → Sabah
Norddeutscher Bund **152, 153**
Nordirland ☐ 193 AB 1, 215 AB 1
Nordischer Krieg **108, 110**
Nordkorea ☐ 191 C 1, 199 D 1, 201 C 1, 203 C 1 (VR), **205.I ABC 1/2**, 219 D 1, 223 C 1
Nördliche Marianen → Marianen
Nördliches Sarkars ☐ 141 B 2
Nördlingen ✗ 95 B 1, 101 B 1
Nord-Ossetien ☐ 221 A 2, 225.I AB 1 → Osseten

Nord-Pazifik-Bahn (1883) 133 B 1 A 1
Nordrhein-Westfalen ☐ 188, 189 A 1/2
Nordrhodesien → Sambia
Nord-Süd-Konflikt **222**
Nordterritorium/Australien ☐ 149 A 1/2
Nordvietnam, VR ☐ 203 B 2, **205. II**
Nord-Süd-Gefälle 236
Nord-West-Passage **82, 84–85 A 1**
Nordzypern, Türk. Rep. ☐ 206
Norfolk ☐ 149 B 2, 160 A 1, 199 D 2/3
Noricum ☐ 49 B 1
Norilsk ⊙ 221 B 1
Normandie ☐ 64, 65 A 1, 68, 69.II B 1/2, 77 AB 1, 125 (Industrialisierung), **178** (Landung 1944), **179 A 2**, 180
Normannen (Wikinger) ♙ **64–65**
Norrköping ⊙ 111 A 2
North American Free Trade Agreement → NAFTA
Northampton ⊙ 103 B 2
North Atlantic Treaty Organization → NATO
North Carolina ☐ **129 B 2**, 131 C 2, 135.II B 1
North Dakota ☐ **130, 131 B 1**
Northumbria ☐. 63 AB 1
Northwest Ordinance § (1787) **130**
Norwegen, -er ⊙ ♙ 55 B 1, 65 B 1, 80, 81 B 1, 93 B 1, 95 B 1, 101 B 1, 105 B 1, 109 B 1, **110, 111 AB 1/2**, 113 B 1, **119 B 2**, 121 A 1, 123 B 1, 139 B 1, 153 B 1, 160 B 1, 165 B 2, 171 B 1, 175 B 1, **178, 179 A 1**, ☐ 163 B 1, 185 AB 1, 191 B 1, 192, 193 B 1, 195 B 1, 198 B 1, 201 B 1, 214, 215 B 1, 218 B 1, 223 B 1
Norwich ⊙ 103 B 2
Nottingham ⊙ 103 B 2
Novi Pazar (Novipazar) ⊙ **154, 155 A 1/2**, 229 C 2, 229.Nk.
Novi Sad ⊙ 229 C 1
Nowaja Semlja ☐ 82, 84–85 C 1, 109 B 1, 169 B 1
Nowgorod ⊙ ☐ 55 C 1, 64, 65 C 1, 71 A 1, 78, 79 C 1, 81 C 1, 95 C 1, 101 C 1, 105 C 1, 111 B 2, 113 C 1, 119 C 1, 167 A 1
Nowokusnezk ⊙ 169 B 2, 221 B 2
Noworossisk ⊙ 167 A 2, 225.I A 1
Nowoselje ⊙ 185 B 1
Nowosibirsk ⊙ 169 B 2, 221 B 2
Nowotscherkassk ⊙ 167 A 2
Nowo-Ukraina ⊙ 185 C 2
Nubien, Unter-, Ober- (Kusch) ☐ 22, 23 AB 2/3, 24, 25.I A 2, 27 A 2, 61 B 2, 89.I B 1

S. 10 bis 19	S. 20 bis 53	S. 54 bis 81	S. 82 bis 115	S. 116 bis 165	S. 166 bis 187	S. 188 bis 243
Vor- und Frühgeschichte	Altertum bis ca. 500	Mittelalter 500 bis ca. 1500	Neuzeit 1500 bis 1789	Neuzeit 1789 bis 1918	Zeitgeschichte 1918 bis 1945	Zeitgeschichte seit 1945

Österreich 273

Numantia ⊙ □ 47 A 1
Numider, -ien ᛤ □ 31 A 1, 45 A 2, 47 A 2, 48, 49 B 1 (röm. Prov.)
Nupe □ 89.I A 1, 92
Nurhaci, Mandschu ᛉ 90
Nuristaner (früher Kafiren) ᛤ 225.II
Nürnberg ⊙ 79 B 1, 81 B 1, 95 B 1, 101 B 1, 105 B 1, 113 B 1, 126 B 2, 177 A 2, 188 (N.er Prozess), 189 A 2, 195 B 1
Nuzi ⊙ 21.II B 1
Nyland □ 111 B 2
Nystad ⊙ § (1721) **108, 109 A 1, 110, 111 B 2**

O

OAS 197–199, **201, 218–219**, 234–235
OAU 198–199, 210 (Flagge), 217, **218–219**
Obbia ⊙ 89.I B 1
Oberburma □ **140, 141 C 1**, 143 A 2
Oberelsass □ 104
Obergeldern □ 99 B 2
Obergermanien □ 49 A 1
Oberitalienische Städte **78–79**
Ober-Österreich □ 189 B 2
Oberschlesien □ 173 AB 1 (Volksabstimmung 1921)
Obervolta → Burkina Faso
Obodriten ᛤ 63 C 1
Obok ⊙ 145.I B 1
Obwalden □ 75 B 1
Ocaña ✕ (1809) 119 A 2
Ochotsk ⊙ 109 C 1, 221 C 1
Ochrida (Ohrid) ⊙ 65 B 2, 229 C 2
Ödenburg (Sopron) ⊙ 172, 173 A 3
Odeon/Rom 51 A 1
Oder-Neiße-Linie **186**, 189 B 1/2
Odessa ⊙ 109 A 1, 123 C 2, 127 D 2, 153 C 1, 161 C 1, 165 C 2, 167 A 2, 169 A 1, 179 B 2, 193 C 2, 221 A 1
Odessos/Bulgarien ⊙ 27 A 1, 31 C 1, 39 A 1, 41 A 1
Odoaker, Heermeister ᛉ 58
OECD → OEEC
OEEC (Organization for European Economic Cooperation) **194–195**
Ofando → Aufidus
Ofen → Budapest
Ofnethöhle/Riess 14
OGPU (Vereinigte Staatliche Politische Verwaltung – Geheimpolizei) 168
Ogusen ᛤ 71 B 1
Ohio □ 86, **131 C 1**, 135.II B 1
Ohrid → Ochrida

Oia ⊙ 31 B 2
OIC 212, **213**
Oiraten → Kalmücken
Oise, Dep. □ 117 A 1
Okinawa □ 183 A 1
Oktoberrevolution → Russische Revolution
Öland □ 111 A 2
Olbia ⊙ 27 A 1, 31 C 1, 39 A 1, 41 A 1
Oldenburg ⊙ □ 177 A 1
Oldowan-Kultur ⊙ 10
Olduvai, -schlucht ⊙ 10, 12 B 2, 13.II
Oliva § (1660) **110, 111 B 3**
Olmütz ⊙ 121 B 2
Olophyxos ⊙ 33 B 1
Ölpest 242–243
Olstyn → Allenstein
Olymp, Berg 33 B 1, 35 B 1, 37 B 1
Olympia, Zeusspiele ⊙ 29 B 2, **32**, 33 A 2, 35 B 2, 37 B 2, 40 (Weltwunder)
Olynthos ⊙ 33 B 1, 35 B 1, 37 B 1
Omaha ᛤ 129 A 1
Omaijaden, Dynastie □ **60–61**, 68
Oman □ 61 C 2, 93 B 1, 141 A 1, 147.I B 1, 161 C 2, 181 B 1, 199 C 2, 207 C 2, 213 B 1, 219 C 2, 223 B 1, 227 C 2
Omo 12 B 2, 13.II
Omsk ⊙ 109 B 2, 143 A 1, 169 B 2, 221 B 2
On (Heliopolis) ⊙ 23 A 1
Onega ⊙ 167 A 1
OPEC (1960) □ **197, 198–199**, 208, 223, 237
Operation Enduring Freedom 234–235
Opis ⊙ 27 B 2
Opium, -handel, -kriege **142**
Oppeln (Opole) ⊙ 189 B 2
Oradour ⊙ 185 A 2
Oran ⊙ 69.I B 2, 81 A 2, 89.I A 1, 95 A 1, 101 A 1, 105 A 2, 113 A 2, 119 A 2, 147.I A 1, 165 A 2
Orange, Fsm. □ 107 B 2
Oranienburg ⊙ 177 B 1
Oranien-Nassau, Prinz Wilhelm ᛉ 98
Oranje-Freistaat □ 12 B 3, 144, 145.I B 2, 145.II B 1/2, **146, 147.II B 1/2**, 211.II B 1/2
Orchomenos/Böotien ⊙ 29 B 1, 33 B 2
Orchomenos/Peloponnes ⊙ 33 A 2
Oregon, -gebiet □ **130**, § (1846) **130, 131 A 1, 132–133 A 1** (-Trail), 135.I A 1, 137 A 1
Orel → Orjol
Orenburg ⊙ 109 A 2, 167 A 2
Oreos ⊙ 33 B 2
Organisation Amerikanischer Staaten → OAS

Organisation der Islamischen Konferenz → OIC
Organisation für die Afrikanische Einheit → OAU
Organization for African Unity → OAU
Organization for European Economic Cooperation → OEEC
Organization of the Petroleum Exporting Countries → OPEC
Orientbund → Mittelmeerabkommen
Orissa □ 141 B 1/2
Orjol (Orel) ⊙ 167 A 2, 185 C 1, 195 C 1
Orléans ⊙ 57 A 1, 59 A 1, 69.II B 2, ✕ (1429) 76–77 B 2, 107 B 1, 117 A 1
Orne, Dep. □ 117 A 1
Orte, Kantone (Begriff) **74**
Osaka ⊙ 91 C 1, 143 C 1, 203 C 1
Osama Bin Laden ᛉ 224
Ösel □ 110, 111 B 2
Osijek ⊙ 229 B 1
Osker ᛤ 43 B 2
Oslo (bis 1925 Christinia) ⊙ 79 B 1, 81 B 1, 95 B 1, 101 B 1, 105 B 1, 111 A 2, 113 B 1, 119 B 1, 165 B 1, 171 B 1, 185 B 1, 193 B 1, 195 B 1, 215 B 1, 230 (Friedensprozess)
Osman I. ᛉ 72, 73
Osmanen, Dynastie □ 66, **72–73**, 79 C 2, **80**, 84–85 B 1, 89.I B 1 (15./17. Jh.), **91 A 1/2**, 92, 93 B 1, **94–95 BC 2** (1556), **96, 97 B 1, 101 BC 2, 105 BC 2**, 113 BC 2, 114
Osmanisch-Ägyptischer Krieg (1939/40) 138
Osmanisches Reich □ 119 C 2, 121 B 3, 123 C 2, 127 CD 3, 138, 139 B 1, 151 B 1, **155 B 2/3**, 161 C 1, 145.I B 1, 147.I B 1, 153 BC 2, **156–157** (Zerfall), 156 (Flagge), 163 C 2, **164** (I. Weltkrieg), **165 C 2, 207**, 208–209, 226, 228 → Türkei
Osnabrück ⊙ § (1648) 104–**105 B 1**, 111 A 3
Ossa, Berg 33 B 1
Osseten ᛤ 225.I → Nord-Ossetien
Ostafrikanischer Graben 10, 12–13, **12 BC 2**
Ostblock **193 BC 1/2, 195 BC 1/2, 201 BC 1, 214–215** (Auflösung), 217
Ostende ⊙ 99 A 2
Österbotten □ 111 B 1
Oster-In. □ 160 A 2
Österreich, Hzm., Ksr., Rep. □ 63 C 1/2, 92, 94, 101 B 2, **105 B 2, 112–113 B 2, 114–115 ABC 3**, 119 B 2, 120, 121 B 2 (Militärgrenze), 127 C 2, 139 B 1, **150,**

⊙	Siedlung, Ort, Stadt	□	Reich, Staat, Land, Provinz, Landschaft, Insel	ᛉ	Person
✕	Schlacht, Eroberung			ᛤ	Völkergruppe, Volk, Stamm
§	Vertrag, Bündnis, Gesetz	∾	Gewässer (Fluss, Meer usw.)	→	Verweis

274 Österreich

151 AB 1, 153 BC 1/2, 154 (Doppelmonarchie 1867), **155 AB 1**, 157 AB 1, 160 BC 1, **162–163 BC 1/2** (Bündnisse), **164–165 B 1/2** (I. Weltkrieg), **170, 171 B 2, 172, 173 A 2/3**, 174, 175 B 1, **176–177 AB 2** (1938), 185 AB 2, **187 A 3, 188–189 AB 2** (Besatzungszonen), § **188** (1955 Staatsvertrag), 191 B 1, 193 B 1/2, 195 B 2, 214, 215 B 1/2, 218 B 1, 223 B 1, 229 B 1
Österreichische Niederlande → Niederlande, Österreichische
Österreichisch-Preußischer Krieg gegen Dänemark ⚔ (1864) 152–153
Österreich-Ungarn → Österreich, Ungarn
Ostfranken ⚔ ☐ **63 BC 1/2, 64, 65 B 1**
Ostgebiete, Deutsche ☐ **186, 189**
Ostgoten, -reich ⚔ ☐ **56–59 B 1**
Ostia ⊙ 53 B 1
Ostindien ☐ 71, 82, 85, 91, 93, 139, **141, 143**, 161, 181, 183, 199, 201, 203, **205**, 213, 219, 223
Ostindische Handelsgesellschaften (brit., frz., dän., ndl.) 83, **90**, 92, 94
Ostkap, Asiatisches 82, 84–85 D 1
Ostkirche → Griechisch-orthodoxe Kirche
Ostmannen → Normannen
Ostmark → Österreich
Ostpreußen ☐ 164, Abstimmungsgebiet (1920) 164, **172, 173 AB 1/2**, 177 BC 1, 186, **187 AB 2**, 189 BC 1
Ostrom, Oströmisches Reich ☐ **57 BC 1/2, 58–59, 59 BC 1/2**, 228 → auch Byzanz
Ostrumelien ☐ **154, 155 B 2**, 157 B 1
Ostseehandel 78–79
Ostslawen ⚔ **55 BC 1**, 61 B 1
Ost-Timor → Timor-Leste
Osttirol ☐ 189 A 2
Ostturkestan → Sinkiang
Ostverträge, Deutsche § (1970–73) **192**
Ost-West-Gegensatz, -Konflikt **196–199, 200, 204, 216**, 228
Otrar ⊙ 71 B 1
Otschakow ⊙ 157 B 1
Ottawa ⊙ 131 C 1, 133 C 1, 160 A 1, 175 A 1, 181 A 1, 198 A 1, 218 A 1
Otto I., Kg., Ks. ⚔ 64
Oudenaarde ⊙ 99 A 2
Oudh ☐ 141 B 1
Ourique ⊙ 69.I A 2
Overijssel ⊙ 98, 99 B 1/2

Oviedo ⊙ 55 A 2, 61 A 1, 65 A 2, 69.I A 1, 193 A 2
Oxford ⊙ 69.II A 1, 103 B 2
Oxyrhynchos ⊙ 23 A 2
Ozeanien ☐ **148–149** (Kolonialzeit)
Ozolis ⊙ 33 A 2
Ozonloch 240, 242–243

P

Pa ⊙ 141 B 1
Packeisgrenze 242–243
Padang ⊙ 91 B 2
Paderborn ⊙ 63 B 1
Padua ⊙ ☐ **96, 97 A 1**
Paestum (Poseidonia) ⊙ 43 B 2
Pagan ⊙ 71 C 2
Pagasai ⊙ 33 B 1
Pakistan ☐ 191 B 1, 196, 199 C 1, 201 B 1, 202–203 AB 1 (Bürgerkrieg), 210, 213 B 1, 219 C 1/2, 223 BC 1, 224
Paläolithikum → Altsteinzeit
Palästina ⊙ 24, **25.II** (9. Jh. n.Chr.), **25.III** (1. Jh. n.Chr.), 53 C 2, 157 B 2, 175 B 1, 179 B 3, 206, **208, 209.I, 209.II**, 213 B 1, **230–231**
Palästinenser ⚔ 206, 208, **230–231**
Palatin/Rom 42, 50, 51 AB 1/2
Palau-In. ☐ **148, 149 A 1**, 191 C 1
Pale ⊙ 229 B 2
Palermo ⊙ 31 B 1, 64, 65 B 2, 67 B 2, 77 A 1, 97 B 3, 101 B 2, 105 B 2, 113 B 2, 121 A 3, ⚔ (1860) 151 B 2, 153 B 2, 193 B 2
Palestine Liberation Organization → PLO
Palma ⊙ 69.I B 2
Palmyra (Tadmor) ⊙ 21.II A 1, 41 B 2, 47 C 2, 49 C 2, 53 C 2, 59 C 2, 149 C 1
Pamir ⊙ 109 A 2, 143 A 1, 161 C 1
Pamiri ⚔ 225.II C 1
Pamphylien ☐ 40
Pamplona ⊙ 58, 59 A 1, 63 A 2, 65 A 2, 69.II A 1, 77 A 3, 95 A 2, 101 A 1, 107 A 2
Panafrikanische Bewegung **210**
Panamá ☐ 84–85 A 2, 87 A 2, 137 A 2, 175 A 1, 201 A 1, 223 A 1
Panamakanal, -zone ⌒ **159, 160 A 2**, 198 A 2
Panamerikanische Neutralität **181**
Panamerikanische Union 136 (Plan Bolivars)
Pančevo ⊙ 229 C 1
Pandjwei ⊙ 71 B 2
Pandschab (Punjab) ☐ 26, 27 C 1, 71 B 2, 140, 141 B 1
Paneas ⊙ 25.III B 1

Panipat ⊙ ⚔ (1526, 1556) 91 B 1, 141 B 1
Panmunjom ⊙ § (1953) **204–205.I** (Waffenstillstand)
Pannonien ⊙ 48, 49 B 1, 63 C 1/2, 64
Pannonisch-Balkanischer Kreis 19 B 1/2
Panormos ⊙ 43 A 3
Panslawismus 154 (Begriff)
Pantelleria ☐ 151 A 3
Panthéon/Paris 117.Nk.
Pantheon/Rom 51 A 1
Pantikapaion (Kertsch) ⊙ 27 B 1, 31 C 1, 39 C 1, 41 B 1, 45 C 1, 47 C 1, 49 C 1, 57 C 1
Paphlagonien ☐ 41 A 1, 45 C 2
Paphos ⊙ 31 C 2
Papst, -tum **54–55**, 62
Papua-Neuguinea ☐ **149 A 1**, 191 C 2, 199 D 2, 219 D 2, 223 C 1
Pará (Belém) ⊙ 87 B 2, 137 B 2
Paraguay ☐ 87 B 2, **137 B 2/3** (Un-abhängigkeit 1811), 139 A 2, 160 A 2, 175 A 2, 181 A 2, 191 A 2, 198 A 2, 218 A 2, 223 A 2
Paramaribo ⊙ 137 B 2
Paris ⊙ 55 B 1, 57 A 1, 59 A 1, 63 B 1, 65 A 1, 67 A 1, § (1259) 68, 69.II B 2, 77 B 1, 79 B 1, 81 B 1, 84–85 B 1, 101 A 1, 105 B 1, 107 B 1, § (1856) 108, **117.Nk.** (Frz. Rev.), **117 A 1**, § (1814) 118–119 B 1, 153 (Kommune 1871), **153 B 2** (Kommuneaufstand 1871), 156, 160 B 1, 163 A 1, 165 A 1, 171 B 1, 179 A 2, **122–123 B 1** (1848), **122**, 150 (Frieden 1856), 185 A 2, 192, 193 B 1, 195 B 1, 198 B 1, 204 (Waffenstillstand), 215 B 1, 218 B 1, 234 B 1
Paris § (1763) **92–93 B 1, 112–113 B 1**, 128, 140
Pariser Verträge § (1955) 192–193, 195 B 1
Pariser Vorortverträge § (1919) 170, 172, 174
Parlament/England **102–103**
Parlament/Frankreich **106**
Parlamentarischer Rat (Deutschland) **188**
Parma, Hzm. ⊙ ☐ **96, 97 A 1**, 105 B 2, 113 B 2, 121 A 2, 123 B 1, **150, 151 A 1**
Parnassos, Berg 33 B 2
Paros ⊙ 29 B 2, 35 C 2
Parthenon/Athen 36, 37.Nk.
Parther, -ien ⚔ ☐ 27 C 1, 39 BC 1, 41 BC 1, **46, 47 C 2**, 49 C 2, 53 C 2
Pasargadai ⊙ 27 B 2, 38, 39 B 2
Paschtunen ⚔ **224, 225.II ABC 2**

S. 10 bis 19	S. 20 bis 53	S. 54 bis 81	S. 82 bis 115	S. 116 bis 165	S. 166 bis 187	S. 188 bis 243
Vor- und Frühgeschichte	Altertum bis ca. 500	Mittelalter 500 bis ca. 1500	Neuzeit 1500 bis 1789	Neuzeit 1789 bis 1918	Zeitgeschichte 1918 bis 1945	Zeitgeschichte seit 1945

Pipin I. 275

Paschtunistan-Frage **224**
Pas-de-Calais, Dep. □ 117 A 1, 125
Passarowitz ⊙ (1718) 156, 157 A 1
Patagonien □ 87 B 3, 137 B 3
Pataliputra ⊙ 25.I B 2
Patay ✗ (1429) 76, 77 B 2
Pathet Lao **205.II**
Patmos □ 35 C 2
Patna ⊙ 141 B 1
Patrai (Patras) ⊙ 33 A 2, 35 B 1, 37 B 1, 155 A 2
Patriarchen, -sitze **54–55**
Patrimonium Petri → Kirchenstaat
Patriziat/Rom 42
Pattala ⊙ 27 C 2, 39 C 2, 41 C 2
Pau ⊙ 107 A 2
Paulskirche → Frankfurter Nationalversammlung
Paulus, Apostel ♀ **54–55** (Missionsreisen)
Pavia ⊙ 55 B 2, 57 B 1, 59 B 1, 61 A 1, 65 B 2, ✗ (1525) 95 B 2, 97 A 1
Pawnee ⚶ 129 A 2, 133 B 1
Pazifikabkommen § (1921) 148
Pazifikkrieg ✗ (1941–45) **182–183**
Pazifische In. □ 175 C 1
Pazifischer Ozean → Südsee
Pearl Harbor 1941 ⊙ **182–183 C 1**
Peć ⊙ 229.Nk.
Pecs → Fünfkirchen
Peculiar Institution → Sklaverei
Pedro I., Kaiser ♀ 136
Pegu ⊙ 91 B 2
Pegu, Kgr. □ 71 C 2, 141 C 2, 143 A 2
Peishwa-Länder □ 141 B 1/2
Peking ⊙ 71 C 1, 84–85 D 1, 91 C 1, 93 C 1, § (1860) 108, 139 C 1, 142, 143 B 1, 161 D 1, 175 C 1, 181 C 1, 183 A 1, 199 D 1, 203 C 1, 216, 219 D 1
Pekingmensch 10, 12
Pella ⊙ 25.III B 1, 35 B 1, 37 B 1, 39 A 1, 41 A 1, 45 B 2
Peloponnes □ 29 B 1/2, **33 AB 2/3**, 35 B 2, 37 B 2
Peloponnesischer Bund § 34, **37**
Peloponnesischer Krieg ✗ 36
Pembroke ⊙ 103 A 2
Peninju ⊙ 13.II
Pennsylvania □ 86, **128–129 B 1**, 135.II B 1
Pensacola ⊙ 129 B 2
Peparethos ⊙ □ 33 B 1
Peräa ⊙ 25.III B 1/2
Perejaslawl ⊙ 67 C 2, 71 A 1
Pergamon ⊙ □ 35 C 1, 37 C 1, 40, 41 A 1, **44, 45 B 2**, 46, 47 B 2, 49 B 2
Périgord □ 69.II B 2
Perikles ♀ 36

Perm ⊙ 109 A 1, 169 A 1, 221 A 1
Pernambuco (Recife) ⊙ 87, B 2, 137 B 2
Perpignan (Perpiñán) ⊙ 69.I B 1, 117 B 1
Per Ramses ⊙ 23 B 1
Perryville ✗ (1862) 135.II B 1
Persepolis ⊙ 27 B 2, 38, 39 B 2, 41 B 2
Perser, -ien ⚶ □ 22, 30, **35 BC 1/2**, 36–**37, 38–39**, 61 C 1/2, 71 A 2, 72, 73 C 1/2, 84–85 C 1, **90, 91 A 1** (Safawiden), 93 B 1, 109 A 2, 138, 139 B 1, 141 A 1, 147.I B 1, 157 C 2, 161 C 1, 165 C 2, 167 B 3, 225 A 1/2 → Iran
Perserkriege ✗ **26–27** (6. Jh. v.Chr.), 34, **35** (5. Jh. v.Chr.)
Persis □ 27 B 2, 39 B 2, 41 B 2
Perth/Australien ⊙ 149 A 2, 161 D 2
Perth/Schottland ⊙ 103 B 1
Peru □ **84 A 2/3**, 86, **87 B 1**, 92, 93 A 2, 181 A 1/2, 191 A 2, 198 A 2, 201 A 2, 218 A 2, 223 A 2
Perugia (Perusia) ⊙ 43 A 2, 151 A 1
Perwomaisk ⊙ 185 C 2
Pesaro ⊙ 97 B 1
Pescadores-In. □ 142
Pescara ⊙ 97 B 2, 151 B 2
Peschawar ⊙ 141 B 1, 225.II C 1
Pesje ⊙ 185 B 1
Pest □ 121 B 2, 123 C 2, 127 C 2, 153 C 1 → Budapest
Pestepidemie (1348ff.) 76
Petach Tikwa ⊙ 231 A 2
Peter d. Gr., Zar ♀ **108**, 110
Petersberger Konferenz (2001) 224
Petersburg, Sankt (1914–24 Petrograd, 1924–91 Leningrad) ⊙ 93 B 1, 108, 109 A 1, 111 B 2, 113 C 1, § **114–115** (poln. Teilung 1772, 1792, 1795), 127 D 1, 139 B 1, § (1907) 159, 161 C 1, 163 C 1, 165 B 1, **166–167 A 1**, 169 A 1, 171 C 2, 173 B 1, **178, 179 B 1**, 185 C 1, 193 C 1, 195 C 1, 221 A 1
Petit Trianon/Versailles 107.Nk.
Petra ⊙ 45 C 2, 47 C 2, 49 C 2
Petralona ⊙ 12 B 1, 15 B 3
Petrograd → Petersburg
Petropawlowsk ⊙ 109 A 2
Petropawlowsk-Kamtschatski ⊙ 109 C 1, 221 C 1
Petrosawodsk ⊙ 167 A 1, 221 A 1
Petschenegen ⚶ 64, 65 C 1
Peur, Grande (Aufstände 1789) 116
Pfalz, Kfsm. □ 104, 106, 121 A 2 (bayer. Pfalz)
Pfälzischer Krieg ✗ 106 (Ludwig XIV.)
PfP (Partnerschaft für den Frieden)-Staaten 217

Phaistos ⊙ 29 B 2
Phaleron/Athen 35.Nk.
Pharao, -titel 22, 38
Pharos, I., Leuchtturm 40
Pharsalos ⊙ 33 B 1, 37 B 1
Phasaelis ⊙ 25.III B 2, 31 C 1
Phasis ⊙ 27 B 1, 39 B 1, 41 B 1
Pherai ⊙ 33 B 1, 35 B 1, 37 B 1
Philadelphia/Palästina ⊙ 25.III B 2
Philadelphia/USA ⊙ 87 A 1, 128, 131 C 1, 133 C 1, 135.I B 1
Philipp II., franz. Kg. ♀ 66
Philipp II., makedon. Kg. ♀ 38
Philipp II., span. Kg. ♀ 98
Philipp IV., franz. Kg. ♀ 76
Philipp IV., span. Kg. ♀ 106
Philipp V., makedon. Kg. ♀ 45 B 2
Philippi ⊙ 55 B 2
Philippinen □ **84–85 D 2**, 91 C 2, 93 C 1, 138, 139 C 1, 143 B 2, **148, 149 A 1**, 161 D 1, 175 C 1, 181 C 1, 182, 183 AB 2, 191 C 1, 196, 199 D 2, 201 C 1, 203 C 2, 213 C 1/2, 219 D 2
Philippsburg 104
Philister ⚶ 23 B 1, 25.II A 2
Phnom-Penh ⊙ 91 B 2, 205.II A 2
Phokäa ⊙ 27 A 1, 29 C 1, 31 C 1, 35 C 1, 37 C 1
Phokis ⊙ 29 B 1, 33 B 2, 35 B 1, 37 B 1
Phöniker, -kien ⚶ □ 23 B 1, 25.II AB 1, 25.III AB 1, 27 A 2, **30–31**, 31 C 2, 39 AB 1
Phönizische Kolonisation → Kolonisation, Phönizische
Phönix-In. □ 149 B 1
Phryger, -ein ⚶ □ 24, 25.I A 1, 27 A 1, 35 C 1, 37 C 1, 39 C 1, 40, 41 A 1
Piacenza ⊙ 96, 97 A 1
Piatra Neamç ⊙ 185 B 2
Picardie □ 99 A 3
Pichincha ⊙ ✗ (1822) 137 A 2
Picquigny § (1475) 76, 77 B 1
Piemont □ 97 A 1, 105 B 2, 107 B 2, 117 → Sardinien-Piemont
Pieskau ⊙ 165 B 1
Pietermaritzburg ⊙ 145.II B 2, 147.II B 2
Pietersburg ⊙ 147.II B 1
Pillau ⊙ 110, 111 B 3
Pilsen (Plzeň) ⊙ 189 B 2
Pinang ⊙ 139 C 1
Pincius/Rom 51 AB 1
Pinerolo ⊙ 104
Pinsk ⊙ 115 B 2, 173 B 2, 177 C 1, 185 B 1
Pinto ⊙ 91 C 1
Piombino (Stato dei presidii) ⊙ □ **97 A 1**
Pipin I., Kg. ♀ 60, 62

⊙ Siedlung, Ort, Stadt	□ Reich, Staat, Land, Provinz, Landschaft, Insel	♀ Person
✗ Schlacht, Eroberung		⚶ Völkergruppe, Volk, Stamm
§ Vertrag, Bündnis, Gesetz	∽ Gewässer (Fluss, Meer usw.)	→ Verweis

276 Piräus

Piräus ⊙ 33 B 2, 34, 35 B 2, 35.Nk., 37 B 1
Pisa ⊙ 43 A 1, 65 B 2, 78, 79 B 2, 81 B 2, 97 A 1, 151 A 1
Pisidien □ 27 A 1
Pitcairn □ 149 C 2, 160–161 A 3
Pittsburgh ⊙ **129 B 1**, 133 C 1, 135.I B 1
Pityus ⊙ 27 B 1, 41 B 1
Pizarro, Francesco ♗ 83, 84–85 A 2, 87 AB 2 (Zug)
Pjatigorsk ⊙ 225.I A 1
Pjöngjang ⊙ 203 C 1, 204–205.I
PKK (Arbeiterpartei Kurdistans) **226, 227**
Planwirtschaft **194–195**
Plassey (1757) ⚔ (402) 56
Platää ⚔ (479 v.Chr.) 33 B 2, 34, **35 B 1, 35.Nk.**
Platz des Himmlischen Friedens/Peking 216
Pleiku ⊙ 205.II A 2
Pleistozän → Eiszeitalter
Pleskau → Pskow
Pleven ⊙ 155 B 1
Pléven-Plan (1952) 192
Pliska ⊙ 65 C 2
PLO (Palestine Liberation Organization) 206, **208**, 212, 230
Plombières § (1858) 150
Plovdiv ⊙ 155 B 2
Plozk ⊙ 115 B 1
Plymouth/England ⊙ 77 A 1, 103 B 2
Plymouth/USA ⊙ 87 B 1, 126 A 2, **128–129 C 2** (Gründung 1620), 153 A 1
Pnyx/Athen 37.Nk.
Podgorica ⊙ 229 B 2
Podolien □ 72, 73 B 1, 105 C 1, 113 C 1, 115 C 2, 157 B 1
Poitiers ⚔ (732) 54, 55 A 1, 60, 61 A 1, 62, 63 B 2, 77 A 2, 117 A 2, 126 B 2 → auch Tours
Poitou ⊙ 68, 69.II B 2, 77 A 2
Polanen ♗ 63 C 1
Polen, Polen-Litauen □ 55 B 1, **65 B 1**, 67 B 1, 73 B 1, 79 BC 1, 80, 81 BC 1, 95 BC 1/2, 101 BC 1, 104, **105 BC 1/2, 108** (Teilung), 108–109 A 1 (Kongress-Polen 1815), 110, 111 AB 2/3, 112, 113 BC 1, **114–115 ABC 1/2** (Teilungen), 114 (Poln. Frage 19. Jh.), 115 AB 1/2 (Groß-), 115 B 2 (Klein-), 120, **121 B 1/2** (Kongress-), **122** (Russ. Annexion 1830), **123 C 1** (Aufstand 1830/31), 153 BC 1, **166, 167 A 2, 170, 171 C 1, 172, 173 AB 1/2**, 175 B 1, **176–177 BC 1/2** (Dt. Überfall 1939), **178**, 180, **184**, 186, **187 AB 2**, 189 BC 1/2, 191 B 1, 192, **193 BC 1**, 195 BC 1, 198 B 1, 201 B 1, 215 BC 1, 218 B 1, **221**, 223 B 1 → Polnische Teilungen
Polesien □ 115 B 2
Polezk ⊙ 115 C 1
Polis, griech. Stadtstaaten 24, **32–33**, 39 AB 1, 41 A 1
Poljanen ♗ 65 C 1
Pollentia ⊙ ⚔ (402) 56
Polnischer Korridor □ 172, 173 A 1/2
Polnische Teilungen § (1772–95) 92, **108, 112, 114–115**
Polo, Nicolo, Maffeo u. Marco ♗ 70, **71 ABC 1/2** (Reiseroute Marcos), 82
Polozk ⊙ 65 C 1, 111 B 3
Pol Pot ♗ 204
Poltawa ⊙ ⚔ (1709) 105 C 1, 109 A 1, 110, 113 C 1, 115 C 2, 185 C 1
Polynesien □ **148–149** (Begriff)
Pommern □ 55 B 1, 115 A 1, **187 A 2**, 189 B 1
Pomoranen ♗ 63 C 1
Pondichéry ⊙ 90, 91 B 2, **140, 141 B 2**, 161 C 2, 203 B 2
Pondoland ⊙ 147.II B 2
Poniatowski, Stanislaus (II.) ♗ **112, 114**
Pontecorvo ⊙ 151 B 2
Pontefract ⊙ 103 B 2
Ponthieu, Gft. □ 76, 77 B 1
Ponthion ⊙ 63 B 1
Pontos → Pontus
Pontremoli ⊙ 97 A 1
Pontus (Pontos) □ 39 B 1, 41 AB 1, 45 C 1, 46, 47 C 2, 49 C 1/2
Population Registration Act § (1950) 210
Port Arthur ⊙ ⚔ (1904/05) 143 B, 161 D 1 → Dalian/Lüda
Port Darwin → Darwin
Port Elizabeth ⊙ 145.II B 2, 147.II B 2, 211.II B 2
Portland ⊙ 131 A 1, 135.I A 1
Port Macquarie ⊙ 149 B 2
Porto ⊙ 69.I A 1, 119 A 2, 123 A 2, 153 A 2, 165 A 2, 193 A 2
Pôrto Alegre ⊙ 87 B 3, 137 B 3
Port Said ⊙ 157 B 2, 207 A 2, 227.I A 2
Portsmouth ⊙ 105 A 1, 107 A 1, 113 A 1, 117 A 1, 129 C 2
Portugal ⊙ 67 A 1, **68–69.I A 1/2**, 79 A 2, 81 A 2, 82–85, 86, 88, 89.I A 1, **90–91**, 92, 93 B 1, 95 A 2, 101 A 1, 105 A 2, 113 A 2, **119 A 2**, 123 A 2, 126 A 3, **136–137, 138**, 139 B 1, **140**, 145.I A 1, **148–149**, 153 A 2, 160 B 1, **159, 160–161**, 163 A 2, 165 A 2 (I. Weltkrieg), 175 B 1, **170–171 A 2** (Estado Novo), 191 B 1, 192, 193 A 2, 194, 195 A 2, 196, 198 B 1, 201 B 1, **202–203**, 215 A 2, 218 B 1, 223 B 1
Portugiesisch-Guinea → Guinea-Bissão
Poseidonia → Paestum
Posen (Poznań) ⊙ 115 A 1, ⚔ (1806) 119 B 1, 121 B 1, 123 B 1, 127 C 2, 137 B 2, 153 B 1, 173 A 2, 177 B 1, 189 B 1
Poteidää ⊙ 33 B 1, 35 B 1, 37 B 1
Poti ⊙ 225.I A 1
Potosí ⊙ 87 B 2
Potschefstroom ⊙ 145.II B 1, 147.II B 1
Potsdam, Konferenz § (1945) **186, 188, 189**, 195 B 1
Prag (Praha) ⊙ 79 B 1, 81 B 1, 95 B 1, 101 B 1, 105 B 1, 113 B 1, 115 A 2, 119 B 1, 121 A 2, 123 B 1, 127 C 2, § (1866) 152, 153 B 1, 165 B 1, 171 B 1, 173 A 2, 177 B 2, 179 A 2, 189 B 2, 193 B 1, 195 B 1, 215 B 1
Prampram ⊙ 89.II B 1
Prätorianer-Kaserne/Rom 51 B 1
Předmostí ⊙ 12 B 1, 15 B 2
Presbyterianer/England **102–103**
Preševo ⊙ 229.Nk.
Preßburg (Bratislava) ⊙ 65 B 2, § (1805) 118–119 B 2, 121 B 2, 155 A 1, 173 A 2, 177 B 2, 185 B 2, 189 B 2, 215 B 2
Preston ⊙ ⚔ (1648) 103 B 2
Pretoria ⊙ 144, 145.II B 1, 147.I B 2, 147.II B 2, 175 B 2, 211.I B 2
Preußen, Ordensstaat, Hzm., Kgr. □ 67 B 1, 79 BC 1, 80, 81 BC 1 (Ordensstaat), 92, 95 B 1, 101 B 1, 105 B 1, 109 A 1, 110, 111 AB 3, **112–113 B 1, 114–115 AB 1/2**, 115 B 1, **120, 121 A 2, 123 B 1**, 125, **152**, 188 → Pruzzen
Preußisch-Österreichischer Krieg ⚔ (1866) 150, 152
Prijedor (Keraterm) ⊙ 229 B 1
Príncipe → São Tomé
Prinz-Eduard-In. □ 161 C 2
Priština ⊙ 229 C 2, 229.Nk.
Prizren ⊙ 229 C 2, 229.Nk.
Propontis ∽ 35 C 1
Propyläen/Athen 36, 37.Nk.
Protektorat Böhmen und Mähren □ **176, 177 B 2**
Protestanten → Lutheraner
Protogriechen ♗ 29 AB 1
Provence □ 69.II B 2, 77 B 2/3, 81 B 2, 107 B 2

S. 10 bis 19	S. 20 bis 53	S. 54 bis 81	S. 82 bis 115	S. 116 bis 165	S. 166 bis 187	S. 188 bis 243
Vor- und Frühgeschichte	Altertum bis ca. 500	Mittelalter 500 bis ca. 1500	Neuzeit 1500 bis 1789	Neuzeit 1789 bis 1918	Zeitgeschichte 1918 bis 1945	Zeitgeschichte seit 1945

Rio de Oro 277

Provinzen, Verwaltung/Rom 48–49
Prüm ⊙ 63 B 1
Pruzzen (Preußen) ⨯⨯ 55 B 1
Przemyśl ⊙ 115 B 2, 173 B 2
Pskow (Pleskau) ⊙ 79 C 1, 81 C 1, 95 C 1, 101 C 1, 105 C 1, 108, 111 B 2, 113 C 1, 167 A 1, 173 B 1, 185 B 1
Psyra ⊙ 35 C 1, 37 C 1
Ptolemäer, Diadochenreich ▢ 40, 41, 44, **45 BC 2**, 47 BC 3
Ptolemais ⊙ 25.III AB 1 → Akko
Pueblo-Indianer ⨯⨯ 129 A 2
Puerto Rico ▢ 87 B 1, 137 B 1, 139 A 1, **159, 160 A 2**, 201 A 1
PUK (Patriotic Union of Kurdistan) 226
Pula ⊙ 229 A 1
Punier (Karthager) ⨯⨯ ▢ **44–47**
Punische Kriege **44–47** → auch Karthago
Punjab → Pandschab
Punta Arenas ⊙ 137 B 3, 160 A 3
Pusan ⊙ 205.I
Puteoli ⊙ 55 B 2
Puy-de-Dôme, Dep. ▢ 117 B 2
Pu Yi, Ks. ⚲ 142
Pydna ⨯ (168 v.Chr.) 33 B 1, 46, 47 B 2
Pylos ⊙ 29 B 2, 33 A 3
Pyramiden/Ägypten **22, 23**, 40
Pyrenäen, -friede § (1659) **104–105**, 106

Q

Qafzeh, -Höhle 10, 12 B 1
Qingdao (Tsingtau) ⊙ 203 C 1
Qom ⊙ 207 C 1, 213 B 1, 227 B 1
Quaden ⨯⨯ 49 B 1, 57 B 1
Quanzhou ⊙ 71 C 2
Québec ⊙ 82, 87 B 1, 128, 131 C 1, 133 C 1, 135.I B 1, 135.II B 1, 217
Québec-Gesetz § (1774) 128
Queensland ▢ 148, 149 A 1/2
Quelimane ⊙ 89.I B 2
Qucrétaro ⊙ 137 A 1
Quetta ⊙ 225.II B 2
Quiberon ⊙ 117 A 1
Quierzy ⊙ 63 B 1
Quirinal/Rom 50, 51 B 1
Quito ⊙ 87 A 2, 93 A 1, 137 A 2
Qumram ⊙ 25.III B 2
Qwagwa ▢ 211.II B 1

R

Rabat ⊙ 12 A 1, 147.I A 1, 165 A 2, 211.I A 1

Rabbat Ammon (Amman) ⊙ 25.II B 1
Rabin, Ytzak ⚲ 230
Racconigi ⊙ 161 B 2
Raška ⊙ 229 C 2
Raclawice ⨯ (1794) **115 B 2**
Radom ⊙ § (1767) **115 B 2** (Konföderation), 185 B 1
Radzilow ⊙ 177 B 1
Rafah ⊙ 231 A 3
Ragusa (Dubrovnik) ⊙ ▢ 63 C 2, 65 B 2, 73 A 1, 79 B 2, 81 B 2, 95 B 2, 97 B 1, 105 B 2, 113 B 2, 119 B 2, 155 A 2, 157 A 1, 229 B 2
Rajputana ▢ 141 AB 1
Ramallah (Ramla) ⊙ 209.I B 1, 209.II B 1, 230, 231 B 3
Rangoon (Rangun) ⊙ 141 C 2, 143 A 2, 183 A 2, 203 B 2
Rapa ▢ 149 C 2
Rapallo ⊙ § (1920/22) 171 B 2
Rasht (Rescht) ⊙ 207 BC 1, 227 B 1
Rassenantisemitismus **184–185**
Rassentrennung → Apartheid
Rat der Volkskommissare, russ. Dekrete (166), 168
Räter, -ien ⨯⨯ ▢ 47 AB 1, 49 B 1, 53 B 1
Räterepubliken (1918/19) **171**
Rat für gegenseitige Wirtschaftshilfe → RGW
Rätoromanen ⨯⨯ 173 A 3
Ravenna ⊙ 49 B 1, 55 B 2, 57 B 1, 58, 59 B 1 (Eroberung 493), 63 C 2, 97 B 1
Ravensbrück ⊙ 177 B 1, 185 B 1
Ravensburg ⊙ 75 C 1, 78 (Handelsgesellschaft), 79 B 1
Rebel Flag (Konföderierte) **134**
Recife ⊙ → Pernambuco
Reconquista, Iberische Halbinsel **66, 67 A 1/2, 68–69** (Ende 1492)
Red River ᔕ 131 B 2
Reduktionen (Jesuitenstaaten) ▢ 86, 87 B 2/3
Reformation, Ausbreitung **94–95, 101** (Stand 1618), 110 (Schweden)
Reformierte → Kalvinismus
Regensburg ⊙ 57 B 1, 59 B 1, 63 C 1, 67 B 1, 189 A 2
Regenwald 242–243
Reggio/Emilia ⊙ 96, 97 A 1
Reggio/Kalabrien ⊙ 97 B 3, 151 B 2
Regulating Act § (1773) 140
Reichenau ⊙ 63 B 1
Reichenberg ⊙ 177 B 2
Reichsdeputationshauptschluss § (1803) 118
Reichsgrenzen (843) **63**
Reichskommissariat ▢ 177 C 1 (Ostland), 177 C 1/2 (Ukraine)

Reichspogromnacht (1938) 176
Reichsstädte 80, **101**, 105
Reichsteilung, röm. (395) 57 B 1/2
Reims ⊙ 63 B 1, 99 A 3, 107 B 1, **178** (deutsche Kapitulation 1945), 179 A 2
Reinickendorf ⊙ 189.Nk.
Reislamisierung **212**
Renaissance 96, **97**
Rennes ⊙ 69.II A 2, 77 A 2, 101 A 1, 107 A 1, 126 B 2
Republikanische Partei/USA, Gründung (1854) 134
Rescht → Rasht
Rethel ⊙ 77 B 1
Réunion (Bourbon) ▢ 84–85 C 3, 89.I B 2, 93 B 2, **139 B 2**, 145.I B 2, 147.I B 2, 161 C 2, 199 C 2
Reval (Tallinn) ⊙ 79 C 1, 81 C 1, 95 C 1, 111 B 2, 113 C 1, 119 C 1, 121 B 1, 127 C 1, 163 B 1, 167 A 1, 173 B 1
RGW (Rat für gegenseitige Wirtschaftshilfe, engl. COMECON) **194–195, 198–199**
Rhegion ⊙ 43 B 3
Rheinbund, -staaten ▢ **118, 119 B 1**
Rheinland-Pfalz ▢ 189 A 2
Rhion ⊙ 33 A 2
Rhode Island ▢ 129 C 2, 131 C 1, 135.II B 1
Rhodesien ▢ 147.I B 2, 161 C 2, 175 B 2 → Sambia, Simbabwe
Rhodos ⊙ ▢ 27 A 1, 29 C 2, 31 C 1, 34, 35 C 2, 37 C 2, 40–41 A 2 (Koloss, Weltwunder), 47 B 2, 49 B 2, 53 C 2, 72, 73 B 2, 155 B 3
Riad ⊙ 207 B 1, 227 B 2
Riade ⨯ (933) 64, 65 B 1
Ribémont ⊙ § (888) 63 B 1, **64, 65 A 1**
Richard I., engl. Kg. ⚲ 66
Richelieu, Kardinal ⚲ **106**
Richmond ⊙ 129 C 2, 131 C 1, **134, 135.I B 1, 135.II B 1**
Riga ⊙ 79 C 1, 81 C 1, 95 C 1, 101 C 1, 105 C 1, 109 A 1, 110, 111 B 2, 113 C 1, 115 C 1, 119 C 1, 121 B 1, 127 C 1, 153 C 1, 165 B 1, 167 A 1, B (1921) 171 C 1, 173 B 1, 179 B 1, 185 B 1 (R.-Jungfernhof), 193 C 1, 215 C 1
Rijeka ⊙ 229 B 1
Rijssel ⊙ 98, 99 A 2
Rijswijk ⊙ § (1697) 99 A 2, 106
Rimini (Ariminum) ⊙ 43 A 1, 97 B 1
Rio de Janeiro ⊙ 84–85 B 3, 87 B 2, 93 A 2, 137 B 2, 139 A 2, 160 B 2
Rio de la Plata, span. Vizekgr. ▢ 86, **87 B 2/3**
Rio de Oro ▢ 147.I A 1, 160 B 1/2 → Sahara

⊙ Siedlung, Ort, Stadt	▢ Reich, Staat, Land, Provinz, Landschaft, Insel	⚲ Person
⨯ Schlacht, Eroberung		⨯⨯ Völkergruppe, Volk, Stamm
§ Vertrag, Bündnis, Gesetz	ᔕ Gewässer (Fluss, Meer usw.)	→ Verweis

278 Rio Muni

Rio Muni ⌂ 147.I A 1 → Äquatorialguinea
Risskaltzeit 14
Riu-Kiu-In. ⌂ 143 C 2, 203 C 1
Rivesaltes ⊙ 185 A 2
Rjasan ⊙ 71 A 1, 81 C 1, 109 A 1
Roanne ⊙ 126 B 2
Robben-In. ⌂ 211.II A 2
Rochester ⊙ 103 B 2
Rodez ⊙ 77 B 2
Roermond ⊙ 99 B 2
Rom ⊙ 19 B 2, 43 A 2, 49 B 2, **50–51**, 53 B 1, 55 B 2, 56, 57 B 2 (Plünderungen 410/455), 59 B 2, 61 A 1, 62, 63 C 2, 65 B 2, 67 B 1, 73 A 1, 79 B 2, 81 B 2, 95 B 2, 96–97 B 2 (Sacco di Roma 1527), 101 B 2, 105 B 2, 113 B 2, 119 B 2, 121 A 3, **123 B 1** (Revolution 1848/49), **150** (Hauptstadt Italiens), **151 B 2**, 153 B 2, 157 A 1, 160 B 1, 163 B 2, 165 B 2, 171 B 2, 179 A 2, 185 B 2, 193 B 2, 215 B 2
Rom, Ksr. ⌂ **48–49** (Ksr. ab 31 v.Chr. –98/117), **52–53** (Wirtschaft), **56–59**
Rom, Rep. (bis 31 v.Chr.) ⌂ 27 A 1 (6. Jh.), 39 A 1, 40, **41 A 1, 42–43, 44–45, 47 AB 1/2**
Romagna ⊙ 97 B 1, 151 A 1
Romanellihöhle 15 B 3
Romanische Sprachen 173
Römische Verträge § (1958) **194–195 B 2**
Romulus Augustulus, Ks. ♂ 58
Roncesvalles ⚔ (778) 63 A 2
Roosevelt, Franklin ♂ 180
Rosebeke ⊙ ⚔ (1382) 77 B 1
Roskilde ⊙ § (1658) 110, 111 A 3
Rostock ⊙ 79 B 1, 189 A 1
Rostow ⊙ 65 C 1, 81 C 1, 119 C 1, 165 C 1, 167 A 2, 179 B 2, 221 A 1
Rostra/Rom 50, 51.Nk.
Rote Armee **166–167**, 168–169, 188, 224
Rote Khmer 204, **205.II**
Rotes Kreuz → Internationales Rotes Kreuz
Rottenburg ⊙ 94
Roubaix ⊙ 125 (Industrialisierung)
Rouen ⊙ 63 B 1, 65 A 1, 67 A 1, 69.II B 1, 77 A 1/2, 105 A 1, 107 B 1, 117 A 1, 126 B 2
Roussillon ⌂ 111 B 1, 107 B 2
Rowno ⊙ 185 B 1
Roxolanen ♂♂ 49 B 1
Royalisten 117 (Aufstände, franz. Rev.)
Rschew ⊙ 185 C 1
RSFSR 168–169

Ruanda → Rwanda
Rückversicherungsvertrag § (1887) 162–163
Rudolf I. von Habsburg, dt. Kg. ♂ 74, 94
Rudolfsee → Turkanasee
Rügen ⌂ 111 A 3
Ruhr, -behörde (1948–52) **189 A 1**
Rumaila ⊙ 226, 227.I B 2
Rumänen, -ien, Fsm., Kgr. ♂♂ ⌂ 153 C 1/2, **155 AB 1**, 157 B 1, 163 BC 1/2, **164–165 B 1/2** (I. Weltkrieg), 167 A 2, **170, 171 C 2**, 173 B 2/3, 175 B 1, 179 B 2, 181 B 1, 185 BC 2, **187 B 3**, 191 B 1, 192, 193 C 2, 195 C 2, 199 C 1, 201 B 1, **214, 215 C 2**, 218–219 BC 1, 223 B 1
Rumelien ⌂ **73 B 1**, 105 C 2, 113 C 2, 121 B 3, 153 C 2
Rum-Seldschuken ♂♂ ⌂ 66, **67 C 1/2**, 71 A 1, 72
Runing ⊙ ⚔ (1234) 71 C 2
Ruprecht von der Pfalz, dt. Kg. ♂ 80
Rus → Normannen
Russen ♂♂ 173 A 1, 173 B 3, **187, 221**, 225.I
Russische Föderation ⌂ 191 BC 1, **218–219, 220** (Flagge), **221, 224–225.I AB 1**, 234–235
Russische Fürstentümer ⌂ 67 BC 1
Russische Revolution 163 (1905), **166–167**, 224 (1917)
Russische Sozialdemokratische Arbeiterpartei (Spaltung) 166
Russische Sozialistische Föderative Sowjetrepublik → RSFSR
Russisches Reich → Russland
Russisch-Japanischer Krieg (1904/05) **142**, 159
Russisch-Polnischer Krieg (1920) **166–167**
Russisch-Türkische Kriege 108, ⚔ 114 (1758/74), **154–155** (1877/78)
Russland, Russisches Reich (Sowjetunion) ⌂ 64, 72, 73 BC 1, 79 C 1, **85 CD 1**, 91 ABC 1, 92, 93 BC 1, 105 C 1, **108–109**, 110, 111 B 1/2/3, **113 C 1, 114–115 C 1/2, 119 C 1, 120, 121 B 1/2, 127 CD 1/2**, 138, 139 B 1, 143 AB 1, 153 C 1, 155 B 1, 154 (Meerengen), 157 BC 1, **159** (Expansion), **161 CD 1, 162–163 C 1, 164–165 BC 1/2** (I. Weltkrieg), **166–167** (Februar- u. Oktoberrevolution 1917), 166 (Provisor. Regierung 1917), **166–167** (Bürgerkrieg 1918–22), 166 (Kriegskommunismus), **168–169** (Bürgerkrieg), **172**, 186–187,

203 B 1, 207 B 1, 215 C 1, **219 CD 1**, 220, 223 BC 1 → Sowjetunion
Russlandfeldzüge ⚔ 119 C 1 (1812), **178–179, 184** (1941)
Rutba ⊙ 227.II A 1
Rwanda (Ruanda) ⌂ 145.I B 2, 199 C 2, 211.I B 2, **216** (Massenmord), 219 C 2, 223 B 2
Rzeszow ⊙ 177 C 1

S

Saalekaltzeit 14, **15**
Saarbrücken ⊙ 189 A 2
Saargebiet ⌂ 171 B 1, 175 B 1, **176–177 A 2, 189 A 2**
Saarlouis ⊙ 107 B 1
Sabäer, -reich ♂♂ ⌂ 24, 25.I 2
Sabah (Nordborneo) ⌂ 203 C 2 → Malaysia
Sabiner ♂♂ 42, 43 A 1
Sabol ⊙ 225.II A 2
Sabrata ⊙ 31 B 2
Sacco di Roma ⚔ (1527) 96–97 B 2
Sacha → Jakutien
Sachalin ⊙ 108, 109 C 2, 143 C 1, 169 C 2, **182, 183 B 1**
Sachsen, Hzm., Kfsm., Kgr. ♂♂ ⌂ 55 B 1, 57 AB 1, 59 AB 1, 62, **63 BC 1**, 64, 95 B 1, 101 B 1, 105 B 1, 110, **112**, 113 B 1, **114, 115 A 2, 121 A 2, 123 B 1, 189 AB 1/2**
Sachsen-Anhalt ⌂ 189 AB 1
Sachsenring ⊙ 177 A 2, 185 B 1
Sachsenhausen ⊙ 177 B 1, 185 B 1
Sacramento/Brasilien ⊙ 87 B 3
Sacramento/Kalifornien ⊙ 132 A 1
Safawiden, -dynastie → Persien
Safed ⊙ 209.I B 1, 209.II B 1
Safi I. ♂ 90
Sagunt ⊙ 44, 45 A 2, 47 A 2, 49 B 1
Sahara (früher: Rio de Oro, Westsahara) ⌂ 147.I A 1, 198 B 2, 201 B 1, 211.I A 1, 213 A 1, 218 B 2
Sahara (Wüste) ⌂ 88, 89.I A 1, 145.I A 1
Sahidan ⊙ 225.II A 2
Saida → Sidon
Saigon (Ho-Chi-Minh-Stadt), 161 D 2, **204–205.II A 2**
Saint Augustine ⊙ 128, **129 B 2**
Saint-Denis/Paris ⊙ 117.Nk.
Saint-Germain ⊙ § (1919) 107 B 1, 171 B 1, 172
Saint-Jacques/Paris ⊙ 117.Nk.
Saint Kitts u. Nevis ⌂ 198 A 2, 201 A 1, 218 A 2
Saint Louis/Amerika ⊙ 87 A 1, 131

S. 10 bis 19	S. 20 bis 53	S. 54 bis 81	S. 82 bis 115	S. 116 bis 165	S. 166 bis 187	S. 188 bis 243
Vor- und Frühgeschichte	Altertum bis ca. 500	Mittelalter 500 bis ca. 1500	Neuzeit 1500 bis 1789	Neuzeit 1789 bis 1918	Zeitgeschichte 1918 bis 1945	Zeitgeschichte seit 1945

Schamaiten 279

B 1, 133 B 2, 135.I B 2, 135.II A 1, 137 A 1, 147.I A 1,
Saint-Louis/Senegal ⊙ 89.I A 1
Saint Lucia □ 87 B 1, 198 A 2, 201 A 1, 218 A 2
Saint-Malo ⊙ 77 A 1, 107 A 1
Saint-Marcel/Paris 117.Nk.
Saint Martin □ 87 B 1, 137 B 1
Saint-Maurice ⊙ 63 B 2
Saint-Michel/Paris 117.Nk.
Saint Paul ⊙ 131 B 1, 133 B 2, 135.I B 1, 135.II A 1
Saint-Pierre u. Miquelon □ 87 B 1, 137 B 1, 139 A 1, 160 B 1
Saint-Quentin ⊙ 99 A 3
Saint Vincent □ 137 B 1, 198 A 2, 201 A 1, 218
Saipan □ 183 B 2
Sais ⊙ 23 A 1, 27 A 2
Sajo ᴗ ✗ (1241) 70, 71 A 1
Saken ᴬ 25.I A 1, 27 BC 1
Sakkara ⊙ 23 A 1
Saladin, Sultan ᴬ 67 C 2
Salamanca ⊙ 69.I A 1
Salamis/Griechenland □ ✗ (480 v.Chr.) 33 B 2, 34, 35.Nk., **35 B 2**
Salamis/Zypern ⊙ 31 C 1, ✗ (308 v.Chr.) 41 A 1, ✗ (449 v.Chr.) 36
Salazar, António de Oliveira ᴬ 170
Saldae ⊙ 31 A 1
Saldanha ⊙ 12 B 3
Salé ⊙ 15 A 3
Salerno ⊙ 65 B 2, 97 B 2, 151 B 2, 179 A 2
Salisbury → Harare
Salish ᴬᴬ **132 A 1**
Salò ⊙ 180 (-Regime)
Salomon, Kg. ᴬ 24, 25.II
Salomonen-In. □ **149 B 1**, 161 D 2, 183 B 2, 191 C 2, 199 D 2
Saloniki (Thessalonike) ⊙ 49 B 2, 55 B 2, 57 B 2, 59 B 2, 65 B 2, 67 B 2, 73 B 1, 79 C 2, 81 C 2, 95 C 1, 105 C 2, 113 C 2, 119 C 2, 121 B 3, 153 C 2, 155 B 2, 157 B 1, 165 B 2, 179 B 2, 185 B 2, 193 C 2
Salta ⊙ ✗ (1812) 137 B 2
Salt Lake City ⊙ 131 A 1, 132 A 1
Saltpond ⊙ 89.II B 1
SALT-Verträge § (1972–77) 192 (III), **200** (I), 214, 215 C 1
Saluzzo □ **97 A 1**
Salvador → Bahía, El Salvador
Salzburg ⊙ □ 55 B 1, 63 C 1, 79 B 1, 81 B 1, 95 B 2, 99 B 1, 101 B 2, 105 B 2, 113 C 2, 177 B 2, 189 AB 2
Salzgitter ⊙ 15 B 2
Samara (Kuibyschew) ⊙ 108, 109 A 1, 221 A 1, 167 B 2, 169 A 1, 179 B 1

Samaria ⊙ 25.II A 1, 25.III A 1
Samarkand (Marakanda) ⊙ 27 C 1, 39 C 1, 41 C 1, 61 C 1, 71 B 2 (Eroberung 1220), 84–85 C 1, 91 A 1, 108, 109 A 2, **159**
Samarra ⊙ 17 C 2, 21.II B 1, 213 B 1, 227.I B 1, 227.II A 1
Samawa ⊙ 227.I/II B 2
Sambia (Nordrhodesien) □ 199 C 2, 210, 211.I B 2, 219 C 2, 223 B 2
Samchok ⊙ 205.I
Same ⊙ 33 A 2
Samniten, -kriege ᴬᴬ 42, 43 AB 2
Samoa □ **148, 149 B 1**
Samojeden → Nenzen
Samos ⊙ 29 C 2, 31 C 1, 35 C 2, 37 C 2, 155 B 2
Samothrake ⊙ □ 35 C 1, 37 C 1
Samsun ⊙ 207 A 1
San Antonio ⊙ 87 A 1, 129 A 2, 131 B 2, 133 B 2
Sancho, Kg. ᴬ 68
Sandschak, -frage → Hatay
San Francisco ⊙ 87 A 1, 132 A 1, 135.I A 2, 137 A 1, 160 A 1, 175 A 1, 191 A 1
Sankt Bernhardin, Pass 75 C 2
Sankt Gallen ⊙ □ 55 B 1, 75 BC 1
Sankt Helena □ 84 B 2, 93 B 2, 139 B 2, 160 B 2, 198 B 2
Sankt Jakob a.d. Birs ⊙ ✗ (1444) 74, 75 B 1
Sankt Lorenzstrom ᴗ 82, 84–85 A 1, 87 AB 1/2
Sankt Petersburg → Petersburg
San Marino, Rep. □ 97 B 1, 121 A 3, 151 AB 1, 153 B 2, 171 B 2
San Remo ⊙ 171 B 2, 193 B 2, 195 B 2, 215 B 2
San Salvador/Kongo ⊙ 89.I A 2
Sansibar □ 89.I B 2, 93 B 2, 139 B 2, 145.I B 2, 147.I B 2, 161 C 2, 211.I B 2
San Stefano § (1878) 108, 154, 155 B 2, 157 B 1
Santa Ana (Goyás) ⊙ 87 B 2, 137 B 2
Santa Cruz-In. □ **149 B 1**
Santa Fé ⊙ 87 A 1, 129 A 2, 131 A 2, 135.II A 2, 137 A 1
Santa Fé-Trail (1821) 133
Santander ⊙ 69.I A 1
Santiago da Compostela → Santiago/Spanien
Santiago/Chile ⊙ 84–85 A 2, 87 B 3, 93 A 2, 137 B 3, 160 A 2, 181 A 2
Santiago/Spanien ⊙ 65 A 2, 67 A 1, 68, 69.I A 1, 95 A 2, 101 A 1, 105 A 2
Santorin → Thera
San Yuste ⊙ 95 A 2
Saône-et-Loire, Dep. □ 117 B 2

São Tomé und Príncipe ⊙ □ 84–85 B 3, 87 B 2, 89.I A 2, 93 B 1, 137 B 2, 139 B 1, 145.I A 2, 147.I A 2, 160 B 2, 198 B 2, 210, 211.I A 2, 218 B 2
Saporoger Kosaken ᴬᴬ □ 95 C 1, 105 C 1, 113 C 1, 115 C 2
Saragossa → Zaragoza
Sarai ⊙ 71 A 1
Sarajewo ⊙ 121 B 3, 153 C 2, **154** (Attentat 1914), 155 A 1, 157 A 1, 165 B 2, 171 C 2, 173 A 3, 229 B 2
Saratoga ⊙ ✗ (1777) 128, 129 C 2
Saratow ⊙ 108, 109 A 1, 167 B 2, 179 B 1, 221 A 1
Sarawak ⊙ 161 D 2, 203 C 2 → Malaysia
Sardes ⊙ 27 A 1, 34, 35 C 1, 37 C 1, 39 A 1, 41 A 1
Sardinien □ 31 B 1, 49 B 1, 53 B 1/2, 55 B 2, 57 B 2, 63 BC 2, 65 B 2, 73 A 1, 97 A 2, 151 A 2, 153 B 2, 179 A 2, 193 B 2, 195 B 2 → Sardinien-Piemont
Sardinien-Piemont, Kgr. □ 117, 119 B 2, **121 A 2**, 123 B 1, **126 B 2, 150, 151 A 1**
Sargans ⊙ 75 C 1
Sargatien ⊙ 27 C 2
Sarkar ⊙ 92
Sarkel ⊙ 55 C 1, 65 C 1
Sarmaten ᴬᴬ 39 B 1, 41 B 1, 45 C 1, 47 BC 1, 49 C 1, 53 C 1
Sarnen ⊙ 75 B 1
Sarthe, Dep. □ 117 A 1
Sassaniden, -reich ᴬᴬ ⊙ 57 C 2, 59 C 2
Satrapie 26
Saturn-Tempel/Rom 51.Nk.
Saucourt ⊙ ✗ (881) 64, 65 A 1
Saudi-Arabien, Kgr. (seit 1932) □ 175 B 1, 179 B 3, 181 B 1, 191 B 1, 191.Nk., 199 C 1/2, **207 ABC 2**, 212, 213 B 1, 219 C 1/2, 223 B 1, 226, 227.I/II AB 2 → Hedschas u. Nedschd
Sault-Sainte-Marie ⊙ 129 B 1
Sauromaten ᴬᴬ 27 B 1
Savannah ⊙ 129 B 2, 131 C 2, 135.I B 2, 135.II B 2, 137 A 1
Savonarola, Girolamo ᴬ 96
Savoyen □ 73 A 1, 75 A 2, 77 B 2, 97 A 1, 105 B 2, 107 B 2, 113 B 2, **117 B 1** (seit 1792 frz.), 121 A 2, **150, 151 A 1**
SBZ (Sowjet. Besatzungszone) □ 187 A 2, 188
Schaffhausen ⊙ 74, 75 B 1
Schahdschahan, Großmogul ᴬ 90
Schamaiten ᴬᴬ 115 B 1

⊙ Siedlung, Ort, Stadt	□ Reich, Staat, Land, Provinz, Landschaft, Insel	ᴬ Person
✗ Schlacht, Eroberung		ᴬᴬ Völkergruppe, Volk, Stamm
§ Vertrag, Bündnis, Gesetz	ᴗ Gewässer (Fluss, Meer usw.)	→ Verweis

280 Schanghai

Schanghai → Shanghai
Scharija § 212–213
Scharm el-Scheich ⊙ 207 A 2
Scharon ♀ 230
Schatt-al-Arab ∩ 206
Schemacha ⊙ 71 A 1
Schengen ⊙ 215 B 1
Schengener Abkommen § (1995) 214–215, 238, 239
Scherifen-Reich □ 71 A 2
Schiiten 60, 72, 90, **213 B 1**, 225.II, 227.II
Schimoda ⊙ 143 C 1
Schimonoseki ⊙ § (1895) 142, 143 C 2
Schipka-Pass 155
Schiras ⊙ 71 A 2, 91 A 1, 207 C 2, 227 C 2
Schisma, Großes (1378) 54, 55
Schlesien □ 81 B 1, 92, 112, 113 B 1, 115 A 2, **187 A 2**, 189 B 1/2
Schleswig, Hzm. □ 121 A 1, **123 B 1**, 153 B 1, 188, 189 A 1
Schleswig-Holstein → Schleswig, Holstein
Schlieffen, Afred Graf von ♀ 164
Schlieffen-Plan (Begriff) 164
Schmone ⊙ 231 B 1
Schönbrunn ⊙ § (1809) 118
Schöneberg, Rathaus 189.Nk.
Schönefeld, Flughafen 189.Nk.
Schonen □ 110, 111 A 3
Schoschonen ♀♀ 132 A 1
Schotten, Schottland ♀♀ □ 54, 55 A 1, 64, 65 A 1, 69.II A 1, 79 AB 1, **81 AB 1**, 95 A 1, 101 A 1, **103 AB 1**, 113 A 1, 123 A 1
Schrift, griech. 32
Schubat-Enlil ⊙ 21.II A 1
Schuschnigg, Kurt ♀ 170
Schwabenkrieg ✕ (1499) **74–75**
Schwaderloh ⊙ ✕ (1499) 75 C 1
Schwarzmeerdeutsche ♀♀ **187 B 3**
Schwarzrussland □ 115 BC 1
Schweden ♀♀ □ 55 B 1, 65 B 2, 79 BC 1, 80, 89 B 1, 101 B 1, **104, 105 B 1**, 108, 109 A 1, **110–111 AB 1/2**, 113 B 1, 114, 115 A 1, **120, 121 A 1**, 163 B 1, 165 B 2, 171 BC 1, 173 A 1, 175 B 1, **178, 179 AB 1, 184**, 185 B 1, 187 A 2, 191 B 1, 193 BC 1, 194 BC 1, 198 B 1, 201 B 1, 214, 215 BC 1, 218 B 1, 223 B 1
Schwedisch-Russischer Krieg ✕ (1741–43) 92
Schweiz (Eidgenossenschaft) □ 73 A 1, **74–75** (1536), 74 (Name Schweiz), 77 B 2, 81 B 2, 95 B 2, 97 A 1, 101 B 2, **104, 105 B 2**, 107 A 2, 113 B 2, 117 B 1, 121 A 2, **122–123** (Sonderbundskrieg 1847), **126 B 2** (Industrialisierung), 153 B 1/2, 163 B 2, 171 B 2, 175 B 1, 179 A 2, 185 A 2, 189 A 2, 191 B 1, 193 B 2, 195 B 2, 214, 215 B 2, 218 B 1, 223 B 1
Schwellenländer **222–223**
Schwerin ⊙ 177 B 1, 189 A 1
Schwyz ⊙ ✓ 74, 75 B 1
SCO (Shanghai Cooperation Organization) 234–235
SEATO (South East Asia Treaty Organization) 197, **201**, 204
Sechstagekrieg ✕ (1967) **208**
SED **188**
Sedan ⊙ 117 B 2, ✕ (1870) 153 B 2
Seeland □ 77 B 1, 98, 99 A 2
Seevölker/Palästina ♀♀ 28–29
Segovia ⊙ 69.I A 1
Segu □ 93 B 1
Seidenstraße/Asien **91 ABC 1**
Seine-et-Marne, Dep. □ 117 B 2
Seine-et-Oise, Dep. □ 117 A 1
Seine-Inférieure, Dep. □ 117 A 1
Sejm, poln. Reichstag 114
Sekondi ⊙ 89.II A 2
Sektoren, -städte (Viermächtestatus) 188, **189**
Seleukia ⊙ 41 B 2, 45 C 2
Seleukiden, -reich ♀♀ □ **40, 41**, 44, **45 C 2**, 46
Selim I. der Grausame ♀ 72, 73
Selime ⊙ 23 A 3
Semej ⊙ 221 B 2
Seminara ⊙ 97 B 2
Seminolen ♀♀ 129 B 2, 133 B 2 C 2
Semipalatinsk ⊙ 109 B 2, 143 A 1, 169 B 2
Sempach ✕ (1386) 74, 75 B 1
Semperkrieg ✕ (1385) 75
Senegal □ 93 B 1, 139 B 1, 147.I A 1, 198 B 2, **211.I A 1**, 213 A 1, 218 B 2, 223 B 1
Senegambien □ 92, **144**, 145.I A 1
Sennar □ 89.II A 2, 92, 93 B 1
Senonen ♀♀ 42, 43 A 1
Sens ⊙ 63 B 2, 69.II B 2
Sentinum ⊙ ✕ (295 v.Chr.) 43 A 1
Seoul ⊙ 71 C 1, 91 C 1, 143 B 1, 183 B 1, 203 C 1, 205.I
Sepoy-Aufstand **140, 141 B 1**
Septimer, Pass ⊙ 67 C 2, 75 C 2
Septimus-Severus-Bogen/Rom 51.Nk.
Sequeira ♀ 89 B 2
Serben ♀♀ 173 AB 3, 187, 228, **229**
Serben, Serbien, Fsm., Kgr. ♀♀ □ 63 C 2, 64 B 2, 65 B 2, 67 B 1, 72, 73 A 1, 79 BC 2, 81 C 2, 113 BC 2, 123 C 2 (1817), 153 C 2, **154–155 A 1/2**, 156, **157 AB 1**, 163 B 2, **164–165 B 2** (I. Weltkrieg), 185 B 2, 191 B 2, 215 C 2, 228 (Rep.)
Serka ⊙ 209.I B 1, 209.II B 1, 231 B 2
Servianische Mauer/Rom **50–51**
Sesklo ⊙ 17 B 2
Sevilla ⊙ 59 A 2, 65 A 2, 67 A 2, 68, 69.I A 2, 79 A 2, 81 A 2, 95 A 2, 101 A 1, 105 A 2, 113 A 2, 153 A 2, 193 A 2
Sèvres ⊙ § (1920) 156, 171 B 1, 226
Sewastopol ⊙ 119 C 2, 123 C 2, **157 B 1**, 165 C 2, 167 A 2, 185 C 2
Sewerjanen ♀♀ 65 C 1
Sewernaja Semlja ∩ 109 B 1, 169 B 1
Seychellen ⊙ 93 B 2, **139 B 2**, 145.I B 2, 147.I B 2, 161 C 2, 161 C 2, 199 C 2
Sezession, -skrieg (Südstaaten) ✕ **134–135**
Shaba → Katanga
Shama ⊙ 89.II A 2
Shanghai (Schanghai) ⊙ 143 B 2, 161 D 1, 183 A 1, 202–203 C 1 (Massaker)
Shanghai Cooperation Organization → SCO
Shanidar ⊙ 12 B 1
Shawnee ♀♀ 129 B 1
Shetland-In. □ 64, 65 A 1, 113 B 1
Shitomir ⊙ 115 C 2, 167 A 2, 185 C 2
Siam → Thailand
Sibir, Khanat □ 91 A 1, 108
Sibirien □ 13 C 1, 71 B 1, **85 CD 1, 108–109**, 169 AC 2, 184, 186, 220
Sichem ⊙ 23 B 1, 25.II A 1, 25.III A 1
Side ⊙ 31 C 1
Sidon (Saida) ⊙ 23 B 1, 25.II A 1, 30, 31 C 2, 231 B 1
Siebenbürgen ⊙ 73 B 1, 95 C 1, 101 C 2, 105 C 2, 113 C 1, 121 B 2, 153 C 1/2, 155 B 1, 157 B 1, **187 AB 3**
Siebenjähriger Krieg ✕ (1756–63) **92–93, 112–113**, 140
Siebenstromland □ 143 A 1
Siena ⊙ **96, 97 A 1**
Sierra Leone □ 144. I A 1, 145.I A 1, 147.I A 1, 160 B 1, 191 B 1, 198 B 2, 211.I A 1, 213 A 2, 218 B 2, 223 B 1
Sigismund, Kg., Ks. ♀ 80
Sikaner ♀♀ 43 A 3
Sikh-Reich □ **140, 141 B 1**
Sikim □ **140**–141 BC 1
Sikuler ♀♀ 43 B 3
Sikyon ⊙ 33 B 2
Silistra ⊙ 155 B 1
Silo ⊙ 25.II A 1
Silopi ⊙ 227.I B 1, 227.II A1
Simbabwe ⊙ 89.I B 2

S. 10 bis 19	S. 20 bis 53	S. 54 bis 81	S. 82 bis 115	S. 116 bis 165	S. 166 bis 187	S. 188 bis 243
Vor- und Frühgeschichte	Altertum bis ca. 500	Mittelalter 500 bis ca. 1500	Neuzeit 1500 bis 1789	Neuzeit 1789 bis 1918	Zeitgeschichte 1918 bis 1945	Zeitgeschichte seit 1945

Staatenland 281

Simbabwe (Südrhodesien) ☐ 199 C 2, 210, 211.I B 2, 219 C 2, 223 B 2
Simbirsk ⊙ 167 A 1
Simferopol ⊙ 127 D 2
Simplon, Pass 75 B 2
Sinai, -Halbinsel ☐ 23 B 1/2, 207 A 2, 208, 209.I AB 2, 209.II AB 2
Sind ☐ 141 A 1
Sindhia ☐ 141 B 1
Singa ⊙ 13.II
Singapur ⊙ ☐ **138–139 C 1** (brit. Kolonie 1819), 183 A 2, 203 B 2, 213 C 2
Sinkiang (Ostturkestan) ☐ 143 A 1/2, 203 B 1, 213 BC 1
Sinope ⊙ 27 B 1, 31 C 1, 39 B 1, 41 B 1, 45 C 1, 47 C 1, 55 C 2, 65 C 2, 73 B 1, 79 C 2, 81 C 2, 95 C 1, 105 C 2, 113 C 2, 157 B 1, 179 B 2
Sioux ᛝ 129 A 1
Siphnos ☐ 37 B 2
Sippar ⊙ 21.II B 2
Sipplingen/Bodensee ⊙ 17 B 1
Sirmium ⊙ 53 B 1, 57 B 1, 59 B 1
Sitten ⊙ 75 A 2
Sivas ⊙ 73 B 1, 157 B 1, 207 A 1, 227 A 1
Siwa (Ammon), Oase ⊙ 38, 39 A 2
Sizilien ☐ 31 B 1, 43 AB 3, 44, 45 B 2, 49 B 2 (röm. Prov.), 55 B 2, 57 B 2, 64, 65 B 2, 67 B 2, 73 A 1, 81 B 2, 94, 95 B 2, **96, 97 B 3**, 105 B 2, 119 B 2, **150, 151 B 2/3**, 171 B 2, **178–179 A 2/3**
Sizilien, Kgr. beider ☐ **121 AB 3, 123 B 1**
Skandeia ⊙ 33 B 2, 35 B 2
Skiathos ☐ 33 B 1
Skione ⊙ 37 B 1
Sklaverei, Sklavenhandel 52, **53**, 82, **86, 89.I, 89. II**, 92–93, 134, 138 (Verbot), 144
Skopje ⊙ 155 A 2, 173 B 3, 229 C 2, 229.Nk.
Skorisker ᛝ 45 B 1
Skoten ᛝ 57 A 1, 59 A 1 → Schotten
Skutari ⊙ 155 A 2
Skyros ⊙ ☐ 29 B 1, 35 B 1, 37 B 1
Skythen ᛝ 25.I A 1, 27 AB 1, 31 C 1, 39 AB 1, 41 AB 1, 45 B 1
Skythopolis ⊙ 25.III B 1
Slavonski Brod ⊙ 229 B 1
Slawen ᛝ 49 AB 1, 53 BC 1, 54, 55, 57 BC 1, **58–59 B 1** (Ausbreitung), 61 B 1, **63 C 1/2, 64–65** (W-, O-, S-Slawen), 173 (slaw. Sprachen), 229
Slawonien ☐ 72, 121 B 2, 155 A 1, 229 B 1

Slenzanen ᛝ 63 C 1
Slowakei, -en ☐ ᛝ 63 C 1, 173 AB 2, **177 BC 2**, 179 B 1, 181 B 1, 185 B 2, **187**, 215 BC 1/2, 216, 218 B 1
Slowenen, -ien ᛝ ☐ 63 C 2, 173 A 3, **187 A 3**, 191 B 1, 215 B 2, 218 B 1, **228, 229 AB 1**
Sluis ⊙ ✗ (1340) 77 B 1
Småland ☐ 59 B 1, 62
Smederevo ⊙ 229 C 1
Smith-Sund ᨆ 82
Smolensk ⊙ 79 C 1, 81 C 1, 95 C 1, 101 C 1, 105 C 1, 108, 109 A 1, 113 C 1, 115 C 1, ✗ (1812) 119 C 1, 167 A 1, 173 B 1, 179 B 1, 185 C 1
Smyrna (İzmir) ⊙ 57 C 2, 59 C 2, 79 C 2, 73 B 1, 81 C 2, 95 C 1, 101 C 2, 105 C 2, 113 C 2, 119 C 2, 155 B 2, 165 B 2
Soar ⊙ 25.II A 2
Sobibór ⊙ 171 C 1, 185 B 1
Sofala ⊙ ☐ 89.I B 2, 145.I B 2
Sofia ⊙ 67 B 1, 73 B 1, 105 C 2, 113 C 2, 121 B 3, 153 C 2, 155 B 1, 157 B 1, 163 B 2, 165 B 2, 171 C 2, 173 B 3, 185 B 2, 193 C 2, 195 C 2, 215 C 2
Sogdiana, -dien ☐ 26, 27 C 1, 39 C 1, 41 C 1 → Samarkand
Soissons ⊙ 59 B 1, 62
Sokoto, -reich ⊙ ☐ 145.I A 1
Sokotra ☐ 89.I B 1, 91 A 2, 145.I B 1, 147.I B 1, 161 C 2
Solferino ⊙ ✗ (1859) 151 A 1
Solidarność 214 (Flagge)
Soloi ⊙ 31 C 1
Solothurn ⊙ 74, 75 B 1
Solutré ⊙ 15 A 2
Solway-Tyne-Linie (Limes) 48, 49 A 1
Somalia ⊙ 147.I B 1/2, **159, 161 C 2**, 197, 199 C 2, 201 B 1, **211.I B 1/2**, 213 B 2, 223 B
Somme ᨆ ✗ (1916) 165 A 1
Somme, Dep. ☐ 117 A 1
Songhai ☐ 89.I A 1
Songjing ⊙ 205.I
Sonnenstern ⊙ 185 B 2
Supron → Ödenburg
Sorben ᛝ 63 C 1, 65 B 1, 173 A 2
Sorbische Mark ☐ 63 C 1
Sorbonne/Paris 117.Nk.
Sotschi ⊙ 225.I A 1
Southampton ⊙ 103 B 3, 126 B 2, 153 A 1
South Carolina ☐ **129 B 2**, 131 C 2, 135.II B 2
South Dakota ☐ 131 B 1
Sowjetisch-chinesischer Grenzkonflikt 201 C 1

Sowjetische Besatzungszone → SBZ
Sowjetische Interventionen **193**, 201 (Afghanistan)
Sowjetunion (UdSSR) ☐ **167, 168–169** (Gründung u. Verfassung 1922), 171 C 1, 173 B 1/2, 176, **179 B 1/2**, 168 (Staatswappen 1936), **174, 175 ABC 1**, 180, **183 AB 1, 185 BC 1/2, 186–187 B 1/2/3**, 186 (Dt. Überfall 1941), **188**, 190, **191 BC 1**, 192, **193 C 1/2, 194–195 C 1/2**, 196–197, 199 CD 1, 200, **201 BC 1**, 202, **203**, 206, **207**, 208, 212, **214** (Reformprozess), 216, **220–221, 224** → Russland
Sozialistische Einheitspartei Deutschlands → SED
Spalato (Split) ⊙ 63 C 2, 67 B 1, 97 B 1, 155 A 2, 229 B 2
Spanien, Kgr., Rep. ☐ 49 A 1, 55 A 2, 64, **86**, 90–91, 93 B 1, **98–99**, 101 A 1, 104, 106 (Erbfolgekrieg), 107 AB 1/2, 113 A 2, **119 A 2** (Napoleon), 123 A 2, **126 AB 3, 128–129, 136–137, 138**, 139 B 1, 145.I A 1, 147.I A 1, **148–149**, 153 A 2, 160 B 1, 163 A 2, 165 A 2, **170–171 AB 2** (Faschismus), 175 B 1, 176, 191 B 1, **193 AB 2**, 194, 195 A 2, 201 B 1, 215 AB 2, 218 B 1, 223 B 1
Spanisch-Amerikanischer Krieg ✗ (1898) 148
Spanische Mark ☐ 63 AB 2
Spanische Niederlande → Niederlande, Spanische
Spanisch-Guinea → Äquatorialguinea
Spanisch-Marokko ☐ 160 B 1
Sparta ⊙ ☐ 27 A 1, 29 B 2, 31 B 1, **32**, 33 B 3, 34, 35 B 2, 36, 37 B 2, 39 A 1, 41 A 1, 45 B 2, 49 B 2
Speyer ⊙ 95 B 1, 101 B 1
Spina ⊙ 31 B 1, 43 A 1
Spitzbergen ☐ 82, 84 B 1 (Entdeckung), 160 B 1, 181 B 1, 198 B 1
Split → Spalato
Splügen, Pass 75 C 2
Spoleto ⊙ 43 A 2, 97 B 2
Sporaden, In. ☐ 29 C 2, 33 B 2, 35 C 2, 37 C 2
Srebrenica ⊙ 228, 229 C 1
Sri Lanka (Ceylon) ☐ 84–85 C 2, 90, 91 B 2, 92, 93 C 1, **120**, 139 C 1, **141 B 2** (Kronkolonie), 161 C 2, 175 C 1, 191 C 1, 199 C 2, 201 BC 1, 203 B 2, 213 C 2, 219 C 2, 223 C 1
Srinagar ⊙ 141 B 1, 203 B 1
Staatenland → Neuseeland

⊙	Siedlung, Ort, Stadt	☐	Reich, Staat, Land, Provinz, Landschaft, Insel	ᛝ	Person
✗	Schlacht, Eroberung			ᛝ	Völkergruppe, Volk, Stamm
§	Vertrag, Bündnis, Gesetz	ᨆ	Gewässer (Fluss, Meer usw.)	→	Verweis

282 Stablo

Stablo ⊙ 63 B 1
Stadien/Rom 50, **51**
Stadt, -kultur **18–19**
Stafford ⊙ 103 B 2
Stahlpakt § (1939) 176
Stalin, Jossif W. ♎ 168, 180, 192, 200
Stalingrad (Wolgograd, früher Zarizyn) ⊙ ✗ (1942/43) **178**, 179 B 2, 185 C 1, 221 A 1 → Zarizyn
Stalino → Jusowka
Stans ⊙ 75 B 1
Starbuck-In. ☐ 149 C 1
Starčevo ⊙ 17 B 1
Stato degli Presidi → Piombino
Stavanger ⊙ 111 A 2
Stavonski ⊙ 229 B 1
Stawropol ⊙ 167 B 2, 225.I A 1
Steiermark ☐ 97 B 1, 177 B 2, 189 B 2
Steinheim/Murr ⊙ 10, 12 A 1, 15 B 2
Steinzeit, Funde 10, 14, **15**
Stephan d. Hl., Kg. ♎ 64
Stephanakert ⊙ 225.I B 2
Sterkfontein ⊙ 12 B 3
Stettin (Szczecin) ⊙ 104, § (1570) 110–111 A 3, 115 A 1, 121 A 1, 127 C 1, 153 B 1, 177 B 1, 189 B 1
Stirling ⊙ 103 B 1
Stoa ⊙ 37.Nk.
Stockholm ⊙ 81 B 1, 101 B 1, 105 B 1, § (1719) 110–111 A 2, 113 B 1, 121 B 1, 179 A 1, 185 B 1
Stolbowa ⊙ § (1617) 110, 111 B 2
Strafford, Earl of ♎ 102
Stralsund ⊙ § (1370) 78, 79 B 1
Straßburg ⊙ 55 B 1, 63 B 1, 65 B 2, 77 B 1, 79 B 1, 81 B 1, 95 B 2, 101 B 2, 105 B 2, 106, 107 B 1, 113 B 2, 121 A 2, 126 B 2, 153 B 1, 177 A 2, 194, 195 B 1, 215 B 1
Strategic Arms Limitation Talks → SALT
Stresa ⊙ 171 B 2
Strumitza ⊙ 155 B 2
Stuarts, Dynastie **102–103**
Stuttgart ⊙ 95 B 1, 121 A 2, 177 A 2, 189 A 2
Stutthof ⊙ 177 B 1, 185 B 1
Suakin ⊙ 89.I B 1
Subotica ⊙ 229 C 1
Suchumi ⊙ 225.I A 1
Sucre → Chuquisaca
Südafrika ⊙ 144, 145, 191 B 2, 196, 198–199 C 2, 201 B 2, **210**, 211.I AB 2, 211.II, 216, 218–219 BC 2, 223 B 2 → Südafrikan. Republik, Südafrikan. Union
Südafrikanische Republik (Transvaal) ☐ **144, 145.I B 1, 147.II B 1, 211.II B 1,**

Südafrikanische Union ☐ **146** (Gründung 1910), 147.I AB 2, 147.II, 160–161 BC 2, 175 B 2, 181 B 2, 211.I AB 2
Sudak ⊙ 65 C 2, 71 A 1
Sudan ☐ § (1899) 146–147.I, 159, 162
Sudan (Anglo-Ägypt. Sudan) ☐ 145.I B 1, 191 B 1, 196, 199 C 2, 201 B 1, 210, 211.I B 1, 213 B 1/2, 219 C 2, 223 B 1
Sudeten, -gebiet, -land ☐ **177 B 2,** 186, **187 A 2/3**
Südgeorgien ☐ 160 B 2, 198 B 3
Südjemen ☐ 201 B 1, 219 C 2
Südkorea ☐ 191 C 1, 196, 199 D 1, 201 C 1, 203 C 1, **205.I ABC 1/2,** 219 D 1, 223 C 1
Südmolukken, Rep. ☐ 203 C 2
Süd-Ossetien ☐ 225.I AB 1
Süd-Pazifik-Bahn (1883) 133 B 2
Südpreußen ☐ 115 AB 1/2
Südrhodesien → Simbabwe
Südsachalin ☐ 142
Südsee (Pazifischer Ozean) ∽ 82, 84–85 A 2 (Entdeckung)
Südslawen ♙ 61 B 1, **229**
Südtirol ☐ 186, **187 A 3**, 189 A 2
Südvietnam, Rep. ☐ 203 BC 2, **205 A 2**
Südwestafrika → Namibia
Sueben ♙ ☐ 57 A 1/2, 58, **59 A 1**
Suez, -kanal ⊙ ∽ **140, 144**, 147.I B 1, 157 B 2, 158, 178, 179 B 3, 206–207 B 2 (Kanal), 227 A 2
Suezkrieg, -krise ✗ (1956) 197, 201.Nk., **206, 208**, 209.II, 211.I
Suhl ⊙ 189 A 2
Sulawesi → Celebes
Süleiman II. ♎ 72, 73 (Eroberungen)
Suleimaniya ⊙ 227.I/II. B 1
Sulu-In. ☐ 91 C 2, 203 C 2
Sumatra (Sumatera) ☐ 91 B 2, 93 C 1, 183 A 2, 203 B 2
Sumba ☐ 203 C 2
Sumerer ♙ ☐ 20, 21.II B 2
Sumgait (Sumqayt) ☐ 225.I B 2
Sundgau ☐ 75 A 1, 104, 107 B 1
Sung-Reich ☐ 71 C 2
Sunna, Sunniten 60, 72, **212–213**, 225.II. **227.II**
Sur → Tyros
Surabaya ⊙ 203 C 2
Surat ⊙ 84–85 C 2, 90, 91 B 2, 141 B 2
Surcin ⊙ 229 C 1
Surinam, Suriname (Niederländisch-Guayana) ☐ 87 B 2, 137 B 2, 198 A 2, 201 A 1, 218 A 1
Susa ⊙ 19 C 2, 21.II B 2, 27 B 2, 38, 39 B 2, 41 B 2, 45 C 2

Susdal ⊙ 95 C 1
Susiana (Elam) ☐ 21.II B 2, 27 B 2
Sutter's Mill ⊙ 131 A 1
Suwalki ⊙ 177 C 1
Suwarrow ☐ 149 C 2
Svanscombe ⊙ 12 A 2, 15 A 2
Svealand ☐ 111 A 2
Swasi ♙ 145.I B 1, 147.I B 2, 147.II B 1, 161 C 2
Swasiland ☐ 199 C 2, 211.I B 2, 211.II B 1, 219 C 2
Swerdlowsk → Jekaterinburg
Sydney ⊙ 92, 93 C 2, 139 C 2, 148, 149 A 2, 161 D 3, 161 D 3
Syene ⊙ 39 A 2, 41 A 2 → Assuan
Sygmak ⊙ 71 B 1
Sykes-Picot-Abkommen § (1916) 208, **226**
Syktywkar ⊙ 179 B 1, 221 A 1
Symmachie (griech. Kampfbund) 34, **35**
Syphnos ⊙ 35 B 2
Syrakus ⊙ ☐ 19 B 2, 31 B 1, 39 A 1, 41 A 1, 43 B 3, 44, 45 B 2, 49 B 2, 53 B 2, 55 B 2, 57 B 2, 59 B 2, 65 B 2, 81 B 2, 97 B 3, 151 B 3
Syrien ☐ 25.II B 1, 25.III B 1, 26, 40, 41 A 1/2, 47 C 2, 49 C 2, 53 C 2 (Wirtschaft), 55 C 2, 57 C 2, 72, 73 B 2, 91 A 1, 157 BC 2, 159, **175 B 1**, 191 B 1, 191.Nk., 199 C 1, 201.Nk., **207 AB 1/2**, 213 B 1, 219 C 1, 223 B 1, 226, 227.I/II A 1, 231 B 1
Syros ☐ 35 B 2
Szczecin → Stettin
Szczuczyn ⊙ 177 C 1
Szigetvár ⊙ ✗ (1566) 97 B 1
Szlachta (poln. Adel) 114
Szolnok ⊙ 127 C 2

T

Tabor, Berg 25.III B 1
Täbris (Täbriz) ⊙ 71 A 1, 72, 73 C 1, 157 C 1, 207 B 1, 227.I/II B 1
Tabuk ⊙ 227.I A 2
Tabularium (Staatsarchiv)/Rom 50, 51.Nk.
Tacfarinas ✗ 48
Tadinae ✗ (552) 59 B 2
Tadmor → Palmyra
Tadschiken, -istan ♙ ☐ 109 A 2, 191 B 1, 203 AB 1, 213 B 1, 219 C 1, **221 A 2**, 223 BC 1, 224, **225.II BC 1**
Tadsch Mahal/Agra 90
Taegu ⊙ 205.I
Taganrog ⊙ 185 C 2

S. 10 bis 19	S. 20 bis 53	S. 54 bis 81	S. 82 bis 115	S. 116 bis 165	S. 166 bis 187	S. 188 bis 243
Vor- und Frühgeschichte	Altertum bis ca. 500	Mittelalter 500 bis ca. 1500	Neuzeit 1500 bis 1789	Neuzeit 1789 bis 1918	Zeitgeschichte 1918 bis 1945	Zeitgeschichte seit 1945

Tahiti □ 149 C 2
Taidshiuten ᐰ 71 C 1
Taipeh ⊙ 203 C 1
Taiping-Aufstand ✗ (1850–64) **142–143 B 2**
Taiwan (Formosa) □ 84–85 D 2, 91 C 1, 139 C 1, 142, 143 B 2, **159, 161 D 1/2**, 183 A 1, 190–191 C 1 (UN-Ausschluss), 196, 199 D 2/3, 201, 202, 203 C 1, 233 (-konflikt), 219 D 1/2
Tajmyr, Bezirk (Dolganen-Nenzen) □ 221 B 1
Takoradi ⊙ 89.II A 2
Talamone ⊙ 151 A 1
Talas ⊙ ✗ (751) 61 C 1
Talavera ⊙ ✗ (1809) 119 A 2
Tal der Könige/Ägypten 23 B 2
Taliban, -milizen 212, 224, 232
Tallinn (Reval) ⊙ 171 C 1, 179 B 1, 185 B 1, 195 C 1, 215 C 1 → Reval
Tambow ⊙ 167 B 2
Tamerlan → Timur Lenk
Tamilen ᐰ 203 B 2
Tamilische Rebellen 233
Tanagra ⊙ 33 B 2
Tanais ⊙ 27 B 1, 31 C 1, 39 C 1, 41 B 1
Tananarivo ⊙ 145.I B 2, 147.I B 2
Tanasee ᨢ 13.II
Tanganjika □ 181 B 1/2 → Tansania
Tanganjikasee ᨢ 13.II
Tanger (Tingis) ⊙ 45 A 2, 47 A 2, 57 A 2, 67 A 2, 79 A 2, 81 A 2, 88, 89.I A 1, 95 A 1, 105 A 2, 147.I A 1, 163 A 2
Tang-Reich/China ⊙ 61 C 1
Tanguten ᐰ 71 BC 1
Tanis (Auaris) ⊙ 23 B 1
Tannenberg ⊙ ✗ (1410) 81 C 1, ✗ (1914) 165 B 1
Tannu-Tuwa, VR □ 175 C 1, 183 A 1, 203 B 1
Tansania □ 191 B 2, 199 C 2, 201 B 2, 210, 211 B 2, 213 B 2, 219 C 2, 223 B 2
Taormina ⊙ 64, 65 B 2
Taragona ⊙ 45 A 1, 49 A 1, 53 A 1, 58, 59 A 2, 68, 69.I B 1
Tarantaise ⊙ 63 B 2
Taras → Tarent
Tarasp ⊙ 75 C 1
Tarawa □ 183 C 2
Tarent (Taras) ⊙ 19 B 2, 27 A 1, 31 B 1, 39 A 1, 41 A 1, 42, 45 B 2, 49 B 2, 53 B 2, 97 B 2, 121 B 3, 151 B 2, 155 A 2
Targowitz ⊙ § (1768) **115 C 2** (Konföderation)
Tarik ᐱ 60
Tarn, Dep. □ 117 A 2
Tarnopol ⊙ 115 B 2, **119 C 1**, 121 B 2, 173 B 2, 177 C 2

Tarquinii ⊙ 43 A 2
Tarsus ⊙ 81 C 2
Tartessos ⊙ 31 A 1
Taschkent ⊙ 71 B 1, 91 B 1, 108, 109 A 2, **159, 161 C 1**, 169 A 2, 221 A 2
Tasman, Abel ᐱ 82, **85 CD 2**
Tasmanien □ 82, 84–85 D 2, 139 C 2, **148, 149 A 2**, 161 D 3, 199 D 3
Tassilo, Hz. ᐱ 62
Tataren ᐰ **71 C 1**, 109 A 1
Tatarische ASSR (Tatarstan) □ 169 A 1, 213 B 1, 221 A 1
Täufer, Wieder- **101**
Taung ⊙ 12 B 3
Tauroggen ⊙ § (1812) 115 B 2, 119 B 1
Tavira ⊙ 69.I A 2
Taxila ⊙ 27 C 1, 39 C 1, 41 C 1
Tbilissi → Tiflis
Teano ⊙ 151 B 2
Tegea ⊙ 33 B 3, 35 B 2
Tegel, Flughafen 189.Nk.
Teheran ⊙ 157 C 2, § (1943) 180 (Konferenz), 181 B 1, 207 C 1, 227 B 1
Teima ⊙ 27 B 2, 41 B 2
Tekrur ⊙ 89.I A 1
Tel Aviv (Tel Aviv-Jaffa) ⊙ 209.I B 1, 209.II B 1, 227.I A 1, 231 A 2
Tell Brak ⊙ 21.II A 1
Tell el-Obeid ⊙ 17 C 2, 21.II B 2
Tell Halaf ⊙ 17 C 2, 19 C 2, 21.II A 1
Tell Hassuna ⊙ 21.II A 1
Telos ⊙ 35 C 2, 37 C 2
Telamon ⊙ 43 A 2
Temesvár (Timișoara) ⊙ 121 B 2, 123 C 2, 155 A 1, **156**, 173 B 3
Tempel der Vernunft/Paris 117.Nk.
Tempelhof/Berlin 189.Nk.
Temple (Rev. Gefängnis)/Paris 117.Nk.
Templer, Ritterorden 88
Temudschin → Dschingis Khan
Tenasserim □ 141 C 2
Tenje ⊙ 185 B 2
Tennessee □ 131 C 2
Tenóchtitlán/Mexico ⊙ 87 A 1
Tenos ⊙ 37 C 2
Tepe Gijan ⊙ 21.II B 2
Tepe Gurran ⊙ 21.II B 2
Termes ⊙ 225.II B 1
Ternate □ 91 C 2
Terracina ⊙ 42, 43 A 2
Terroranschläge 234–235
Terrorismus 232, 234–235
Tertiär, -zeit 10
Teshik Tasch ⊙ 13 C 1
Tessin □ 75 B 2
Tete ⊙ 89.I B 2
Tet-Offensive ✗ (1968) 204
Tetovo ⊙ 229 C 2, 229.Nk.

Tetrarchen 24
Teutoburger Wald ✗ (9 n.Chr.) 48–49 B 1
Teutonen ᐰ **47 AB 1/2**
Texas □ 87 A 1, **130, 131 B 2**, 135.II A 2, 137 A 1
Texas-Pazifik-Bahn (1882) 133 AB 2
Thagaza ⊙ 89.I A 1
Thailand (Siam) □ 13 D 2, **91 BC 2**, 93 B 1, 143 AB 2, 161 D 2, 175 C 1, 181 C 1, 182, 183 A 1/2, 191 C 1, 199 D 2, 201 C 1, 203 B 2, 205.II A 1/2, 213 C 1, 219 D 2, 223 C 1
Thang-long → Hanoi
Thapsus ⊙ 31 B 1, 47 B 2
Thasos ⊙ □ 35 B 1, 37 B 1
Theben/Ägypten ⊙ **18**, 19 C 2, 22, 23 B 2, 25.I A 2, 27 A 2, 39 A 2, 41 A 2, 49 C 2
Theben/Griechenland ⊙ 27 A 1, 29 B 1, 33 B 2, 35 B 1, 35.Nk., 37 B 1, 38, 39 A 1
Theoderich ᐱ **58–59**, 58 (Grabmal)
Theodosia (Feodosia) ⊙ 31 C 1, 55 C 2 → Kaffa
Theodosius, Ks. ᐱ 54
Thera (Santorin) □ 29 C 2, 31 C 1, 35 C 2, 37 C 2
Theresienstadt ⊙ 177 B 2, 185 B 1
Thermen/Rom 50, **51**
Thermopylen, Pass ✗ (480 v.Chr.) 33 B 2, 34, **35 B 1**
Theseion/Athen 37.Nk.
Thessalien, -er ᐰ 28, 29 B 1, 33 AB 1, 34, 35 B 1, 37 B 1, 121 B 3, **154, 155 AB 2**
Thessalonike → Saloniki
Thorn (Toruń) ⊙ 79 B 1, 81 B 1, 111 B 3, 115 B 1, 153 B 1, 189 B 1
Thraker, -ien ᐰ □ 26, 27 A 1, 29 C 1, 30, 31 C 1, 34, 35 BC 1, 37 BC 1, 39 A 1, 40, 41 A 1, 47 B 1/2, 48, 49 B 2 (röm. Prov.), 59 BC 2, 73 B 1, 155 B 2, 157 B 1
Thriasische Ebene □ 34, 35.Nk.
Thule ⊙ 218 B 1
Thurgau □ 74, 75 BC 1
Thurii (Copia) ⊙ 43 B 3
Thüringen, -er □ ᐰ 55 B 1, 58, 63 C 1, 121 A 2 (Staaten), 189 A 2
Tiberias ⊙ 25.III B 1, 209.I B 1, 209.II B 1, 231 B 2
Tibet □ 71 BC 2, 91 B 1, 92, 93 C 1, 138, 139 C 1, **140, 141 BC 1**, 143 A 2, 161 C 1, 175 C 1, 181 BC 1, 183 A 1, 203 B 1, 219 C 1
Tientsin ⊙ 143 B 1, 203 C 1
Tiflis (Tbilissi) ⊙ 71 A 1, 72, 73 C 1, 91 A 1, 109 A 2, 157 C 1, 165 C 2,

⊙	Siedlung, Ort, Stadt	□	Reich, Staat, Land, Provinz, Landschaft, Insel	ᐱ	Person
✗	Schlacht, Eroberung			ᐰ	Völkergruppe, Volk, Stamm
§	Vertrag, Bündnis, Gesetz	ᨢ	Gewässer (Fluss, Meer usw.)	→	Verweis

284 Tiflis

Tighinnif ✗ 12 A 1, 15 A 3
Tigranokerta ⊙ 47 C 2
Tikrit ⊙ 227.II A 1
Tilsit ⊙ § (1807) 118–119 B 1
Timbuktu ⊙ 84–85 C 1, 89.I A 1, 93 B 1, 147.I A 1
Timișoara → Temesvár
Timor ☐ 84–85 C 2, 90, 91 C 2, 93 C 2, 139 C 2, 203 C 2
Timor-Leste ☐ 149 A 1, 191 C 2, 199 D 2, 201 C 2, 203 C 2, 219 D 2
Timur Lenk (Tamerlan) ⚔ 72, 73, 90
Tingis → Tanger
Tippecanoe ✗ 133 C 1
Tipperah ☐ 141 C 1
Tirana ⊙ 155 A 2, 171 C 2, 185 B 2, 193 C 2, 195 C 2, 215 C 2, 229 C 2
Tirol ☐ 75 C 1, 81 B 2, 94, 95 B 2, 97 A 1, 105 B 2, 113 B 2, 151 A 1, 153 B 1/2, 189 A 2
Tiryns ⊙ 29 B 2, 33 B 2
Tito, Josip ⚔ 228
Titus-Thermen/Rom **51 B 1/2**
Tobago ☐ 87 B 2 → Trinidad
Tobolsk ☐ 84–85 C 1, 108, 109 B 1, 161 C 1
Tobruk ⊙ 179 B 3
Toggenburg ⊙ 75 B 1
Togo ☐ **146, 147.I A 1**, 160 B 2, 198 B 2, 211.I A 1, 213 A 2, 218 B 2, 223 B 1
Tokelau-In. ☐ 149 B 1
Tokio (früher Edo) ⊙ 91 C 1, 142, 143 C 1, 161 D 1, 175 C 1, 181 C 1, 183 B 1, 203 C 1
Toledo ⊙ ☐ 49 B 1, 55 A 2, 56, 57 A 1, 58, 59 A 1, 61 A 1, 63 B 2, 65 A 2, 67 A 1, 69.I A 1 (Eroberung 1080/85), 79 A 2, 81 A 2, 95 A 2
Tolentino ✗ (1805) 119 B 2
Tolosanisches Reich ☐ 59 A 1
Tomi ⊙ 49 B 1
Tomsk ⊙ 84–85 C 1, 91 B 1, 109 B 2, 143 A 1, 161 C 1, 221 B 2
Tonga-In. ☐ 82, 149 B 2
Tongareva ⊙ 149 C 1
Tonking ☐ 143 B 2, 204–205.II A 1 (Golf von T.)
Tordesillas ⊙ § (1494) **69.I B 1** A 2, **82, 83, 84–85 B 1/2/3**, 87 B 2 (Demarkationslinie), 88, 90
Torgau ⊙ **129 B 3**, 131 C 1, 133 C 1, 135.II B 1, **178, 179 A 2**
Torneå ⊙ 111 B 1
Tornoi ⊙ 31 C 1
Torone ⊙ 33 B 2, 37 B 2
Tortosa ⊙ 68, 69.I B 1

Toruń → Thorn
Toskana, Ghzm. ☐ 96, **97 A 1**, 105 B 2, 113 B 2, **121 A 3**, 123 B 1, **150, 151 A 1**
Toul ⊙ 104, 107 B 1
Toulon ⊙ 107 B 2, 119 B 2, 153 B 2, 165 A 2
Toulouse ⊙ ☐ 55 A 1, 57 A 1, 58, 59 A 1, 61 A 1, 63 B 2, 65 A 2, 67 A 1, 69.I B 1, **69.II B 2**, 77 B 3, 79 B 2, 81 A 2, 107 B 2, 113 A 2, 193 B 2
Toungou ⊙ 141 C 2
Touraine ☐ 68, 69.II B 2
Tourcoing ⊙ 125
Tourismus 236, 237
Tournai (Doornik) ⊙ ☐ 98, 99 A 2
Tours ⊙ 63 B 2, 67 A 1, 69.II B 2, 77 A 2, 107 A 1, 153 A 1
Tours (u. Poitiers) ⊙ ✗ (732) 54, 55 A 1, 60, 61 A 1, 62
Townsville ⊙ 149 A 2
Trabzon ⊙ 207 B 1
Trafalgar, Kap ✗ (1805) 118, 119 A 2
Trails/USA 132
Trajan, Ks. ⚔ **48–49**
Trajan-Bauten/Rom **50, 51**
Trankebar ⊙ 90, 91 B 2, 93 C 1, 141 B 2
Transbaikalien ☐ 143 B 1
Transfair 222 (Symbol)
Transformationsländer ☐ 216, **222–223**
Transjordanien ☐ 157 B 2, 175 B 1, 179 B 3, 209.I B 1/2 → Jordanien
Transkaukasische Förderation ☐ 169 A 2
Transkei ☐ 145.II A 2, 211.II B 2, 147.II B 2
Transoxanien ☐ 61 C 1
Transsibirische Bahn 143 ABC 1
Transvaal ☐ 145.I B 2, 146, 211.II B 1
Transvaalrepubliken → Südafrikanische Republik
Trapezunt ⊙ 27 B 1, 31 C 1, 39 B 1, 41 B 1, 45 C 1, 47 C 1, 49 C 1, 55 C 2, 57 C 2, 59 C 2, 65 C 2, 67 C 2 (Ksr.), 71 A 1, 73 C 1, 79 C 2, 157 C 1
Trasimenischer See ⌒ ✗ (217 v.Chr.) 44–45 B 2
Travancore ☐ 141 B 2
Travendal ⊙ § (1700) 110, 111 A 3
Treblinka ⊙ 177 C 1, 185 B 1
Treibeisgrenze 242–243
Treibhauseffekt 240
Trenton ⊙ ✗ (1776) 129 B 1
Trianon/Versailles § (1920) 171 B 1, 172
Tribalismus, afrikan. 210
Tricamarum ⊙ ✗ (533) 58, 59 B 2
Trient ⊙ ☐ 63 C 2, 75 C 2, 95 B 2,

97 A 1, 101 B 2, 121 A 2, 151 B 1, 153 B 2, 157 A 1, 171 B 2, 173 A 3
Trier ⊙ ☐ 53 B 1, 55 B 1, 63 B 1, 64, 67 B 1, 77 B 1, 95 B 1, 99 B 3, 101 B 1, 105 B 1, 113 B 1
Triest ⊙ 94, 97 B 1, 193 B 2, 229 A 1
Trikka ⊙ 33 A 1, 37 B 1
Trinidad (und Tobago) ☐ 87 B 2, 137 B 2, 160 A 2, 198 A 2, 201 A 1, 213, 218 A 2
Trinil ⊙ 13 D 3
Triparadeisos § (321 v.Chr.) 41 B 2
Tripelentente § (1907) 162, 163
Tripolis/Syrien ⊙ ☐ 66, 67 C 2, 73 B 2, 79 C 2, 81 C 2
Tripolis, Tripolitana, Tripolitanien/Nordafrika ⊙ ☐ 49 B 2, 55 B 2, 57 B 2, 59 B 2, 67 B 2, 73 A 2, 89.I AB 1, 145.I AB 1, 146, 147.I A 1, **156, 157 A 2**, 179 A 3, 211.I A 1
Tripolje ⊙ 17 B 1
Tristan da Cunha ☐ 139 B 2, 160 B 2, 199 B 3
Triumphbogen/Rom 48
Tri-Zone § (1948) 188–189
Troas ⊙ 37 C 1, 38
Troizen ⊙ 33 B 2, 34, 35 B 2
Troja → Ilion
Tromsö ⊙ 111 B 1
Trondheim ⊙ 111 A 2
Tropen 242–243
Troyes ⊙ § (1420) **76–77 B 2**, 107 B 1, 117 B 1
Trujillo ⊙ 87 A 2
Truman-Doktrin § (1947) 197, 200
Tschad ⊙ ☐ 147.I A 1, 191 B 1, 197, 198–199 BC 2 (Bürgerkrieg), 201 B 1, 211.I AB 1, 213 AB 1/2, 216, 218–219 BC 2, 223 B 1
Tschagatai-Khanat ⊙ **70, 71 B 1/2**
Tschagos-In. (Chagos-In.) ☐ 139 C 2, 161 C 2, 199 C 2
Tschakra 90
Tschaldiran ✗ (1513) 72, 73 C 1
Tschaldscha ⊙ 155 B 2
Tschandernagar ⊙ 140, 141 B 1, 161 C 2, 203 B 2
Tschechen ⚔ 55 B 1, 63 C 1, 65 B 1, 173 A 2, **187**
Tschechien, Tschechische Rep. ☐ 215 BC 1, 216–217, 218
Tschechoslowakei (ČSR, ČSSR) ☐ **170, 171 BC 1/2, 172–173 A 2** (Unabhängigkeit), 175 B 1, **176** (dt. Besetzung), **177 BC 2**, 185 B 2, **187 AB 3**, 189 BC 2, 191 B 1, 192, 193 BC 1, 195 BC 1/2, 198 B 1, 214, 201 B 1, 216 → Tschechien, Slowakei

S. 10 bis 19	S. 20 bis 53	S. 54 bis 81	S. 82 bis 115	S. 116 bis 165	S. 166 bis 187	S. 188 bis 243
Vor- und Frühgeschichte	Altertum bis ca. 500	Mittelalter 500 bis ca. 1500	Neuzeit 1500 bis 1789	Neuzeit 1789 bis 1918	Zeitgeschichte 1918 bis 1945	Zeitgeschichte seit 1945

Urkirche 285

Tscheljabinsk ⊙ 167 B 1, 169 A 2, 221 A 1
Tschengtu (Chengdu) ⊙ 71 C 2, 203 B 1
Tschenstochau (Czestochowa) ⊙ 189 B 2
Tscherkessen ⅋ ⊙ 73 BC 1, 157 BC 1, 225.I
Tscherkessk ⊙ 225.I A 1
Tschernigow ⊙ 95 C 1
Tschernobyl ⊙ 215 C 1, 220, 221 A 1, 243 C 1
Tschernowzy → Czernowitz
Tschetniks **228**
Tschetschenen, -ien ⅋ □ 109 A 1/2, 186, 213 B 1, 216 (-krieg), 220, 221 A 2, **224–225.I B 1**
Tschiang Kaishek ⅋ 202
Tschita ⊙ 169 C 2, 221 C 2
Tschuktschen ⅋ 109 C 1, **221 C 1**
Tschungking ⊙ ✗ (1257) 71 C 2, 143 B 2, 181 C 1, 183 A 1, 203 BC 1
Tschuwaschien □ 221 A 1
Tsinan ⊙ 203 C 1
Tsingtau → Qingdao
Tsunami 242–243
Tsushima □ ✗ (1905) 142, 143 C 3
Tuamotu-In. □ 82, 149 C 2
Tuapse ⊙ 225.I A 1
Tuareg ⅋ 89.I A 1
Tubuai-In. □ 149 C 2
Tubas ⊙ 231 B 2
Tucson ⊙ 131 A 2
Tucumán ⊙ 87 B 3, 137 B 3
Tula ⊙ 109 A 1, 119 C 1, 127 D 1, 167 A 1, 179 B 1
Tulkarem ⊙ 231 A 2
Tungusen → Ewenken
Tunis, Tunesien ⊙ □ ✗ 49 B 1, 61 A 1, 65 B 2, 66, 67 B 2, 73 A 1/2, 79 B 2, 81 B 2, 89.I A 1, 93 B 1, 95 B 2, 97 A 3, 101 B 2, 105 B 2, 113 B 2, 119 B 2, 123 B 1, 126 B 3, 139 B 1, 145.I A 1, 147.I A 1, 151 A 3, 153 B 2, 157 A 1/2, 160 B 1, 163 B 2, 165 AB 2, 171 B 2, 179 A 2/3, 191 B 1, 193 B 2, 198 R 1, 210, 211.I A 1, 212, 213 A 1, 218 B 1, 223 B 1
Turfan ⊙ 91 B 1
Turin ⊙ 97 A 1, 107 B 2, 121 A 2, 123 B 1, 126 B 2, 151 A 1, 153 B 2
Turkana- (Rudolf-)see ⌒ 13.II
Türkei, Rep. □ 181 B 1, 185 C 2, 186, 191 B 1, 191.Nk., 192, 193 C 2, 195 C 2, 199 C 1, 201 B 1, 206, **207 AB 1**, 213 B 1, 215 C 2, 219 C 1, 223 B 1, 226, 227 AB 1 → Osmanisches Reich
Türken ⅋ 173 B 3, 225.II

Türken, -kreuzzug, -kriege ✗ 66, 92
Turkestan □ **85 C 1**, 108, 109 AB 2, 161 C 1, 169 AB 2 (ASSR)
Turkmenen ⅋ 71 A 1/2, 91 A 1, 109 A 2, 167 B 2, **221, 225.II AB 1**
Turkmenistan □ 191 B 1, 203 A 1, 213 B 1, 219 C 1, 221 A 2, 223 B 1, 225.II AB 1
Turkvölker ⅋ 61 C 1
Turuchansk ⊙ 109 B 1
Tus ⊙ 71 A 2
Tusculum ⊙ 43 A 2
Tutsi ⅋ 216
Tuvalu □ 149 B 1
Tuwa (Tuwinien, Urjanchai) □ 108, 109 B 2, 143 A 1, 221 B 2
Tuzla ⊙ 229 B 1
Twer (Kalinin) ⊙ ✗ (1238) 71 A 1 (Eroberung), □ 81 C 1, 108, 109 A 1, 115 C 1, 127 D 1, 167 A 1
Tyras ⊙ 27 A 1, 31 C 1, 41 A 1
Tyros (Sur) ⊙ ✗ (332 v.Chr.) 38–39, 19 C 2, 23 B 1, 25.III AB 1, 27 A 2, 30, 31 C 2, 41 A 2, 47 C 2, 49 C 2, 53 C 2, 57 C 2, 59 C 2, 209.I B 1, 231 B 1

U

Überschwemmung 242–243
Ubon ⊙ 205.II A 1
U-Boot-Krieg ✗ **164–165** (I. Weltkrieg), 180, **181** (II. Weltkrieg)
UÇK **228**
Udine ⊙ 97 B 1
Udmurtien □ 221 A 1
Udon Thani ⊙ 205.II A 1
UdSSR (Union der Sozialistischen Sowjetrepubliken) → Sowjetunion
Ufa ⊙ 109 A 1, 167 B 1, 221 A 1
Uganda □ 147.I B 1/2, 161 C 2, 199 C 1/2, 211.I B 2, 219 C 2, 223 B 1/2
Ugarit ⊙ 19 C 2
Ugrier → Finno-Ugrier
Uiguren ⅋ 71 B 2
Ukraine □ 72, 95 C 1, 105 C 1, 109 A 1, 113 C 1, 115 C 2, 165 BC 1, **166, 167 A 2, 168–169 A 1** (SSR), **178**, 185 BC 1/2, 191 B 1, 215 C 1/2, 217, 218–219 BC 1, 220, 221 A 1, 223 B 1
Ukrainer ⅋ 173 B 2, **187, 221**, 225.I
Ulan-Bator (Urga) ⊙ 91 B 1, 143 B 1, 183 A 1, 203 B 1
Ulan-Ude ⊙ 221 B 2
Uleåborg ⊙ 111 B 1
Ulm ⊙ 79 B 1, 81 B 1, 95 B 2, ✗ (1805) 119 B 2, 165 B 1, 189 A 2
Ulster □ 102, 103 B 1
Umbrer, -ien ⅋ □ 43 A 1/2, 151 AB 1

Umweltkatastrophen 241
Umweltschäden 242–243
Umm Kasr ⊙ 227.II B 2
Umma ⊙ 21.II B 2
Unabhängigkeitsbewegungen u. -kriege/Afrika ✗ 210–**211.I**
Unabhängigkeitserklärung USA § (1776) 128
Unabhängigkeitskrieg, Spanisch-Niederländischer ✗ 98–99
UNCTAD (United Nations Conference for Trade and Development) 190, 197, 222 (Konferenz)
Ungarn (Magyaren, Madjaren) ⅋ □ 55 B 1, 61 B 1, **64–65** (Kriegszüge), 67 B 1, 71 A 1, 72, **73 A 1**, 79 BC 1/2, 80, 81 BC 2, 95 B 2, 97 B 1, 101 B 2, 105 B 2, 113 BC 2, 115 B 2, 121 B 2, **122–123** (Rev.1848/49), 157 AB 1, **170, 171 BC 2, 172, 173 AB 2/3**, 175 B 1, 179 AB 2, 181 B 1, **184**, 185 B 2, 186, **187 AB**, 189 BC 2, 191 B 1, **192** (Aufstand 1956), 193 BC 2, 195 BC 2, 201 B 1, 214, 215 BC 2, 218 B 1, **229**
UNHCR (United Nations High Commissioner for Refugees) 238
Union Jack 102
Union-Zentral-Pazifik-Bahn (1869) 132, **133 ABC 1**
UNITA (União Nacional para a Independência Total de Angola) 216
United Nations Conference for Trade and Development → UNCTAD
United Nations Organization (UNO)/New York 149, **190–191** (Friedensmission), **190** (Charta 1945), 196 (Charta), 197, 205.I (Truppeneinsätze), **207** (Friedensmission), **208–209.I** (Teilungsplan Palästina 1947), 220 (Sicherheitsrat), 226, 228 (UN-Resolution 827)
Unstrut ⌒ ✗ (531) 58, 59 B 1
Unterburma ⌒ 141 C 2
Unterwalden □ 74, 75 B 1
Unter-Wallis □ 75 A 2
Uppsala ⊙ 65 B 1, 111 A 2
Ur ⊙ **18**, 19 C 2, 20
Uraha ⊙ 13.II
Uralsk ⊙ 167 B 2
Urartu ⊙ 24, 25.I A 1
Urbino □ **97 B 1**
Urga → Ulan-Bator
Urgentsch ⊙ 71 A 1
Uri □ 74, 75 B 1
Urjanchai → Tuwa
Urkantone/Schweiz □ **75 B 1/2**
Urkirche, christl. **55**

⊙ Siedlung, Ort, Stadt	□ Reich, Staat, Land, Provinz, Landschaft, Insel	⅋ Person
✗ Schlacht, Eroberung	⌒ Gewässer (Fluss, Meer usw.)	⅋ Völkergruppe, Volk, Stamm
§ Vertrag, Bündnis, Gesetz		→ Verweis

286 Uruguay

Uruguay ☐ **136, 137 B 3** (Unabhängigkeit 1828), 139 A 2, 160 A 2, 175 A 2, 181 A 2, 191 A 2, 198 AB 2/3, 201 A 2, 218 AB 2/3, 223 A 2
Uruk ⊙ **18**, 19 C 2, 20, 21.II B 2
Urumieh ⊙ 207 B 1, 227.I/II B 1
Urumtschi ⊙ 143 A 1, 203 B 1
Urundi → Burundi
USA → Vereinigte Staaten von Amerika
Usbeken, -istan ⌕ ☐ 91 AB 1, 93 B 1, 109 C 2, 191 A 1, 203 A 1, 213 B 1, 219 C 1, **221 A 2**, 223 B 1, 224, **225.II AB 1**
Usedom ☐ 110
Ustascha **228**
Ust-Ordynsker Burjaten ⌕ ☐ 221 B 2
Utah ☐ **130, 131 A 1**
Utes ⌕ 132 A 1
U Thant ⚔ 190
Utica ⊙ 31 B 1, 43 A 3, 47 A 2
Utrecht ⊙ 77 B 1, § (1579) 98–99 B 2 (Union), § (1714) 106, 177 A 1

V

VAE ☐ 199 C 1/2, 207 C 2, 213 B 1, 219 C 1/2, 223 B 1, 227 C 2
Vaivara ⊙ 185 B1
Valadolid ⊙ 69.I A 1
Valdivia ⊙ 87 B 3, 137 B 3
Valence ☐ 117 B 1
Valencia ⊙ 55 A 2, 57 A 2, 65 A 2, 67 A 2, ✗ (1238) 68 (Eroberung), 69.I B 2, 79 A 2, 81 A 2, 123 A 2, 126 A 3, 153 A 2, 171 A 2, 179 A 2, 193 B 2
Valenciennes ⊙ 63 B 1, 99 A 3
Valmy ⊙ ✗ (1792) **116**
Valparaiso ⊙ 87 B 3, 137 B 3
Van ⊙ 207 B 1, 227.I B1, 227.II A 1
Vancouver ⊙ 160 A 1
Vandalen ⌕ ☐ **56–57, 58–59**
Vanuatu (Neue Hebriden) ☐ 149 B 2, 191 C 2, 199 D 2
VAR (Vereinigte Arabische Republik) → Ägypten, Syrien
Var, Dep. ☐ 117 B 2
Varaždin ⊙ 229 B 1
Värmland ☐ 111 A 2
Varna ⊙ ✗ (1444) 72–73 B 1, 113 C 2, 153 C 2, 155 B 1, 173 B 3
Varus, P. Quintilius ⚔ 48, 49 B 1
Vasa ⊙ 111 B 2
Vasco da Gama ⚔ 82, **84–85**, 90, 91 A 2
Västerås ⊙ 111 A 2

Västerbotten ☐ 111 B 1
Vatikan/Rom ⊙ ☐ **150** (Staat), 195 B 2, 215 B 2
Vatikanfeld/Rom 51 A 1
Vatikanisches Konzil, Erstes (1869/70) **150**, 173 B 3
Vaucluse, Dep. ☐ 117 B 2
Veji ⊙ 43 A 2
Veltlin ☐ 75 C 2, 97 A 1
Venaissin ☐ 77 B 2, **107 B 2**
Venda ☐ 211.II B 1
Vendée ⊙ ✗ (1793) 116–**117 A 1** (Aufstand)
Venedig ⊙ ☐ 63 C 2, 65 B 2, 67 B 1, 73 A 1, 75 C 2, 78, **79 B 2, 81 B 2**, 95 B 2, **96, 97 B 1**, 101 B 2, 105 B 2, 113 B 2, 119 B 2, 121, **122, 123 B 1**, 127 C 2, 151 B 1, 153 B 2, 157 A 1
Veneter ⌕ 43 A 1
Venetien ☐ 150, 151 AB 1, 153 B 2
Venezuela ⊙ 86, 87 B 2, 160 A 2, 175 A 1, 181 A 1, 191 A 1, 198 A 2, 201 A 1, 218 A 2, 223 A 1/2
Venlo ⊙ 99 B 2
Venus- u. Roma-Tempel/Rom 51 AB 1/2
Venusia ⊙ 43 B 2
Veracruz ⊙ 87 A 1, 160 A 2
Verband Südostasiatischer Nationen → ASEAN
Vercellae ⊙ ✗ (101 v.Chr.) 47 A 1
Verden ⊙ ☐ 65 B 1, 104, 111 A 3
Verdun ⊙ § (843) **62–63**, 104, 107 A 1, ✗ (1916) 165 A 1
Vereinigte Arabische Emirate → VAE
Vereinigte Niederlande → Niederlande
Vereinigte Provinzen Zentralamerikas (1823–39) ☐ 136
Vereinigte Staaten von Amerika (USA) ☐ 112, **128–129**, 128 (Grand Union flag 1775), 128 (Flagge 1777), **128–129** (Unabhängigkeit 1776), 128 (Verfassung 1789), **130–131, 130** (Flagge 1818), 134 (Rebel Flag), **134–135, 134.II** (Sezessionskrieg 1861–65), 135.I, **134–135** (Sklaverei, Wirtschaft), 133 (Eisenbahnen), 135.I Wirtschaft 1900), 132, 134 (13. Verf.zusatz 1865), **137** (Erwerbungen 1845–53), 139 A 1, **148, 149**, 160 A 1, **160–161, 164** (I. Weltkrieg), **174–175 A 1** (Völkerbund), 181 A 1, 182, 184–185, 186–189, 190–191 A 1, 192, 193 A 1, 194, 196–197, **198 A 1**, 200, **201 A 1/2**, 204, **205.II**, 215 A 1, 216–217, **218 A 1**, 223 A 1
Vergina (Ägä) → Aigai
Vermont ☐ **130, 131 C 1**, 135.II B 1

Verneuil ⊙ ✗ (1424) 77 A 1
Vernichtungslager, Nationalsozialistische 177, **184–185**
Vernon/Goldküste ⊙ 89.II B 1
Verona ⊙ ☐ ✗ (403) 56–57 B 1, ✗ (489) 58–59 B 1, 67 B 1, **96, 97 A 1**, 151 A 1
Versailles ⊙ **106, 107 B 1, 107.Nk.** (Plan), **117 A 1**, § (1870) 152–153 B 1 (Kaiserproklamation), § (1919) 170–171 B 1, 172, 174, 175 B 1, 176
Vertesszölös ⊙ 15 B 2
Vertrag über Freundschaft, Zusammenarbeit und gegenseitigen Beistand 1955 → Warschauer Pakt
Vertreibung (nach 1945) **186–187**, 189
Vespasian-Forum/Rom 50, 51.Nk.
Vespasian-Tempel/Rom 51.Nk.
Vesuv ⊙ (553) 58–59 B 2
Via Appia/Rom 42, 43 AB 2
Via Sacra/Rom 50, **51**
Vichy ⊙ **178** (-Regime), **179 A 2**, 185 A 2
Vicksburg ⊙ ✗ (1863) 135.II A 2
Victoria ☐ 148, 149 A 2
Victoriasee ⌢ 12 B 2, 13.II
Vienne ⊙ 63 B 2, 77 B 2
Vienne, Dep. ☐ 117 A 2
Vientiane ⊙ 205.II A 1
Viermächteabkommen Berlin § (1971) **188**, 200
Vierte Welt **222–223**
Vietcong **204** (Flagge), **205.II**
Vietnam (Annam) ☐ 71 C 2, 191 C 1, 199 D 2, 204–205.II A 1/2 (Soz. Rep.), 204, 219 C 2, 223 C 1 → Französisch-Indochina
Vietnamkrieg ✗ (1961–75) 201 C 1, 203 BC 2, **204–205.II**
Viktor Emanuel I., Kg. ⚔ 150
Világos ⊙ ✗ (1848) 123 C 2
Villafranca ⊙ 151 A 1
Villetri ⊙ 151 B 2
Vilnius → Wilna
Viminal/Rom 50, 51 B 1
Vinh ⊙ 205.II A 1
Virginia ☐ 84–85 A 1, 86, 87 A 1, 93 A 1, **129 B 2**, 131 C 1
Vitoria ⊙ ✗ (1813) 119 A 2
Vittel ⊙ 185 A 2
Vivarais-Aufstand ✗ (1670) **107 B 2**
Vlissingen ⊙ 99 A 2
Vocova ⊙ 229 C 1
Vogelherd, -höhle 12 A 1
Volaterra ⊙ 43 A 1
Völkerbund/Genf § (1920–46) 149 (Mandatsgebiet), **174–175**, 174 (-rat, -versammlung), 196

S. 10 bis 19	S. 20 bis 53	S. 54 bis 81	S. 82 bis 115	S. 116 bis 165	S. 166 bis 187	S. 188 bis 243
Vor- und Frühgeschichte	Altertum bis ca. 500	Mittelalter 500 bis ca. 1500	Neuzeit 1500 bis 1789	Neuzeit 1789 bis 1918	Zeitgeschichte 1918 bis 1945	Zeitgeschichte seit 1945

Völkermord 184–185 (Juden), **186** (Armenier)
Völkerwanderung, Reichsgründungen **56–57, 58–59**
Volksaufstand DDR ✗ (1953) 192
Volsker ⚒ 43 A 2
Voralberg ☐ 75 C 1, 189 A 2
Vorpommern ☐ 105 B 1, 110, 111 A 3
Vosges, Dep. ☐ 117 B 1
Vouillé ✗ (507) 58, 59 A 1
Vranje ⊙ 229.Nk.
Vulci ⊙ 43 A 2
Vulkanismus 242–243

W

Waadt ☐ 74, 75 A 2
Wadai ☐ 89.I AB 1, 93 B 1, 145.I AB 1
Wadi Halfa ⊙ 147.I B 1
Wagram u. Aspern ✗ (1809) 119 B 2
Währungsreform, dt. (1948) **188**
Währungsunion (1990) 214
Waitangi § (1840) 148
Wake ☐ **149 B 1, 159, 161 D 2**
Walachei ☐ 65 BC 2, 73 B 1, 79 C 2, 80, 81 C 2, 95 C 1, 101 C 2, 105 C 2, 113 C 2, 121 B 2, 155 B 1, 156, **157 B 1**
Wald 241
Waldorte (Schweiz) 74
Wales ☐ 69.II A 1, 77 A 1, 81 A 1, 103 B 2, 123 A 1, 124
Walfischbucht (Walvis Bay) ☐ 145.II A 1, 147.II A 1, 211.I A 2
Wallis ☐ 75 B 2
Wallis und Futuna ☐ 149 B 2
Walvis Bay → Walfischbucht
Wanderungssrtome 238
Wannseekonferenz/Berlin § (1942) **184**
Waräger → Normannen
Warenströme 236
Warschau (Warszawa) ⊙ ☐ 95 B 1, 101 B 1, 105 B 2, 108, 109 A 1, 111 B 3, 113 B 1, ✗ (1795) **115 B 2**, 127 C 2, 165 B 1, 167 A 2, 171 C 1, 173 B 2, **177 C 1, 184**, 185 B 1, 189 C 1, 193 C 1, 195 C 1, 215 B 1
Warschauer Pakt § (1955) **192–193**, 197, 200, **201**, 217
Warszawa → Warschau
Wartheland ☐ **177 B 1**, 186
Wasa, Dynastie 110
Waschukanni ⊙ 21.II A 1
Washington ⊙ **129 B 1, 130, 131 C 1**, 133 C 1, 135.II B 1, 139 A 1, 160 A 1, 181 A 1, § (1922) 182 (Konferenz), 192, 198 A 1, 218 A 1, 234 A 1

Washington, George ⚒ 128
Washington, Staat/USA ☐ 131 A 1
Wasserknappheit 241
Waterford ⊙ 103 A 2
Waterloo ✗ (1813) 119 B 2, 120, 121 A 2
Wehrpflicht, Allg./Deutschland 176
Weichselkaltzeit 14, **15**
Weihaiwei ⊙ 143 B 1, 161 D 1
Weihnachts-In. ☐ 161 D 2, 199 D 2
Weimar ⊙ 177 A 1, 189 A 2
Weißenburg ⊙ 63 B 1
Weißrussen ⚒ 173 B 1/2, **221**
Weißrussland ☐ 113 C 1, **115 BC 1**, 191 B 1, 215 C 1, 219 C 1, 220, 221 A 1
Wellington ⊙ 149 B 2, 161 D 3
Welsche Vogteien/Schweiz ☐ 75 B 2
Welthandel **222–223**, 236, 237
Welthandelsabkommen → GATT
Welthandelsorganisation → WTO
Weltreich Alexanders d. Gr. ☐ **38–39**
Wende, deutsch-deutsche Einigung (1990) **214–215**, 216
Wenden, -kreuzzug ✗ (1147) 66–67 B 1
Wenzel, Kg. ⚒ 80
Werden ⊙ 63 B 1
Werelä § (1790) 111 B 2
Werny → Alma-Ata
Werschojansk ⊙ 109 C 1
Wessex ☐ 63 AB 1, 65 A 1
Westaustralien ☐ 139 C 2, 149 A 2
Westerbork ⊙ 177 A 1, 185 A 1
Westeuropäische Union → WEU
Westfalen, Kgr. (1807) ☐ **119 B 1**
Westfälischer Friede § (1648) 74, **104–105** ⊙ Münster u. Osnabrück
Westfranken ⚒ ☐ **63 AB 1/2, 64, 65 AB 1/2**
Westgalizien ☐ 115 B 2
Westgoten ⚒ ☐ **56–57, 58–59 A 1/2**
West-Griqualand ☐ 145.II B 1/2
Westindien ☐ 93 A 1
West-Irian (Westneuguinea) ☐ 148, 149 A 1, 190 (-Konflikt), 199 D 2, 203 C 2
Westjordanland ☐ 208, 209.I B 1, 209.II B 1/2, 230, **231 AB 2/3**
Westliches Bündnissystem **193**
Westneuguinea → West-Irian
Westpreußen ☐ **115 AB 1**, 177 B 1
Westrom ☐ **57 AB 1/2, 58–59 A 1/2**, 228
Westsahara → Sahara
Westsamoa ☐ 175 C 2
Westslawonien ☐ 228
West Virginia ☐ 131 C 1, 135.II B 2
WEU (Westeuropäische Union) **192–193**, 214
Wexford ⊙ 103 A 2

Widschaja ⊙ 71 C 2
Widschajanagar ⊙ ☐ **90, 91 B 2**
Wiedervereinigung Deutschlands (1990) ☐ 188, **214–215**
Wielkom ☐ 211.II B 1
Wien ⊙ ☐ (1529, 1689) 72–73 A 1 (türk. Belagerungen), 79 B 1, 81 B 1, 93 B 1, 94, 95 B 2, 101 B 2, 105 B 2, 113 B 2, 121 B 2, **122** (Märzrev. 1848/49), **123 B 1**, 127 C 2, § (1864) 152–153 B 1, 155 A 1, 157 A 1, 163 B 1, 165 B 1, 171 B 2, 173 A 2, 177 B 2, 179 A 2, 185 B 2, 189 B 2, 193 B 1, 195 B 2, 215 B 2
Wiener Kongress § (1815) 108, 110, **120–121**, 136, 138
Wiesbaden ⊙ 189 A 2
Wight, I. ☐ 103 B 3
Wikinger → Normannen
Wildbeutertum (Sammler u. Jäger) 16
Wildkirchli ⊙ 15 B 2
Wilhelmshaven ⊙ 165 B 1
Wiljuisk ⊙ 109 C 1
Willendorf ⊙ 15 B 2
Wilmington ⊙ 129 B 2
Wilna (Vilnius) ⊙ 79 C 1, 81 C 1, 95 C 1, 101 C 1, 105 C 1, 109 A 1, 111 B 3, 113 C 1, 115 B 1, 119 C 1, 121 B 1, 167 A 1, 171 C 1, 173 B 1, 174, **177 C 1, 185 B 1**, 195 C 1, 215 C 1
Wilson, Woodrow ⚒ 170, 174 (Vierzehn Punkte), 180
Wilzen ⚒ 63 C 1
Winceby ✗ (1648) 103 B 2
Winchester ⊙ 77 A 1
Windau ⊙ 110, 111 B 2
Windenergieanlage 240
Windhuk ⊙ 147.I A 2, 147.II A 1, 211.I A 2
Windmill Hill ⊙ 17 A 1
Winipeg ⊙ 131 B 1
Winneba ⊙ 89.II B 1
Winniza ⊙ 115 C 2, 173 B 2, 185 B 2
Winterthur ⊙ 75 B 1
Wirtschaftsblöcke **194–195**
Wisby ⊙ 78, 79 B 1, 81 B 1
Wisconsin ☐ **131 B 1**, 135.II A 1
Wislanen ⚒ 63 C 1
Wismar ⊙ 104
Witebsk ⊙ 81 C 1, 115 C 1, 167 A 1, 173 B 1, 185 C 1
Wittelsbacher, Dynastie 80
Wittenberg ⊙ 95 B 1, 101 B 1
Wjasma ⊙ 185 C 1
Wjatitschen ⚒ 65 C 1
Wjatka ⊙ 109 A 1, 167 B 1
Wladikawkas ⊙ 225.I B 1
Wladimir ⊙ 71 C 1, 79 C 1, 81 C 1, 95 C 1

⊙ Siedlung, Ort, Stadt	☐ Reich, Staat, Land, Provinz, Landschaft, Insel	⚒ Person
✗ Schlacht, Eroberung		⚒ Völkergruppe, Volk, Stamm
§ Vertrag, Bündnis, Gesetz	∽ Gewässer (Fluss, Meer usw.)	–› Verweis

288 Wladiwostok

Wladiwostok ☉ 108, 109 C 2, **142**, 143 C 1, 161 D 1, 169 C 2, 183 B 1, 203 C 1, 221 C 2
Wolga-Bulgaren ⚔ 61 BC 1
Wolga-Deutsche ⚔ 186, **187 B 2/3**, 169 A 1 (ASSR)
Wolgograd → Stalingrad
Wolhynien □ 71 A 1, 115 B 2, 186, 187 B 2
Wollin □ 104, 110
Wologda ☉ 167 A 1
Wolynjanen ⚔ 65 B 1
Wonsan ☉ 205.I B 1
Worcester ✕ (1651) 103 B 2
Workuta ☉ 221 B 1
World Trade Centre 232
Worms ☉ 57 B 1, 59 B 1, 101 B 1
Woronesh ☉ 105 C 1, 113 C 1, 119 C 1, 167 A 2, **168, 169 A 1**, 179 B 2, 185 C 1
Wounded Knee ✕ (1890) 132–133 B 1
Wrangel-In. □ 109 C 1
Wrocław → Breslau
WTO (Welthandelsorganisation) 236
Wuhan ☉ 161 D 1, 203 C 1
Würmkaltzeit 14
Württemberg, Kgr. □ 121 A 2, **123 B 1, 153 B 1**
Württemberg-Baden □ 189 A 2
Württemberg-Hohenzollern □ 189 A 2
Würzburg ☉ 177 A 2, 189 A 2, 63 C 1
Wutschang ☉ 143 B 2
Wyborg ☉ 111 B 2
Wye-Interims-Abkommnen 231
Wyoming □ **131 B 1**, 132 (American Indian Movement, AIM)

X

Xerxes, Athoskanal ∽ 35 B 1
Xerxes, Kg. ♂ 34
Xhosa ⚔ 144, 145.II B 2
Xiangyang ☉ ✕ (1268) 71 C 2

Y

Yamashita Minatogawa ☉ 13 D 1
Yammit ☉ 209.II A 2
Yanaon ☉ 141 B 2, 161 C 2, 203 B 2
Yanbu ☉ 207 A 2
Yangon → Rangoon
Yaoundé ☉ 211.I A 1
Yatta ☉ 231 B 3
Yayo ☉ 12 B 2
Yongdok ☉ 205.I
Yonne, Dep. □ 117 B 1
York □ 55 A 1, 63 B 1, 65 A 1, 69.II B 1, 81 B 1, 95, 101 A 1, 103 B 2
Yorktown ✕ (1781) 128, 129 B 2
Yoruba ⚔ □ 89.I A 1, 92
Ypern ☉ 99 A 2
Ypern u. Langemarck ✕ (1914/18) 165 A 1
Yucatán □ 87 A 1, 137 A 1
Yüe □ 25.I B 1/2
Yünnan (Jünan) □ 143 A 2, 213 C 1

Z

Zagrosgebirge □ 17 C 2, 18
Zahir Schah ♂ 224
Zaire → Kongo
Zakros ☉ 29 C 2
Zakynthos ☉ □ 29 A 2, 33 A 2, 37 A 2
Zama ✕ (202 v.Chr.) 44, 45 A 2
Zande-Reich □ 145.I B 1
ZAR → Zentralafrikanische Republik
Zara ☉ 63 C 2, 67 B 1, 151 B 1, 173 A 3, 185 B 2
Zaragoza (Saragossa) ☉ 57 A 2, 58, 59 A 2, 67 A 1, 68, 69.I B 1, 77 A 3, 81 A 2, § (1529) **82, 83, 84–85**, 86, 95 A 2, 101 A 1, 119 A 2, 123 A 2, 126 A 3, 153 A 2
Zarizyn ☉ 108, 109 A 1, 157 C 1, 165 C 1, 167 B 2
Zaw e Chami ☉ 17 C 2
Zchinwali ☉ 225.I A 1
Zehlendorf ☉ 189.Nk.
Zehngerichtebund/Schweiz □ 75 C 1
Zeila ☉ 89.I B 1
Zeng, chin. General ♂ 88
Zentralafrikanische Republik (ZAR) □ 191 B 2, 198 B 2, 211.I AB 1, 213 AB 2, 218–219 BC 2, 223 B 1
Zentralpakt → CENTO
Zierikzee ☉ 99 A 1
Zikkurat/Ur 20, 26
Zionismus, -sten **208–209**
Zloczow ☉ 177 B 1
Złota ☉ 17 B 1
Zollverein → Deutscher Zollverein
Zonguldak ☉ 207 A 1
Zug ☉ □ 74, 75 B 1
Zülpich ☉ ✕ (496) 58, 59 B 1
Zulu ⚔ □ 145.II B 1/2, 146 (-Aufstand 1907), 147.II B 1/2
Zürich ☉ □ 74, 75 B 1, 126 B 2, § (1859) 150
Zutphen ☉ 99 B 1
Zuttiyeh ☉ 12 B 1
Zwangsumsiedlungen **186**
Zwei plus Vier-Vertrag § (1990) 214
Zweibund § (1879) 163
Zweistromland → Mesopotamien
Zweiter Weltkrieg (1939–45) **176–177, 178–179** (Europa), **178** (Westfeldzug 1940), **179** (Neutrale), 180, **181, 182–183** (Pazifik), **184**, 186, 190, 196, 228
Zwingli, Ulrich ♂ 74, 94
Zwischenstromland → Mesopotamien
Zyklone 242–243
Zypern □ 27 A 1, 31 C 1/2, 39 A 1, 41 A 1, 48, 49 C 2, 54, 55 C 2, 57 C 2, 65 C 2, 67 C 2, 72, 73 B 2, 79 C 2, 81 C 2, **154, 156, 157 B 2**, 179 B 3, 219 C 1
Zypern-Konflikte ✕ (1960–64) 190–191 B 1, 191.Nk., ✕ (1973) 192, 197, 201.Nk., 206–207 A 1

S. 10 bis 19	S. 20 bis 53	S. 54 bis 81	S. 82 bis 115	S. 116 bis 165	S. 166 bis 187	S. 188 bis 243
Vor- und Frühgeschichte	Altertum bis ca. 500	Mittelalter 500 bis ca. 1500	Neuzeit 1500 bis 1789	Neuzeit 1789 bis 1918	Zeitgeschichte 1918 bis 1945	Zeitgeschichte seit 1945